이 책에서 키너는 바울신학에서 거의 관심 밖의 주제였던 지성에 대한 바울의 가르침을 다루고 있다. 오순절 계열의 신학자이기도 한 키너는 바울의 복음이 감정이나 행동의 변화뿐만 아니라 생각과 가치관의 변화 역시 그리스도인에게 빼놓을 수 없는 부분이라고 가르쳤음을 바울 서신의 주요 본문 주해를 통해 명쾌하게 드러낸다. 한국교회는 일방적으로 감정만을 자극하는 감성주의나, 눈에 보이는 행동의 변화에만 초점을 맞춘 행동주의만을 강조하면서, 어느 한 측면만이 복음에 걸맞은 삶이라고 열변을 토해왔던 것이 사실이다. 하지만 키너는 이 책에서 바울의 복음에는 지성적 측면도 있음을 설명한다. 키너의 책은 바울 서신에 반복적으로 등장하는 '생각'에 대한 우리의 '생각'을 열어줄 것이다. 바울이 가르친 복음이 그리스도인들의 생각과 가치관에 어떤 영향을 미치며, 이 변화의 과정과 지향점이 어디를 향하고 있는지를 진지하게 질문하고 배우고자 하는 이들은 이 책에서 그 답을 찾게 될 것이다. 한마디로 키너의 책은 독자들에게 바울 복음에 대한 지성적 유레카(eureka)의 순간을 경험하게 할 것이다.

김경식 웨스트민스터신학대학원대학교 신약학 교수

모든 사람은 행동에 앞서 생각이 있다. 그리스도인의 행동도 그것에 앞서 그리스도인의 사고가 있다. 바울은 그의 서신에서 그리스도인의 사고와 비그리스도인의 사고를 극명하게 대비시킨다. 이것을 대표하는 말이 성령에 따른 사고하기와 육신에 따른 사고하기다. 양자의 근본적 차이는 어디에서 발생하는가? 바울이 보기에 그것은 성령 체험이다. 비그리스도인은 거듭나지 않은 이성의 작용으로 사고하는 반면, 그리스도인은 성령에 의해 거듭난 이성으로 새롭게 사고하는 것이다. 본서는 바울이 말하는 성령에 의한 사고하기의 근본 진리를 핵심 본문들을 깊이 있게 주석하면서 명확하게 설명해낸다. 이런 설명은 성서 해석에서 거듭난 이성의 도움 없이 단순한 체험 위주의 해석 행위를 경계하게 해주며, 성령 체험 없이 올바른 성서 해석이 가능하다고 여기는 입장도 교정해준다.

김동수 평택대학교 신약학 교수, 한국신약학회 회장 역임

'개신교 신학'은 구원, 은총, 성령, 그리스도, 율법 등에 관한 바울의 신학적 주장과 긴밀하게 소통한다. 이러한 바울 연구의 르네상스 속에서도 1세기 사람들의 인지능력이 어떻게 작동했는지는 철저한 검증을 받지 못했다. 바울이 소통한 고대 철학과 유대교의 영역에서 중요하게 취급된 '인간의 자기 인식'은 '그리스도 안에서 형성된 새로운 정체성'과 실제로 큰 차이를 보인다. 저자는 바울 서신의 주요 구절들에 내재하는 '생각의 차원'을 다각적으로 검토하여 '그리스도를 따르는 자'는 '성령에 의존한다'라는 '성서적 인간론'을 명확히 진술한다. 결국 본서는 성령에 입각한 도덕적 품성을 어떻게 형성할지 고뇌하는 독자들에게 '필독서의 지위'와 함께 '바울 읽기의 새로운 장(場)'을 환하게 열어줄 것이다.

윤철원 서울신학대학교 신학전문대학원 신약학 교수

본서는 요한복음과 사도행전 주석의 저자로 이미 잘 알려진 세계적인 신약학자인 크레이그 S. 키너가 지금까지 바울신학 연구에서 자주 다루어지지 않았던 '인지' 또는 '생각'이란 주제를 로마서, 고린도 서신, 빌립보서, 그리고 골로새서의 관련 본문들을 주해하며, 성령으로 말미암은 인간의 변화된 생각을 다루고 있다. 특히 저자는 인간의 생각, 곧 사상 또는 세계관을 탐구하면서 다른 서신보다도 로마서에 집중하여 분석하며, 고린도 서신, 빌립보서, 그리고 골로새서의 관련 본문들을 함께 관찰한다. 저자는 그리스도를 영접하기 이전 인간의 생각이 그리스도를 믿은 후에 어떻게 성령을 통해 새롭게 변화되는지를 탐구하며, 특히 하나님이 원하시는 올바른 길을 살아가도록 신자들에게 힘을 주시는 하나님의 영에 초점을 맞추고 있다. 본서는 그리스도 안에서 변화된 인간의 생각에 대한 바울의 적극적인 묘사에 관심이 있는 모든 독자에게 값진 선물이 될 것이다.

조석민 전 에스라성경대학원대학교 신약학 교수, 기독연구원느헤미야 초빙연구원

크레이그 키너의 이 책은 바울의 성령론을 체계적으로 개괄하는 것을 목표로 하지 않는다. 그 대신 그는 성령의 '생각', 다시 말해 성령을 통해 계시하는 인지적 각성의 결과가 어떻게 그의 서신, 특히 로마서에서 발현되는지 해석하고 조명한다. 그의 말대로 "어떻게 사람은 의로운 정체성에서 의로운 생활로 이동하는가?"라는 질문에 대한 답변을 로마서와 일부 다른 서신의 관련 본문을 분석하여 탐색하고자 한 것이다. 이 책의 유익

한 점은 로마서 7-8장의 관련 구절에 대한 난해한 해석의 미로를 정리해 그 대안의 돌파구를 제시해주는 것과, 로마서 12:1의 "영적인 예배"라는 번역을 충분한 분석적 논증을 거쳐 "합리적인 제사"로 바로잡아 교정, 보완해주는 섬세한 계몽의 효과만으로도 넉넉한 편이다. 그러나 동시에 이 책의 재미는 여러 편의 "추기"와 "부록"에 실린, 샛길로 펼쳐 보여주는 다양하고 풍성한 바울신학의 배경사적 탐구다. 거기서 우리는 그동안 익숙했던 바울 서신의 여러 상투적 개념이 기실 상투적인 게 아니라 동시대의 역동적 사상사와 종교사의 흐름 가운데 힘들게 사유하고 씨름한 결과 빚어낸 소중한 결실이었음을 깨닫게 된다. 하나님은 영이시니 하나님의 생각은 성령만이 아실 것이고 우리는 성령의 생각을 통해서만 우리 영을 맑게 정화하고 환하게 밝힐 수 있을 것이다. 그러나 바울 서신의 도움을 받고 그의 서신에 대한 키너의 해석적 도움까지 곁들인다면 그 과정의 공부와 수련이 훨씬 더 수월해지는 경험을 할 수 있으리라 믿는다.

차정식 한일장신대학교 신학과 교수

자연인 한 사람이 '다시 태어난다'는 의미는 무엇일까? 모태 신자가 '그리스도인이어서 행복하다'는 것은 어떤 함의를 갖게 되는가? 키너에 따르면, 그것은 새롭게 된 하늘의 생각을 품고 이 땅에서 사는 사람이다. 육신/불신/땅의 생각으로 직조된 옛 옷을 벗어 던지고 성령/믿음/하늘의 생각으로 구성된 새 옷을 날마다 입고 사는 자다. 본서는 바울의 신학이 어떻게 그리스도 안에서 성령의 인침 가운데 세상에 대한 변혁적 생각/마음/지성을 품고 일상의 실천적 삶으로 드러나게 되었는지, 바울 자신이 어떻게 당대 유대교 및 그리스-로마 지성인들과 유사하면서도 차별성을 갖고 창의적 사고를 할 수 있었는지를 설득력 있게 추적하고 있다. 오늘날 현대 신자들의 엉거주춤한 신앙의 나무가 '변화되지 못한 생각/마음/지성'의 뿌리에 기인함을 고발하는 듯하다. 그리스도의 기적을 사모하는 만큼 '그리스도의 생각'을 믿고 닮아가야 할 때다. 성령의 방언을 얻기 원하는 만큼 '성령의 생각'을 묵상하고 누려야 할 때다. 이런 영성-지성적 갈급함이 있다면, 『그리스도인은 어떻게 생각해야 할까?』와 같은 풍성한 바닷속으로 깊이 빠져보는 시간이 전혀 아깝지 않을 듯싶다.

허주 아세아연합신학대학교 신약학 교수

크레이크 키너는 풍부한 증거 자료를 바탕으로 쓴 이 책에서 바울과 고대 철학자들의 유사성을 보여주지만, 유대교의 묵시적 기대 역시 인간의 생각에 대한 바울의 사상의 틀을 형성했음을 인정한다. 바울은 근본적인 확신이 인격과 행동을 형성한다고 주장했다. 유대교 묵시 전통의 계승자로서 바울은 확신이 그리스도 안에서 하나님의 행위로 형성되어야 한다고 믿었다. 키너는 수많은 바울 학자들과의 정중하면서도 비판적인 대화에 자신의 핵심적인 통찰을 적용하여 자신의 개인적인 주장과 바울의 전반적인 신학을 명료하게 밝힌다. 본서는 바울신학과 그 문화적 맥락의 관계에 관심이 있는 모든 독자에게 매우 중요한 책이 될 것이다.

해롤드 애트리지(Harold Attridge) 예일 신학대학원

키너는 바울 연구에서 오직 그만이 할 수 있는 것으로써 상당한 학술적 공백을 채워왔다. 고대 자료에 대한 수천 가지 참고문헌을 이용한 그의 연구는 우리가 바울의 관점을 맥락을 통해 이해하도록 도와준다. 본서는 인간의 생각에 대한 바울의 사상, 특히 그리스도 안에서 변화된 생각에 대한 주석적·신학적·목회적 통찰로 가득하다.

마이클 J. 고먼(Michael J. Gorman) 볼티모어 세인트메리 대학원대학교

로마서에서 바울은 그의 다른 편지들에서보다 그 시대의 사상 세계와 좀 더 완전하게 상호작용한다. 유대교 성서와 전통의 풍부함, 스토아 학파, 플라톤주의, 에피쿠로스 학파 및 다른 고대 철학자들, 그리고 인간 경험의 실재에 완전히 친숙한 사람만이 바울이 왜 그렇게 주장하는지와 그의 주장의 효력을 온전히 이해할 수 있다. 키너는 바로 그런 일을 해내는 학자 중 하나다. 고린도전서, 빌립보서, 골로새서를 비롯하여 로마서의 핵심 구절들에 대한 그의 풍성한 설명은 그 시대에 바울이 주장한 내용의 핵심과 위력을 오늘날과 같은 매우 다른 시대를 위해 재활성화하는 방식으로 계속해서 보여준다.

제임스 D. G. 던(James D. G. Dunn) 더럼 대학교

키너의 지성(nous)을 가진 학자만이 사람의 생각이 경건하지 않은 추론에서 그리스도의 마음을 소유하는 것으로 변화되는 것에 대한 바울의 믿음과 관련하여 가장 권위 있는 책을 쓸 수 있다. 키너는 믿음의 생각에 대한 바울의 비전을 성령의 능력으로 해방되고, 신적 지혜에서 비롯되며, 천국을 지향하는 예수의 이야기에 몰두하는 생각으로서 묘사한다. 본서는 말 그대로 생각/마음에 관한 바울의 신학에 당신의 생각/마음을 열어줄 것이다.

마이클 버드(Michael Bird) 호주 멜버른 리들리 대학

이 통찰력 있는 책에서 키너는 바울신학의 무시된 측면, 즉 그리스도에 대한 믿음과 하나님의 영에 대한 믿음이 어떻게 새로운 방식으로 생각하고 이해할 수 있도록 힘을 주는지를 다룬다. 그리스-로마 문학에 대한 방대한 지식을 바탕으로 키너는 바울이 그의 동시대인들과 어떻게 비슷하면서도 다른지를 우리에게 알려준다. 그렇게 함으로써 그는 오늘날의 그리스도인들이 그들의 동시대인들과 어떻게 비슷하고 달라야 하는지를 제안한다.

프랭크 J. 마테라(Frank J. Matera) 미국 가톨릭 대학교

구현된 거룩함 또는 성자 예수의 형상을 닮는다는 것은 성령에 의해 새롭게 된 생각을 통해 무질서한 욕망을 그리스도께 다시 정렬하게 하는 것을 의미한다. 포괄적인 성서적·상황적 렌즈와 새로워진 인류에 대한 전체론적 관점으로 키너는 타협할 수 없는 현실을 우리에게 상기시킨다. 그는 성령의(따라서 그리스도의) 생각에 대한 우리의 이해를 활성화하며, 하나님의 자녀들의 정욕을 개별적으로 그리고 공동체적으로 정렬하는 거룩한 이성, 성령으로 가능한 신약성서의 관점을 제시한다. 참으로 가치 있는 공헌이다.

체리스 노들링(Cherith Nordling) 노던 신학교

크레이그 키너의 『그리스도인은 어떻게 생각해야 할까?』는 바울 연구에서 주로 무시되어 온 분야에 대한 환영할 만한 공헌이다. 키너는 바울의 글을 관련 맥락의 범위 내에 주의 깊게 위치시키고 역사-비평적 엄밀함과 뛰어난 박식함으로 읽어내지만, 관련 질문에 대한 지속적인 신학적 활력을 절대 놓치지 않는다. 그의 분석에 따르면, 여기서 탐구된 생각의 변화는 성령의 실재, 혹은 성령에 의해 그리스도 자신과 연합된 공동체와 결코 분리할 수 없다. 학문적이지만 목회적으로도 매우 중요한 책이다.

그랜트 매카스킬(Grant Macaskill) 애버딘 대학교

키너는 그의 트레이드마크인 세부 사항에 대한 관심과 고대 자료에 대한 광범위한 지식을 통해 생각에 대한 바울의 핵심 구절들을 해석한다. 오순절 교인으로서 나는 그의 연구의 학문적 기교에 지적인 감탄을 넘어 깊이 감사한다. 나의 감사는 이해받고 있다는 느낌에서 비롯된 것이다. 키너는 성령과 생각 사이의 긴장이 매우 실제적인 세상에서 살아왔다. 그는 성령이 인간의 영과 생각을 부르고 인간의 생각과 영이 응답하는 새로운 세계를 구상할 것을 주장한다.

홀리 비어스(Holly Beers) 웨스트몬트 대학

구속적-역사적 인류학에 기초한 사도 바울의 '응용 인지 심리학'이라고 부를 수 있는 내용을 담은, 학문적이고 철저하면서도 읽기 쉽게 구성된 이 책은 심리학과 상담 분야의 그리스도인들에게 엄청난 선물이다! 현대 심리학의 기독교적 프로젝트가 진행되려면 이런 작업이 정말로 필요하기에, 나는 경탄과 감사로 가득 차 있다.

에릭 L. 존슨(Eric L. Johnson) 남침례신학교

『그리스도인은 어떻게 생각해야 할까?』는 포괄적이고, 철저하며, 성서적이고, 유익한 책이다. 신학자, 심리학과 신학을 통합하고자 하는 이들, 목회자, 신학생뿐만 아니라 상담가, 치료사, 평신도 교회 지도자들과 교사들에게도 큰 유익이 될 것이다. 적극 추천한다!

시앙-양 탄(Siang-Yang Tan) 풀러 신학교

The Mind of the Spirit

Paul's Approach to Transformed Thinking

Craig S. Keener

성령으로 예수 그리스도처럼 생각하기

THE MIND OF THE SPIRIT

PAUL'S APPROACH TO TRANSFORMED THINKING

그리스도인은
어떻게
생각해야 할까?

크레이그 S. 키너 지음 | **오광만** 옮김

새물결플러스

우리의 사랑스러운 자녀,

데이비드와 케렌에게

목차

감사의 글

이 원고의 관련 부분에 귀한 통찰을 제공해준 애즈버리 신학교 상담학과의 버지니아 (토디) 홀만 교수에게 감사한다. 짐 키니, (전에 베이커 출판사에서 근무했던) 제임스 어니스트, 팀 웨스트, 그리고 에이미 도널드슨 등 이 책의 편집에 참여한 직원들에게 고마움을 전한다. 또한 2015년 2월 3일부터 5일까지 나를 호튼 강좌의 강사로 초청하여 이 책의 주제에 관해 대화를 나눈 하나님의성회 신학교와, 2016년 1월과 3월에 이 주제에 관한 내 강의를 통해 교감을 나눈 인도 데라둔의 뉴 신학교, 우르산 신학대학원, 서던 어드벤티스트 대학교에도 감사한다.

서론

바울 학자들은 바울의 구원론, 기독론, 성령론, 그리고 이스라엘과 성서에 대한 그의 견해를 상세하고 올바르게 탐구해왔다. 하지만 바울의 인류학에 대한 논의가 비교적 적은 가운데서, 생각/마음(mind)에 대한 바울의 견해, 특히 동시대 사람들과 소통하기 위해 바울이 어떻게 자신의 용어를 만들어냈는지를 설명하는 방식과 관련한 그의 견해에 광범위하게 관심을 집중한 학자는 극히 드물었다.[1]

보다 최근에 스탠리 스토워스(Stanley Stowers)와 트롤스 엥버그-페더슨(Troels Engberg-Pedersen) 같은 고대 철학에 정통한 학자들이 이 주제에 보여준 통찰은 그들이 공헌한 만큼 주석적이거나 신학적인 논의에 항상 통합되지는 못했다.[2] 나는 이후의 해석자들이 스토워스와 엥버그-페더슨의

---

[1] 나의 연구와 더불어 최근에 Wright가 시도한 것과 같은 예외가 있다. Wright, *Faithfulness*(『바울과 하나님의 신실하심』, CH북스 역간), 1121-26; Keener, "Perspectives"; Keener, "Heavenly Mindedness"; Keener, "Minds."

[2] 내가 이 학자들을 인용하는 것은 모든 점에서 그들의 견해에 동의한다는 뜻이 아니라, 고대 철학에 친숙한 그들이 다른 학자들이 너무 자주 간과하는 측면에서 바울의 몇몇 쟁점을 인식하고 그것에 접근할 수 있게 되었다는 점에 주목한다는 뜻이다. 일부 학자들은 Engberg-Pedersen의 유익한 통찰에도 불구하고 그가 *Paul and Stoics*에서 스토아 철학을 재구성하면서 Cic. *Fin.* 3에 불균형적으로 의존하고 있다고 합리적으로 문제를 제기했다

공헌(과 내 연구)을 좀 더 고려해주기를 소망한다. 비록 이후의 연구가 더 광범위한 자료에 근거하여 진행될 것이고, 이 주제와 관련하여 우리가 앞서 논의한 내용에 미묘한 차이를 계속 제공해줄 것이 분명하지만 말이다.

이전의 해석자들은 일반적으로 한 사람의 지위 혹은 그와 하나님의 관계라는 측면에서, 아니면 도덕적 의 또는 변화의 측면에서 로마서에 나타나는 신자들의 의의 중요성을 올바르게 강조해왔다. 하지만 해석자들은 바울이 이 핵심 요소들을 연결하기 위해 어떻게 인지능력을 사용하고 있는지를 종종 놓치곤 했다. 어떻게 사람은 의로운 정체성에서 의로운 생활로 이동하는가? 바울은 하나님의 관점에 상응하는 바른 이해, 즉 바울이 믿음이라고 부르는 것을 보충하거나 그에 대한 또 다른 측면으로 기능할 가능성이 훨씬 큰 이해의 중요성을 강조한다.

본서에서 다루는 내용

이 책의 1장은 로마서 1:18-32에 제시된 타락한 이방인들의 생각/마음(mind)에 대한 바울의 묘사를 다룬다. 이 본문에서 소위 지혜롭다고 여겨지는 이방인의 생각은 하나님에 대한 지식을 저버린 후, 철학자들이 자제력 있는 이성의 반대로 간주하는 정욕에 지배받게 되었다. 2장은 로마서 6:1-11을 중심으로 그리스도 안에 있는 새로운 사고방식을 탐구한다. 즉 믿음으로 말미암아 하나님이 보시기에 의롭게 된 신자들은 이제 그들이

(Wright, *Faithfulness*, 1391, 1395을 보라). 나는 아리우스 디디무스의 *Epitome*뿐만 아니라 다양한 스토아 학파 저자를 강조하면서 스토아 철학의 광범위한 자료에 의도적으로 의존한다.

그리스도의 죽음과 연합되었다는 하나님의 관점에 참여하라고 초대받는다(롬 6:11). 3장은 이 책에서 가장 긴데, 그 이유는 자세한 주해를 진행하기 전에 로마서 7:15-25의 주요 쟁점들을 먼저 개괄해야 하기 때문이다. 여기서 나는 타락한 생각을 다시 논의하지만, 이 경우에는 로마서 1:18-32의 율법을 알지 못하는 이방인의 생각을 더 이상 논하지 않을 것이다. 하나님의 의로운 요구를 깨닫게 되는 종교적인 생각은 정욕으로 말미암아 더욱 좌절되는데, 그 이유는 그 생각이 옳은 것과 그른 것이 무엇인지를 알지만, 정욕을 억누를 수 없기 때문이다.

4장은 로마서 8:5-7과 관련하여 하나님의 영으로 힘을 얻는 사고방식을 다룬다. 여기서 이미 하나님과 바른 관계에 있는 사람들은 이제 하나님의 영의 내적 생명으로 말미암아 하나님을 섬기기 위한 동기부여를 받고 힘을 얻는 것으로 묘사된다. 5장에서 살펴보는 로마서 12:1-3은 현시대 대신 장차 올 시대의 표준에 따라 생각을 새롭게 하는 것을 묘사한다. 그런 생각은 그리스도의 더 큰 몸을 섬기기 위해 개인의 몸을 바치는 것으로 이어진다. 6장은 고린도전서 2:16과 그 문맥에서 그리스도의 생각을 고찰한다. 즉 하나님의 영의 내주는 영적으로 성숙한 사람들―그리스도의 메시지에 대한 성령의 설명을 경청하는 사람들―과 하나님의 지혜의 척도를 공유한다. 여기서도 성령은 하나님에 대한 경험뿐만 아니라 종말론적 실재의 미리 맛봄을 제공해준다. 이 장의 끝에서 나는 성령이 어떻게 그리스도 안에서 우리의 생각을 밝혀주시는지를 설명하는 고린도후서의 한 구절(3:18)에 대해서도 간략히 고찰할 것이다.

바울의 로마서와 고린도전후서가 인지(cognition)와 신성(the divine)에 대한 그의 관심을 충분히 확립하고 있으므로, 나는 다른 곳에서 이 주제를 더 간략하게 표본으로 제시할 것이다. 7장에서는 빌립보서에 나타나는

"인지"라는 주제를 더 간단히 살펴볼 것이다. 즉 자신의 염려를 하나님께 맡기는 사람들은 평안을 경험할 수 있다(빌 4:6-8). 그리스도처럼 생각하는 방식은 서로 섬기는 것을 포함한다(빌 2:5). 새로운 생각은 땅의 것보다 하늘의 것을 바라야 한다(빌 3:19-20). 마지막으로 8장은 골로새서 3:1-2의 하늘의 생각에 대한 주제를 발전시킬 것이다. 여기서는 신자들이 땅에서 사는 방식을 변화시키는, 보좌에 앉으신 그리스도께 초점을 맞춘다.

본서에서 다루지 않는 내용

나는 본문들을 다루면서 해당 문제와 관련이 없는 많은 주해적 세부 사항과 견해에 대한 개관을 생략할 것이다. 이와 같은 주제들에 대한 내 관점에 관심이 있는 독자는, 비록 간단하긴 하지만, 나의 짧은 로마서 주석에서 그것을 종종 발견할 수 있을 것이다.[3] 그 주제들은 내가 미래에 더 방대한 저서에서 다시 다루게 되기를 바란다. 바울과 관련하여 인지에 대한 연구는 로마서 7장을 다룬 장을 제외하고는 바울신학의 다른 측면들에 대해 주요 논쟁이 되는 어떤 특정한 접근 방식에도 의존하지 않는다.

비록 바울이 사고, 이해, 생각에 관한 개념들을 다루면서 광범위한 단어들을 사용하기는 하지만, 여기서 내 주안점은 어휘 연구가 아니다. 어휘 연구는 오늘날 활용하기에 편리한 다양한 도구를 통해 쉽게 다뤄질 수 있다.[4] 바울이 묘사하는 모든 용어에 대해 좀 더 광범위한 고대의 용례를 다

---

3   Keener, *Romans*.
4   학문적으로 높은 수준을 원하는 사람은 *TLG*를 참조하라. (덜 자세한 저술을 찾는 학자들과) 비전문가들은 Accordance, Logos, 그리고 BibleWorks를 참조할 수 있다.

루는 것은 유용한 연습이다. 하지만 그것이 본 연구의 핵심은 아니다. 나는 그리스어 본문으로 작업했지만, 더 넓은 독자층을 고려하여 이 책을 덜 어렵게 느끼도록 가능하다면 단어들을 영어로 번역했다. 독자는 이 용어들이 영어 번역에서 늘 일관되게 구별되지는 않지만, 바울이 동일한 의미론적 영역에서 다양한 용어를 사용하고 있다는 점을 염두에 두어야 한다.[5]

나는 가능한 한 모든 관련 구절 혹은 내가 언급하는 구절의 모든 세부 사항을 다룰 것을 제안하지 않는다. 대신에 나는 표본이 되는 특정 본문들을 좀 더 충분히 다루고 바울 당시에 사람들 사이에서 일어난 생각에 대한 논의가 바울의 첫 번째 청중이 그를 이해했을 방식을 어떻게 알려줄 수 있는지를 제시한다. 이 규칙에 대한 주요한 예외로서 나는 로마서 7장을 아주 자세히 다룰 것이다. 그 이유는 이 본문이 여전히 논쟁거리로 남아 있기 때문이다. 나는 마지막 몇 장에서 앞선 장들에서 이미 확립된(또는 적어도 논의한) 요지들을 설명하지 않을 것이다. 그래서 이 책의 마지막 두 장은 상대적으로 간략할 것이다. 각 장을 내가 직접 번역한 성서 구절로 시작하는 것은 문제가 되는 몇몇 핵심 본문의 일부 쟁점을 소개하려는 것에 불과하다. 분명한 것은 어떤 번역도 바울의 문학적 문맥이나 지적 배경이 암시할 수 있는 미묘한 차이를 다 전달할 수는 없다는 사실이다.

나는 논의 중인 해당 문제에 대한 바울신학에 관심을 두고 있지만, 오늘날 바울신학에서 논쟁이 되는 많은 쟁점에 대해 입장을 밝히지 않는

---

5   나는 바울에 관한 내 연구의 기초를 그리스어 본문에 두고 있지만, 영어로 글을 쓰고 있다. 사용된 특정 용어들에 관심이 있는 사람들은 그리스어 본문을 참조해야 하지만, 여기서는 더 광범위한 의미론적 영역이 특정 용어들의 더 넓은 어휘를 조사하는 것보다 우리의 총체적 목적에 더 중요하다는 점을 명심해야 한다. 이것은 내가 더 넓은 범위의 고대 자료를 통해 작업함으로써 수행한 더 개념적인 작업보다는 성구 사전 검색으로 수행될 수 있다.

다. 예를 들어 이 책의 주요 공헌은 독자가 바울의 구원론에 대한 "새 관점"(실제로는 여러 관점)을 지지하는지,[6] 아니면 좀 더 전통적인 설명[7]을 지지하는지에 영향을 받아서는 안 된다. 나는 본문들을 공정하게 주해하려고 노력할 것이다. 그래서 내 접근 방식이 어떤 점에서는 절충적인 것이 될 수도 있다.[8] 하지만 현대의 논쟁들에 대한 중립을 거듭 선언하기 위해 내가 사용하는 용어 대부분을 일일이 설명하고자 지면을 할애하지는 않았다. 내가 아직 익숙하지 않은 사소한 문제들에 대해서는 분명히 논쟁의 여지가 있다는 점을 인정한다.

학자들은 고대 자료들을 좀 더 폭넓게 읽지 않은 채 바울이 사용하는 용어의 특정 배경(예. 견유학파 혹은 타르굼)을 너무 자주 결정해버린다. 때때로 그들은 자신들의 초점(랍비, 헬레니즘 유대교, 또는 스토아 철학 등을 배경으로 제안함)에 근거하여 다른 학자들의 저술을 간결하게 분류하기도 한다. 이와 대조적으로 우리가 가진 최상의 자료들은 바울이 디아스포라 배경의 선교 사명이 있는 유대인이었다고 제안하므로, 가장 유익한 접근은 저마다 특정한 요점들에 공헌하는 다양한 자료에 의존하면서 좀 더 절충적일 수 있다.

---

6   이 입장을 옹호하는 사람들이 종종 그렇게 언급한다. 예. Wright, *Justification*(『톰 라이트, 칭의를 말하다』, 에클레시아북스 역간), 28; Wright, *Faithfulness*, 1458. 이와 마찬가지로 비평가들도 다양한 "새 관점"을 인정한다. 예. Waters, *Justification*(『바울에 관한 새 관점』, P&R 역간), 154을 보라.

7   때로는 차이가 과장될 수도 있다. 따라서 예를 들어 Dunn(*Perspective*[『바울에 관한 새 관점』, 에클레시아북스 역간], 18-23, 28-30)은 자신이 로마서에서 강조된 문화적으로 특정한 쟁점들에 초점을 맞춘 것이 이런 쟁점들이 반영될 수 있는 좀 더 넓은 원리들을 부인하는 것은 아니라는 점을 강조한다.

8   만일 독자가 내가 그 취향에 맞게 옛 관점이나 새 관점 중 어느 하나에 너무 편향되어 있다고 느낀다면, 독자는 최소한으로 조정하여 나의 주해적 관찰이 독자의 체계 내에서 작동하도록 할 수 있다.

이 책이 바울과 관련하여 인지 주제에 초점을 맞추고 있다는 점을 고려할 때, 바울의 상황에 대한 내 관심의 일부는 이런 인지적 초점을 공유하는 고대 철학을 다룰 수밖에 없다. 나는 많은 점에서 바울의 대중적인 철학적 상황을 검토하면서 바울이 철학 교육을 받았다고 주장하지 않는다. 확실히 바울은 철학 학파에서 공부하지 않았다. 그렇지만 바울은 로마의 속국이었던 아시아, 마케도니아, 아가야, 그리고 로마에서 그리스어를 사용하는 도시의 연설자들에게 다가가는 데 관심이 있었다. 그의 회중 가운데서 가장 영향력 있는 사람들은 보통 정규 교육을 받은 사람들이었다. 이는 이 지역들에서 고등교육을 받은 사람들 대다수가 수사학에 집중하는 것을 선택했다고 할지라도, 개중에는 철학(예. 철학자들에 대한 일화나 그들의 말)을 접하는 사람들이 있었다는 뜻이다. 교육을 거의 받지 못한 다른 사람들은(참조. 고전 1:26) 공적 모임에서 (그 도시의 시민들을 대상으로 하는) 연설에 거론되는 인용들을 비롯하여, 시장과 대중적인 경연에서 연설자들로부터 약간의 대중적 철학을 접하는 경우가 종종 있었다. 이집트의 파피루스가 우리를 마을의 일상생활에 좀 더 가까이 데려다주지만, 대중 철학의 일반적인 가르침은 (항상 다양한 철학 학파 사상의 기술적인 세부 사항은 아니지만) 그 도시에 사는 많은 사람의 지적 배경에 대해 우리에게 말해준다.

좋든지 나쁘든지, 현재 이런 생각에 대한 우리의 최상의 접근은 지금까지 남아 있는 저술들에서 비롯된다. 나는 다른 학파들보다 스토아 철학을 약간 더 강조할 것이다. 왜냐하면 스토아 철학은 이 지역에서 이 기간에 지배적인 철학 체계였고, 엘리트 교육을 통해 비철학적인 지적 담론에 영향을 주었으며, 대부분의 공개 담론과 관련하여 교육받은 사람들을 통제함으로써 대중적인 도시의 사고에 영향을 미쳤기 때문이다.[9] (알렉산드리아의 지식인들 사이에서는 중기 플라톤 철학이 이미 더 강하게 장악하고 있었을 수도 있다. 중기 플라톤 철학은 그 절충적 접근과 다른 요인들로 인해 바울 이후에 더 널리 지배하게 되었다.)

로마 배경은 로마뿐만 아니라 고린도 및 빌립보와도 관련이 있는데, 이 두 곳은 모두 심하게 로마화한 식민지였다. 하지만 이 두 지역에서 예수에 관한 메시지는 아마도 그리스어를 사용하는 유대인들 사이에서 먼저 유포되었을 것이므로, 그리스와 유대교 맥락(특히 헬레니즘 유대교 맥락)이 정당화되었을 것이다. 나는 여기서 가능한 한 관련이 있을 수 있는 배경을 최대한 광범위하게 제시하지만, 바울이 언급한 정확한 도시와 시대에 상응하는 것을 제공하는 일이 일반적으로 불가능하다는 점을 (다른 고대 역사가들과 함께) 인정한다.

나는 여기서 새롭게 된 생각에 대한 바울의 접근을 이해하기 위한 주해적 표본들을 제공하며, 바울이 썼다고 모두가 인정하는 본문을 전부 다루겠다고 주장하지 않는다. 나는 여기서 바울이 썼다는 점에 반론의 여지가 있는 문헌의 주제에는 주의를 덜 기울였다. 나는 개인적으로 에베소서의 바울 저작권을 인정하지만, 거기서 얻은 통찰은 이 연구의 결과를 크게 바꾸지 않을 것이다. 나는 여기서 골로새서를 바울의 편지로 다룬다. 하지만 이에 대해 이의를 제기하는 사람들은 적어도 내가 골로새서 3:1-2을 간략히 다룬 것이 바울 사상의 초기 발전, 즉 디아스포라 상황에서 반론의 여지가 없이 인정되는 바울의 편지들과 자연스럽게 일관성을 이루는 발전에 적절하다는 것을 알게 될 것이다.

---

9   예. Brookins, "Wise Corinthians"를 참조하라.

나는 바울에 대한 누가의 묘사를 사도행전을 연구하는 일부 학자들보다 더 존중한다. 내가 누가의 묘사를 존중하는 것은 (비평가들이 때때로 그들의 확신을 공유하지 않는 사람들이 틀림없이 그럴 것이라고 추측하는 것처럼) 비평적 학문에 대한 무지가 아니라 세심한 연구에서 비롯된 것이다.[10] 이 책의 연구에서 사도행전에 의지한 사례는 거의 없다. 하지만 전문적이고 유능하며 훌륭한 사상가로서 바울을 그린 누가의 전반적인 묘사는 우리가 바울 자신의 편지에서 발견하는 것과 일치한다고 말하는 것으로 충분하다. 누가의 바울은 서신의 바울처럼 신자로서 성령 안에서의 삶과 믿음의 지시를 받는 지성인 사이의 갈등을 전혀 경험하지 않은 것처럼 보인다.[11]

현대 교회의 신학적 반추를 위한 함의들

현대 사상가들은 고대 사상가들에게서 배울 점이 많이 있다. 때때로 고대 사상가들은 현대 사상의 씨앗이기도 하다. 그리스도인들에게 바울의 편지들은 영향력이 크며, 교회에서 차후에 벌어진 쟁점들에 대한 많은 통찰

---

10   Keener, *Acts*, 4 vols를 보라(특히 제1권 7장의 표본들). 나는 내 사도행전 주석이 사도행전 연구의 주류에 있다고 믿지만, 좀 더 회의적인 사람들도 수만 개의 일차 자료를 고대 문헌에서 인용한 내 주석의 연구 수준을 인정해주기를 바란다.

11   이 점에 대한 더 완전한 논의는 Keener, "Teaching Ministry"를 보라. 누가가 제시하는 바울의 수사학적 정교함에 대해서는 Keener, "Rhetorical Techniques"를 보라. 그가 정신이 온전하다고 주장한 것에 대해서는 Keener, "Madness"를 보라. 바울이 그리스도의 추종자가 되기 전에 받은 교육에 대한 누가의 묘사는 Keener, *Acts*, 3:3205-15의 논의를 보라. 두 자료 모두에서 바울과 관련하여 일관적이지만 다른 묘사들에 대해서는 Porter, *Paul in Acts*를 보라. 한 인물에 대한 다른 자서전들과 그 사람이 쓴 편지들에 대한 구체적인 유비에 대해서는 Hillard, Nobbs, and Winter, "Corpus"를 보라.

을 제공해준다. 많은 현대 독자들이 성서적이라고 생각하는 일부 구분은 사실 성서 이후의 토론에서 비롯된다.

학자들이 두드러지게 나타났던 종교개혁은 성서 본문에 관한 훈련된 연구를 강조했다. 하지만 모든 사람이 학문적 훈련과 자료에 접근했던 것은 아니며, (재세례파, 후기 경건주의자들, 북아메리카 개척 시대 부흥 운동의 참여자들, 초기 미국 흑인 종교, 초기 오순절주의 등을 비롯하여) 믿음의 많은 사람들은 특히 성령에 의존하는 것을 강조했다. 일부 집단은 이런 종류의 강조점들을 통합하는 데 있어 다른 집단들보다 더 잘 성공했는데, 몇몇 초기 교부, 중세의 많은 수도원, 조너선 에드워즈(Jonathan Edwards), 그리고 존 웨슬리(John Wesley)를 예로 들 수 있다.

그렇지만 적어도 현대 개신교인들 사이에는 때때로 종교개혁의 학문적 유산을 강조하는 사람들과 그 후의 몇몇 부흥 운동의 유산을 강조하는 사람들 사이에 심각한 분열이 남아 있다. (로마 가톨릭 중에는 다양한 수도회가 각기 다른 강조점을 중요시하는 경향이 있지만, 그런 차이는 의심할 여지 없이 과거보다는 오늘날 덜 표명된다.)

원리적으로 말해서 우리는 대부분 성서 본문을 인지적으로 탐구하고 성령을 경험적으로 포용하는 두 가지 가치를 모두 단언할 것이다. 성서 본문은 그런 경험을 요청하며, 성서의 객관적 통제가 없다면 경험은 그 본문의 그리스도 중심적인 토대를 금세 상실할 수 있다. 하지만 기독교 전통마다 그 나름의 편애가 있으며, 각각의 전통은 약간씩 다르지만 순전한 성서적 강조점에 초점을 맞추어왔으므로 서로에게 배울 가치가 있다. 우리는 말씀과 성령 둘 다 필요하다. 바울에게 이 둘은 서로 불가분하게 결합하는 것이 확실하다. 이 책은 일부 진영에 반대하면서 성령이 사실상 생각을 통해 종종 일하시며, 생각을 배제하고 홀로 작용하지 않으신다고 주장할 것이다.

때때로 이분법은 인간의 생각 대 하나님의 영에 관한 것이 아니라 인간의 생각과 인간의 영의 차이에 관한 것이다. 하지만 전인으로서 우리는 주님께 충분한 영광을 돌리기 위해 우리 인간성의 인지적 측면과 감정적 측면을 둘 다 개발할 필요가 있다(예를 들어 바울이 고전 14:15에서 두 측면에 모두 관심을 표명한 것을 참조하라). 우리 중에는 이성적 주해를 강조하는 교회에 자연스럽게 끌리는 사람들이 있고, 감동적인 설교, 경축하는 예배에, 아니면 좀 더 성례전을 강조하는 진영에서 예배의 감동과 때로는 분위기로 감정을 사로잡는 교회에 더 끌리는 사람들도 있다.[12] 우리 가운데 많은 사람이 의심의 여지 없이 가슴이 찢어짐을 느끼며, 더 많은 교회가 생각과 영을 둘 다 강조하기를 바란다. 이 두 가지를 모두 만족스럽게 수행하는 교회를 이미 찾은 사람들도 있을 것이다.

불행하게도 비이성적이라고 혹은 영적이지 않다고 다른 것을 멸시하면서 하나님께 나아가기 위해 이런 접근이든 저런 접근이든 단 하나만을 가치 있다고 주장하는 교파들이 있다. 우리의 영과 더불어 증언하시는 성령을 인용하면서(롬 8:16), 일부 교파에서는 생각으로는 불가능하다고 여

---

12   성격 유형은 때때로 우리를 다른 환경보다 일부 환경에 더 적합하게 만든다. 예를 들어 일부 개인은 체질적으로 (때로는 환경적으로) 분석에 더 적합하고, 일부는 매우 관계적인 환경에서 가장 잘 지내기도 한다. 우리가 다른 은사들의 진가를 알아보고 우리 자신의 더 연약한 영역에서 기꺼이 성장하려고 하는 한, 이 점에 있어 우리의 다름은 상반되기보다는 상호 보완적일 수 있다. 실례를 들어 설명하자면, 나는 Myers-Briggs의 성격검사에서 INFJ 유형의 점수가 나왔지만, (극도로 내성적이라는 것을 제외하면) 어떤 점에서는 간신히 점수를 맞추었다. 나는 내 성격의 일부 측면을 다른 사람과 쉽게 겨루게 할 수 없다. 짐작하건대 그 관심은 내가 이 주제에 어떻게 접근하는지에 역할을 담당할 것이다. 해석학 학자들이 오랫동안 강조해왔듯이(예. Bultmann, "Exegesis"; Thiselton, "New Hermeneutic," 86), 우리의 과거 경험은 우리의 인식에 영향을 미친다.

기는 방식으로 우리의 영을 하나님의 영의 기관으로 강조한다.[13] 일부 다른 교파는 하나님의 음성을 들을 수 있는 다른 수단을 이성적 주해나 신학적 기술로 거의 대체한다. 이 두 극단은 각각 하나님께 나아가는 다른 접근을 종종 의심스럽게 여긴다. 나머지 우리 중 많은 사람은 취향이 다른 사람들을 폄하할 필요 없이 이런저런 방법을 단순히 더 편하다고 느낀다. 은사주의 학자로서 나는 하나님이 생각과 영을 둘 다 변화시키신다는 것을 편안하게 받아들인다. 비록 나 자신의 은사와 소명이 종종 전자에 더 집중하는 경향이 있지만 말이다. 이 책은 인지적 측면의 가치를 주장하는데 좀 더 초점을 맞추지만, 성서적으로 볼 때 하나님은 둘 다를 통해 역사하신다.

인지에 대한 바울의 논의가 질문을 제기하는 또 다른 영역은 어떻게 오늘날 좀 더 광범위하게 이해될 수 있는 언어로 그것을 설명하는지와 관련이 있다. 바울은 당대의 일반적인 언어, 즉 오늘날의 심리학 용어로 쉽게 조정하지 못하는 언어로 소통했다. 이 문제와 관련하여 바울 시대의 심리학적 철학자들과 오늘날의 철학 및 심리학 학파의 범위는 학파마다 그 이해와 용어가 종종 다르다.

나는 이 책에서 바울의 심리학 일부에 대한 명확한 설명이 기독교 심리학자들과 상담자들이 그들의 용어로 바울의 원리들을 설명하는 데 있

---

13 하지만 4장에서 논의했듯이, 동일한 문맥은 "성령의 생각"도 다룬다(롬 8:5-7). 바울은 방언 기도를 "영"(고전 14:2, 14)으로 하는 기도라고 부르는데, 이는 하나님의 귀중한 선물이다. 하지만 동일한 문맥은 방언 기도를 통역하는 은사를 깨닫는 것과 동일시하는 것으로 보인다(고전 14:13-15). 바울은 이미 방언과 통역을 모두 성령의 영감을 받은 은사로 밝혔다(12:7, 10). 그렇다면 이런 방식으로 깨달음을 가지고 하는 기도는 하나님의 영의 영감을 받은 기도이기도 하다. 초기 기독교의 여러 곳에서 "영과 진리로" 드리는 예배는 아마도 인간의 영이 아니라 하나님의 영을 가리킬 것이다(예. Scott, *Spirit*, 196; Keener, *John*, 615-19; *pace*, 예. Morris, *John*, 270; Collins, "Spirit").

어 더 나은 방식을 제공해주기를 희망한다. 또한 이 원리들을 해석함으로써 우리가 새로운 상황에서 바울의 지혜를 이해하고 적용하는 법을 배울 수 있기를 바란다. 하지만 이 목표는 이런 학문 분야 간에 협력하는 후속 연구를 통해 이어져야 한다. 그것은 이 책만으로 적절하게 달성하기에는 너무 광범위하며, 학제 간 연구에 속하는 일이다.

약어

고대 자료

일러두기: 저술은 그 위치를 정하기 위해 일반적으로 그 저술의 전통적 저자 아래 열거되었으며, 저작권 주장과 관련한 입장은 취하지 않았다.

호	호세아	계	요한계시록

욜	요엘
암	아모스
옵	오바댜
욘	요나
미	미가
나	나훔
합	하박국
습	스바냐
학	학개
슥	스가랴
말	말라기

신약성서

마	마태복음
막	마가복음
눅	누가복음
요	요한복음
행	사도행전
롬	로마서
고전/고후	고린도전서/고린도후서
갈	갈라디아서
엡	에베소서
빌	빌립보서
골	골로새서
살전/살후	데살로니가전서/데살로니가후서
딤전/딤후	디모데전서/디모데후서
딛	디도서
몬	빌레몬서
히	히브리서
약	야고보서
벧전/벧후	베드로전서/베드로후서
요일/요이/요삼	요한1서/요한2서/요한3서
유	유다서

구약 외경

Bar.	Baruch
1-2 Esd.	1-2 Esdras
Jdt.	Judith
1-4 Macc.	1-4 Maccabees
Pr. Man.	Prayer of Manasseh
Sir.	Sirach/Ecclesiasticus
Sus.	Susanna
Tob.	Tobit
Wis.	Wisdom of Solomon

구약 위경

APOT	*The Apocrypha and Pseudepigrapha of the Old Testament.* Edited by R. H. Charles. 2 vols. Oxford: Clarendon, 1913.
OTP	*The Old Testament Pseudepigrapha.* Edited by James H. Charlesworth. 2 vols. Garden City, NY: Doubleday, 1983-85.
Ahiq.	*Ahiqar*
Apoc. Ab.	*Apocalypse of Abraham*
Apoc. Elij.	*Apocalypse of Elijah*
Apoc. Ezek.	*Apocryphon of Ezekiel*
Apoc. Mos.	*Apocalypse of Moses*
Apoc. Zeph.	*Apocalypse of Zephaniah*
Asc. Isa.	*Ascension of Isaiah*
2-4 Bar.	*2-4 Baruch*
1-3 En.	*1-3 Enoch* (「에녹2서」는 교정본 A와 J가 있다)
4 Ezra	*4 Ezra*

Jos. Asen.	*Joseph and Aseneth*[1]			*Hymns*
Jub.	*Jubilees*	1QM	*Milḥamah or War Scroll*
L.A.B.	Pseudo-Philo *Biblical*	1QpHab	*Pesher Habakkuk*
	Antiquities	1QS	*Serek Hayaḥad or Rule of*
L.A.E.	*Life of Adam and Eve*		*the Community or Manual*
Let. Aris.	*Letter of Aristeas*		*of Discipline*
Odes Sol.	*Odes of Solomon*	1QSa	*Rule of the Congregation*
Pr. Jos.	*Prayer of Joseph*		(1QS의 부록 A)
Ps.-Phoc.	Pseudo-Phocylides	1QSb	*Rule of the Blessings* (1QS
Pss. Sol.	*Psalms of Solomon*		의 부록 B)
Sib. Or.	*Sibylline Oracles*	11QPsᵃ	*Psalms Scroll*ᵃ
T.	*Testament of*	11QT	*Temple Scroll*
Ab.	Abraham (교정본 A와 B)	CD	Cairo Genizah copy of the
Adam	*Adam*		*Damascus Document*
Ash.	*Asher*		
Benj.	*Benjamin*		
Dan	*Dan*		
Gad	*Gad*		
Iss.	*Issachar*		
Job	*Job*[2]		
Jos.	*Joseph*		
Jud.	*Judah*		
Levi	*Levi*		
Mos.	*Moses*		
Naph.	*Naphtali*		
Reub.	*Reuben*		
Sim.	*Simeon*		
Sol.	*Solomon*		
Zeb.	*Zebulun*		

요세푸스와 필론(Josephus and Philo)

Jos.	**요세푸스**
Ag. Ap.	*Against Apion*
Ant.	*Antiquities of the Jews*
Life	*Life*
War	*Jewish War*

필론

Abr.	*On Abraham*
Agr.	*On Husbandry / Agriculture*
Alleg. Interp.	*Allegorical*
	Interpretation(1–3)
Cher.	*On the Cherubim*
Conf.	*On the Confusion of*
	Languages
Contempl.	*On the Contemplative Life*
Creation	*On the Creation*

사해사본 및 관련 본문

1QH/1QHᵃ	*Hodayot or Thanksgiving*

---

1   (처음에 열거한) *OTP* 번역과 표준적인 그리스어 본문이 다른 곳에서는 인용을 이중으로 열거함.
2   판(版)이 다른 곳에서는 (*OTP*의) Spittler와 Kraft에 있는 목록을 다 인용함.

Decal.	The Decalogue	Unchangeable	Unchangeableness of God
Dreams	On Dreams, That They Are God-Sent (1-2)	Virt.	On Virtues
		Worse	That the Worse Is Wont to Attack the Better
Drunkenness	On Drunkenness		
Embassy	Embassy to Gaius		
Eternity	On the Eternity of the World		

타르굼 본문

Flacc.	Flaccus
Flight	On Flight and Finding

Tg.	Targum (+ 성서)
Giants	On the Giants
Good Person	Every Good Person Is Free
Heir	Who Is the Heir of Divine Things

Tg. Jer.	Targum Jeremiah
Tg. Jon.	Targum Jonathan
Tg. Neof.	Targum Neofiti
Tg. Onq.	Targum Onqelos
Hypoth.	Hypothetica
Jos.	Joseph

Tg. Ps.-Jon.	Targum Pseudo-Jonathan
Migr.	The Migration of Abraham
Mos.	Life of Moses (1-2)

Tg. Qoh.	Targum Qohelet
Names	On the Change of Names

미쉬나, 탈무드, 그리고 관련 문헌

Plant.	Concerning Noah's Work as a Planter
Posterity	On the Posterity of Cain and His Exile

Soncino	The Babylonian Talmud. Edited by Isidore Epstein. 35 vols. London: Soncino, 1935-52.
Prelim. St.	Preliminary Studies
QE	Questions and Answers on Exodus (1-2)

b.	Babylonian Talmud
bar.	baraita (with rabbinic text)
QG	Questions and Answers on Genesis (1-4)

m.	Mishnah
t.	Tosefta
Rewards	On Rewards and Punishments

y.	Jerusalem (Yerushalmi, Palestinian) Talmud
Sacr.	On the Birth of Abel and the Sacrifices Offered by Him and His Brother Cain

Ab.	'Abot
Abod. Zar.	'Abodah Zarah
B. Bat.	Baba Batra
Sober	On the Prayers and Curses Uttered by Noah When He Became Sober

B. Metsia	Baba Meṣiʿa
B. Qam.	Baba Qamma
Bek.	Bekorot
Spec. Laws	Special Laws (1-4)
Studies	On Mating with the Preliminary Studies

Ber.	Berakot
Demai	Demai
Ed.	'Eduyyot
Erub.	'Erubin

Git.	Giṭṭin	Lam. Rab.	Lamentations Rabbah
Hag.	Ḥagigah	Lev. Rab.	Leviticus Rabbah
Hal.	Ḥallah	Mek.	Mekilta (ed. Lauterbach)
Hor.	Horayot	Bah.	Bahodesh
Hul.	Ḥullin	Pisha	Pisha
Ketub.	Ketubbot	Shir.	Shirata
Kip.	Kippurim	Midr. Pss.	Midrash on Psalms(Tehillim)
Maas.	Ma'aśerot	Num. Rab.	Numbers Rabbah
Meg.	Megillah	Pesiq. Rab.	Pesiqta Rabbati
Moed Qat.	Mo'ed Qaṭan	Pesiq. Rab Kah.	Pesiqta de Rab Kahana
Ned.	Nedarim	Ruth Rab.	Ruth Rabbah
Nid.	Niddah	Sipra	
Peah	Pe'ah	A.M.	'Aḥarê Mot
Pesah.	Pesaḥim	Behuq.	Behuqotai
Qid.	Qiddušin	par.	parashah
Rosh Hash.	Roš Haššanah	pq.	pereq
Sanh.	Sanhedrin	Qed.	Qedošim
Shab.	Šabbat	Sh. M. d.	Shemini Mekhilta deMiluim
Sot.	Soṭah	VDDeho.	Vayyiqra Dibura Dehobah
Suk.	Sukkah	VDDen.	Vayyiqra Dibura Denedabah
Taan.	Ta'anit	Sipre Deut.	Sipre on Deuteronomy
Tamid	Tamid	Sipre Num.	Sipre on Numbers
Tem.	Temurah	Song Rab.	Song of Solomon Rabbah
Ter.	Terumot		
Yebam.	Yebamot		
Yoma	Yoma		

그 밖의 랍비 문헌

Abot R. Nat.	'Abot de Rabbi Nathan(교정본A와 B)
Der. Er. Rab.	Derek Ereṣ Rabbah
Deut. Rab.	Deuteronomy Rabbah
Eccl. Rab.	Ecclesiastes (Qoheleth) Rabbah
Exod. Rab.	Exodus Rabbah
Gen. Rab.	Genesis Rabbah

사도 교부

Barn.	Epistle of Barnabas
1-2 Clem.	1-2 Clement
Did.	Didache
Diogn.	Epistle to Diognetus
Herm.	Shepherd of Hermas
Ign.	Ignatius of Antioch
Magn.	Epistle to the Magnesians
Phld.	Epistle to the Philadelphians
Pol.	Epistle to Polycarp
Smyrn.	Epistle to the Smyrnaeans
Trall.	Epistle to the Trallians

Mart. Pol.	Martyrdom of Polycarp		Basil	Basil of Caesarea (the Great)
Poly. Phil.	Polycarp Letter to the Philippians		Baptism	Concerning Baptism
			Rules	The Long Rules

Two-column glossary:

교부들과 기타 초기 기독교 자료

Acts John	Acts of John
Ambrose	
Exc.	De excessu fratris sui Satyri / On the Death of His Brother Satyrus
Ambrosiaster	
Comm.	Commentary on Paul's Epistles
Athanas.	**Athanasius**
Inc.	On the Incarnation
Athenag.	**Athenagoras**
Plea	A Plea for Christians
Aug.	**Autustine**
Ag. Jul.	Against Julian
Ag. Pelag.	Against Two Letters of the Pelagians
City	City of God
Contin.	Continence
Div. Q.	Diverse Questions
Ep.	Epistles
Guilt	On Guilt and Remission of Sins
Marr.	On Marriage and Concupiscence
Nat. Grace	On Nature and Grace
Prop. Rom.	Propositions from the Epistle to the Romans
Retract.	Retractations
Simp.	To Simplician on Various Questions
Spir. Lett.	On the Spirit and the Letter

Caesarius	**Caesarius of Arles**
Serm.	Sermons
Chrys.	**John Chrysostom**
Hom. Cor.	Homilies on the First and Second Epistles of Paul to the Corinthians
Hom. Gen.	Homilies on Genesis
Hom. Rom.	Homilies on Romans
Clem. Alex.	**Clement of Alexandria**
Instr.	Instructor
Strom.	Stromata
Cyril Alex.	**Cyril of Alexandria**
Rom.	Explanation of the Letter to the Romans
Euseb.	**Eusebius**
H.E.	Historia ecclesiastica / Ecclesiastical History
P.E.	Praeparatio evangelica / Preparation for the Gospel
Hippol.	Hippolytus
Ref.	Refutation of Heresies
Iren.	**Irenaeus**
Her.	Against Heresies
Jerome	
Hom. Ps.	Homilies on the Psalms
Ruf.	Against Rufinus
Justin	**Justin Martyr**
1 Apol.	1 Apology
Dial.	Dialogue with Trypho
Mac. Magn.	**Macarius Magnes**
Apocrit.	Apocriticus
Origen	
Cels.	Against Celsus
Comm. Rom.	Commentary on Romans

Princ.	On First Principles
Pelagius	
Comm. Rom.	Commentary on Romans
Photius	
Bibl.	Bibliotheca
Ps.-Clem.	**Pseudo-Clementines**
Ps.-Const.	**Pseudo-Constantius**
Rom.	The Holy Letter of St. Paul to the Romans
Sent. Sext.	**Sentences of Sextus**
Tatian	
Or. Gks.	Oration to the Greeks
Tert.	**Tertullian**
Apol.	Apologeticus / Apology
Carn. Chr.	De carne Christi / The Flesh of Christ
Spec.	De spectaculis / The Shows
Theodoret	**Theodoret of Cyrrhus**
Comm. 1 Cor.	Commentary on 1 Corinthians
Comm. 2 Cor.	Commentary on 2 Corinthians
Interp. Rom.	Interpretation of Romans
Theoph.	**Theophilus of Antioch**
To Autolycus	

기타 그리스어 및 라틴어 저술과 저자

Ach. Tat.	**Achilles Tatius**
Leucippe and Clitophon	
Ael. Arist.	**Aelius Aristides**
Def. Or.	Defense of Oratory
Leuct. Or.	Leuctrian Orations
Aelian	**Claudius Aelianus**
Nat. An.	Nature of Animals
Var. hist.	Varia historia

Aeschines	
Embassy	False Embassy
Tim.	Timarchus
Aeschylus	
Ag.	Agamemnon
Lib.	Libation-Bearers (Choephori)
Prom.	Prometheus Bound
Suppl.	Suppliant Women
Alciph.	**Alciphron**
Farm.	Farmers
Paras.	Parasites
Anacharsis	**[Pseudo]-Anacharsis**
Ep.	Epistles
Aphth.	**Aphthonius**
Progymn.	Progymnasmata
Apollod.	**Apollodorus**
Bibl.	Bibliotheca / Library
Epitome	Epitome of the Library
Appian	
C.W.	Civil Wars
R.H.	Roman History
Ap. Rhod.	**Apollonius of Rhodes**
Argonautica	
Apul.	**Apuleius**
Apol.	Apology
De deo Socr.	De deo Socratis / God of Socrates
Flor.	Florida
Metam.	Metamorphoses
Arist.	**Aristotle**
E.E.	Eudemian Ethics
Heav.	On the Heavens
N.E.	Nicomachean Ethics
Poet.	Poetics
Pol.	Politics
Rhet.	Art of Rhetoric
Soul	On the Soul

V.V.	*Virtues and Vices*		*oratoribus*
Aristob.	**Aristobulus**	*Cael.*	*Pro Caelio*
Fragments (in Eusebius *H.E.*)		*Cat.*	*In Catilinam*
Aristoph.	**Aristophanes**	*De or.*	*De oratore*
Acharn.	*Acharnians*	*Div.*	*De divinatione*
Arius Did.	**Arius Didymus**	*Fam.*	*Epistulae ad familiares /*
Epitome of Stoic Ethics			*Letters to Friends*
Arrian		*Fin.*	*De finibus*
Alex.	*Anabasis of Alexander*	*Flacc.*	*Pro Flacco*
Ind.	*Indica*	*Font.*	*Pro Fonteio*
Artem.	**Artemidorus Daldianus**	*Inv.*	*De inventione*
Oneir.	*Oneirocritica*	*Leg.*	*De legibus*
Athen.	**Athenaeus**	*Marcell.*	*Pro Marcello*
Deipn.	*Deipnosophists*	*Mil.*	*Pro Milone*
Aul. Gel.	**Aulus Gellius**	*Mur.*	*Pro Murena*
Attic Nights		*Nat. d.*	*De natura deorum*
Aur. Vict.	**Aurelius Victor**	*Off.*	*De officiis*
Epit. Caes.	*Epitome de Caesaribus*	*Opt. gen.*	*De optimo genere oratorum*
Babr.	**Babrius**	*Or. Brut.*	*Orator ad M. Brutum*
Fables		*Parad.*	*Paradoxa Stoicorum*
Caesar	**Julius Caesar**	*Phil.*	*Orationes philippicae*
C.W.	*Civil War*	*Pis.*	*In Pisonem*
Gall. W.	*Gallic War*	*Prov. cons.*	*De provinciis consularibus*
Callim.	**Callimachus**	*Quinct.*	*Pro Quinctio*
Epig.	*Epigrammata*	*Quint. fratr.*	*Epistulae ad Quintum*
Poems	*Minor Poems*		*fratrum*
Cato	**Dionysius Cato**	*Rab. Perd.*	*Pro Rabirio Perduellionis*
Coll. Dist.	*Collection of Distichs*		*Reo*
Catullus		*Resp.*	*De re publica*
Carmina		*Scaur.*	*Pro Scauro*
Char.	**Chariton**	*Senect.*	*De senectute*
Chaer.	*Chaereas and Callirhoe*	*Sest.*	*Pro Sestio*
Cic.	**키케로(Cicero)**	*Sull.*	*Pro Sulla*
Ag. Caec.	*Against Caecilius*	*Top.*	*Topica*
Amic.	*De amicitia*	*Tull.*	*Pro Tullio*
Att.	*Letters to Atticus*	*Tusc.*	*Tusculan Disputations*
Brut.	*Brutus, or De claris*	*Vat.*	*In Vatinium*

Verr.	*In Verrem*	**Eurip.**	**Euripides**
Corn. Nep.	**Cornelius Nepos**	*Aeol.*	*Aeolus*
Generals		*Andr.*	*Andromache*
Crates	**Pseudo-Crates**	*Bacch.*	*Bacchanals*
Ep.	*Epistles*	*Chrys.*	*Chrysippus*
Demet.	**Demetrius Phalereus**	*El.*	*Electra*
Style	*On Style / De elocutione*	*Hec.*	*Hecuba*
Demosth.	**Demosthenes**	*Hipp.*	*Hippolytus*
Aphob. 1-3	*Against Aphobus*	*Med.*	*Medea*
Con.	*Against Conon*	*Oed.*	*Oedipus*
Embassy	*On the False Embassy*	*Oenom.*	*Oenomaus*
Ep.	*Epistulae / Letters*	*Orest.*	*Orestes*
Meidias	*Against Meidias*	*Phoen.*	*Phoenician Maidens*
Dio Cass.	**Dio Cassius**	**Firm. Mat.**	**Firmicus Maternus**
Roman History		*Err. prof. rel.*	*De errore profanarum*
Dio Chrys.	**Dio Chrysostom**		*religionum*
Or.	*Orations*	**Fronto**	**Marcus Cornelius Fronto**
Diod. Sic.	**Diodorus Siculus**	*Ad Ant. imp.*	*Ad Antoninum imperatorem*
Library of History		*Ad Ant. Pium*	*Ad Antoninum Pium*
Diogenes	**[Pseudo-] Diogenes**	*Ad M. Caes.*	*Ad Marcum Caesarem*
Ep.	*Epistle*	*Ad verum imp.*	*Ad verum imperatorem*
Diog. Laert.	**Diogenes Laertius**	*Eloq.*	*Eloquence*
Lives of Eminent Philosophers		*Ep. graec.*	*Epistulae graecae*
Dion. Hal.	**Dionysius of Halicarnassus**	*Nep. am.*	*De nepote amisso*
2 Amm.	*2 Epistle to Ammaeus*	**Gaius**	
Ant. rom.	*Antiquitates romanae /*	*Inst.*	*Institutes*
	Roman Antiquities	**Galen**	
Demosth.	*Demosthenes*	*Grief*	*On the Avoidance of Grief*
Epict.	**Epictetus**	*Hippoc. et Plat.*	*Hippocrates and Plato*
Diatr.	*Diatribai / Discourses*	**Gorg.**	**Gorgias**
Encheir.	*Encheiridion / Handbook*	*Hel.*	*Encomium of Helen*
Epicurus		**Gr. Anth.**	**Greek Anthology**
Let. Men.	*Letter to Menoeceus*	**Hdn.**	**Herodian**
Eunapius		*History*	
Lives	*Lives of the Philosophers and*	**Hdt.**	**Herodotus**
	Sophists	*Histories*	

Heliod.	Heliodorus	Antid.	Antidosis (Or. 15)
Eth.	Ethiopian Story	Demon.	To Demonicus (Or. 1)
Heracl.	Heraclitus	Nic.	Nicocles / Cyprians (Or. 3)
Hom. Prob.	Homeric Problems	Paneg.	Panegyricus (Or. 4)
Hermog.	Hermogenes	Juv.	Juvenal
Inv.	Invention	Sat.	Satires
Method	Method in Forceful Speaking	Libanius	
Progymn.	Progymnasmata	Anec.	Anecdote
Hesiod		Comp.	Comparison
Melamp.	Melampodia	Declam.	Declamations
W.D.	Works and Days	Descr.	Description
Hierocles	Hierocles (the Stoic)	Encom.	Encomium
Ethics	Elements of Ethics	Invect.	Invective
Gods	On Duties: How to Conduct Oneself toward the Gods	Narr.	Narration
		Speech Char.	Speech in Character
Love	On Duties: On Fraternal Love	Topics	Common Topics
		Livy	
Marr.	On Duties: On Marriage	Ab urbe condita	
Hom.	Homer	Longin.	Longinus
Il.	Iliad	Subl.	On the Sublime
Od.	Odyssey	Longus	
Hom.	Hymns Homeric Hymns	Daphnis and Chloe	
Hor.	Horace	Lucan	
Ep.	Epistles	C.W.	Civil War
Sat.	Satires	Lucian	
Iambl.	Iamblichus of Chalcis	Affairs	Affairs of the Heart
Myst.	Mysteries	Alex.	Alexander the False Prophet
Pyth. Life	On the Pythagorean Life / Life of Pythagoras	Astr.	Astrology
		Book-Coll.	The Ignorant Book-Collector
Soul	On the Soul	Carousal	The Carousal (Symposium), or The Lapiths
Iambl. (nov.)	Iamblichus (novelist)		
Bab. St.	Babylonian Story	Charid.	Charidemus
Isaeus		Charon	Charon, or The Inspectors
Menec.	Estate of Menecles	Cock T	The Dream, or The Cock
Isoc.	Isocrates	Cynic	The Cynic
Ad Nic.	Ad Nicoclem / To Nicocles (Or. 2)	Dance	The Dance
		Dem.	Demonax

Dial. C.	*Dialogues of Courtesans*	**Lucret.**	**Lucretius**
Dial. D.	*Dialogues of the Dead*	*Nat.*	*De rerum natura*
Dial. G.	*Dialogues of the Gods*	**Lycophron**	**Lycophron of Chalcis**
Dial. S-G.	*Dialogues of Sea-Gods*	*Alex.*	*Alexandra*
Eunuch	*The Eunuch*	**Lysias**	
Fisherman	*The Dead Come to Life, or*	*Or.*	*Orationes*
	The Fisherman	**Macrob.**	**Macrobius**
Fly	*The Fly*	*Comm.*	*Commentary on the Dream*
Hall	*The Hall*		*of Scipio*
Hermot.	*Hermotimus, or Sects*	**Marc. Aur.**	**Marcus Aurelius**
Icar.	*Icaromenippus, or The*	*Meditations*	
	Sky-Man	**Mart.**	**Martial**
Indictment	*Double Indictment*	*Epig.*	*Epigrams*
Lover of Lies	*The Lover of Lies*	**Max. Tyre**	**Maximus of Tyre**
Lucius	*Lucius, or The Ass*	*Or.*	*Orationes*
Nigr.	*Nigrinus*	**Men. Rhet.**	**Menander Rhetor (of**
Oct.	*Octogenarians*		**Laodicea)**
Parl. G.	*Parliament of the Gods*	*Treatises*	
Patriot	*The Patriot*	**Musaeus**	
Peregr.	*The Passing of Peregrinus*	*Hero*	*Hero and Leander*
Phil. Sale	*Philosophies for Sale*	**Mus. Ruf.**	**Musonius Rufus**
Portr.	*Essays in Portraiture*	**Nicolaus**	**Nicolaus the Sophist**
Portr. D.	*Essays in Portraiture*	*Progymn.*	*Progymnasmata*
	Defended	**Olympiodorus**	
Posts	*Salaried Posts in Great*	*In Gorg.*	*In Platonis Gorgiam*
	Houses		*Commentaria*
Prof. P.S.	*A Professor of Public*	**Orph. H.**	**Orphic Hymns**
	Speaking	**Ovid**	
Prom.	*Prometheus*	*Am.*	*Amores*
Runaways	*The Runaways*	*Fast.*	*Fasti*
Sacr.	*Sacrifices*	*Her.*	*Heroides*
Tim.	*Timon, or The Misanthrope*	*Metam.*	*Metamorphoses*
Tox.	*Toxaris, or Friendship*	**Parth.**	**Parthenius**
True Story	*A True Story*	*L.R.*	*Love Romance*
Z. Cat.	*Zeus Catechized*	**Paus.**	**Pausanias**
Z. Rants	*Zeus Rants*	*Description of Greece*	
		Perv. Ven.	**Pervigilium Veneris**

Petron.	Petronius	**Pliny**	**Pliny the Younger**
Sat.	Satyricon	Ep.	Epistles
Phaedrus		**Pliny E.**	**Pliny the Elder**
Fables		N.H.	Natural History
Philod.	**Philodemus**	**Plot.**	**Plotinus**
Crit.	On Frank Criticism	Enn.	Enneads
Death	On Death	**Plut.**	**Plutarch**
Prop.	On Property Management	Aff. Soul	Whether the Affections of the
Philost.	**Flavius Philostratus** (the		Soul Are Worse Than Those
	Athenian)		of the Body
Ep.	Epistulae / Love Letters	Alex.	Alexander
Ep. Apoll.	Epistles of Apollonius	Apoll.	Letter of Consolation to
Hrk.	Heroikos		Apollonius
Vit. Apoll.	Vita Apollonii / Life of	Borr.	On Borrowing (That We
	Apollonius		Ought Not to Borrow)
Vit. soph.	Vitae sophistarum / Lives of	Bride	Advice to Bride and Groom
	the Sophists	Busybody	On Being a Busybody
Pindar		Caes.	Caesar
Ol.	Olympian Odes	Cic.	Cicero
Paean.	Paeanes / Hymns	Cim.	Cimon
Pyth.	Pythian Odes	Comm. Conc	Against the Stoics on
Thren.	Threnoi / Dirges		Common Conceptions
Plato		Contr. A.	On the Control of Anger
Alcib.	Alcibiades (1-2)	Coriol.	Coriolanus
Charm.	Charmides	Demosth.	Demosthenes
Cratyl.	Cratylus	Dial. L.	Dialogue on Love
Ep.	Epistles	Dinner	Dinner of Seven Wise Men
Gorg.	Gorgias	Div. V.	Delays of Divine Vengeance
Hipp. maj.	Hippias major	E Delph.	E at Delphi
Lov.	The Lovers	Educ.	On the Education of
Phaedr.	Phaedrus		Children
Pol.	Politicus / Statesman	Exile	On Exile
Prot.	Protagoras	Face M.	Face on the Moon
Rep.	Republic	Flatt.	How to Tell a Flatterer from
Theaet.	Theaetetus		a Friend
Tim.	Timaeus	Garr.	On Garrulousness
		Gen. of Sou	Generation of the Soul in the

	"Timaeus"	Virt.	Virtue and Vice
Isis	Isis and Osiris	**Polyb.**	**Polybius**
L. Wealth	Love of Wealth		History of the Roman Republic
Lect.	On Lectures	**Porph.**	**Porphyry**
Lyc.	Lycurgus	Abst.	De abstinentia
M. Cato	Marcus Cato	Marc.	To Marcella
Mal. Hdt.	Malice of Herodotus	Plot.	Life of Plotinus
Mor.	Moralia	**Proclus**	**Proclus the Successor**
Nic.	Nicias	Poet.	On Poetics
Old Men	Old Men in Public Affairs	**Ps.–Callisth.**	**Pseudo–Callisthenes**
Or. Delphi	Oracles at Delphi No Longer	Alex.	Alexander Romance
	Given in Verse	**Ps.–Ocellus**	**Pseudo–Ocellus Lucanus**
Par. St.	Greek and Roman Parallel	Nat. Univ.	On the Nature of the
	Stories		Universe
Plac.	De placita philosophorum	**Ps.–Simpl.**	**Pseudo–Simplicius**
Plat. Q.	Platonic Questions	De an.	In de anima
Pleas. L.	Epicurus Actually Makes a	**Publ. Syr.**	**Publilius Syrus**
	Pleasant Life Impossible		Sentences
Poetry	How the Young Man Should	**Pyth. Sent.**	**Pythagorean Sentences**
	Study Poetry	**Quint.**	**Quintilian**
Pomp.	Pompey	Decl.	Declamations
Profit by Enemies	How to Profit by One's	Inst.	Institutes of Oratory
	Enemies	**Quint. Curt.**	**Quintus Curtius Rufus**
Progr. Virt.	How One May Become		History of Alexander
	Aware of One's Progress in	**Res gest.**	**Res gestae divi Augusti**
	Virtue	**Rhet. Alex.**	**Rhetorica ad Alexandrum**
R. Col.	Reply to Colotes	**Rhet. Her.**	**Rhetorica ad Herennium**
Rom. Q.	Roman Questions	**Sall.**	**Sallust**
S. Kings	Sayings of Kings and	Catil.	War with Catiline
	Commanders	Ep. Caes.	Epistulae ad Caesarem /
S. Rom.	Sayings of Romans		Letters to Caesar
Stoic Cont.	Stoic Self-Contradictions	Jug.	War with Jugurtha
Superst.	Superstition	Pomp.	Letter of Gnaeus Pompeius
Table	Table Talk	Sp. Caes.	Speech to Caesar
Ten Or.	Ten Orators	**Sen. E.**	**Seneca the Elder**
Themist.	Themistocles	Controv.	Controversiae
Uned. R.	To an Uneducated Ruler	Suas.	Suasoriae

Sen. Y.	Seneca the Younger		**Symmachus**
Ben.	*On Benefits*	*Ep.*	*Epistles*
Clem.	*De clementia*	**Tac.**	**Tacitus**
Dial.	*Dialogues*	*Ann.*	*Annals*
Ep. Lucil.	*Epistles to Lucilius*	*Dial.*	*Dialogus de oratoribus*
Herc. fur.	*Hercules furens*	*Germ.*	*Germania*
Hippol.	*Hippolytus*	*Hist.*	*History*
Ira	*De ira*	**Terence**	
Med.	*Medea*	*Andr.*	*Lady of Andros*
Nat. Q.	*Natural Questions*	*Moth.*	*The Mother-in-Law*
Troj.	*Trojan Women*	*Phorm.*	*Phormio*
Vit. beat.	*De vita beata*	**Theon**	**Aelius Theon**
Sext. Emp.	**Sextus Empiricus**	*Progymn.*	*Progymnasmata* (달리 언급
Eth.	*Against the Ethicists*		한 곳을 제외하고 Butts 판
Pyr.	*Outlines of Pyrrhonism*		을 인용함)
Sil. It.	**Silius Italicus**	**Theophr.**	**Theophrastus**
Punica		*Char.*	*On Characters*
Socratics		**Thucyd.**	**Thucydides**
Ep.	*Epistles*		*History of the Peloponnesian War*
Soph.	**Sophocles**	**Tibullus**	
Antig.	*Antigone*	*Elegies*	
Oed. tyr.	*Oedipus the King*	**Val. Flacc.**	**Valerius Flaccus**
Wom. Tr.	*Women of Trachis*	*Argonautica*	
Soranus		**Val. Max.**	**Valerius Maximus**
Gynec.	*Gynecology*	*Memorable Deeds and Sayings*	
Statius		**Varro**	
Silv.	*Silvae*	*L.L.*	*On the Latin Language*
Stob.	**Stobaeus**	**Vell. Paterc.**	**Velleius Paterculus**
Anth.	*Anthology*	*Compendium of Roman History*	
Strabo		**Virg.**	**Virgil**
Geography		*Aen.*	*Aeneid*
Suet.	**Suetonius**	*Ecl.*	*Eclogues*
Aug.	*Augustus*	**Vitruv.**	**Vitruvius**
Calig.	*Caligula*	*Arch.*	*On Architecture*
Claud.	*Claudius*	**Xen.**	**Xenophon**
Tib.	*Tiberius*	*Apol.*	*Apologia Socratis*
Symm.	**Quintus Aurelius**	*Cyr.*	*Cyropaedia*

Hell.	*Hellenica*	
Lac.	*Constitution of*	
	Lacedemonians	
Mem.	*Memorabilia*	
Oec.	*Oeconomicus*	
Xen. Eph.	**Xenophon of Ephesus**	
Anthia	*Anthia and Habrocomes*	

기타 고대 및 중세 자료

ANET	*Ancient Near Eastern Texts Relating to the Old Testament.* Edited by James B. Pritchard. 2nd ed. Princeton: Princeton University Press, 1955.
BGU	*Aegyptische Urkunden aus den Königlichen Staatlichen Museen zu Berlin, Griechische Urkunden.* 15 vols. Berlin: Weidmann, 1895–1937.
Book of Dead	*Book of the Dead* (Egyptian)
CER	Origen. *Commentarii in Epistulam ad Romanos.* Edited by T. Heither. 5 vols. New York: Herder, 1990–95.
Confuc. *Anal.*	Confucius *Analects*[3]
CSEL	Corpus Scriptorum Ecclesiasticorum Latinorum
Cyn. Ep.	*The Cynic Epistles: A Study Edition.* Edited by Abraham J. Malherbe. SBLSBS 12. Missoula, MT: Scholars Press, 1977.
ENPK	*Ein neuer Paulustext und Kommentar.* Edited by H. J. Frede. 2 vols. Freiburg im Breisgau: Herder, 1973–74.
GBP	*The Greek Bucolic Poets.* Translated by J. M. Edmonds. LCL. Cambridge, MA: Harvard University Press; London: Heinemann, 1912.
Gnom. Vat.	*Gnomologium Vaticanum*
Incant. Text	Incantation text from *Corpus of the Aramaic Incantation Bowls.* By Charles D. Isbell. SBLDS 17. Missoula, MT: Scholars Press, 1975.
PCR	*Pelagius's Commentary on Romans.* Edited by M. De Bruyn. Oxford: Oxford University Press, 1993.
PG	Patrologia Graeca [= Patrologiae Cursus Completus: Series Graeca]. Edited by J.-P. Migne. 162 vols. Paris, 1857–86.
PGK	*Pauluskommentare aus der griechischen Kirche.* Edited by K. Staab. NTAbh 15. Münster: Aschendorff, 1933.

---

3   Chai의 목록 뒤에 괄호 안에 있는 원래 목록이 이어진다.

PL	Patrologia Latina [= Patrologiae Cursus Completus: Series Latina]. Edited by J.-P. Migne. 217 vols. Paris, 1844–64.	Milan, 1906–15.
		P.Gen.
		Les Papyrus de Genève I. Edited by J. Nicole. Geneva, 1896–1900.

파피루스, 비문, 그리고 단편 모음집

CIG	*Corpus Inscriptionum Graecarum*. Edited by August Boeckh. 4 vols. Berlin, 1828–77.	
CIJ	*Corpus Inscriptionum Judaicarum*. Edited by Jean-Baptiste Frey. 2 vols. Rome: Pontifical Biblical Institute, 1936–52.	
CIL	*Corpus Inscriptionum Latinarum*. Berlin, 1862–.	
Nauck	*Tragicorum graecorum fragmenta*. Edited by A. Nauck. 2nd ed. Leipzig: Teubner, 1889.	
OGIS	*Orientis Graeci Inscriptiones Selectae*. Edited by W. Dittenberger. 2 vols. Leipzig: Hirzel, 1903–5.	
P.Duk.	Duke University papyrus collection	
P.Fay.	*Fayum Towns and Their Papyri*. Edited by B. P. Grenfell, A. S. Hunt, and D. G. Hogarth. London, 1900.	
P.Flor.	*Papyri greco-egizii, Papiri Fiorentini*. Edited by G. Vitelli and D. Comparetti.	

P.Lille *Papyrus Grecs de Lille* I. Parts i, ii, iii. Edited by P. Jouguet. Paris, 1907–23.

P.Mich. Michigan Papyri. 19 vols. in 20. Ann Arbor, MI, 1931–99.

P.Oxy. *The Oxyrhynchus Papyri*. London: British Exploration Fund; Egypt Exploration Society, 1898–.

P.Stras. *Griechische Papyrus der Kaiserlichen Universitäts- und Landes-bibliothek zu Strassburg*. Edited by F. Priesigke. Leipzig, 1912–.

PDM *Papyri Demoticae Magicae*. Demotic texts in the *PGM* corpus as collated in *The Greek Magical Papyri in Translation, Including the Demotic Spells*. Edited by Hans Dieter Betz. Chicago: University of Chicago Press, 1996.

PDM Suppl. *PDM Supplement*

PGM *Papyri Graecae Magicae: Die griechischen Zauberpapyri*. Edited by K. Preisendanz. 2 vols. Leipzig and Berlin: Teubner, 1928–31.

Priene *Die Inschriften von Priene*. Edited by H. von Gaertringen. Berlin, 1906.

SP	*Select Papyri*. Edited by A. S. Hunt, C. C. Edgar, and D. L. Page. 5 vols. LCL. Cambridge, MA: Harvard University Press, 1932–41.
SVF	*Stoicorum Veterum Fragmenta*. Edited by H. von Arnim. 4 vols. Leipzig: Teubner, 1903–24.

현대 자료

일반 문헌

BCE	Before the Common Era
ca.	circa
CE	Common Era
cf.	*confer*, compare
ed(s).	edition(s), editor(s), edited by
e.g.	*exempli gratia*, for example
esp.	especially
ET	English translation
ff.	and following
i.e.	*id est*, that is
n(n).	note(s)
n.d.	no date
n.s.	new series
p(p).	page(s)
R.	Rabbi
rev.	revised
ser.	series
trans.	translator(s), translated by
vs.	versus

성서 번역본

ASV	American Standard Version
CEB	Common English Bible
ESV	English Standard Version
GNT	Good News Translation
KJV	King James Version
Message	The Message
NAB	New American Bible
NASB	New American Standard Bible
NCV	New Century Version
NEB	New English Bible
NET	New English Translation (NET Bible)
NIV	New International Version
NKJV	New King James Version
NLT	New Living Translation
NRSV	New Revised Standard Version
RSV	Revised Standard Version

잡지, 간행물, 그리고 기타 참고 문헌

AB	Anchor Bible
ABD	*Anchor Bible Dictionary*. Edited by David N. Freedman. 6 vols. New York: Doubleday, 1992.
ABR	*Australian Biblical Review*
ABRL	Anchor Bible Reference Library
ACCS	Ancient Christian Commentary on Scripture
AJA	*American Journal of Archaeology*
AJAH	*American Journal of Ancient*

	History	BDAG	Danker, F. W., W.
AJP	*American Journal of*		Bauer, W. F. Arndt, and
	Philology		F. W. Gingrich. *Greek-*
ALGHJ	Arbeiten zur Literatur		*English Lexicon of the New*
	und Geschichte des		*Testament and Other Early*
	hellenistichen Judentums		*Christian Literature.* 3rd
ALUOS	*Annual of Leeds University*		rev. ed. Chicago: University
	Oriental Society		of Chicago Press, 2000.
AnBib	Analecta Biblica	BECNT	Baker Exegetical
ANRW	*Aufstieg und Niedergang der*		Commentary on the New
	römischen Welt: Geschichte		Testament
	und Kultur Roms im Spiegel	*BegChr*	*The Beginnings of*
	der neueren Forschung. Part		*Christianity.* Part 1: *The*
	2, *Principat.* Edited by H.		*Acts of the Apostles.* Edited
	Temporini and W. Haase.		by F. J. Foakes-Jackson
	Berlin: de Gruyter, 1972-.		and Kirsopp Lake. 5 vols.
ANTC	Abingdon New Testament		London: Macmillan, 1922.
	Commentaries		Reprint, Grand Rapids:
AramSt	*Aramaic Studies*		Baker, 1977.
ArBib	Aramaic Bible	*BeO*	*Bibbia e Oriente*
Arch	*Archaeology*	BHT	Beiträge zur historischen
ASDE	*Annali di storia dell' esegesi*		Theologie
AshTJ	*Ashland Theological Journal*	*Bib*	*Biblica*
AsTJ	*Asbury Theological Journal*	*BiBh*	*Bible Bhashyam*
AT	*Annales Theologici*	*BibInt*	*Biblical Interpretation*
AugCNT	Augsburg Commentary on	*BibLeb*	*Bibel und Leben*
	the New Testament	*BibT*	*The Bible Today*
AUSS	*Andrews University*	*Bijdr*	*Bijdragen*
	Seminary Studies	*BJRL*	*Bulletin of the John Rylands*
BA	*Biblical Archaeologist*		*University Library of*
BASOR	*Bulletin of the American*		*Manchester*
	Schools of Oriental Research	BJS	Brown Judaic Studies
BBR	*Bulletin for Biblical Research*	*BK*	*Bibel und Kirche*
BCompAW	Blackwell Companions to	*BLE*	*Bulletin de Littérature*
	the Ancient World		*Ecclésiastique*
BCompRel	Blackwell Companions to	BollS	Bollingen Series
	Religion	*BrillPauly*	*Brill's New Pauly:*

	Encyclopaedia of the Ancient World. Edited by Hubert Cancik. Leiden: Brill, 2002-11.		*Journal*
		DCDBCN	The Development of Christian Doctrine before the Council of Nicaea
BSac	*Bibliotheca Sacra*	*DNTB*	*Dictionary of New Testament Background.* Edited by Craig A. Evans and Stanley E. Porter. Downers Grove, IL: InterVarsity, 2000.
BTCB	Brazos Theological Commentary on the Bible		
BTr	*Bible Translator*		
BZ	*Biblische Zeitschrift*		
BZNW	Beihefte zur Zeitschrift für die neutestamentliche Wissenschaft	*DSD*	*Dead Sea Discoveries*
		EHPR	Études d'Histoire et de Philosophie Religieuses
CBET	Contributions to Biblical Exegesis and Theology	EHRel	Études d'Histoire des Religions
CBQ	*Catholic Biblical Quarterly*	*Enc*	*Encounter*
CBull	*Classical Bulletin*	EPROER	Études préliminaires aux religions orientales dans l'empire romain
CC	Continental Commentaries		
CH	*Church History*		
CHSP	Center for Hermeneutical Studies Protocol	*EspV*	*Esprit et Vie*
		EstBib	*Estudios bíblicos*
CJ	*Classical Journal*	*EthRacSt*	*Ethnic and Racial Studies*
Coll	*Collationes*	*ETL*	*Ephemerides Theologicae Lovanienses*
ConBNT	Coniectanea Biblica: New Testament Series		
		ETR	*Études Théologiques et Religieuses*
CP	*Classical Philology*		
CQ	*Classical Quarterly*	*EvQ*	*Evangelical Quarterly*
CRINT	Compendia Rerum Iudaicarum ad Novum Testamentum	*ExpT*	*Expository Times*
		FAT	Forschungen zum Alten Testament
CT	*Christianity Today*	*FilNeot*	*Filología Neotestamentaria*
CTM	*Concordia Theological Monthly*	*FoiVie*	*Foi et Vie*
		FreiRund	*Freiburger Rundbrief*
CurTM	*Currents in Theology and Mission*	*FZPhTh*	*Freiburger Zeitschrift für Philosophie und Theologie*
CW	*Classical World*	*GR*	*Greece and Rome*
DBM	*Deltion Biblikon Meleton*	*GRBS*	*Greek, Roman, and Byzantine Studies*
DBSJ	*Detroit Baptist Seminary*		

Greg	*Gregorianum*		Series
Hen	*Henoch*	JBQ	*Jewish Bible Quarterly*
Hermeneia	Hermeneia: A Critical and Historical Commentary on the Bible	JDharm	*Journal of Dharma*
		Jeev	*Jeevadhara*
		JETS	*Journal of the Evangelical Theological Society*
Historia	*Historia: Zeitschrift für alte Geschichte*	JGRCJ	*Journal of Greco-Roman Christianity and Judaism*
HNTC	Harper's New Testament Commentaries	JHI	*Journal of the History of Ideas*
Hok	*Hokhma*		
HR	*History of Religions*	JHistPhil	*Journal of the History of Philosophy*
HSCP	*Harvard Studies in Classical Philology*	JHistSex	*Journal of the History of Sexuality*
HTR	*Harvard Theological Review*		
HTS	Harvard Theological Studies	JHS	*Journal of Hellenic Studies*
		Jian Dao DS	Jian Dao Dissertation Series
HUCA	*Hebrew Union College Annual*	JJS	*Journal of Jewish Studies*
HvTS	*Hervormde teologiese studies*	JJTP	*Journal of Jewish Thought and Philosophy*
IBC	Interpretation: A Bible Commentary for Teaching and Preaching	JNES	*Journal of Near Eastern Studies*
IBS	*Irish Biblical Studies*	JPFC	*The Jewish People in the First Century: Historical Geography; Political History; Social, Cultural, and Religious Life and Institutions.* Edited by S. Safrai and M. Stern with D. Flusser and W. C. van Unnik. 2 vols. CRINT 1. Vol. 1: Assen: Van Gorcum, 1974; vol. 2: Philadelphia: Fortress, 1976.
ICC	International Critical Commentary		
ICS	*Illinois Classical Studies*		
Identity	*Identity: An International Journal of Theory and Research*		
Int	*Interpretation*		
IsNumR	*Israel Numismatic Research*		
ITS	*Indian Theological Studies*		
IVPNTC	InterVarsity Press New Testament Commentary		
JBL	*Journal of Biblical Literature*	JPT	*Journal of Pentecostal Theology*
JBLMS	Journal of Biblical Literature Monograph		
		JQR	*Jewish Quarterly Review*

JRelHealth	Journal of Religion and Health		Classical Studies
JRS	Journal of Roman Studies	MNTC	Moffatt New Testament Commentary
JSJ	Journal for the Study of Judaism in the Persian, Hellenistic, and Roman Periods	MScRel	Mélanges de Science Religieuse
		NCamBC	New Cambridge Bible Commentary
JSNT	Journal for the Study of the New Testament	NCBC	New Century Bible Commentary
JSNTSup	Journal for the Study of the New Testament Supplement Series	NCCS	New Covenant Commentary Series
JSOT	Journal for the Study of the Old Testament	Neot	Neotestamentica
		NFTL	New Foundations Theological Library
JSOTSup	Journal for the Study of the Old Testament Supplement	NIBCNT	New International Biblical Commentary on the New Testament
JSP	Journal for the Study of the Pseudepigrapha	NICNT	New International Commentary on the New Testament
JSQ	Jewish Studies Quarterly		
JSS	Journal of Semitic Studies		
JS/TS	Journal for Semitics / Tydskrif vir Semitistiek	NovT	Novum Testamentum
		NovTSup	Supplements to Novum Testamentum
JTI	Journal of Theological Interpretation	NTA	New Testament Abstracts
JTS	Journal of Theological Studies	NTAbh	Neutestamentliche Abhandlungen
KD	Kerygma und Dogma	NTL	New Testament Library
KK	Katorikku Kenkyu	NTS	New Testament Studies
LCL	Loeb Classical Library	NTT	Norsk Teologisk Tidsskrift
LEC	Library of Early Christianity	Numen	Numen: International Review for the History of Religions
LNTS	Library of New Testament Studies	OCD³	Oxford Classical Dictionary. Edited by Simon Hornblower and Antony Spawforth. 3rd rev. ed. Oxford: Oxford University
LPSt	Library of Pauline Studies		
LTJ	Lutheran Theological Journal		
Mnemosyne	Mnemosyne: A Journal of		

	Press, 2003.	*ResQ*	*Restoration Quarterly*
OrChrAn	Orientalia Christiana	*RevExp*	*Review and Expositor*
	Analecta	*RevistB*	*Revista bíblica*
OTP	*The Old Testament*	*RevQ*	*Revue de Qumran*
	Pseudepigrapha. Edited by	*RHPR*	*Revue d'Histoire et de*
	James H. Charlesworth.		*Philosophie Religieuses*
	2 vols. New York:	*RHR*	*Revue de l'histoire des*
	Doubleday, 1983 – 85.		*religions*
PAST	Pauline Studies (Brill)	*RivB*	*Rivista biblica italiana*
PastRev	*Pastoral Review*	*RMPhil*	*Rheinisches Museum für*
PCNT	Paideia Commentaries on		*Philologie*
	the New Testament	*RocT*	*Roczniki Teologiczne*
PhA	Philosophia Antiqua	*RSR*	*Recherches de science*
Phil	*Philologus*		*religieuse*
PHR	*Problèmes d'Histoire des*	*RTR*	*Reformed Theological Review*
	Religions	*Salm*	*Salmanticensis*
PIBA	*Proceedings of the Irish*	SAOC	Studies in Ancient Oriental
	Biblical Association		Civilizations
PillNTC	Pillar New Testament	SBLDS	Society of Biblical
	Commentary		Literature Dissertation
PJBR	*Polish Journal of Biblical*		Series
	Research	SBLECL	Society of Biblical
ProcC	Proclamation		Literature Early
	Commentaries		Christianity and Its
PRSt	*Perspectives in Religious*		Literature
	Studies	SBLRBS	Society of Biblical
PrTMS	Princeton Theological		Literature Resources for
	Monograph Series		Biblical Study
PTMS	Pittsburgh Theological	SBLSBS	Society of Biblical
	Monograph Series		Literature Sources for
QC	*Qumran Chronicle*		Biblical Study
R&T	*Religion and Theology*	SBLSCS	Society of Biblical
RB	*Revue biblique*		Literature Septuagint and
RBL	*Review of Biblical Literature*		Cognate Studies
RechBib	Recherches bibliques	SBLSymS	Society of Biblical
RelS	*Religious Studies*		Literature Symposium
RelSRev	*Religious Studies Review*		Series

SBLTT	Society of Biblical Literature Texts and Translations	*StZ*	*Stimmen der Zeit*
		SUSIA	Skrifter Utgivna av Svenska Institutet I Athen
SBLWGRW	Society of Biblical Literature Writings from the Greco-Roman World	*SVTQ*	*St. Vladimir's Theological Quarterly*
		SWJT	*Southwestern Journal of Theology*
SBT	Studies in Biblical Theology		
ScC	*La Scuola Cattolica*	*TBei*	*Theologische Beiträge*
SCHNT	Studia ad Corpus Hellenisticum Novi Testamenti	*TDNT*	*Theological Dictionary of the New Testament.* Edited by Gerhard Kittel and Gerhard Friedrich. Translated by Geoffrey W. Bromiley. 10 vols. Grand Rapids: Eerdmans, 1964–76.
ScrTh	*Scripta Theologica*		
SEÅ	*Svensk Exegetisk Årsbok*		
SGRR	Studies in Greek and Roman Religion		
SHBC	Smyth & Helwys Bible Commentary		
SHR	Studies in the History of Religions (supplements to *Numen*)	*ThQ*	*Theologische Quartalschrift*
		TJ	*Trinity Journal*
		TLG	*Thesaurus Linguae Graecae: Canon of Greek Authors and Works.* Edited by Luci Berkowitz and Karl A. Squitier. 3rd ed. New York: Oxford University Press, 1990.
SJT	*Scottish Journal of Theology*		
SJTOP	Scottish Journal of Theology Occasional Papers		
SNTSMS	Society for New Testament Studies Monograph Series		
SP	Sacra Pagina	*TLZ*	*Theologische Literaturzeitung*
SPhilA	*Studia Philonica Annual (Studia Philonica)*	TNTC	Tyndale New Testament Commentaries
SPhilMon	Studia Philonica Monographs	*TS*	*Theological Studies*
SR	*Studies in Religion*	TSHP	Texts and Studies in the History of Philosophy
StBibLit	Studies in Biblical Literature (Lang)	TSJTSA	Texts and Studies of the Jewish Theological Seminary of America
StBibSlov	*Studia Biblica Slovaca*		
STJ	*Stulos Theological Journal*	*TTKi*	*Tidsskrift for Teologi og Kirke*
StSpir	*Studies in Spirituality*		

TTZ	Trierer Theologische Zeitschrift
TynBul	Tyndale Bulletin
TZ	Theologische Zeitschrift
VC	Vigiliae Christianae
VE	Vox Evangelica
VerbEc	Verbum et Ecclesia
VH	Vivens Homo
WBC	Word Biblical Commentary
WUNT	Wissenschaftliche Untersuchungen zum Neuen Testament
YCS	Yale Classical Studies
ZAW	Zeitschrift für die alttestamentliche Wissenschaft
ZKG	Zeitschrift für Kirchengeschichte
ZKT	Zeitschrift für katholische Theologie
ZNT	Zeitschrift für Neues Testament
ZNW	Zeitschrift für die neutestamentliche Wissenschaft und die Kunde der älteren Kirche
ZRGG	Zeitschrift für Religions-und Geistesgeschichte
ZTK	Zeitschrift für Theologie und Kirche

제1장 • 타락한 생각(롬 1:18-32)

> 그들이 하나님을 인지적 영역에 두는 것을 합당하지 않다고 판단한 것처럼, 하나님은 그들을 합당하지 않은 생각에 넘겨주어 그들이 하지 말아야 할 일을 하게 하셨다.
>
> – 로마서 1:28

로마서의 첫 장에서 바울은 이방인 세계의 타락한 생각을 다룬다. 그는 로마서 7:7-25에서 더 잘 알려진 유대인의 생각을 다룰 것이다. 고대 사상가들은 이성이 정욕을 대적한다고 생각했다. 즉 지혜로운 사람들은 진리를 통해 정욕을 극복할 것이다. 로마서 1:18-32에서 바울은 이교도를 정죄하는 유대인의 태도에 적합한, 이성과 정욕에 대한 좀 더 복잡한 그림을 그린다.[1]

이 본문에서 바울은 인류가 우상숭배를 통해 하나님의 형상을 비이성적으로 왜곡했으며, 그 결과 하나님은 그들을 그들 자신의 비이성적 욕망에 넘겨줌으로써 이런 우상숭배에 대한 그분의 진노를 표현하셨다고

---

[1] 나는 일단의 종교적 관점을 지칭하기 위해서가 아니라 비유대인들, 특히 다신론자들과 관련하여 초기 유대인들과 그리스도인들이 가지고 있었던 기본적인 관점을 전달하기 위해 "이교도"(pagan)라는 용어를 사용한다.

주장한다. 불합리한 생각으로 인해 인류는 정욕에 굴복하고 말았다. 사람들의 부적절한 사고방식은 그들이 하나님의 진리를 거부한 결과다.[2]

이교 세상의 타락한 생각

바울은 모든 인류에게 그리스도가 필요하다는 것을 입증하기 위해 먼저 예수를 믿는 신자들 사이에서 아마도 실제로 논쟁이 되지 않았을 것을 설정한다. 즉 이방인 세계(즉 회심하지 않은 비유대인들)가 하나님을 알지 못했다고 말이다(참조. 갈 4:8; 살전 4:5). 이 전제는 이방인들이 소유하고 있는 것보다 훨씬 더 우월한 계시인 토라를 소유하는 것이 바울의 동포인 유대인들이 하나님을 바르게 알고 있다는 것을 보증하지는 않는다는 바울의 주장을 준비할 것이다(참조. 롬 2:1-29). 사실 그것은 단지 그들을 더 죄인으로 만들어 모든 인류가 죄 아래 놓이게 할 뿐이다(롬 3:9-20).

바울의 가능성 있는 주장 요약

로마서 1:18-32에서 바울의 주장을 요약하면 다음과 같다. 즉 하나님은 우상숭배로 말미암아 그분에 관한 진리를 억누르고 왜곡하는 사악한 행위에 대해 인류를 심판하신다(롬 1:18, 23). 인류는 하나님의 거짓된 형상에 대한 책임이 있는데, 그 이유는 하나님이 창조에서—특히 하나님의 형상으로 지음을 받은 사람 안에서—자신이 어떤 분인지를 계시하셨기 때문

---

2   엡 2:3; 4:18; 골 1:21에서 생각이 하나님에게서 떠나 있다고 한 것을 참조하라.

이다(롬 1:19-20). 그러므로 하나님은 인류를 그들의 왜곡된 생각에 넘겨 주심으로써 심판하신다(1:24, 26, 28). 이 잘못된 생각은 그들 안에 있는 하나님의 형상을 왜곡하는 것을 포함할 것이다(1:24-27). 그들이 하나님을 욕되게 했듯이(1:21), 하나님은 바울이 "욕되고", "부끄러운" 정욕이라고 부르는 것으로(1:26-27) 그들이 서로를 욕되게 만들도록 하셨다(1:24). 결국 그들은 더 잘 알고 있음에도 온갖 종류의 죄를 범했다(1:28-32).

다양한 방식으로 표현되었지만, 이성, 지식, 진리의 언어는 이 구절에 널리 퍼져 있으며, 현재 이교도들의 비이성적으로 부도덕한 "생각" 또는 "사고방식"(1:28)이 인류 자신의 죄악된 선택에서 비롯된 것이라고 설명한다. 이 언어에는 다음과 같은 요소들이 포함된다. 즉 인류는 본디 하나님을 영화롭게 하기 위해 그분에 관한 충분한 지식이 있었다(1:19-21). 하지만 그들은 그 진리를 둘러싼 상상력 넘치는 방법을 찾음으로써 그 진리를 의도적으로 왜곡했다(1:21, 25). 그들의 추론은 그들이 만든 우상처럼 허망하고 공허한 것이 되었다. 그들의 마음은 이제 깨달음이 부족하여 어두워졌다(1:21). 그들은 심지어 지혜롭다고 주장하고 있는 동안에도 어리석게 되었다(1:21-22; 참조. 1:14). 그들은 더 이상 하나님에 관한 참된 지식을 입증하지 못했다. 그래서 하나님은 그들이 합당하지 않은 것을 행하도록 그들에게 탐탁지 않은 생각을 주셨다(1:28). 인류는 애초에 하나님을 영화롭게 했어야 한다는 것을 충분히 알고 있었듯이, 하나님과 다른 사람들―그들과 마찬가지로 모두 하나님의 형상대로 창조된 사람들―을 악하게 대우함으로 인해 심판받아 마땅하다는 것을 깨닫기에 충분한 지식이 있었다(1:32). 그럼에도 그들은 그런 행동을 거절하기보다 오히려 정당화하는 편을 택했다(1:32).³ 따라서 그들은 진리를 거부했으며, 하나님은 그들이 신학적으로뿐만 아니라 도덕적으로도 지식을 분별할 수 없게 하심으로써 그들을 벌하셨다.⁴

죄 아래에 있어서 비난받을 만한 이방인 세계에 대한 바울의 묘사는 이방인들에 대한 유대인의 생각과 일치하며,⁵ 죄 아래 있는 모든 인류에 대한 바울의 더 큰 주장을 준비한다(롬 2:1-3:31).⁶ 이방인들은 하나님의 토라에 대한 좀 더 완전한 도덕적 진리가 없다. 바울은 로마서 7장에서 심지어 그 지식조차도 완전히 변화시킬 수 없다고 주장할 것이다. 하지만 이 장에서 나는 정욕에 지배받고 때로는 그것을 정당화하는 이방인의 생각에 대한 바울의 묘사에 좀 더 구체적으로 초점을 맞춘다.

초기 유대교에서 유비 찾기

바울의 논증에서 지적인 요소들은 디아스포라 유대인 청중이 이해할 수 있도록 구상되었을 것이다. 그러므로 그 요소들은, 유대인이든 이방인이든 혹은 이 둘이 혼합되었든지 간에, 초기 그리스도인 청중 역시 분명히

---

3 Keck(*Romans*, 73)이 언급하듯이, 신학이 도덕에 영향을 미칠 뿐만 아니라 도덕도 신학과 사람들의 사고방식에 영향을 미친다. "그 주된 이유는 우리가 우리의 행동을 합리화하기 때문이다."

4 왜곡은 아마도 신적인 문제들에 대한 직접적 논의에 더 근접할수록 증가할 것이며, 왜곡의 수준은 다른 문화들보다 일부 문화에서 더 크게 나타났을 수 있다. 하지만 바울은 미묘하고 체계적인 인류학을 의도하지 않으며, 궁극적으로 이스라엘까지 포괄하는 인간의 책임에 대한 극적인 묘사를 제공하고 있다(롬 2:1-3:20).

5 이방인에 대한 고대 유대교 관점의 범위에 대해서는 특히 Donaldson, *Paul and Gentiles*를 보라.

6 바울의 출발점이 썩 유쾌하지 않을 수 있지만, 일부 다른 고대 사상가들 역시 자기 잘못에 대한 지식이 변화보다 앞서야 한다는 점을 인정했다(예. Sen. Y. *Ep. Lucil.* 28.9-10).

이해할 수 있는 것이었다. 초기 그리스도인 청중이 상속받은 신조 중에는 디아스포라 유대교 배경에서 형성된 것이 많이 있다. 학자들은 대부분 바울이 이 단락에서 기존의 헬레니즘 유대교의 논증을 발전시킨다는 점을 인정한다.[7]

바울의 논증은 유명한 「솔로몬의 지혜」(*Wisdom of Solomon*)를 가장 친밀하게 따른다.[8] 「솔로몬의 지혜」는 하나님에 관한 진리가 창조에 분명히 나타났다고 선언한다(Wis. 13:1-9). 하지만 사람들은 눈에 보이는 선한 것들로부터 그 진리를 추론하지 못했다(13:1). 따라서 그들은 피조물의 형상(13:10-14:1; 14:8, 11)인 인간이나 짐승의 형상을 예배함으로써 하나님의 적법한 영광을 축소하고 말았다(13:13-14).[9] 일단 도입된 우상숭배는 점점 더 심해졌으며(14:15-16), 다른 악들로 이어졌다(14:22-24). 이런 도덕적 결과는 성적 죄악을 포함하며(14:12, 24), 수많은 악행에서 절정에 달했다(14:25-26).

바울처럼 「솔로몬의 지혜」의 저자는 인류의 어리석음에서 지적인 요소를 언급한다. 우상은 어리석은 자들을 속였으며(Wis. 14:18), 우상숭배는

---

7   예. Jeremias, "Zu Rm 1 22-32"; Schulz, "Anklage," 173.

8   Sanday and Headlam, *Romans*, 52; Stuhlmacher, *Romans*, 35(『로마서 주석』, 장로회신학대학교출판부 역간); deSilva, "Wisdom," 1274; Dunn, *Theology*(『바울신학』, CH북스 역간), 91; 특히 도식적으로 설명한 Talbert, *Romans*, 63을 보라. Lucas, "Unearthing"; 의도적인 암시지만 대조의 방법으로 이렇게 주장하는 Linebaugh, "Announcing"을 참조하라. 현재 이 작품의 연대를 더 후대로 설정하는 이들이 있지만, 기원전 1세기로 연대를 추정하는 전통적 입장(예. Rost, *Judaism*, 59)이 바울의 많은 암시를 더 잘 설명해준다(예. Keener, *Corinthians*, 38, 170, 174).

9   Poniży, "Recognition"을 보라. 이곳과 다른 곳에서 Dafni, "Theologie"를 참조하라. 하지만 이 작품은 여기서 디아스포라 유대교를 대표한다고 할 수 없다. Collins, "Natural Theology"를 보라.

사람들을 하나님에 대한 지식에서 멀어지게 했다(14:22).[10] 이런 형상 또는 우상들은 사람들이 하나님에 관한 잘못된 생각을 품었음을 드러냈다(14:30). 하지만 바울은 이방인들이 진리를 알았고 단순히 어리석은 것이 아니었음을 강조함으로써「솔로몬의 지혜」보다 훨씬 더 가혹하게 이방인들을 정죄한다(롬 1:20-21, 32).[11] 바울의 주장은 후대에 일부 초기 이방인들이 진리에 접근하기 어렵게 만들었다는 점에서 집단적 죄책감의 요소를 전제할 수 있다. 그러나 바울은 그의 이상적 청중이 성서 내러티브의 이런 요소에 대한 그의 지식을 공유하길 기대했을 수 있지만, 그런 설명을 실제로 다루지는 않는다. 바울은 구원 역사에 대한 완전한 논문을 쓰지 않았지만, 로마서 2장에서 그의 후속 논증을 위한 전제를 설정하고 있다.

우상숭배자들에게 내리는 하나님의 진노

로마서 1:18-23에서 하나님은 자신에 관한 분명한 진리를 억압하고 그 진리를 신성에 대한 거짓되고 열등한 이해로 대체한(롬 1:19-23) 사람들에게 진노하신다(1:18).[12] 바울은 도덕적·지적 용어를 둘 다 사용하여 이런

---

10 우상숭배를 어리석은 것으로 여기는 것에 대해서는 *Jub*. 36:5; Wis. 11:15; 14:11도 보라. 우상숭배의 "지혜"를 정죄하는 것에 대해서는 *Let. Aris*. 137을 보라.

11 Hooker, "Adam," 299; Talbert, *Romans*, 62-63; Bryan, *Preface*, 78; Keck, *Romans*, 62; Matera, *Romans*, 44, 49. 이런 차이를 후기 교부들의 옹졸함의 근원으로 이해하는 Gaca, "Declaration," 3-6을 참조하라.

12 바울이 "하늘로부터"라고 완곡하게 에둘러 표현한 어구는 고대 청중에게 그 의미가 분명했을 것이다. 예. 단 4:26; *1 En*. 6:2; 1 Macc. 3:18-19, 50, 60; 3 Macc. 4:21; 눅 15:18; *m. Ab*. 1:3; *Sipra Behuq. pq*. 6.267.2.1을 보라. 에둘러 표현하기(periphrasis)에 대해서는 다음을 보라. *Rhet. Her*. 4.32.43; Hermog. *Method* 8(특히 8.421-23); Rowe, "Style," 127;

의도적인 무지를 바라본다.

로마서 1:23에 가장 분명하게 나타나고 있지만, 바울은 1:18-23 내내 우상숭배에 도전하고 있는 것 같다. 원리상 "부도덕"이나 "불경건"(ἀσέβεια, 롬 1:18)에 대한 바울의 언어는 신을 향한 적대적인 행동을 가리킬 수 있었으므로,[13] 몇몇 사상가는 무지, 특히 신들을 섬기는 올바른 방법에 대한 무지를 불경건으로 여겼다.[14] 하지만 바울은 막연히 일반적인 측면에서 생각하고 있는 것이 아니다. 이 단락에서 절정의 죄는 우상숭배다(1:23).[15] 이 문맥에서 사람들이 불의하게 막은 진리(1:18)는 하나님에 관한 진리다(1:19-21). 그들은 특히 창조자보다 피조물을 경배함으로써 이 진리를 막았다(1:23, 25).[16]

일부 그리스 철학자들은 신의 진노에 대한 개념을 거부했지만,[17] 다른 이방인들은 전혀 다르게 생각했다.[18] 유대교 자료는 우상숭배에 대한 반응

Anderson, *Glossary*, 102. 완곡어법(euphemism)에 대해서는 다음을 참조하라. Hermog, *Inv.* 4.11.200-201; *Pesiq. Rab Kah.* 4:2; Anderson, *Glossary*, 60; Tal, "Euphemisms," 70인역에서 이미 신인동형론을 회피한 것에 대해서는 Gard, *Method*, 특히 32-46을 보라. 하늘로부터 내리는 신적 진노에 대해서는 다음을 보라. *1 En.* 83:9; 91:7; *Sib. Or.* 1.165.

13 예. Dio Chrys. *Or.* 32.80; Arius Did. 2.7.11k, p. 84.4-6, 11-12, 21-22.

14 특히 스토아 철학자들, 예. Arius Did. 2.7.5b12, p. 26.12-15; 2.7.11k, p. 84.24, 29. 그러나 다음을 참조하라. 2.7.5b, p. 12.2-12; Diog. Laert. 2.93; Marc. Aur. 9.1.2. 스토아 철학자들 외에 다른 사람들은 무지를 악과 연결했다. 예. Porph. *Marc.* 13.225.

15 디아스포라 유대인들은 불경건을 우상숭배와 연결할 수 있었다(예. *Sib. Or.* 3.36; *Sib. Or.* 3.184-86에서 동성애 행위와의 연결과 3.568에서 심판과의 연결을 참조하라).

16 Bray, *Romans*, 34-35에서 다음 자료들에 대한 해석을 주목하라. Origen, *Comm. Rom.* on 1:18(*CER* 1:134, 140); Ambrosiaster *Comm.*(CSEL 81:39); Apollinaris of Laodicea, catena on Rom. 1:18(*PGK* 15:59). 진리에서 돌아서는 것으로서 우상숭배에 대해서는 *T. Mos.* 5:2-4 (Israel)을 보라. 심지어 후기 신플라톤주의자들조차도 신적 진리를 왜곡하는 일부 이미지들을 염려했다(Iambl. *Letter* 18.1-3, in Stob. *Anth.* 3.11.35).

17 예. Epict. *Diatr.* 2.19.26(그러나 2.8.14과 대조된다); Max. Tyre *Or.* 9.2; Porph. *Marc.* 18.302-4; 좀 더 온건하게 표현한 Iambl. *Myst.* 1.13을 보라.

18 예. Val. Max. 1.1.16-21; 1.1.ext.1-1.1.ext.9; Philost. *Hrk.* 53.17을 보라. 특히 고대 근동에

을 포함하는[19] 하나님의 진노를 확실히 인정한다.[20] 로마서 1:24-32의 문맥에서 하나님은 인류를 그들의 도덕적 광증에 내어주심으로써 이 진노를 지금 표현하신다(롬 1:18)(아래의 논의를 보라).

창조에서 하나님에 대한 정보

바울은 믿음을 하나님의 진리를 받아들이는 것으로, 죄의 반역을 하나님의 진리를 의도적으로 거부한 결과로 취급한다(롬 1:16-18). 따라서 하나님의 의는 예수에 관한 복음에서 구원을 위해 드러나듯이(1:16-17), 진리를 막는 사람들을 향한 의로운 진노에도 분명히 드러난다(1:18).[21] 이런 관찰은 구원을 진노와 대조할 뿐만 아니라 믿음(1:16-17)을 진리를 막는 것과 대조한다(1:18). 이는 바울이 말하는 "믿음"의 의미가 최근 영어 단어의 적용과 대조적으로 단순히 하나님의 진노를 포괄함을 시사한다.[22]

대해서는 Kratz and Spieckermann, *Wrath*를 보라.

19   예. *Sib. Or.* 3.763, 766; 5.75-76(5.77-85를 염두에 둠); *Sipre Deut.* 96.2.1.

20   예. 1 Esd. 8:21; 1 Macc. 3:8; Jdt. 9:9; Bar. 2:13, 20; *Jub.* 15:34; CD 8.3; *Sib. Or.* 1.179.

21   예. Reicke, "Natürliche Theologie"; Stagg, "Plight"를 보라. 이것은 (Cranfield, "Romans 1.18," 335과 반대로) 롬 1:18의 진노가 복음에도 드러난다는 뜻일 필요가 없다. 기술적으로 롬 1:18은 "진노"가 나타난다는 것을 말할 뿐이다. 하지만 이는 구원으로서의 하나님의 의(1:16-17)와 문맥적 대조를 이룰 가능성이 더 큰데, 그 이유는 바울이 다른 곳에서도 진노와 구원을 대조하기 때문이다(롬 5:9; 살전 5:9; 참조. 롬 9:22-24).

22   롬 1:25; 2:8과 대조하라. 반대로 바울에게 유대 민족은 그리스도 안에서 얻을 수 있는 충만은 아니라고 할지라도, 율법 안에 있는 일부 진리를 가지고 있다(롬 2:20). 참조. 엡 1:13; 살후 2:12-13. 여기서 바울은 믿음을 (주관적 믿음과 객관적 이성이라는 칸트의 이분법을 전제하는, 키르케고르의 자주 인용되지만 어쩌면 다른 의도를 지닌 어구를 빌려 표현하자면) "무모한 짓"(leap in the dark)이 아니라 진리의 확신 있고 설득력 있는 빛에 대한 의도적 반응으로 그렸을 것이다. 바울은 믿음을 "믿게 만들기"라는 우리의 대중적 개념과 결코 연관시키지 않았을 것이다. "믿게 만들기"에서 사람들은 강한 소망으로 자신을 설득하여 내적 실재에 또는 (마술적으로) 외적 실재에 힘을 행사하려고 한다.

추기: 고대 지중해의 사상에서 하나님에 대한 지식

그리스 사상은 신성에 대한 지식을 매우 가치 있게 여겼다.[23] 이런 관심이 철학자들에게 한정되지는 않았지만, 특히 그들 사이에서 지배적이었다.[24] 예를 들어 견유학파 저술가는 하나님에 대한 진정한 지식이 인간의 제의보다는 창조가 계시해주는 것으로서 하나님의 성품에 대한 올바른 이해를 포함한다고 믿었다.[25] 스토아 철학자인 세네카(Seneca)는 하나님이 어떤 분인지를 아는 것이 인간을 미신에서 구출할 것이라고 주장한다.[26] 후기 신플라톤 철학자는 하나님께 올바르게 접근하고, 하나님의 성품과 일치하는 생각으로 인도하는 하나님에 관한 정확한 이해를 강조한다.[27] 피타고라스 학파 저술가에게 하나님에 대한 지식은 침묵으로 이어지는데,[28] 이는 아마도 정확한 자기 이해가 만들어낸다고 생각했던 자신의 적절한 위치에 대한 이해를 반영할 것이다. 하지만 철학자들은 대부분 하나님에 대한 지식이 상당히 희귀하다고 주장했

---

23 이어지는 내용은 Keener, *John*, 237-38, 240-43의 논의를 압축한 것이다. 번역자들은 일반적으로 유대인의 하나님과의 어떤 일치도 암시하지 않은 채 이 본문들에서 "하나님"을 보편적이거나 궁극적인 신성을 가리키는 데 사용한다.

24 지적인 청중을 위해 교육받은 그리스인이 해석한 것처럼, 신비종교가 하나님에 대한 지식에 보인 관심에 대해서는 Plut. *Isis* 2, *Mor.* 352A를 보라. 신비종교에서 신성의 계시적 지식에 대해서는 Goodenough, *Church*, 7도 참조하라. Reitzenstein(*Mystery-Religions*, 364-425)은 신비종교를 강조하지만, 후대의 자료들을 너무 과하게 의존한다. 그중에는 기독교의 영향을 드러내는 것들이 많이 있다. 바울이 로고스(λόγος)를 전하고 "지식"을 얻기를 바란 것은 그를 신비종교보다는 철학 학파에 더 가깝게 위치시킨다(Edwin Judge의 접근에 대해서는 Malherbe, *Social Aspects*, 47-48도 참조하라).

25 Heracl. *Ep.* 4, to Hermodorus; 참조. Epict. *Diatr.* 1.6.24.

26 Sen. Y. *Ep. Lucil.* 95.48. 세네카에게 하나님을 아는 것(*deum nosse*)은 우주의 생각을 아는 것을 의미했다(*Nat. Q.* 1.pref.13). 무소니우스 루푸스는 영혼의 죽은 부분을 잘라내면 사람이 하나님을 알 수 있다고 믿었다(Mus. Ruf. 53, p. 144.24-25).

27 Porph. *Marc.* 11.194-95; 13.229; 17.282; 20.331; 21.347-48; 22.355, 359; 24.379-81; 참조. 11.204.

28 Pyth. *Sent.* 16 (Malherbe, *Moral Exhortation*, 110). 티아나의 아폴로니우스는 신들을 막연한 의견에 의해서보다는 인격적으로 알았다고 전해진다(Philost. *Vit. Apoll.* 1.1).

다.[29] 많은 저술가가 하나님을 아는 지식에 관한 플라톤의 관점을 반영했다. "이 우주의 창조자와 아버지를 발견하는 일은 하나의 과제다. 그리고 그분을 발견한 후" 다른 사람들에게 "그분에 대해 말하는 것은 불가능하다."[30]

알렉산드리아의 유대인 철학자 필론(Philo)은 하나님에 관한 바른 지식을 주장한다.[31] 그는 심지어 만나를 천상적 지식으로 대체하며,[32] 로고스가 지식에 거한다고 말한다.[33] 하나님에 대한 참된 지식이 있는 사람들은 하나님의 자녀로 적절하게 칭함을 받는다.[34] 자연은 하나님의 실재를 증언하지만, 하나님은 본질적으로 자연적 수단에 의해 알려질 수 있는 분이 아니다.[35] 지혜 역시 하나님에 대한 지식과 연결된다.[36] 하지만 올바른 것에 대한 철학적 반추가 반드시 인간의 사고 너머로 이어지는 것은 아니다. 생각은 다른 모든 것보다 하나님을 소중하게 여기고, 하나님 때문에 모든 일을 행하며, 하나님에 대한 지식으로 고양되어야 한다.[37] 필론은 계시를 직관과 결합한다.[38] 이성만큼 중요한 것으로서 최고의 신비는 오직 하나님을 직접 경험함으로써만 얻을 수 있다.[39]

유대교 자료들도 신적 지식을 가치 있게 여겼다. 성서에서 하나님을 아는 것은

---

29   Sen. Y. *Ep. Lucil.* 31.10.

30   Plato *Tim.* 28C, Nock, "Gnosticism," 267에 인용되고 해석되었다. Dodd, "Prologue," 16도 보라.

31   Philo *Mos.* 1.212; *Drunkenness* 43, 45; 참조. *Posterity* 12; *Dreams* 1.231.

32   Borgen, *Bread*, 127-28을 보라.

33   Philo *Flight* 76.

34   Philo *Conf.* 145.

35   하나님의 형언할 수 없음에 대한 필론의 견해를 논의한 Wolfson, *Philo*, 2:94-164, 특히 110-38; Mondin, "Esistenza"를 보라.

36   Philo *Unchangeable* 143.

37   Philo *Alleg. Interp.* 3.126.

38   Wolfson, *Philo*, 1:36, Philo *Sacr.* 78, 79를 인용함. Wolfson은 필론의 지식이 비록 철학적 광분을 포함하고 있을지라도 본질적으로 지성적이라고 생각한다(*Philo*, 2:3-10). Dodd는 신비적 요소를 강조한다(*Interpretation*, 62).

39   Hagner, "Vision," 87은 참고자료를 제시한다.

종종 윤리적 요소를 포함한다(예. 렘 22:16).[40] 히브리 성서에서 "하나님에 대한 지식"
은 일반적으로 그분과의 바른 관계를 가리키는데, 이는 하나님에 관한 올바른 지식
에 근거하고 진정한 경건으로 표현된다.[41] 하나님을 아는 것은 하나님과의 친밀함을
표현할 수 있으며,[42] 언약 관계를 암시할 수도 있다(참조. 호 2:20).[43] 성서에서 하나님
은 백성들이 "내가 야웨임을 알게 하려고"[44] 종종 자기 계시적 방식으로 행동하신다.

　　사해사본은 하나님에 대한 지식을 비중 있게 강조한다.[45] 따라서 한 쿰란 문서
의 저자는 하나님을 자신에게 하나님의 비밀을 깨달을 수 있도록 빛을 비춰주시는
지식의 원천으로 칭송한다.[46] 쿰란 종파에게 지식은 성령에게서 오는 선물이었다.[47]
지식은 구원적 의미가 있었다. 그리고 지식의 초점은 토라를 이해하는 데 맞춰져 있
었다. 하나님은 의의 교사와 그를 따르는 사람들에게 토라를 주셨다.[48] 쿰란의 두루
마리에서[49] 지식은 구약성서에서처럼[50] 종말의 때에 완성될 것이다.

　　기독교 이전의 현자들에게 하나님에 대한 지식은 그분만이 홀로 참하나님이라

40　이런 차원은 초기 유대교에서도 계속되었다. 참조. Shapiro, "Wisdom." 사해사본에
　　서는 때때로 정의와 연결되는 지식의 도덕적 차원이 제시되었다(1QM 13.3; Wilcox,
　　"Dualism," 89, 1QS 3.1; 1QH 19.8 [Sukenik 11.8]을 인용함; 참조. 1QS 8.9; 9.17).
41　Dentan, *Knowledge*, 35.
42　창 4:1; 시 1:6; 55:13; 88:18에서 아는 것의 의미를 참조하라. Dentan, *Knowledge*, 37-38.
43　참조. Huffmon, "Background," 37; 호 4:1; 5:4; 8:2의 순종도 참조하라.
44　예. 출 6:7; 7:5, 17; 10:2; 14:4, 18; 16:12; 왕상 20:13; 20:28. 에스겔서에서는 50회 이상
　　사용되었다.
45　예. Fritsch, *Community*, 73-74; Allegro, *Scrolls*, 132-33; Price, "Light from Qumran," 26;
　　Flusser, *Judaism*, 57-59; Lohse, *Colossians*, 25을 보라.
46　1QS 10.12; 11.3.
47　Lohse, *Colossians*, 25-26, 1QS 4.4; 1QSb 5.25; 1QHᵃ 20.11-12; 6.25를 인용한다
　　(Sukenik 12.11-12; 14.25). Painter, "Gnosticism," 2, 1QS 3.6-7; 4.6을 인용한다.
48　Garnet, "Light," 20, 1QH 4.5-6, 23-24, 27-28; 5.20-39; 8.4-26; 9.29-36을 인용한다.
49　1QS 4.22; 1QM 11.15; 1Q27 1.7.
50　예. 사 11:9; 52:6; 렘 24:7; 31:34(*Tg. Jer.* on 31:34에서는 어조가 약해진다); 겔 34:30;
　　36:23-28; 37:6, 12-14, 27-28; 호 2:19-20; 욜 3:17; 합 2:14; 참조. 고전 13:8-12.

는 인식을 포함했다.[51] 악한 자들은 하나님[52]이나 그분의 율법[53]을 알지 못하는 사람들이었으며, 하나님에 대한 지식이 있다고 주장하는 의인들을 조롱했을 것이다.[54] 2세기 말에 랍비 메이르(Meir)는 호세아 2:22(2:20 ET)의 "주님을 아는 것"을 호세아 2:21-22(2:19-20 ET)에 열거된 하나님의 뜻을 아는 자질을 공유하는 사람들을 가리키는 것으로 해석했다.[55] 구체적으로 율법에 대한 지식을 강조한[56] 랍비들은 하나님의 율법을 배우고[57] 순종함으로써[58] 하나님을 알 것이라고 가르쳤다. 랍비 중에는 하가다를 연구하는 것으로도[59] 진정 하나님을 알게 될 것이라고 믿은 사람들이 더러 있었다. 유대교 사상에서는 오직 이스라엘만이 율법을 소유했으므로, 오직 이스라엘만이 하나님을 알았다.[60]

....

많은 이방인 사상가들이 하나님에 대한 지식을 매우 가치 있게 생각했으므로, 하나님에 관한 진리를 막는 것이 심각하게 경건하지 않은 행위라는 점에 동의했을 것이다. 몇몇 고대 사상가는 자연이 인간의 마음에 진리를 사모하는 마음을 주었다고 주장했다.[61] 따라서 신의 존재를 부인함으로써

---

51   Sir. 36:5(또는 33:5).
52   Wis. 2:22; 12:27; 13:1; 14:22; 16:16; Sir. 36:5.
53   *2 Bar.* 48:40.
54   Wis. 2:13.
55   *Abot R. Nat.* 37 A.
56   예. *b. Ber.* 33a; *Sanh.* 92a; 좀 더 이른 시기의 Bar. 3:36; 4:1. Wewers, "Wissen," 143-48; Bultmann, "Γινώσκω," 701도 보라.
57   *Sipre Deut.* 41.3.2.
58   *Sipre Deut.* 33.1.1.
59   *Sipre Deut.* 49.2.2.
60   예. *4 Ezra* 3:32; *2 Bar.* 14:5; 48:40.
61   Cic. *Tusc.* 1.19.44.

진리를 막는 것은 단순한 무지가 아니라 악이라는 것을 알았다.[62] 바울이 여기서 말하는 것처럼, 몇몇 사람에게 신성에 대한 믿음은 이성의 기본적 요소, 즉 "이성을 구성하는 규범 중 하나"였을 수 있다.[63] 일부 이방인들은 가장 이른 시기의 사람들이 종교에 간직된 참된 지식을 가지고 있었다고 믿었다.[64] 많은 이방인은 인류가 더 이른 시대로부터 도덕적으로 쇠퇴했다고 여겼다.[65]

당시에 널리 공유된 신성에 대한 기본적 확신 중 하나는 신의 존재가 자명했다는 점이다. 로마서 1장에 설명된 바울의 관점에서 볼 수 있듯이, 대부분의 고대 사상가들은 자신이 자연에서 신의 계획을 인식한다고 믿었다.[66] 자연에서의 신적 계획을 부정한 에피쿠로스 학파는 기이하다고 여

---

62 Cic. *Nat.* d. 2.16.44(스토아 철학의 견해로 알려짐).

63 Stowers, "Self-Mastery," 543. 무신론자들은 더러 있었지만(Winiarczyk, "Altertum"을 보라), 극소수였다(Sext. Emp. *Pyr.* 3.218). 섹스투스 엠피리쿠스는 신의 존재에 대한 판단을 유예했다(*Pyr.* 3.218-38). 고대의 합리주의와 무신론을 비롯한 실태 조사를 위해서는 Meijer, "Philosophers"를 보라. 그들의 주장에 대해서는 Ps.-Plut. *Plac.* 1.7.1-10, 특히 Runia, "Atheists"를 보라. 프로디쿠스의 무신론에 대해서는 Henrichs, "Notes"를 보라(심지어 프로디쿠스조차도 신들을 다 거부하지 않고 오직 올림푸스의 신들만 거부했다; Henrichs, "Atheism").

64 Van Nuffelen, "Divine Antiquities"를 보라.

65 Max. Tyre *Or.* 36.1-2 (in Malherbe, *Moral Exhortation*, 73); Stowers, *Rereading*, 85, 98-99, 122(예. Sen. Y. *Ep. Lucil.* 90; Anacharsis *Ep.* 9를 인용)을 보라. 원시의 황금시대로부터의 쇠퇴에 대해서는 다음을 보라. Hesiod *W.D.* 110-201(그러나 모든 사람이 이전에 살았던 사람들보다 열등한 것은 아니었다); Ovid *Metam.* 1.89-312(초기의 불경에서 더 심한 불경이 자라남; *Metam.* 15.111-13); Babr. prologue 1-4. 도덕적 쇠퇴는 로마 국가에서도 재현되었다(Sall. *Catil.* 6.6-13.5).

66 Cic. *Nat.* d. 2.32.81-82; 2.54.133-58.146(그러나 이런 스토아 철학의 주장 역시 하나님을 우주와 동일시한다; 참조. Gelinas, "Argument"); Dio Chrys. *Or.* 12.33-34; Plut. *Isis* 76, *Mor.* 382A. 오늘날 일부 독자들이 신의 계획을 유일신 종교의 (때때로 진화에 찬성하거나 반대하기 위해 활용되는) 전통적인 주장으로 알고 있지만, 이는 사실상 고대의 다신론 사상가들 사이에서 흔했다.

겨졌다.[67] 예를 들어 소크라테스는 자연이 신의 은혜를 계시하며, 따라서 찬양해야 마땅하다고 생각했다.[68] 스토아 철학자들 역시 자연 질서에서 하나님의 존재를 추론했다.[69] 따라서 그들은 제우스가 그가 행한 창조의 작품에 나타난다고 주장할 수 있었다.[70] 유대인 철학자 필론 역시 창조세계가 그것의 설계자에 관한 이해를 제공한다고 믿었다.[71] 그리스 사상에 정통한 일부 다른 유대인들은 하나님이 그분이 행하신 일을 통해 드러난다고 모세가 선포했다고 주장했다.[72] 후대에 랍비들은 아브라함이 제일 원인으로 돌아가야 한다고 판단했다는 전통을 발전시키기까지 했다.[73]

고대 사상가들은 인간 안에 분명히 존재하는 하나님을 아는 지식에 관한 바울의 언어를 이해했을 것이다(롬 1:19).[74] 많은 사람이 하나님을 아

---

67 Dio Chrys. *Or.* 12.36-37.
68 Xen. *Mem.* 4.3.12-13. 신의 은혜에 대해서는 Sen. Y. *Ep. Lucil.* 95.50; Epict. *Diatr.* 2.14.11도 보라.
69 Epict. *Diatr.* 1.6.7-8; 참조. Sen. Y. *Nat. Q.* 1.pref.14-15. 바울은 롬 1:26, 28에서 스토아 철학을 흔쾌히 받아들이는 용어를 사용한다. 참조. Glover, *Paul*, 20-21에 언급된 다른 구절들. (바울처럼) 도덕적 교훈을 위해 창조 담화를 활용하는 스토아 철학에 대해서는 Sisson, "Discourse"를 참조하라.
70 Epict. *Diatr.* 1.6.23-24.
71 Di Mattei, "Physiologia." 하나님의 존재에 대한 필론의 증거들에 대해서는 Wolfson, *Philo*, 2:73-93을 보라.
72 *Let. Aris.* 131-32; Jos. *Ag. Ap.* 2.190; 어쩌면 *T. Naph.* 3:3도 해당할 것이다. 그분의 능력에 대한 이 계시가 그의 본질을 계시하지는 않는다(Jos. *Ag. Ap.* 2.167). 이방인들은 장인을 그의 작품에서 추론해내지 못했다(Wis. 13:1). 구약 저자들은 창조에서, 때로는 율법과 비교할 수 있는 언어에서 하나님의 질서를 이미 보았다. 참조. 시 19:1-6(19:7-11의 문맥에서); 33:6, 9(33:4의 문맥에서); 119:90-91; 147:15-19. 이집트와 메소포타미아에 대해서는 Walton, *Thought*, 192-93을 참조하라.
73 Davies, *Paul*, 28-29; 아래에서 "우상숭배의 어리석음"을 참조하라.
74 바울은 이것이 그들**에게** 단지 분명했다는 의미로 이 말을 했을 수 있다(참조. 렘 40:6 LXX [33:6 ET]; 어쩌면 갈 1:16도 해당할 것이다). 하지만 롬 8:17-19의 비슷한 언어는 아마도 바울이 그들 안에 있는 어떤 것을 가리키고 있다고 암시한다(참조. 롬 1:24; 2:15; 11:17; 고후 6:16). 고대 주석가들 중에서 다음을 보라. (Bray, *Romans*, 38에 언급된)

는 지식을 사람들 안에 내재하는 것으로 여겼다.[75] 초기의 사람들은 무지한 채로 남아 있을 수 없었고, 일부 사상가들은 의견을 밝혔는데, 그 이유는 제우스가 그들에게 "지성과 이성적으로 사고할 능력"을 주었고, 자연의 광채가 제우스에 관해 증언하기 때문이었다.[76] 그들은 모든 사람에게 신성에 대한 일부 이해가 있다는 사실이 이 진리가 모든 사람에게 내재하거나 심어졌음을 보여준다고 추론했다.[77] 이와 비슷하게 신적 계획은 인간의 몸과,[78] 특별히 인간의 이성 안에서[79] 뚜렷하게 나타난다.

몇몇 사상가는 인간의 이성을 우주를 디자인한 신적 이성과 연결했다.[80] 다른 많은 중기 플라톤 철학자처럼,[81] 필론은 하나님이 지성의 세계를 물질세계를 위한 패턴으로 사용한다고 믿었다.[82] 그는 하나님이 그분의 "로고스" 또는 이성을 통해 우주를 창조했다고 주장한다.[83] 필론에게 "로고스"는 물질을 구성하는 신적 이성일 뿐만 아니라 다른 중기 플라톤 사

Chrys. *Hom. Rom.* 3; Ps.-Const. *Rom.* (*ENPK* 24); Pelagius *Comm. Rom.* on 1:19.

75   예. Dio Chrys. *Or.* 12.27; Iambl. *Myst.* 1.3. 스토아 철학에서는 다음을 참조하라. Jackson-McCabe, "Preconceptions."

76   Dio Chrys. *Or.* 12.28 (번역. Cohoon, LCL, 1:33).

77   Cic. *Tusc.* 1.13.30; Sen. Y. *Ep. Lucil.* 117.6; 참조. Max. Tyre *Or.* 11.5; Artem. *Oneir.* 1.8.

78   Cic. *Fin.* 5.12.35-36; 참조. Sen. Y. *Ben.* 6.23.6-7; *Let. Aris.* 156-57.

79   Cic. *Nat. d.* 2.59.147-61.153; Epict. *Diatr.* 1.6.10; 1.6.25.

80   필론은 *Creation* 24와 *Names* 30에서 하나님을 지칭하기 위해 ἀρχιτέκτονος, "최고의 건축가"라는 용어를 사용한다. 몇몇 중기 플라톤 철학자들은 플라톤의 창조자와 스토아 철학의 로고스를 혼합했다(Dillon, "Plato," 806).

81   플라톤은 이성이 형성하는 이상적 패턴에 따라 하나님이 우주를 건설했다고 생각했으며(Plato *Tim.* 29A-30), 일부 중기 플라톤 철학자들은 이것을 문자적으로 받아들여 물질의 기원을 영혼에 돌렸다(Plut. *Epitome of Gen. of Soul* 2, *Mor.* 1030E; *Table* 8.2.4, *Mor.* 720AB; 좀 더 후대의 것으로 Plot. *Enn.* 3.2를 참조하라).

82   Philo *Creation* 16; *Conf.* 171.

83   Philo *Creation* 20, 26, 31; *Migr.* 6. 나는 여기서 Keener, *John*, 376-79의 자료를 빌려와 압축했다.

상에서와 같이 하나님의 형상인 패턴이기도 했다.[84] 필론은 창조적 "로고스"를 하나님께서 이상적으로 지혜로운 사람을 자신에게로 이끄시는 이성의 지혜와 연결한다.[85] 인간의 생각은 이 신적 이성, 또는 "로고스"와 관련이 있는데, 그 이유는 전자가 후자의 복사판이기 때문이다.[86]

몇몇 초기 기독교 사상가들 역시 하나님에 관한 진리를 창조로부터 유추할 수 있다는 이런 기존의 생각을 발전시켰다.[87] 비록 그들이 이런 가능성이 효력이 있음을 입증하는 범위에 있어서는 차이가 있었지만 말이다.[88] 일부 바울 해석자들이 주장하는 것과는 반대로, 바울은 사람들이 제

---

84 Philo *Creation* 17-19, 25, 31. 하나님의 형상으로서 로고스에 대해서는 Philo *Conf.* 97; *Flight* 101을, 하나님의 형상으로서 지혜에 대해서는 *Alleg. Interp.* 1.43을 보라. 따라서 하나님은 세상을 그분의 신적 이미지, 즉 세상 안에 각인된 그분의 원형적 직인인 로고스의 복사판으로 지으셨다(Philo *Creation* 16, 26, 36). 창조에서 하나의 패턴을 사용하신 하나님에 대해서는 다음도 참조하라. *Jub.* 2:2; 1QS 11.11; *m. Sanh.* 4:5; *Gen. Rab.* 1:1.

85 Philo *Sacr.* 8; *Creation* 69에서 각 개인의 생각은 보편적 생각의 형상에 적합하다. 참조. Thorsteinsson, "Stoicism," 23; Long; *Philosophy*, 108에서 "로고스"는 인간의 이성과 우주를 구성하는 이성이 공유하는 요소로 묘사된다. 스토아 철학자들에게 인간의 생각은 보편적 이성의 한 예였다(Cic. *Nat d.* 2.6.18-2.8.20; 참조. 2.8.21-2.13.32; Chrysippus frg. 913[*SVF*]을 인용하는 Murray, *Stages*, 167도 참조하라). 이런 연결은 헤라클레이토스로 거슬러 올라가는데(Long, *Philosophy*, 131, 145을 보라), 그는 생각(γνώμη)을 우주를 인도하는 것으로 밝힌다(Diog. Laert. 9.1.1). (헤라클레이토스의 "로고스" 이론을 미심쩍어하는 사람들도 있으나[Glasson, "Doctrine"], 부족하긴 하지만[Glasson, "Doctrine," 232], 증거가 남아 있다[Lee, *Thought*, 79; Miller, "Logos," 174-75]). 제논은 편만한 "로고스"를 자연 및 제우스의 보편적 법칙과 동일시했다고 전해진다(Diog. Laert. 7.1.88). 스토아 철학자들에게 이성(λόγος)은 물질에 작용하는 능동적 원리였다(Diog. Laert. 7.1.134). 아낙사고라스는 생각(νοῦς, Diog. Laert. 2.8)을 이런 방식으로 묘사했다. 후기 플라톤 철학 역시 이런 개념들을 많이 흡수했다(Dillon, *Middle Platonists*, 80, 83).

86 Philo *Creation* 146.

87 예. Theoph. 1.5-6; 그리고 (Bray, *Romans*, 37-38에 인용된) Origen *Comm. Rom.* on 1:19(*CER* 1:136-42)와 on 1:20(특히 철학자들에 관한 *CER* 1:142); Ambrosiaster *Comm.* (CSEL 81:39, 41); Apollinaris of Laodicea, catena on Rom. 1:19(*PGK* 15:59).

88 대부분은 이것이 인류의 공의로운 정죄를 보장한다고 믿었다(Bray, *Romans*, 34; Reasoner, *Full Circle*, 12). 이것이 일부 사람들을 신적 지식으로 인도한 경우는 드물었다(Reasoner,

한된 방식이긴 하지만 하나님에 관한 일부 진리를 자연으로부터 유추할 수 있다고 믿은 것이 분명하다.[89] 이런 믿음이 의미하는 바가 무엇인지는 논쟁 중이다. 몇몇 사람은 자연신학과 일반계시를, 또는 인간이 스스로 자연으로부터 유추할 수 있는 하나님에 관한 지식과 자연에서 자신을 인간에게 계시하시는 하나님을 구별한다.[90] 아무튼 바울은 하나님의 존재를 입증하려고 노력하는 것이 아니라 이방인들이 하나님을 이미 알고 있다고 주장하고 있다.[91] 이 계시는 공의로운 정죄에 이르게 하기에는 충분했으나, 예수에 관한 복음으로만 계시되는 구원을 가져오기에는 충분하지 않았다(롬 1:16-17).[92]

타락한 생각은 창조에서 나오는 이성적 증거를 거부한다

바울은 하나님이 창조에서 이성적으로 감지할 수 있는 진리를 계시하셨지만, 사람들이 하나님의 진리를 회피하려고 대안적이고 열등한 사고의 틀을 만들어냈다고 불평한다. 사람들은 그들에게 있는 진리를 거부했기 때문에 진리를 분별할 수 없게 되었다. 로마서 1:20-21에서 바울은 아는 것

      Full Circle, 12-13). 하지만 Theodoret *Comm. 1 Cor.* 171(Bray, *Corinthians*, 14-15에 인용됨)을 참조하라.

89   Moo, *Romans*, 123의 논평을 보라.

90   Ott, "Dogmatisches Problem," 50; Coffey, "Knowledge," 676; Johnson, "Knowledge," 73; Talbert, *Romans*, 62-63(Reicke, "Natürliche Theologie"; Brunner, *Romans*, 17을 따름); Efferin, "Study." 그리스도 안에 있는 특별계시에 필요하거나 그것과 분리될 수 없는 자연계시에 대해서는 Dennison, "Revelation"; Vandermarck, "Knowledge"의 역사적 관점을 참조하라.

91   O'Rourke, "Revelation," 306; Hooker, "Adam," 299.

92   참조. Oden, "Excuse"; Young, "Knowledge"; Cobb and Lull, *Romans*, 41; Calvin in Reasoner, *Full Circle*, 16-17.

에 대한 유비로서 고대에 널리 사용되던 환상을 사용하여 하나님의 "보이지 않는 성품들"(ἀόρατα)을 비롯하여 하나님의 계시가 "보이고"(καθορᾶται, 1:20), 거절하는 마음이 "어두워졌다"(ἐσκοτίσθη, 1:21)고 주장한다.[93] 많은 사상가는 생각에 대한 환상, 특히 플라톤 철학의 전통에서[94] 종종 신성에 대한 환상[95]을 강조했다. 이런 강조는 유대인으로서 절충적인 중기 플라톤 사상가였던 필론에게 빈번하게 나타난다.[96] 예를 들어 필론은 영혼의 눈이 먼 것을 정죄하고,[97] 하나님의 초월성을 고려하여[98] 영혼 안에 있는 신적 영감이 하나님을 마음에 그리기 위한 최상의 방법이라고 강조한다.[99]

인류는 창조주를 영화롭게 하고 그에게 감사함으로써 그에 관한 참된 지식에 의거하여 행동하기를 거절했다(롬 1:21). 바울은 아마도 참된 지식을 거절한다는 이런 표현을 단지 태만한 것만이 아니라 반항하는 것으로 여겼을 것이다. 감사하지 않는 것은 혐오스러운 죄로 간주되었다.[100] 세

---

93   예. Max. Tyre *Or*. 6.1. 본서 뒷부분의 논의(제6장의 "신성에 대한 헬레니즘적 환상" 항목; 고후 3:17)를 보라. 이보다 훨씬 더 충분하게 논의한 Keener, *John*, 247-50; 특히 Keener, *Acts*, 4:3524-26을 보라.

94   예. Plato *Phaedo* 65E; 66A; 83A; Max. Tyre *Or*. 9.6; 10.3; 11.9, 11; 38.3; Iambl. *Pyth. Life* 6.31; 16.70; 32.228; Plot. *Enn*. 1.6.9; Porph. *Marc*. 16.274; 참조. Kirk, *Vision*, 16-18.

95   예. Cic. *Tusc*. 1.19.44; Marc. Aur. 11.1.1 (참조. 10.26).

96   참조. Philo *Flight* 19; Spec. *Laws* 1.37; 3.4, 6; *Unchangeable* 181; *Sacr*. 36, 69, 78; *Posterity* 8, 118; *Worse* 22; *Plant*. 22; *Drunkenness* 44; *Sober* 3; *Conf*. 92; *Migr*. 39, 48, 165, 191; *Heir* 89; *Prelim. St*. 135; *Names* 3, 203; *Abr*. 58, 70; *Dreams* 1.117; 2.160; *Mos*. 1.185, 289; *Rewards* 37.

97   Philo *Worse* 22; *Dreams* 1.164; Isaacs, *Spirit*, 50; Dillon, "Transcendence in Philo"; Hagner, "Vision," 89-90. 이런 이미지는 연극에서조차 오랫동안 표준적인 것으로 여겨졌다. 예. Soph. *Oed. tyr*. 371, 375, 402-3, 419, 454, 747, 1266-79을 보라.

98   참조. 예. Philo *Abr*. 80; *Spec. Laws* 1.37. 한계에 대해서는 다음을 참조하라. *Rewards* 36, 39-40.

99   Philo *Sacr*. 78; *Conf*. 92; *Names* 3-6; *QG* 4.138. "하나님을 보는 자"로서 "이스라엘"에 대해서는 다음을 보라. *Conf*. 92, 146; *Dreams* 1.171; *Abr*. 57.

100 예. Xen. *Mem*. 2.2.2-3; *Cyr*. 1.2.6-7; *Rhet. Alex*. 36, 1442a.13-14; Polyb. 6.6.6; Val. Max.

네카는 그것을 간음, 살인, 또는 폭정보다 더 근본적인 악으로 여겼다. 그는 이런 종류에 속하는 다른 악들은 감사하지 않는 것에서 나올 수 있다고 생각했다.[101] 하지만 신들에게 감사하지 않는 것은 감사하지 않는 것에 대한 최악의 표현으로 쉽게 인식될 수 있었다.[102] 하나님에 관한 진리에 부합하게 행동하지 않음으로써 사람들은 궁극적으로 진리를 빼앗기게 된다.

바울은 성서적 어법을 종종 반영하면서 로마서 1:21-22, 28에서 이방인의 생각이 타락했음을 강조한다. 따라서 예를 들어 로마서 1:21에서 그들의 "생각"(διαλογισμοῖς)이 "허망하여졌다"(ματαιόω에서 파생한 ἐματαιώθησαν)는 것은 단순히 사람의 생각이 허무하다는(διαλογισμοὺς··· μάταιοι) 시편 93:11(LXX; 94:11 ET)의 언어를 반영한다.[103] 바울은 또 다른 이유에서 이 용어를 선택했을 수도 있는데, 왜냐하면 "허망한"이라는 말은 유대교에서 일반적으로 우상을 지칭하거나 우상과 종종 관련되었기 때문이다.[104]

명철이 부족한 죄인들의 마음이 어두워졌다는 것 역시 성서의 언어

2.6.6; 2.6.7a; 5.3; Vell. Paterc. 2.57.1; 2.62.5; 2.69.1; Sen. Y. *Ep. Lucil.* 81.1, 28; Pliny *Ep.* 8.18.3; Suet. *Claud.* 25.1; Arius Did. 2.7.11k, 80-81.21-25; Lucian *Fisherman* 5; *Tim.* 35; Jos. *Ant.* 19.361; 딤후 3:2을 보라. 더 자세한 내용은 Keener, *Acts*, 3:3314-15의 주석을 보라.

101 Sen. Y. *Ben.* 1.10.4. 마찬가지로 키케로는 감사하지 않는 것이 "모든 죄를 포함한다"고 비난했다(Cic. *Att.* 8.4[번역. Winstedt, LCL, 2:117]). 은혜를 갚는 측면에서 로마인의 감사에 대해서는 Harrison, *Grace*, 40-43을 보라.

102 Porph. *Marc.* 23.372.

103 Byrne, *Romans*, 74에 동의함. 바울은 이 구절을 고전 3:20에서 더 분명히 인용한다.

104 예. *Let. Aris.* 136, 139; Wis. 15:8; *Sib. Or.* 3.29, 547-48, 555; 행 14:15; 어쩌면 Wis. 13:1; 레 17:7; 렘 2:5도 여기에 해당할 것이다. 70인역은 때때로 "우상들"을 이런 용어로 번역한다(예. 왕상 16:13, 26; 왕하 17:15; 대하 11:15; 시 30:7[31:6 ET]; 39:5[40:4 ET]; 욘 2:9[2:8 ET]; 사 44:9; 렘 8:19; 10:3, 14-15; 51:18; 겔 8:10). 이 단어는 엡 4:17; 벧전 1:18에서 이교도 배경과 연결된다.

를 반영하고 있을 것이며,[105] 널리 알려졌을 것이다. 무지는 시력을 잃어버린 영역인 어둠으로 여겨졌을 수 있다.[106] 이와 비슷하게 스토아 철학자들은 무지한 대중을 "앞을 보지 못하는 사람"으로 여겼고,[107] 많은 사람이 무지를 눈이 먼 것으로 생각했는데,[108] 특히 도덕적이거나 신적인 문제에서 그렇다고 여겼다.[109] 이방인 사상가들은 여러 가지 악이 사람들의 눈을 어둡게 한다는 것을 인정했다.[110] 유대인 저자들은 죄가 사람들의 눈을 어둡게 한다는 점에 동의했다.[111] 또한 그들은 여기에서와 같이 하나님께서 영적인 눈을 멀게 하심으로써 고의적인 무지를 처벌하실 수 있음을 인정했다.[112]

사람들은 스스로 지혜가 있다고 자랑하는 과정에서 더 어리석게 되었다(롬 1:22). 공언하는 지혜가 어리석은 것일 수 있다는 점은 경쟁적인 상대 철학 학파에 속한 이들을 비판하는 모든 사람이 인정하는 것이었

---

105 마음에 명철이 부족하다는 것은 시 75:5-6 LXX(76:4-5 ET; Jewett, *Romans*, 158)을 반영할 것이다. 유대교 자료들은 어둠과 빛을 각각 악과 선을 비유적으로 가리키기 위해(예. 1QS 3.3; 1Q27 1.5-6; 4Q183 2.4-8; *T. Job* 43:6/4; *Sib. Or.* frg. 1.26-27), 또는 지혜의 계몽을 언급하기 위해(Sir. 34:17[32:20 ET]) 종종 사용했다. 이런 이원론은 특히 사해사본에 두드러지게 나타난다(예. 1QS 3.19-22; 1QM 13.5-6, 14-15; 참조. Charlesworth, "Comparison").
106 어둠은 Max. Tyre *Or.* 10.6; 29.5에서 무지로 묘사된다. Val. Max. 7.2.ext.1a에서 소크라테스는 사람들의 생각이 신들의 생각과 달리 어둠 속에 있을 수 있다는 의견을 개진한다. *T. Sol.* 26:7에서 우상숭배는 생각을 어둡게 한다.
107 Sen. Y. *Ep. Lucil.* 50.3; Epict. *Diatr.* 1.18.4, 6; 2.20.37; 2.24.19; Marc. Aur. 4.29.
108 예. Lucian *Phil. Sale* 27; Iambl. *Pyth. Life* 6.31. 이 이미지는 철학적 용례를 넘어 확장된다(예. Catullus 64.207-9; Aeschylus *Prom.* 447-48; Val. Max. 7.3.6; Dio Chrys. *Or.* 32.26).
109 예. Epict. *Diatr.* 1.18.4, 6; 2.20.37; 2.24.19; Porph. *Marc.* 18.307.
110 Cic. *Tusc.* 1.30.72; Sen. Y. *Ep. Lucil.* 50.3. 참조. Renehan, "Quotations," 20의 자료들.
111 예. 사 2:18-20; 렘 5:21; 겔 12:2; Wis. 2:21; Jos. *War* 5.343; *T. Jos.* 7:5; 참조. *1 En.* 89:33, 41, 54; 90:7; 93:8; 99:8.
112 사 6:9-10; 29:9-10; 참조. 신 29:4; 살후 2:10-12.

다.[113] 유대인 작가가 우상을 섬기는 이방인들을 무지하다고 여겼을 것이라는 점은 그리 놀라운 일이 아니다.[114]

우상숭배의 어리석음

바울은 우상숭배를 비판하는 다른 대다수 유대인처럼 그의 청중이 우상숭배가 어리석은 것임을 깨닫기를 기대한다.[115] 이는 회심하지 않은 이방인 대부분이 바울의 말에 수긍했을 것이라는 뜻이 아니다. 다신론은 고대의 지배적인 세계관으로서 상당한 사회적 압박을 가했는데, 이는 오늘날 대중적 세계관의 힘과 다르지 않다.[116] 하지만 이방인들도 로마서 1장에 묘사된 몇몇 형상 숭배를 경멸했을 것이다.

　　이집트 사람들은 동물 형상을 숭배한 것으로 알려졌다.[117] 하지만 그리스와 로마 사람들은 일반적으로 이집트 사람들이 동물 형상을 사용하는 것을 멸시했다.[118] 비록 그리스와 로마 사람들도 전통적으로 자연, 예를

113　참조. 예. Lucian *Phil. Sale* 27.

114　예. *Jub.* 6:35; 22:18; *t. Shab.* 8:5; 엡 4:17-18을 보라.

115　2세기 그리스도인들 사이에서 그런 행위의 인지적 결함은 널리 나타난다. 예. *Diogn.* 2.1
　　을 보라.

116　좀 더 이른 시대에 집중하기는 했지만, Albright, *Biblical Period*, 61; Albright, *Yahweh*, 264
　　의 논의를 보라. Pliny E. *N.H.* 28.4.18의 예를 보라.

117　예. Apollod. *Bibl.* 1.6.3; Pliny E. *N.H.* 8.71.184-86; Libanius *Encom.* 8.14; Lewis, *Life*, 94;
　　Brenk, "Image," 225, 230-31; 참조. Dhennin, "Necropolis"에 언급된 동물 공동묘지.

118　Pliny E. *N.H.* 2.5.16; Tac. *Hist.* 5.5; Plut. *Isis* 71, *Mor.* 379DE; Lucian *Astr.* 7; *Parl. G.* 10-
　　11; *Sacr.* 14; *Portr.* 11; Philost. *Vit. Apoll.* 6.18-19; Max. Tyre *Or.* 2.5; 덜 비판적인 것으
　　로 Sext. Emp. *Pyr.* 3.219. 다음과 같은 유대인들의 입장도 참고하라. *Let. Aris.* 138; Wis.
　　11:15; Philo *Posterity* 165; Jos. *Ag. Ap.* 1.224-25; 2.81, 128, 139; Strabo 16.2.35. 하지
　　만 독특하게 아르타파누스와 대조하라(Collins, "Artapanus," 893). 참조. Ambrosiaster
　　Comm. 1.23(Burns, *Romans*, 31).

들어 나무에 영이 있다고 생각했지만 말이다.[119] 헬레니즘과 그리스-로마 문화는 신에 대해 인간의 형상을 사용할 것을 권장했다.[120] 그들은 이것을 훨씬 더 우월하다고 여겼는데, 그 이유는 사람이 신들을 좀 더 닮았기 때문이었다.[121] 그러나 바울이 로마서 1:23에서 우상의 목록을 시작하는 것은 그와 같은 인간의 형상에 대한 것이다.

바울은 다음 단락에서 모든 사람이 죄인이라는 그의 분명한 논증을 이미 염두에 두고 있다. 유대교 관습은 로마에 잘 알려져 있었고,[122] 유대인들이 신의 형상을 혐오한다는 것도 모든 사람이 알고 있는 것이었다(롬 2:22).[123] 유대교 전통은 우상숭배를 모든 죄 중에서 최악의 죄로 여겼으

---

119   예. Gödde, "Hamadryads"를 보라. 참조. Diog. Laert. 7.1.147에서 다양한 신을 우주의 다양한 측면과 연결한 스토아 철학. 일부는 신이 동물이 되는 신화를 조롱했다(참조. 예. Varro *L.L.* 5.5.31; *Thebaid* frg. 11; Apollod. *Bibl.* 3.1.1). Lucian *Dial. S-G.* 325-26 (15, *West Wind and South Wind* 2); *Dial. G.* 206 (6/2, *Eros and Zeus* 1); 269-71 (2/22, *Pan and Hermes* 1-2); Ps.-Lucian *Patriot* 4. 신들이 동물과 짝짓기하는 때도 있었다(*Cypria* frg. 11; Apollod. *Bibl.* 3.10.7; 3.12.6; Lucian *Dial.* S-G. 305-6 (11/7, *South Wind and West Wind* 1). 더 이른 시기의 가나안 신화(Albright, *Yahweh*, 128; Gordon, *Near East*, 99)를 참조하라. 하지만 제의에서 재현되었다는 주장은 분명하지 않다.

120   Rives, *Religion*, 146. 황제 숭배도 참조하라(Keener, *Acts*, 2:1782-86 [특히 1784-86], 1963-64). 그러나 이것은 로마가 지배하던 아시아의 많은 도시보다 (바울의 편지의 목적지인) 로마 자체에서 문제가 덜 되었다.

121   예. Max. Tyre *Or.* 2.3.

122   Tobin, *Rhetoric*, 25-28; Judge, *First Christians*, 427-30; Gager, *Anti-Semitism*, 57을 보라. 좀 더 일반적으로 로마의 유대인들에 대해서는 Leon, *Jews of Rome*; Kraabel, "Jews in Rome"; Penna, "Juifs à Rome"; 그리고 특히 Barclay, *Jews in Diaspora*, 282-319; Donfried and Richardson, *Judaism*에 실린 논문들을 보라.

123   예. Tac. *Hist.* 5.9; *Sib. Or.* 5.285; 참조. Satlow, "Philosophers." 원래 출애굽기는 모든 형상이 아니라 신의 형상을 금했다(Tatum, "Second Commandment"; Schubert, "Wurzel"을 보라). 그러나 성지의 일부분은 이 기간에 우상을 모시지 않았다(예. Meyers, "Judaism," 74; 하지만 최근의 Avi-Yonah, "Archaeological Sources," 53을 보라). 새와 다른 피조물들은 로마의 유대인 장례식 비문에 등장한다(Leon, *Jews of Rome*, 196-97, 228).

며,[124] 우상숭배가 심판을 초래한다는 것을 강조했다.[125] 유대인들은 (앞에서 이미 언급했듯이) 아브라함이 때때로 제일 원인을 추리함으로써 우상숭배를 거절했다는 이야기를 전했다.[126]

그렇지만 여기서 바울의 언어는 로마서 2장에서 유대인의 죄를 맹렬히 비난하기 위해 준비한다. 이스라엘은 과거의 우상숭배를 절대 잊지 않았다.[127] 바울이 하나님의 "영광"을 동물의 형상으로 "바꾸었다"라고 말할 때 사용하는 용어는 시편 106:20(105:20 LXX)에 언급된 금송아지를 만든 이스라엘의 죄를 분명히 떠올리게 한다.[128] 다른 신들을 받아들이고 그들의 영광으로 바꾸는 것 역시 예레미야 2:11을 상기시킨다.[129] 바울이 로마서 1:23에서 동물들의 등급을 열거한 것은 구체적으로 우상숭배를 통렬히 비난한 신명기 4:16-18의 이스라엘에 대한 경고를 상기시켰을 수 있다.[130] 하지만 신명기 목록의 궁극적 자료는 창세기 1:20-25이었을 것이다.[131]

---

124 예. *Mek. Pisha* 5.40-41; *Sipre Deut.* 54.3.2; *b. Qid.* 40a; 참조. *Sipra VDDeho. par.* 1.34.1.3; Safrai, "Religion," 829의 자료. 대부분의 학자는 이런 금지가 이방인들에게도 적용되었다는 점에 동의한다(*Sipre Num.* 112.2.2).

125 예. *Sib. Or.* 3.34; *t. Bek.* 3:12; *Peah* 1:2; *Abot R. Nat.* 40 A.

126 *Jub.* 11:12, 16-17; 12:1-8; 21:3; *Apoc. Ab.* chaps. 1-8; *b. Abod. Zar.* 3a; *Gen. Rab.* 38:13; *Pesiq. Rab.* 33:3; 참조. 후대의 Qur'an 21.58-69; 26.70-76. 참조. *T. Job* 2-5장의 욥.

127 예. 다음을 보라. *T. Mos.* 2:8-9; *L.A.B.* 12:1-10; *Sipre Deut.* 1.9.1-2; *Abot R. Nat.* 34 A; *Tg. Neof.* 1 on Exod. 32.

128 Schlatter, *Romans*, 41; Hyldahl, "Reminiscence," 285; Moo, *Romans*, 108-9; Fitzmyer, *Romans*, 283; Hays, *Conversion*, 152; Schreiner, *Romans*, 89; Byrne, *Romans*, 75; Dunn, *Theology*, 93; Dunn, "Adam," 128; Matera, *Romans*, 50에 동의함. 아담과 시 106편에 대해서는 Hooker, "Adam," 300; Allen, "Romans I-VIII," 15을 보라.

129 Hyldahl, "Reminiscence," 285; Moo, *Romans*, 108; Hays, *Conversion*, 152; Byrne, *Romans*, 75; Dunn, *Theology*, 93.

130 Hyldahl, "Reminiscence," 285; Byrne, *Romans*, 75; Fitzmyer, *Romans*, 283.

131 Hyldahl, "Reminiscence," 286-88; Hooker, "Adam," 300; Byrne, *Romans*, 75. 물론 피조

바울은 동일한 행위를 로마서 1:25에서 하나님에 관한 진리를 거짓
(즉 우상숭배)으로 바꾸는(μεταλλάσσω) 것으로 묘사할 때(하나님의 영광을 "바
꿨다",ἀλλάσσω, 롬 1:23), 그 행위의 지적 공허함을 강조하는데, 이 행위는 본
성에 일치하는 것을 일치하지 않는 것으로 바꾸는(μεταλλάσσω) 도덕적 결
과로 이어진다(1:26).[132]

바울은 유대인의 논쟁을 종종 유발한 쟁점들을 상기시키는 이 주제
들의 결합을 위해 우상숭배(롬 1:23)와 부도덕(1:24-27)의 연관성을 자세
히 설명할 필요가 없었다. 이방인 신화들에는 신들의 부도덕한 행위에 관
한 이야기가 풍성했다.[133] 심지어 이방인 지식인들도 신들의 부도덕에 관
한 이런 이야기들이 문제가 된다는 것을 알았으며, 때로는 그리스 신화를

물들에 대한 요약은 다른 곳에도 등장한다(예. 창 8:17; 레 20:25; 왕상 4:33; 겔 38:20; 호
2:18; Cic. *Amic.* 21.81).

132 롬 1:23-26에서 이 동사들의 결합은 의도적인 것 같다. 이 동사들은 바울 서신에서 고전
15:51-52(두 번)과 갈 4:20에만 등장한다.

133 예. Aeschylus *Suppl.* 299-301; *Aetna* frg.; Eurip. *Bacch.* 94-98; *Antiope* 69-71; *Cypria* frg.
10; *Andromeda* frg. 136 (Stob. *Anth.* 4.20.42); Ap. Rhod. 1.1226-39; Apollod. *Bibl.* 1.4.1,
3; 1.5.1; 1.9.3; 2.4.1, 3, 8; 3.2.1; 3.4.3-4; 3.5.5; 3.7.6; 3.8.2; 3.10.1, 3; 3.12.2-6; 3.15.2,
4; *Epitome* 1.9, 22; Callim. *Hymn* 4 (to Delos), 55-58; *Hom. Hymn* 3, to Pythian Apollo
343-44; Parth. *L.R.* 15.3; Ovid *Metam.* 2.434-37, 477-88, 603-13, 685-707, 714-47;
3.1-2, 260-72; 4.234-44, 368-79, 416-530, 543-62; 5.391-437; 14.765-77; Sen. Y.
Herc. fur. 1-29; Sil. It. 5.15-21; Appian *R.H.* 12.15.101; Lucian *Charid.* 7; *Dial.* G. 239-
40 (16/14, *Hermes and Apollo* 1-2). 신들의 성적 행위에 관한 기사에 대해서는 다음을 보
라. *Dial.* G. 219 (9/6, *Hera and Zeus* ¶5); 229 (14/10, *Hermes and Helios* 1); 231 (19/11,
Aphrodite and Selene 1); 233-34(20/12, *Aphrodite and Eros* 1). 질투를 다룬 기사에 대해
서는 다음을 보라. *Dial.* G. 228 (12/9, *Poseidon and Hermes* 2); 241 (17/15, *Hermes and
Apollo* 1); *Dial. S-G.* 315 (9/10, *Iris and Poseidon* ¶1); Apul. *Metam.* 6.22; Philost. *Ep.* 30
(58); Libanius *Narr.* 2; 4.1-2; 12; 17; 27.3-4; 39; 41.

비난하거나 [134] 조롱했다.[135] 물론 유대인과 그리스도인들이 그 이야기들을 훨씬 더 비웃었지만 말이다.[136] 이방인 사상가들은 때때로 신들의 부도덕에 관한 이야기를 재해석하려고 시도했다.[137] 일부 유대인과 그리스도인들은 이런 접근을 조잡한 변증으로 여겼다.[138] 요세푸스는 이방인들이 그들의 비이성적 욕망을 정당화하려고 신들의 부도덕한 이야기들을 만들어 냈다고 비난했다.[139] 실제로 사람들이 이따금 그들의 행동을 옹호하기 위해 신들의 본보기에 직접 호소했을 수 있다.[140] 만약 신들이 욕정을 거스를 수 없다면, 어떻게 인간이 거스를 수 있겠냐고 생각하는 사람들이 더러 있

---

134 Pindar *Ol.* 1.52-53; Val. Max. 4.7.4; Pliny E. *N.H.* 2.5.17; Dio Chrys. 11.23; [Favorinus] *Or.* 37.32; Philost. *Vit. Apoll.* 5.14; Iambl. *Pyth. Life* 32.218; Hermog. *Progymn.* 5, "On Refutation and Confirmation," 11; Proclus *Poet.* 5, K44.7-16; K45.18-21; 6.1, K72.20-26; Libanius *Invect.* 7.2.

135 예. Pliny E. *N.H.* 2.5.17; Dio Chrys. *Or.* 11.154; Lucian *Z. Cat.* 2-6; *Z. Rants* 40, 44; *Prom.* 17; *Astr.* 7; *Sacr.* 5-7; *Amber* 3-6; *Parl. G.* 7-8; *Icar.* 9, 28; *Indictment* 2; *Lover of Lies* 2-5; *Dial. G.* 225 (13/8, *Hephaistos and Zeus* 1); 244 (18/16, *Hera and Leto* 1); 250 (23/19, *Aphrodite and Eros* 1); 278-80 (24/25, *Zeus and Helios* 1-2); 281, 286 (25/26, *Apollo and Hermes*). 더 자세한 내용은 Keener, "Exhortation"; Keener, *Acts*, 2:2159-62의 논의를 보라.

136 *Let. Aris.* 134-38; Wis. 13:10-14:7; *Sib. Or.* 3.8-35; 4.4-23; Athenag. *Plea* 20-21; Theoph. 1.9; Tatian *Or. Gks.* 33-34; Tert. *Apol.* 5.2; Pearson, "Idolatry, Jewish Conception of."

137 예. Cic. *Nat. d.* 2.28.70(Stoics); Max. Tyre *Or.* 35.1; Heracl. *Hom. Prob.* 26.1, 7; 30.1; 31.1; 52.1-53.1; 68.8; 69.8-16; Proclus *Poet.* 6.1, K82.2-5; K90.8-14; K131.5-9; K147.21-25; Libanius *Encom.* 1.10.

138 Jos. *Ag. Ap.* 2.255; 참조. Athenag. *Plea* 22. 신화에 등장하는 신들의 부도덕을 비평한 것에 대해서는 Jos. *Ag. Ap.* 2.241, 244-46을 보라. 그들의 부도덕한 실례에 대해서는 *Ps.-Clem.* 15.1-19.3을 보라.

139 Jos. *Ag. Ap.* 2.275.

140 예. Soph. *Wom. Tr.* 441-48; Gorg. *Hel.* 19; Ach. Tat. 1.5.5-7; Libanius *Thesis* 1.3(제우스의 소문난 난잡함을 무시함); 참조. Menander *Heros* frg. 2.1-3(in Stob. *Anth.* 5.20a.21). 사람들의 비행을 신들의 본보기 탓으로 돌리는 것에 대해서는 다음을 보라. Pindar frg. 199 (in Strabo 17.1.19); Diod. Sic. 1.27.1.

었다.[141] 한 이교도 지성인은 이렇게 경고했다. "신화가 믿을 수 없는 것이 아니라면, 그 신화는 악한 행위에 대한 상담자가 될 수도 있다."[142]

바울은 여기서 형상 숭배에 대한 미묘한 묘사를 제시하려는 것이 아니라 격론의 일반화를 사용하고 있다.[143] 많은 이방인 지성인들은 형상 자체를 신처럼 취급하는 것에 이의를 제기했다.[144] 그러나 그들은 이런 형상이 그 자체를 넘어 신을 가리킨다는 점에서 그 형상의 가치를 종종 주장하기도 했다.[145] 그러나 다신론의 남용이나 형상 숭배를 비난한 이방인들조차도 형상 숭배에 대해 너무 비판적인 것을 때때로 경고했는데, 그들은 유대인과 그리스도인들이 지나치게 비판적이라고 생각했다.[146]

그 자체가 심판인 죄의 광기

바울은 이방인들이 우상숭배를 통해 도덕적이고 지적인 반역을 자행했다고 비난하고 나서 로마서 1:18에서 그가 언급한 하늘로부터 오는 진노를 다시 논의한다. 하나님의 진노는 미래에 더 분명하게 표현되겠지만(롬 2:5,

---

141 Gorg. *Hel.* 19. Sext. Emp. *Pyr.* 1.159는 비일관성을 시사한다.
142 Philost. *Vit. soph.* 2.1.554 (번역. Wright, LCL, 155).
143 여기서는 Nock, "Vocabulary," 139; Grant, *Gods*, 20, 66-67을 주목하라. Sandnes("Idolatry and Virtue")는 바울이 때때로 좀 더 미묘한 차이를 보였다고 주장한다.
144 Dio Chrys. *Or.* 12.52, 54; Lucian *Sacr.* 11; *Portr. D.* 23; 좀 더 자세한 Grant, *Gods*, 20. 후기 플라톤 철학자들에게 형상은 신성을 **반영했다**. Max. Tyre *Or.* 2.2; Ritner, *Mechanics*, 247. 형상이 신의 몸이었다는 것에 대해서는 *ANET* 5에 제시된 멤피스 신학을 참조하라. 신들이 신상에 생기를 불어넣었다는 생각은 드물거나(Halusza, "Sacred") 늦은 시기에 나왔을 것이다(Johnston, "Animating Statues").
145 Dio Chrys. *Or.* 12.60, 74-75; Max. Tyre *Or.* 2.5 (참조. 11.12); Iambl. *Myst.* 7.1.
146 Mac. Magn. *Apocrit.* 4.20-23; Cook, *Interpretation*, 94-97.

8-9), 하나님은 인류를 그들의 도덕적 광기에 넘겨줌으로써 현재 그분의 진노를 표현하신다(1:18). 로마서와 관련하여 고대 해석자들과[147] 현대 해석자들은[148] 모두 여기서 이런 연결을 자주 인정해왔다. 인류는 하나님으로부터의 자율을 추구했으며(1:21-23), 하나님은 그들을 점점 더 낮아지게 하심으로써 그에 상응하는 벌을 내리셨다.

비이성적인 욕망에 내버려 둠

바울은 "하나님이 [인간을] 죄에 '넘겨주셨다'(παραδίδωμι; 개역개정, '내버려 두셨다')"는 후렴을 세 번 반복하는데(롬 1:24, 26, 28),[149] 이는 그의 청중이 아마도 이해하는 개념이었을 것이다. 유대인들은 하나님이 사람들을

---

147 다음을 보라. (Bray, *Romans*, 44, 47에 제시된) Chrys. *Hom. Rom.* 3; Ambrosiaster *Comm.* (CSEL 81:47, 49); Ps.-Const. *Rom.* (*ENPK* 25-26); Aug. *Prop. Rom.* 5; Oecumenius, catena on Rom. 1:26 (*PGK* 15:423). 이 현재의 심판은 좀 더 직접적인 미래의 심판과 대조된다(롬 2:5; 5:9; 9:22; 참조. 3:5). (Bray, *Romans*, 35-36에 따르면) 초기 해석자들은 하나님의 현재 진노를 장차 임할 더 큰 진노로부터 사람들을 돌이키게 하기 위한 교정으로서 이해했다(Theodore of Mopsuestia, catena on Rom. 1:18 [*PGK* 15:115]; Chrys. *Hom. Rom.* 3).

148 예. 다음을 보라. Barth, "Speaking," 290-91; Coffey, "Knowledge," 675; Hooker, *Preface*, 37; Fitzmyer, *Romans*, 271; Jewett, *Romans*, 163, 165; 참조. 삼상 2:25.

149 반복은 대용(代用)이며(Keck, "Pathos," 85; Longenecker, *Introducing Romans*, 201), 확실하게 요점을 강조하는 것이다. 참조. 그 밖의 다음 문헌에서도 후렴이 반복된다. 삿 17:6; 19:1; 21:25; 시 42:5, 11; 43:5; Catullus 61.4-5, 39-40, 49-50, 59-60; 64.327, 333, 337, 342, 347, 352, 356, 361, 365, 371, 375, 381; *Perv. Ven.* 1, 8, 27, 36, 48, 57-58, 68, 75, 80, 93. 여기서 세 가지 경우는 모두 똑같은 신적 행위를 나타낼 것이다(Origen *Comm. Rom.* on 1:26 [*CER* 1:156, 158; Bray, *Romans,* 46]). Jeremias("Zu Rm 1 22-32," 119-20)는 이것이 전통적인 키워드(*Stichwort*)라고 주장한다. 다양한 해석에 대해서는 Bouwman, "Noch einmal," 411-12을 참조하라.

죄의 권세에 넘겨주심으로써[150] 또는 그들의 생각을 어둡게 하심으로써[151] 죄를 벌하신다는 것을 알았다. 하나님의 백성이 하나님을 버릴 때, 하나님은 그들을 그들의 어리석음이나 그분의 도움을 받을 수 없는 인간 행위의 과정에 종종 내버려 두신다.[152]

유대인이 아닌 고대의 청중 역시 거짓된 믿음이 그에 따른 결과를 거둔다는 개념을 이해했을 것이다.[153] 플라톤은 행악자들에 대한 가장 큰 형벌은 더욱 악을 행하게 되는 것이라는 의견을 밝혔다.[154] 크레타 사람들은 "그들의 원수들이 자신들의 악한 행실을 즐거워하기를" 기도함으로써 그 원수들을 저주했다고 알려진다. 그래서 그 원수들은 "멸망의 가장자리"에 있기를 스스로 선택하게 되었다.[155] 2세기의 연설가는 쾌락의 유혹을 받은 사람은 결국 "무지에 휩말리고 나서 쾌락주의에 빠지게 된다"고 경고한

---

150 *Jub.* 21:22.

151 Jos. *War* 5.343. 죄가 더 많은 죄로 이어진다는 것에 대해서는 Bonsirven, *Judaism*, 14을 보라. 우상숭배를 악한 충동의 최종적 결과로 이해하는 것에 대해서는 Davies, *Paul*, 30을 보라. 벤 시라는 이렇게 경고했다. 누구든지 지혜에서 벗어난다면, 지혜가 그 사람을 타락에 "넘겨줄"(παραδώσει) 것이라고 말이다(Sir. 4:19). 야웨(삼상 2:25; 삼하 17:14)와 그리스의 신들(Hom. *Il.* 16.688; 18.311; *Od.* 18.155-56; Sen. Y. *Troj.* 34-35)은 모두 사람들을 무감각하게 하여 멸망에 이르게 할 수 있었다. 하나님은 악한 자들을 잘못된 길로 가게 하셨으며(특히 사해사본에 나타남; 예. CD 2.13; 4Q266 frg. 11.9-10), 원형적인 성서의 예로는 마음을 완악하게 한 바로가 있다(출 8:15, 32; 9:34; 삼상 6:6). 하지만 하나님 역시 그의 마음을 완악하게 하셨다(출 4:21; 7:3; 9:12; 10:1, 20, 27; 11:10; 14:4, 8; 롬 9:17-18).

152 느 9:28; 시 106:41에서 하나님이 그들을 그들의 원수들에게 어떻게 내버려 두셨는지를 보라. 참조. 이와 비슷하게 이후에는 이방인들 사이에 내버려 두셨다. Iambl. *Myst.* 1.13. 하나님은 광야에서 이스라엘을 임의대로 하도록 내버려 두셨다(시 81:12; 하지만 70인역과 마소라 본문은 단지 "보냈다"고 번역함; 행 7:42).

153 Epict. *Diatr.* 1.12.21-22; 3.11.1-3; Porph. *Marc.* 22.348-60, 특히 358-59.

154 Plato *Laws* 5.728B.

155 Val. Max. 7.2.ext.18 (번역. Bailey, LCL, 2:127).

다.[156]

유대교 전통은 사람들을 그들의 죄에 적합한 방법으로 벌하시는 하나님에 대해 말했다.[157] 바울은 여기서 그 형벌을 범죄에 적합한 것으로 묘사한다. 우상을 숭배함으로써 하나님을 영화롭게 하지 못한(롬 1:21) 인간은 이제 부도덕으로써 자기 몸을 욕되게 했다(1:24).[158] 이와 마찬가지로 로마서 1:26에서 그들은 "부끄러운" 정욕에 빠졌으며,[159] 1:27에서는 "부끄러운 행동"을 저질렀다.

죄를 위해 몸을 이용하는 것은 원래의 창조에 어떤 결함이 있음을 반영하는 것이 아니라, 몸의 목적과 설계를 왜곡하는 것이었다. 오히려 성령이 없는 생각은 더 넓은 목적에서 그 역할을 하지 못하고 뒤틀리게 되었다. 너무 "헛되어" 창조의 하나님을 인정하지 못하게 된, 감사할 줄 모르는 생각은 우상숭배를 통해 창조를 왜곡했고(롬 1:19-23), 그럼으로써 궁극적으로 남자와 여자로서 하나님의 형상에 기초한 자신들의 신성한 성

---

156 Max. Tyre *Or.* 25.5 (번역. Trapp, 211).

157 Sir. 27:25-27; 2 Macc. 4:38; 9:5-6; 13:7-8; *L.A.B.* 44:9-10; 1QpHab 11.5, 7, 15; 12.5-6; 4Q181 frg. 1.1-2; *Jub.* 4:32; 35:10-11; 37:5, 11; Wis. 11:15-16; *m. Ab.* 2:6/7; *Sipre Deut.* 238.3.1; 계 16:6; 더 자세한 내용은 Keener, *Acts*, 2:1052의 논의를 보라.

158 성적인 차원의 불명예에 대해서는 다음을 보라. Eurip. *El.* 44-45; Lysias *Or.* 3.6, §97; 3.23, §98; Diod. Sic. 10.31.1; 12.15.2; 12.21.2; 33.15.2; Dion. Hal. *Ant. rom.* 1.78.5; Mus. Ruf. 12, p. 86.11-16, 30-32; Arrian *Ind.* 17.3; Dio Chrys. *Or.* 40.27; 71.6; Apul. *Apol.* 74; Libanius *Speech Char.* 18.2; Nicolaus *Progymn.* 7, "On Commonplace," 45. 불명예와 무절제한 정욕에 대해서는 다음을 참조하라. Arist. *N.E.* 7.6.1, 1149a. 동성 간 성관계 또는 남자가 여자 같아 보일 때에 대해서는 다음을 참조하라. Diod. Sic. 5.32.7; Lucian *Lucius* 38; Ps.-Lucian *Affairs* 23의 화자; Jos. *Ant.* 19.30-31. Diod. Sic. 32.10.9에는 자웅동체와의 결혼이 등장한다.

159 스토아 철학자들은 정욕(πάθος)이 이성에 불순종하고 본성을 거스르는 것(παρὰ φύσιν; Arius Did. 2.7.10, p. 56.1-4)이며 어쩌면 가장 강력한 것이라고 경고했다(56.25). 근본적인 정욕들 가운데 하나는 쾌락이었다(56.9-10). 몇몇은 절제할 수 없는 정욕을 여자 같은 것으로 생각했다(Max. Tyre *Or.* 19.4; 참조. Gemünden, "Femme").

도 왜곡하고 말았다(1:24-27; 5:1-2). 따라서 피조물은 "허무한 데" 굴복했으며,[160] 하나님의 자녀들이 영광스럽게 될 때라야 비로소 본래에 지녔던 하나님의 형상을 회복할 것이다(8:20-23, 29).[161] 하지만 바울이 이해하기에, 성령의 첫 열매를 가지고 있는 신자들은 세상의 우상숭배로 어두워진 육체적 생각의 동일한 "허무함"에 얽매이지 않는다.

정욕으로 더럽혀진 생각

대부분의 고대 사상가들은 정욕이 이성적 사고를 타락시켰고, 이성이 정욕을 제어해야 한다고 믿었다. 하지만 유대인 변증가들은 이방인들이 정욕에 지배당하고 있다고 자주 꾸짖었으며, 정욕을 진실로 지배하기 위한 방식으로서 유대교 율법을 때때로 제시했다.[162] 로마서 1:24-27에 따르면, 우상숭배에 반대하는 유대교 논쟁과 일치되게[163] 인류의 부패한 생각

---

160 롬 8:20은 로마서에서 1:21 외에 ματαιο-와 어원이 같은 단어가 사용된 유일한 본문이다. 그래서 누군가는 아담이 우상숭배의 영을 품음으로써 피조물을 허무한 데 굴복하게 했다고 생각할지도 모른다(참조. 창 3:5-6). 하지만 바울 서신의 다른 곳은 하나님께서 만물을 그리스도께 복종하게 하시거나(고전 15:27-28; 엡 1:22) 그리스도께서 만물을 자신에게 복종하게 하신다(빌 3:21)는 점에서 ὑποτάσσω라는 단어를 긍정적으로 사용한다. 이 본문들에는 피조물을 "허무한 데" 굴복하게 한다는 언급이 하나도 없고, 그리스도는 바울에게 둘째 아담이지만, 바울이 여기서 이 단어를 사용한 것은 피조물을 복종시키시는 분이신 하나님께 여전히 호의를 보이는 것일 수 있다.

161 바울의 "형상"과 "영광"에 대해서는 고전 11:7; 고후 3:18; 4:4을 보라. 이것은 피조물의 "형상"을 닮도록 하나님을 왜곡하는 것의 역전이다(롬 1:23). 롬 8:21에서 "썩어짐"에 종노릇한다는 것은 1:23에서 "썩어질" 피조물을 경배했다는 것을 반영한다(8:21-23에서 미래에는 이것에서 해방된다; 참조. 고전 15:42, 50, 53-54의 썩지 않는 부활의 몸).

162 Stowers, "Self-Mastery," 531-34. 하지만 바울에게는 "그리스도와 하나가 되어야만…무죄와 자제가 이루어질 수 있다"(536; 참조. Stowers, Rereading, 82).

163 이런 논쟁에 대한 논의에 대해서는 다음을 보라. Keener, "Exhortation"; Keener, Acts, 2:2159-62.

은 사람들을 비이성적 정욕에 굴복시킨다(롬 1:24, 26).

사람들은 일상적인 대화에서 "정욕" 또는 "욕망"이라는 언어를 긍정적으로 사용할지도 모른다.[164] 그러나 많은 지식인이 욕망을 근본적인 악으로 여겼다. 따라서 철학에서 2세기 연설가로 알려진 한 사람은 "가장 큰 인간의 악은 욕망이다"라는 의견을 피력했다.[165] 그러므로 많은 사람이 정욕과 욕망에 대해 경고했다.[166] 그들은 그런 갈망이 채워지지 않는다고 느꼈다.[167] 수많은 사상가가 정욕의 노예가 되는 것에 대해 말했으며, 그 정욕의 폭정으로부터 자유를 추구했다.[168] 따라서 욕망을 극복하는 것은 칭찬받을 만한 일이었다.[169] 몇몇 철학자는 세상에서 정욕을 제거하기 위해 일했다는 말을 들었다.[170] 스토아 철학의 이상적 현자는 적어도 부정적인

---

164 에. Ael. Arist. *Def. Or.* 432, §§146D-147D; 빌 1:23; 살전 2:17. 참조. Wis. 6:13-20, 특히 6:13, 20의 지혜에 대한 욕망.

165 Max. Tyre *Or.* 24.4 (번역, Trapp, 203); 참조. *Apoc. Mos.* 19:3. 간략함을 위해 나는 바울이 종종 사용하는 ἐπιθυμία(심지어 로마서에서도 사용한다: 롬 1:24; 6:12; 7:7-8; 13:14)와 바울 서신에 드물게 등장하는(롬 1:26; 골 3:5; 살전 4:5에만 나옴) πάθος를 함께 다룬다.

166 예. Epict. *Diatr.* 2.1.10; Iambl. *Pyth. Life* 31.187; Porph. *Marc.* 27.438.

167 Galen *Grief* 42-44, 80; Iambl. *Pyth. Life* 31.206; Porph. *Marc.* 29.457-60; 참조. Dion. Hal. *Ant. rom.* 9.52.6; Max. Tyre *Or.* 36.4. 정욕은 모든 범죄(Cic. *Senect.* 12.40)와 영혼의 병(Porph. *Marc.* 9.157-58)을 낳는다. 악은 정욕을 증식시키며(Lucian *Nigr.* 16), 누구든지 쾌락에 중독되면 심리적으로 병들 수 있다(Arius Did. 2.7.10e, p. 62.20-23).

168 Xen. *Oec.* 1.22; Mus. Ruf. 3, p. 40.19; Pliny *Ep.* 8.22.1; Plut. *Bride* 33, *Mor.* 142E; Arius Did. 2.7.10a, p. 58.15; Iambl. *Letter* 3, frg. 3.4-6 (Stob. *Anth.* 3.5.46); Porph. *Marc.* 34.522-25; 4 Macc. 13:2; *T. Jos.* 7:8; *T. Ash.* 3:2. 쾌락의 노예가 되는 것은 Max. Tyre *Or.* 25.5-6; 33.3; 36.4에 등장한다.

169 Xen. *Hell.* 4.8.22; Polyb. 31.25.8; Publ. Syr. 40, 181; Dio Chrys. *Or.* 8.20; 9.12; *T. Reub.* 4:9; Jos. *Ant.* 4.328-29. 욕망을 극복한 예로서 알렉산드로스(Arrian *Alex.* 7.28.2에 묘사되었듯이)는 추도사 외에는 타당하지 않았다(Sen. Y. *Ep. Lucil.* 113.29-31; Plut. *Flatt.* 25, *Mor.* 65F; Dio Chrys. *Or.* 4.4, 60; 참조. *b. Tamid* 32a).

170 견유학파 크라테스에 대한 Apul. *Flor.* 14.3-4.

감정의 형태로는 정욕이 없어야 했다.[171] 스토아 철학자들은 이 목적에 가치를 부여했는데, 그 이유는 정욕이 이성의 주체가 아니라 일종의 충동이기 때문이었다.[172] 후기 플라톤 철학자들은 정욕이 영혼을 더럽힌다고 경고했다.[173] 에피쿠로스 철학자들도 정욕을 통제하는 것이 행복으로 이어진다고 주장했다.[174]

스토아 철학자들은 쾌락(ἡδονή)를 정욕의 근본적인 형태로 여겼다.[175] 보통 사람들은 틀림없이 쾌락을 종종 긍정적으로 여겼겠지만,[176] 스토아 철학자들은 그것을 부정적으로 또는 적어도 가치가 없는 것으로 취급했다.[177] 다른 많은 사상가들 역시 쾌락을 부정적인 것으로 여겼는데, 특히 쾌락을 과도하게 받아들일 때 그렇다고 생각했다.[178] 쾌락에 가치를 부여

---

171 Engberg-Pedersen, "Vices," 612-13. 욕망의 부정적 표현에 대한 스토아 철학의 목록으로는 Arius Did. 2.7.10b, pp. 58.32-60.1을 보라. 감정을 통제하는 것은 훈련에 대한 로마 전통에 당연히 호소했다(예. Val. Max. 4.1.pref.; 4.1.13을 보라).

172 Arius Did. 2.7.10, p. 56.1-4; 2.7.10a, p. 56.24-25; 2.7.10b, p. 58.17-18. 정욕의 한 유형으로서 쾌락 역시 이성에 불순종했다(2.7.10b, p. 58.29).

173 Porph. *Marc.* 13.236-37.

174 Cic. *Fin.* 1.18.57-58.

175 Arius Did. 2.7.10, p. 56.6-7. Engberg-Pedersen, *Paul and Stoics*, 311n32도 보라.

176 예. Ach. Tat. 2.8.3. 쾌락에 대한 에피쿠로스 학파의 긍정적인 견해에 대해서는 Cic. *Fin.* 1.9.29; Plut. *R. Col.* 27, *Mor.* 1122D; Athen. *Deipn.* 12.546e; Long, *Philosophy*, 61-69; Klauck, *Context*, 395-98을 보라. 에피쿠로스 자신의 견해는 더 온건한 것 같다. Cic. *Tusc.* 3.21.50; Diog. *Laert.* 10.145-20을 보라. 플라톤의 지적인 쾌락에 대해서는 Lodge, *Ethics*, 27-31을 보라.

177 부정적인 예. Cic. *Fin.* 2.12.35-2.13.43; Sen. Y. *Ep. Lucil.* 59.1; *Dial.* 7.11.1; Arius Did. 2.7.10, p. 56.13-18; 2.7.10b, p. 60.1-2. 초기 스토아 철학 전통은 무관심한 사람들 사이에서 쾌락을 이해했던 것이 분명하다. Arius Did. 2.7.5a, p. 10.12-13을 보라. 쾌락이 선한 것이 아니라고 여긴 것에 대해서는 Mus. Ruf. 1, p. 32.22를, 적어도 불명예스러운 것과 연결되는 경우에 대해서는 Mus. Ruf. 12, p. 86.27-29; frg. 51, p. 144.8-9를 보라. Brennan, "Theory," 61-62n31도 보라.

178 예. Xen. *Mem.* 1.2.23-24; 4.5.3; *Hell.* 4.8.22; Cic. *Senect.* 12.40; Dio Chrys. *Or.* 1.13; 3.34; 8.20; Pliny *Ep.* 5.5.4; Plut. *Bride* 33, *Mor.* 142E; Max. Tyre *Or.* 7.7; 14.1-2; 25.5-6; 33.3-

한 에피쿠로스 학파가 이의를 제기했지만, 이것은 부분적으로 에피쿠로스가 쾌락을 다른 사람들과 다르게 정의했기 때문이었다. 스토아 철학자들과 다른 사람들은 쾌락에 대한 에피쿠로스 학파의 견해를 자주 비판했다.[179]

고대 철학의 주된 강조는 자신의 정욕을 어떻게 극복하는가에 있었다.[180] 아리스토텔레스의 추종자들인 소요학파는 단순히 정욕을 완화하기를 원했지만, 스토아 학파를 비롯한 다른 많은 사람들은 정욕을 근절하기를 원했다.[181] 플라톤 전통의 철학자들은 순수한 지성인 덕이나 신에 대해 생각하는 것이 정욕에서 사람을 해방해줄 것이라고 느꼈다.[182] 따라서 후기 플라톤 철학자 한 사람은 약이 몸에서 질병을 몰아내듯이 철학이 정욕

8; 38.6; Men. Rhet. 2.10, 416.19; Proclus *Poet*. 6.1, K121.14-15; Iambl. *Pyth. Life* 31.204-6; Libanius *Comp.* 1.7-8; 5.7; *Speech Char.* 16.2; Porph. *Marc.* 6.103-8; 7.125-26, 131-34; 33.508-9; 35.535-36.

179 스토아 철학의 비평에 대해서는 다음을 보라. Cic. *Fin*. 2, 특히 2.4.11-2.6.18; Arius Did. 2.7.10a, p. 58.8-11. 다른 사람들의 비평에 대해서는 다음을 보라. Cic. *Pis*. 28.68-69; Aul. Gel. 9.5; Max. Tyre *Or*. 30-33, 특히 30.3-5; 31; 33; Galen *Grief* 62, 68. Keener, *Acts*, 3:2584-93(에피쿠로스 학파에 대해)과 2593-95(스토아 학파에 대해; 참조. Keener, "Epicureans")도 보라. Dyson, "Pleasure"(on Sen. Y. *Vit. beat*. 11.1)에서 쾌락에 대한 에피쿠로스 학파의 목표를 공격한 세네카의 비난을 참조하라.

180 다음을 보라. 예. Xen. *Mem*. 1.2.24; Val. Max. 3.3.ext.1; Mus. Ruf. 6, p. 52.15-17; 7, p. 56.27; 12, pp. 86.39-88.1; Max. Tyre *Or*. 1.9; 7.7; 25.6; Iambl. *Letter* 3, frg. 3 (Stob. *Anth*. 3.5.46); Porph. *Marc*. 31.479-81; *Let. Aris*. 256; 4 Macc. 13:1; Malherbe, "Beasts." 롬 7:23과 관련하여 나중에 본서(제3장 "추기: 고대의 군사적 은유들")에서 논의하겠지만, 많은 자료가 비유적인 전쟁 이미지를 사용한다. 자신을 통제하는 것은 가장 위대한 정복이었다 (Sen. Y. *Nat. Q*. 1.pref.5; 3.pref.10; *Ep. Lucil*. 113.29-31; Publ. Syr. 137; 잠 16:32; 참조. Xen. *Mem*. 1.5.1).

181 Tobin, *Rhetoric*, 229; Dillon, "Philosophy," 796. 4 Macc. 3:2-5에서 이성은 정욕을 근절하기보다는 통제하고 그것과 싸우는 것이 분명하다.

182 예. Philo *Sacr*. 45. 나중에 본서 6장과 7장에서 고후 3:18; 빌 4:8에 대한 논의를 참조하라.

을 영혼에서 쫓아내야 한다고 강조했다.[183]

특정 학파들 사이에 차이가 있었지만, 지성인들은 대부분 덕의 지도를 받아 이성을 사용함으로써 정욕을 제어해야 한다는 점에 의견이 일치했다.[184] 이성이 충분히 강하지 않을 경우, 정욕이 이성에 도전하고 이성을 압도할 수 있었을 것이다.[185] 스토아 학파와 플라톤 철학자들은 똑같이 일시적 쾌락과 진정한 행복을 구별해야 하며, "반복되며 의도적인 선택, 이성적 지배를 위한 평생의 투쟁"에 의해 이런 분별을 배운다는 점에 동의했다.[186] 따라서 한 수사학적 역사가는 철학이 이성을 "두려움과 고통보다 더 강하게" 만듦으로써 "부적절하고 쓸모없는 모든 감정을 몰아낸다"고 결론 내린다.[187]

스토아 철학자들이 생각하기에 그 과정은 순전히 인지적이었다. 즉 그들은 참된 것을 진실로 이해하는 것이 진정으로 중요한 것에 대한 잘못된 가정에 묶여 있는 감정들을 근절할 것이라고 여겼다.[188] 스토아 철학의

---

183 Porph. *Marc.* 31.483.
184 Cic. *Inv.* 2.54.164; *Off.* 2.5.18; *Leg.* 1.23.60; Sall. *Catil.* 51.3; Plut. *Lect.* 1, *Mor.* 37E; Max. Tyre *Or.* 33.3; Porph. *Marc.* 6.99; 29.453-60; 31.478-83; 34.521-22. 다른 문화들의 경우, 예컨대 전통적 모로코를 참조하라(Eickelman, *Middle East*, 205). 이성이 감각을 지배하는 것에 대해서는 Sen. Y. *Ep. Lucil.* 66.32를 보라.
185 Dion. Hal. *Ant. rom.* 5.8.6; Cic. *Senect.* 12.40; Char. *Chaer.* 2.4.4; Arius Did. 2.7.10a, p. 58.5-6, 12-16; Marc. Aur. 3.6.2; Porph. *Marc.* 9.154-55. 하나님께 집중하는 것을 방해하는 정욕에 대해서는 Max. Tyre *Or.* 11.10을 보라. 이성과 정욕 중 하나가 지배적이었을 것이고, 정욕이 좀 더 여성적이었을 것이다(Max. Tyre *Or.* 33.2, 남성 중심적인 관점에서 보았다; 참조. Philo *Unchangeable* 111). 그리스 사상가들은 정욕을 여자 및 야만인들과 연결했다. McCoskey, *Race*, 56을 보라(야만인들을 짐승처럼 여긴 예는 Libanius *Invect.* 2.1; *Topics* 2.6을 보라).
186 Meeks, *Moral World*, 47.
187 Val. Max. 3.3.ext.1 (번역. Bailey, LCL, 1:275).
188 Sorabji, *Emotion*, 2-4; Stowers, "Self-Mastery," 540; Epict. *Diatr.* 1.28.6을 보라. 하지만 정욕이 가르침을 압도한다는 Arius Did. 2.7.10a, p. 58.11-16을 참조하라.

접근은 오늘날 인지 심리학에서도 사용될 수 있는 약간의 긍정적 통찰을 제공해주긴 했지만,[189] 실천적 측면에서는 (스토아 철학이 온통 본성에 따라 사는 것을 강조하는 까닭에!) 자연스러운 육체적 본능과 감정의 심리학적 연관성뿐만 아니라 감정과 이성의 관련성도 심하게 평가절하했다.[190] 현대 의학은 강력한 자극이 대뇌 피질에 의해 신호가 처리되기도 전에 긴급한 신체 반응을 유발하면서 뇌의 편도체를 경각시킬 수 있음을 보여주었다. 오직 그 순간에만 자극은 이성적으로 평가될 수 있고, 필요하다면 이성적으로 점차 줄어들 수 있다.[191]

그렇지만 스토아 철학자들은 감정을 이성에 굴복시키려고 할 때 불가피하게 마주하는 경험에 민감했다. 인간이 인지적 판단에 앞서 신체적 반응을 경험한다는 것을 인식한 세네카는 이런 반응을 "첫 번째 움직임"으로 간주했는데, 이는 일단 고려할 기회가 생기면 합리적 결정으로 싹을 잘라낼 수 있는 일종의 사전 감정(pre-emotion)이다.[192] 오리게네스(Origen)

---

189 스토아 철학의 한계들이 그러하듯(Sorabji, *Emotion*, 153-54), 인지 치료는 그것 자체로 사용될 때 다른 것들보다 일부 장애에 더 도움이 된다(예. 공포증을 줄이는 데는 도움이 되지만 거식증에는 도움이 되지 않는다; 155).

190 현대 심리학의 감정과 이성의 연결에 대해서는 Elliott, *Feelings*의 논의를 보라.

191 Sorabji, *Emotion*, 6, 144-55(특히 145-50). 갈레노스는 감정을 육체적 상태에서 흘러나오는 것으로 보았다(특히 253-62을 보라). 스토아 철학이 무관심을 강조한 것은 현대 치료에서 자연스럽거나 바람직하지 않다(169-80).

192 Sorabji, *Emotion*, 2-5. 세네카는 이 첫 번째 움직임 가운데 남성 성기의 본의 아닌 자극, 화났을 때 더 가빠지는 호흡, 놀랐을 때 하얗게 질림 등을 포함했을 것이다(11). 그와 같은 "첫 번째 움직임"은 일단 잘못된 판단이 확인되고 그것을 선택하여 감정을 악화시키는 경우에만 문제가 된다(좀 더 충분한 내용은 55-65을 보라). 따라서 만약에 누군가가 이성을 선호하기보다 그 움직임에 동의한다면, 그것은 완전히 발달한 감정이 된다(73). 하지만 그것은 몸에 닥친 어떤 것처럼, 의도적인 것이 아닌 한 선택의 문제가 아니다(73-74, Sen. Y. *Ira* 2.2.1-2.4.2를 인용함). 더 이른 시기에, 감정이 일어나기 위해서 늘 판단이 필요한 것은 아니라고 생각한 포시도니우스(Sorabji, *Emotion*, 121-32; 참조. 133, 142의 다른 사람들)는 첫 번째 움직임과 같은 어떤 것을 받아들였지만, 그것이 일부 감정과 관련된

가 "첫 번째 움직임" 자체를 인지적인 것으로 잘못 해석했기 때문에, 그리스도인들은 나중에 "당신이 그냥 내버려 두었는가? 당신이 그것을 즐겼는가?"와 같은 새로운 질문을 유발하면서 "중간 정도의 수많은 죄"를 상상했을까?[193] 이런 훈련은 자기 수양을 자극하고 발전시켰지만, 로마서 7장이 패러디하고 있는 죄에 대한 일종의 집착을 낳기도 했다.

고대 사상가들 사이에 세부적인 내용이 달랐지만, 대부분의 사람들은 이성과 정욕을 서로 반대되는 것으로 이해했다. 하지만 로마서 1장에서 자신이 지혜롭다고 착각하는 사람들(롬 1:22)은 정욕의 노예가 되었다(1:24-27; 참조. 6:12, 16; 16:18). 바울은 로마서 1:27에서 강력한 욕망(ὄρεξις)을 언급할 뿐만 아니라 강렬한 감정을 묘사할 때 더 분명하게 호소하는 이미지(항상 같은 용어는 아님), 즉 "불타는"(ἐκκαίω에서 파생된 ἐξεκαύθησαν)이라는 이미지를 사용하는데(고후 11:29),[194] 이는 다른 곳에서 종종 그렇듯이 강렬한 성욕을 포함한다(고전 7:9).[195]

다는 점을 부인하지 않았다(118-19). 첫 번째 움직임이 이성을 포함하지 않았기 때문에, 아퀴나스(롬 8:1에 대한 강의 1)는 첫 번째 움직임이 정죄를 초래한다는 점을 부인했다 (Levy, Krey, and Ryan, *Romans*, 175). 참조. 이와 비슷하게 주장한 William of St. Thierry on Rom. 2:14-16(ibid., 90, 91n11).

193 Sorabji, *Emotion*, 8-9(9에서 인용함); 좀 더 완전한 내용은 343-56(오리게네스에 대해서는 특히 346-51). 이것은 일곱 가지 기본 죄(357-71)로 이어졌고, 아우구스티누스가 감정과 관련하여 스토아 학파를 철학적·언어적으로 오해하도록 이끌었는데, 이를 통해 죄는 인간 존재의 모든 층에 만연해 있다고 생각되었다(372-84). Sorabji는 아우구스티누스를 존중하지만, 탐욕에 대한 펠라기우스의 접근 방식을 선호한다(417). 유럽 일부 지역에서 수도원주의의 유산은 억압된 정욕에 대한 Freud의 관심에 기여했을 수 있다. 사전 정욕에 대해서는 Graver, "Origins"도 보라.

194 이와 비슷하게 묘사된 성욕과 관계없는 갈망이나 감정에 대해서는 다음을 보라. Corn. Nep. 6 (Lysander), 3.1; Cic. *Tusc*. 1.19.44; Virg. *Aen*. 7.456; Plut. *Coriol*. 21.1-2; Fronto *Ad M. Caes*. 3.13.3; *Ep. graec*. 6; Men. Rhet. 2.3, 384.29-30; Sir. 28:10-12; 4 Macc. 16:3; Jos. *Life* 263; 눅 24:32.

195 예. Musaeus *Hero* 40-41; Xen. *Cyr*. 5.1.16; Menander *Fabula Incerta* 8.21; Catullus

하나님의 형상을 바꿈(롬 1:23-27)

인류는 하나님의 형상 또는 영광을 다른 형상들로 바꾸고 결국 하나님의 형상을 변질시켰다. 사람들은 한때 진정한 창조자를, 그리고 그들이 그분의 형상으로 창조되었다는 것을 알았지만, 이제는 짐승까지 숭배함으로써 하나님의 형상이 지닌 가치를 떨어뜨렸다.[196] 고대의 청중 중 일부는 여기서 비꼬는 말을 들었을 것이다. 정욕은 사람을 짐승처럼[197] 비이성적으로 만든다고 생각되었으며, 사상가들은 지성이나 덕이 아니라 정욕의 지배를 받는 사람들을 짐승에 종종 비유하곤 했다.[198]

45.16; 61.169-71; 64.19; Virg. *Aen.* 1.660, 673; 4.2, 23, 54, 66, 68; *Ecl.* 8.83; Ovid *Fast.* 3.545-46; *Her.* 4.17-20; 7.23; 15.9; *Am.* 1.1.25-26; 1.2.9, 46; Val. Max. 4.6.2(부부관계); Plut. *Table* 1.2.6, *Mor.* 619A; *Dial. L.* 16, *Mor.* 759B; Lucian *Lucius* 5; Philost. *Ep.* 13 (59); Athen. *Deipn.* 1.10d; Sir. 9:8; 23:16; *T. Jos.* 2:2. 성적 매력에 대해서는 LiDonnici, "Burning"; 더 자세한 내용은 Keener, "Marriage," 686-87을 참조하라. 특히 로맨스에 대해서는 다음을 보라. Longus 3.10; Char. *Chaer.* 1.1.8, 15; 2.3.8; 2.4.7; 4.7.6; 5.9.9; 6.3.3; 6.4.5; 6.7.1; Ach. Tat. 1.5.5-6; 1.11.3; 1.17.1; 2.3.3; 4.6.1; 4.7.4; 5.15.5; 5.25.6; 6.18.2; Apul. *Metam.* 2.5, 7; 5.23; Xen. Eph. *Anthia* 1.3, 5, 9, 14; 2.3; 3.6.

196 이집트인들의 동물 형상을 북부 지중해 사람들이 업신여긴 것에 대해서는 앞서 나온 "우상숭배의 어리석음" 단락을 보라.

197 Iambl. *Letter* 3, frg. 3.4-6 (Stob. *Anth.* 3.5.46; 참조. *Letter* 13, frg. 1.18, in Stob. *Anth.* 2.2.6).

198 철학자들은 때때로 정욕을 짐승으로 묘사했다(Malherbe, *Philosophers*, 82-89; 참조. Max. Tyre *Or.* 7.5의 몸). 하지만 지성인들은 이보다 자주 이 이미지를 정욕의 지배를 받는 사람들을 지칭하기 위해 사용했다(예. Xen. *Hiero* 7.3; *Mem.* 1.2.30; *Rhet. Alex.* pref. 1420ab.4-5; Polyb. 1.80.10; Cic. *Mil.* 12.32; 31.85; *Pis.* 1.1; Sen. Y. *Ep. Lucil.* 103.2; Mus. Ruf. 10, p. 78.27-28; 14, p. 92.21; 18B, p. 116.14; Epict. *Diatr.* 1.3.7, 9; 2.9.3, 5; 4.1.127; 4.5.21; Dio Chrys. *Or.* 8.14, 21; 32.26; 77/78.29; Plut. *Demosth.* 26.4; *Bride* 7, *Mor.* 139B; *R. Col.* 2, *Mor.* 1108D; Diogenes *Ep.* 28; Max. Tyre *Or.* 15.2; 33.7-8; Marc. Aur. 3.16; Philod. *Death* 35.14-15; *Crit.* frg. 52.2-3; Philost. *Vit. Apoll.* 7.30; Libanius *Anec.* 2.1). 동물의 영혼은 사람의 그것과 다르게 일반적으로 이성이 없는 것으로 간주되었다(예. Polyb. 6.6.4; Cic. *Fin.* 2.14.45; *Tusc.* 1.33.80; *Off.* 1.4.11; Diog. Laert. 7.1.85-86).

하지만 로마서 1:23에서 거짓 형상들에 대해 바울이 열거한 목록의 시작은 사람들 자신의 형상이다. 그들은 참하나님의 형상을 전달해야 한다는 것을 인정하는 대신 하나님의 형상을 그들이 만든 것으로 떨어뜨리고, 창조주의 형상을 그들에게 위임된 피조물의 형상으로 바꾸었다. 이렇게 함으로써 그들은 자기 안에 있는 하나님의 형상, 곧 그리스도 안에서 새롭게 된 형상을 흐려지게 했다(8:29). 바울이 1:24-27에서 "형상"을 반복하지 않기 때문에 여기서 하나님의 형상에 대한 추론은 내가 이 장에서 제시하는 주요 제안 중 본문상으로 가장 확실하지 않지만, 단서는 그것을 그럴듯하게 만들기에 충분해 보인다.

많은 사람이 로마서 1:21-23에서 인간의 점진적 타락이 아담의 타락을 반영하며, 5:12-21의 서곡을 제공한다고 주장해왔다.[199] 유대인으로서 바울이 아담의 죄를 전제하듯이, 확실히 전제는 5:12-21에서 명백해진다.[200] 더욱이 만일 아담에 대한 암시를 볼 이유가 있다면(아래의 논의를 보라), 인간의 형상들로 시작하는 거짓 형상들의 목록은 창세기 3장에 제시된 태고적 인간의 죄를 떠올렸을 것이다. 그들은 그들의 창조주에 관한 분명한 진리를 거부한 채, 그들이 죽지 않을 것이며 그들의 지식이 그들을 하나님처럼 만들어줄 것이라는 거짓말을 받아들였다(창 3:4-5).[201]

---

199 Hooker, "Adam"; Barrett, *Adam*, 17-19; Dunn, *Romans*, 1:53; Dunn, *Theology*, 91-92; Dunn, "Adam," 127-28. *Life of Adam and Eve*에서 아담 및 하와와의 유사성에 대해서는 Levison, "Adam and Eve"를 보라. 의미심장한 연관성 하나는 롬 8:20의 허무함일 것이다 (Hooker, "Adam," 303을 보라).

200 "창조 때부터" 혹은 "처음부터"와 같은 어구들은 이 시기를 암시하거나(예. 막 10:6; *L.A.B.* 1:1을 보라), 좀 더 일반적으로 사용되었을 수 있다(예. *1 En.* 69:18; *T. Mos.* 12:4; *L.A.B.* 32:7; Incant. Text 20:11-12).

201 롬 16:20에서 사탄을 발아래에서 상하게 한다는 표현은 아마도 창 3:15에 관한 고대 유대교 해석의 한 구절을 암시할 것이다(하지만 고전 15:27에 인용된 시 8:6을 참조하라). 따

하지만 다른 사람들이 지적하듯이, 로마서 1:21-23에 제안된 아담의 타락에 대한 암시의 많은 부분은 너무 일반적이어서 그 자체로 설득력이 있다고 증명할 수 없다.[202] 예를 들어 「솔로몬의 지혜」에서는 아담에 대한 직접적 언급 없이(참조. 10:1-2) 우상숭배가 성적 부도덕을 비롯하여 다른 죄들을 들어오게 했다고 한다(Wis. 14:12, 22-27, 특히 27). 요세푸스는 인류를 아담 이후에 하나님을 영화롭게 하는 관습을 점차 포기하고 단지 몇 세대 만에 타락으로 가라앉은 것으로 묘사한다(Ant. 1.72). 이와 마찬가지로 유대교 전통은 하나님이 노아를 통해 이방인들을 더 깨우쳐주신 후에도 그들이 계속 불순종한다고 말한다.[203] 바울이 여기서(예. 롬 1:18-19) 사용한 복수형과 현재 시제 동사들은 이 본문에서 아담의 타락을 상상하는 것에 방해가 될 수도 있다.[204]

짐작하건대 바울은 그가 성서의 창조 이야기를 명확하게 언급하지 않는 곳에서도 그 이야기를 전제하고 있을 것이다. 하지만 이것은 바울이 그의 청중에게 그 이야기를 직접 떠올리게 한다는 의미일 필요가 없다. 그와 같은 결론은 본문의 여러 단서에 의존해야 한다. 바울은 틀림없이 여기

라서 롬 16:19에서 선한 데 지혜롭고 악한 데 미련하라는 것은 선악을 아는 나무의 이미지(생명의 성령을 의존하기보다 죄를 시험함, 롬 8:2)를 개작했을 것이다. 만약 그렇다면, 아담 암시는 로마서를 구성하는 시작과 끝의 요소들 중 하나일 수 있다(참조. 롬 1:22처럼 여기서 지혜와 어리석음의 대조). 그러나 16:19에서 "선"과 "악"을 가리키는 바울의 용어는 70인역 창 2:9; 3:5의 용어들과 다르다. (덜 중요하긴 하지만, 롬 16:20의 바울의 언어도 창 3:15의 그것과 다르다); 바울은 롬 16:19에서 암시를 의도했다고 해도 이것을 분명히 하지 않는다.

202 Scroggs, *Adam*, 75-76n3; Fitzmyer, *Romans*, 274, 283; Keck, *Romans*, 63; Stowers, *Rereading*, 86, 90, 92을 보라.

203 예. *Jub*. 7:20; van der Horst, "Pseudo-Phocylides," 569; *Mek. Bah*. 5.9ff.; *Sipre Deut*. 343.4.1; *b. Sanh*. 56a, bar.; Schultz, "Views of Patriarchs," 48-49을 보라. 더 자세한 논의는 다음을 보라. Keener, *Acts*, 3:2264-65.

204 예. O'Rourke, "Revelation"을 보라.

서 인간의 실패를 나중에 로마서 5:12-21에서 서술할 인간의 타락에 대한 배경적 이야기와 신학적으로 일관성이 있는 것으로 다루고 있을 것이다. 하지만 창세기가 창조에 대한 일관성 있는 신학을 서술하기 위해 여러 가지 다른 이야기를 사용할 수 있었듯이, 바울 역시 그렇게 할 수 있었다. 이 이야기는 아담에 대한 바울의 이야기와 일관성이 있을 것이다. 하지만 바울은 여기서 그간 일부 해석자들이 주장한 것과 같이 분명하게 창세기 2-3장의 특정 이야기를 강조하지는 않는다. 로마서에서 이런 연결은 이 시점에 일차 청중에게 발생하지 않았을 것이다. 물론 바울은 로마 교인들이 한 번 이상 이것을 듣기를 바랐겠지만 말이다.[205]

그러나 바울이 여기서 창세기 2-3장을 강조한다고 생각할 이유는 기껏해야 제한적이지만, 창세기 1장에 대한 더 강력한 메아리가 있을 수 있다.[206] 70인역에서 "형상"(εἰκών)이 종종 "우상"을 의미하긴 하지만, 바울에게 이 단어는 지혜 혹은 첫 번째 인간을 떠올리게 한다.[207] 다른 곳에 있는 바울의 용례(고전 11:7; 고후 3:18; 참조. 4:4)에 비춰볼 때, 이곳(롬 1:23)에서 하나님의 "영광"은 그분의 형상을 암시할 개연성이 높다. 로마서 뒷부분에서는 새로운 아담의 형상으로 변화된 사람들이 "영화롭게 된다"(롬

---

205 고대 저술가들은 주요 주제나 부제들을 파악하기 위해 종종 필요하다면 한 문서를 거듭해서 읽는 것의 가치를 인식했다. 예. 연설에 대해서는 Quint. *Inst.* 10.1.20-21을 보라. 그렇지만 연설은 청중이 생각의 흐름을 따라오게 하려고 의도적으로 계획되었다(Theon *Progymn.* 2.149-53).

206 여기서 나는 Morna Hooker 교수에게 뒤늦은 공식 사과를 드린다. 나는 그녀의 강의 중 하나를 듣는 박사 과정 학생으로서 롬 1장의 아담 암시에 대한 그녀의 주장을 일부 반박하는 논문을 썼다.

207 Hooker("Adam," 297-98)는 아담을 강조하고 그것만으로 ὁμοίωμα(롬 1:23)를 인정하면서 시 105:20 LXX(106:20 ET)을 반영한다. Philo *Mos.* 2.65의 인간도 참조하라.

8:29-30).[208]

바울의 성서의 서두에서 인간은 하나님의 형상대로 남자와 여자로 지음을 받았다(창 1:26-27; 5:1-2). 하지만 여기서 인간은 하나님을 그들 자신의 형상과 심지어 더 저급한 동물의 형상으로 타락시켰다(롬 1:23, 25). 그렇게 함으로써 그들은 남성과 여성으로 창조된 하나님의 참형상을 왜곡했다(롬 1:24; 창 1:27; 5:1-2). 바울이 로마서 1:26-27에서 남자와 여자를 지칭하기 위해 사용하는 용어들(ἄρσην과 θῆλυς)은 그가 일반적으로 사용하는 용어가 아니다. 그는 다른 곳에서는 오직 갈라디아서 3:28에서만 이 용어들을 사용한다. 70인역에서 이 두 용어가 함께 등장하는 본문 중 가장 적절하고 근본적인 본문은 아마도 창조 내러티브일 것이다(창 1:27; 5:2; 참조. 막 10:6).[209]

바울은 "본성"(φύσις, 1:26-27)의 측면에서 젠더 역할의 역전에 대해 말할 때, 스토아 철학자들과 일부 유대인 사상가들 사이에서 호평받는 흔한 논쟁을 이용한다.[210] 동시에 유대인인 바울에게는 본성에 관한 주장 역

---

208 여기서 인간 속에 있는 하나님의 형상에 대해서는 Hooker, "Adam," 305도 보라. 롬 1:23 의 "모양"(ὁμοίωμα)은 첫째 아담(롬 5:14; 참조. 8:3; 빌 2:7) 혹은 둘째 아담(롬 6:5) 의 모양을 언급하기 위해 준비하는 것일 수 있다. 비록 이 단어는, 방금 언급했듯이, 시 105:20 LXX(106:20 ET)을 일차적으로 반영하고 있지만 말이다.

209 창 1:27의 문맥에서 젠더의 상보성은 출산을 포함한다(창 1:28). 즉 그것은 사회마다 다소 차이가 있는 것으로 알려진 고대의 젠더 역할과 관련이 있는 것이 아니라 서로를 보완하도록 설계된 별개의 사람들과 관련이 있다.

210 참조. Mus. Ruf. 12, pp. 84.2-86.1; Artem. Oneir. 1.80; Diog. Laert. 6.2.65; Jos. Ag. Ap. 2.273-75; Ps.-Phoc. 190-92; T. Naph. 3:4-5; van der Horst, "Hierocles," 158; Grant, Paul, 55, 124. 특히 성적인 맥락에서 젠더 역전에 적용된 것으로서 본성에 관한 이방인 및 유대인 자료에 대해서는 Talbert, Romans, 66, 75-76; Byrne, Romans, 76-77; Jewett, Romans, 175-76; Greenberg, Homosexuality, 207에서 다양한 자료의 논의를 보라. 바울은 그가 알지도 못했고 알 수도 없었던 현대 유전학의 관점에서 생각하고 있는 것이 아니라, 남성의 생식기가 마치 여성의 생식기 내부에 설계된 것처럼 어떻게 맞는지의 관점에서 생

시 (다른 유대인 사상가들과 일치하게) 창조에 대한 호소다. 이것은 바울이 믿기에 하나님께서 원래 본성을 계획하신 방식이다. 창조에 대한 이런 관심은 앞선 문맥인 로마서 1:20에 분명히 나타난다. 즉 바울은 창조부터 분명했던 것의 왜곡에 대해 말한다.[211] 로마서에서 나중에 "형상"에 대해 생각할 때, 바울은 새 창조를 염두에 둔다(롬 8:29). 아마도 양자 됨을 언급하는 곳에서조차 창세기의 회복을 떠올렸을 것이다(창 5:1-3). 아무튼 바울은 유대인 청중(그가 롬 2장에서 직접 언급할 사람들)과 짐작하건대 그리스도인 회심자들이 도덕적 광기라고 여겼을 이성적이지 못한 행동의 결과를 제시한다.

합당하지 못한 생각(롬 1:28)

로마서 1:28에서 넘겨주는 것에 대한 마지막 언급은 지식과 진리에 대한 바울의 지속적인 관심을 보여준다. 인간이 그들의 생각에 하나님에 대한 참된 지식을 계속 유지하는 것이 합당하다고 생각하지 않거나 승인하지(δοκιμάζω를 사용하여) 않은 것처럼(참조. 롬 1:21), 하나님은 그들을 부적절하거나 승인되지 않은 생각(ἀδόκιμον νοῦν)에 넘겨주셔서 합당하지 못한 일을 행하도록 내버려 두셨다.[212]

각하고 있는 것 같다.

211 다음 장에서 인류는 "본성"(φύσις, 롬 2:14)에 의해 일부 도덕적 감수성을 유지한다. 고대 사상에서 자연법의 본성에 대해서는 Keener, *Acts*, 3:2265-68의 논의를 보라. Inwood, "Rules," 96-97; Inwood, "Natural Law"; Watson, "Natural Law"도 참조하라.

212 자주 언급되듯이(예. Kennedy, *Epistles*, 26; Hunter, *Romans*, 34; Dunn, *Romans*, 1:66; Engberg-Pedersen, *Paul and Stoics*, 71; Engberg-Pedersen, "Vices," 624; Ramelli, *Hierocles*, lxxii-lxxiii, lxxviii), καθήκω라는 용어는 스토아 철학의 윤리에 등장한다(Mus. Ruf. frg. 31; Arius Did. 2.7.5b2, p. 14.4-5, 25-26; 2.7.6a, p. 38.11-12; 2.7.7b, p. 44.27; 2.7.11a, p.

형용사 ἀδόκιμος는 테스트하여 적절하지 않다고 판명된 것, 혹은 더 나아가 가치 없고 자격 없는 것을 가리킬 수 있다.[213] 이런 실패한 생각은 바울이 나중에 언급할 새롭게 된 생각과 대조된다. 새롭게 된 생각은 선한 것, 따라서 하나님의 뜻에 속하는 것을 확정하기 위한 문제들을 시험하거나 평가할(δοκιμάζω) 것이다(롬 12:2).[214] 다시 말해서 하나님을 바르게 식별하지 못한 사람들은 도덕적으로 옳은 것과 나쁜 것을 분별할 수 없게 되었다. 반면에 그들의 생각이 그리스도 안에서 새롭게 된 사람들은 이런 분별력을 경험한다.

바울은 수사학적으로 고안된 악행 목록으로 이 일반적 선언을 따르고, 사람들이 그런 행위가 죽음에 합당하다는 것을 "알고"(ἐπιγινώσκω에서 파생됨) 있지만 어쨌든지 그런 일을 행한다고 1:32에서 결론 내린다.[215] 따라서 바울은 사람들이 그들의 양심에 의해 정죄받을 만한 내재적 혹은 선천적 지식이 충분히 있다고(참조. 롬 2:15) 암시함으로써 1:18-32에서 이

62.33; 2.7.8, pp. 50.36-52.2; p. 52.6-7, 21-23; 2.7.11m, p. 90.30-31; p. 92.1-3; 참조. Inwood, "Rules," 100-101; Sedley, "Debate," 특히 128). 하지만 그 용어를 스토아 철학의 윤리에 제한하는 것은 지혜롭지 않다(Moulton and Milligan, *Vocabulary*, 312, 예. P.Lille 1.3.42; P.Fay. 91.20; 107.9; P.Oxy. 1.115.5에서 인용함; Jewett, *Romans*, 183도 보라). 본성은 καθήκοντα 사이에서 선택의 표준을 제공한다(Arius Did. 2.7.8a, p. 52.25-26).

213 BDAG를 보라.

214 참조. 고전 2:15에서 신령한 사람은 올바른 관점에서 모든 것을 평가하지만, 이런 성령의 영원한 관점이 없는 사람들은 모든 것을 올바르게 평가할 수 없다.

215 악 목록은 고대에 널리 퍼져 있었다. 예. 다음을 보라. Plato *Laws* 1.649D; Arist. *E.E.* 2.3.4, 1220b-1221a; Ps.-Arist. V.V. 1249a-1251b; *Rhet. Alex.* 36, 1442a.13-14; Cic. *Pis.* 27.66; *Cat.* 2.4.7; 2.5.10; 2.10.22, 25; *Cael.* 22.55; *Phil.* 3.11.28; 8.5.16; *Mur.* 6.14(부인됨); Sen. Y. *Dial.* 9.2.10-12; Epict. *Diatr.* 2.8.23; Arius Did. 2.7.5b, p. 12.2-12; 2.7.10b, pp. 58.32-60.1; 2.7.10b, p. 60.1-7; 2.7.10e, p. 62.14-19; 2.7.11e, p. 68.17-20; Dio Chrys. *Or.* 1.13; 3.53; 4.126; 8.8; 32.28, 91; 33.23, 55; 34.19; Fronto *Nep. am.* 2.8; Diogenes *Ep.* 36; Diog. Laert. 2.93; 1QS 4.9-11; Wis. 14:25-26; Philo *Posterity* 5. 더 자세한 내용은 Charles, "Vice Lists"의 논의를 보라.

교도들에 대한 그의 묘사를 마무리한다. 하나님의 진리를 저버리는 것은 타락한 생각으로 이어진다. 이 타락한 생각의 반대는 믿음(롬 1:16-17), 즉 하나님의 진리를 받아들이는 것이다.

스토아 철학자들은 순수한 이성적 이해가 정욕을 근절할 것이라고 믿었다.[216] 하지만 로버트 주이트(Robert Jewett)가 말하듯이, "그리스인의 관점과 달리, 인간 안에 있는 결함은 교육을 통해 용서되거나 조절될 수 있는 무지에 있는 것이 아니라 오히려 하나님을 폄하하고 그분을 인간의 얼굴이나 제도로 대체하려는 직접적이고 다면적인 캠페인에 있다."[217] 설령 이성만이 정욕을 물리칠 수 있다고 말하는 철학자들이 옳다고 하더라도, 이교 세계는 참된 이성과 하나님에 대한 참된 지식을 포기했으며, 하나님은 그들의 지성을 어둡게 하심으로써 그들을 그들의 욕정의 지배에 넘겨주셨다. 바울이 주장하는 대로, 그들이 참된 하나님을 예배하지 않고 도덕성의 기본적 표준에 따라 살지 않는 이유가 바로 여기에 있다.[218]

몇몇 학자는 바울이 로마서 2:1-3을 필두로[219] 2:17-29에서 유대인 대화 상대자에게 분명하게 말하기 전에, 로마서 1:18-32에서 일반적인

---

216 Engberg-Pedersen, *Paul and Stoics*, 53. 참조. 에픽테토스(*Diatr.* 1.2.1-4)는 누군가가 어떤 것이 합리적이라는 것을 알게 되면 그것에 대한 모든 고통을 겪을 것이라고 생각한다. 스토아 철학자들은 "올바른 이성"(λόγος ὀρθός)을 가치 있는 것으로 여겼다(Epict. *Diatr.* 2.8.2; Marc. Aur. 9.9; Arius Did. 2.7.11i, p. 76.31; 2.7.11k, p. 80.28; 2.7.11m, p. 88.38-39; 참조. Mus. Ruf. frg. 38, p. 136.1-3). *Let. Aris.* 161, 244(Hadas, *Aristeas*, 195; Philost. *Hrk.* 19.3)에서도 "올바른 이성"이라는 표현이 발견된다.

217 Jewett, *Romans*, 181; 참조. Schlatter, *Romans*, 47; Keck, *Romans*, 188.

218 참조. Keener, *Acts*, 3:2263-69에서 이방인들에게 기대되는 기본적 도덕성에 대한 유대인의 논의들.

219 Owen, "Scope," 142-43(바울은 롬 1장에서 철학자들이 아니라 단지 평범한 우상숭배자들에게 말하고 있다). 참조. Stowers, *Diatribe*, 112; Stowers, *Rereading*, 104; Stowers, "Self-Mastery," 535에서는 특정 이방인들이 대상이다. Matera, *Romans*, 69에서는 그 대상이 유대인이든 이방인이든 간에 어느 사람에게나 적합하다고 한다.

이교 세계와 구별하여 이방인 지식인들에게 계속 말하고 있다고 생각한다. 나를 포함하여 더 많은 학자가 2장의 모든 내용을 유대인 청중이나 적어도 과장되게 묘사되는 가상의 유대인 비평가에게 적용한다.[220] 아무튼 1:18-2:29에서 바울이 유대인이나 이방인이나(참조. 1:16; 3:9, 19, 23, 29), 성서의 율법이 있는 사람들이나 없는 사람들이나 모두 죄가 있다는 사실을 말하고 있다는 점에 대해서는 다들 의견이 일치한다. 로마서 1:18-32에서 이방인들에 대한 바울의 묘사가 이교도들에 대한 초기 유대교의 일반적 고정 관념에 어울리므로, 이는 율법에 의존하는 유대인 청중에게 도전할 무대를 마련하려는 그의 목적에 충분히 부합한다(2:17-29에서 분명하게 명시함; 참조. 이미 2:9-10에서 제시함). 바울이 생각하기에 결국 자연계시를 버린 이교도의 생각도 율법의 특별계시를 완전히 순종하지 않은 유대인의 생각도 정욕을 진정으로 극복할 수 없다.[221]

결론

로마서 1:18-32의 타락한 생각은 거짓된 세계관으로써 하나님에 대한 증거를 더럽히는, 따라서 인간 자신의 정체성과 목적을 비롯한 실재의 나머지를 왜곡하는 이교도의 생각이다. 이 이방인들은 본성에 신적 계시를 지

---

220 예. Nygren, *Romans*, 113-16; Käsemann, *Romans*, 53; Moo, *Romans*, 126; Fitzmyer, *Romans*, 297; Schreiner, *Romans*, 102-3; Wischmeyer, "Römer 2.1-24"; Watson, *Gentiles*, 198; Keener, *Romans*, 42. 대화 상대가 유대인이라는 정체는 롬 2:17에서야 비로소 밝혀진다(Bryan, *Preface*, 92; 참조. Tobin, *Rhetoric*, 111-12).

221 참조. Stowers, "Self-Mastery," 536.

넜을 뿐이다. 하지만 토라에 기록된 좀 더 자세한 계시를 가진 사람들은 어떤가? 우상숭배(롬 1:19-23, 특히 1:23)와 성적 부도덕(1:24-27), 특히 동성애 형태의 성적 부도덕(1:26-27)은 특징적인 이방인의 죄로 이해되었다. 하지만 바울은 똑같은 원리들을 보편적인 것으로서 좀 더 널리 인정되는 죄에 적용한다(1:28-32). 이는 2:12-29에서 기록된 토라를 가지고 있는 사람들에 대한 바울의 도전을 준비한다.

유대인 교사들은 토라가 이성을 계몽하여 정욕을 극복할 힘을 제공할 것으로 기대했다. 그러나 바울은 죄를 식별할 때 이성과 토라의 가치를 인정하지만, 그런 죄가 일단 식별되면 더욱 범죄를 더하게 됨을 보여줄 것이다. 율법이 있으나 성령이 없는 생각은 육체의 생각에 머문다(롬 7:5-6, 22-25; 8:3-9). 이것이 바로 본서 제3장의 주제다.

제2장 • 믿음의 생각(롬 6:11)

> 이와 같은 방식으로 너희가 그리스도 예수 안에 있으므로 너희 자신
> 을 죄에 대해서는 죽은 자로, 하나님께 대해서는 살아 있는 자로 여
> 기라.
>
> — 로마서 6:11

바울은 로마서 6:1–10에서 그리스도 안에서 신자의 새로운 정체성을 천
명한다. 이 정체성은 신자들이 그리스도와 함께 죽고 그에 수반하여 죄의
종에서 해방된 것을 반영한다. 이와 마찬가지로 신자들은 그리스도 안에
있는 그들의 운명에 의해 규정된다. 하지만 로마서 6장에서 첫 부분의 절
정은 믿음에 의한 새로운 현실을 받아들이라는 바울의 권면이다(롬 6:11:
ὑμεῖς λογίζεσθε ἑαυτούς, "너희 자신을 여겨라"—인지적 행위). 로마서의 이상적
청중은 당대에 유행하던 인지에 관한 논의에 비추어 이 인지적 여김을 이
해했을 것이다. 이는 일부 철학 자료에서 입증된다. 바울은 그의 청중이
그리스도와 하나가 되었음을 인식하고, 따라서 그들의 새로운 정체성을
살아내기를 원한다.

스토아 학파에게 교정된 신념은 사람이 현실에 근거하여 자신의 정
체성을 재구성할 수 있도록 허용했을 것이다. 바울에게 신자가 그리스도

및 그의 죽음과 연합하는 것에 대한 교정된 이해는 동일한 효과를 발휘했을 것이다(롬 6:2-11). 바울은 신자들이 이런 현실에 부합하게 항상 살지 못한다는 점을 알고 있었지만, 이런 부조화를 깊이 염려한다(6:1-2; 8:12-13). 바울은 이런 부조화를 회심으로 시작된 새로운 현실을 진정으로 이해하는 사람들에게 부자연스러운 것으로 간주한다(6:3-4, 12-23). 바울은 로마서 12:2-3의 새롭게 된 생각에 대한 설명에서도 이런 사상을 발전시킬 것이다.

그리스도와 함께 죽음(롬 6:1-10)

바울은 죄에 대해 죽었다고 "여기는 것"의 근거를 그리스도께서 이미 성취하신 상황에 두는데, 이는 그리스도와의 동일시 또는 연합을 통해 효력을 발휘하고 믿음으로 경험된다.

의를 생산함

바울이 로마서에서 관심을 두는 것은 그리스도께 속한 사람들이 의롭다는 하나님의 법정적 선언만이 아니다.[1] 그는 그리스도께서, 사람의 양심과 심지어 하나님의 법에 대한 순전히 도덕적인 접근과 대조적으로, 관계에 효과를 미칠 수 있는 의를 생산한다는 것을 보여주는 데도 관심이 있다(참

---

[1] 유대인들은 하나님의 법령이 어쨌든 효과적이라고 이해했을 것이다. 예. 창 1:3, 9, 11, 14-15을 보라. 바울 역시 빛이 있으라고 말씀하신 하나님의 효과적인 명령을 하나님의 메시지를 통한 마음의 변화와 비교한다(고후 4:6).

조. 롬 12:1-15:12). 이 의는 이방인과 유대인 모두의 행위와 대조된다.[2] 온 세상은 죄 아래 있으며, 그리스도께서 제공해주시는 것이 필요하다.

따라서 로마서 1:18-32은 사람의 지혜가 의를 생산하지 못함을 보여주었다. 하나님으로부터의 자율성을 선언함으로써 인간의 지혜는 어두워졌으며 대부분의 철학자가 반대하는 정욕에 굴복하게 되었다. 로마서 7:7-25은 율법에 대한 지식이 이와 같은 정욕을 결정적으로 물리치지 못함을 보여준다. 율법 아래 있는 생각은 로마서 1장의 이방인의 생각보다 하나님의 표준을 더 많이 알지만, 그런 지식이 잘못된 욕구로부터의 자유를 가져다주지는 못했다.

로마서 6:1-10에서 바울은 신분의 변화뿐만 아니라 정체성의 변화도 이야기한다. 여기서 고대 유비들은 매우 제한적으로 등장하지만, 탐구할 것이 몇 가지 있다. 적어도 고대 사상가들이 한 사람의 정체성이 변화될 수 있다고 믿었다는 것은 적절해 보인다. 다른 몇몇 사람처럼 바울에게 **실제로** 변화를 **시행하는** 것은 변화에 대한 인지적 인식을 요구한다. 바울에게 이 인지적 인식은 믿음으로서 가장 잘 묘사된다. 변화를 시행하는 것은 최초의 의롭게 하는 믿음 이후의 실천적 단계일 수 있지만, 그 믿음과 불가분하게 연결되는 당연한 결과다. 뒤에 이어지는 기독교 사상은 때때로 그 당연한 결과를 폐기해왔다. 하지만 바울은 그것을 (비록 전제 조건은 아닐지라도) 의롭게 하는 참된 믿음과 일치하기 위해 필요하다고 여겼을 것이다.

---

2   참조. Engberg-Pedersen(*Paul and Stoics*, 218-19)은 바울이 믿기로 의를 가능하게 하는 것은 그리스도 신앙을 유대인 및 이방인의 노력과 구별하는 것이라고 주장한다.

새로운 정체성

우리 인간은 (자연스럽게) 우리의 개인적인 과거, 가족 모델 또는 외부 문화 내에서의 사회적 내재성의 측면에서 자신을 식별하는 경향이 있다. 부모 모델과 우리에 대한 다른 사람들의 견해는 우리의 정체성 형성에 미치는 영향에 속한다.[3] 하지만 바울은 신분 확인에 대한 우리의 가장 강력한 수준이 그리스도를 따르는 자로서 우리의 정체성이어야 한다고 주장한다. 즉 새로운 공동체 안에 뿌리를 내리고, 하나님과 새로운 관계를 맺으며, 그리스도가 생각하듯이 생각하고, 그의 형상을 본받는 자로서의 정체성이다(참조. 롬 6:5; 8:29). 바울에게 이 새로운 정체성은 단지 인지적 전략에 불과한 것이 아니라 새로운 실재에 대한 천명이다.

고대의 몇몇 상황에서 세례는 시작을 의미할 수 있었다. 유대교 맥락에서 세례는 하나님의 백성의 일부분이 된 개종자의 삶을 시작하기 위해 사용될 수 있었다.[4] (이 주제에 대해 남아 있는 제한된 고대 유대교의 자료에서 회심

---

3   정체성 형성은 사회 과학에서 바울의 인간론과 관련하여 더 자세한 탐구를 요청하지만, 이 책에서는 다루지 않는 논의의 중요한 영역이다(예. Côte and Schwartz, "Approaches"; Somers, "Constitution"; Danielson, Lorem, and Kroger, "Impact"; Bosma and Kunnen, "Determinants"; Apple, "Power"; Adams, "Habitus"; Thomas and Azmitia, "Class"; Hoof, "Field"). 자아 개념은 때때로 민족적·문화적·종교적 또는 젠더 정체성의 측면에서 논의된다(참조. Portes and MacLeod, "Hispanic Identity Formation"; Kibria, "Construction"; Côte, "Perspectives"; Jensen, "Coming of Age"; Brega and Coleman, "Effects"; Yoder, "Barriers"). 여기에는 분명한 적실성이 있다. 소속을 통한 집단 정체성과 개인적 정체성보다 우월한 등급을 차지할 수 있는 집단적 정체성은 대인 관계와 관련한 정체성 발전의 측면에서 적절한 토론의 영역이다.

4   예. t. Abod. Zar. 3:11; b. Ber. 47b; Abod. Zar. 57a; Yebam. 46ab; y. Qid. 3:12, §8; Epict. Diatr. 2.9.20 (아마도 Juv. Sat. 14.104; Sib. Or. 4.165; Justin Dial. 29.1도 해당할 것이다); Pusey, "Baptism"; Schiffman, "Crossroads," 128–31; Schiffman, Jew, 26; Goppelt, Theology, 1:37; Bruce, History, 156; Ladd, Theology, 41; Meeks, Urban Christians, 150; Keener, Acts,

은 때때로 한 사람을 새로운 사람으로 만드는 것으로 여겨졌다.)[5] 만약 몇몇 사람이 아브라함과의 결속으로 우월함을 주장한다면(참조. 롬 4:9-16에서 바울의 반응), 바울은 보편적인 사람들과 원형적 죄인의 결속을 보여줌으로써(5:21-21), 그리고 그리스도를 통해 세례를 받은 모든 사람이 하나님이 백성에 속한 자가 되었다는 점을 주지시킴으로써(참조. 갈 3:27-29) 이에 대답한다.[6]

바울은 그리스도와 함께 죽고(롬 6:3-8), 죄로부터 해방되며(6:6), 그리스도와 함께 새로운 미래를 약속받는다는(참조. 6:5; 8:11) 측면에서 새로운 정체성을 묘사한다.[7]

그리스도와 함께 죽음

고대 사람들은 때때로 죽음을 비유적으로 또는 비참한 상태와 비교하는 방식으로 이야기했다.[8] 사람은 누군가에게 "죽은" 사람, 다시 말해 그들에

1:977-82, 특히 979-82의 충분한 논의를 보라. 초기 유대교가 그리스도인들에게서 그런 관습을 빌려왔을 가능성은 거의 없다. 입문 의식이 때때로 비유적으로 적용되었지만(예. Max. Tyre *Or.* 8.7), 나는 여기서 바울이 이 이미지를 비유적으로 적용하고 있는지 아니면 문자적으로 적용하고 있는지에 대해서는 다루지 않는다.

5   White, *Initiation*, 66; Keener, *John*, 542-44. 언약에 대한 회심에서 악으로부터의 해방에 대해서는 CD 16.4-5를 보라. 도덕적 변화와 새로움에 대해서는 *L.A.B.* 20:2; 27:10; Jos. *Asen.* 8:9/8:10-11을 보라.

6   바울에게 "그리스도 안에 있는" 정체성은 민족적 정체성을 제거하는 것이 아니라 더 중심에 두는 것이다(Johnson Hodge, "Apostle"을 보라).

7   롬 6장에서 새로운 생명의 몇몇 측면의 활성화가 현재인지 미래인지를 두고 약간의 논쟁이 있지만, 로마서의 더 큰 맥락에서 그리스도 안에 있는 생명의 현재적 경험(롬 6:11; 8:10)이 인내하는 사람들(8:12-13)을 위한 미래의 부활(8:11)을 미리 나타낸다는 것은 분명하다.

8   예. Dio Cass. 45.47.5; *Exod. Rab.* 5:4.

게서 소외된 사람일 수 있다.[9] 더 적절한 것은 그 이미지의 영적·지적 사용이다. 피타고라스 학파는 변절자들을 죽은 것으로 취급했다.[10] 다른 사람들은 쾌락을 위해 사는 누군가를 계속해서 죽어가는 또는 죽은 자로 묘사할 수 있었다.[11] 스토아 철학자는 한 사람의 영혼의 죽은 부분을 잘라내기를 권할 수 있었다.[12] 사람이 진리를 파악할 수 없을 때, 그의 영혼은 죽은 것이었다.[13] 일반적으로 무지 속에서 사는 군중은 사실상 죽었다고 여겨질 수 있었을 것이다.[14] 필론이 생각하기에도, 진정한 삶과 죽음은 영혼의 상태와 관련이 있었다.[15] 아담의 죽음은 "정욕에 함몰되어가는" 그의 영혼의 죽음이었다.[16] 전통적 유대교의 지혜에서 어리석은 자는 죽은 자와 같았다.[17] 회심자는 생명으로 옮겨온 것으로 생각되었을 것이다.[18] 후기 유대교 전통에서 악한 자들은 죽은 자로 여겨졌다.[19]

이와 같은 비유적 사용은 죽음의 이미지에 대한 바울의 호소를 좀 더 이해하기 쉽게 만든다. 하지만 바울에게 가장 중요한 연결은 그리스도의

---

9 Klauck, *Context*, 225, *CIL* 1.1012; 6.140의 저주 명판을 인용함.

10 Iambl. *Pyth. Life* 17.73-75; 34.246; Burkert, "Craft," 18.

11 Sen. Y. *Ep. Lucil.* 60.4; 딤전 5:6에 죽은 자가 언급됨; Philost. *Vit. Apoll.* 1.9에 계속해서 죽어가는 자라는 언급이 있다.

12 Mus. Ruf. frg. 53, p. 144.24-25.

13 Epict. *Diatr.* 1.5.4.

14 Lucret. *Nat.* 3.1046; Epict. *Diatr.* 1.13.5. 구체적으로 죽을 존재 또는 사망의 선고 아래 있는 자에 대한 언급은 다음을 참조하라. 창 20:3; *b. Pesah.* 110a; Diog. Laert. 2.35; Macrob. *Comm.* 1.11.2 (in van der Horst, "Macrobius," 224).

15 Philo *Mos.* 1.279; 참조. Zeller, "Life"; Conroy, "Death."

16 Philo *Alleg. Interp.* 1.106.

17 Sir. 22:11-12. 참조. Aeschylus *Lib.* 926의 격언도 이에 해당하는 것 같다.

18 *Jos. Asen.* 8:9(Greek 8:11); 참조. Daube, *New Testament and Judaism*, 137과 Buchanan, *Consequences*, 201(*m. Ed.* 5:2; *Pesah.* 8:8; *b. Pesah.* 92a)에 인용된 자료들.

19 예. *y. Ber.* 2:2, §9; *Gen. Rab.* 39:7; *Eccl. Rab.* 9:5, §1. "장차 올 세상에서 죽은 자처럼"은 *Tg. Qoh.* on 9:5에 등장한다.

제2장 믿음의 생각(롬 6:11) **109**

죽음과 세례를 통해 그리스도와 연합하는 것이다. 모든 사람은 원형적 죄인인 아담의 후손으로서 그와 연결된다. 하지만 그리스도는 아담의 죄에 대해 죽으셨다(롬 5:12-21). 따라서 그리스도와 연합하기 위해 세례를 받은 사람들은 아담 안에 있는 그들의 죄악된 과거에 대한 그리스도의 죽음에 지금 참여한다(6:1-10). 이제 그들은 그리스도 안에서 그들의 새로운 정체성의 이런 결과를 인정해야 한다.

추기: 그리스도와 함께 죽고 다시 사는 것에 대한 신비주의적 배경?

어떤 의미에서 여기서 사용되는 구체적 배경이 무엇이든지 간에, 그것은 본문의 의미에 큰 영향을 주지 않을지도 모른다. 그러나 일부 배경은 다른 배경보다 다소 그럴듯하다. 초기 문헌에서 자주 인용된 한 가지 유비는 신비종교에서 죽었다가 다시 살아나는 신들이었다. 하지만 이 유비의 가치는 상당히 제한적이라는 점이 입증되었다. 많은 사람이 신비종교의 제의를 죽었다가 다시 살아나는 신들과 연결했다.[20] 죽었다가 다시 살아나는 신들에 대한 사상은 그리스[21] 및 고대 근동의 자료에서[22] 모두 바울보다 시대가 앞선다.

하지만 오시리스는 마술적으로 다시 살아난 것이지, 종말론적인 새 피조물로 변화된 것이 아니었다. 그의 시체는 출산에 존재하는 똑같은 성적인 힘을 통해 깨어

---

20   예. Bultmann, *Christianity*, 158-59; 4세기 기독교 문헌을 인용한 Klausner, *Jesus to Paul*, 106.
21   예. Apollod. *Bibl.* 1.5.3의 페르세포네(비록 그녀가 산 채로 지하세계로 끌려갔지만 말이다); 참조. Burkert, *Religion*, 160; Casadio, "Failing God."
22   예. *ANET* 52-57. 그리스인들은 이집트 자료의 모티프에 친숙했다. 예. 다음의 2세기 작가들을 보라. Plut. *Isis* 35, *Mor.* 364F; Max. Tyre *Or.* 2.5.

났다. 그는 지하세계에 남아 있었고, 그곳에서 경계를 게을리하지 않는 신들에게 여전히 보호받았으며, 땅에서 그의 후계자에 의해 대체되어야 했다.[23] 사람들은 아도니스의 죽음을 매년 애도했지만,[24] 그가 살아났다는 주장은 기원후 2세기 중엽 이전의 문헌에는 등장하지 않는다.[25] 3세기의 기독교 증언을 제외하면, 아티스의 소생에 관한 주장은 기원후 6세기 이전에는 등장하지 않는다.[26]

디오니소스의 죽음으로부터의 귀환[27]은 인간이 신격화되고 신들이 해를 당하는 것과 똑같은 범주에 속한다.[28] 일부 학자들은 디오니소스가 봄에 그의 축제일을 기념하려고 매년 귀환한다고 이해했다.[29] 이런 이유로 "죽었다가 다시 살아나는 신"에 대한 프레이저(Frazer)의 구상은 최근에 강한 비판의 대상이 되었다.[30]

적어도 후기 자료에서 일부 신비종교에 가입하는 입교식은 종종 신들과의 연합을 통해 죽을 수밖에 없는 그들의 운명을 초월하기 위한 입문으로 여겨졌다.[31] 하지만 후대에 입증된 이런 견해는 그 시기에 (때로는 그들의 희생에 의해) 점차 대중화된 초기 기독교에 의존했을 수 있다.[32] 실제로 주장된 많은 유사점은 후기 기독교 자료에 기인한다. 교부들이 신비종교를 "기독교의 모조품"(*imitation démoniaque du*

---

23 Wagner, *Baptism*, 119.

24 예. Plut. *Nic.* 13.7.

25 Wagner, *Baptism*, 171-207, 특히 195. 일부 자료들은 계절적인 소생을 암시한다(Apollod. *Bibl.* 3.14.4). 하지만 아래에 언급했듯이, 이는 초기 유대교와 기독교의 부활 개념 및 기원과 상당히 다르다.

26 Wagner, *Baptism*, 219, 229.

27 참조. Otto, *Dionysus*, 79-80, 103-19.

28 예. Hom. *Il.* 5.339-42, 382-404, 855-59, 870. Plut. *Mor.* 419.17의 판 신의 죽음에 대해서는 Borgeaud, "Death"를 보라.

29 *SP* 3:390-93에서 (기원전 1세기경) 주신(酒神)을 찬양한 시의 단편을 보라.

30 Gasparro, *Soteriology*, 30n16; Mettinger, "Dying God"의 문헌을 보라.

31 Proclus *Poet.* 6.1, K75.6-11.

32 기독교와 신비종교의 많은 "유사성"이 후대 자료에서만 유래한다는 점에 대해서는 Metzger, "Considerations," 10-11; Eliade, *Rites*, 115을 보라.

Christianisme)[33]으로 이해했다는 것은 그들이 이런 유사종교의 많은 초기 학생들처럼 자신의 기독교 배경이라는 망을 통해 신비종교를 읽었음을 암시할 수 있다. 그리고 악마의 모방에 대한 즉각적인 설명은 둘 사이의 유사점을 얕잡아보기보다 오히려 강화하도록 이끌었을 것이다.

많은 기독교 저술가들도 아마 그들의 종교적 이해의 망을 통해 신비종교들이 죽었다가 다시 살아나는 신들과의 연합을 통해 틀림없이 구원을 제공했을 것이라고 주장해왔다.[34] 죽지 않는 신이 불멸을 줄 수 있다는 사상에 일부 진리가 있을 수도 있지만, 신비종교에 관한 탁월한 학자인 발터 부르케르트(Walter Burkert)는 다음과 같이 경고한다. "이런 이미지의 다양성은, '그' 신과 입회자의 죽음 및 재탄생과 같은, 하나의 제의에 하나의 도그마적 의미가 있다는 일차원적인 가설로 축소될 수 없다."[35] 신비종교들은 초기 시대부터 기록이 잘 되어 있지만, 신비종교의 이런 제안된 측면에 대한 많은 증거는 대부분 후대의 것이고,[36] 종종 구체적으로 기독교적이다.[37]

엘레우시스 의식에서 입문자(μύστης)는 행복한 내세에 대한 약속을 받았지만, 이는 다시 태어나거나 신과 함께 죽었다가 다시 살아남으로써가 아니라 엘레우시스 여신에게 맹세함으로써 발생했다.[38] 키벨레 신에 정통한 학자인 줄리아 스파메니 가스파로(Giulia Sfameni Gasparro)가 말하듯이, 키벨레 의식 역시 그 여신과 함께 죽었다

---

33 Benoit, "Mystères," 79-81.

34 예. Conzelmann, *Theology*, 11; 참조. Case, *Origins*, 111; Bultmann, *Christianity*, 158-59; Ridderbos, *Paul: Outline*, 22-29.

35 Burkert, *Mystery Cults*, 100.

36 Wagner, *Baptism*, 266-67. Dunand("Mystères," 58)가 이렇게 해석하는 것에 대해서는 Apul. *Metam.* 11을 보라. 아풀레이우스가 거기서 죽었고 다시 살아나는 것에 대해서는 Apul. *Metam.* 11.18, 23을 보라.

37 예. Firm. Mat. *Err. prof. rel.* 22, in Grant, *Religions*, 146.

38 Wagner, *Baptism*, 87. 그래서 헤라클레스는 하데스에서 케르베로스를 붙잡으려고 입문을 요청했다(Apollod. *Bibl.* 2.5.12).

가 다시 살아나는 것을 지지하지 않는다.[39] 원시 기독교와 신비종교의 "유사점"을 제시하기를 열망했던 구 종교사학파(*Religionsgeschichte*)에 속한 많은 학자가 설명한 견해의 주된 문제는 신비종교로 전향한 사람들이 대부분 어쨌든지 지하세계의 일부 내세를 이미 믿었다는 것이다. 그것은 단지 다양한 신이 보장할 수 있는 그 세계에서 더 행복한 내세일 뿐이었다

19세기와 20세기 초에 이런 연결을 도출해낸 학자들은[40] 대부분의 부활 의식들이 가지고 있는, 식물 생장과 관련이 있고 순환적이며 계절적인 특성을 적절히 고려하지 않았다.[41] 이것은 유대교의 분명한 종말론적 소망에 뿌리를 둔 그리스도의 **몸의** 부활에 대한 초기 기독교의 그림과 전혀 다르다. 바울이 주장하는 부활의 관점은 바울 자신을 비롯하여 수백 명의 목격자에 의해 보장된다. 그래서 바울은 그의 헬레니즘 청중을 아랑곳하지 않고, 부활에 대한 그의 관점이 예수를 진정으로 따르는 자들에게 부활에 대한 필수적인 이해라고 주장한다(고전 15:1-11). 초기 팔레스타인 기독교가 바울보다 덜 엄격한 유대교 관점을 고수했다고 생각하는 사람은 없을 것이다.[42]

종말론적 부활이 하나의 사건으로 묘사되었으므로, 예수의 부활은 이후에 다시 살아날 사람들의 부활을 필연적으로 미리 수반했다(고전 15:20, 23). 즉 그리스도의 부활과의 연대는 그분이 다시 살아나셨다는 초기 유대-기독교의 개념에 이미 구축되어 있었다.

신비종교는 기껏해야 고대의 일부 청중이 고려했을지도 모르는 많은 유비 중

---

39   Gasparro, *Soteriology*, 82.
40   Bousset, *Kyrios Christos*, 57, 191; 참조. Reitzenstein, *Mystery-Religions*, 9-10, 13; Käsemann, *Romans*, 161.
41   식물 생장과의 연관성에 대해서는 Ovid *Metam*. 5.564-71; Gasparro, *Soteriology*, 29, 43-49; Ruck, "Mystery," 44-45; Guthrie, *Orpheus*, 55-56을 보라.
42   참조. Metzger, "Considerations," 19-20; Ring, "Resurrection," 228.

하나를 제공할 뿐이다. 신비종교는 말 그대로 비밀스러웠으며,[43] 바울은 (그 자신이 속하지 않은) 신비종교의 입문자들만이 이해할 수 있었을 유비에 주로 호소하지 않았을 것이다. 따라서 후대의 청중이 이 구절에서 바울의 가르침을 들었을지도 모르지만, 바울의 첫 청중은 집단적이고 종말론적인 부활에 대한 유대교 개념을 그와 공유했는데, 그리스도를 따르는 자들은 이것을 예수의 부활을 미리 맛보는 것으로 여겼다. 오늘날 대부분의 학자들은 여기서 신비종교와의 어떤 연관성도 거부한다.[44]

....

그리스도와의 결속은 바울의 본문에서 이 구절 바로 앞에 있는 아담과의 결속에 대한 유대교의 이해와 잘 어울린다(롬 5:12-21). 아담과의 결속에 대해 바울은 "옛사람"(6:6)이 의존하고 있다고 말한다.[45] 다른 사람들은 유대인들이 유월절에 그들의 조상이 경험한 것에 참여하는 것과 같은 다양한 다른 부가적 유비에 호소했다.[46]

---

43 예. Hor. *Ode* 3.2.25-29; Livy 39.13.1-8; Plut. *Educ.* 14, *Mor.* 10F; Paus. 2.3.4; Heracl. *Ep.* 8; Apul. *Metam.* 3.15; Diog. Laert. 7.7.186; Athenag. *Plea* 4; Tatian *Or. Gks.* 27; Tert. *Apol.* 7.6; Burkert, *Mystery Cults*, 7-8; Mylonas, *Eleusis*, 224-29을 보라. 신비종교를 모독하는 것에 대한 징벌은 Xen. *Hell.* 1.4.14; Demosth. *Meidias* 175; Thucyd. 6.53.1-2; Ovid *Metam.* 3.710-20; Ps.-Plut. *Ten Or.* 2, *Andocides, Mor.* 834CD에 등장한다.

44 Wagner, *Baptism*; Goppelt, *Theology*, 2:49; Dunn, "Demythologizing," 293; Dunn, *Romans*, 1:308-11; Cranfield, *Romans*, 1:301-3; Wedderburn, "Soteriology"; Fitzmyer, *Romans*, 431.

45 여기서 "옛사람"을 아담과 연결하는 것에 대해서는 다음을 보라. Cyril Alex. *Rom.* on 6:6 (PG 74:796; Bray, *Romans*, 159); Barth, *Romans*, 197; Tannehill, *Dying*, 24; Moo, *Romans*, 374; Fitzmyer, *Romans*, 436; Keck, *Romans*, 163; Vlachos, "Operation," 55-56. 참조. 엡 4:22-24과 특히 골 3:9-10의 암시. 유대교 사상에서는 아담이 죄를, 그리고 그 결과로 나타난 사망을 도입했다(*4 Ezra* 3:7; 4:30; *2 Bar.* 17:2-3; 23:4; 48:42-45; 56:5-6; *L.A.E.* 44:3-4; *Sipre Deut.* 323.5.1; 339.1.2; 참조. 창 2:17). 비록 개인들이 스스로 아담의 죄를 반복했지만 말이다(*4 Ezra* 3:21; *2 Bar.* 18:1-2; 54:15, 19).

46 Davies, *Paul*, 103-4; Haacker, *Theology*, 65(*m. Pesah.* 10:5를 인용하는 Wedderburn,

죄에 대한 죽음이 정욕을 근절하는가?

몇몇 철학자는 감정을 근절하기 위해 이성을 사용하는 것에 대해 이야기했고, 다른 사람들은 이 견해를 비판했다.[47] 초기 스토아 철학자들은 감정에 더 이상 영향을 받지 않는 것을 선택하면서 "아파테이아"($\dot{\alpha}\pi\dot{\alpha}\theta\epsilon\iota\alpha$, 무정념)의 상태를 성취하기를 원했다.[48] 세네카는 감정을 완전히 거부하는 스토아 학파의 접근을 선호하면서 소요학파의 (온건함을 추구하는) 어중간한 처사를 헛되다고 느꼈다.[49] 중기 플라톤 철학자들은 감정이 한 사람의 존재에서 일부분으로 남아 있다고 올바르게 언급했지만,[50] 감정을 불신하기도 했다.[51] 아리스토텔레스는 스토아 철학이나 플라톤 철학보다 감정에 대

"Soteriology," 71을 인용함).

47 스토아 철학자들은 정욕이 근절될 수 있다고 믿었다는 점에서 플라톤 철학자들보다 더 나아갔는데, 이 견해는 다른 많은 사람들의 비판을 받았다(Knuuttila and Sihvola, "Analysis," 16-17). 플라톤 철학자들은 이런 이상을 공유했지만, 좀 더 현실적이었다(참조. Emilsson, "Plotinus on Emotions," 359). 바울은 여기서 어느 정도 스토아 철학자들과 비슷할 수 있지만(Tobin, *Rhetoric*, 229), 어쩌면 더 중요한 것은 그가 죄의 종말론적 파괴에 대한 유대교 개념을 따랐다는 것이다(아래의 "그리스도 안에서 운명적으로 정의됨" 단락의 논의를 보라).

48 Meeks(*Moral World*, 44-45)는 스토아 철학자들이 플루타르코스의 시대에 이 입장에서 서서히 후퇴했다고 말한다.

49 Sen. Y. *Ep. Lucil.* 116.1(세네카가 악한 감정을 몰아낸 후 루킬리우스가 그의 감정을 유지하도록 허용함). 참조. *Ep. Lucil.* 75.1-3. 파비아누스의 자제력에 대한 호의적인 의견은 Sen. E. *Controv.* 2.pref.2에 등장한다. 연설에서 어중간한 입장을 반대하는 스토아 철학자들에 대해서는 Mus. Ruf. frg. 36, p. 134.14-16; Anderson, *Rhetorical Theory*, 61을 보라.

50 Meeks, *Moral World*, 45. 현대 연구는 고대 사상가들이 종종 희망했던 것처럼 감정과 지성을 깔끔하게 분리할 수 없다는 점을 보여준다(Elliott, *Feelings*를 보라).

51 Knuuttila and Sihvola("Analysis," 16-17)는 플라톤이 "변하는 실재로부터 거리 두기를 이루기"를 원했던 까닭에 감정에 대해 부정적이었다고 말한다(예. *Tim.* 42AD). 하지만 플라톤은 스토아 철학자들처럼 감정을 제거하는 것이 가능하다고 믿지는 않았다.

해 더 긍정적이었지만,[52] 설득이 감정보다 이성에 의존한다고 주장했다.[53]

스토아 철학자가 아닌 사람들은 일반적으로 "아파테이아"라는 스토아 철학의 이상을 비판했다. 감정을 불신한 사람들조차도 적당한 정도의 감정이 더 현실적이라고 생각했다.[54] 절충적인 중기 플라톤주의자인 필론은 다양한 문제에서 절제를 가치 있게 여겼다.[55] 하지만 그는 때때로 "아파테이아"라는 용어를 긍정적으로 사용하며,[56] 심지어 절제보다 정욕의 근절을 가치 있게 여기기도 했다.[57] 필론은 완전을 향해 나아가는 사람은 여전히 정욕을 절제할 수 있지만, 이상적이고 완전한 사람은 이미 정욕을 근

---

52 Knuuttila and Sihvola, "Analysis," 16; Tobin, *Rhetoric*, 229. 신플라톤주의자인 플로티노스는 "애정을 어느 정도 제거하는 것은 가능하다"고 조언한다(Emilsson, "Plotinus on Emotions," 359).

53 Kraftchick("Πάθη")는 아리스토텔레스가 파토스를 발생시키기 위해 이성적 논쟁을 사용하라고 강요했지만(48-50), 바울의 로마서는 청중의 감정을 움직이거나 흔들기 위한 호소로서 파토스를 사용했다고 주장한다(52-53). 바울은 형식적으로 로마의 웅변가들처럼 그의 서신에서 파토스를 사용하지만, 아리스토텔레스처럼 논쟁에 호소한다(56). 바울의 서신들에서 에토스와 파토스에 대해서는 Sumney, "Rationalities"도 보라. 아리스토텔레스의 감정 사용에 대해서는 Hall, "Delivery," 232; Walde, "Pathos," 599; Olbricht, "*Pathos as Proof*," 12-17을 보라. 다른 사람들도 수사학적 정욕의 과도한 사용에 대해 불평했다(Plut. *Cic.* 5.4).

54 Knuuttila and Sihvola, "Analysis," 17; 참조. Meeks, *Moral World*, 44-45; Dillon, "Philosophy," 796. 비록 플라톤이 중용이나 절제에 가치를 부여했지만(Lodge, *Ethics*, 392, 442-55), 그것은 특별히 아리스토텔레스와 관련되었다(Arist. *N.E.* 2.7.1-9.9, 1107a-1109b; *E.E.* 2.3.1-5.11, 1220b-1222b). 다른 사람들에 대해서는 다음을 보라. Cic. *Fin.* 3.22.73; Hor. *Sat.* 1.1.106-7; 1.2; *Ep.* 1.18.9; Pliny E. *N.H.* 28.14.56; Plut. *Dinner* 20, *Mor.* 163D; 21, *Mor.* 164B; Diog. Laert. 1.93(클레오불루스, 기원전 600년경); *Let. Aris.* 111, 122, 223, 256; Ps.-Phoc. 36, 59-69b, 98. 극단을 피하라고 조언하는 델포이의 비문도 보라. Plut. *E Delph.* 2, *Mor.* 385D; *Or. Delphi* 29, *Mor.* 408E.

55 Philo *Abr.* 257; *Jos.* 26; *Spec. Laws* 3.96; 4.102(참조. 4.144); *Virt.* 195; *Migr.* 147; Wolfson, *Philo*, 2:277.

56 Philo *Alleg. Interp.* 2.100, 102; 3.129; *Plant.* 98.

57 Philo *Alleg. Interp.* 3.129, 131, 134; *Unchangeable* 67; *Agr.* 17.

절했다고 말한다.[58]

바울은 새로운 창조의 덕에 의해 정욕을 근절하기를 원하는 스토아 철학자가 분명히 아니다. 남아 있는 바울의 편지들은 그가 모든 욕망이나[59] 불쾌한 감정을 대적하지 않았음을 드러낸다(참조. 고전 7:5, 7; 고후 7:5; 11:28; 살전 3:1, 5). 바울은 죄와 관련된 욕망의 구체적인 예를 제시할 때, 성서가 이미 죄로 규정한 행동의 표현으로 그 명칭을 한정하는 것처럼 보인다.[60]

노예에서 해방됨

적어도 후대 자료에서 랍비들은 개종자가 물에 잠겼다가 나오는 즉시 이 제는 새 사람처럼 완전한 이스라엘 사람으로 여겨져야 한다는 점에 동의했다.[61] 그러나 이것은 자신의 이방인 노예들이 개종한 유대인 노예 소유

---

58   Philo *Alleg. Interp.* 3.140, 144.
59   때때로 바울은 중립적인 입장에서 ἐπιθυμέω(욕망하다, 바라다)라는 동사와 그 동족어들을 사용한다(참조. 빌 1:23; 살전 1:27). 하지만 이런 용례는 일반적인 것이었다. 육체뿐만 아니라 성령도 욕망을 행사한다고 가정하면, 같은 동사는 갈 5:17에서 긍정적으로나 부정적으로 모두 적용될 수 있다. 이 단어는 딤전 3:1에서 긍정적인 의미를 지닌다.
60   특히 롬 1:24; 7:7; 13:9, 13-14; 고전 10:6; 갈 5:17, 24(5:19-21에 있는 악의 목록을 둘러쌈); 골 3:5(악 목록의 일부분)을 보라. 스토아 철학자들은 "죄"를 지칭하는 바울의 용어를 좀 더 폭넓게 이성을 따르지 않는 것을 가리키는 데 적용했다(예. Arius Did. 2.7.8a, p. 52.21-22; 2.7.11a, p. 62.31-33; 2.7.11d, p. 66.28-32; 2.7.11e, p. 68.17-20; 2.7.11g, p. 72.12; 2.7.11i, p. 78.20; 2.7.11k, p. 84.4, 9-10; 2.7.11L, p. 85.35; Mus. Ruf. 2, p. 36.16-17; 8, p. 64.11; 16, p. 102.14-16; Epict. *Diatr.* 1.18; 4.12.19; Marc. Aur. 9.4; 하지만 다음을 참조하라. Mus. Ruf. frg. 44, p. 138.26-30). 그러나 바울에게 그 용어는 "도덕적 행위에만" 적용된다(Deming, *Celibacy*, 173). 일상적인 그리스어에서 이 단어는 단지 "실수"에 적용되었을 것이다(*Rhet. Alex.* 4, 1427a.30-31, 38-39).
61   예. *b. Yebam.* 47b.

자들에게 문제를 일으켰다. 아모라임(탄나임들의 전통 모음집인 미쉬나를 해석하는 사람들—역자주)은 회심의 침례를 받은 노예가 이로 인해 그들의 이전 주인으로부터 해방된다는 데 의견이 일치했다. 따라서 그가 한 사람의 노예로서 노예의 신분을 유지하기 위해서는 복종의 표로 반드시 세례를 받아야 한다.[62] 여기서 세례와 노예에 대한 이미지의 결합이 암시적일 수 있지만, 우리는 그런 관행이 바울 당시에 어느 정도로 이미 존재하고 있었는지 확신할 수 없다.

일부 초기 학자들은 신성한 노예 해방에서[63] 그리스도에 대한 바울의 이미지, 즉 추종자들을 노예 상태에서 사서 그의 종이 되게 하신다는 것의 개연성 있는 배경을 보았다.[64] 이런 제안이 개연성이 없는 것은 아니지만, 실제 언어적 연결은 극히 빈약하며,[65] 구체적으로 말해서 신성한 노예 해방은 고대의 노예 언어와 관련한 많은 비유적 사용에 비춰볼 때 매우 제한적이었다.

노예제를 가리키는 일반적인 비유들이 더 도움이 된다. 유대교 전통은 하나님의 백성이 긍정적인 의미에서 하나님의 종일 수 있다는 점을 인정했다.[66] 필론은 하나님만을 섬기는 사람이 유일하게 자유인이라고 주장한다.[67] 토라는 자유를 가져다주었다. 그것이 세상 걱정으로부터의 자유든

---

62   *B. Yebam.* 45b-46a. Bamberger, *Proselytism*, 127; Buchanan, *Consequences*, 206; Falk, "Law," 509; Stern, "Aspects," 628; Schiffman, *Jew*, 36-37의 논의를 참조하라.

63   이 문제에 대해서는 Deissmann, *Light*, 319-23(Diaspora *Jews*, 321-22에 포함됨)의 비문을 보라.

64   특히 Deissmann, *Light*, 323-27을 보라.

65   Bartchy, *Slavery*, 121-25.

66   신 32:36; Urbach, *Sages*, 1:386(*Sipre Shelah* 115를 인용함)을 보라. 나는 여기서 다루는 내용을 Keener, *John*, 750-51에서 가져왔다.

67   Philo *Good Person* 20.

지, 국가적 굴레로부터의 자유든지, 아니면 장차 올 세상에서 노예제로부터의 자유든지 간에 말이다.[68] 그리스어 본문은 이와 비슷하게 세속적 걱정의 노예가 된 사람을 "해방하는" 신적 진리에 대해 말할 수 있었다.[69] 그리스 사상가들은 거짓 이데올로기[70] 또는 정욕[71]의 노예가 되는 것을 자주 경고했다. 몇몇 사람은 외부의 골칫거리들을 무시하게 해주는 내적 자유에 대해 말했다.[72] 때때로 귀족의 관점에서 글을 쓰는 사람들은 과도한 정치적 자유가 대중을 도덕적 과잉으로 몰아갈 수 있다고 경고했을 것이다.[73] 헬레니즘의 영향을 받은 유대교 작가들은 사람들이 정욕의 노예가

---

68   예. *m. Ab.* 6:2; *b. B. Metsia* 85b; *Qid.* 22b(ben Zakkai 것으로 여겨짐); *Gen. Rab.* 92:1; *Num. Rab.* 10:8; *Pesiq. Rab.* 15:2; 더 자세한 내용은 Abrahams, *Studies* (2), 213; Odeberg, *Pharisaism*, 50을 보라.

69   Crates *Ep.* 8, to Diogenes; Epict. *Diatr.* 4.7.17; 참조. 이와 비슷하게 Epict. *Diatr.* 3.24.68; Iambl. *Pyth. Life* 7.33; 17.78. Eurip. *Hec.* 864-67은 모든 사람이 무엇인가(돈, 명예, 또는 법)의 종이 된다고 말한다.

70   예. Arrian *Alex.* 3.11.2; Sen. Y. *Ep. Lucil.* 8.7; 27.4; Plut. *Lect.* 1, *Mor.* 37E; *Superst.* 5, *Mor.* 167B. 사람은 자기가 섬기는 목표의 노예이기도 하다(Philost. *Hrk.* 53.2).

71   예. Aeschines *Tim.* 42; Xen. *Oec.* 1.22-23; *Hell.* 4.8.22; *Apol.* 16; *Mem.* 1.3.8, 11; 1.5.1, 5; 4.5.3, 5; Soph. *Antig.* 756; *Wom. Tr.* 488-89; Plato *Phaedr.* 238E; Isoc. *Demon.* 21; *Nic.* 39 (*Or.* 3.34); Arrian *Alex.* 4.9.1; Diod. Sic. 10.9.4; 32.10.9; Sall. *Catil.* 2.8; *Sp. Caes.* 8.2; Cic. *Amic.* 22.82; *Off.* 1.29.102; 1.38.136; 2.5.18; *Senect.* 14.47; *Prov. cons.* 1.2; Hor. *Sat.* 2.7.83-87; Tibullus 2.4.1-3; Appian *C.W.* 5.1.8-9; Mus. Ruf. 3, p. 40.19; Sen. Y. *Ben.* 3.28.4; *Ep. Lucil.* 14.1; 39.6; 47.17; 110.9-10; 116.1; *Nat. Q.* 1.16.1; Epict. *Diatr.* 3.24.70-71, 75; Plut. *Bride* 33, *Mor.* 142E; Max. Tyre *Or.* 36.6; Porph. *Marc.* 34.523-25; Ach. Tat. 1.7.2-3; 5.25.6; Longin. *Subl.* 44.6; Diog. Laert. 2.75; 6.2.66; Diogenes *Ep.* 12; Heracl. *Ep.* 9; Socratics *Ep.* 14; *Pyth. Sent.* 21, 23; Apul. *Metam.* 11.15; Sir. 47:19. Derrett("Sources") 역시 고대 불교 경전에서 이 사상을 발견했지만, 이 경전들은 지리적으로 상당히 멀리 떨어져 있다.

72   예. Sen. Y. *Ben.* 3.20.1-2; Epict. *Diatr.* 1.11.37; 1.19.8; 3.24.68; 4.7.16-18; Aul. Gel. 2.18.9-10; Diog. Laert. 7.1.121-22; 참조. Philo *Cher.* 107. 에픽테토스는 자유를 자신이 통제할 수 있는 것만을 추구하는 것으로 여겼다(Pérez, "Freedom"을 보라).

73   예. Phaedrus 1.2.1-3, 11-31.

되는 것을 피해야 한다는 요구를 반복했으며,[74] 다른 유대교 사상가들도 죄나 악한 충동(*yēṣer hārāʿ*)의 노예가 되어서는 안 된다는 점을 인정했다.[75]

그리스도 안에서 운명적으로 정의됨

일부 학자들은 바울을 메시아 시대가 도래했다고 믿은 본질상 바리새인으로 간주했다.[76] 이런 특징은 너무 단순하지만, 우리에게 바울의 사상 및 다른 초기 기독교 사상의 다음과 같은 핵심 원리를 상기시킨다. 즉 약속된 메시아와 부활은 이미 임했고, 따라서 적어도 약속된 나라의 첫 국면을 개시했으며, 이는 예수의 재림 때 완성될 것이다.[77]

　내부의 악을 극복하기 위한 투쟁이 로마서 7:7-25(본서 3장의 "유대인의 정욕: 악한 충동" 단락을 보라)에서 많은 유대교 문헌과 유사한 방식으로 나

74　예. 4 Macc. 3:2; 13:1-2; *T. Ash.* 3:2; 6:5; *T. Jos.* 7:8; *T. Jud.* 18:6; Jos. *Ant.* 1.74; 4.133; 15.88; *War* 1.243; Philo *Abr.* 241; *Alleg. Interp.* 2.49; *Creation* 165; *Good Person* 17; *Heir* 269; *Unchangeable* 111; 참조. Decharneux, "Interdits"; *Let. Aris.* 211, 221-23; *T. Jud.* 15:2, 5; *T. Sim.* 3:4; 롬 6:6; 16:18; 빌 3:19.

75　Odeberg, *Gospel*, 297-301; Odeberg, *Pharisaism*, 50-52, 56; 참조. *Gen. Rab.* 94:8; Wis. 1:4. 참조. CD 16.4-6에서 적대적인 천사로부터의 자유; *Exod. Rab.* 41:7; 51:8; *Num. Rab.* 16:24; *Song Rab.* 8:6, §1 등 후기 자료에서 죽음의 천사로부터의 자유; *t. Suk.* 2:6; *b. Ned.* 32a; *Shab.* 156a; *Suk.* 29a; *Gen. Rab.* 44:10; *Pesiq. Rab.* 20:2에서 점성술의 힘으로부터의 자유.

76　Davies, *Paul*, 216; 참조. Ramsay, *Other Studies*, 89-90에서도 이미 발견된다.

77　바울은 일반적으로 미래를 위해 "왕국" 언어를 유보하지만, 예수의 현재 주권을 다른 방식으로 묘사한다(롬 8:34; 고전 15:24-25; 빌 2:9; Col. 3:1). 학자들은 이미/아직이라는 초기 기독교의 원리에 관해 종종 말하는데(Minear, *Kingdom*, 147; Aune, "Significance," 5:93-94; Ladd, *Theology*, 322; Ridderbos, *Paul and Jesus*, 67), 이는 바울의 사상에 포함된다(Kümmel, *Theology*, 149; Howell, "Dualism"; Dunn, *Theology*, 466-72). 성서 예언에서 주님의 예시적인 미래의 날과의 가능성 있는 관계에 대해서는 Ladd, *Kingdom*, 36을 참조하라.

타났을 수 있지만, 악으로부터의 결정적인 구원은(참조. 롬 6:1-11) 유대교 문헌에서 종말론적으로 나타난다.[78] 후기 랍비들은 하나님께서 종말론적인 때에 악한 충동을 멸하시리라고 확신했다.[79] 실제로 일부는 하나님이 모든 인류 앞에서 악한 충동을 공공연하게 죽이실 것이라고 말했다.[80] 적어도 후기의 몇몇 랍비는 이런 생각을 하나님이 자기 백성의 마음을 변화시키실 것이라는 성서의 약속에서 끌어냈다(겔 36:26-27).[81]

이런 일반적인 개념은 후기 랍비들에게서 기인한 것이 아니었다. 바울 시대 이전에 이미 쿰란의 공동체 규범(*Manual of Discipline*)은 하나님이 마지막 때에 이스라엘의 예체르(*yēṣer*)를 잘라 없애시기를 기대했다.[82] 바울이 죽은 지 한두 세대 이후의 묵시적 저술가는 장차 올 세대에서 의인들의 첫 번째 기쁨은 "그들이 악을 행하려는 타고난 충동에 대항하는 오랜 싸움에서 승리를 거둠으로써 악한 충동이 그들을 생명에서 사망으로

---

78 Abrahams, *Studies* (1), 42을 보라. Martyn("De-apocalypticizing")이 Engberg-Pedersen을 비판하는 것은 구체적으로 그가 신적 행위에 의존하는 종말론적 세계관을 받아들이지 않는다는 것이다. Wright, *Faithfulness*, 1386-1406, 특히 (이 점과 관련하여) 1389, 1393도 보라.

79 *Pesiq. Rab Kah.* Sup. 3:2; *Gen. Rab.* 89:1; *Exod. Rab.* 46:4; *Deut. Rab.* 2:30; *Eccl. Rab.* 2:1, §1; 12:1, §1(가장 가능성이 큰 의미에 따름); *y. Suk.* 5:2, §2의 한 랍비. Schechter(*Aspects*, 257, 289-92) 역시 *Gen. Rab.* 48:11; *Exod. Rab.* 46:4; *Num. Rab.* 15:16과 다른 본문들을 인용한다. Montefiore and Loewe(*Anthology*, 122-23)도 *Num. Rab.* 17:6을 인용한다. Bonsirven(*Judaism*, 246)은 *Gen. Rab.* 26:6; *Song Rab.* 6:14을 추가한다. *Gen. Rab.* 9:5에서 악한 충동은 의인들이 죽을 때 그치며, *L.A.B.* 33:3의 악한 자들도 그렇다. 하지만 *b. Suk.* 52b에서 심판 때의 악한 충동은 유혹한 자들에 대해 불리한 증언을 할 것이다.

80 *B. Suk.* 52a; 참조. *Exod. Rab.* 30:17; Moore, *Judaism*, 493.

81 *Pesiq. Rab Kah.* 24:17; *b. Suk.* 52a; *Exod. Rab.* 41:7; *Deut. Rab.* 6:14; *Song Rab.* 1:2; 6:11, §1. 다른 초기 문헌들도 에스겔의 약속을 되울린다. 예. 1QS 4.21; 4Q393 frgs. 1-2, col. 2.5(참조. 시 51:10; 겔 11:19; 18:31)를 보라.

82 1QS 5.5(가장 가능성이 큰 방식으로 본문을 번역했음); 여기에 제시된 사상은 신 30:6을 발전시켰을 것이다. 이런 경향은 사람의 마음과 눈을 벗어난 문맥에 등장한다. 하나님의 언약으로 돌아가는 것 역시 사람이 인내하는 한 그 자신을 죄에서 구원한다(CD 16.4-6).

잘못 인도하지 못하게 하는 것"이라고 선언한다.[83] 유대교 전통은 죄와[84] 사탄으로부터의[85] 종말론적 해방을 오랫동안 기대해왔다. 실제로 랍비들이 제시했듯이, 그 사상은 성서의 예언자들 안에서 이미 나타난다(렘 3:17; 31:32-34).

바울이 생각하기에 기대했던 메시아의 때가 도래했으며, 죄와 악한 충동은 예변적으로 이미 패배했다.[86] 문제는 아직 완전하지 않다는 것이었다. 하지만 신자들에게는 이미 의지할 수 있는 그들 자신의 노력 이상의 것이 있었다. 또 다른 초기 기독교 저술가의 말을 빌리면, 그들은 "올 세대의 능력"을 맛보았다(히 6:5).[87] 바울이 생각하기에 그리스도는 이 현재의 악한 세대에서 우리를 건져내기 위해 우리 죄를 위해 자신을 주셨다(갈 1:4). 이런 관찰은 신자들이 어떻게 생각해야 하는지에 대한 함의가 있다. 사람들이 눈이 먼 상황에서(고후 4:4) 복음은 이 세대의 지혜를 초월한다(고전 1:20; 2:7-10; 3:18).

이 편지의 가장 적절한 교훈은 신자들이 이 세대를 본받지 말고 그들

---

83   2 Esd. 7:92(NEB); 참조. 7:114. Wells, "Power," 특히 101-3을 보라.

84   1QS 3.18-19, 23; 4.18-26(특히 4.19, 23); *Jub.* 50:5; *1 En.* 5:8-9; 10:16(홍수에 예시됨); 91:8-9, 16-17; 92:3-5; 107:1; 108:3; *Pss. Sol.* 17:32; *T. Mos.* 10:1; *Sib. Or.* 5.430(기독교적 삽입이 아니라면); *y. Abod. Zar.* 4:7, §2; *Deut. Rab.* 3:11. 몇몇 후기 랍비 자료에서 속죄제의 파기에 대해서는 다음을 참조하라. Davies, *Torah*, 54-55.

85   4Q88 10.9-10; *T. Mos.* 10:1; *T. Zeb.* 9:8 MSS; 참조. *Jub.* 50:5; 마 25:41; 계 20:10. 초기 유대교 자료는 종종 사탄을 죄를 짓게 하는(*Jub.* 1:20-21; 1QS 3.18-22 [CD 5.18과 함께]) 악한 욕망(*T. Ash.* 3:2; *Apoc. Mos.* 19:3; 참조. Baudry, "Péché dans les écrits")이나 영(두 영 중에서)과 연결했다. 1QH^a 15.6에서처럼, 후기 일부 랍비들은 사탄을 악한 충동과 연결했다(Schechter, *Aspects*, 244-45; Best, *Temptation*, 48; 참조. *b. B. Bat.* 16a; *Exod. Rab.* 30:17).

86   Davies, *Paul*, 23; Ellison, *Mystery*, 62.

87   몇몇 번역이 "아이온"(αἰών)을 이 본문들 중 몇 군데에서 "세상"이라고 번역했지만, 여기에 인용된 본문들에서는 "세대"(age)가 더 적합한 단어에 해당한다.

의 마음을 새롭게 함으로써 변화를 받아야 한다는 것이다(롬 12:2). 이 새로운 사고방식은 새로운 상황을 무시할 수 없다. 신자들은 이미 미래 세대에 속하며(참조. 고후 1:22; 5:5), 그에 따라 생각하고 살아야 한다.

유대교 전통은 다양한 방식으로 "새 창조"라는 어구를 사용했다.[88] 하지만 이 기간에 지배적인 어구는 이사야 65:17-18에 있는 새 하늘과 새 땅에 대한 약속을 반영했다.[89] 바울에게 그리스도 안에 있다는 것은 새 창조가 이미 시작되었고 약속된 새로운 것이 도래했음을 의미한다(고후 5:17).[90] 이런 새로운 실재의 현재적이며 부분적인 경험은 그리스도와 그 밖의 모든 것에 대한 신자들의 생각을 형성해야 한다(고후 5:16).[91] 따라서

---

88   일부 자료에서 회심을 새 창조로 표현한 것에 대해서는 *Jub.* 1:20-21; 5:12(이에 대해서는 Charles, *Jubilees*, lxxxiv를 참조하라); *Sipre Deut.* 32.2.1; *Abot R. Nat.* 12 A; 26, §54 B; *b. Sanh.* 99b; *Song Rab.* 1:3, §3; Davies, *Paul*, 119; Hunter, *Gospel according to Paul*, 24n1; Buchanan, *Consequences*, 210; 더 충분하게 다룬 Chilton, "Galatians 6:15"; Hubbard, *New Creation*, 54-76, 특히 73-74을 참조하라. 로쉬 하샤나(Rosh Hashanah)에 대해서는 *Lev. Rab.* 29:12; Moore, *Judaism*, 1:533을 보라. 참조. *Exod. Rab.* 3:15(언어유희에 근거함)의 모세; *Midr. Pss.* 2, §9(시 2:7에 근거함)의 메시아.

89   *1 En.* 72:1; *Jub.* 1:29; 4:26; 참조. 1QS 4.25(이 문헌에 대해서는 Ringgren, *Faith*, 165도 보라). 더 자세한 내용은 Stephens, "Destroying"; Stephens, *Annihilation*을, 구약 용례에 내해서는 Hubbard, *New Creation*, 11-25을 보라. *Jubilees*, Hubbard, *New Creation*, 26-53도 보라. 후대의 자료로는 Qur'an 56.35를 참조하라.

90   Strachan, *Corinthians*, 113-14; Héring, *Second Epistle*, 43; Bultmann, *Corinthians*, 157; Bornkamm, *Experience*, 22; Furnish, *Corinthians*, 314-15; Beale, "Background"; Dunn, *Theology*, 180; Barnett, *Corinthians*, 46, 225; Wright, *Faithfulness*, 478을 보라. 더 넓은 새 창조의 일부로서 개인의 갱신에 대해서는 1QHᵃ 19.16-17; Jackson, *Creation*을 참조하라.

91   고후 5:16과 5:17(κατὰ σάρκα가 οἴδαμεν과 ἐγνώκαμεν을 취하고 Χριστόν을 취하지 않음)의 연결에 대한 논의와 더 자세한 내용에 대해서는 Davies, *Paul*, 195; Martyn, "Epistemology," 286; Ladd, *Theology*, 373; Betz, "Christuserkenntnis"; Stanton, *Jesus of Nazareth*, 89-90; Witherington, *Corinthians*, 347; Scott, *Corinthians*, 134; Lambrecht, *Corinthians*, 95-96을 보라. 5:16의 "이제부터"는 이런 방향을 가리킨다(Martin, *Corinthians*, 151). 바울의 대적자들은 바울과 달리(고후 10:2-4) 육체를 따라 평가한다 (고후 10:10; 참조. 11:18). 바울은 고린도후서에서 "이 세대", "이 세상" 또는 "육체를 따르는 것"을 하나님의 관점과 거듭 대조한다(Litfin, *Theology*, 175-76).

누군가에 대한 세상의 평가(5:16a, 17a)는 불합리하며,[92] 여기에는 바울에 대한 비판적 평가도 포함된다(5:11-16a; 참조. 3:1; 고전 2:15; 3:4-5; 4:3; 9:3도 보라).

믿음으로 말미암아 새로운 실재로 여김

바울은 하나님 앞에서 신자들의 새로운 정체성과 신분을 확정하고 나서 (이것이 중요함, 롬 6:1-10) 신자들에게 그들에 대한 하나님의 관점을 받아들이라고 권한다. 신자들은 그리스도 안에서 그들의 삶이 새롭다는 하나님의 판결에 참여해야 한다. 그들은 그런 믿음에 근거한 새로운 삶을 살아가는 법을 배울 수 있다. 바울은 앞에서 논의하는 내내 이런 인지적 강조를 준비해왔다(6:3의 ἀγνοεῖτε, 6:6의 γινώσκοντες, 6:9의 εἰδότες를 떠오르게 한다).

믿음과 여김

앞에서 언급했듯이, 바울에게 믿음은 거짓 이데올로기로 하나님의 진리를 막는 것과 반대로 하나님의 진리를 받아들이는 것이다. 믿음은 하나님의 신뢰성에 대한 건전하고 올바른 반응이다.[93] 바울에게 믿음은 선택 또

---

92   Furnish, *Corinthians*, 330; 참조. Robinson, *Ephesians*, 52; Héring, *Second Epistle*, 42; Bruce, *Message*, 27을 보라. 고대인들은 바뀐 관점을 이해할 수 있었을 것이다. 이사에우스가 그의 난잡한 성생활을 끝냈을 때, 누군가 그에게 특히 아름다운 여자가 있었는지 물었다. 그는 이렇게 쏘아붙였다. "나는 눈병으로 인한 고통을 멈추었소"(Philost. *Vit. soph.* 1.20.513, 번역, Wright, LCL, 69).

93   다시 말해서 하나님은 신실하시기(πιστός) 때문에, 그에 대한 믿음(πίστις)은 진정 이성

는 확신이지, 주관적인 감정의 상태가 아니다. 그것은 오늘날 일부 진영에서 의미하게 된 것처럼 자신의 상상이나 의지가 외부 세계에서 힘을 발휘할 정도로 강력하게 바라는 것("환상" [make-believe])이 아니다. 믿음은 어둠 속으로의 필사적이고 주관적인 도약이 아니다. 현대의 일부 인식론에서처럼 믿음은 모든 대안을 배제하여 일어나는 이성적인 결정도 아니다. 비록 이런 이성적 결정이나 의지의 행위가 믿음을 향해 나아갈 수도 있지만 말이다. 믿음은 실재에 대한 정확한 하나님의 관점을 인식하고 그에 따라 행동한다는 의미 이상이다.[94]

로마서 1:18-32과 6:1-11 사이 단락에서 바울은 1:16의 논제적 진술 이후, 믿는 것(πιστεύω)을 매우 강조했다.[95] 이 단어는 3:22의 또 다른 핵심 진술에 등장하며, 그다음에는 4:3, 5, 11, 17, 18, 24에서 아브라함의 믿음을 다룬 본문에 대한 바울의 주해에 여섯 번 등장한다. 만약[96] 우리가 1:17, 3:22, 25-31, 4:5, 9, 11, 12, 13, 14, 16, 19, 20, 5:1, 2에 있는 인지적 명사의 사용을 추가한다면,[97] 이것이 우리의 현재 본문을 위한 이전 문맥의 주요 모티프라는 점이 분명해진다. 현대 해석자들은 영어 단어 "믿

적이다(참조. 히 11:11).

94   참조. 참되고 실제적인 것을 인식하는 능력으로서 지혜의 덕(Cic. Off. 2.5.18).

95   학자들은 롬 1:16-17을 로마서 전체 또는 로마서의 첫 번째 단락의 논증을 소개하는 논제적 진술로 받아들인다. 고대의 논증들에는, 항상 그런 것은 아니지만, 논제적 진술이 있었다(Keener, Acts, 1:708-9의 주석을 보라).

96   롬 4:3-24에서 아브라함의 믿음(faith)을 그가 믿는 것(believing)에서 분리하는 것이 어렵기는 하지만, 학자들은 최근 일부 본문에서, 특히 "예수의 믿음[신실하심]"을 언급하면서(롬 3:22, 26) 누구의 πίστις가 등장하는지 논쟁을 벌인다. 하지만 논쟁의 여지가 있는 경우를 제외하고, 예수를 따르는 자들의 신뢰나 믿음(신실함)에 대한 강조는 여기서 요점을 밝혀야 할 부분에 남아 있다. (어찌되었든지 간에, 신자들의 믿음은 하나님의/예수의 신뢰성/신실하심에 의존한다.)

97   롬 5:2에는 사본상의 이문이 있지만, 대부분의 초기 문헌은 어떤 형태로든 πίστις를 포함한다.

다"(believe)와 "믿음"(faith)을 주관적인 용어로[98] 생각하면서 바울의 믿음의 방향성과 반대로 위태롭게 접근한다. 바울의 믿음은 주체의 믿는 능력에 초점을 맞춤으로써 끝없는 자기반성의 순환을 시작하라고 요청하는 것이 아니라, 오히려 대상의 신뢰할 만함에 초점을 맞추는 것이다. 그 이유는 하나님과 그리스도께서 신실하시며, 사람들은 그분들을 의지할 수 있기 때문이다.[99]

로마서 4:3-25(과 가능성이 있는 5:1-11)에서 바울은 창세기 15:6에 대한 확장된 미드라시를 제시한다. "아브라함이 하나님을 믿으니, 그것이 그의 계정[his account]에 의로 여김을 받았다." 바울이 $\lambda o \gamma i \zeta o \mu \alpha \iota$("여기다")의 사용을 회계 관련 용어로 제한하지는 않지만(참조. 롬 8:18, 36; 14:14), 이 용어와 관련한 그의 가장 큰 묶음이 창세기의 이 구절에 대한 그의 주해에 등장하는 것은 우연이 아니다(롬 4:3, 4, 5, 6, 8, 9, 10, 11, 22, 23, 24 – 열한 번). 로마서 4장에서 하나님은 아브라함의 계정을 의로 간주하셨으며, 따라서 믿는 사람들의 계정을 그들의 영적 아버지인 아브라함처럼 의로 여기신다.

이제 바울은 그 용어의 다음 사용에서 하나님이 그리스도 안에서 이

---

98   칸트가 믿음을 주관적인 영역으로 폄하한 것은(비록 칸트 자신이 주관적인 영역을 현실적인 것으로 여전히 간주했지만) 키르케고르가 어둠 속으로의 도약으로 극복하려고 한 교착 상태를 만들어냈다. 하지만 우리의 동시대 용례에 종종 영향을 미치는 이런 현대적 이해는 "믿음"이라고 번역되는 용어의 성서적 의미가 아니다. 그러나 일부 청교도들조차 그들의 믿음의 신뢰성에 분명히 집중했다. 주관적 믿음에 대한 분석은 구원론과 선택 또는 회심의 필요성을 위해 믿음을 강조하는 강력한 개신교 사회에서 더 만연한 것으로 보인다. 이와 같은 분석은 그리스도를 능동적으로 고백하는 사람들이 소수인 곳(과 그들의 믿음을 민족적 충성과 혼동하지 않는 곳)에서는 덜 일반적일 수 있다. 그런 흐름에서 믿음의 경계는 더 자명하다.

99   다시 말하지만, 나의 초점은 문법적 논쟁이 아니라 단순히 신학적 논쟁에 있다. 구체적으로 명시된 곳에서 그리스도와 성부는 바울이 말하는 믿음의 정상적인 대상들이다.

루신 새 생명에 대한 논의의 절정을 이루면서(롬 6:1-10) 신자들에게 하나님이 그들을 여기신 방식으로 그들 자신을 "여기라"고 권한다(6:11).[100] 즉 하나님을 믿음으로써 이미 바르게 된 그들은 이제 하나님이 이루신, 다시 말해서 하나님이 그들을 그리스도 안에서 바르게 하신 실재를 신뢰해야 한다. 이는 그들이 죄에 대해 죽은 자로서 그리스도 안에서 새로운 정체성을 가지고 있다는 실재를 포함한다. 이런 여김은 하나님의 여김을 따르는 것이다. 그것은 그 사람에게 새로운 정체성을 주지 않는다. 하지만 그것은 하나님이 주신 새로운 정체성을 인식한다.

오리게네스는 유혹의 실재를, 그리고 그와 그리스도의 동일시에서 참된 실재의 더 높은 차원을 모두 인식했다. "누구든지 자신이 죽었다고 생각하거나 그렇게 여기는 사람은 죄를 짓지 않을 것이다. 예를 들어 만일 여자에 대한 정욕이 나를 사로잡거나, 금이나 은 또는 재물에 대한 탐욕이 나를 충동하여 나의 마음에서 그리스도와 함께 죽었다고 말한다면…정욕은 즉시 꺼지고 죄는 사라진다."[101]

---

100 롬 6:1-10의 요약으로서 롬 6:11에 대해서는 Hubbard, *New Creation*, 94을 보라(이 본문의 구조를 분명하게 추적하고 나서 결론을 내림). 참조. Bornkamm, *Experience*, 75. (이 구조는 Boers, "Structure"에서 제안된 독창적인 교차 구조보다 더 설득력이 있어 보인다.)

101 Origen *Comm. Rom.* on 6:11(*CER* 3:188: 번역, Bray, *Romans*, 162). 하지만 존재론적 변화를 덜 강조하는 Strong을 참조하라. "일부 예언은 스스로 성취한다. 한 사람에게 그가 용감하다고 말하면, 당신은 그렇게 되도록 그를 돕는 것이다. 따라서 선언적 칭의는, 성령에 의해 마음에서 공포될 때, 사람을 의롭게 하도록 돕는다"(Strong, *Systematic Theology*, 860).

다른 고대 자료에서 인지적 여김

바울이 정욕을 극복하는 데 있어 이성과 새로운 관점의 역할을 고려한 유일한 사람은 아니었다. 고대 사상가들은 선한 것에 생각을 집중할 것을 강조했다(참조. 빌 4:8).[102] 철학은 이성을 사용하고 필요한 것을 묵상하는 것에 대한 문제였다.[103]

올바른 사고는 스토아 철학자들에게 매우 중요했다.[104] 스토아 철학자는 가장 중요한 것이 운명을 두려워하지 않고 어려움 속에서도 즐거워하면서 바르게 **생각하는** 것이라고 주장할 수 있었다.[105] 사람들은 마음을 훈련함으로써 모든 고통을 견디기 위해 어떤 쾌락이든지 절제하는 법을 배울 수 있다.[106] 스토아 철학자들은 그들의 철학적 신념대로 현실을 해석하는 습관을 형성하기 위해 인지적 훈련을 발전시켰다.[107] 저녁에 낮 동안 행한 자기 행동을 반성하는 것과 같은 피타고라스 철학의 훈련을 채택한

---

102 예컨대 자연과 더불어 조화롭게 살기 위해(Mus. Ruf. frg. 42, p. 138.9-11) 생각을 자연이나 영혼(Plut. *Pleas. L.* 14)에 집중하는 것; 신들은 선한 마음을 보상할 것이다(Max. Tyre *Or.* 8.7). 자신의 생각(φρόνημα)은 늘 "하나님을 향해야" 한다(Porph. *Marc.* 20.327-29; 번역. O'Brien Wicker, 63). 그러므로 그가 말하는 것은 영감을 받아야(ἔνθεος, 20.329) 한다. 카이사르에 대한 맹세는 정신적인 충성을 약속했을 것이다(*CIG* 3.137; *OGIS* 532; Sherk, *Empire*, §15, p. 31).

103 Mus. Ruf. 16, p. 106.3-6, 12-16.

104 Stowers(Rist, *Stoic Philosophy*, 특히 22-36, 256-72을 따름)는 이렇게 경고한다. "초기 스토아 철학적 사상의 인지적 특성을 지나치게 강조하는 것은 오해의 소지가 있다"(Stowers, *Rereading*, 361n22).

105 Sen. Y. *Nat. Q.* 3.pref.11-15.

106 Sen. Y. *Dial.* 4.12.4-5. Lutz(*Musonius*, 28)는 무소니우스 역시 생각을 훈련함으로써(Mus. Ruf. 6, p. 54.16-25) 지혜로운 사람이 자제력을 성취할 것이라는(6, p. 54.2-10) 의견을 제시했다고 말한다.

107 Sorabji, *Emotion*, 165, 211-27을 보라. 일부 기술들은 오늘날에도 유용하다. 예. 다시 표기하기(222-23). 덕에 대한 견유학파의 실천에 대해서는 Malherbe, *Philosophers*, 16을 보라.

이들도 있었다.[108] 스토아 철학자들에게는 사물이 겉으로 나타나는 방식이 반드시 실재는 아니었다. 겉모습은 그 모습에 대해 잘못 생각하는 것으로 인해 왜곡되었기 때문이다.[109] 실제로 외적인 것은 한 사람의 핵심적 정체성과 무관한 것이었다.[110]

로마서 6:11에 있는 바울의 명령에서 인지적 요소가 평가절하되어서는 안 된다. 우리는 바울이 앞서 정체성을 강조한 것 역시 평가절하해서는 안 된다. 자신의 한계에 대한 인식을 비롯하여 자기 인식은 고대 철학에서 근본적인 쟁점이었다.

추가: 자기 인식[111]

"너 자신을 알라"는 델포이 신전의 금언은 원래 인간으로서 자신의 한계를 인식하라는, 따라서 삶에서 신들과 자신의 운명에 복종하라는 의미였을 것이다.[112] 이것은 가장 자주 인용되는 고대 그리스의 금언 중 하나가 되었으며,[113] 많은 저술가가 이 금언

---

108   Sorabji, *Emotion*, 213.
109   Sorabji, *Emotion*, 165.
110   Mitsis, "Origin," 173.
111   Keener, *John*, 236-37의 내용을 각색했다.
112   Nilsson, *Piety*, 47-48; Grant, *Religions*, xxii-xxiii; Marshall, *Enmity*, 192-93, 201; Plut. *Demosth*. 3.2. Diog. Laert. 1.40은 이 금언을 탈레스의 것으로 본다.
113   예. Plato *Alcib*. 1.129A; *Charm*. 164E-65A; *Lov*. 138A; Xen. *Mem*. 3.9.6; 4.2.24; Diod. Sic. 9.10.2; Epict. frg. 1; Plut. *Flatt*. 25, *Mor*. 65F; *Profit by Enemies* 5, *Mor*. 89A; *Dinner* 21, *Mor*. 164B; *E Delph*. 17, *Mor*. 392A; 21, *Mor*. 394C; Hippol. *Ref*. 1.15. 암시도 빈번하다. 예. Antisthenes in Diog. Laert. 6.1.6; Epict. *Diatr*. 1.2.11; 1.18.17; Cic. *Fin*. 3.22.73; Sen. Y. *Ep. Lucil*. 35.

을 생의 가장 기본적인 진리 중 하나로 여겼다.[114] 고대 해석자들은 이 금언을 다양한 방법으로 적용했지만,[115] 몇몇 저술가는 그것의 원래 의미와 일관성 있는 방식으로 적용했다. 예를 들어 플루타르코스는 아첨쟁이가 다른 사람들을 스스로 속게 하려고 그 금언을 훼손한다고 선언한다.[116] 다른 곳에서 그는 다른 사람들을 질책하려는 사람들에게 말하면서 그들에게 "자신을 알라"고, 즉 그들 자신을 먼저 살펴보라고 훈계한다.[117] 견유학파의 한 저술가는 자기 인식은 사람을 적절한 철학적 치료로 이끄는, 자기 영혼의 질병에 대한 진단을 포함한다고 설명한다.[118] 한 연설가는 인간은 자연에 대한 모든 것을 공부할 때라야 비로소 자신이 누구인지를 깨닫는다고 선언한다.[119] 한 로마의 풍자가는 비밀스러운 지식에 대해서는 정통하나 일상의 문제에 대해서는 무지한 사람들을 비판하기 위해 이 금언을 사용한다.[120] 아리스토텔레스는 허영심이 많은 이들은 자기 인식이 부족한 사람들이라고 말한다.[121] 플라톤이 이 금언을 적용한 몇몇 예는 다음과 같은 기본적 의미를 담고 있다. 즉 덕은 반드시 지식에서 기인해야 하며, 참된 자기 통제는 적절한 자기 인식과 관련이 있다는 것이다.[122] 필론이 생각하기에, 창조주를 인정하는 것과 반대로 자신을 신격화하는 것은 적절한

---

114   예. Epict. *Diatr.* 3.1.18; Plut. *Apoll.* 28, *Mor.* 116CD; *E Delph.* 2, *Mor.* 385D; *Or. Delphi* 29, *Mor.* 408E; *R. Col.* 20, *Mor.* 1118C.
115   개괄적인 설명은 Reiser, "Erkenne"을 보라.
116   Plut. *Flatt.* 1, *Mor.* 49B.
117   Plut. *Profit by Enemies* 5, *Mor.* 89A; 참조. Diog. Laert. 1.36에 의하면, 탈레스에게서도 비슷한 의미를 찾을 수 있다.
118   Diogenes *Ep.* 49.
119   한 가지 견해는 Cic. *Fin.* 5.16.44에 등장한다. 5.15.41-43은 우리가 오랜 시간이 지나야 비로소 이런 지식에 이르게 된다는 견해를 제시한다.
120   Juv. *Sat.* 11.23-28.
121   Arist. *N.E.* 4.3.36, 1125a.
122   Plato *Charm.* 여러 곳; *Alcib.* 1.129A; *Lov.* 138A. 지식에 대한 플라톤의 견해에 관한 더 완전한 논의는 Gould, *Ethics*, 3-30을 참조하라.

자기 인식을 통해 치유될 수 있다.[123] 이와 같은 적절한 자기 인식은 하나님에 대한 바른 지식을 갖도록 사람을 준비시킨다.[124]

자기 인식을 겸손으로 여기는 이 사상은 "너 자신을 알라"는 진술에 한정되지 않았다. 에픽테토스가 지적하듯이, "자신이 누구인지, 무엇을 위해 태어났는지, 그리고 그가 존재하고 있는 이 세상이 어떤 세상인지, 그것을 누구와 공유해야 하는지… 모르는 사람은, 요약하면 자신이 실제로는 아무것도 아닌데도 대단한 사람이라고 생각하면서 귀 멀고 눈이 먼 채로 돌아다닐 사람이다."[125]

하지만 이 금언의 다른 적용들이 당시에 더 일반적인 것이 되었다. 마술적인 파피루스는 마술적 주문으로 귀신을 제압하는 권세를 획득하기 위한 권고로서 그 금언을 사용한 것이 분명하다.[126] 이 금언이 헤르메티카에서는 원래 의미로부터 한층 더 멀리 나갔는데, 헤르메티카는 그것을 신에게로의 소환으로 해석한다.[127] 하지만 헤르메티카보다 오래전에 키케로는 이 금언을 자신의 영혼을 아는 것이 신과 같다는(*divinum*) 선언으로서 해석했으며,[128] 폼페이우스 시대의 아테네 비문은 사람의 인간성에 대한 인정이 신성을 낳는다고 선언했다.[129] 신플라톤주의의 자기 인식은 실제 자아가 신적 연합을 요청하면서 몸을 포함하지 않는다는 현실을 포함했다.[130] 그리고 많은 철학자가 이것을 하나님에 대한 지식 및 신성에 참여하는 것과 연결했다.[131] 하지만 이런 견해가 단 하나로 제시된 적은 없었다. 요한이 활동하던 시대 이후 그리

---

123   Philo *Spec. Laws* 1.10.
124   Philo *Spec. Laws* 1.264-65; *Migr.* 195; *Dreams* 1.60; 참조. *Unchangeable* 161; *Names* 54; *Dreams* 1.211-12.
125   Epict. *Diatr.* 2.24.19 (번역. Oldfather, LCL, 1:417); 참조. 상당히 비슷한 Marc. Aur. 8.52.
126   Betz, "Maxim in Papyri."
127   Betz, "Hermetic Interpretation," 465-84; 참조. Dodd, "Prologue," 16.
128   Cic. *Tusc.* 1.22.52.
129   Plut. *Pomp.* 27.3.
130   Porph. *Marc.* 32.485-95.
131   Winslow, "Religion," 246.

오래지 않아서 플루타르코스는 "너 자신을 알라"는 것에 대한 응답을 오직 신만이 변함이 없고 인간은 신이 아니라는 사실로서 해석했다.[132]

....

스토워스가 언급하듯이, 철학자들은 지혜자들이 "새로운 기초 위에서 자신을 재구성할 수 있다"고 믿었다. 이는 "정욕과 욕망"을 참음으로써 덕을 성취하게 해주었다. 다양한 철학은 "새로운 자아"를 이룩하기 위한 각기 다른 방법을 주장했지만, 모두 잘못된 정욕을 실재에 대한 거짓 믿음 탓으로 돌렸다. 다양한 학파는 단순히 실재에 대한 믿음이 거짓이라는 데 동의하지 않았을 뿐이었다![133]

스토아 철학자들은 그들의 제자들에게 미성숙한 자아 인식과 자아 추구에서 좀 더 성숙하고 폭넓은 세계관으로 이동하는 새로운 세계관을 가르쳤다.[134] 새로운 세계관에서 사물은 그것이 자아에 어떤 유익을 주는가보다는 본성에 따라 평가된다.[135] 생각이 우주에 대한 사색으로 이동할 때, 사람은 자신의 정신세계를 초월하여 신적인 문제를 사색하는 데 이른다.[136]

스토아 철학의 지혜는 **자아 인지**, 즉 자신의 정체성에 대한 새로운 관점, "철저하게 인지적인" 방식의 새로운 자기 인식에 초점을 맞춘다.[137] 스

---

132 Plut. *E Delph.* 17, *Mor.* 392A와 문맥. Meeks, *Moral World*, 43도 보라.

133 Stowers, "Resemble," 92. 지식 관련 용어로 신적 실재를 설명하는 것은 필론과 일부 교부들 그리고 중세 유대교에 등장한다. Giulea, "Noetic Turn"을 보라.

134 Engberg-Pedersen, *Paul and Stoics,* 53-54, Cic. *Fin.* 3을 인용함.

135 Engberg-Pedersen, *Paul and Stoics,* 55-59, Cic. *Fin.* 3.20-21을 인용함.

136 Sen. Y. *Nat. Q.* 1.pref.7, 17.

137 Engberg-Pedersen, *Paul and Stoics,* 65.

토아 철학자들에게 이것은 "나라는 인격"의 대체가 아니라 그 정체성의 새로운 내용을 의미했다.[138] 일부 학자는 스토아 철학자들이 자신들을 이성과 동일시하는 것과 비슷한 방식으로 바울이 자신을 그리스도와 동일시한다고 제안한다.[139]

그리스도와 동일시함

매우 제한된 일부 유비에도 불구하고, 그리스도와의 동일시에 대한 바울의 사상은 독특하다. 신과의 동일시는 이집트 상황의 일부 대중적인 본문에서 입증되지만,[140] 바울의 접근과는 대조되는데, 이 본문 중 다수가 아마도 공감 마술로서 사람들을 속여 영들을 조종하려고 의도되었을 것이다.[141] 하지만 피후견인이나 친구와 동일시하는 후견인 혹은 추천인의 관행은 일반적이었다. 수혜자는 "마치 그가 나 자신인 것처럼" 또는 그와 유사한 방식으로 그 사람에게 요청된 호의를 베풀어주기를 부탁했을 것이다.[142] 친구와 동지들은 가끔 이렇게 말했다. "내가 곧 너야", 또는 "내 것이

---

138 Engberg-Pedersen, *Paul and Stoics*, 55. 철학자들은 "나라는 인격"이 영원히 계속될 수 있는지에 대해서는 의견이 일치하지 않았다(Sorabji, *Emotion*, 243-49을 보라). 하지만 자아는 한 사람의 생애 동안 계속될 수 있다.

139 Engberg-Pedersen, *Paul and Stoics*, 70, 91, 95(빌 1:20-21을 인용함). 필론에게 확고한 요점은 인간의 자유나 선택이 아니라 하나님이었다(참조. Levy, "Breaking").

140 예. *PGM* 1.178-81.

141 참조. *Book of Dead*, Spell 30, parts P-1 and 2; Spell 43a, part P-1, 43b; Spell 79, part S-2; Spell 85a, part S-1; Spell 131, parts P-1 and 2, S-1; Spells 145-46; *PGM* 1.251-52; 4.169-70, 216-17, 385-90; *PDM Suppl.* 131-32, 163, 183. *PGM*과 *PDM*과 달리, *Book of the Dead* 주문은 기독교 이전 자료다.

142 예. P.Oxy. 32.5-6; Cic. *Fam.* 13.5.3; 13.45.1; 13.46.1; 참조. Fronto *Ad amicos* 1.4, 8; 2.6; *Ad verum imp.* 2.7.7; 고전 16:10; 몬 17-19절; Kim, *Letter of Recommendation*, 7, 37-42.

네 것이야."[143] 사람들은 친한 친구를 자신의 또 다른 반복으로 여겼을 것이다.[144]

하지만 바울에게 이와 같은 다른 사람과의 동일시는 단순히 유용한 허구 또는 과장이 아니다.[145] 이 동일시는 인지적 결정이 기초를 두고 있는 그리스도와의 진정한 연합을 반영한다. 루크 티모시 존슨(Luke Timothy Johnson)이 관찰한 것처럼, 로마서 6장은 신자들이 "정확히 말해서 새 생명의 능력을 받았으므로(롬 5:17, 21)" 새롭게 행동해야 한다고 지적한다.[146] 하나님의 도우심을 고려하는 것은 실재에 대한 다른 견해를 제공해주며, 그에 따라 행동할 동기를 부여한다.[147] 아브라함처럼 신자들은 유한한 존재의 흔한 패턴이 아닌, 하나님께서 말씀하시는 것에 대한 믿음으로 행동할 수 있다(롬 4:19-21). 인간의 교만 또는 "자랑"이 이런 접근 방식에 반항

---

143   Xen. *Cyr.* 5.4.29; 6.1.47; Sen. E. *Controv.* 8.5; Pliny *Ep.* 1 4.2-3; 6.18.3; 6.26.3; 6.28.3; 6.30.1; 6.32.2; Suet. *Galba* 20.1; 왕상 22:4; 왕하 3:7; 대하 18:3; 갈 4:12. Herodes *Mime* 2.8에 묘사된 것처럼 사람들을 부정적으로 동일한 수준에 놓았을 수도 있다.

144   예. Diod. Sic. 17.37.6; Cic. *Fam.* 7.5.1; 13.1.5; Val. Max. 4.7.ext.2ab; Quint. Curt. 3.12.17; Pliny *Ep.* 2.9.1; 참조. Cic. *Fin.* 1.20.70; Sen. Y. *Ep. Lucil.* 95.63; *Let. Aris.* 228; 어쩌면 Cic. *Or. Brut.* 31.110도 해당할 것이다.

145   Cranfield, *Romans*, 1:315: 그런 척하지 않고, "단지 이상적인 것도 아니라, 하나님이 그리스도 안에서 행하신 것을 그 규범으로서 받아들이는 복음에 근거한 신중하고 냉철한 판단"이다. Ladd, *Theology*, 479; Kruse, *Romans,* 267도 참조하라. 몇몇 사람은 바울이 롬 3:8에 등장하는 것과 같은 비난이나 의심에 대응하기 위해 변화를 강조해야 한다고 제안한다. 참조. Tobin, *Rhetoric*, 216; Moo, *Romans*, 295; 다른 곳에서는 갈 2:17-20을 참조하라.

146   Johnson, *Romans*, 105. 참조. Schlatter, *Romans*, 3. 참된 믿음은 율법주의가 아니라 그리스도와의 하나 됨으로 말미암아 참된 의를 가져온다(참조. 133, 152). Schreiner, *Romans*, 305: "롬 6장의 초점은 죄에 대한 형벌이 아니라 그것의 권세에 있다." Ortlund, "Justified," 339: "그리스도와의 연합은 단순히 외적 변화가 아니라 내적 변화를 개시한다."

147   다음을 보라. 예. Jos. *Ant.* 3.44-45; Sir. 7:16(μὴ προσλογίζου σεαυτόν); *m. Ab.* 2:1. 당연히 그와 같은 견해들은 그것들이 참된 실재를 반영하는 범위에서만 효과적이었다(삼상 4:3, 6-11).

하는 것은 놀랍지 않다. 그리스도 안에서 우리의 의에 대한 신용을 얻는 것은 우리 자신이 아니라 하나님이시다(참조. 2:17, 23; 3:27; 4:2; 5:11).

그리스도 안에서 이런 실재를 고려할 때, 법정적 범주와 참여적 범주 간의 강요된 선택은 필수적이지 않다.[148] "그리스도 안에서" 수단적[149] 용례와 지역적 용례는 물론이고 개인적 용례와 공동체적[150] 용례가 모두 다양한 문맥에 등장한다.[151] 경험적 측면은 성령을 통해 이루어지며, 그리스도의 몸의 신비적 의미를 통해 이루어지지 않는다.[152] 몸은 실제로 국가를 가리키는 고대의 일반적인 은유였다.[153]

---

148 Wright, *Justification*, 72; Wright, *Faithfulness*, 903, 912; 종교개혁자 중에서는 McCormack, "Justification," 171을 보라. 참여적 접근에 대한 반응은 부분적으로 20세기 초의 지지자들이 이 접근 방식을 변명의 여지 없이 신비종교 제의(Longenecker, *Introducing Romans*, 308) 및 기타 개념적 오류(310)와 결부시켰기 때문일 것이다.

149 예. Conzelmann, *Corinthians*, 21; Parisius, "Deutungsmöglichkeit"의 법정적; Campbell(*Union*)은 (절대적이지는 않지만) 수단적 용례를 더 강조한다.

150 공동체적 의미에 대해서는 Manson, *Paul and John*, 67; Gibbs, *Creation*, 132-33; 특히 Robinson, *Body*를 보라.

151 Büchsel, "In Christus"; Neugebauer, "In Christo"; Robinson, *Body*; Best, *Body*; Davies, "In Christo"; Bouttier, *En Christ*; Toit, "In Christ"; Campbell, *Union*(특히 철저함)에 있는 더 충분한 논의를 보라. Deissmann(*Paul*, 135-39)을 따라서, 몇몇 사람은 신비적 의미도 주장했지만(Hatch, *Idea*, 38-39; Wikenhauser, *Mysticism*, 21-33, 50-65; Mary, *Mysticism*, 15-28; Thuruthumaly, "Mysticism"; Kourie, "Christ-Mysticism"; 참조. Pathrapankal, "Christ"), 일반적으로 흡수의 의미는 아니다(Deissmann, *Paul*, 152-54을 보라). 관계적 측면에 대한 더 자세한 내용은 Dunn, *Romans*, 1:324; Dunn, *Theology*, 396-401을 보라.

152 Judge, *First Christians*, 568-71을 보라.

153 Judge, *First Christians*, 581; Keener, *Romans*, 145; Keener, *Corinthians*, 103. 그 이미지는 먼저 메네니우스 아그리파의 덕분으로 여겨지지만(Dion. Hal. *Ant. rom.* 6.86.1-5; Livy 2.32.9-12; Plut. *Coriol.* 6.2-4; Dio Cass. 4.17.10-13), 많은 저술가가 메네니우스 아그리파 이후 이 이미지를 사용했다(예. Sall. *Ep. Caes.* 10.6; Cic. *Resp.* 3.25.37; Phil. 8.5.15; 참조. Arist. *N.E.* 1.7; *T. Naph.* 2:9-10). 우주를 가리키는 스토아 철학의 용례도 보라. 예. Sen. Y. *Ep. Lucil.* 95.52; Epict. *Diatr.* 1.12.26; Marc. Aur. 7.13.

새로운 정체성을 살아냄

바울에게 "여김"은 의롭게 된 새로운 정체성과 예상되는 새롭고 의로운 행위 간의 연결을 제공한다. 학자들은 바울과 관련하여 직설법과 명령법 사이의 긴장 또는 (내가 표현하기를 좋아하는) 상보성(complementarity)[154]을 종종 언급한다.[155] 신자들은 그리스도 안에서 새로운 존재들이므로, 그에 걸맞게 행동해야 한다. 로마서 6:1-10에 나오는 신자들의 변화된 정체성과 (변화된 정체성을 충분히 상기시키는 본문인) 6:12-13의 권면을 연결하는 것은 자신을 그리스도 안에서 죄에 대해서는 죽었으나 하나님에 대해서는 살아 있는 자로 여기라는[156] 6:11의 권면[157]이다.

즉 사람은 자신의 새로운 상황에 대한 진리를 인식해야 한다. 비록 로마서 6:1-3에 제시된 바울의 다양한 수사학적 질문이 수사학적 어조를 축적하지만, 6:3에 있는 바울의 질문은 새로운 삶을 살아내지 못하

---

154 Bultmann과 반대로 Engberg-Pedersen(*Paul and Stoics*, 224, on Rom. 6-8)은 직설법 대 명령법이 실제로 해결이 필요한 문제가 아니라고 주장한다. 명령법이 상기시키는 기능을 하고, 그 문제가 전적으로 인지적이므로, 둘 사이에는 모순이 없다(233; 참조. 225). Engberg-Pedersen(과 고대의 스토아 철학)은 비인지적 요소들을 너무 지나치게 폄하했을 것이다(참조. Martyn, "De-apocalypticizing"; Stowers, "Self-Mastery," 538). 하지만 그는 롬 6:11과 일부 다른 본문들에 있는 질문의 인지적 요소에 대한 중요한 통찰을 제공해준다.

155 Ridderbos, *Paul: Outline*, 253-58; Goppelt, *Theology*, 2:136-37; Bornkamm, *Experience*, 71; Kümmel, *Theology*, 224-28; Dunn, *Theology*, 626-31; Saldanha, "Rediscovering"; Prasad, "Walking"; Matera, *Romans*, 161-63; Bird, *Colossians*, 95을 보라. 참조. Engberg-Pedersen, *Paul and Stoics*, 294: "그의 수신자들에게 **이미** 발생한 일과 그것을 **실천하라**는 그의 **호소를 상기시킨다.**" 하지만 특히 비평을 담고 있는 Horn and Zimmermann, *Jenseits* 를 보라.

156 Tannehill, *Dying*, 77을 보라.

157 Jewett(*Romans*, 408)은 λογίζεσθε를 "대부분의 주석가들"과 다르게 명령법보다는 직설법으로 읽는다. 하지만 문맥은 이러한 해석을 강력히 반대한다.

는 것과 새로운 실재에 대한 무지(ἀγνοεῖτε) 사이의 가설적 연결로서 기능할 수 있다. 바울 역시 신자들이 그리스도와 함께 죽었다는 지식에 근거하여 그리스도 안에서 그들의 미래 운명에 대한 확신을 단정한다(롬 6:6의 γινώσκοντες, 6:9의 εἰδότες). 이 인지적 모티프는 6:11(λογίζεσθε)에서 하나님의 관점을 받아들이는 것으로 절정을 이룬다.

선행하는 직설법에 근거한 명령법, 또는 선행하는 구속에 근거한 계명은 권면에 대한 구약성서의 모델에도 어울린다.[158] 고대의 다른 사람들도 이 개념을 이해할 수 있었겠지만, 바울은 이전의 선함이라는 그들의 전제를[159] 은혜로 처음 변화된 사람들에게만 적용했을 것이다. 초기의 그리스 시인인 핀다르(Pindar)의 글과 비교해보라. "너희가 어떤 존재인지를 배운 뒤에는 그런 사람이 되라."[160] 같은 종류의 주장은 스토아 철학의 맥락에서도 의미가 통한다.[161]

스토아 학파와 마찬가지로 바울은 신자들이 자신의 새로운 신분을 이해하도록 돕기 위해 노력한다. 신자들은 이런 이해를 발전시켜야 하며, 이를 위해서는 권면이 유익하다.[162] 스토아 철학에서 "사람이 일단 결정적 통찰과 자기 이해에 이르고 그런 통찰과 관련하여 모든 가치를 재조정하게 되면", 비록 세부적인 면에서는 여전히 권면을 받을 필요가 있을지라

---

158 Rosner, *Ethics*, 86-89, 예. 신 7:5-6; 14:1-2; 27:9-10을 인용함.

159 플라톤주의자들은 영혼의 참된 존재 또는 순수한 본질을 전적으로 선한 것으로 여겼다 (Iambl. *Soul* 8.45, §456; 8.48, §457; 참조. Ps.-Simpl. *De an.* 241.16-17).

160 Γένοι', οἷος ἐσσὶ μαθών(Pindar *Pyth.* 2.72; 번역. Race, LCL, 1:238-39). 다른 사람들도 정확한 자기 확신이 자신의 일을 도와줄 것이라는 더 일반적인 원리를 때때로 인정했다 (예. Pliny *Ep.* 1.3.5).

161 Engberg-Pedersen, *Paul and Stoics*, 233.

162 Engberg-Pedersen, *Paul and Stoics*, 238-39.

도, "질적으로는 달라진다."[163] 로마서에서 바울의 권면은 그의 이전 주장과 여전히 일관성이 있다.

바울의 해결책을 생각함

바울은 그의 접근을 당대 철학자들의 방법과 비슷한, 단지 정신적 개혁의 방법으로서 여기지 않았을 것이다. 바울이 그리스도의 의의 역사에 대한 믿음을 이해하는 것은 그리스도 안에서 의로운 지위를 받아들이고 의를 이루는 역사를 하나님께 맡기는 것을 포함한다. 로마서 7장에서 바울은 하나님의 표준에 대한 막연한 종교나 지식은 하나님이 보시기에 죄 있는 사람의 정체성을 변화시키지 않는다고 주장할 것이다. 그것은 육체를 좀 더 질서정연하게 그리고 덜 해로운 방식으로 재조직할 뿐이다.[164] 바울은 무슨 대안적 해결책을 제시하는가? 믿음의 생각, 즉 그리스도를 신뢰하는 생각이 새로운 정체성을 인식한다. 이 새로운 정체성에서 과거는 용서받으며, 육체적 충동은 의제를 설정하지 않는다.

오늘날의 언어로 말하면, 바울은 아마도 오래된 방아쇠가 남아 있을 수 있다고 생각했겠지만, 그리스도와 함께 자신이 죽었다고 생각하는 사람들은(롬 6:11) 근본적인 새로운 정체성에 속하지 않는 이런 방아쇠에 반

---

163 Stowers, "Self-Mastery," 536 (Engberg-Pedersen을 따름).
164 하나님의 율법을 깨닫는 것은 사람이 그 율법을 성취하는 데 도움이 될 수 있었을 것이다 (시 119:32, 34, 73, 104). 그리고 그 율법은 세상을 이해하기 위한 틀을 포함하는 더 넓은 이해를 제공했다(119:130). 하지만 궁극적으로 이것은 진리를 받아들이는 마음, 즉 믿음을 포함해야 한다(참조. 119:10-11, 34, 36, 69, 111-12, 161). 마음으로 하나님의 말씀을 이루기 위해 기도하는 것이 선하듯이(119:80), 깨닫기 위해 기도하는 것은 선하다 (119:125, 144, 169).

응하지 않기로 선택할 수 있다고 주장했을 것이다. 진정한 심판자가 보시기에 사람은 그리스도로 말미암아 의롭게 되며, 그리스도 안에서 정의된 자신의 새로운 정체성으로 살 수 있다. 따라서 반드시 대답해야 하는 비난 또는 자신의 욕망이 그의 선택을 결정짓는다는 신념으로서 형성된 고발이나 유혹은 모두 무시되고 그리스도께 맡겨질 수 있다(8:31-34).[165] 그 패턴들은 부정될 필요가 없다. 그 패턴들은 단순히 그 사람의 현재 정체성 혹은 선택의 결정적인 요소로서 받아들여질 필요가 없다. 이런 패턴들이 무시할 수 없게 너무 오래 계속되는 것으로 보일 때, 사람은 그리스도께서 행하신 일에 근거하여 그리스도 안에서 자신의 정체성을 강하게 주장할 수 있다. 개인적 정체성의 이런 새로운 형성은 하나님의 백성에 속한 자로서 자신의 새로운 사회적 정체성에 의해 강화된다.[166]

자신의 새로운 정체성을 천명하는 것은 단지 변화를 위한 심리학적 도구에 불과한가? 자존감에 공들이는 심리학자들은 사람들이 어떤 의미에서 옛 사고의 패턴에 덜 민감한 새로운 정체성을 받아들이도록 돕는다. 바울은 확실히 하나님의 사랑을 받은 사람으로서 자신을 이해하는 가치를 천명했을 것이다(롬 5:8-11; 8:31-39; 갈 2:20). 더욱이 그는 기대가 행동의 형성에 도움이 된다는 것에 동의했을 것이다. 바울이 신자들에게 그들의 옛 방식보다 새 방식을 살아내라고 권할 때 왜 그들의 새로운 정체성을 상기시키는지 그 이유가 확실히 있다(고전 6:11).

---

165 추측하건대, 이와 같은 인지적 여김은 유혹으로부터의 보호(마 6:13//눅 11:4; 참조. 막 14:38; 골 1:9; 살전 3:10; 살후 1:11; 몬 6절) 또는 그 유혹에 넘어지지 않도록 취하는 경계(고전 7:5; 갈 6:1; 참조. 고전 10:13)를 위한 기도를 배제하지 않는다.

166 애즈버리 신학교 상담학과 교수인 나의 동료 Virginia Holeman이 내게 알려준 것처럼 (2014년 11월 16일에 받은 글), 관계를 통한 사회적 강화는 사회적 정체성을 구축하는 데 있어 중요한 요인이다.

하지만 바울에게 새로운 정체성은 그리스도 안에 있는 의의 진정한 선물을 포함한다. 즉 과거에 대한 객관적 용서와 새로운 운명이다. 그리스도 안에서 그들의 정체성은 그들의 자아 인식과 다르며 그보다 더 근본적인데, 그 이유는 그들의 정체성이 하나님의 판결에 의존하기 때문이다. 신자는 새로운 정체성을 의식적으로 기억하거나 계산함으로써 얻는 것이 아니다. 하지만 누구든지 그것을 인식할 때(롬 6:11에 언급된 것처럼), 그의 의식과 결과적으로 발생하는 행위는 그리스도 안에서 의롭다는 자신의 정체성과 더욱 밀접하게 연결된다. 신자는 새로운 정체성을 시작할 때 제공된 것과 똑같은 복음에 대한 믿음에 근거하여 행동함으로써 이 실재를 경험에서 자기 것으로 만든다.

철저하게 심리학적인 접근법에서 신자는 그리스도께서 신자를 통해 살아 계심을 상상할 수 있다. 그는 **마치** 하나님의 새로운 인물이 그 안에서 형성되고 있는 **것처럼** 살 것이다(참조. 갈 2:20; 4:19; 5:22-23). 이런 접근 방식과 바울의 관점 사이의 차이점은 그에게 이 확언이 실제로 하나님의 판결과 그분이 신자들에게 확언에 참여하라고 부르는 수준에서 하나님의 실재와 일치한다는 것이다. "마치 ~처럼"은 하나님의 칭의에 근거를 둔다.[167]

---

167 참조. Bultmann의 인간 중심적 접근에 대한 Wright(*Faithfulness*, 779)의 타당한 반대. Wright는 여기서 바울이 때때로 분명히 표현하는 일종의 초기 또는 부분적으로 실현된 종말론에 상응하는 묵시적인 내적 변화를 올바르게 강조한다. Kruse, *Romans*, 267에 적절히 인용된 Wright, "Romans," 541도 보라.

결론

바울은 그리스도 안에서 새로운 정체성을 주장한다. 그것은 역사적으로 그리스도의 죽음 및 부활과 관련하여, 종말론적으로는 신자들의 궁극적이며 완성된 운명과 관련하여 정의된 정체성이다. 세상에서의 존재는 개인의 과거와 현재 경험의 관점에서 자신의 정체성을 이해하는 반면, 그리스도 안에 있는 생명은 그리스도로부터 그 정체성을 끌어낸다. 우리를 위한 그리스도의 과거 죽음과 부활, 그리고 그분 안에 있는 우리의 미래의 운명 모두로부터 말이다.

바울은 로마서 6장에서 직설법과 명령법이라는 요소를 모두 펼친다. 직설법의 요소는 역사적으로 완수된 사건인 그리스도의 결정적인 죽음 및 부활과 그리스도 안에 있는 신자의 새로운 정체성이다. 명령법은 신자에게 더 온전히 믿으라고 요청한다. 하나님과의 화해를 위한 그리스도의 죽음과 부활의 의미를 받아들인 사람은 자신의 새 생명에 대한 함의들도 받아들여야 한다.

바르게 된[168] 신자들은 그리스도 안에 있는 하나님의 완전한 선물이다. 새로운 행위는 자신의 불완전한 행위로 올바른 정체성을 얻으려는 노력보다는 이제 새로운 정체성으로부터 진행될 수 있다. 따라서 새로운 행위는 마치 결정적인 일이 아무것도 발생하지 않은 것처럼 짓누르는 유혹

---

168 "바르게 된"(being righted)이라는 것은 전통적으로 영어에서 "의롭게 된"(justified, 때로는 "의로운"[rightwised], "바로잡힌"[put right])으로 번역된다. 나는 이 단어의 다양한 가능성 있는 차원을 고려하도록 신조어를 선호해왔다. 번역할 때 한 가지 단어만으로는 전체적인 개념을 전달하지 못할 것이다. 나의 신조어는 때때로 무시되는 측면을 강조하려는 것이다. 하지만 그것이 전통적인 번역보다 반드시 더 낫다고 할 수는 없다.

에 의해서가 아니라, 그리스도께서 이미 죄를 멸하셨다는 사실을 정기적으로 인식함으로써 이루어진다. 이는 바울신학이 새 사람을 "입으라"고 요청한다는 인식이다(롬 13:14; 엡 4:24; 골 3:12, 14). 전쟁이 남아 있는 한, 그것은 육신의 수단으로 육신을 멸하기 위한 자기중심적인 싸움이 아니라 그리스도의 승리에 대한 믿음의 싸움이다.

제3장 • 육신의 생각(롬 7:22-25)

> 그러나 나는 내 몸의 지체 속에서 한 다른 법이 역사하여 내 생각 속에 있는 법과 싸우고, 내 몸의 지체 속에서 역사하는 죄에 초점을 맞추는 법으로 나를 사로잡고 있음을 증언한다.…따라서 내 생각에서 나는 하나님의 법을 섬기는 종이지만, 내 육신으로는 죄에 초점을 맞추는 법을 섬기는 종이다.
>
> – 로마서 7:23, 25

로마서 7:7-25에서 바울은 율법에 대한 지식이 있으나 하나님의 의가 없는 실존을 극적 고뇌의 용어로 묘사한다. 1:18-32의 하나님의 특별계시를 모르는 이방인의 생각과 대조적으로, 7:22-25의 고뇌하는 인물은 이 계시를 지니고 있으며, 따라서 죄에 대해 더욱 명백히 정죄되는 그 자신을 발견한다.[1]

학자들이 로마서 7장의 인물의 정체를 두고 계속 논쟁을 벌이고 있으므로, 나는 먼저 그리고 이 장의 대부분에서 이 쟁점을 둘러싼 여러 질문을 개관해야 한다. 나는 이 본문이 율법 아래서의 삶을 묘사한다고 생각

---

[1] 여기서는 젠더 중립 대명사가 가장 잘 어울리겠지만, 남성이든 여성이든 하나의 젠더를 선택하기 위해, 특히 롬 2:18-20의 가르치는 역할이 이 시대에는 아마도 남성으로 채워졌을 것을 고려하여 나는 전통적인 기본 남성 대명사로 대체한다.

하는 대다수 학자에게 동의할 것이다. 여기서 더 나아가 나는 이것이 그리스도 안에 있는 생명이 없는 율법 아래서의 삶에 불과하다고 주장할 것이다. 나는 다수의 현대 학자들과 함께 7:7-25이 그리스도인으로서 바울의 현재 경험을 묘사한다는 견해를 거부한다. 그리스도인으로서 회고적으로 본, 그리스도인이 되기 이전 바울의 실존이 그의 설명에 대한 정보를 줄 수 있겠지만, 여기서 자전적 이야기는 그의 관심사가 아니다. 바울이 그리스도와 상관없는 율법 아래서의 삶을 묘사한다는 인식은 이 장에서 나중에 서술할 생각에 관한 좀 더 구체적인 관찰을 위한 기초를 제공해준다.

그리스도인에 대한 묘사인가? 그리스도인 이전의 상황에 대한 묘사인가?

학자들은 역사 내내 다양한 관점으로, 그리고 여러 관점의 결합을 통해 로마서 7:7-25에 접근해왔다.[2] 여기서 나의 목적은 이 쟁점에 대한 모든 중요한 연구를 언급하는 것이 아니라 단순히 다양한 견해의 샘플을 요약하고 제공하는 것이다. 또한 그 과정에서 내가 생각하기에 가장 가능성 있는 견해, 즉 바울이 율법의 판단을 받는 실존을 묘사하며 그리스도인으로서 그 자신의 경험을 묘사하지 않는다는 다수의 견해를 개진하는 것이다.

---

2   훨씬 더 자세한 요약은 Schreiner, *Romans*, 380-92; Jewett, *Romans*, 441-45; MacGorman, "Romans 7," 35-38을 보라.

초기 해석자들

먼저 로마서를 단편적으로 읽기보다 전체로서 읽으려는 초기 해석자들 대부분은 이 본문을 회심하지 않은 누군가를 언급하는 것으로 이해했다.[3] 오리게네스는 바울이 여기서 회심에 의해 아직 완전히 변화되지 않은 누군가의 페르소나를 자신에게 적용하고 있다고 주장한다.[4] 바울은 단순히 약한 자에게 약한 자가 된다(고전 9:22).[5] 오리게네스처럼 고대 주석가들은 내레이터의 목소리를 바울이 아닌 다른 페르소나의 목소리로 자주 이해했다.[6] 그들은 현대의 많은 설명을 예상했다. 암브로시아스터(Ambrosiater)는 로마서 7:14을 율법 아래에 있는 사람들에게 말하는 것으로 보았다.[7] 위(僞) 콘스탄티우스(Pseudo-Constantius)가 보기에 바울은 일찍이 율법 아래 있었던 한 성년(成年)으로서 말하고 있다.[8] 알렉산드리아의 키릴로스

---

3   Morris, *Romans*, 284에 동의함. 이것이 자서전적이지만 그리스도인 이전의 경험이라는 고대의 견해에 대해서는 MacGorman, "Romans 7," 35; Robinson, *Wrestling*, 83-84을 보라.

4   Reasoner(*Full Circle*, 69, 84)는 이 사람을 아직 회심하지 않았지만 유죄 판결을 받아서 회심의 과정에 있는 사람으로서 이해한다. Origen *Comm. Rom.* 6.9-10(PL 14:1085-91; Burns, *Romans*, 170-73)을 보라. 오리게네스는 *Comm. Rom.* on 7:17 (CER 3:274, 276; Bray, *Romans*, 193)에서 롬 7:17이 옳은 것을 알고 그리스도를 지니고 있으나 아직 성숙하지 않은 누군가를 묘사한다는 의견을 피력한다.

5   Origen *Comm. Rom.* on 7:14 (*CER* 3:270; Bray, *Romans*, 190; Burns, *Romans*, 154, 171-73). 그는 바울을 때때로 죄인들과 자신을 동일시한 시편 저자에 비유한다(예. 시 38:6-8).

6   Stowers, "Self-Mastery," 537; Stowers, *Rereading*, 268; Bray, *Romans*, 189-90.

7   Ambrosiaster *Comm.* on Rom. 7:14 (CSEL 81:233-35; Bray, *Romans*, 190). 참조. Ambrosiaster *Comm.* on Rom. 7:24 (CSEL 81:245; Bray, *Romans*, 197): 바울은 죄 가운데서 태어난 사람에게 말하지만, 그리스도 안에 있는 사람들은 "죄를 죽일 수" 있다. 요안네스 크리소스토모스는 여기서(*Hom. Rom.* 13 on Rom. 7:24; Bray, *Romans*, 197) 율법과 심지어 양심조차도 구원할 수 없었다고 말한다.

8   Ps.-Const. *Rom.* on 7:14, 25 (*ENPK* 49, 52; Bray, *Romans*, 191, 199).

(Cyril of Alexandria)에게 로마서 7:15은 "바울이 그들의 생각을 책망하고 있는 무지한 이방인들을 가리키는 것"이 분명했다.[9] 디오도레(Diodore)는 "바울이 여기서 그 자신을 정죄하는 것이 아니라 자신 안에서 보는 보통의 인류를 묘사하고 있다"고 주장한다.[10] 펠라기우스(Pelagius)가 이해하기에, 바울이 7:25에서 말하는 세속적이고 마음이 나뉜 사람은 바울 자신일 수가 없다. 왜냐하면 하나님의 은혜가 그를 해방했기 때문이다.[11]

일찍이 아우구스티누스 역시 로마서 7:7-25에서 바울이 "자신을 율법 아래 있는 사람으로" 묘사하며 그 페르소나를 채택한다는 점을 인정했다.[12] 아우구스티누스는 원래 이 본문이 회심하지 않은 사람들을 가리킨다고 믿었으나[13] 후기 작품에서 그의 견해를 바꾸었는데, 이는 부분적으로 의지에 대한 펠라기우스의 완벽주의적 견해에 반대하는 반응이었다.[14] 아우구스티누스는 그가 펠라기우스와 벌였던 논쟁이 그의 생각에 변화를 일으켰다고 단도직입적으로 말한다.[15] 서구의 중세 교회는 대체로 7:7-

---

9   Cyril Alex. *Rom.* on 7:15 (PG 74:808-9; 번역. Bray, *Romans*, 191; Burns, *Romans*, 176).

10   Diodore of Tarsus, catena on Rom. 7:15 (*PGK* 15:89; 번역. Bray, *Romans*, 191); 참조. Diodore, catena on Rom. 7:22 (*PGK* 15:89; Bray, *Romans*, 195).

11   Pelagius *Comm. Rom.* on 7:25 (*PCR* 105; Bray, *Romans*, 199).

12   Aug. *Simp.* 1.1 (번역. Bray, *Romans*, 182).

13   율법이 있기 전에 그리고 율법 아래 있는 중생하지 않은 유대인의 실존에 대해서는 Reasoner, *Full Circle,* 70을 보라(Aug. *Prop. Rom.* 37-48, on Rom. 7:8-8:3; *Div. Q.* 66.4-5; *Simp.* 1.1, 7을 인용함).

14   Reasoner, *Full Circle*, 84(70과 관련하여 Aug. *Guilt* 1.27.43에서 이미 변화를 언급하고 *Ep.* 6.138-55에서 완전히 변함); Moo, *Romans*, 443-44(Aug. *Retract.* 1.23.1; 2.1.1; *Ag. Pelag.* 1.10-11을 인용함); Bray, *Romans*, 196, 199(Aug. *Nat. Grace* 55.65, on Rom. 7:23; *Prop. Rom.* 45-46, on 7:25; *Ag. Jul.* 23.73; Burns, *Romans*, 178-79을 인용함); 참조. *Ag. Jul.* 70 (in Bray, *Corinthians*, 172). Talbert(*Romans*, 186)는 아우구스티누스가 *Propositions from the Epistle to the Romans and Confessions*에서 이 본문을 그리스도인 이전의 삶으로 취급했지만, *Marr.* 28-32; *Retract.* 2.1.1에서는 그리스도인의 삶으로 다뤘다고 말한다.

15   Aug. *Retract.* 1.23.1(Reasoner, *Full Circle*, 71, 70-71에 대해 이것이 주해의 문제가 아니라

25이 신자들의 삶을 묘사한다는 견해를 채택했다. 히에로니무스와 비교해보라. "바울이 육체의 욕망을 두려워했다면, 우리는 안전할까?"[16] 하지만 아우구스티누스조차도 그의 견해에 동조하는 무리가 존재한다는 사실로 위안을 얻지는 못했을 것이다. 예를 들어 그보다 이른 시기에 영지주의 사상가인 발렌티누스(Valentinus) 역시 이 본문을 영적인(pneumatic) 사람의 경험에 분명히 적용했다.[17]

수 세기 동안 다양한 견해가 계속 등장했다. 아퀴나스는 이 본문을 의로운 사람들과 불의한 사람들에게 모두 적용했다.[18] 에라스무스는 이 본문을 중생하지 못한 사람들에게 적용했다.[19] 종교개혁자들, 특히 루터는 신자의 갈등을 묘사한다는 아우구스티누스의 후기 견해를 따랐다.[20] 초기 그리스 교부들과 좀 더 일치하는 A. H. 프랑케(A. H. Francke)와 J. 벵겔(J. Bengel)과 같은 경건주의자들은 이 본문의 인물을 유죄 판결을 받고서 아직 중생하지 않은 사람으로 해석했다.[21] 많은 경건주의 사상가들은 로마서

논쟁의 문제였다고 말한다).

16 Jerome *Hom. Ps.* 41, on Rom. 7:23 (번역. Bray, *Romans*, 197). 케사리우스(*Serm.* 177.4 [Bray, *Romans*, 199])에게 7:24이 말하는 구원은 부활 때 발생한다.

17 Pagels, *Paul*, 32.

18 Berceville and Son, "Exégèse." 아퀴나스(*Lecture 3*, on Rom. 7:14)는 초기의 아우구스티누스의 해석(*Div. Q.* 83)과 후기의 아우구스티누스의 해석(*Ag. Jul.* 2.3.5-7)이 둘 다 어떻게 타당할 수 있는지를 보여준다. 그러나 아퀴나스 자신은 후자를 선호한다(Levy, Krey, and Ryan, *Romans,* 163; 참조. 166-67, on 7:17). 죄인 안에 있는 죄는 육체와 생각 모두에 거한다. 반면에 의로운 사람 안에 있는 죄는 단지 육체 안에만 거한다(Aquinas *Lecture 3*, on Rom. 7:24; p. 171).

19 Morris, *Romans*, 284.

20 Moo, *Romans*, 444; Johnson, *Romans*, 2; Stuhlmacher, *Romans*, 114. Talbert(*Romans*, 186)는 여기서 루터의 *Lectures on Romans*(scholia on 7:7)와 칼뱅의 로마서 주석을 인용한다.

21 Moo, *Romans*, 444.

7장에서 과정을 발견했다.[22] 웨슬리는 이 사람을 중생하지 않은 사람으로 여기면서,[23] 바울이 앞선 문맥(롬 5:12-21; 6:1-23; 7:5-6)의 그리스도인의 삶과 그리스도인 이전의 삶의 대조를 계속 발전시킨다고 주장한다.[24]

현대의 관점들에 대한 개관

주목할 만한 많은 주석가들은 로마서 7:7-25 또는 7:14-25을 두 시대 사이에 놓여 있는 그리스도인의 실존에 대한 묘사로서 계속 이해한다.[25] 몇몇 학자는 (과거 시제 동사를 사용하는) 7:7-13을 회심 이전의 경험으로, (현재 시제 동사를 사용하는) 7:14-25을 회심 이후의 경험으로 간주한다.[26] 일부 학자들은 로마서 7장을 율법 아래 있는 삶을 묘사하는 것으로서 인식하고, 그들이 왜 율법 아래에서 성공할 수 없는지와 관련하여 그리스도인들에게 주는 경고로서 이해한다.[27] 이와 유사하게 일부 학자들은 7장이 그리

---

22 Krauter, "Römer 7"을 보라.

23 Moo, *Romans*, 444. MacGorman("Romans 7," 35)은 이것이 자서전적이지만 그리스도인 이전의 모습이라고 밝힌다.

24 Wesley, *Commentary*, 501-2.

25 Barth, *Romans*, 240-57(인간의 타락을 계시하는 종교), 270; Nygren, *Romans*, 284-96; Cranfield, *Romans*, 1:344-47; Bruce, *Romans*, 151-52; Ziesler, *Righteousness*, 203-4; Dunn, "Romans 7,14-25," 267; Dunn, *Spirit*, 312-16; Dunn, *Romans*, 1:405; Dunn, *Theology*, 472-77; Morris, *Romans*, 287; Packer, "Wretched Man"; Packer, "Malheureux"; Combs, "Believer"; Thurén, "Rom 7 avretoriserat"(바울의 과장법을 용인함); Jervis, "Commandment"; Jervis, "Conversation." 이것은 보통의 대중적 독해다. 예. Watts, *Wisdom*, 70을 보라.

26 Banks, "Romans 7:25A," 41; Morris, *Romans*, 277, 287을 보라.

27 Toussaint, "Contrast," 311-12. Toussaint은 갈 5:17에서 (성령과의) 갈등을 신자들에게 정상적인 것으로서 이해하지만, 롬 7:14-25의 (새로운 성품과의) 갈등을 신자들이 율법 아래 살려고 노력할 때만 발생하는 것으로 이해한다(310-12). 로마서 7장에는 성령의 역사가 부재하는 것이 분명하다.

스도 밖의 삶을 묘사한다는 중재적 입장을 취하지만, 묘사된 경험은 만일 그리스도인들이 그리스도의 의가 아니라 자신의 의에 의존한다면 여전히 위협이 된다.[28]

　　다른 사람들, 즉 오늘날 대다수 학자는 이 단락이 그리스도인의 삶을 가리킬 수 없다고 주장한다.[29] 루돌프 불트만(Rudolf Bultmann)이 언급하듯이, "여기에 묘사된 것은 전반적으로 율법 아래 있는 사람의 상황이며, 그리스도로 말미암아 율법에서 해방된 사람의 눈으로 본 것으로서 기술된다."[30] 다수의 학자가 여기에 묘사된 인물이 그리스도인이 아니라고 믿고 있지만, 이보다 더 많은 학자가 이 본문이 율법 아래 있는 삶을 분명히 묘사한다고 주장한다.[31] 이것은 바울이 그리스도인의 삶을 묘사한다고 생각

28　Mitton, "Romans 7," 134; 또한 (Mitton의 견해를 따르는) Hunter, *Romans*, 74; Caird, *Age*, 119; Stewart, *Man in Christ*, 99ff. 이 입장은 어떻게 형성되었는지에 따라 반드시 다수의 입장과 충돌하는 것은 아니다.

29　Das, *Debate*, 204-14; Deissmann, *Paul*, 178-79; Kümmel, *Römer* 7; Bornkamm, *Paul*, 125; Ridderbos, *Paul: Outline*, 126-28; Dahl, *Studies*, 111; Gundry, "Frustration," 238; Sanders, *Paul and Judaism*, 443; Achtemeier, "Reflections"; Achtemeier, *Romans*, 120-26; Fee, *Paul, Spirit, People of God*, 134-35; Byrne, *Romans*, 226; Hübner, "Hermeneutics," 207; Talbert, *Romans*, 188-91; Stuhlmacher, *Romans*, 115; Aletti, "Rm 7.7-25"; Keck, *Romans*, 180; Watson, *Gentiles*, 289; Matera, *Romans*, 167; Lamp, "Rhetoric."

30　Bultmann, *Old and New Man*, 33; 참조. Bultmann, *Theology*, 1:266. Bultmann의 제자 Conzelmann은 이렇게 주장한다. "[바울은]…그의 회심 이전의 감정이 아니라 그가 나중에 믿음을 통해 자신을 알게 된 방식을 묘사하고 있다"(*Theology*, 163).

31　Nock, *Paul*, 68-69; Bultmann, *Old and New Man*, 33, 41, 45; Bultmann, *Theology*, 1:266; Bultmann, "Anthropology"; Bornkamm, *Paul*, 125; Bornkamm, *Experience*, 93; Schoeps, *Paul*, 184; Goppelt, *Judaism*, 116n7; Ridderbos, *Paul: Outline*, 129-30; Davies, "Free," 162; Manson, "Reading," 159; MacGorman, "Romans 7," 40-41; Nickle, "Romans 7:7-25," 185; Longenecker, *Paul*, 86-97; Deidun, *Morality*, 197-98; Byrne, "Righteousness," 565; Newman, "Once Again"; Blank, "Mensch"; Ladd, *Theology*, 508; Fee, *Paul, Spirit, People of God*, 134-35; Wright, *Romans*, 95, 131; Bony, "Lecture"; Talbert, "Tracing"; Chang, "Life."

하는 많은 학자에게도 해당한다.[32] 모든 사람에게 이것은 성령이 없이 율법 아래에 있는 삶이다.

바울이 율법 아래 있는 삶을 이처럼 부정적으로 묘사하는 까닭은 무엇인가? 바울에게 율법은 선했다(롬 7:12, 14, 16).[33] 하지만 율법은 의에 관해 알려줄 수는 있었지만(3:20; 5:13),[34] 단순히 인간적인 노력으로만 접근할 때 사람을 의롭게 되도록 변화시킬 수는 없었다.[35] 율법은 구원하시는 하나님의 행위에 대해 증언하지만(3:21, 31), 반드시 행위가 아니라 구원하시는 하나님을 믿는 믿음의 방법으로 접근해야 한다(3:27; 8:2; 9:30-32). 장해경이 지적하듯이, 로마서 6장은 "그리스도께서 행하실 수 있는 것"을 보여주지만, 로마서 7장은 "율법이 **할 수 없는 것**"을 보여준다.[36] 실제로 율법은 죄에 대한 지식을 가져오므로, 죄에 대해 더 큰 책임을 부여한다.[37]

---

32   예. Toussaint, "Contrast," 311-12; Dunn, *Baptism*, 146 47; Bruce, *Apostle*, 194; Parker, "Split."

33   다르게 적용되었지만, *4 Ezra* 9:32-33에 제시된 의로운 율법과 이스라엘의 악함 간의 대조를 참조하라.

34   (헬레니즘 유대교 사상가들이 때로 율법과 동일시했던) 철학처럼, 율법은 알려주기는 하지만, (그것을 성취하기 위해 인간의 능력에 계속 의존하는 한) 변화시킬 수 없다. 철학자들은 참지식과 올바른 믿음이 변화시킨다고 종종 믿었다. 바울은 올바른 믿음이 그리스도라는 점에 어느 정도 동의하지만, 변화시키는 분은 여전히 그 믿음의 대상인 그리스도다. 유대교 교사들은 율법을 죄의 해독제로 종종 제시했다. 비록 그들이 지식에 더하여 순종을 강조했지만 말이다. 바울에게 율법은 오직 마음에 기록된 때라야 변화시킨다.

35   의와 관련하여 율법의 약점은 법전 그 자체가 아니라 육체였다(롬 8:3). Sanday and Headlam, *Romans*, 186; Longenecker, *Paul*, 114-16; Keck, *Paul*, 128을 보라. 참조. Engberg-Pedersen, *Paul and Stoics*, 8. Sanders(*Law and People*, 78)는 율법을 지킬 수 없는 무능력을 롬 7장의 독특한 점으로 이해한다(하지만 롬 8:7; 갈 3:21을 참조하라; 몇몇 학자는 렘 18:12; 수 24:19; 사 64:7d을 인용한다). 아무튼 단순한 인간의 의는 롬 3:20; 6:14; 갈 2:16; 3:10-11, 22; 빌 3:9에서 부적절하다. 바울은 구원이 오직 그리스도를 통해 일어나는 것이라고 일관되게 주장한다(Sanders, "Romans 7"에 동의함).

36   Chang, "Life," 279.

37   몇몇 랍비 역시 율법이 이렇게 했다고 믿었다. Smith, *Parallels*, 168, *Mekilta of R. Simon*

그리스도인의 삶으로서 로마서 7:7-25

바울이 로마서 7:7-25 또는 7:14-25에서 (그의 또는 총체적인) 그리스도인의 삶을 묘사한다고 주장하는 사람들은 당연히 7:14-25의 현재 시제 동사를 강조한다.[38] 나는 앞으로 별도의 단락에서 이 점을 거론할 것이다. 이 견해를 지지하는 다른 요점들은 여기서 좀 더 간결하게 논의될 수 있다. 던은 7:25b의 현재 시제가 7:25a의 승리의 외침 **다음에** 등장한다는 점에 주목하는데,[39] 이는 7:25b이 이전 단락의 결론적 요약으로 기능하지 않았다면 더 적절했을 요점이다. 이는 예컨대 때때로 바울(예. 고전 14:39-40)과 고대 자료에 일반적으로 등장하는 요점이다.[40] 종종 언급되듯이, 승리의 외침은 주장의 일부분이라기보다는 감탄사다.[41] 그것은 아마도 7:24b에 대한 응답일 것이다. 그리스도인의 삶이라는 견해를 옹호하는 일부 지지

20.20을 인용한다. 때때로 죄책의 정도를 완화하는 무지에 대해서는 다음을 보라. 민 15:22-31; 35:11, 15; *L.A.B.* 22:6; *Pss. Sol.* 13:7; *T. Reub.* 1:6; *Jos. Asen.* 6:7/4; 13:11-13; *BGU* 5.65.164-5.67.170. Keener, *Acts*, 2:1102-4의 상세한 자료를 보라.

38   Morris, *Romans*, 285.

39   Dunn, *Theology*, 474; Dunn, *Romans*, 1:398-99; 참조. Morris, *Romans*, 286. Moffatt과 Dodd가 시도한 것처럼, 7:25b을 7:24 이전에 재배치하거나(Dahl, *Studies*, 85; Fitzmyer, *Romans*, 477), Bultmann(과 Lichtenberger, "Beginn")이 시도한 것처럼(Byrne, *Romans*, 233; Jewett, *Romans*, 457) 7:25b을 주석으로서 일축하는 것을 지지하는 사본상의 증거는 없다. 시편에서는 탄원 다음에 감사가 이어진다(Stuhlmacher, *Romans*, 113). Jewett(*Romans*, 457-58)은 "아마도 구술 도중의 휴지(休止)를 동반했을 수 있는", "바울의 교정"이라고 제안한다. 계속해서 그는 473에서 "바울 자신이 추가한 난외의 주석은 아마도 23절과 24절 사이에 놓이도록 의도되었을 것"이라고 주장한다(사후 생각이나 수정 사항에 대해서는 *Rhet. Her.* 4.26.36; 예. 고전 1:16; Men. Rhet. 2.9, 414.26을 보라).

40   예. Xen. *Hell.* 3.5.25; 4.8.19; Cic. *Fin.* 3.9.31; 4Q270 frg. 11, col. 1.15.

41   Wenham, "Tension," 83. 감탄사에 대해서는 Anderson, *Glossary*, 41; Rowe, "Style," 143을 보라. 바울(참조. 롬 6:17; 고전 15:57; 고후 2:14; 8:16; 9:15) 이외에 다른 사람들도 감탄사 χάρις τῷ θεῷ를 사용했다. 참조. Philo *Alleg. Interp.* 2.60; Epict. *Diatr.* 4.4.7; Crates *Ep.* 33; Diogenes *Ep.* 34; 파피루스에 대해서는 O'Brien, "Thanksgiving," 61을 참조하라.

자들은 "이미"가 "아직"으로 완성되는 것을 허용하는 바울의 신학에 매우 그럴듯하게 호소한다.[42] 하지만 이미/아직이 그런 접근을 허용한다고 해서 여기서 그런 접근을 **강제할** 필요는 없다.[43]

몇몇 학자는 불신자에 대한 바울의 견해는 (비록 불신자에게 갈등하는 생각이 있다고 할지라도, 롬 2:15) 로마서 1:18-3:20에서 더 명확히 드러난다고 주장한다.[44] 하지만 7:14-25에서 순종할 수 없는 무능력은 상당히 분명하다. 무가 지적하듯이, "7:14-25에 묘사된 것은 단지 죄와의 갈등이 아니라 죄로 인한 패배다."[45] 이 본문에 등장하는 인물은 단지 악을 행할 수 있을 뿐이고 선한 것은 하나도 행할 수 없다.[46] 이 본문과 1:18-32의 차이는 율법의 가르침을 받는 자와 율법이 없는 이방인 간의 차이다.

대부분의 학자들은 다른 본문들에서 회심하기 **이전** 자신의 삶에 대한 바울의 기독교적 묘사가 여기서 그의 묘사와 다르다는 점을 인식한다 (갈 1:13-14; 빌 3:6). 하지만 그 문맥들은 바울의 지위나 외적으로 관찰할 수 있는 특징들을 묘사한다.[47] 그 본문들과 대조적으로 여기서 만일 바울이 그리스도인이 되기 이전 그의 실존을 언급한다면, 그는 그 실존의 영적무능함에 대한 회고적 관점을 제시하고 있다.[48] 회심 이전의 다른 구절들은 이 구절을 그리스도인이 되기 이전 바울의 삶 또는 비그리스도인의 삶

---

42   Nygren, *Romans,* 284-96; Dunn, *Theology,* 473-76; Dunn, *Unity,* 195; 참조. 롬 8:23을 인용하는 Morris, *Romans,* 286.

43   바울이 문맥상 "이미"를 강조하고 있음을 주목한 Chang, "Life," 257을 참조하라.

44   Morris, *Romans,* 285.

45   Moo(*Romans,* 445)는 신자들이 죄와 싸울 수 있다는 점을 용인한다. 신자들이 유혹에 직면할 수 있음을 인정하는 Stuhlmacher(*Romans,* 115-16)도 참조하라.

46   Gundry, "Frustration," 238.

47   Gundry, "Frustration," 234; Moo, *Romans,* 450.

48   Wenham, "Tension," 84; Sanders, *Paul and Judaism,* 443.

으로 보는 사람들보다 바울이 여기서 그리스도인인 자기 삶을 묘사하고 있다고 주장하는 사람들에게 더 큰 문제를 제공한다. 우리는 실제로 바울이 회심한 지금 더 죄에 굴복하고 있음을 주장한다고 가정해야 할까?(롬 6-8장과 갈 2:16-21에 있는 그의 주장을 뒤집을 제안임) 쿰란 종파는 바리새인들보다 더 엄격했지만, "개인적인 죄에 대한 깊은 의식은 그들이 과거에 의인이었다는 확신과 공존했다"(특히 종종 "나는"이라는 문체로 기록된 1QH를 보라).[49]

몇몇 사람은 로마서 5-8장 전체가 그리스도인의 삶을 다루고 있으므로 로마서 7:14-25은 틀림없이 그리스도인의 삶이라고 주장한다.[50] 하지만 바울은 종종 여담을 제시하므로(예. 고전 9:1-27; 13:1-13), 여기서 여담 하나를 찾는 것은 놀라운 일이 아니다.[51] 성령의 새로운 것으로 섬긴다는 로마서 7:6b의 사상은 8장에서 다시 시작된다.[52] 더욱이 문맥에 호소하는 것은 실제로 다른 방향으로 더 급히 꺾는 것이다. 문맥상 7:7-25은 율법 아래서의 평범한 삶이며, 문맥 역시 그리스도인의 삶과 그리스도인 이전의 삶의 분명한 대조를 제시한다(롬 6:20-21; 7:5-6을 보라; 참조. 5:12-21).

회심 이후 관점의 지지자들은 때때로 로마서 7:22에서 화자가 "속사람"을 언급한 것에 호소하기도 하지만,[53] 고대의 청중은 신자들에게만 "속사람"이 있다고 생각하지 않았을 것이다.[54] 지지자들은 1:28과 대조적으

---

49 Gundry, "Frustration," 234; 참조. Byrne, *Romans*, 217; 자세한 내용은 Talbert, *Romans*, 199-220을 보라.

50 Morris, *Romans*, 285-86; 참조. Ramm, "Double," 17 (Rom. 6-8).

51 Wenham, "Tension," 83; Moo, *Romans*, 424; Chang, "Life," 279.

52 Moo, *Romans*, 424.

53 다른 곳에서는 신자들에게 적용된다(고후 4:16; 엡 3:16).

54 Wenham, "Tension," 83을 보라. 이 어구는 다른 곳에도 등장한다. Betz, "Concept"; Aune, "Duality"와 본서 아래의 논의(제3장 "마음의 법" 단락과 8장 각주 28)를 보라.

로 생각이 하나님의 법을 섬긴다는 점에(롬 7:22, 25) 주목한다. 이 관찰은 사실이지만, 그것은 단지 이 구절이 율법 없는 이방인으로서의 삶이 아니라 율법 아래서의 삶을 묘사하기 때문이다.[55] 또한 지지자들은 본문의 "내"가 하나님의 법을 섬기고(7:25), 순종하려고 하며(7:15-20), 그 법을 즐거워한다고(7:22) 주장한다.[56] 그 인물이 로마서 7장에서 하나님의 율법에 순종하기를 원한다고 가정하면 화자는 실패하지만, 그리스도 안에 있는 신자에게는 성령이 성공을 제공한다(8:2, 9).

던은 우리 중 많은 사람이 더 설득력이 있다고 느낄 수 있는 논증에서 회심 후 접근이 인간의 경험에 더 적합하다고 말한다.[57] 하지만 바울은 율법 아래 있는 삶을 묘사하고 있으므로, 그리스도인의 경험에 부합하는 모든 것을 해결책보다는 문제의 일부로 여길 수 있다. 그럼에도 바울 자신은 육체를 가지고 있는 실존이 신자들에게 계속되는 도전을 제공한다는 점을 부인하지 않았을 것이다(참조. 롬 6:12-13; 8:12-13; 빌 3:12; 아마도 고전 9:27).[58] 그리스도 안에 있는 새로운 정체성은 죄에 대한 감수성을 없애지 않는다.[59]

---

55   더욱이 롬 7:22-23, 25은 롬 12:2 및 빌 2:13과 양립할 수 없다(Ridderbos, *Paul: Outline*, 128).

56   Moo, *Romans*, 446에 언급됨(그 사람을 중생하지 않은 자로 봄; 448-49).

57   Dunn, *Theology*, 476-77.

58   Wenham, "Tension," 84-85.

59   현대의 회심에 비유해본다면, 회심은 이전의 모든 심리학적 패턴이나 그 패턴과 종종 연결되는 호르몬과 생화학을 일반적으로 지우지 못한다.

비그리스도인의 경험으로서 로마서 7:7-25

학사들은 율법 아래 있는 삶에 대한 바울의 묘사가 그리스도 안에 있는 그의 현재 경험을 대표할 수 없다고 더 자주 주장한다. 그들은 회심 이후의 관점에서 본문 읽기는 로마서 6:20, 22, 7:6, 8:2-9뿐만 아니라 6:4, 7, 11-14, 17-19[60]에 대한 직설적 읽기와 모순된다고 바르게 언급한다. 한스 휘브너(Hans Hübner)가 불평하듯이, "여기에는 절대적 반제, 타의 추종을 불허하는 존재론적으로 총체적인 반제가 있다."[61] 로마서 7:14의 인물은 구속받지 않았으며, 죄에 [노예로] 팔렸다. 이와 대조적으로 신자는 이전에 죄의 노예였으나(6:6, 14, 19-20), 이제는 죄에서 해방되어 하나님과 의의 종이 되었다(6:18, 22; 참조. 갈 3:13의 구속). 로마서 7:14의 인물은 육신에 속한 사람($\sigma\acute{\alpha}\rho\kappa\iota\nu o\varsigma$; 참조. 7:18, 25)이다. 하지만 7:5에서 "육신 안에서"의 갈등은 과거에 벌어진 것으로 묘사되고, 8:9에서 그리스도에게 속한 사람은 "육신[의 영역]에 있지" 아니하고 "성령[의 영역] 안에" 있다.[62] 7:18의 인물에는 선한 것이 아무것도 거하지 않지만, 바울 안에는 성령과 그리스도께서 사신다(8:9).[63] 7:23의 인물은 "죄의 법"에 갇힌 자이지

---

60 Jewett, *Romans*, 466, 롬 12-16장의 윤리적 기대를 언급함; Gundry, "Frustration," 238, 롬 7:14-25을 6:1-7:6 및 8:1-39과 대조함.

61 롬 7:17, 20을 8:6과 대조하는 Hübner, "Hermeneutics," 207.

62 자주 주목하듯이, 바울은 "육신"을 다양한 방식으로 사용한다(예. 갈 2:20의 육체를 가진 실존). 하지만 로마서에서 이 용어가 사용된 문맥은 여기서 그리스도인의 경험에 대한 묘사와 대조적으로 용례를 결정한다. 하지만 바울은 고전 3:1의 가시 돋친 말에서조차, $\acute{\omega}\varsigma$(호스, 처럼)라는 말로 시작하고, 3:3에서 잠재적으로 더 약한 $\sigma\alpha\rho\kappa\iota\kappa\acute{o}\varsigma$를 선호하면서 $\sigma\acute{\alpha}\rho\kappa\iota\nu o\varsigma$를 신자들에게 적용하기를 주저했을 수 있다.

63 이 대조는 고전 6:19과 갈 2:20에도 적용된다(오리게네스가 이미 인지했음; Stowers, *Rereading*, 266-67을 보라).

만, 신자들은 8:2에서 그 법에서 해방된다. 그 법은 그들이 "육신에" 있었을 때 정욕을 일으켰다(7:5). 하지만 이제 그들은 그 법에서 놓임을 받았다(7:4, 6; 참조. 6:14). 7:7-25은 1인칭 대명사를 반복적으로 사용하고(아마도 28번) 성령을 언급하지 않지만, 성령에 대한 언급은 8장에 널리 퍼져 있다(거의 20번 언급됨). 더욱이 7:24의 곤고한 사람은 해방자의 이름조차 모른다.[64]

　　이 논의를 소개하는 문맥이 결정적인 것 같다. 바울은 그의 청중에게 그들이 그리스도를 영접하기 전까지 율법 아래 있었다고 말한다(롬 7:1-4). 따라서 율법 아래서의 삶은 그리스도인 이전의 신분을 반영한다. 바울은 그들에게 "우리가" 율법으로 말미암아 촉발된 죄의 욕망을 경험하면서(7:5) 육체에 **있었다**(그리스어 미완료)고 말한다. 이것은 7:7-25에 분명하게 어울리는 묘사다. 하지만 이제 바울은 이렇게 선언한다. 우리는 율법에서 해방되어(그리스어 부정과거) 성령의 생명에 들어왔다고 말이다(7:6). 그래서 7:7-25의 생명과 죄를 사이에 둔 율법의 갈등은 그리스도인의 삶이 아니다. 첫 번째 단락인 7:7-13은 바울의 과거 경험에서 끌어왔**을지도 모른다**. 하지만 7:14-25에서 현재 시제의 극적인 사용은 그의 현재 삶을 가리키지 않는데, 그 이유는 이 단락이 죄에 종노릇하는 "육신의" 삶을 묘사하기 때문이다(7:14). 바울은 이것이 이전의 삶이지(7:5) 현재의 삶이 아니라고(7:6) 이미 설명했다. 바울에게 예수 안에 있는 신자들은 계속해서 죄에 굴복하지 않고, 그리스도와 성령 안에서 새 생명을 경험하기를 기대해야 한다.

　　따라서 "누가 나를 건져내랴?"(롬 7:24)라는 바울의 외침은 가설적이

64　　Jewett, *Romans*, 472.

다. 바울은 예수가 그 대답이며, 신자는 이미 그리스도 안에서 해방되었음을 알고 있다. 그럼에도 로마서 7:15-25에서 바울의 묘사는 율법 아래의 삶에 대한 것이며, 바울의 주장에서 그리스도인들에게 직접 적용되지 않지만, 다른 사람들은 그리스도를 따른다고 공언하는 사람들이 그리스도 이외의 노력이나 수단에 기초하여 하나님 앞에서 본질적인 지위를 추구할 때 유사한 원칙이 적용된다는 점에 주목하는 것이 옳을 수 있다.[65]

왜 현재 시제 동사가 사용되었는가?

만일 바울이 자신의 현재 삶을 언급하지 않는다면, 왜 로마서 7:14-25에서 현재 시제 동사를 사용할까? 많은 학자가 문맥에 근거하여 바울이 자신의 현재 상태를 묘사하는 것일 수 없다는 점에 동의하지만, 이 단락의 현재 시제에 대한 설명은 다양하다. 에른스트 케제만(Ernst Käsemann)은 이 동사들이 1:18-3:20, 5:12-21에서처럼 "그 동사들의 장대한 폭에서" 7:7b-11의 결과들을 제시한다고 주장한다.[66] 페터 슈툴마허(Peter Stuhlmacher)는 회개의 유대교 전통을 인용하면서 과거 경험이 "현재에 실제"로 남아 있으므로 현재로 서술된다고 제안한다.[67]

몇몇 학자는 바울이 자신의 과거 행위에 대한 빌립보서 3:3-6의 묘

---

65 "그리스도를 포기하는" 사람에 대해서는 Mitton, "Romans 7," 134; Hunter, *Romans*, 74; Caird, *Age*, 119; Stewart, *Man in Christ*, 99ff를 참조하라. 하지만 이 적용은 현재 시제를 따르지 않는데, 그 이유는 롬 7:14-25이 바울이 글을 쓸 때의 상황이 분명히 아니기 때문이다.

66 Käsemann, *Romans*, 199.

67 Stuhlmacher, *Romans*, 112, 115. Stuhlmacher는 유대교의 신앙고백에 있는 현재 시제의 사용을 가리키고 있을 것이다.

사에서 현재 시제를 사용한 것을 여기서 현재 시제를 사용한 것과 비교한다. 하지만 비교에 가장 적절한 동사들(3:5-6)[68]은 오직 분사만을 사용한다(하나는 문법적으로 현재형이고 다른 하나는 부정과거형이다). 몇몇 사람은 로마서 7장과 관련하여 문맥에서 분명한 시간적 전이의 부재를 인용하고, 본문 자체에서 빈약한 시간적 표시를 관찰하며, 현재형 동사들이 미완료라고 주장한다. 그들은 바울이 여기서 단지 "7:7-12의 율법 아래서의 삶에 대한 그의 서술에서 상태나 상황에 대한 묘사"로 옮기고 있을 뿐이라고 제안한다.[69]

다른 무슨 요인들이 연루되었든지 간에, 바울이 서술의 수사학적 의도[70]를 강조하려고 현재 시제 형태로 옮긴다고 제안하는 학자들이 옳을 것이다.[71] 바울은 로마서 7:7-13에서 그가 묘사하는 환경, 즉 기독교적이지 않은 환경을 이미 설정했으므로, 현재 시제로의 전환은 이렇게 이미 확정된 환경에서 생생한 애가를 제공할 수 있다.[72] 확실히 현재 시제로의 전

---

68   빌 3:5-6에 암시된 시제를 확정하려고 빌 3:3-4의 현재 동사에 의존하는 Gundry, "Frustration," 228-29; 참조. Das, *Debate*, 213.

69   한 사건에 추가적인 관심을 집중하는 미완료의 측면에 대해서는 Porter, *Idioms*, 30-31; Seifrid, "Subject," 321-22을 따르는 Das, *Debate*, 213과 Seifrid, *Justification*, 230, 234도 보라. 문법학자들은 최근에 직설법 시제가 (동작의) 양상뿐만 아니라 시간도 표시하는 범위에 대해 논쟁한다(직설법 시제를 보통 시간적 기능을 가지고 있는 것으로 정의하는 모든 사람이 예외를 인정하기 때문에 일반적으로만 해당됨).

70   예. Fee, *Paul, Spirit, People of God*, 134-35.

71   고대의 수사학적 비평가들이 동사 시제에서 일관되지 않은 사람들을 때때로 비판했을지라도, 이것은 사실이다(Dion. Hal. 2 *Amm.* 12).

72   나는 여기서 장르의 기술적인 명칭으로서 "애가"(lament)를 사용하지 않는다. 그럼에도 시편 저자가 구원에 대해 하나님을 서술하고 찬양하기 전에(예. 시 28:6; 31:22), 자신이 주님께 부르짖었던 과거의 상황이나 간청을 마치 현재처럼 서술하면서 종종 제시하는 것은(예. 시 28:1-5; 31:11-18) 주목할 만하다. Broyles, *Conflict*; Broyles, "Lament," 386-89; Miller, *Cried*; 그리고 (수용 역사와 함께) Waltke, Houston, and Moore, *Psalms*에서 이와 같은 시편에 대한 논의를 참조하라. 애가를 좀 더 좁게 묘사한 일부 고대 근동의 상황에

환은 생생함을 전달했을 것이다.[73] 예를 들어 플루타르코스는 과거 사건들에 대한 헤로도토스의 설명을 비난하면서 갑자기 2인칭을 사용하여 그에게 **말하는** 것으로 전환하는데, 마치 그를 추궁하는 듯이 현재 시제로 말한다.[74]

생생한 수사학적 묘사에서는 누구나 마치 자신이 당시에 그 일을 경험하고 있었던 것처럼 장면을 묘사할 수 있었다.[75] 그런 기술은 현재 사건뿐만 아니라 과거 사건에도 적절했다.[76] 사실상 한 학자는 *enargeia*라는 수사학적 장치를 "상황이나 행위를 마치 그것이 존재하는 것처럼 묘사하는 것"으로 정의한다.[77] 실제로 바울은 때때로 이런 방식으로 설교했던 것이 분명하다. 이를테면 그리스도는 "너희 눈앞에서" 십자가 처형을 당한 것으로 묘사되었다(갈 3:1).[78] 어떤 행위나 장면을 마치 청중의 눈앞에서 벌어지는 것처럼 묘사하는 것은 생생한 내레이션을 묘사하는 일반적인 방법이었다.[79] 이 동사들이 역사적 현재는 아니지만(이는 롬 7:14-25에서 분명

대해서는 Gwaltney, "Book"; Hallo, "Lamentations"를 참조하라.

73 해석자들이 현재 직설법 동사와 관련하여 미완료의 양상을 강조하든지 (일반적으로) 시간적 표시를 강조하든지 간에, 이것은 사실이다.

74 Plut. *Mal. Hdt.* 26, *Mor.* 861F.

75 Longin. *Subl.* 15.1을 인용하는 Anderson, *Glossary*, 125. 참조. Hermog. *Inv.* 3.15.166-68.

76 Hermog. *Inv.* 3.15.167. 내레이션은 현재(Hermog. *Progymn.* 9, "On Ethopoeia," 21-22; Nicolaus *Progymn.* 10, "On Ethopoeia") 또는 과거(Hermog. *Progymn.* 10, "On Ecphrasis," 22) 행위로 시작할 수 있었을 것이다. 하지만 논의되는 시간대의 변경은 주의를 유지하는 데 도움이 된다. 헤르모게네스를 인용하면서 Tobin(*Rhetoric*, 238)은 바울이 롬 7:7-12에서 부정과거를, 7:13-23에서 현재를, 그리고 7:24-25a에서 미래 시제를 사용하여 훌륭한 수사학적 형식을 따른다고 제안한다.

77 예. Demosth. *Embassy* 19.65; Cic. *Phil.* 2.34.85를 인용하는 Rowe, "Style," 143-44. 이 방법은 항상 현재형 동사를 사용하지는 않았지만, 이 시제 동사들도 포함했을 수 있다.

78 그러나 바울은 그의 설교뿐만 아니라 자신의 십자가형의 삶을 염두에 두었을 것이다. 갈 2:20을 보라.

79 예. Arist. *Rhet.* 2.8.14, 1386a; 3.11.1-2, 1411b; Rhet. *Her.* 4.55.68; Cic. *Or. Brut.* 40.139;

히 드러난 일관성과 대조되게 내레이션 내내 일반적으로 일관되지 않는다), 내러티브의 역사적 현재는 그것이 장면에 생생함을 더하는 한, 유비를 제공할 수 있었을 것이다.[80] 그리스어의 현재형이 외부의 관점보다 내부의 관점을 제공하는 측면에서 더 많은 기능을 한다면, 이 동사들의 이런 측면은 그 동사의 시제에 대한 전통적 이해보다 더 관련이 있다.[81]

우리는 로마서 자체에서 수많은 심각한 범죄가 있음에도 율법을 이루었다고 주장하는 누군가를 비난하기 위해 바울이 현재 시제 동사를 사용하고 있다는 관찰을 추가할 수 있다(롬 2:21-23). 이 본문은 여기서처럼 과장법, 희화화, 생생함을 수반한다. 비록 그것의 반복이 더 엄격하고 본문이 더 간결하지만 말이다. 이와 마찬가지로 바울은 부정과거 시제로 이스라엘의 죄를 언급한 것(3:3; 참조. 3:7, 23)에서 주로 직설법일 때 현재 시제를 사용하여 죄의 행위를 비난하는 장황한 본문으로 전환한다(3:10-18).[82]

Sull. 26.72; Vell. Paterc. 2.89.5-6; Sen. E. Controv. 1.6.12; Quint. Inst. 9.2.40; Theon Progymn. 7.53-55; Longin. Subl. 15.2; Pliny Ep. 5.6.40; Hermog. Progymn. 10, "On Ecphrasis," 22-23; 더 자세한 내용은 다음을 보라. Keener, Acts, 1:135.

80   역사적 현재에 대해서는 Aune, Dictionary of Rhetoric, 215을 보라(그는 마가가 이 역사적 현재를 150번 이상 사용한다고 말한다). 역사적 현재는 라틴어 내러티브에도 등장한다. 예. Caesar C.W., 예. C.W. 1.22, 25, 33, 41, 59; 2.21, 25, 26, 30에는 빈번하게 등장하고, 키케로(Quinct. 4.14에 현재 시제를 슬쩍 삽입하지만, 그 **서술**[narratio]은 주로 과거 시제임; 5.20에도 현재 시제가 삽입되었음)에는 가끔 등장한다. 참조. Philost. Vit. Apoll. 8.1-2.

81   동사의 측면에 대한 이런 접근에 대해서는 서론적인 방식에서 Campbell, Advances, 106-9을 보라. 그리고 현재형의 미완료 사용에 대해서는 앞에서 언급한 Das의 제안을 참조하라.

82   롬 3:12a, 17에는 부정과거 직설법이, 3:13에는 미완료가 등장한다. 현재 직설법은 3:10-11, 12b, 14, 18에 등장한다.

로마서 7장에서 "나"는 누구인가?

이 본문이 그리스도인의 경험을 묘사하는지 아니면 비그리스도인의 경험을 묘사하는지보다 더 많이 논쟁이 되는 것은 이 본문에 묘사된 비그리스도인의 경험이 그리스도인이 되기 이전 바울 자신의 경험을 반영하는가의 문제다. 대부분의 독자들은 역사적으로 "나"를 바울 자신의 경험으로 여겼지만, 그가 경험을 좀 더 광범위하게 전형화하려고 그것을 사용했다고 믿었다.[83] 바울이 다른 곳에서 포괄적 의미인 "나"를 이처럼 확대된 방식으로보다는 단지 간략하게 사용하는 까닭에, 몇몇 학자는 적어도 바울의 경험에 대한 암시적 요소가 남아 있다고 계속 주장한다.[84] 이와 대조적으로 빌리암 브레데(William Wrede, 1859-1906)와 같은 초기의 일부 학자들은 로마서 7장의 "나"를 구원이 필요한 인류의 상황을 묘사하는 문학적 장치로 이해했는데, 이는 오늘날에도 흔히 추종하는 견해다.[85] 학자들은 여기서 아담이나 이스라엘, 또는 이 둘의 결합에 대한 암시를 자주 발견한다. 자서전의 요소가 남아 있는지 아닌지와 상관없이, 이런 포괄적 요소는 확실히 관심을 불러일으킨다.[86] 바울이 염두에 두고 있는 다른 구체적인 인물이 있는 경우도 마찬가지다.

---

83 Moo(*Romans*, 425)가 언급함.
84 Moo, *Romans*, 427.
85 Donaldson, *Paul and Gentiles*, 14-15.
86 참조. Newman, "Once Again": 롬 7장이 바울의 역사를 드러내든지 않든지 간에, 이 본문은 바울을 넘어 다른 사람들을 암시한다. 왜냐하면 바울이 지금 율법 아래서의 삶을 묘사하고 있기 때문이다. Philonenko("Glose")는 K. G. Kuhn의 금언적 해석을 지지한다.

자서전적인 "나"인가?

이 본문이 실제로 회심 이전 바울의 경험을 어느 정도 반영한다고 믿는 사람들이 많이 있다.[87] 일반적으로 이 견해를 지지하는 사람들은 이 본문이 바울의 새로운 기독교적 관점에서 그의 배경을 이해한다는 점을 강조한다.[88] (빌 3장에 비춰볼 때, 오늘날 대부분의 학자들은, 롬 7:7-25에 대한 그들의 견해가 무엇이든지 간에, 바울이 회심 전에 자신을 도덕적 실패자로 이해했다는 점에 의구심을 품는다.)[89]

이렇게 제안된 암시를 그리스도인이 되기 이전 바울의 경험에 대한 자서전이라고 부를지에 대해 모두가 동의하는 것은 아니다. 일부는 이 본문을 자서전으로 기술하지만,[90] 다른 많은 사람들은, 바울이 그의 배경에서 끌어온 통찰을 포함하고 있다고 믿는 것과 상관없이, 자서전적 해석을 거부한다.[91] 확실한 것은 자기성찰과 자기폭로가 "자기과시"를 강조한 고

---

87   예. Gundry, "Frustration"; Milne, "Experience"; 아래 언급한 다른 사람들. Rubenstein (*Paul*, 11)은 율법 아래 있던 그 자신의 유대교 경험을 언급하면서, 그것이 바울의 경험에도 적합했을 것으로 생각한다.

88   예. Denney, "Romans," 639(on 7:7-13); Stewart, *Man in Christ*, 99ff.; Caird, *Age*, 119; Martin, "Reflections"; Kim, *Origin*, 52ff.; Schreiner, *Romans*, 363-65. 이 본문이 바울이 그리스도인이 되기 이전 자신의 부족함을 자각한 것을 묘사한다고 생각하는 Espy("Conscience")에 반대된다. 몇몇 사람은 심지어 이 본문을 정신 분석적으로 읽기도 한다(Rubenstein, *Paul*; Sandmel, *Genius*, 32-33). 하지만 Chilton(*Rabbi Paul*, 53)이 (고전 15:9을 인용하면서) 언급하듯이, 바울이 교회를 박해한 것은 "죄책"을 설명하기에 충분하다.

89   Goppelt, *Times*, 72; Jewett, *Romans*, 464; Campbell, *Deliverance*, 141을 보라.

90   예. Sandmel, *Genius*, 28.

91   예. Enslin, *Ethics*, 12; Goppelt, *Judaism*, 116n7; Goppelt, *Times*, 72; Dahl, *Studies*, 111; Sanders, *Paul and Judaism*, 478-79; Dunn, *Romans*, 1:382; Longenecker, "Hope," 22. 자서전으로 부르기를 거부하는 몇몇 사람은 바울이 기독교적 관점에서 그리스도인이 되기 이전 자신의 경험을 묘사하고 있다고 이해한다(Goppelt, *Judaism*, 139-40).

대 자서전의 특징이 아니었다는 점이다.[92] 많은 사람이 이 본문을 바울의 회심 전 경험과 관련시킬 필요가 있다는 점을 부인한다.[93]

한편 다른 사람들은 바울이 좀 더 일반적으로 말하고 있지만, 그 자신의 배경 때문에 이처럼 설득력 있게 말할 수 있다고 제안한다.[94] 어쨌든 바울의 청중은 그리스도인이 되기 이전 그의 율법에 대한 열심을 들었을 것이다.[95] 이 접근은 왜 바울이 여기서 다른 총칭적 예들 가운데 어느 것보다 1인칭을 더 광범위하게 사용하고 있는지를 설명하는 데 도움이 될 수 있다(아래의 내용을 보라). 확실한 것은 현자들은 원리를 예증하기 위해 자신의 예를 사용했으며,[96] 바울 역시 다른 곳에서 그렇게 했다는 점이다(예. 고전 9:1-27).

이 접근과 관련하여 바울의 요지가 주로 자서전적인 것은 아니라고 할지라도, 그는 개인적으로 그의 백성들의 경험과 동일시할 수 있으므로 1인칭을 사용한다.[97] 바울은 로마서 7:5-6에서 이전에 율법의 심판 아래 있었으나 지금은 해방된 "우리" 가운데 그 자신을 포함하고 있으므로, 한때 자신의 것이었음을 인정하는 실존을 묘사한다. 비록 그가 그때 로마서 7장에서 묘사하는 방식으로 그 실존을 이해하지는 않았다고 할지라도 말이다. 따라서 적어도 이 본문이 그리스도 없는 실존을 묘사하고 있으므로,

---

92   Judge, *Jerusalem*, 60.
93   예. Bultmann, *Old and New Man*, 16; Bultmann, *Theology*, 1:266의 보다 실존적으로 지향된 읽기.
94   Robinson, *Wrestling*, 82; Moo, *Romans*, 431; Watson, *Gentiles*, 290; Dunn, *Romans*, 1:382; Hultgren, *Romans*, 681-91. 부분적으로 바울의 경험이지만 특히 율법 아래 있는 이스라엘에 대해서는 Moo, "Israel and Paul"을 보라.
95   Jewett, *Romans*, 444-45.
96   예. Mus. Ruf. 9, p. 74.13-19.
97   Talbert, *Romans*, 201(바울이 롬 9:3에서도 자신을 그의 백성들과 동일시한다고 언급함).

본문의 묘사는 지금 그리스도의 빛 안에서 이해되는 것으로서 그리스도
인이 되기 이전 바울 자신의 상태를 포함해야 한다.[98]

총칭의 또는 예상된 "나"

확실한 것은 바울이 "나"를 가끔은 예로 또는 심지어 총칭으로 사용하고
(학자들은 고전 8:13; 10:29b-30; 갈 2:18-21을 인용함),[99] 때로는 총칭의 "나"를
내용의 의미심장한 폭을 넘어 확대한다는 점이다(고전 13:1-3, 9-12). 비록
바울이 여기서 하는 것처럼 광범위하게 하는 경우는 드물지만 말이다.[100]
로마서 자체에서 바울은 (6:1에서처럼) 일반적으로는 "우리"를, (3:7에서처
럼) 총칭적으로는 "나"를 사용했을 수 있다.[101] 비록 일부 가능성 있는 예들

---

98 Campbell, *Deliverance*, 141; 참조. Nock, *Paul*, 68-69; Hunter, *Romans*, 71; Prat, *Theology*,
    227ff.; Ridderbos, *Paul: Outline*, 129-30; Achtemeier, *Romans*, 124; Byrne, *Romans*, 217.
    수사학적으로 "내"가 바울을 가리키는지 여부에 관계없이, 그 표현은 청중에게 신원 확인
    을 요청한다(Keck, "Pathos," 90).

99 Byrne, *Romans*, 217; Wright, *Justification*, 120; Wright, *Faithfulness*, 508; Morris, *Romans*,
    277(그러나 Morris는 롬 7:13-25을 신자들에게 적용함, 287); 갈 3:14에서 이방인 청
    중과 동일시하는 바울에 대해서는 Gager, *Anti-Semitism*, 222을 참조하라. Longenecker
    는 Kümmel이 1928년에 이미 바울과 고대 문헌에서 이것을 보여주었다는 점을 강조한
    다(Longenecker, "Hope," 22). 학자들 중에서는 바울이 때때로 "나"를 자서전적으로 사
    용한다는 것을 주목함으로써 반대하는 사람들도 있다(빌 3:4-6을 인용하는 Gundry,
    "Frustration," 229).

100 참조. 고후 12:2-4은 보통 정반대의 접근으로 여겨지는데, 바울은 자신을 다른 사람으로
    묘사한다(예. Lincoln, *Paradise*, 75; Bultmann, *Corinthians*, 220; Furnish, *Corinthians*, 524,
    544-45; Martin, *Corinthians*, 398; Lyons, *Autobiography*, 69; Danker, *Corinthians*, 188;
    Thrall, *Corinthians*, 778-82; Matera, *Corinthians*, 278을 보라).

101 Schlatter, *Romans*, 160. Schlatter는 바울이 "개인의 내적 삶"을 묘사하고 있으므로 여기서
    는 "나"가 더 적합하다고 말한다. 롬 3:5의 "우리"는 3:7에서 "나"가 된다. 이는 아마도 이
    스라엘을 더 총체적으로 가리키기 위함이었을 것이다. 7:7-25에 이르기까지의 문맥에서
    바울은 자신을 포함하지만 총체적으로 말하면서 1인칭 복수를 자주 사용한다(예. 4:16,

은 바울과 가상의 질문자 간의 대화를 반영하지만 말이다.[102] 고대 청중은 이런 용례를 인식할 수 있었을 것이다. 성서의 몇몇 시편(예. 시 118:5-14)과 (1QS 10.6-11.17을 비롯한) 쿰란의 일부 찬송시의 기도들은 총칭적 의미로 1인칭을 사용하는데, 이는 적어도 제의 공동체들이 다시 사용한 기도다. 이스라엘은 몇몇 시편과 다른 성서 본문들에서 "나"라고 말한다(예. 출 15:1-2; 17:3[Heb.]; 시 129:1-3; 사 12:1-2; 참조. 출 14:25의 히브리어 본문에서의 이집트).

일부 학자들은 에픽테토스가 이상적인 견유학파의 페르소나로 말할 수 있다고 지적한다. 이런 용례는 그의 요지를 극적으로 표현한다.[103] 이런 관행은 에픽테토스에게 한정되지 않는다. 세네카는 다음과 같이 지적한다. "내가 '나'는 쾌락을 위해 아무것도 하지 않는다고 말할 때, 나는 이상적인 현자에 대해 말하고 있다."[104] 세네카는 이와 비슷하게 "내가 만약 나 자신을 자연에 전적으로 복종시킨다면, 나는 자연에 따라 산다"라고 선언할 때 "나"를 가설적으로 이용한다.[105]

오리게네스처럼 초기의 해석자들은 바울이 여기서 다른 페르소나, 즉 흔히 "프로소포이이아"(προσωποποιΐα)라고 불리던 것을 사용하여 말하고 있다고 주장했다.[106] 루피누스(Rufinus)와 히에로니무스(Jerome)와 같

24-25; 5:1, 5-6, 8, 11, 21; 6:4, 6, 23; 7:4-6).

102 몇몇 사람은 디아트리베 문체의 측면에서 "나"를 설명한다(예. Enslin, *Ethics*, 13; Johnson, *Romans*, 115). 그러나 디아트리베 문체의 몇몇 특징은 오늘날 논쟁이 되고 있다.

103 예. Talbert, *Romans*, 186; Epict. *Diatr.* 3.22.10을 인용하는 Johnson, *Romans*, 115.

104 Sen. Y. *Dial.* 7.11.1(번역. Basore, LCL, 2:125); 그가 문자적으로 자신을 언급하지 않는 것이 분명하다(7.18.1).

105 Sen. Y. *Dial.* 8.5.8(번역. Basore, LCL, 2:195).

106 Stowers, *Rereading*, 266-67; Stowers, "Self-Mastery," 537; Reasoner, *Full Circle*, 69, 84; Talbert, *Romans*, 187. 오리게네스는 유죄 선고를 받은 사람을 가리킬 것이다(참조.

은 수사학적으로 교육받은 다른 독자들도 동의했으며, 앙키라의 닐루스(Nilus of Ancyra)는 독자적으로 이것을 비슷하게 이해했다.[107] 오늘날 많은 학자가 특별히 스탠리 스토워스의 관찰을 따라 여기서 이런 문학적 장치에 호소한다.[108]

수사학 교사들이 그들의 명명법에서 다소 차이가 있었지만,[109] 우리가 "프로소포이이아"라고 부르는 인물은 널리 사용되었다.[110] 예를 들어 플라톤은 그의 청중의 조상의 목소리로 장례식 연설을 할 수 있었다.[111] 고대의 한 교사가 말한 이런 장치는 문체에 힘을 불어넣었다.[112] 이것이 초급에 속한 것이었으므로, 바울은 입문 수준에서 그것을 배웠을 수 있다.[113] 뵈뵈의 지원을 받아(참조. 롬 16:1-2), 로마서의 첫 번째 청중은 이 장치와 대화 상대자들의 목소리를 더 쉽게 인식했을 것이다. 몇몇 사람은 연설자들에게 읽는 방법에서 목소리의 변화로 인물들을 다르게 표현하라고 충

Reasoner, *Full Circle,* 69). Anderson(*Rhetorical Theory,* 204-5)은 오리게네스가 이런 접근을 시험적으로만 제안했다는 것에 반대한다.

107 Stowers, *Rereading,* 268.

108 예. Stowers, *Rereading,* 16-17, 264; Édart, "Nécessité"; Tobin, *Rhetoric,* 10, 226-27; Talbert, *Romans,* 187; deSilva, *Introduction,* 620; Bryan, *Preface,* 139-40; Aletti, "Rm 7.7-25"; Aletti, "Romans 7,7-25"; Witherington, *Romans,* 179-80; Keck, *Romans,* 180; Keck, "*Pathos,*" 85; Jewett, *Romans,* 443; Kruse, *Romans,* 298, 305; Rodríguez, *Call Yourself,* 134.

109 후기 수사학은 여기서 다루는 것처럼 다른 사람의 특성을 말할 때 에토포이이아(ἠθοποιΐα)를 무생물 대상에게 말하는 프로소포이이아과 구별한다(Hermog. *Progymn.* 9, "On Ethopoeia," 20); Demet. *Style* 5.265는 프로소포이이아로서 둘 다 포함하는 것 같다. 다른 사람들은 두 용어를 다른 것으로 구별한다(Aphth. *Progymn.* 11, "On Ethopoeia," 44-45S, 34R; Nicolaus *Progymn.* 10, "On Ethopoeia," 64-65).

110 예. Proclus *Poet.* 6.2, K198.29-30(플라톤을 다룸); Tzounakas, "Peroration."

111 Demet. *Style* 5.266에 언급되었다.

112 Demet. *Style* 5.265.

113 Stowers, *Rereading,* 17.

고했다.[114]

몇몇 사람은 바울이 그 장치를 분명하게 소개하지 않았으므로 그가 "프로소포포이이아"를 사용하지 않는다고 주장한다.[115] 하지만 이와 같은 도입이 흔했다고 해도 꼭 필요한 것은 아니었다.[116] 몇몇 사람이 이 본문과 "프로소포포이이아" 사이의 비교가 완전히 정확하지 않다는 것을 발견하고 있지만, 이것은 고대 청중이 내레이터의 목소리의 급격한 변화를 어떻게 들었을지를 우리가 이해하도록 도와주는 한 가지 유비를 제공한다. 이 구절이 율법 아래서의 갈등을 명시적으로 묘사하고, 문맥이 동등하게 바울이 신자들을 이런 의미에서 율법 아래 있는 것으로 여기지 않았음을 분명히 보여주므로, 유비를 찾는 것은 여전히 가치가 있다.

아담인가?

만일 바울이 다른 페르소나로 말한다면, 그는 누구의 목소리로 말하는가? 일부 학자들은 그가 자신이 율법 아래에 있던 과거를 떠올리면서 자신의 이전 목소리로 말한다고 제안한다. 이는 적어도 바울이 "나"를 사용한 부

---

114 Stowers, *Rereading*, 18, 1세기 수사학 교사인 Quint. *Inst.* 1.8.3을 인용함.

115 Anderson, *Rhetorical Theory*, 204-5. Aune(*Dictionary of Rhetoric*, 383, Anderson, *Rhetorical Theory*, 232을 따름)는 바울이 대신 개인적인 예를 사용한다고 제안한다. 하지만 연대기의 사용에서 불규칙성을 고려하여 Hock("Education," 211)는 고대인들이 여전히 바울의 인물을 프로소포포이이아로 이해했을지 의아해한다. Jewett(*Romans*, 444)은 이 인물에 대해 에픽테토스가 *Diatr.* 1.18.15-16; 1.29.21에서 자신의 주장을 설명하고 발전시키는 데 사용한 과거의 일화를 인용한다. 하지만 이것은 443에서 Jewett의 정의에 의해서도 실제로 프로소포포이이아가 아니다.

116 Tobin, *Rhetoric*, 227, Quint. *Inst.* 9.2.36-37을 인용함.

분적인 이유가 될 수 있다.[117] 하지만 이처럼 제안된 연관성을 넘어 무슨 다른 수사학적 가능성이 존재할까?

만일 바울이 총체적으로 말하고 있다면, 만일 그가 인류를 대변하고 있다면, 그것은 놀라운 일이 아닐 것이다. 다수의 학자가 "나"에서 (바울이 롬 5:12-21에서 분명하게 언급한 것에 근거하여) 아담에 대한 또 다른 언급을 발견한다.[118] 심지어 일부 교부들의 주석에서도 이 인물들 간의 연관성이 제시되었다.[119] 이 입장을 지지하는 몇몇 논증은 다음과 같다.[120]

---

117 참조. Jewett, *Romans*, 445.

118 예. Davies, *Paul*, 30-32; Hunter, *Romans*, 71-72; Goppelt, *Judaism*, 140; Manson, "Reading," 158; Käsemann, *Romans*, 196(유대교 전통을 인용함); Dunn, "Romans 7,14-25"; Dunn, *Romans*, 1:383; Dunn, *Theology*, 98-100; Dunn, "Adam," 133-35; Martin, *Reconciliation*, 57; Deidun, *Morality*, 196; Morris, *Romans*, 282-83; Talbert, *Romans*, 187 (187-88에서 *Apoc. Mos.* 19:3에 있는 하와의 욕망을) 191(주어가 아니라 자아의 모델로서 아담과 비교함); Grappe, "Corps de mort"(*4 Ezra* 3:4-5과 비교함); Chow, "Romans 7:7 25"; Campbell, *Deliverance*, 141; Matera, *Romans*, 174; 참조. Nock, *Paul*, 68; Bornkamm, *Experience*, 93; Cranfield, *Romans*, 1:342-43; Schoeps, *Paul*, 184; Bruce, *Apostle*, 194; Stuhlmacher, *Romans*, 115. 이 학자들은 대부분 여기서 율법의 역할을 강조한다. 몇몇은 여기서 "속은" 것에 초점을 맞추고 특히 하와의 역할을 강조한다(Busch, "Figure"; Krauter, "Eva").

119 다음을 보라. (Bray, *Romans*, 184, 186, 188에 언급된) Ambrosiaster *Comm.* on Rom. 7:13 (CSEL 81:231); Theodoret *Interp.* Rom. on 7:10 (PG 82:117); Diodore of Tarsus, catena on Rom. 7:9 (PGK 15:88); Didymus the Blind, catena on Rom. 7:13(PGK 15:4). 오리게네스는 롬 7:7-13을 이스라엘과 율법의 관계로 이해한 반면, 7:14-25을 인류와 율법의 관계에 적용했다(Reasoner, *Full Circle*, 69). 이것은 이미지의 변화를 이해할 수 있을지도 모른다. 하지만 아무런 분명한 구분 없이 하나의 "나"에서 또 다른 "나"로 변경한 이유는 무엇인가? 더욱이 7:14의 "왜냐하면"과 7:15의 "왜냐하면"은 분명히 두 인격을 연결한다.

120 많은 사람이 이런 연결을 시도했지만, 나는 여기서 Watson, *Gentiles*, 282-84에 있는 광범위하고 유익한 목록을 따른다. 칭찬할 만한 것은 Watson이 롬 7:9에서 시내산에 대한 암시를 인식하고 있다는 점이다(282). 롬 7장에서 지식을 강조한 것을 고려하면서 Watson이 토라와 선악을 알게 하는 나무 사이의 가능성 있는 상호관계를 제안한 것(*Gentiles*, 285)은 더 관심을 끈다. 왜냐하면 유대교 전통은 토라를 생명나무와 동일시하기 때문이다 (*Abot* 6:7; *Sipre Deut.* 47.3.2; *Tg. Neof.* 1 on Gen. 3:24). 몇몇 학자는 탐내지 말라는 경고

1. "율법이 없이 살았다"는 것은 생명을 받은 아담을 상기시킬 수 있다(창 2:7-15).
2. 하나님은 나무에 대해 아담에게 "명령하신다." 그중 하나는 생명 나무(창 2:16-17)다. 여기서 "계명"은 "생명을 위한 것"이다.
3. 죄는 사망을 가져온다(롬 7:9; 창 3:1-5).[121]
4. 죄는 나를 "속였다"(롬 7:11; 창 3:13).
5. 뱀은 욕망을 일으키기 위해 계명을 사용한다(롬 7:8). 나무는 탐스럽거나(창 3:6), 일부 전통에서는 성적 각성을 일으킨다(창 3:7).
6. 그 결과는 사망이다(죽을 존재가 됨, 창 3:19, 22-24; 5:5).
7. 아담에 대한 바울의 공동체적·모형론적 사용을 고려할 때, 아담(또는 하와와 함께 아담)은 시내산 이후의 한 이스라엘 사람보다 1인칭의 목소리를 더 잘 제시한다.

(롬 7장을 악한 충동에 대한 유대교 전통과 연결하는 사람들은 후기 유대교 전통에서 악한 충동과 아담의 연결도 인용할 수 있었다.[122] 하지만 그런 연결은 그리 널리 퍼지지는 않았다.)[123]

(7:7)를 하나님처럼 되라는 뱀의 유혹과 비교한다(창 3:5-6; Talbert, *Romans*, 187).

121   몇몇 교부 주석가는 여기서 인격화된 죄를 마귀로 이해했다(Bray, *Romans*, 186에 언급된 Didymus the Blind, catena on Rom. 7:11 [*PGK* 15:3]; Ambrosiaster *Comm.* on Rom. 7:11 [CSEL 81:229]). 몇몇 유대교 전통 역시 뱀과 마귀를 연결한다(참조. Wis. 2:24; *3 Bar.* 9:7; 참조. 계 12:9; *Acts John* 94; *Apoc. Mos.* 16:1, 5에서 마귀가 뱀을 이용함).

122   창 2:7에 두 개의 요드(*yod*)가 있는 것에 주목하면서, 몇몇 랍비는 하나님이 두 개의 충동을 가진 아담을 창조하셨다고 제안했다(*b. Ber.* 61a; *Tg. Ps.-Jon.* on Gen. 2:7). 그러나 다른 사람들은 의견이 달랐다. 일찍이 4Q422 1.9-12는 악한 경향을 아담과 연결하는 것 같다(그러나 창 6장에서처럼 노아의 세대와 연결될 수도 있음; 참조. 4Q422 1.12-2.8). 참조. 아담이 하와와 동침했을 때 뱀이 인간에게 정욕을 주입했다는 사상(*b. Yebam.* 103b).

123   Baudry("Péché")는 초기 유대교 자료 가운데서 죄의 기원으로 아담, 사탄 또는 악한 충동

다른 사람들은 이 입장을 비판했다.[124] 심지어 누계적으로도, 위에서 제안한 유사점들(그중 일부는 다른 사람들의 내용을 반복함)은 관련성이 제한적이다. 유일하게 관련이 있는 언어적 연결은 두 본문에 다 등장하는 "속임을 당하다"라고 번역된 동족어 동사다.[125] 그리고 창세기에서 뱀이 자신을 속였다고 주장하는 인물은 아담이 아니라 하와다.[126] 이 한 가지 가능성 있는 언어적 연결은 그 자체로 매우 분명한 암시를 구성하지 않는다. 이와 대조적으로 바울이 "탐심"(ἐπιθυμέω, 롬 7:7)에 대해 사용한 동사는 창세기 3장에 등장하지 않는다. 이 단어는 대신 출애굽기와 신명기에서 이스라엘에 대한 계명으로부터 직접 비롯된다(출 20:17; 신 5:21).[127]

이 제한된 공통성을 제외하고 아담에 대한 의도적인 암시를 옹호하는 이론은 빈약하다. 첫째, 로마서 7:7-25에서 거의 모든 내러티브 행위는 율법의 도래 이후에 발생하지(롬 7:9), 그것을 선행하지 않는다. 둘째, "계명"(ἐντολή)은 구체적으로 인용된 성서의 명령(7:7) 또는 이스라엘에

에 대한 강조를 구별한다.

124 예. Moo, *Romans*, 428-29, 437; Schreiner, *Romans*, 360-61; Jewett, *Romans*, 447, 451-52; Das, *Debate*, 216.

125 롬 7:11과 (하와를 분명히 언급하는) 고후 11:3의 ἐξαπατάω; 창 3:13의 ἀπατάω; 참조. 딤전 2:14; (ἀπατάω를 사용하는) Philo *Alleg. Interp.* 3.59-66(이 단어는 필론의 전집에 73회 등장하며, 그는 이 단어를 *Creation* 165에서 알레고리화한다); (바울과 같은 동사 ἐξαπατάω를 사용하는) Jos. *Ant.* 1.48(이 단어는 요세푸스의 글에 21회 등장한다; 요세푸스는 ἀπατάω를 36번 사용한다). 바울의 용례는 하와에 **한정되지** 않는다(고전 3:18; 살후 2:3). 로마서에서 속임을 언급하는 다른 본문은 아담과 하와가 아니라 거짓 교사들과 관련된다(롬 16:18, 그러나 그 맥락은 실제로 16:19-20에서 아담을 상기시킬 수 있다). 성서 밖의 병행 본문들은(일부는 아래에 언급됨) 모음집이 아주 방대하므로 찾기가 더 쉽다. 하지만 바울이 그의 첫 번째 청중과 공유했다는 것을 의심할 수 없는 자료는 성서다. Perkins("Anthropology")는 나그함마디 자료에서 롬 7:7-25과 일부 아담 자료의 관련성을 발견한다.

126 Gundry, "Frustration," 230에 동의함.

127 Gundry("Frustration," 230)도 언급함.

주어진 다른 명령들에 손쉽게 적용된다. 토라의 70인역 어디에도 하나님이 아담에게 명령하신 것에 그것을 적용한 예가 없다.[128] 바울이 잘 알고 있다시피(10:5), 율법의 계명들을 지키는 것은 생명과 연결되었다.[129] 역으로 하나님의 율법을 깨뜨리는 것은 사망을 초래했다.[130] 더욱이 바울은 가끔 아담을 모형론적으로 사용하기도 했지만, 아담 이외에 대표자의 자격을 갖춘 인물들로서 다른 조상들을 사용할 수 있었다. 아브라함(4:12), 이삭(9:7-8; 갈 4:28), 또는 (복수형을 인정할 경우) "우리의 조상들"(고전 10:1-11)의 예가 그렇다.

가장 중요한 것은 바울이 일찍이 아담의 시대를 계명의 시대와 분명히 구별한다는 점이다(롬 5:13-14, 20).[131] 아담이 죄 및 사망과 결부되었으므로 배경에 있을 수도 있지만(롬 5:12-21), 바울이 여기서 아담의 페르소나로 말한다는 주장은 강력하지 않다.

---

128 이것은 Jos. *Ant.* 1.43에 등장한다. 하지만 요세푸스는 이 명사를 76번 사용하며, 때로는(일반적이지 않지만) 모세의 율법 혹은 계율을 지칭하기 위해 사용하기도 한다(*Ant.* 6.133; 7.318, 338, 342; 8.94, 120, 337).

129 신 8:1; 11:8 LXX; 30:16; 느 9:29; 잠 6:23 LXX; 겔 18:21; Sir. 17:11; 45:5; Bar. 4:1; 2 Macc. 7:9, 23을 보라.

130 신 30:15-20; Tob. 3:4. 그렇지만 아담은 정욕으로 영적 죽음을 경험한 것으로 이해되었을 수 있다((Philo *Alleg. Interp.* 1.106; 참조. 3.107). 하지만 필론은 그런 묘사를 아담에게 한정하지 않는다(*Posterity* 61, 73-74; *Drunkenness* 135; *Studies* 87; *Rewards* 159; 참조. *Embassy* 14).

131 Schreiner, *Romans*, 361; Das, *Debate*, 217을 보라.

이스라엘

더 가능성 있는 것은, 덜 자주 강조되기는 하지만, 바울이 이스라엘을 상기시킨다는 점이다. 바울은 이스라엘을 구체적으로 율법 아래 있는 것으로 밝힌다(롬 3:19-20; 참조. 2:12, 20, 23, 25; 7:1-6; 9:4, 31).[132] 로마서 7:9-25의 인물처럼, 이스라엘은 율법으로 의를 얻지 못했는데, 그 이유는 그들이 믿음의 접근보다 행위의 접근으로 의를 추구했기 때문이다(9:30-32). 해석자들은 대부분 로마서 7:7-25이 율법 아래서의 삶을 묘사하는 문맥이 분명하다는 점에 동의한다. 여기서처럼 로마서에서 일찍이 율법은 사람들이 죄의식을 갖도록 만들었으며, 심지어 죄를 증가시키기까지 했다(5:14, 20).[133] 바울이 이 서술에서 자신을 그의 백성과 동일시했을 것이라는 점 역시 가능성이 크다(참조. 11:1에서 그의 선언). 바울은 율법 아래 있는

---

132 Moo, "Israel and Paul"; Moo, *Romans*, 430-31; Karlberg, "History"; Bryan, *Preface*, 140-45; Napier, "Analysis"; Kruse, *Romans*, 299, 305, 319-20. Moo(*Romans*, 426)는 Chrysostom; Hugo Grotius; E. Stauffer; N. T. Wright; Ridderbos; P. Benoit를 비롯하여 이 견해를 견지하는 사람들의 다른 예들을 인용한다. 율법에 대한 강조를 고려하여 Talbert(*Romans*, 196)는 여기서 "자아"가 이방인이라기보다 한 유대인이라고 결론을 내린다. 참조. Gorman, *Apostle*, 373: "그리스도와 상관없는 좌절한 인간(과 특히 유대인)의 상태." 많은 로마서 주석에 익숙하기 전인 1981년에 나는 롬 7:14-25이 아담적인 인류 전체(1:18-32; 5:12-21)를 반영하는 것이 아니라 율법 아래에 있는 아담적인 인류(2:12-29; 참조. 롬 9-11장)를 반영할 것이라고 결론을 내렸다. Schreiner(*Romans*, 362-63)는 여기서 이스라엘에 대한 그럴듯한 반대를 제공하지만, 너무 강하게 유비를 가하는 것 같다.

133 Talbert, *Romans*, 188(토라를 받은 유대인 사내아이가 시내산을 재현하는 것 같다고 제안한다); 참조. Schreiner, *Romans*, 343. 이 사상은 고대의 상황에서는 이해 가능한 것이었다. 학자들(Haacker, *Theology*, 126-27; Talbert, *Romans*, 189)은 악을 강조하고 그것을 좀 더 유혹적으로 만드는 율법에 관한 본문들을 인용한다(Cic. *Tull.* 9; Ovid *Am.* 2.19.3; 3.4.9, 11, 17, 25, 31; *Metam.* 3.566; Sen. Y. *Clem.* 1.23.1; Publ. Syr. N 17; Tac. *Ann.* 13.12.2; 13.13.1; 참조. 4 Macc. 1:33-34; *L.A.E.* 19).

자들을 위해 율법 아래 있는 자가 된다(고전 9:20). 그리고 다른 곳에서 그는 "우리[유대인들]"(갈 2:15-17)에서 "나"로 이동할 수 있었다. 비록 그가 그리스도를 발견한 사람이지만 말이다(갈 2:18-21).[134]

다른 요인들 역시 이런 일치를 지지할 수 있다. 첫째, 유대인 대화 상대자는 로마서에서 일찍이 이스라엘을 대표하여 말했다.[135] 둘째, 여기서 아는 것과 행하는 것의 대조는 로마서 2:17-29의 위선자들을 반영한다. 여기서는 죄를 지은 자가 율법을 자랑하기보다 자신의 상태를 인정한다는 데 차이가 있다(비록 이 인물이 아직도 율법 안에 있는 것을 올바르게 기뻐하지만 말이다). 이 화자는 이제 죄가 많은 것과 관련하여 자기기만을 벗어버리고 그의 진정한 상태로 돌아왔다.[136] 셋째, (여기서 구체적으로 암시되지는 않았지만, 그런 사상의 개연성을 선호하면서) 지지하는 논증으로서 이스라엘은 때때로 구약성서에서도 한 인물로 말해지곤 했다(예. 시 129:1-2; 렘 4:31; 애 1:11-22; 3:59-66). (이와 비슷하게 히브리어 본문의 삿 1:3에서처럼 전체 지파가 가끔 "나"로 말할 수 있었다.)

몇몇 학자는 바울이 여기서 아담과 이스라엘을 둘 다 염두에 두고 있다고 제안한다.[137] 이 경우에 이 관대한 접근의 문제는 앞에서 언급한 것처

---

134   만일 갈 2:15-21이 2:14에서 바울이 베드로에게 한 말("너는 유대인으로서")을 반영하거나 좀 더 자세히 설명하는 것이라면, "우리" 유대인들은 믿는 사람이든지 믿지 않는 사람이든지 모든 인종적인 이스라엘을 포함한다. 롬 7:15-25의 차이는 율법 아래서의 삶을 묘사하기 위해 현재 시제를 사용한다는 것이다.

135   참조. 롬 3:7; 4:1. 따라서 바울은 8:2에서 **"너**[단수]를 해방하였음이라"고 대답한다.

136   그렇다고 해도 롬 2:17-23의 인물은 여기서의 1인칭 단수와 대조적으로 2인칭 단수로 언급된다. 하지만 여기서 1인칭이 사용된 특별한 이유가 있을 것이다. (앞에서 언급한) 그리스도인이 되기 이전 바울의 과거와 동일시할 수 있는 것 외에도 아래의 논의를 보라.

137   Streland, "Note"(이스라엘을 올바르게 언급하지만 출 32장에서 이스라엘의 우상숭배를 아담의 타락과 비교하는 유대교 전통을 인용한다); Byrne, *Romans*, 218; Talbert, *Romans*, 188; Dunn, "Search," 331n44; Grieb, *Story*, 72; Kruse, *Romans*, 299; 참조. Watson,

럼 창세기 3장이 반영되었다는 주장이 여기서 빈약하다는 것이다. 그러나 더 암묵적인 수준에서 아담의 죄는 바울이 그 이야기를 구체적으로 언급 하든지 않든지 간에 여기서 다루는 내용을 비롯하여 아마도 그의 모든 인 류학에 영향을 미칠 것이다. 더욱이 이 본문은 율법 아래에 있는 사람들에 게만 명시적으로 말하고 있는데, 이는 태어날 때부터 유대인뿐만 아니라 개종자들도 포함할 것이다. 많은 학자들은 로마에서 예수를 믿는 자들은 대부분 이방인이었고(롬 1:5, 13; 11:13을 보라), 적어도 그들 가운데 일부는 율법을 지키는 것을 의무로 느꼈을 것이라고 주장한다.

하지만 율법 아래에 있는 이스라엘의 지위에 대한 로마서의 분명한 진술을 고려할 때, 이 장에서 바울이 주로 이방인들, 또는 율법 아래에 있 는 하나님을 경외하는 자들을 염두에 두고 있다고 생각하는 것은 너무 지 나친 것 같다.[138] 물론 바울은 다른 곳에서 이방인들만을 정욕과 욕심에 사 로잡힌 자들로서 묘사하는데(롬 1:24, 26-27; 참조. 고전 6:9-11; 살전 4:4),[139] 이는 일반적인 유대인의 관점이다.[140] 하지만 바울은 동시대인들의 견해 에 반드시 동의하지 않을 뿐만 아니라 여기서 (롬 1:23-26이 아마도 전제하 는 것처럼) 유대인들이 가장 특징적인 이방인의 악으로 여겼던 우상숭배나 특별히 성적인 죄를 아무것도 인용하지 않는다. 대신에 바울은 여기서 구 체적으로 탐심을 언급한다. 이것 역시 율법에 구체적으로 표현된 유대인

Gentiles, 282.

138   다음을 보라. Stowers, *Rereading*, 39, 273-84, 특히 273-81; Stowers, "Self-Mastery," 536; Tobin, *Rhetoric*, 237; Das, *Debate*, 221-35; Wasserman, "Paul among Philosophers," 82; Rodríguez, *Call Yourself*, 134; 참조. Gager, *Anti-Semitism*, 222-23. 좀 더 일반적으로 이방 인들에 대해서는 롬 7:7-13의 율법을 자연법으로 이해한 오리게네스의 관점을 참조하라 (Reasoner, *Full Circle*, 68).

139   Stowers, *Rereading*, 273.

140   참조. Stowers, *Rereading*, 273-75.

의 죄였다(바울이 7:7에서 인용함; 2:14-15의 자연법에서 타고난 것이 아닌 한, 이방인들에게 없는 금지). 바울은 고린도전서 10:6에서 ἐπιθυμέω와 그 동족어들을 이스라엘 백성에게 적용한다. 이 용어는 아마도 로마서 6:12, 13:9과 갈라디아서 5:16-17, 24에서 유대인의 행위를 포함할 것이다.[141]

더욱이 유대인들은 이방인들에게만 정욕이 있다고 믿지 않았다. 앞에서 언급했듯이, 유대인들은 토라가 정욕에 맞서 싸우는 데 도움이 된다고 말했다. 고린도전서 9:20처럼, 로마서 2:17, 20, 23에서, 그리고 로마서 3:19과 7:1-4, 9:4, 31에서는 더 분명하게, 율법 아래 있는 자들은 유대인들이다(바울이 "할례"와 "무할례"를 대조한 것도 보라). 로마서에서 바울은 갈라디아서처럼 할례를 받으라는 압박 아래 있는 이방인들에게 말하는 것 같지 않다. "너희 이방인들"이라는 바울의 언급(롬 1:13; 11:13) 역시 구성원 모두가 이방인이라는 것을 의미하지 않는다(참조. 16:3, 7, 11).

이것은 율법 아래서의 삶에 대한 바울의 묘사가 로마 신자들에게 경고로서 작용했을 수 있다는 점, 그들 중 많은 사람 또는 대부분이 이방인(롬 1:5, 13; 11:13)이었지만 아마도 원래 유대인 신자들을 통해 예수에 대해 배웠을 가능성이 있음을 부인하는 것이 아니다. 물론 율법 아래에서 이스라엘의 경험은 율법 아래 있는 **인간**의 경험이며,[142] 율법을 지키려는 노력은 문화와 습관으로 많은 계명을 지키며 자라지 않은 개종자들에게는 훨씬 더 컸을 수 있다. 로마서 1:18-32의 타락한 생각은 이교도의 생각이

---

141 엡 2:3; 딛 3:3. πάθημα는 롬 7:5뿐만 아니라 갈 5:24에도 등장한다. 비록 πάθος는 이곳(롬 1:26)과 살전 4:5; 골 3:5에만 등장하지만 말이다. 일부 본문에서 이 단어들의 부정적 역할에도 불구하고, 대부분의 본문에서 바울은 이방인들을 언급할 때 그들을 폄하하지 않는다(예. 롬 1:5, 13; 2:14, 24).

142 참조. 예. Engberg-Pedersen, *Paul and Stoics*, 242.

다. 바울에게 여기서 더 잘 알려졌으나 무능한 생각은 그리스도 없이 율법 아래 있는 모든 사람의 생각이다. 하지만 바울은 이방인과 유대인, (롬 7장에서처럼) 토라 아래 있는 사람들과 좀 더 일반적인 자연법만을 가진 사람들 모두가 그리스도 없이는 죄 아래 있다는 것을 계속해서 예증한다 (2:11-16; 3:9, 19-20).

로마서 7:7-25의 문맥과 기능에 대한 개요

바울은 로마서 6:14에서 매우 궁금한 진술을 제시한다. "죄가 너희를 주장하지 못하리니, 이는 너희가 법 아래에 있지 아니하고 은혜 아래에 있음이라." "법 아래에 있는 것"—바울이 선하고 영감을 주는 것으로서 인정했던 율법(롬 7:12, 14)—이 어떻게 죄의 통치를 용이하게 할 수 있었을까? 바울은 죄의 실체가 무엇인지를 좀 더 분명하게 보여줌으로써 율법이 인간의 죄와 관련된 범죄를 증가시켰다고 이미 언급했다(5:13, 20). 이 설명은 로마서 앞의 몇 장에서 대단히 중요한 바울의 주장에 들어맞는다. 즉 이방인들은 제한된 지식을 가지고 있으며, 자신의 죄에 따라 심판받을 것이다. 율법을 아는 사람들은 지식을 더 많이 가지고 있는데, 그들 역시 그들이 지은 죄에 따라 심판받을 것이다(1:18-3:31, 특히 2:12, 25; 참조. 암 3:2). 더 온전한 지식은 더 온전한 책임이 따른다.

　　로마서 7:1에서 바울은 "율법 아래" 있다는 의미가 무엇인지를 다시 논의한다. 율법은 "한 사람을 지배하고", 따라서 한 사람을 관할하며, 그 사람이 사는 동안 정죄할 권리가 있다. 하지만 그리스도와 함께 죄에 대하여 죽은 사람들은(롬 6:2-11) 율법의 지배에 대해서도 죽었다(7:4, 6).[143] 이 비교는 바울이 율법과 죄를 연결하는 데 있어 이 둘을 동일시하는지를 (7:7) 가상의 대담자가 질문하는 기회가 된다. 바울은 율법이 **어떻게** 범죄를 더하는지를 보여줌으로써 7:7-25의 극적인 독백으로 대답할 것이다. 율법이 없는 이방인들처럼, 인종적 유대인들과 개종자들 모두가 죄를 지었다. 하지만 그들에게는 율법이 있으므로, 그들은 더 잘 알면서도 죄를 범한 것이다. 따라서 그들은 더 엄격한 심판에 직면한다(2:12, 23; 3:20; 4:15; 5:13, 20; 7:5-9). 율법은 알게 할 수는 있지만 변화시키지 못한다. 율법은 그 자체로 죄를 짓지 못하게 할 수 없다.[144]

이미 언급했듯이,[145] 유대교 전통은 율법이 사람들에게 정욕, 좀 더 오랜 전통에서는 악한 충동을 극복할 수 있는 권한을 부여했다고 강조했다. 그러나 바울은 로마서 7:5에서 율법이 실제로 죄의 정욕에 주의를 집중시키고 그것을 막으려는 시도와 관련하여 단순한 이성의 취약성을 드러냄으로써 죄의 정욕을 불러일으키는 것이라고 주장한다. 7:6에서 바울은 율법에서 해방된 사람들은 더 이상 문자(율법 조문)의 묵은 것으로 섬기지 않는다고 말한다. 이런 해방은 아담 안에 있는 옛 생명이 십자가에 못 박혔

---

143   나는 여기서 생략된 다양한 요점을 평가절하하는 것이 아니다. 하지만 나는 그 내용을 로마서에 대한 더욱 충분한 주석을 위해 유보하거나 나의 짧은 로마서 주석에서 언급한다.

144   즉 율법은 여느 시민법처럼 기능했다. 따라서 바울에게 문제는 율법이 아니라 인간의 마음이다(롬 7:14). 그러나 이상적으로 새 언약의 경우처럼(렘 31:33; 겔 36:25-27, 고후 3:3, 6), 하나님이 마음에 율법을 기록하신다면(신 30:6) 문제가 달라진다. 바울은 이것이 오직 성령으로 말미암아 신성한 활동을 통해서만 온다는 것을 믿는다(롬 8:2; 고후 3:3, 6, 8, 17-18).

145   본서 1장의 "결론", 2장의 "그리스도와 함께 죽음(롬 6:1-10)", 3장의 "이스라엘"의 마무리 부분을 보라. 좀 더 자세한 내용은 3장에서 다룰 "헬레니즘 유대교 자료의 정욕과 율법" 단락과 "유대인의 정욕: 악한 충동" 단락을 보라.

고, 그리스도와 연합한 사람들이 죄의 종에서 해방되었다는 사실을 상기시킨다(6:6). 더욱이 율법에서 해방된 사람들은 성령의 새롭게 하심으로 섬긴다(7:6).[146] 이는 그리스도 안에서 새 생명이 시작되었음을 회상하고(6:4), 마음의 새롭게 됨(12:2)과 8:2-16, 23, 26-27에서 자유하게 하시는 성령에 대한 논의를 언급하는 설명이다.

로마서 7:7-25의 인물은 분명히 율법 아래에 있다(롬 7:7-9, 14, 23, 25). 이 인물은 육신 안에 있다(7:14, 18, 25). 이는 바울이 7:5에서 묘사한 과거의 상태와 같다("우리가 육신에 있을 때에"; 8:9과 대조됨). 죄는 7:5에 언급된 것처럼, 그의 지체들 안에서 역사한다(7:23). 이 인물은 죄의 종이다(7:14). 이것은 하나님의 종이 되었고 죄에서 해방된 사람과 대조되며(6:18, 20, 22), 7:6에 묘사된 새 생명과 대조된다. 새 생명을 특징짓는 성령의 능력 주심(7:6)은 바울의 묘사에 분명히 부재하며, 8:2-16에서야 비로소 등장한다.

일찍이 언급했듯이, 전후 문맥에 비춰볼 때 로마서 7:7-25은 율법 아래 있는 삶, 즉 7:5의 옛 삶을 묘사하고 있는 것이 분명하다. 7:6의 성령 안에 있는 새 생명은 8장에서 더 자세히 설명된다. 고대의 저술가들은 때때로 그들이 다루려는 내용의 요지를 간단하게 개요로 설명하곤 했다.[147] 나는 다른 많은 주석가의 의견에 동의하면서 바울이 7:5-6에서 그렇게 했

---

146 일부는 국가에 대한 책임의 측면에서 자유를 이해했다(참조. Chinn, "*Libertas*"에서 Statius *Silv.* 1.6에 대한 이 사상의 공헌).

147 다음을 보라. 예. Gorg. *Hel.* 6-8, 20(6-19와 함께); Pliny E. *N.H.* 33.21.66(33.21.67-78과 함께); 요 16:8-11; Pliny *Ep.* 6.29.1-2; Dio Chrys. *Or.* 38.8; Tac. *Ann.* 16.21(16.21-32와 함께); Arius Did. 2.7.5a, p. 10.6-7(p. 10.7-15와 함께); Gaius *Inst.* 1.9-12; Men. Rhet. 2.1-2, 375.7-8; 2.1-2, 385.8(385.9-386.10과 함께); Apul. *Apol.* 27(29-65와 함께), 61, 67; Porph. *Marc.* 24.376-84. 참조. Anderson, *Glossary*, 32-33; Rowe, "Style," 134.

다고 믿는다.[148] 따라서 바울이 그의 현재 삶과 다른 인물을 묘사할 수 없다고 말하는 사람들은 그가 그 인물을 다르게 소개하지 않는다는 이유로 이렇게 주장하지만, 그에 반대하여 우리는 사실상 바울이 그 인물을 다르게 소개하고 있다고 말할 수 있다.

로마서 7장의 해석을 둘러싼 다양한 논쟁으로 인해, 이 장의 중심적인 요지로 돌아가기 전에 서론적인 쟁점들을 간략하게 살피는 것이 필요했다. 하지만 이제 나는 로마서 1장에서 제기된 생각과 정욕의 문제로 다시 돌아간다.

정욕의 문제

일부 행위는 조금 더 쉽게 피할 수 있지만, 해서는 안 되는 것을 바라는 문제는 더 심각하다. 그것은 단순히 한 사람의 행위가 아니라 그의 성품을 말한다. 하지만 이것 역시 몇 가지 문제를 제기한다. 예를 들어 자신의 정체성을 정의하면서 어쩌면 잠깐의 혼동으로 자극을 받아 욕망해서는 안 되는 것에 순간적으로 관심을 보이는 것과 금세 폭발할 것 같고 심지어 배양되기까지 해서 불의한 행동으로 이어질 수 있는 정욕 사이의 선을 어디에 그을 것인가?

욕망은 (1장에서 언급했듯이) 이방인 철학자들에게뿐만 아니라[149] 많은 유대인 사상가들에게도 문제였다. 하지만 유대인 사상가들은 그들만의

---

148   예. Seifrid, *Justification*, 232; Stowers, *Rereading*, 270; Stuhlmacher, *Romans*, 115; Osborne, *Romans*, 173; Barclay, *Gift*, 502n14; 참조. Harrison and Hagner, "Romans," 116에 동의함.

149   1장 "정욕으로 더럽혀진 생각" 단락을 보라.

독특한 접근 방식이 있었다. 그것은 종종 토라와 관계가 있었고, 그들 사이에서조차 다양한 관점에서 차이가 있었다. 예컨대 랍비들보다 좀 더 헬레니즘적인 「마카베오 4서」 혹은 바울의 접근 방식, 그리고 대부분의 다른 유대교 자료들보다는 바울에게서 볼 수 있는 토라에 대한 다른 접근 방식이다.

헬레니즘 유대교 자료의 정욕과 율법

1장에서 나는 이성과 정욕 사이에서 이방인 사상가들의 반대를, 그리고 바울이 어떻게 타락한 이성이 이교도의 지적 기대에 반하여 결국 정욕의 노예를 단순히 확산시켰을 뿐이라고 주장하는지를 다뤘다.[150] 헬레니즘 유대교 저자들은 다수의 철학자처럼 정욕을 해로운 것으로 (그리고 철학자들을 넘어 죄가 되는 것으로) 여겼다.[151] 예를 들어 1세기 유대인 철학자 필론이 이해하기에, 육체와 정욕을 사랑하는 생각은 쾌락의 종이 되며, 하나님

---

150   본서 1장을 보라.
151   예. 4 Macc. 3:11; *T. Dan* 4:5; *T. Ash.* 3:2; 6:5; Sir. 18:30-32(참조. 6:2, 4); 욕망은 *Apoc. Mos.* 19:3에서 모든 죄의 기원으로 이해된다; *T. Jud.* 13:2에서 성적인 욕망은 위험할 수 있음; *T. Jos.* 3:10; 7:8; *T. Reub.* 4:9; 5:6. 필론은 *Creation* 157-59; *Alleg. Interp.* 3.161; *Sacr.* 32에서 "쾌락을 사랑하는 자들"이라고 혹평한다. 참조. *T. Iss.* 3:5의 성적인 "쾌락". *T. Reub.* 2:8은 성관계에 대한 욕망은 선하지만, 쾌락에 대한 사랑으로 이어질 수 있다고 경고하는 성서적 입장을 유지한다. 필론(*Creation* 152)은 여자가 죄를 소개하면서 남자에게 성적인 쾌락을 가져왔다고 불평한다. 통치자들은 쾌락에 정신이 분산되는 것을 피해야 하는데(*Let. Aris.* 245), 그 이유는 백성들이 쾌락에 빠지기 쉽기 때문이다(277; 참조. 108, 222).

의 음성을 들을 수 없다.[152] 대부분의 이방인 철학자들처럼,[153] 이런 유대교 사상가들은 정욕을 극복하기 위한 열쇠가 이성이라고 주장했다.[154]

유대인 사상가들에게 정욕을 극복하는 이성의 전형은 토라에서 발견 되었다.[155] 로마의 유대인 공동체가 율법에 대해, 그리고 고대의 다른 법전 들보다 율법이 우월하다는 것에 대해 고도로 발전된 지식을 가지고 있었 음을 시사하는 강력한 증거가 있다.[156]

다른 사상가들은 이미 법과 이성을 비교했다. 비록 지혜자들은 이성 을 선호했지만 말이다. 몇몇 사람은 법을 국가가 동의하는 이성의 측면에 서 정의했다.[157] 어떤 사람들은 철학이 법보다 더 낫다고 주장했는데, 그 이유는 철학이 내부로부터 올바른 삶을 가르치기 때문이었다.[158] 스토아

---

152 Philo *Unchangeable* 111. 이것은 부끄러운 일에 의해 더럽혀지지 않은 성스러운 생각과 대 조된다(*Unchangeable* 105). 필론이 이해하기에, 에덴동산의 뱀은 쾌락이다(예. *Creation* 157-60, 164; *Alleg. Interp.* 2.71-74; *Agr.* 97).

153 1장 "정욕으로 더럽혀진 생각"의 논의를 보라.

154 예. 4 Macc. 1:1, 9, 29; 2:15-16, 18, 21-22; 3:17; 6:31, 33; 7:4; 13:1-2, 7; Philo *Creation* 81; *Alleg. Interp.* 3.156; Tobin, *Rhetoric*, 231; Stowers, "Self-Mastery," 531-34; 4 Maccabees에 대해서는 Krieger, "4. Makkabäerbuch"; Dijkhuizen, "Pain"; 참조. Fuhrmann, "Mother"; Dunson, "Reason"을 주목하라. 정통 스토아 철학과 대조적으로 4 Macc. 3:2-5 는 이성이 정욕을 제거하기보다는 그것에 굴복한다고 주장한다. 참조. *T. Reub.* 4:9; Jos. *Ant.* 4.328-29. 초기 기독교에 대해서는 (Bray, *Romans*, 195에 언급된) Pelagius *Comm. Rom.* on 7:22(PCR 104-5)를 보라.

155 4 Macc. 2:23을 보라; Campbell, *Deliverance*, 564도 보라. 요세푸스와 필론에게 정욕 을 피할 수 있는 극기를 제공하는 율법에 대해서는 Stowers, "Self-Mastery," 532-34; Rodríguez, *Call Yourself*, 129, 155을 보라. 원리상 선한 율법은 선한 사람들을 만들게 되어 있었다(Polyb. 4.47.3-4). 왜냐하면 율법은 정욕의 지배를 받지 않기 때문이다(Arist. *Pol.* 3.11.4, 1287a).

156 Tobin, *Rhetoric*, 28-30을 보라. 로마는 책을 출판하고 공급하는 고대의 중심지 중 하나였 다. White, "Bookshops," 268, 277을 보라(하지만 플리니우스는 다른 지역들을 언급한다).

157 *Rhet. Alex.* pref. 1420a.26-28; 이 동의는 사회적 계약의 관점과 같은 것을 표현한다.

158 Crates *Ep.* 5.

철학은 오직 지혜자만이 참된 법을 깨닫고 순종할 수 있다고 느꼈다.[159] 많은 사상가들은 지혜나 덕이 있는 사람들은 법이 없어도 옳은 일을 행하려고 할 것이므로 율법이 필요 없다고 믿었다.[160] 몇몇 사람은 만일 모든 사람이 선하다면, 기록된 율법이 없어도 명예가 충분한 절제를 제공할 것이라고 제안했다.[161] 이런 사상들은 철학자들을 넘어 일반적인 생각이 되었다(참조. 갈 5:23; 딤전 1:9).[162]

유대인 사상가들은 이방인 사상가들의 의견보다 그들을 더욱 설득하는 본문의 권위에 호소하면서 모세 율법에서 정욕을 거스르는 분명한 보증을 발견했다. 열 번째 계명인 "탐내지 말라"(οὐκ ἐπιθυμήσεις, LXX 출 20:17과 ἐπιθυμέω를 사용하는 신 5:21)는 구체적으로 정욕을 극복하는 것을 다룬다.[163] 바울은 바로 이 계명을 인용하면서(롬 7:7), 율법이 결코 정욕을 근절하지 못한다고 주장한다. 오직 그리스도만이 사람을 죄에서 해방하

---

159 Arius Did. 2.7.11i, p. 76.33-36; 참조. 2.7.11d, p. 68.1-3, 6-8. 참조. Mus. Ruf. 2, p. 36.18-19, 비록 성취하지 못할지라도, 모든 사람이 이와 같은 덕을 실천할 **능력**을 갖고 있다는 주장.

160 Dio Chrys. Or. 69.8-9; Lucian Dem. 59; Diog. Laert. 2.68 (Aristippus); Porph. Marc. 27.424-25; 참조. 디오게네스에 관한 Max. Tyre Or. 36.5; 태초의 세상에 관한 Ovid Metam. 1.89-90. 자연의 법을 따르는 사람들은 결코 오류에 빠지지 않을 것이다(Cic. Off. 1.28.100); 내재적 법은 다른 것들을 불필요하게 여긴다(Max. Tyre Or. 6.6; 참조. Porph. Marc. 27.422-23; Philo Abr. 16); 덕이 있는 사람들은 지혜롭게 행동하며, 따라서 그들이 원하는 것을 자유롭게 행한다(Philo Good Person 59). 참조. Arist. Pol. 3.8.2, 1284a, 몇몇 사람은 이것을 갈 5:23과 비교한다(Bruce, "All Things," 90).

161 Dio Chrys. Or. 76.4.

162 "덕이…법보다 높다"(Menander Karchedonios frg. 4, in Stob. Anth. 3.9.16; 4.1.21; 번역. Arnott, LCL, 2:133); 이상적인 것은 도시가 법을 필요로 하지 않는 것이다(Men. Rhet. 1.3, 360.12-13). 물론 실제로는 많은 사상가가 법의 가치를 칭송했다(예. Aeschines Tim. 4, 13; Polyb. 4.47.3-4).

163 Tobin, Rhetoric, 231-32, 4 Macc. 2:4-6을 인용함; Philo Decal. 142-53, 173-74; Spec. Laws 4.79-131. Philo Spec. Laws 4.80에서는 자신에게 결핍된 것을 가지려는 욕망이 가장 문제를 일으키는 정욕이다.

신다.[164]

로마서 7:7의 탐심

유대인들이 다른 사람의 물건을 탐내는 것이 나쁘다고 인식한 유일한 사람들은 아니었다. 몇몇 이방인 역시 이를 언급했다.[165] 그러나 바울이 여기서 구체적으로 인용하는 것은 명시적으로 "율법"에서 유래한 유대인이며, 이전 문맥의 주제였던 동일한 율법이다(롬 7:1-7a).

여기서 욕망을 과도하게 지정하지 말라

여기서 이와 같은 탐심의 의미는 일반적으로 적절하지 않은 모든 욕망을 언급할 것이다. 이와 대조적으로 몇몇 학자는 여기서 말하는 죄가 종교적 명예를 탐내는 것[166](로마서의 여러 곳에 있는 쟁점이지만 그곳에서는 전형적으로

---

164   Stowers, "Self-Mastery," 536에 동의함; 참조. Engberg-Pedersen, *Paul and Stoics*, 232; 구원에 대한 율법의 불충분성은 Romanello, "Impotence"를 참조하라. 바울은 정욕을 참을 수 있는 사람의 능력에 대해 필론과 특히 4 Maccabees보다 더 비관적이었다(Gemünden, "Culture des passions"). Hübner("Hermeneutics," 208)는 롬 7장에서 "깨달음과 관련한 많은 동사"(7:7, 13, 14, 15, 16, 18, 21, 22, 23)와, (212-13에서) "의지"와 관련한 동사들(7:15, 16, 18, 19, 20, 21)을 바르게 강조하지만, 7:15의 깨달음에 대한 무능력에 초점을 둔다(212).

165   탐욕에 대해서는 다음을 보라. Thucyd. 3.82.8; Diod. Sic. 21.1.4a; Cato *Coll. Dist.* 54; Mus. Ruf. 4, p. 48.9; 20, p. 126.18, 21; Dio Chrys. *Or.* 13.32; 17; 34.19; Lucian *Charon* 15; 이보다 이른 시기에 언급된 *Instruction of Ptah-hotep* in *ANET* 413; Hesiod *W.D.* 195의 부러움; Musaeus *Hero* 36-37; Eurip. *Oed.* frg. 551; Xen. *Mem.* 3.9.8; Thucyd. 2.35.2; Philod. *Prop.* col. 24.7; Corn. Nep. 8 (Thrasybulus), 4.1-2; Cic. *Fam.* 1.7.2; Epict. *Diatr.* 4.9.1-3; Dio Chrys. *Or.* 34.19; 77-78; Fronto *Ad M. Caes.* 4.1; Hermog. *Inv.* 1.1.95; Philost. *Ep. Apoll.* 43. 더 자세한 내용은 Keener, *Acts*, 2:1206-8의 자료를 보라.

166   Jewett, *Romans*, 451, 갈 1:14-15과 비교함.

"자랑하는 것"으로 명명됨; 롬 2:17, 23; 3:27; 4:2), 또는 "그리스도 안에 있는 유
대인 가운데서 유대인의 우선권에 대한 **탐욕스러운** 주장", "사람이 극복
하는 데 율법이 도와줄 수 없는 인간의 죄"[167]라고 제안한다. 이와 같은 행
위가 로마서에서 율법 아래 있는 죄를 전형적으로 보여준다는 점을 고려
할 때, 그것은 바울이 여기서 죄를 설명하기 위해 제시하는 유일한 예가
결코 아니며(롬 2:21-22; 13:9), 이런 측면에서만 배타적으로 설명되지도
않는다.

다소 더 일반적으로, 그러나 여전히 너무 구체적으로 일부 학자들은
ἐπιθυμία와 그 동족어를 성적 "욕망"으로 간주하여 여기서 성적인 언급을
제안한다.[168] 새로운 호르몬을 체험하는 청소년은 탐욕을 금하는 것이 매
우 어렵다는 것을 경험할 수 있다.[169] 70인역에서 이웃의 아내를 탐하는 것
은 금지의 첫 번째 예로 등장한다. 이것은 왜 「마카베오 4서」 2:1-6이 (2:5
에 인용된) 금지를 특히 성적 욕망을 극복하는 젊은 남자(요셉)의 이성에 적
용하는지에 대한 이유일 것이다.[170]

---

167   Nanos, *Mystery*, 358(참조. 362, 364-65).

168   롬 1:24; 살전 4:5; 딤후 3:6; 잠 6:25; Sir. 20:4; 마 5:28; Jos. *Ant.* 1.201; *T. Reub.* 5:6; *Did.*
       3.3; Ign. *Pol.* 5.2-3; *Herm.* 1.8; 2.4; Mus. Ruf. 7, p. 56.17-18. 하지만 이것은 이 용어의
       의미론적 범위의 일부에 불과했다. 다음을 보라. 롬 6:12; 13:14; 갈 5:16-17, 24; 엡 2:3;
       4:22; 딤전 6:9; 딤후 4:3; 약 1:14-15; 4:2; 벧후 1:4; 막 4:19; 요 8:44; 행 20:33; 민 11:4,
       34; 잠 12:12; Sir. 18:30-31; Wis. 16:3; 19:11; 1 Macc. 4:17; 11:11; 4 Macc. 1:32, 34;
       3:11-12, 16; *1 Clem.* 3.4; 28.1; *2 Clem.* 17.3; Galen *Grief* 42-44(특히 43). 하나님의 "계
       명"(롬 7:8-13)은 성적인 문제에 적용될 수 있었다(*T. Jud.* 13:7; 14:6). 그러나 다시 말하
       건대 이것은 그 용어의 의미 범위에서 매우 좁은 부분이었다(참조. 고전 7:19; 14:37; 엡
       2:15; 6:2; 골 4:10; 창 26:5; 레 26:3; 4 Macc. 8:29-9:1; 16:24).

169   Gundry, "Frustration," 233. Gundry는 청소년이 성적 성숙에 이르는 동시에 토라 아래에
       서 성숙과 책임의 나이에 도달한다고 말한다.

170   롬 7:7의 유비는 단순히 동일한 성서적 명령에 대한 고려를 반영할 것이다(Charlesworth,
       Pseudepigrapha, 78).

고대 철학자들은 종종 단순히 육체적 정욕을 짐승처럼 탐닉하는 사람들에 관해 말하곤 했다.[171] 대신에 이상적인 것은 인간만의 특징인 지성의 선물을 개발하는 것이었다. 개는 남들이 보는 앞에서 교미할 수 있었다(견유학파 철학자들도 그랬겠지만, 이것은 철학적 규범이 아니었다). 철학자들은 성적 충동에 지배받는 사람들을 경멸했다. 성적 욕망이 육체적인 죄의 방식과 생각에 대한 바울의 고려사항에서 눈에 띄게 두드러진다는 것은 그의 편지들에 분명히 나타난다(롬 13:13-14; 갈 5:17, 19; 골 3:5; 살전 4:4-5; 참조. 고전 6:9). 이것은 이 쟁점과 관련하여 이방인의 행위에 대한 유대인의 생각과 부합한다. 이것은 로마서 7장에 인용된 핵심 본문의 문맥에 의해서도 암시된다. 그러나 여기서 바울의 주장은 좀 더 일반적이며, 배타적으로 성적인 것만을 의미하지 않는다. 출애굽기 20:17(LXX)의 첫 번째 목적을 고려할 때,[172] "탐내지 말라" 또는 "욕망하지 말라"는 명령에 대한 바울의 구체적인 예는 당연히 성욕의 지배를 받는 생각의 문제를 포함한다. 율법은 사람이 이와 같은 욕망을 억제하기를 바라게 만들 수 있지만, 생물학적 충동은 그런 충동을 억제한다고 해서 쉽게 힘을 잃지 않는다. 왜냐하면 성적 충동에 집중하면 할수록 그것에 불을 지피게 되기 때문이다.

몇몇 학자는 후기 랍비 문학의 악한 충동을 특히 성적인 죄와 연결한다.[173] 그런 연결이 두드러지게 나타나지는 않지만,[174] 그 충동은 좀 더 광

---

171 본서 1장의 "하나님의 형상을 바꿈(롬 1:23-27)" 단락에 언급되었다.

172 "네 이웃의 아내"는 히브리어 본문에서 두 번째로 등장하지만, 70인역은 그것을 "네 이웃의 집" 혹은 "가정"과 위치를 바꾼다.

173 Davies, *Paul*, 21; Gundry, "Frustration," 233.

174 *Abot R. Nat*. 16 A; *b. Sanh*. 45a; *Ruth Rab*. 6:4; *Naps Num*. Rab. 10:10을 보라. 결혼은 성적 충동을 저지할 수 있는 좋은 방어였으며(*b. Qid*. 30b), 우상숭배의 성향과 다르게 성적 부도덕의 성향은 이스라엘을 여전히 유혹하는 유일한 것이었다(*Song Rab*. 7:8, §1). 참조. "성관계의 영"은 그 자체로는 건강한 것이지만, 한 사람을 쾌락의 죄에 취약하게 만들

범위한 관계를 맺고 있는데,[175] 예를 들어 우상숭배와 연결되기도 한다.[176] 따라서 다른 사람들은 이런 주장이 너무 구체적이라고 주장하면서 여기서 성적 언급에 대해 이의를 제기한다.[177] 실제 의미는 이런 제안들에서처럼 그렇게 구체적일 것 같지 않다. 바울이 이 계명을 선택한 이유는 그것이 다른 사람들에게 가장 눈에 띄지 않고 오로지 마음에만 적용되는 계명이기 때문일 것이다.[178]

필론은 십계명이 탐심 또는 욕망(ἐπιθυμία)에 대한 금지에서 절정에 이른다는 의견을 제시한다. 왜냐하면 탐심이나 욕망은 내부에서 기인하는 최악의 위협이기 때문이다.[179] 몇몇 사람은 이 구체적인 계명이 로마서 7:7-25 전체와 8:4의 견해에 남아 있다고 주장한다.[180] 스토아 철학의 영향을 받은 헬레니즘 유대교 진영의 일부 사람들은 이 계명을 좀 더 일반적

있다(*T. Reub.* 2:8). 이것은 스토이 철학의 원래 형식에 부합한다(Brennan, "Theory," 61-62n31을 보라).

175 다음을 보라. 예. *Sipra A.M. pq.* 13.194.2.11(일반적임); *Pesiq. Rab Kah.* Sup. 3:2(자살 충동). Rosen-Zvi("Ysr")는 오직 바빌로니아 탈무드만이 악한 충동을 특별히 성적 부도덕과 연결한다고 주장한다.

176 *Song Rab.* 2:4, §1; *Tg. Ps.-Jon.* on Exod. 32:22; Davies, *Paul*, 30; Urbach, *Sages*, 1:482.

177 Schreiner, *Romans*, 369-70; Jewett, *Romans*, 448, 465; Das, *Debate*, 216.

178 Hunter, *Message*, 86. 이 계명이 마음에만 적용된다는 것은 나머지 아홉 개의 계명을 어떻게 읽어야 할지를 고려하라고 요청한다(Kaiser, *Preaching*, 65-66; 마 5:21-28에서 마음에 대한 계명의 요구를 사용하는 것도 보라). 바울(롬 13:9)과 그의 자료, 예수(막 12:29-31)는 모두 사랑을 율법의 대강령으로 다룬다. 필론에게 율법의 대강령으로서 열 번째 계명에 대해서는 Knox, *Jerusalem*, 131을 보라.

179 Philo *Decal.* 142. 모든 죄의 뿌리로서 탐심에 대해 Dunn(*Romans*, 1:380)은 Philo *Creation* 152; *Decal.* 142, 150, 153, 173; *Spec. Laws* 4.84-85; *Apoc. Mos.* 19:3; 약 1:15을 인용한다. 다른 초기 유대교 윤리에서 마음을 강조한 것에 대해서는 *m. Ab.* 2:9; *b. Ber.* 13a; *Tg. Ps.-Jon.* on Lev. 6:2; Bonsirven, *Judaism*, 95; Montefiore and Loewe, *Anthology*, 272-94; Pawlikowski, "Pharisees"를 보라.

180 Ziesler, "Requirement." 몇몇 사람은 이 제안이 지나치게 구체적임을 발견할 수 있을 것이다.

으로 욕망에 대한 금지로서 읽는다.[181]

불법적인 욕망

하지만 여기서 욕망을 너무 폭넓게 정의하는 것도 가능하다. 가장 극단적
인 헬레니즘 사상가들과 다르게,[182] 바울은 모든 육체적 욕망의 정복을 요
구하지는 않았을 것이다.[183] 예를 들어 바울은 결혼 안에서의 성욕이나,[184]
음식을 즐기는 것을 반대하지 않는다.[185] 이런 요점들에 대해 바울은 일부
이방인 사상가들의 금욕생활이 아니라, (고대 평민 대부분의 일반적 관점과 함
께) 철저하게 관습적인 주류 유대교의 관점을 반영한다.

바울은 정욕에 대해 말할 때, 일부 철학자들과 다르게 정욕을 정의하
지 않는다. 하지만 그가 금지된 욕망과 탐내지 말라는 율법의 명령을 결부
시킨 것은 성서의 계명이 상황적으로 구체화하는 것, 즉 다른 사람에게 속
한 것을 욕망하는 것을 전제할 것이다. 육체가 욕망하는 것은 생존 혹은

---

181 Dunn, *Romans,* 1:379, 4 Macc. 1:3, 31-32; 2:1-6; 3:2, 11-12, 16을 인용함; Philo *Alleg.
Interp.* 3.15; *Posterity* 26; Stowers, *Rereading*, 60 (참조. 47), 특히 필론과 4 Maccabees를 인
용함. 그것은 하나님의 공급을 불평하는 방식에서 음식에 대한 탐심에도 적용된다(고전
10:6; in the LXX, 민 11:4; 시 105:13-14 [106:13-14 ET]).

182 대부분의 사람들은 적절한 욕망이 아니라 과도한 욕망을 반대했다(Deming, *Celibacy*, 45,
69n70, 128nn85-86). 스토아 학파에게 일부 욕망 또는 관심은 만약 그것이 자연적 경계
내에서 유지되기만 한다면 도덕적으로 아무런 문제가 없고, 따라서 용납될 수 있었을 것
이다.

183 다른 사람들과 마찬가지로 바울은 올바른 문맥에서 적극적인 방법으로 ἐπιθυμία를 사용
할 수 있었다(빌 1:23; 살전 2:17).

184 고전 7:9을 보라(일부 해석자들이 살전 4:4-5를 이해하는 방식과 다르다). 초기 유대교
자료에 대해서는 Mueller, "Faces"의 논평을 보라.

185 롬 14:2-3, 6; 고전 9:4; 골 2:16을 보라. 참조. 딤전 4:3-5에서 전통적인 유대교 축복문의
반영.

성서적으로 규정된 인간의 생식에 필요한 것일 수 있다.[186] 하지만 생각은 그런 욕망을 이루는 것을 하나님의 법이 허용하는 것으로 제한해야 할 책임이 있다. 목마른 사람의 물에 대한 갈망이나 한 사람의 번식욕은 그 자체로 잘못된 것이 아니다. 하지만 다른 사람의 우물이나 배우자를 욕망하는 것은 잘못이다. 욕망은 통제되기보다 틀림없이 이용된다.

선을 위해 생겨난 욕망이 도덕적 이성의 지배를 받는 대신 사람을 지배할 때 욕망을 정복하는 것에 대한 문제가 발생한다. 바울은 다음과 같이 한탄한다.

> 내 [몸의] 지체 속에서 한 다른 법이 내 마음의 법과 싸워 내 지체 속에 있는 죄의 법으로 나를 사로잡는 것을 보는도다.…이 사망의 몸에서 누가 나를 건져내랴?…그런즉 내 자신이 마음으로는 하나님의 법을, 육신으로는 죄의 법을 섬기노라(롬 7:23-25).

강한 의지가 있는 지성은 그런 욕망이 외적 행위로 열매를 맺지 못하게 할 수 있지만, 생각을 억제하려는 시도 자체가 그것에 관심을 집중시킨다. 단순히 일시적이거나 거슬리는 생각은 기껏해야 확인된 것처럼 쉽게 무시되거나 거부될 수 있는 질문을 제기하지만, 사람의 저항은 질문이 쟁점을 계속 폭로함으로써 약해질 수 있다. 특히 자신의 의에 대한 변호를 그리스도께 맡기는 대신 스스로 그 문제를 억누르거나 해결하려고 양심적으로

---

186   *yēṣer*(욕망)에 대한 일부 랍비적 접근과 비교하라. Kruse(*Romans*, 330)는 롬 8:5의 생각의 죄악된 틀과 연결하면서 갈 5:16-25(특히 5:17을 주목하라)을 인용하는데, 이는 매우 유익하다. 갈 5:19-21은 육신이 원하는 것을 예증하며, 5:22-23은 성령이 원하시는 것을 예증한다.

노력하는 사람이라면 말이다. 최소한 실패가 특히 대부분의 양심적인 사람들을 낙담시킬 수 있다.[187] 바울은 탐심에 대한 금지를 무작위로 선택하지 않았다. 그가 그것을 선택한 것은 그것이 마음을 다루므로 규제하기가 가장 어렵기 때문이다. 오직 자신의 의로움을 미리 확신하는 것만이 하나님의 표준에 의한 정죄로부터 그를 보호할 수 있다. 그리고 바울에게 이런 수용에 대한 확신은 오직 그리스도 안에서만 참된 것이다.

죄에 저항하고자 죄에 대해 생각하는 것은 질문을 구성하고 주제를 정의하는 죄와 정죄를 여전히 남긴다. 그래서 언젠가는 죄에 저항하는 것에 안주해야 한다. 많은 시간 동안 죄를 극복하는 데 목표를 두는 한, 그는 어쩌면 자신을 덜 양심적인 사람들과 비교하면서 자신이 계명을 성공적으로 수행했다고 자축할지도 모른다. 하지만 하나님의 표준에 대한 자신의 관점이 완전함이라면, (롬 3:20-24; 4:2; 5:18; 갈 3:22에 분명히 언급된 것처럼), 모든 실패를 의식하는 그는 죄와 죄책에 집착할 수 있다. 그리스도 안에 있는 새로운 계시는 이 문제에 대한 완전히 새로운 틀을 제공한다. 즉 죄가 아니라 그리스도 안에서 의에 대한 하나님의 선물, 육신이 아니라 성령 말이다. 로마서 7장은 철학자들이 자제력과 극기를 강조하는 것과 연결되지만, 이것은 단지 그런 강조 자체가 얼마나 부적절한지를 보여주기 위함이다. 생각은 옳은 것을 알고 행할 의지가 있을 수 있지만, 이 능력은 죄에 더 기꺼이 굴복하는 것과 관련하여 단지 상대적인 의를 제공할 뿐이다. 죄와 관련하여 사전 동의는 더 비난을 받을 수 있다(참조. 1:32; 2:15; 7:15-18).

---

187 특별히 세심한 바리새인들에 대해서는 Jos. *Life* 191을 보라. 참조. *War* 1.110; 2.162. 바울의 교훈적 과장법이 무엇이든지 간에, 그의 표준은 이보다 더 까다로운 것 같다.

추기: 정욕과 그 밖의 통념에 어긋나는 욕망에 관한 고대의 이해

비난할 점이 없는 것에 대한 고대의 요약은 칭찬할 만한 특정한 사람들이 불명예스러운 것을 생각하거나 의도한 적조차 없음을 강조했다.[188] 그리스 철학자들은 단지 행위만이 아니라 생각과 의도가 악할 수 있다고 종종 느꼈다.[189] 따라서 기원전 6세기의 철학자 탈레스는 신들이 생각의 순결함까지도 알고 요구한다고 믿은 것으로 알려진다.[190] 세네카는 단순히 공포에서 나온 덕을 지닌 여자를 불경스럽다고 정죄했다.[191] 다른 사상가들은 제우스의 친구가 악하거나 수치스러운 것을 갈망하지 않을 것이라고 주장했다.[192] 심지어 법조차도 단순히 내적인 태도는 아니지만, 사람들에게 알려진 음모를 벌할 수 있었다.[193] 바리새인들은 단지 외적인 행동만이 아니라 내적인 태도를 강조했다.[194] 일부 유대교 저술가들은 심지어 악을 **생각하는** 것조차도 정죄했다.[195]

---

188 Val. Max. 1.12.3; 2.1.1-2.

189 Boring, Berger, and Colpe(*Commentary*, 58)는 Aelian *Var. hist.* 14.28, 42; Epict. frg. 100; Diog. Laert. 1.36; Plut. *Busybody* 13; Cic. *Fin.* 3.9.32; Arist. *Magna moralia*를 인용한다.

190 Val. Max. 7.2.ext.8; Diog. Laert. 1.36.

191 Sen. Y. *Ben.* 4.14.1.

192 Dio Chrys. *Or.* 4.43.

193 Apul. *Flor.* 20.7-8을 보라.

194 예. *m. Ab.* 2:9; *b. Ber.* 13a. *kawwānâ*에 대한 랍비들의 토론과 비교하라(이에 대해서는 Bonsirven, *Judaism,* 95; Montefiore and Loewe, *Anthology*, 272-94; Pawlikowski, "Pharisees"를 보라). 참조. Jos. *Ag. Ap.* 2.183, 217 in Vermes, Religion, 32. 랍비 문서는 더 법적으로 보일 수 있는데, 그 이유는 그 문서가 실제로 **법적** 문서이기 때문이다. 하지만 이것이 랍비, 바리새인, 또는 유대인의 윤리를 모두 대표하지는 않는다(Davies, "Aboth," 127; Vermes, *Religion*, 195). 언약적 관점은 초기 유대교의 기도들에 더 잘 나타난다(Segal, "Covenant").

195 예. *Let. Aris.* 132-33; 하지만 *b. Hul.* 142a와 대조하여, 한 사람의 생각에서 죄를 피하는 것은 높은 표준이었다(*T. Zeb.* 1:4). 참조. "마음의 죄악된 생각을 위한" 대속(*Tg. Ps.-Jon.* on Lev. 6:2, 번역. Maher, 134).

많은 사람이 분노를 문제로 여겼다.[196] 분노를 통제하는 것은 명예로운 일이었다.[197] 분노는 특히 살인하려는 욕망의 정도까지 올라갈 때 위험한 것이 되었다.[198] 몇 몇 사람은 분노가 쉽게 살인으로 이어질 수 있다고 경고했다.[199] 일부 사람들은 흥분하는 것이 자기 생각을 잃는 것, 즉 잠시 제정신이 아님을 경험하는 것이라고 주장했다.[200] 스토아 학파는 분노에 맞섰다.[201] 에피쿠로스 학파는 분노를 부정적으로 보았지만, 스토아 학파처럼 그것이 근절될 수 있다고 믿지는 않았다.[202]

성욕에 대한 견해는 다양했지만, 대부분의 이방인은 대중적인 수준에서 그것을 문제로 여기지 않았다.[203] 철학적 접근도 다양했다. 에피쿠로스 학파는 당연히 정욕을 인정했으며, 포르피리오스와 같은 신플라톤주의자는 정욕을 통제하기를 원했다.[204] 하지만 철학 사상의 많은 학파들은 그것을 양면적인 감정으로 또는 부정적으

---

196   예. Publ. Syr. 214; Cic. *Quint. fratr.* 1.1.13.37-39; Lucian *Dem.* 51(Demonax를 인용함); Diog. Laert. 8.1.23; Keener, *Acts*, 3:2308-9에 인용된 많은 자료를 보라.

197   예. Cic. *Phil.* 8.5.16; *Prov. cons.* 1.2; Plut. *Contr. A., Mor.* 452F-464D(전체 논문); *Educ.* 14, *Mor.* 10B; Diog. Laert. 1.70을 보라.

198   예. 마 5:21-22; 요일 3:15; 참조. *T. Gad* 1:9; 4:4; Sen. Y. *Ben.* 5.14.2; Davies and Allison(*Matthew*, 1:509)은 *Tg. Ps.-Jon.*과 *Tg. Onq.* on Gen. 9:6; *Der. Er. Rab.* 11:13을 인용한다.

199   참조. Demosth. *Con.* 19; Sir. 8:16; Ps.-Phoc. 57-58; *Did.* 3.2; 참조. Hor. *Ep.* 1.2.59-62; Boring, Berger, and Colpe(*Commentary*, 57)는 Plut. *Uned. R.* 6, *Mor*를 인용한다.

200   Cato the Elder 16 in Plut. S. *Rom., Mor.* 199A; Hor. *Ep.* 1.2.61-62; Sen. Y. *Ep. Lucil.* 18.14(에피쿠로스를 인용하기를 좋아함); Philost. *Ep. Apoll.* 86.

201   예. Sen. Y. *Ep. Lucil.* 123.1-2; *Dial.* 3-5; Mus. Ruf. 3, p. 40.21; 16, p. 104.18(자제력을 강조함); Epict. *Diatr.* 1.15.1-5; 2.19.26; Arius Did. 2.7.10e, pp. 62-63.15-16; 2.7.11s, p. 100.6-7; Marc. Aur. 6.26.

202   Procopé, "Epicureans," 188-89. 분노에 대한 에피쿠로스 학파의 경고에 대해서는 Philod. *Crit.* frg. 12를 보라. 분노의 근절을 선호하는 스토아 철학에 대해서는 Van Hoof, "Differences를 보라.

203   이어지는 내용에서 나는 Keener, *Matthew*, 186의 자료를 논의했다. 참조. Keener, "Adultery."

204   Sorabji, *Emotion*, 11, 273-80; 에피쿠로스에 대해서는 Max. Tyre *Or.* 32.8을 보라. 자기 충동에 대한 다양한 견해에 대해서는 Sext. Emp. *Pyr.* 3.206을 보라. 자위는 이집트의 *Book*

로 이해했다.[205] 일부 사람들은 성교를 출산이 제공하는 공익을 위해서만 긍정적인 것으로 여겼다.[206] 일부 철학자들, 특히 스토아 학파는 욕정에 반대했는데, 그 이유는 그것이 덕보다 쾌락이 사람의 생각을 지배함을 의미했기 때문이다.[207] 그러나 스토아 철학자들은 성교하는 과정에서 일어나는 성적 흥분을 정죄하지는 않았다.[208] 디아스 포라 유대교의 지성적 사고는 그리스의 철학적 접근을 종종 반영했다.[209]

이와 대조적으로 고대 지중해의 사고에서 많은 사람들은 욕정을 건강하고 정 상적인 행위로 생각했다.[210] 대부분의 평민들 사이에서는 사랑을 얻기 위해 마법의 주문들이 사용되었다.[211] 그 주문 중 일부는 자기 자극을 욕망하는 대상과의 성교를

---

of the Dead, Spell 125의 부정적인 고백에서 이미 부정적으로 등장한다(Wells, "Exodus," 230).

205 Heracl. *Hom. Prob.* 28.4-5; Proclus *Poet.* 6.1, K108.18-19에서 에로틱한 삶을 선택한 파 리스를 정죄한 것을 보라.

206 Philo *Spec. Laws* 3.113을 인용하는 Sorabji, *Emotion*, 276; Mus. Ruf. frg. 12 Hense; Porph. *Marc.* 35; Ps.-Ocellus *Nat. Univ.* 4; 초기 기독교의 많은 자료들. (Sorabji[*Emotion*, 276-77]는 아우구스티누스가 출산뿐만 아니라 건강을 위해 성교를 허락한다는 것을 언급하 기 위해 Aug. *Ag. Jul.* 4.14.69를 인용한다.) 참조. Deming, *Celibacy*, 94; Ward, "Musonius," 284.

207 예. Epict. *Diatr.* 2.18.15-18; 3.2.8; 4.9.3; Marc. Aur. 2.10; 3.2.2; 9.40; 참조. Nock, *Christianity*, 19; Sen. Y. *Ep. Lucil.* 95.37; Arius Did. 2.7.10c, p. 60.14-19. 스토아 철학자들 사이의 다양한 견해에 대해서는 Sorabji, *Emotion*, 281-82을 보라.

208 Brennan, "Theory," 61-62n31; Sorabji, *Emotion*, 283; Deming, *Celibacy*, 128.

209 헬레니즘 유대교에 끼친 스토아 철학의 영향에 대해서는 Luz, *Matthew*, 1:295를 참조하 라. Luz는 Philo *Creation* 152; *Good Person* 159; *Spec. Laws* 4.84; *Decal.* 142; *L.A.E.* 19; 롬 7:7; 약 1:15을 인용한다. 그는 랍비들이 *yēṣer hara*'를 사용한 것과의 병행을 제시한다.

210 예. Ach. Tat. 1.4-6; Apul. *Metam.* 2.8; Philost. *Ep.* 26 (57); Diog. Laert. 6.2.46, 69; Diogenes *Ep.* 35, to Sopolis; Artem. *Oneir.* 1.78.

211 예. *PGM* 4.400-405; 13.304; 32.1-19; 36.69-101, 102-33, 134-60, 187-210, 295-311, 333-60; 62.1-24; 101.1-53; Frankfurter, "Perils"에 있는 매력과 공식; Jordan, "Spell" (P.Duk. inv. 230); Jordan, "Formulae" (P.Duk. inv. 729); Horsley, *Documents*, 1:33-34. 다음도 보라. Dunand, *Religion Populaire*, 125; Frankfurter, *Religion in Egypt*, 229-30; Graf and Johnston, "Magic," 136, 139; Dickie, "Love-Magic"; Yamauchi, "Aphrodisiacs," 62-63. 기록된 자료들로는 다음을 보라. Eurip. *Hipp.* 513-16; Theocritus *The Spell* (*GBP* 26-39); Virg. *Ecl.* 8.80-84; Pliny E. *N.H.* 27.35.57; 27.99.125; 28.4.19;

확보하는 방법으로서 묘사한다.[212] 심지어 상대가 결혼한 여자라고 해도 말이다.[213] 그러나 욕정을 용납할 수 있다고 생각한 많은 사람도 만일 여자가 약혼하거나 결혼했다면,[214] 그런 관계를 불허했다. 설령 그 여자와 성관계를 갖는 것이 법적으로 처벌받지 않는다고 해도 말이다.[215] 덕이 있는 사람들은 욕정의 대상이 되는 것을 피하고 싶어 했다.[216] 이런 이유로 결혼한 여자들은 여러 장소에서 머리 가리개를 썼다.[217]

하지만 유대교 저술가들은 일반적으로 욕정을 훨씬 더 엄격하게 보았는데, 아름다운 여자들을 빤히 쳐다보지 말라고 자주 경고했다.[218] 사실 일부 저술가들은 여자들을 빤히 쳐다보는 것을 시각적 간통 또는 간음으로 여겼다.[219] 이 점에 있어서는 초기의 많은 그리스도인도 똑같았다.[220] 한 경건한 랍비는 여자의 아름다움에 대해

28.6.34; 28.80.261; 30.49.141; 32.50.139; Quint. *Decl.* 385 intro.; Philost. *Hrk.* 16.2; Apul. *Metam.* 3.16-18; *T. Jos.* 6:1-5; in farce, Tibullus 1.2.41-58; Lucian *Dial. C.* 1 (*Glycera and Thais*), 281; 4 (*Melitta and Bacchis* ¶1), 286; Lucian *Lover of Lies* 14-15. 아폴레이우스를 비난하는 것에 대해서는 Bradley, "Magic"; Nelson, "Note"를 보라.

212 *PGM* 36.291-94.

213 *PDM* 61.197-216 = *PGM* 61.39-71; 참조. Eurip. *Hipp.* 513-16.

214 참조. 문맥상 Ach. Tat. 4.3.1-2; Char. *Chaer.* 2.2.8. 참조. Cic. *Cat.* 1.6.13에서 젊은 남성에 대한 불법적인 성욕. Val. Max. 2.1.5에서 음욕에 가득 찬 눈(참조. 벧후 2:14)은 성관계를 원하는 눈이다. 아름다운 여성에 대한 자신의 정욕을 통제하는 지도자는 존경할 만한 자로 여겨졌다(Val. Max. 4.3.ext.1; Plut. *Alex.* 21.5; Men. Rhet. 2.1-2, 376.11-13).

215 Char. *Chaer.* 5.7.5-6; 8.8.8.

216 Sen. E. *Controv.* 2.7.6의 여인들; Val. Max. 4.5.ext.1의 젊은 남자.

217 Keener, "Head Coverings"의 자료들을 보라. Llewellyn-Jones, *Tortoise*에서 머리 가리개에 대한 더 자세한 설명을 보라.

218 예. 욥 31:1, 9; Sir. 9:8; 23:5-6; 25:21; 41:21; Sus. 8; 1QS 1.6-7; 4.10; CD 2.16; 11QT 59.14; 1QpHab 5.7; *Sib. Or.* 4.33-34; *Pss. Sol.* 4:4; *T. Iss.* 3:5; 4:4; *T. Reub.* 4:1, 11; 6:1-3; *T. Jud.* 17:1; *m. Nid.* 2:1; *Abot R. Nat.* 2 A; §2, §9 B; *b. Ber.* 20a; *Yebam.* 63b; *y. Hag.* 2:2, §4; *Gen. Rab.* 32:7; *Pesiq. Rab Kah.* Sup. 3:2; 참조. Bonsirven, *Judaism*, 113; Schechter, *Aspects*, 225; Vermes, *Religion*, 32-33; Ilan, *Women*, 127-28. 유대교 전통에 대한 지식은 사랑의 일부 매력에 등장한다(*PGM* 36.301).

219 *T. Iss.* 7:2; *T. Reub.* 4:8; *b. Nid.* 13b, bar.; *Shab.* 64ab; *y. Hal.* 2:1; *Lev. Rab.* 23:12; *Pesiq. Rab.* 24:2; Keener, *Marries*, 16-17을 보라.

220 마 5:28(과장법임); 벧후 2:14; Justin *1 Apol.* 15; *Sent. Sext.* 233; Tert. *Apol.* 46.11-12; 참

하나님을 칭송할 수 있었지만, 그 아름다움을 그저 우연히 보았을 것이다.[221] 몇몇 후기 랍비는 자신의 은밀한 부분을 절대로 보지 않은 선임자를 칭찬하기까지 했다.[222] 이와 마찬가지로 다른 유대교 교사들은 생각을 행위와 동일시하거나 생각을 더 악한 것으로 취급하는 과장법적 수사학을 사용했다.[223]

....

유대인의 정욕: 악한 충동

바울의 언어가 다양한 방식으로 초기 유대교 개념과 그리스 사상을 이미 연결하고 율법에 의지했던 헬레니즘 유대교 사상가들과 특히 비슷하지만, 어느 정도 비슷한 개념들은 유대와 그 밖의 전통적인 동방 유대 사상에 이미 존재했다.[224] 따라서 로마서 7장이나 다른 바울의 본문들과 연결하여 많은 학자들은 "예체르 하라"(yēṣer hāraʿ, 악한 충동)와 "예체르 하토브"(yēṣer haṭōb, 선한 충동)라는 두 충동에 대한 랍비들의 가르침을 인용한

조. *Herm*. 1.1.1; *Did*. 3.3에서 욕정은 간음으로 이어진다.

221   *Y. Ber*. 9:1, §16.

222   *Y. Sanh*. 10:5, §2. 몇몇 탄나임(기원후 1~3세기에 장로들의 전통을 집대성한 랍비들 – 역자주)은 남자가 소변을 볼 때 그의 생식기를 잡는 것을 잘못된 것으로 여겼다고 전해진다(*b. Nid*. 13a; *Gen. Rab*. 95 msv). 생식기를 과도하게 다루는 것은 잘라버려야 할 부속물로 여기는 것이었다(*m. Nid*. 2:1).

223   예. *b. Qid*. 81b; *b. Ned*. 13b; *Yoma* 29a; *Num. Rab*. 8:5를 인용하는 Lachs, *Commentary*, 96-97.

224   Davies(*Paul*, 23)는 바울의 "육신"을 랍비의 악한 충동과 동일시함으로써 너무 나아간다. 하지만 악한 충동은 디아스포라에 좀 더 초점을 맞춘 그의 접근에 대한 유비를 제공한다.

다.[225] 다른 학자들은 이 자료를 로마서 7장과 관련시키기를 거부한다.[226] 나는 유대인 교사들에게 고유한 유비를 제공한다는 의미에서 "예체르"를 적절하다고 생각한다. 비록 이 경우에서는(적어도 바울이 사용한 단어에서) 헬레니즘 유대교 자료들과 직접 관련이 있는 것은 아니지만 말이다.

악한 충동에 대한 유대교 사상들

후기 자료는 초기 자료보다 더 다양하다. 후기 랍비들은 "예체르가 작동하는 세부 내용에 대해 의견이 각기 달랐으며,[227] 이 견해들은 오랜 시간 다양한 주제와 본문에 관한 토론을 통해 정교해졌다.[228] 따라서 일부 자료에서는 이 충동이 필요했으며, 선과 출산 등을 위해 이용될 수 있었다.[229]

---

225 Davies, *Paul*, 20, 25-27(Williams, *Fall and Sin*, 150을 인용함); Marcus, "Inclination"(특히 갈 5:16-17에 대해); Martin, *Reconciliation*, 60; Barth, *Ephesians*, 1:230(엡 2:3에 대해); Stuhlmacher, *Romans*, 109; Shogren, "Wretched Man"; 이것은 내가 교수 경력 초기에 강조했던 것이기도 하다. 약 1:14; 4:5에 대해서는 Marcus, "Inclination in James"도 참조하라.

226 예. Urbach, *Sages*, 1:472, 대신에 4 Maccabees와 같은 헬레니즘 유대교의 자료들을 선호함; Porter, "Concept."

227 Alexander, "Ambiguity." Schofer("Redaction")가 논의했듯이, *Abot R. Nat.* 16 A에서 악한 충동에 관해 주의 깊게 편집된 구성을 주목하라. *b. Suk.* 51b-52b의 긴 모음집; Montefiore and Loewe, *Anthology*, 295-314; Urbach, *Sages*, 1:471-83의 더 많은 본문을 참조하라.

228 예를 들어 악한 충동은 한 사람에게서 현 세상 또는 장차 올 세상을 빼앗는다(*m. Ab.* 2:11; *Lev. Rab.* 29:7). 하나님은 여전히 악한 충동에 대한 주권을 행사하셨지만(*Gen. Rab.* 52:7), (몇몇 사람에 따르면) 그것을 창조하신 것을 후회하셨다(*b. Suk.* 52b; *Gen. Rab.* 27:4; 또한 참조. Schechter, *Aspects*, 284; 악한 충동의 창조에 대해서는 *Exod. Rab.* 46:4도 참조하라). 악한 충동은 사람 안에서 자란다(*b. Suk.* 52ab). 천사들에게는 이 충동이 없다(*Lev. Rab.* 26:5). 그것은 가인과 같은 사람들을 원했다(*Song Rab.* 7:11, §1). 이스라엘은 우상숭배에 대한 경향에서 구원받았으나 여전히 성적 부도덕에 대한 경향에 저항할 필요가 있었다(*Song Rab.* 7:8, §1).

229 *Gen. Rab.* 9:7; *Eccl. Rab.* 3:11, §3; Kohler, *Theology*, 215; Davies, *Paul*, 22; 참조. *y. Suk.* 5:2, §2; *T. Reub.* 2:8의 선한 성욕; Mus. Ruf. 14, p. 92.11-12; frg. 40, p. 136.18-19. 사람은 두 충동을 다 가지고 하나님을 사랑해야 한다(*Sipre Deut.* 32.3.1).

아마도 선한 영과 악한 영, 이 두 영에 대한 초기 유대교 종파의 이해와 일치되게[230] 랍비들은 악한 예체르에 맞서기 위해 선한 예체르에 대한 사상을 발전시켰을 것이다.[231] 헬레니즘화된 많은 자료에서 이성이 정욕을 물리치듯이,[232] 선한 충동을 따르는 것은 악한 충동을 패배시킨다.[233]

"예체르"에 대한 랍비의 정교한 설명이 후대에 나오기는 했지만, 악한 성향에 대한 사상은 바울 시대보다 분명히 앞선다. 그것은 쿰란[234]을 비롯하여 여러 곳에 등장한다.[235] 후기 교리의 근본이 되는 본문들인 창세기 6:5과 8:21에서 하나님은 사람의 마음으로 생각하는 모든 경향(예체르)이 날마다 악하고, 어려서부터 악하다고 보셨다.[236]

---

230 예. *Jub.* 1:20-21; 1QS 4.17-26; 5.5; *T. Jud.* 20:1; *Herm.* 2.5.1; 2.6.2. Max. Tyre *Or.* 34.4에 제시된 내부의 덕과 악 사이의 대조를 참조하라.

231 예. *Sipre Deut.* 32.3.1; *b. Ber.* 61b; *Eccl. Rab.* 2:1, §1; *T. Ash.* 1:3-6의 내용도 참조하면 좋을 것이다. 학자들은 두 충동 교리를 종종 인용한다(예. Ladd, *Theology*, 440). 선한 예체르에 대한 사상은 악한 예체르에 대한 사상보다 늦게 나왔다(Rosen-Zvi["Inclinations"]는 선한 예체르가 단지 그 사람 자신이라고 제안하기까지 한다).

232 본서 1장의 "정욕으로 더럽혀진 생각"을 보라.

233 *T. Ash.* 3:2; *Abot R. Nat.* 32 A; *b. Ber.* 60b; *Eccl. Rab.* 4:14, §1. 악한 충동을 대적하는 선한 행위에 대해서는 *T. Ash.* 3:2; *b. B. Metsia* 32b를 보라. 죄를 대적하는 습관에 대해서는 *m. Ab.* 4:2; *y. Sanh.* 10:1, §2를 참조하라. 죄를 대적하는 지혜에 대해서는 *1 En.* 5:8을 참조하라.

234 1QS 5.5; CD 2.15-16 (4Q266 frg. 2, col. 2.16에도 같은 내용이 있음; 4Q270 frg. 1, col. 1.1); 1QH^a 13.8; 4Q417 frg. 2, col. 2.12; 4Q422 1.12; 4Q436 frg. 1a+bi.10; 참조. 4Q416 frg. 1.16의 "육신의 경향"; 4Q418 frg. 2+2ac.8; 1QS 3.25-4.1의 두 영도 참조하라. Seitz, "Spirits"; Price, "Light from Qumran," 15ff.; Baudry, "Péché dans les écrits."

235 Sir. 37:3; *Jub.* 35:9 (= 1Q18 frgs. 1-2.3; 4Q223-224 frg. 2, col. 1.49); *L.A.B.* 33:3; *4 Ezra* 7:92 (참조. Thompson, *Responsibility*, 356); 참조. *Jub.* 1:19; Sir. 15:14-15, 17; 21:11; 27:6; Philo *Creation* 154-55; *T. Reub.* 2:8; Bonsirven, *Judaism*, 103. 두 영에 대해서는 다음을 보라. *Jub.* 1:20-21; *T. Levi* 19; *T. Jud.* 20:1-2; *T. Gad* 4; *T. Ash.* 1:3-6; 3:2; 6:5 (ἐπιθυμία와 함께); *T. Zeb.* 9:8; *Herm.* 2.5.1; 2.6.2; Bright, *History*, 450. 전통적인 문화에서 (동반하는 두 영에 속하는) 비슷한 사상에 대해서는 Mbiti, *Religions*, 114을 참조하라.

236 문맥에 대해서는 Hirsch, *Genesis*, 56-57을 참조하라. 따라서 후기 랍비들은 "예체르"가 아

일부 랍비들의 증거에 근거하여 몇몇 학자는 악한 충동을 "육신"에
대한 바울의 사상과 연결했다.[237] 하지만 랍비들의 생각은 악한 충동을 구
체적으로 몸과 그렇게 자주 연결하지는 않았다.[238] 더 강력한 가능성 있는
연결은 이런 충동이 이성과 정욕 간의 갈등에 가장 가까운 랍비적인 것으
로서 기능한다는 것이다.

토라는 악한 충동을 극복할 수 있게 한다

악한 충동을 극복하는 것은 이방인들과 헬레니즘 유대교 사상가들이 정
욕의 극복을 강조하는 것과 비슷했다. 스토아 철학자들은 자연과 협력하
는 인간의 노력이 선천적 충동을 극복할 수 있다고 믿었다.[239] 앞에서 언급
했듯이, 많은 철학자가 정욕을 극복하기 위해 이성에 호소했으며, 헬레니
즘 유대인들도 마찬가지로 율법을 알고 있는 이성에 종종 호소했다.[240] 랍
비들은 이와 비슷하게 사람들에게 그들의 악한 충동을 극복하라고 권했

주 악하므로 그것의 창조자조차도 창 8:21에서 그것이 얼마나 악한지를 증언하셨다고 경
고했다(*Sipre Deut.* 45.1.3).

237 Davies, *Paul*, 340. 악한 충동이 몸의 248개의 지체를 모두 지배한다는 랍비 자료를 인
용한다. 이 사상은 *Abot R. Nat.* 16 A; 16, §36 B; *Pesiq. Rab Kah.* Sup. 3:2; *y. Shab.* 14:3;
Urbach, *Sages*, 1:473-74에도 등장한다. 하지만 몸에 248개의 뼈 또는 지체들이 있다는 더
단순한 주장보다는 덜 퍼져 있다(*t. Ed.* 2:10; *b. Erub.* 54a; *Gen. Rab.* 69:1; *Tg. Ps.-Jon.* on
Gen. 1:27; Cohen, "Noahide Commandments"). 탄나임과 후기 랍비들은 *b. Ber.* 61a에서
구체적으로 몸의 어느 곳에 예체르가 있는지를 두고 논쟁했음이 분명하다. 선한 경향은
게헨나로부터 몸을 보존한다(*Tg. Qoh.* on 9:15). *Lev. Rab.* 12:3에서는 토라가 모든 지체
의 생명이다.

238 Urbach, *Sages*, 1:472. 몸에 대한 랍비들의 평가에 대해서는 Kovelman, "Perfection"을
참조하라. 일부 디아스포라 유대교 자료에서 구현에 관한 논평에 대해서는 Mirguet,
"Reflections"를 보라.

239 Long, *Philosophy*, 184-89, 특히 188. 나중에 헤르메티카에서는 신적 능력이 열두 개의 악
한 성향을 극복한다(Reitzenstein, *Mystery-Religions*, 48-49).

240 예. 4 Macc. 1:1, 9.

고,[241] 그것을 극복한 사람들을 칭찬했으며,[242] 그것을 극복하기 위한 도움을 얻으려고 기도했다.[243] 아마도 빈정대는 말이겠지만, 만일 누군가가 악한 충동에 굴복하고 있다면, 하나님의 성호를 모독하는 최악의 범죄를 막기 위해 아무도 모르는 곳에서 죄를 범해야 한다고 했다.[244] 하지만 대체로 현자들은 사람들에게 극복하라고 권했다.

따라서 이성과 정욕, 또는 선한 충동과 악한 충동 간의 갈등은 율법이 사람의 생각/마음에 어떻게 영향을 미치는지와 율법이 사람의 신체적 충동과 관련하여 그를 어떻게 정죄하는지를 바울이 대조한 것에 대한 간접적 유비를 제공해준다(롬 7:23). 율법이 정욕을 통제하는 이성에 대한 일반적인 헬레니즘 유대교의 자료였듯이,[245] 히브리어와 아람어로 된 유대교

---

241   *Sipra Sh. M. d.* 99.2.3(신 10:16을 따름); *Pesiq. Rab Kah.* 24:4(시 4:5을 인용함); *Ruth Rab.* 8:1(시 4:5을 인용함); *Tg. Neof.* 1 on Gen. 4:7; *Tg. Ps.-Jon.* on Gen. 4:7에서 가인에 대한 명령을 보라. 사람은 악한 충동을 극복하기 위해 맹세를 사용할 수 있었다(*Num. Rab.* 15:16; *Ruth Rab.* 6:4). 하지만 그것을 훈련시키는 것은 어려웠다(*Pesiq. Rab Kah.* 23:7).

242   아브라함과 같은 사람((*y. Ber.* 9:5, §2; *Sot.* 5:5, §3; *Gen. Rab.* 59:7; *Num. Rab.* 14:11); 구약의 세 족장 모두(*b. B. Bat.* 17a); 모세, 다윗, 에스라(*Song Rab.* 4:4, §2; 다른 사람들은 다윗에 대해 논의하거나[*b. B. Bat.* 17a] 좀 더 개연성 있게 그의 승리를 부인했다[*y. Ber.* 9:5, §2; *Sot.* 5:5, §3]); 또는 R. Simeon b. Eleazar(*Deut. Rab.* 2:33). 지혜자들(*Gen. Rab.* 97 nv)과 진정으로 힘이 있는 사람들(*b. Tamid* 32a)은 악한 충동을 정복한다. 악한 충동을 극복하는 사람은 도시를 정복한 사람과 같다(*Abot R. Nat.* 23, 잠 21:22을 인용함).

243   예. "선한 성향으로 나를 지배하게 하시며, 악한 성향이 나를 지배하지 않게 하소서"(*b. Ber.* 60b, Soncino p. 378; 참조. *y. Ber.* 4:2의 선한 성향을 위한 기도); 몇몇 사람은 민 6:24의 축복을 "하나님이 당신을 악한 충동에서 지켜주시기를"이라고 해석했다(*Sipre Num.* 40.1.3; *Num. Rab.* 11:5); 참조 시 91:10(*b. Sanh.* 103a). 하지만 악한 충동이 근절되기를 기도하는 것은 오직 종말론적으로만 응답받을 것이다(*Exod. Rab.* 46:4). 이미 4Q436 frg. 1a+bi.10에서는 자신을 악한 충동에서 보호하신 것에 대해 하나님께 감사한다.

244   예. *b. Qid.* 40a; *Hag.* 16a. 이것은 하나님의 성호를 모독하는 끔찍한 일을 강조하는 설교적 방식일 것이다. 그리고 모든 랍비가 그 실례에 동의한 것은 아니다.

245   예. 4 Macc. 2:23; Stowers, "Self-Mastery," 532-34; Byrne, *Romans*, 219에 동의함. 4 Maccabees, 필론, 바울의 다양한 접근의 미묘한 차이를 올바르게 설명하는 Gemünden, "Culture des passions"를 보라.

본문에서는 율법이 악한 충동으로부터 사람들을 보호했다.[246] 율법은 악한 충동에 대한 대책이었다.[247] 이와 마찬가지로 그 역도 참이 될 수 있다. 즉 악한 충동은 사람들이 토라를 연구하거나 믿지 못하게 작용했다.[248]

율법은 언제 이 사람을 죽음에 이르게 했는가?(롬 7:9) 역사적으로 율법은 모세 시대에 들어왔다(5:13-14). 그래서 어느 정도는 이 인물이 이스라엘을 대표한다고 보는 것이 가장 적절하다. 유대인 어린아이들이 율법을 의식하게 되었을 때, 또는 개종자들이 유대 백성에 가담하고 (남자의 경우) 할례를 받았을 때, 율법은 그들의 삶에서 재현되었을 것이다.

유대인 중 누군가가 율법을 위반했다는 것을 처음 의식하게 되는 때는 언제일까? 후기 랍비들 이후의 유대교 전통에서 사람은 악한 충동을 지니고 태어나고,[249] 젊은 남자는 사춘기에 어른이 되며,[250] 따라서 열세 살 무렵에는 토라를 지켜야 할 책임을 지게 된다.[251] 이것은 일부 후기 랍비

---

246 *Sipre Deut.* 45.1.2; *Pesiq. Rab Kah.* Sup. 3:2; *b. Ber.* 5a; *Suk.* 52b; *Lev. Rab.* 35:5; *Pesiq. Rab.* 41:4; Montefiore and Loewe, *Anthology*, 124; Davies, *Paul*, 22; Urbach, *Sages*, 1:472. 좀 더 일반적으로 율법이 죄를 대적한다는 점에 대해서는 다음을 보라. *m. Ab.* 4:2; *Qid.* 1:10; *Pesiq. Rab Kah.* 15:5; Urbach, *Sages*, 1:366; Smith, *Parallels*, 64.

247 예. *Abot R. Nat.* 16 A; *b. Qid.* 30b, bar.; *B. Bat.* 16a; *Tg. Qoh.* on 10:4; Moore, *Judaism*, 481, 489-90; Davies, *Paul*, 225n2. 랍비들 역시 회개를 악한 충동에 대한 대책으로 여겼다(Davies, *Paul*, 23). 죄를 고백함으로써 충동을 희생할 수 있었다(*b. Sanh.* 43b; *Lev. Rab.* 9:1).

248 *Sipre Deut.* 43.4.1; *b. Tem.* 16a; *Pesiq. Rab Kah.* 4:6; *Num. Rab.* 19:5.

249 *Abot R. Nat.* 16 A; 30, §63 B; *Pesiq. Rab Kah.* Sup. 3:2. 어린 시절부터인 것은 확실하지만 (*Exod. Rab.* 46:4), 잉태될 때부터는 아니다(*b. Sanh.* 91b; *Gen. Rab.* 34:10).

250 예. *y. Ter.* 1:3, §1; 참조. *Gen. Rab.* 91:3의 논의. 참조. 1 Esd. 5:41에서는 아마도 열두 살인 것 같다. 요세푸스는 자신이 영재임을 강조하고 싶어서 그가 열네 살이었을 때와 "어린아이 같은" 때의 공적에 대해 이야기한다(*Life* 9). 스토아 철학자들은 사람들이 이성을 천성적으로 습득하지 않고 열네 살 무렵에야 얻는다고 믿었다(Iambl. *Soul* 2.15, §609).

251 *M. Ab.* 5:21(2세기 말 랍비); *Gen. Rab.* 63:10; 참조. Nock, *Paul*, 68n1. 다른 역할도 연령 요건이 있었다(예. CD 10.1).

들이 토라에 대한 책임에 따라 선한 충동이 소년에게 들어왔다고 느낀 때에 해당한다.[252] 그래서 바울이 여기서 이 나이쯤에 발생하는, "바르 미츠바"("계명의 아들"이라는 뜻으로서 성년이 된 유대인을 일컫는 말—역자주)와 비슷한 것을 언급한다고 주장하는 사람들이 있다.[253] 이런 주장에 반하여 우리가 알고 있는 의식은 14세기에 시작되었다.[254] 하지만 주변의 일부 문화에서 그러하듯이 고대 유대교 문화에서 성년이 되는 순간은 중요한 전환을 분명히 나타냈다.[255] 사춘기 의식은 많은 전통적인 문화에서 흔히 볼 수 있다.[256] 로마인들은 십 대 중반에 성년식을 거행했다.[257] 랍비들에게 토라에 대한 완전한 책임은 성인이 되는 것을 동반했다.

하지만 바울이 여기서 말하는 죄의식은 한 사람이 사회적 성년이 되

---

252 *Abot R. Nat.* 16 A; *Pesiq. Rab Kah.* Sup. 3:2; 참조. Davies, *Paul*, 25. 미성년자들은 일부 계명이 면제되었다(예. *m. Suk.* 2:8; *Hag.* 1:1; *b. Ketub.* 50a; *y. Hag.* 1:1, §4; *Suk.* 2:9).

253 Davies, *Paul*, 25; Nickle, "Romans 7:7-25," 184; Martin, *Reconciliation*, 57; Lohse, *Environment*, 184; Gundry, "Frustration," 232-33(그러나 그는 다른 많은 사람들보다 더 분명하게 현재 의식의 중세 기원을 인정한다); Jewett, *Romans*, 451. "율법의 아들"이라는 어구는 야곱의 모든 후손을 위해 더 일찍 등장한다(*2 Bar.* 46:4).

254 Sandmel, *Judaism*, 199; Safrai, "Home," 771; Schreiner, *Romans*, 369; Das, *Debate*, 215. 참조. 서구 기독교의 견신례(또는 입교의식)의 역사적 발전, 결국 비슷한 나이에 시행됨.

255 Safrai, "Home," 2:772에 동의함; 참조. Wiesehöfer, "Youth," 854에 묘사된 고대의 성년식. 전통적인 그리스 문화 역시 법적 구별을 인정했다(예. Aeschines *Tim.* 18, 39). Xen. *Cyr.* 1.2.8은 페르시아의 사내아이들은 열여섯 또는 열일곱 살 무렵에 성인 남자가 되었다고 주장한다.

256 예. Eliade, *Rites*, 41; Mbiti, *Religions*, 158-73(특히 159-60, 171); Dawson, "Urbanization," 309; Kapolyo, *Condition*, 43-44.

257 Suet. *Aug.* 8.1; 38.2; *Calig.* 10.1; *Vergil* 6; Pliny *Ep.* 1.9.2; 8.23.2; 10.116.1; Gardner, *Women*, 14; Dupont, *Life*, 229; Croom, *Clothing*, 122. 사춘기 무렵에 법적으로 성인이 되는 경우에 대해서는 Gaius *Inst.* 1.196; 2.113; 3.208; Schiemann, "Minores"를 보라. 나이 분류에 대해서는 Suder, "Classification"; Binder, "Age(s)"; Overstreet, "Concept"; Keener, *Acts*, 2:1447-48을 보라. 사춘기 나이에 대해서는 Wiesehöfer, "Pubertas," 177을 보라.

는 때보다 확실히 더 일찍 시작되었다.[258] 확실한 것은 토라가 그렇게 교훈한다는 점이다.[259] 바울은 율법에 대한 책임 기능(롬 2:12; 4:15; 5:13; 7:9, 23-24; 8:2; 고전 15:56; 고후 3:6-7)이 활동하게 되는 때를 특정하지 않는다. 아마도 그는 그때를 사람이 언제든지 율법의 요구를 의식하게 될 때로 여겼을 것이다.[260]

내적 갈등

바울은 여기서 율법 아래서의 삶을 묘사한다. 현대 심리학자는 여기서 그 인물을 강박 장애와 관련이 있고 종교적 집착에 뿌리를 둔 불안 장애와 같은 것으로 고생한다고 합리적으로 진단할지도 모른다.[261] 하지만 이것이

---

258 필론(*Rewards* 25)은 영아 시절부터 아이들을 감염시키기 위한 우상숭배의 속임을 예상한다. Deissmann(*Paul*, 92-93)은 고전 13:11을 생각하면서 사내아이가 아홉 살이 되는 해에 경험하는 유대교 전통을 인용하지만, 그 자료가 상당히 늦은 시기의 것임을 인정한다. 옳고 그름에 대한 지식을 스무 살에 얻게 된다는 것에 대해서는 1QSa 1.10-11을 보라. 한 랍비는 토라 앞에서 의무는 백 살에 시작된다고 결론을 내렸다(*Gen. Rab.* 26:2).

259 Jos. *Ant.* 4.211; *Ag. Ap.* 1.60; 2.204 (참조. 4.209, 309); *m. Ab.* 5:21; Dunn, *Romans*, 1:382. Jewett(*Romans*, 450-51)은 소년은 입문 때에야 비로소 율법에 순종할 것이 요구되었다고 응수한다. 하지만 랍비 자료들은 더 이른 시기의 죄에 대한 지식이 아니라 성인의 책임에 대해 말하고 있다.

260 이런 이유로, 여기서 언급된 인물이 유대교로 개종한 이방인(예. Tobin, *Rhetoric*, 42), 혹은 성년에 도달한 사람(예. Dunn, *Romans*, 1:382; 참조. 갈 3:23-25; 4:3-4)이라고 말하는 이들이 있다. Burns, *Romans*, 68-69의 오리게네스를 참조하라. 하지만 아우구스티누스에 의한 그의 사용은 "책임을 질 나이"를 "주석적 전통"으로 가져왔다(Aug. *Guilt* 1.65-66을 인용하는 Reasoner, *Full Circle*, 71).

261 롬 7장의 불안에 대한 Juan-Luis Segundo(1926-96)의 사상에 대해서는 Philipp, "Angst"를 보라. Beck(*Psychology of Paul*, 122)은 (van den Beld, "*Akrasia*"에 동의하면서) 분열과 약간 유사하다고 지적하지만, 이런 병리학이 바울 자신의 성격에 맞지 않는다고 경고한다.

사실이든 아니든, 바울의 과장법은 그 당시에 유행하던 갈등의 언어를 사용한다.

내적 갈등에 대한 고대의 신념들

고대 자서전은 로마서 7:7-25에 등장하는 일종의 내적 성찰을 피했다.[262] 하지만 이런 관찰은 내적 성찰이 전혀 등장하지 않았다는 뜻은 아니다.[263] 스토아 철학자들은 "자신의 내부를 살펴보고 자신에게 질문했다."[264] 이는 유대교 신앙에서도 낯선 것이 아니었을 것이다.[265]

고대 청중은 로마서 7:15-25에 묘사된 일종의 갈등을 이상하다고 생각하지 않았을 것이다. 고대 자료에서는 이성과 정욕, 또는 선한 충동과 악한 충동 간의 모순이 강렬했던 것 같다. 그래서 한 사람은 모순되는 자신의 욕망이 두 개의 영혼에 해당한다고 결정했는데, 그중 하나가 때때로

262　Judge, *Jerusalem*, 60. 롬 7장에 대한 아우구스티누스의 접근이 현대 문학과 영화의 동기부여, 도덕적 딜레마 등에 관한 관심으로 이어졌다고 주장한다.

263　Stramara, "Introspection"을 보라.

264　Sorabji(*Emotion*, 13)는 "자신의 생각과 행위에 대한 내적 감시를 위한 특별한 단어, '프로소케'(*prosokhē*)가 있었다고 말한다(Stob. *Anth*. 2.73.1 Wachsmuth; Epict. *Encheir*. 33.6; *Diatr*. 4.12; frg. 27; Plut. *Progr. Virt*. 12, *Mor*. 83B; *Garr*. 23, *Mor*. 514E를 인용한다).

265　기독교 이전의 한 작품이 이런 사상을 제시한다: "의인은 위반으로 저질러진 불의를" 또는 *OTP* 2:654가 번역하는 것처럼 "의도하지 않은 그의 죄"를 제거하기 위해 늘 그의 집을 점검한다"(*Pss. Sol*. 3:7-8, 여기에 인용된 본문은 3:7임). 시리아어는 다르지만(Trafton, *Version*, 50, 55), "의인"이 그리스어 문장의 주어인 것은 분명하다. "의도하지 않은"은 3:8의 "무지"(ἄγνοια)에 상응한다. 많은 사람이 *Psalms of Solomon*을 바리새인의 경건과 연결하거나(Rost, *Judaism*, 119), 적어도 바리새인 정신이 속한 주류 유대교의 경건과 연결한다(Sanders[*Judaism*, 453-55]는 비바리새인의 경건을 제안한다). *Abot R. Nat*. 25 A; *b. Ber*. 28b; *Gen. Rab*. 100:2에서 요하난 벤 자카이가 그의 지침에 대해 질문하는 사전부검(premortem, 의견 제출 시에 사전에 생길 수 있는 문제를 미리 파악하고 대비하는 것 – 역자주)도 참조하라.

다른 것을 이겼다.[266] 또 다른 사람은 여자의 뛰어난 용모에 매혹되었다. 그는 고귀한 인품을 가진 사람이었기에 자신의 이성을 사용하여 심각한 정욕과 싸우기 위해 몸부림을 쳤다.[267]

이미 이성으로 정욕을 극복하기 위해 노력한 많은 철학자들은 내적 갈등의 실재를 인식했다. 플라톤주의자들은 특히 갈등하는 사람을 안에서 전쟁하고 있는 지체를 가진 분열된 사람으로 여겼다.[268] 심지어 선한 영혼조차도 선을 얻으려고 노력하면서 악을 대적하는 싸움을 경험하는데, 그 이유는 선한 영혼도 세상과의 모든 연결을 다 피할 수는 없기 때문이다.[269] 일부 철학자들은 사람들에게 다양한 의견을 가지고 자신과 전쟁하는 두 생각/마음을 갖는 것을 피하고 내적으로 하나가 되라고 권했다.[270] 만일 플라톤주의자가 로마서 7:7-25을 들었다면, 이 본문은 "욕심이 영혼의 적합한 통치자인 이성을 대체하기 위해… '영혼의 요새'를 급습한 최악의 시나리오"처럼 들렸을 것이다.[271]

---

266 Xen. *Cyr.* 6.1.41의 아라스파스는 자신이 이전에 포로에 대한 정욕에 사로잡혔던 것과 키루스를 즐겁게 하려는 그의 새로운 해결책에 관해 설명한다.

267 Char. *Chaer.* 2.4.4(ἀγῶνα λογισμοῦ καὶ πάθους).

268 Meeks, *Moral World*, 44(Plut. *Flatt.* 20, *Mor.* 61DF를 인용함); Stowers, "Self-Mastery," 529, 538; Sorabji, *Emotion*, 303-5(특히 플라톤의 나뉜 영혼에 대해; 좀 더 일반적으로 서술한 303-15). 참조. Philo *Alleg. Interp.* 2.91; Stoike, "Genio," 278(on Plut. *Mor.* 592B); Iambl. *Soul* 2.11, §369; 플라톤의 세 부분으로 된 영혼에 대해서는 다음을 보라. Plato *Rep.* 6.504; 9.580D; *Tim.* 89E; Diog. Laert. 3.67, 90; Lucian *Dance* 70; Iambl. *Soul* 2.11, §369(참조. Merlan, *Platonism*, 25-27의 논의); 피타고라스의 세 부분으로 된 영혼에 대해서는 Diog. Laert. 8.1.30을 보라. 중기 플라톤주의자들에 대해서는(아리스토텔레스 철학자들과 포시도니우스에 대해서도 서술함) Vander Waerdt, "Soul-Division"을 보라. 지성, 영혼, 몸에 대해서는 Porph. *Marc.* 13.234-35를 보라.

269 Max. Tyre *Or.* 34.2. 참조. Max. Tyre *Or.* 38.6에서 덕과 악은 영혼 내부의 요소를 놓고 싸운다.

270 Iambl. *Letter* 9.4-5, 7, 10(Stob. *Anth.* 2.33.15).

271 Philo *Alleg. Interp.* 2.91-92를 인용하는 Wasserman, "Paul among Philosophers," 82; Plato

이와 대조적으로 초기 스토아 철학자들은 영혼을 통제하는 부분인 자아를 단일한 것으로 보았다.[272] 초기 스토아 학파에게 거짓 신념은 천성 적인 덕을 거슬러 전쟁을 일으켰다.[273] 이상적으로 고결한 사람은 옳은 것 만을 늘 갈망하므로 갈등이 없을 것이다.[274] 하지만 완전한 덕을 쟁취했다 고 주장한 사람은 거의 없다.[275] 세네카는 사람들이 "소망하는 실제적 순

Tim. 70a; *Rep.* 560b. 참조. Wasserman, "Death."

272 Sorabji, *Emotion*, 303, 313-15; Brennan, "Theory," 23. 영혼에는 부분들이 아니라 단지 다른 역할들이 있을 뿐이다(Sorabji, *Emotion*, 314). 스토아 학파는 영혼에 있는 여덟 개의 부분을 받아들였다. 그중 통제 기능을 하는 통합된 부분은 오직 하나였다(315; Diog. Laert. 7.1.110, 157; Iambl. *Soul* 2.12, §369를 보라). 영혼은 자아에 속한 것이었다(Sen. Y. *Ep. Lucil.* 113.5). 아리스토텔레스의 추종자들은 영혼이 여러 구성요소를 가지고 있다는 것을 부인했다(Iambl. *Soul* 2.11, §368). 에피쿠로스 학파는 영혼을 통합된 것으로 보았으나 이성적인 기능과 비이성적인 기능을 구별했다(Long, *Philosophy*, 52).

273 Stowers, "Self-Mastery," 529에 묘사된 크리시포스; 참조. Hierocles *Love* 4.27.20(in Malherbe, *Moral Exhortation*, 95). 스토아 학파에서 덕을 얻기 위해 필요한 우선적인 선에 대해서는 Stowers, "Resemble," 91을 보라. 덕의 잠재력과 그것을 획득할 필요에 대해서는 Frede, "Conception," 71을 보라. 바울은 적어도 구원론적 방법에 있어서는 선천적인 덕을 거부했다(롬 3:23; 5:12-21; 그는 하나님의 형상 또는 하나님의 사랑의 대상으로서의 본질적인 가치는 받아들였을 것이다). 크리시포스가 감정을 이성의 결과로 이해했지만, 갈레노스는 포시도니오스가 이성에 동반되는 감정을 용인한 플라톤의 견해를 더 인정했다고 제안한다(Cooper, "Posidonius," 71; Gill["Galen"]은 갈레노스가 크리시포스를 완전하게 이해했는지 의심한다).

274 Engberg-Pedersen, *Paul and Stoics*, 52; Engberg-Pedersen, "Vices," 613; 참조. Mus. Ruf. 2, p. 36.16-19. Engberg-Pedersen("Vices," 612)은 아리스토텔레스가 갈등하지만 때때로 비이성적 욕망을 따르는 사람과 대조적으로, 약간의 내적 갈등을 경험하지만 늘 선을 쟁취하는 자제력 있는 사람을 용인했다고 언급한다. 참조. van den Beld, "*Akrasia.*"

275 세네카에 대해서는 Haacker, *Theology*, 128-29을 보라. 대부분의 사람들은 스토아 철학자들이 악과 덕의 정도를 무시하는 잘못을 범했다고 믿었는데(Cic. *Fin.* 4.24.66-68; Plut. *Progress in Virtue*), 이는 모든 진정한 잘못은 똑같이 잘못되었다는 생각이었다(Pliny *Ep.* 8.2.3); 스토아 철학자들은 덕을 분리할 수 없는 것으로 여겼다(Arius Did. 2.7.5b5, p. 18.15-20). 스토아 철학자들은 모든 잘못이 동등하지만 똑같지는 않다고 믿었다 (Cic. *Parad.* 20; Arius Did. 2.7.11k, p. 84.15-17; 2.7.11L, p. 85.34-37; p. 87.1-7, 13- 20; 2.7.11o, p. 96.22-29; 2.7.11p, p. 96.30-34; Diog. Laert. 7.1.120; 참조. Epict. *Diatr.* 2.21.1-7; Marc. Aur. 2.10과 대조됨). 다른 사람들, 특히 에피쿠로스 철학자들(Diog.

간을 제외하고는 자신이 바라는 것이 무엇인지를 모른다"는 의견을 피력했다. "완전함을 향해 나아가거나, 아니면 당신 혼자만으로는 아직 완전하지 못하다는 것을 이해하는 지점까지 나아가야 한다."[276]

하지만 스토아 철학자들과 다른 사람들은 모든 갈등을 자신의 충성을 해결하지 못했거나 정욕을 억누르는 방법을 발견하지 못한 사람들에게 특히 강렬한 것으로 여겼을 것이다.[277] 세네카는 문제의 원인을 인정하려고 하지 않는 사람들과 단순히 그들의 욕망을 그들 내부에서만 억제하려고 하는 사람들은 불안한 마음으로 결정을 내리지 못해 "골백번 흔들리는 마음"을 가진 채 결국 우울하게 된다고 경고한다.[278] 절충적 입장을 가진 중기 플라톤주의자인 유대인 필론이 이해하기에, 잘못된 일을 하려는 정욕과 욕망은 영혼 안에서 가장 극렬한 전쟁을 일으킨다. 하지만 기질이 정욕을 통제할 경우, 그것은 전쟁을 종식하고, 평화를 확립하며, 법에 대한 올바른 존중에 이른다.[279]

Laert. 10.120)은 이 견해에 대해 불평했다(Cic. *Fin.* 4.27.74-75). 유대교 교사들은 종종 계명들 중에 가장 작은 것조차도 가장 큰 계명처럼 가치 있게 여겼다(예. *m. Ab.* 2:1; 4:2; *Qid.* 1:10; *Sipre Deut.* 76.1.1). 디아스포라 유대인 중에서는 모든 계명이 동등하다는 스토아 철학의 가르침을 반영한 사람들도 있었다(4 Macc. 5:19-21).

276 Sen. Y. *Ep. Lucil.* 20.6(번역. Gummere, LCL, 1:135, 137). 참조. *Ep. Lucil.* 52.1-9: "우리가 무엇이든 단번에 욕망하기를 허용하지 않는…이 힘은 도대체 무엇인가?…우리의 바람 중에 자유로운 것은 없고, 자격 없는 것도 없으며, 오래 지속되는 것도 없다"(Malherbe, *Moral Exhortation*, 62).

277 Meeks(*Moral World*, 47)는 스토아 철학자들과 플라톤주의자들이 덧없는 쾌락과 진정한 행복을 구별해야 한다는 점과, "이성적인 통제를 위한 반복적이고 신중한 선택, 평생의 싸움"을 통해 이것을 배운다는 점에 의견이 일치했다고 주장한다.

278 Sen. Y. *Dial.* 9.2.10(번역. Basore, LCL, 2:219).

279 Philo *Creation* 81. 필론이 이해하기에, 영혼은 세 부분으로 이루어지며, 각각은 다시 둘로 나뉜다(*Heir* 225; *Alleg. Interp.* 1.70, 72; 3.115; *Conf.* 21). 이것은 아마도 플라톤의 영혼 삼분설을 따랐을 것이다(Diog. Laert. 3.67, 90). 하지만 필론은 이 점에 있어 일관되지 않으며, 다른 곳에서는 이분설을 생각한다(*Studies* 26; Dillon, *Middle Platonists*, 174).

정욕에 사로잡힌 사람을 묘사함

내면의 번뇌에 대한 극적인 묘사 하나가 고대에 자주 관심을 끌었는데, 바로 에우리피데스(Euripides)가 기원전 5세기에 메데아를 묘사한 내용이다. 메데아는 자기 자녀들을 살해함으로써 불륜을 범한 남편 야손에게 복수하기로 결심했다.[280] 그녀는 생각으로 그 행동이 옳지 않음을 깨달았지만, 분노가 그녀를 지배했다.[281] 에우리피데스의 이야기가 가장 잘 알려진 버전을 제공해주지만, 바울의 언어는 메데아의 행동에 대한 일부 다른 설명, 특히 오비디우스의 이야기에 훨씬 더 가깝다.[282]

플라톤과 스토아 학파의 크리시포스(Chrysippus)와 같은 초기 철학자

---

[280] 이 이야기는 널리 알려지고 개작되었다. 예. Cic. *Tusc.* 4.32.69; Hor. *Epode* 3.9-14; Virg. *Ecl.* 8.47-50; Ovid *Metam.* 7.391-97; Pliny E. *N.H.* 24.99.157; Plut. *Poetry* 3, *Mor.* 18A; Lucian *Hall* 31; Char. *Chaer.* 2.9.3; Paus. 2.3.6-7; Philost. *Ep.* 21 (38); Libanius *Invect.* 7.32; *Speech Char.* 1, 17; *Descr.* 20.1-2; *Gr. Anth.* 7.354; Gessert, "Myth"에 언급된 2, 3세기의 석관. 더 자세한 내용은 Dräger, "Medea"를 참조하라. Philost. *Hrk.* 53.4; Apollod. *Bibl.* 1.9.28의 분명하게 다른 버전도 참조하라.

[281] Eurip. *Med.* 1077-80(참조. 1040-48, 1056-58). 이 내용은 다음에서 인용되었다. Renehan, "Quotations," 24(1963 Sather Lectures of Bruno Snell을 따름); Stowers, *Rereading*, 260-61; Stowers, "Self-Mastery," 525; Talbert, *Romans*, 193; Tobin, *Rhetoric*, 232; Bendemann, "Diastase"; Bryan, *Preface*, 143; Longenecker, *Introducing Romans,* 370. 에우리피데스가 이 전통을 창안했다는 것은 Arist. *Poet.* 14.12, 1453b에서 분명히 드러난다. Renehan("Quotations," 25) 역시 Eurip. *Hipp.* 380-83; frg. 220 Nauck; frg. 841 Nauck; Plato *Prot.* 352d; Xen. *Mem.* 3.9.4를 인용한다. 에우리피데스는 다른 곳에서 최상의 것을 행하지 못하는 무능력에 대해 말했다(Eurip. *Oenom.* frg. 572, from Stob. *Anth.* 4.35.8).

[282] Ovid *Metam.* 7.17-21(특히 19, 21). 이 점에 대해서는 다음 자료를 보라. Renehan, "Quotations," 25(Snell이 이 예를 놓쳤다고 언급하며, Hor. *Ep.* 1.8.11; Menander frg. 489 Koerte와 비교한다); 이 본문이 자주 인용되었음을 인정하는 Käsemann, *Romans*, 200; Moo, *Romans*, 457; Byrne, *Romans*, 228; Tobin, *Rhetoric*, 234; Bendemann, "Diastase"; Bryan, *Preface*, 143.

들은 이성과 정욕에 관한 토론에서 이 유명한 예를 활용했다.[283] 많은 사람이 메데아의 알려진 신념을 거부했다. 플라톤의 글에 등장하는 소크라테스는 옳은 것이 무엇인지를 진정으로 아는 사람은 옳은 것을 할 것이라는 점에 주목하면서 메데아의 주장에 의문을 제기했다.[284] 스토아 철학자들도 마찬가지로 악행을 잘못된 신념과 무지에 근거한 것으로 여겼으며, 비이성적인 요소들이 영혼 안에 있는 이성과 겨룬다는 일반적인 플라톤적 사상을 거부했다.[285] 바울보다 한 세대 후에 어느 스토아 철학자는 정욕이 이성을 압도할 수 있다고 주장하기 위해 다른 사람들이 메데아의 예를 사용한다는 것을 알면서도 그녀의 갈등이 잘못된 판단에서 일어난 것이라고 주장했다.[286] 또한 그는 메데아가 "우리가 원하는 것을 할 수 있는 능력이 어디에 있는지를 몰랐다"는 점에 주목하면서 이 능력은 하나님이 원하시는 것 외에는 어떤 것이든 원하는 것을 포기함으로써만 나온다고 훌륭한 스토아 철학의 방식으로 충고했다.[287]

바울이 이야기하는 사상의 전통이 그 자료에 의해 처음으로 대중화되었다는 점을 인정하기 위해 그가 에우리피데스의 글을 읽었다고 추정

---

283 Stowers, "Self-Mastery," 525-26; Stowers, *Rereading*, 262; Bendemann, "Diastase"; Gill, "Galen," 121, 137; Gill, "Did Chrysippus Understand?"

284 Plato *Prot.* 352D를 인용하고 Arist. *N.E.* 7과 대조하는 Stowers, *Rereading*, 261.

285 Stowers, *Rereading*, 262-63; Tobin, *Rhetoric*, 234을 보라.

286 Stowers, *Rereading*, 262에 인용되는 Epict. *Diatr.* 1.28.6-9; Bryan, *Preface*, 144; Tobin, *Rhetoric*, 234.

287 Epict. *Diatr.* 2.17.21-22(ποῦ κεῖται τὸ ποιεῖν ἃ θέλομεν; 번역. Oldfather, LCL, 1:342-43; 참조. Tobin, *Rhetoric*, 233). 다른 사람들은 Epict. *Diatr.* 2.26.1-2의 메데아에 대한 암시를 인용한다(Stowers, *Rereading*, 262; Moo, *Romans*, 457; Byrne, *Romans*, 231; Talbert, *Romans*, 193; Tobin, *Rhetoric*, 234; Jewett, *Romans*, 463-64); Plut. *Virt.* 441-52 (Bryan, *Preface*, 144). 메데아가 자기 자녀들의 목을 벤 것은 Epict. *Diatr.* 4.13.14-15에도 등장한다.

할 필요는 없다.[288] 마찬가지로 바울이 여기서 그의 사회적 환경에 속한 친숙한 주제를 이용하고 있다는 점을 인정하기 위해 메데아의 페르소나[289]를 상정하고 있다고 가정할 필요도 없다. 만일 바울이 극장에서 남자 배우가 하는 것처럼 **실제로** 메데아의 페르소나를 채택하고 있다면, 고대 관객들도 이 본문에서 도덕적 실패를 여성적인 방식으로 보았을 수 있다. 고대의 일부 저술가들은 정욕을 여성적인 것과 연결했다. 하지만 논쟁의 여지가 없는 바울의 편지들은 그렇게 하지 않는다.[290] 그러나 페르소나를 완전히 채택하는 것은 불가능하며 단순한 유비는 절대로 정확하지 않다.

고대 청중이, 심지어 고등 교육을 받은 사람들도 로마서 7:15-25을 들었을 때 틀림없이 메데아를 생각했는지 의심할 만한 이유가 있다. 비록 일부는 의심의 여지 없이 메데아를 생각했겠지만 말이다. 예를 들면 에우

---

288 Renehan, "Quotations," 26; Tobin, *Rhetoric*, 233, 242.

289 Stowers(*Rereading*, 271-72)는 메데아를 바울이 채택한 페르소나로 취급하는 것으로 본인다. 하지만 Stowers 자신이 언급한 것처럼, 철학자들은 메데아의 갈등의 예를 좀 더 광범위하게 적용했다. 메데아는 여기서 페르소나를 구성하지 않고도 하나의 유비가 될 수 있다. 갈레노스가 말한 것처럼, 에우리피데스는 "야만인들과 교육받지 못한 사람들"을 묘사하기 위해 메데아를 사용한 반면, 그리스 사람들은 분노를 지배하는 이성을 사용하므로(Galen *Hippoc. and Plat*. 3.189.20-190.1; Stowers, *Rereading*, 276), Stowers는 여기서 "나"라는 인물이 틀림없이 이방인이라고 주장한다(277). 혹자는 바울이 여기서 여성 페르소나를 채택한다고 쉽게 추정할 수 있다. 아래의 주석을 보라. Jewett(*Romans*, 462-64)은 바울에게서 메데아에 대한 암시가 나타난다는 점에 의문을 제기한다.

290 참조. Lucret. *Nat*. 3.136ff에서 이성적인 아니무스(*animus*, 영혼)와 비이성적인 아니마(*anima*)(in Long, *Philosophy*, 52)의 대조; Philo *Alleg. Interp*. 3.11에서 정욕의 여성적 성격에 대한 강조; *Sacr*. 103; *Worse* 28, 172; *Giants* 4; *Cher*. 8; 또는 4 Macc. 16:1-2의 "심지어" 감정을 극복하는 여자; Keener, *Acts*, 1:610-19에서 논의되는 여성들의 성격에 대한 고대 남성의 견해들. 가장 중요한 것은 Phaedra라는 인물과의 유사성(참조. Stowers, *Rereading*, 261에 인용된 Eurip. *Hipp*. 377-83의 Phaedra; 그리고 Talbert, *Romans*, 193에 인용된 Sen. Y. *Hippol*. 177)과 또 다른 예들은 이와 같은 비이성적 정욕을 여성적인 것과 더 많이 연결했음을 시사한다는 점이다. 특히 Gemünden, "Femme"를 보라. 그는 고대의 여느 사람들과 다르게 바울이 이성과 정욕을 젠더에 특화된 방식으로 관련시키지 않는다고 주장한다.

리피데스 자신도 사내아이를 강간한 한 남자에 대한 비슷한 묘사를 제시한다.[291] 스토아 철학자들도 구체적으로 메데아 자신에게 주의를 집중하지 않은 채 일반적으로 적용할 수 있는 압도적인 정욕에 대한 에우리피데스의 언어를 암시할 수 있었다.[292] 확실한 것은 실제로 모든 고대 청중이 바울이 메데아를 언급하는 것으로 듣지는 않았다는 점이다. 알렉산드리아의 키릴로스는 로마서 7장과 그리스 신화 간의 잘못된 비교에 대해 경고할 때 메데아를 직접 암시하지 않으며 모든 인간의 행위를 지배하는 운명을 암시한다.[293] 그렇다면 바울의 일차적 청중의 쟁점은 메데아 자신이 아니라, 다양한 저술가가 그녀의 사례와 때로는 다른 사례들을 예로 들어 사용한 일종의 투쟁이었다.

---

291   Eurip. *Chrys.* frg. 841. 마땅히 해야 하는 것과 정반대로 행하는 비난받을 만한 사람들에 대해서는 Pliny *Ep.* 4.2.8을 보라. 나쁜 사람들은 그들이 바라는 대로 살 수 없다(Epict. *Diatr.* 4.1.2-5). 하지만 Sen. Y. *Ep. Lucil.* 67.2의 비슷한 언어는 옛 세대로 인한 부분적인 무력화를 단순히 언급할 뿐이다. Jewett(*Romans*, 463)은 바울이 그리스도인이 되기 이전에 그리스도인들을 박해함으로써 율법을 전복한 것이라고 제안한다. 하지만 롬 7:7-25은 바울이 회심 전에 인식했을 것보다 내적 갈등을 좀 더 **의식하는** 것으로 들린다.

292   Arius Did. 2.7.10a, p. 56.24-33, 특히 32-33을 보라. 이와 비슷하게 스토아 철학자들이 메데아의 갈등을 롬 7장과 분명히 유사한 언어로 늘 묘사한 것은 아니다. 비록 바울과 동시대의 스토아 철학자인 세네카가 Sen. Y. *Med.* 926-30, 988-90에서 메데아의 마음의 동요를 묘사하지만, 세네카의 언어는 다른 본문들에 있는 것과 마찬가지로 바울의 언어와 그리 유사하지 않다.

293   Cyril Alex. *Rom.* on 7:15 (PG 74:808-12; Burns, *Romans*, 175). 후기 고대에는 우주론적 운명론이 점차적으로 큰 문제가 되었다.

의지의 굴레인가? 옳은 것을 하고 싶어 하는 바람인가?

로마서 7:15-21은 의지를 표현하는 많은 동사를 포함하고 있다(롬 7:15, 16, 18, 19, 20, 21).[294] 그 인물은 옳은 일을 원할 수 있지만, 더 큰 죄의 힘이 그것의 실행을 막는다.[295] 여기서 그 인물이 옳은 일을 하려는 의지가 성공하지 못한다는 설명의 요지는 무엇일까? 바울의 관심사가 일관성 있는 인류학을 구성하는 데 있는 것은 아니지만, 의지와 관련하여 그의 문화가 가진 몇몇 선택지를 이해하는 것은 그가 여기서 전개하는 사상의 범위를 확립하도록 도와줄 것이다.[296]

아리스토텔레스는 의지의 연약함인 ἀκρασία(아크라시아)를 말했다.[297] 아리스토텔레스의 사상에서 완전히 덕스러운 사람은 옳은 것을 **하고 싶어 한다**.[298] 하지만 다른 사람들은 자제력에 의해서만 옳은 것을 하는 사람과 ἀκρασία 때문에 그것을 하지 못하는 사람으로 나뉜다.[299] 대부분의 사상가는 옳지 않은 것을 바라기보다 옳은 것을 위해 결정하는 것을 가치 있게 여겼다. 예를 들어 헬레니즘의 지성인들은 행동하기 전에 심사숙고하거나 논의한다는 의미에서 의지의 가치를 인정했다. 그들은 그렇게 하

---

294 Hübner("Hermeneutics," 212-13)가 언급함. 그러나 그는 롬 7:15을 우리가 하는 일을 이해하거나 **우리 자신을 이해하지** 못하는 "우리의 **기본적인 무능력**"을 반영하는 것으로 해석한다(강조는 Hübner의 것임, 212).

295 참조. Keck, *Romans*, 193, 문제는 옳은 것을 선택하지 못하는 무능력이 아니라(신 30:19) "옳은 선택"을 실행할 수 없는 무능력이라고 말한다.

296 참조. Löhr("Paulus")는 고대 자료에서 인간의 의지를 간략히 언급하고 나서 바울의 편지들에서 "의도하다"와 "의지"를 다룬다.

297 Arist. *N.E.* 7.1-10을 인용하는 Engberg-Pedersen, *Paul and Stoics*, 52.

298 Arist. *N.E.* 1.13.17, 1102b.26-28을 인용하는 Engberg-Pedersen, *Paul and Stoics*, 52.

299 문맥상 Arist. *N.E.* 7.8.4, 1151a11-20을 인용하는 Engberg-Pedersen, *Paul and Stoics*, 52.

는 것을 단순한 바람이 아니라 더 이성적인 것으로 여겼다.[300] 스토아 철학자들은 원할 만한 가치가 있는 것을 생각했다.[301] 어떤 의미에서 스토아 철학자들은 비이성적인 의지—원하지 말아야 할 것을 원하는 "욕망하는 것"—를 이성적 의지, 즉 지배적 인지와 구별했다고 말할 수 있다.[302] 아우구스티누스는 나중에 글을 쓰면서 스토아 철학자들이 지혜자의 경험인 의지로 어리석은 자의 경험인 욕망을 반박했다고 믿었다.[303]

다른 몇몇 사람은 옳은 것을 원하는 것의 중요성에 동의했다. 절충적인 중기 플라톤 사상가인 플루타르코스는 오직 이성을 따르는 사람들만이 진정으로 "자유롭다"고 제안한다. "왜냐하면 그들만이 마땅히 바라야 할 것을 원하는[βούλεσθαι] 법을 배워, 그들이 원하는[βούλονται] 대로 살기 때문이다. 하지만 훈련되지 않은 비이성적 충동과 행위에는 비열한 것이 있고, 생각을 여러 번 바꾸는 것은 의지의 자유가 거의 없다."[304] "의지"

---

300   *Rhet. Alex.* pref. 1420b.20-21(βουλεύεσθαι); 1421a.10-11.

301   Arius Did. 2.7.11f, p. 70.3("원할 만한 가치가 있는 것"[βουλητόν]과 "반드시 원해야 하는 것"을 구별한다). Epict. *Diatr.* 4.1.2-5(번역. Oldfather, LCL, 2:244-47)는 아무도 오류를 범하며 살기를 원하지 않는다는 의견을 개진한다. 따라서 나쁜 사람은 그들이 원하는(θέλει) 대로 살지 않는 사람이다. 하지만 불완전한 사람들은 종종 그것을 원할 때를 제외하고는 "그들이 원하는 것이 무엇인지를 알지 못한다"(Sen. Y. *Ep. Lucil.* 20.6; 번역. Gummere, LCL, 1:135).

302   Matheson, *Epictetus*, 31. 플라톤주의자들과 아리스토텔레스 역시 선한 것에 대한 이성적 관심과 쾌락에 대한 욕망을 구별했다(Sorabji, *Emotion*, 319-20). 그러나 아리스토텔레스는 플라톤주의자들(322-23)과 스토아 철학자들(328-30)과 달리 이성적 욕망과 이성도 구별했다.

303   Aug. *City* 14.8.

304   Plut. *Lect.* 1, *Mor.* 37E(번역. Babbitt, LCL, 1:204-7). 고대에 변덕스러움을 정죄한 것에 대해서는 다음을 보라. Cic. *Fam.* 5.2.10; Vell. Paterc. 2.80.1; Plut. *Cic.* 26.7; Pliny *Ep.* 2.11.22; Fronto *Ad amicos* 1.19; Apul. *Apol.* 77. 더 자세한 내용은 Keener, *Acts*, 1:1037n469를 보라. 스토아 철학자들의 견해는 Arius Did. 2.7.11i, p. 78.15-18; 2.7.11m, p. 96.5-14를 보라. 귀족들은 이런 성향을 특히 군중 탓으로(Lucan *C.W.* 3.52-56; Quint. *Decl.* 352.1; Quint. *Curt.* 4.10.7; Dio Chrys. *Or.* 66), 때로는 다른 사람들 탓으로(Cic. *Flacc.*

에 대한 후대의 개념에 속하는 다른 구성 요소들(이성, 자유로운 선택,[305] 그리고 의지의 왜곡 등)이 다양한 자료에 등장하지만, 특히 아우구스티누스가 그것들을 나중의 형태로 통합하여 의지를 중심으로 삼았을 것이다.[306] 후기 고대의 아우구스티누스 방식의 종합으로 바울을 다시 읽어서는 안 된다.

많은 사람은 바울이 여기서 스토아 철학자로서 글을 쓰고 있는 것이 아니라는 점에 주목한다. 화자에게는 이성과 인지적 지식이 있지만, 그의 정욕이 우세하다. 바울은 필론이나 「마카베오 4서」의 저자와도 달랐다. 화자는 율법을 알고 있다. 하지만 철학도 율법도 이 사람을 갈등과 패배로부터 구해주지 않는다.[307] 바울이 철학자들과 다르게 지식이 사람을 해방시킬 만큼 충분하다고 여기지 않았다고 여기는 주석가들은 엄밀히 말해서 옳다. 로마서에서 이와 같은 해방은 하나님의 행위를 요구한다. 그러나 바울이 여기서 철학자들에게 동의하는 의미가 있을 수 있다. 세상, 그리고 특히 성서를 잘 알고 있는 사람들은 비난받을 만큼 충분히 안다. 하지만 구원하는 진리는 복음에 계시된다(롬 1:17-18). 그것은 화자가 필요로 하는 단순한 정보가 아니다. 하지만 이 화자는 몇몇 사람이 지식이라고 부를 수 있는 다른 형태가 필요하다. 즉 믿음으로 이해되는 하나님의 진리

11.24; Caesar *Gall. W.* 4.5; Jos. *Ant.* 18.47), 혹은 여자 탓으로(Virg. *Aen.* 4.569-70) 돌렸다.

305 나는 Keener, *Acts*, 1:927-36에서 교부들의 자료를 비롯하여 고대의 운명론과 자유 의지에 관한 논의를 간략히 개관했다. 이 쟁점은 바울이 살던 시대에 덜 지배적이었을 것이다.

306 Sorabji, *Emotion*, 11-12, 335-37. 아우구스티누스는 마니교의 두 영혼 이론을 거부했지만, "욕정을 이기려고 사투를 벌인" 자신의 "경험에 비추어 우리에게 영적인 의지와 세속적인 의지가 있다고 확신했다"(Sorabji, *Emotion*, 315-16). Sorabji(*Emotion*, 339)는 지배적인 것이 된 아우구스티누스의 특별한 개념 구성이 도움이 되는지에 의문을 제기한다.

307 예. Tobin, *Rhetoric*, 235; Jewett, *Romans*, 464.

다(롬 6:11).[308]

여기서 "원하는"을 강조하는 바울의 요점은 율법을 아는 것의 실패뿐만 아니라 의를 이루기에 충분할 만큼 율법에 **순종하려는 바람**의 실패도 강조하는 것이다. 로마서 1:18-32에서 이방인들은 하나님의 율법에 대한 충분한 지식 없이 죄를 지었지만,[309] 7:7-25의 유대인들은 율법에 대한 충분한 지식을 **가지고**, 심지어 그 지식에 순종하려는 바람을 가지고 있으면서도 죄를 범한다. 창조의 일반계시는(롬 1:19-20) 하나님과(1:21-23) 그분의 형상으로 만들어진 다른 사람들을(1:24-32) 공경하는 것에 관한 도덕적 진리를 제공한다. 토라의 특별계시는 진리를 한층 더 섬세하게 드러낸다.

그렇지만 두 계시는 그 자체로 생명을 주기보다는 단지 도덕적 진리를 가르칠 뿐이다(참조. 갈 2:21; 3:21). 이를 위해서는 좀 더 완전한 지식이 필요하다. 즉 복음에 대한 지식이다(롬 1:16-17; 참조. 10:14-17). 이 복음은 약속된 회복의 시대를 말한 예언자들을 통해 미리 선포되었으며(롬 1:1-2; 참조. 사 52:7), 이 회복은 이제 예수 그리스도 안에서 개시되었다(롬 1:1-4).

바울은 사람들이 율법과 같은 이성적 지침에 순종함으로써 적극적 행동을 수행하도록 허용할 수 있다. 하지만 그는 의의 선물에 의한 진정한 변화를 그리스도 안에서의 새 창조와 불가분하게 연결된 것으로 여긴다(참조. 롬 5:12-6:11).[310]

---

308 창조는 이방인들이 잘못된 것을 행하고 있다는 잠재적 지식을 그들에게 제공한다(롬 1:19-20[1:28에는 가려져 있음]; 2:14); 유대인들에게는 (여기서) 율법을 통한 더 큰 도덕적 지식이 있다. 바울의 견해에서는 오직 그리스도 안에 있는 사람들만이 복음에 대한 더 완전한 변화시키는 지식이 있다.

309 마음에 있는 자연법(롬 2:14-15)은 토라보다 덜 완전하다.

310 롬 2:17-24에 대해서는 Odeberg, *Pharisaism*, 60-61을 보라. Barclay, *Gift*, 497. Lafon("Moi," on 7:15-21)은 한 사람의 의지를 인식하는 것을 의를 이루지 못하는 무능력과 연결한다.

몸의 법 대(對) 마음의 법(롬 7:22-25)

바울은 여기서 분열된 사람을 묘사한다. 성서의 율법은 이 인물의 생각 또는 속사람에 하나님의 의의 표준을 계시하면서 영향을 미치지만, 그 사람의 (신체적) 지체들 안에서 작용하는 율법은 그 사람을 전혀 다른 방향으로 끌고 가서 그의 생각이 온전한 통제를 수행하지 못하게 한다.

마음의 법

여기 나오는 인물은 토라를 당연히 기뻐한다(롬 7:22). 유대교 자료들이 유대인들이 일반적으로 그랬음을 보여주듯이 말이다.[311] 그러나 사람은 도덕적 진리를 평가할 수 있고(7:16) 지적인 지식의 습득을 선하다고 느끼기도 하지만, 욕망이나 천성을 억누를 수 없는 자신을 발견한다.[312] 다른 사람들이 겉으로 무엇을 보든지 상관없이, 화자는 욕망을 "나"의 일부로 소유하는 것에 대해 양면적으로 보이지만, 욕망은 여전히 이성적이고 통제

---

311 참조. 롬 10:2; 느 8:9-12; 시 19:8; Jos. *Ag. Ap.* 2.189; *Pesiq. Rab Kah.* 27:2; *b. Yoma* 4b; *Lev. Rab.* 16:4(Ben Azzai를 인용한 것으로 알려짐); *Song Rab.* 4:11, §1; *Pesiq. Rab.* 21:2/3; 51:4; Urbach, *Sages*, 1:390-92; Bonsirven, *Judaism*, 95; 특히 Urbach, *Sages*, 1:390 의 탄나임 자료들. 더 자세한 내용은 Anderson, "Joy"를 보라.

312 철학자들은 쾌락을 통제해야 하는 단순한 지식이 아니라 자기 훈련이 필요하다고 주장했다(Mus. Ruf. 6, p. 52.15-17). 순종하지 않고 듣는 것은 유익이 없다(17, p. 108.38-39). 후기 랍비들은 토라를 배우는 것이 우선인지 아니면 실행하는 것이 우선인지를 두고 논쟁을 벌였다. 둘 다 필요했다(참조. *m. Ab.* 5:14). 하지만 많은 사람이 배움을 선호했는데, 그 이유는 배움이 행위의 전제 조건이기 때문이었다(*Sipra Behuq. par.* 2.264.1.4; *Sipre Deut.* 41.2.5-6; *b. Qid.* 40b; *y. Hag.* 1:7, §4). 그러나 랍비들 역시 사람이 행함이 없이 배울 수 있다는 점을 인정했지만(*Sipre Deut.* 32.5.12; *b. Sanh.* 106b), 그렇게 하는 것은 부적절했다(*m. Ab.* 1:17; 3:9, 17의 초기 지혜자들; 참조. *Let. Aris.* 127; *Abot R. Nat.* 24 A).

적인 정체성으로 남아 있다(7:14-16, 19, 21에는 긍정이, 7:17, 20, 23-25에는 부정이, 그리고 7:18에는 두 가지가 다 있다).[313]

바울은 "속사람"(롬 7:22)과 "지체들"(7:23)을 대조한다. 로마서 7:23에 의하면, 바울은 속사람 안에 있는 율법(7:22)을 "내 생각/마음의 법"과 동일시하는 것이 분명해 보인다. 여기서 속사람은 바울이 그리스도인의 실존을 묘사하는 것처럼 그리스도 안에 있는 새 사람으로 명시되지 않으며(참조. 롬 6:6; 엡 2:15; 4:22, 24; 골 3:9),[314] 몸에 반대되는 영혼 또는 (이 문맥에서는) 생각과 더 비슷한 것으로 언급된다(고후 4:16; 엡 3:16을 보라).[315] "속사람"이라는 플라톤의 언어는 바울 시대에도 통용되고 있었지만, 바울은 이 이미지를 그의 독특한 목적을 위해 개작했다.[316] 생각/마음에 있는 율법은 그에게 선한 것이 무엇인지를 알려준다.

---

313 아마도 이 인물은 이것이 자신이 창조된 하나님의 형상에서의 정체성이 아님을 점점 더 깨달았을 것이다. Stowers("Self-Mastery," 537-38)는 플라톤주의의 분열된 자아와 비교한다.

314 ἄνθρωπος(인간)라는 용어 때문에 롬 6:6을 들먹일 필요는 없다(하지만 고후 4:16에서는 겉사람이 부활을 기다린다; 참조. 5:1-5); 이 용어는 바울 서신에 126번쯤 등장한다.

315 고대의 해석자들도 그렇다. 예. (Bray, *Romans*, 195-96, 198에서) 이성적 영혼이라고 언급된 경우, Ambrosiaster *Comm.* on Rom. 7:23 (CSEL 81:243); Pelagius *Comm. Rom.* on 7:22 (PCR 104-5); Severian of Gabala, catena on Rom. 7:24 (PGK 15:220); 생각/마음이라고 언급된 경우, Theodoret *Interp.* Rom. on 7:22 (PG 82:125).

316 Plato *Rep.* 9.588A-591B (특히 588A-589B); Stowers, "Self-Mastery," 526-27; Markschies, "Metaphor"; Betz, "Concept"; Judge, *Jerusalem*, 60. Aune("Duality," 220-22)는 교부들과 신플라톤주의자들 이전에는 이와 유사한 어구가 드물었다는 것을 알지만, 그 표현이 바울보다 앞선 시대인 필론의 것이라고 밝힌다. 철학자들은 종종 "외형적인 것"에 관심을 두는 것을 경고했다(예. Epict. *Diatr.* 1.4.27; 1.11.37; 2.2.10, 12; 2.16.11; 4.10; Marc. Aur. 7.14). 이와 대조적으로 바울은 특별한 방법으로 그 용어를 이용했을 것이다(Tronier, "Correspondence," 195).

율법, 몸, 그리고 죄

율법[317]은 이 사람의 생각/마음에 끼치는 것과는 다른 영향을 그의 지체들
[318]에게 끼친다. 그는 옳은 일을 하고 싶어 하지만 그렇게 할 수 없는데,[319]
그 이유는 그의 몸이 그를 다른 방식으로 몰고 가기 때문이다(롬 7:22-
23).[320] 따라서 여기서 율법을 알고 있는 이 사람은 사망의 몸에서 구원받
기 위해 부르짖는다(7:24). 이것은 아마도 사망 선고를 받은 죄 아래 있는
몸을 의미할 것이다(5:12-21; 6:16, 21, 23; 7:5, 9-10, 13; 참조. 1:32).[321] 그의

---

317 여기서 몇몇 사람은 "원리"라고 번역하기를 선호하지만(Bergmeier, "Mensch"; Kruse,
   Romans, 309-10), 때때로 선한 충동 및 악한 충동과 비교하거나(Bruce, *Apostle*, 197) 자연
   에 내재하는 법칙에 대한 그리스 사상과 비교하는(Dodd, *Bible and Greeks*, 37) 문맥은 율
   법에 초점을 맞춘다. 그래서 적어도 여기서는 그 의미에 근거하여 설명하고 있는 것이 분
   명하다(Wright, *Faithfulness*, 1:506, 510에 동의함). 하지만 바울은 우주의 법칙과 토라를
   모두 염두에 두고 설명힌디(롬 2:14; 참조. 롬 10:18에서 시 19:4).

318 이상적인 청중은 이곳과 롬 6:13, 19; 7:5에서 그 용어의 통상적인 의미로부터 이것이 그
   의 몸의 지체들이라고 이해한다(롬 12:4-5; 고전 12:12, 14, 18-22, 25, 27에서 그리스도
   의 몸을 지칭하는 것이 분명하다). 바울은 여기서 다른 지체들의 다른 종류의 죄를 묘사했
   을 것이다(Theodore of Mopsuestia, catena on Rom. 7:23 [PGK 15:132]). 참조. 롬 3:13-
   18.

319 일부 선을 행할 수 있으나(예. 이곳 롬 7:18처럼) 궁극적으로는 선을 행할 수 없는 인간에
   대한 바울의 묘사의 다양한 수준에서의 양립 가능성에 대해서는 Westerholm, *Justification*,
   38-49의 논의를 보라.

320 이방인 사상가들도 하나님의 율법을 정욕의 지배를 받는 사람들이 접근 불가능한 것으로
   말할 수 있었다. 이것은 후기의 저술가 포르피리오스(*Marc.* 26.402-4)에게 적용된다. 그
   에게 정욕은 몸과 뗄 수 없이 연결되었다.

321 (Bray, *Romans*, 198에 인용된) Jerome *Ruf.* 1.25; Theodoret *Interp. Rom.* on 7:24 (PG
   82:128)에 동의함; 참조. Epict. *Diatr.* 2.19.27; Marc. Aur. 10.33.3의 죽을 수밖에 없는
   몸을 가리키는 비슷한 어구들; Epict. *Diatr.* 1.9.19; 1.9.33-34; Marc. Aur. 4.4의 시체
   로서의 몸. Bousset, *Kyrios Christos*, 179은 이것을 옛 인류 전체의 몸과 연결한다. *4 Ezra*
   3:4-5(Grappe, "Corps de mort")에 기초한 아담과의 연결은 롬 7장 여러 곳에서 제안
   된 아담과의 연결과 어울리지만, 너무 구체적인 것 같다. "이 사람/것"(남성 혹은 중성)이
   "사망"과 관련이 있는지(Sanday and Headlam, *Romans*, 184; 참조. 출 10:17), 아니면 가

육신이 죄에 취약하므로(참조. 8:3), 율법은 그에게 그의 죄를 정죄하는 법으로서, 그리고 결과적으로 사형 선고로서 기능한다. 그는 여기서 해방되어야 한다(8:2). 그의 생각/마음은 하나님의 법을 섬기지만, 그의 "육신"은 죄를 강조하는 율법을 섬긴다(7:25). 그러므로 그의 관점은 하나님의 성령보다 육신에 사로잡혀 있다(8:5-8).

왜 바울은 여기서 생각/마음을 지체, 몸, 그리고 육신과 대조할까? 고대의 몇몇 해석자는 로마서 7장에서 몸과 영혼의 싸움을 들었다.[322] 이것은 확실히 지나치게 단순화한 접근이다(특히 바울은 "영혼"이라고 번역되는 단어를 이런 방식으로 절대 사용하지 않기 때문이다). 그렇지만 바울이 죽을 수밖에 없는 몸을 악에 대한 취약성과 연결했다는 고대 해석자들의 인식은[323] 현대 해석자들이 때때로 피하려고 했던 바울의 사상을 알아차린 것이다. 설령 바울이 단순히 그의 문화에서의 사상을 이야기한다고 해도, 이 문맥에서 그는 어떤 의미에서 죄를 행위, 욕망, 죽을 수밖에 없는 몸과 연결하는 것이 분명하다.

- "죄의 몸"(6:6)
- "죽을[사망이 결정된] 몸"의 "욕망"(6:12)
- 몸의 지체 중에서 역사하는 "죄의 정욕"(7:5)
- "육신"과 관련된 죄(7:18, 25)
- "이 사망의 몸"(7:24)

능성은 작지만 "몸"과 관련이 있는지(Jewett, *Romans*, 472)의 여부는 둘 사이의 연관성을 궁극적으로 바꾸지 않는다.

322 Severian of Gabala, catena on Rom. 7:24 (*PGK* 15:220; Bray, *Romans*, 198).

323 예. Ambrose *Death* 2.41; Jerome *Ruf.* 1.25; 참조. Ambrosiaster *Rom.* 7:14-25.

- "죄 때문에 죽은" 현재의 몸(8:10)
- "죽을 몸"을 위한 부활의 소망(8:11)
- "육신"대로 사는 사람들의 사망(8:13a; 참조. 8:6)
- 몸의 행실을 죽이면 얻게 되는 생명의 소망(8:13b)

바울에게 율법을 알고 있는 생각에도 죄가 스며들어 있다는 것은(롬 7:23, 25) 몸이 어떤 역할을 하든지 그 생각 역시 죄를 짓기 쉽다는 것을 보여준다. 그렇다면 바울은 단순히 몸을 죄가 되는 것으로, 생각을 선한 것으로 제시하지 않을 것이다. 그는 철학자들 및 유대교 사상가들과 더불어 그들이 도덕법을 위반할 때 이성이 **반드시** 욕망을 통제하도록 **해야 한다**는 점을 인정한다. 하지만 바울에게 이성의 이런 일관된 성공은 스토아 철학의 이상적 현인보다 훨씬 더 가설적으로 보인다. 실제로 스토아 철학자들은 완전함을 성취했다고 주장하지 않았다. (대부분의 유대교 자료들에서 무죄를 성취하는 것에 대해서도 거의 똑같이 말할 수 있었다.)[324] 하지만 바울은 그리스도 안에서는 누구나 이상적인 사람으로 **여김을 받는다**고 주장한다. 심지어 그 사람이 행동에서 완전한 성숙에 이르기 전이라도, 이 이상은 어느 정도 목표라기보다는 전제가 되었다(롬 6:1-11; 8:3-11; 앞서 논의한 제2장을 보라).

　　스토아 철학자들은 정욕의 신체적 특성이 아니라 거짓 신념들의 위험에 우선 초점을 맞추었다.[325] 바울의 견해가 스토아 철학자들의 견해와

324 　*Jub.* 21:21; 1QS 11.9; 1 Esd. 4:37; *4 Ezra* 7:138-40 (68-70); Moore, *Judaism*, 467-68; Bonsirven, *Judaism*, 114; Sandmel, *Judaism*, 187; Flusser, *Judaism*, 62. 어떤 사람들은 아브라함(Pr. Man. 8; *T. Ab.* 10:13 A), 모세(*b. Shab.* 55b), 이새(*Tg. Ruth* on 4:22), 또는 요하난 벤 자카이(*Abot R. Nat.* 14 A)와 같은 극소수의 사람을 죄에서 면제시켰다.

325 　Stowers, "Self-Mastery," 540.

같지는 않지만, 바울은 이 점에서 스토아 철학의 이해에 더 가깝다고 할 수 있다. 스토아 철학의 기대와 반대로 로마서 7장은 단순히 옳고 그름에 관한 올바른 믿음만으로는 정욕을 적절하게 다룰 수 없음을 강조한다.

이것은 성서의 도덕적 교훈에 기초한 올바른 믿음에도 해당했다. 충분한 계시가 부족한 이방인들 사이에서 생각은 "육신의" 욕망에 빠지게 되지만(롬 1:25-28; 참조. 엡 2:3; 4:17-19),[326] 율법으로 훈련받은 생각은 이런 욕망에 동의하기를 거부할 수는 있으나 그 자체로 욕망을 제거할 수는 없음을 알게 된다(롬 7:22-25). 이성적인 종교는 그리스도 안에서의 변화에 미치지 못한다.

고대의 사고에서 육체적인 욕망

일찍이 언급했듯이, 일부 철학적 접근들은 이성과 정욕 간의 고전적 싸움을 강조했다. 여기서 정욕은 생물학적으로 발생하고, 사회학적으로 형성되며, 건전한 이성의 지도를 받지 않는다.[327] 유대교의 가르침에서 율법은 사람을 정욕의 지배에서 해방하거나 보호하는 것으로 알려졌다.[328] 하지만 여기서 율법은 생물학적으로 촉발된 정욕의 식별과 그 정욕의 힘을 용

---

326 엡 2:3은 이것을 다른 방식으로 주장하면서, 이방인에게 적용한 똑같은 원리를 유대인들에게 적용하는 것이 분명하다.

327 비록 인간의 사고 활동이 고대 사상가들이 상상한 것보다 더 신경화학과 연결되고, 본능의 많은 구체적 표현들이 사람의 경험과 선택에 영향을 받는다고 할지라도, 고대인들이 성 본능, 갑작스러운 공포 반응, 그리고 몸과 어느 정도 연결된 다른 천성적 욕구들을 인정한 것은 옳았다. 물론 그들은 호르몬, 편도체의 측면에서 그 연결의 복잡성을 예상하거나, 뇌가 사고행위와 함께 새로운 자극에 어떻게 적응하는지를 예상할 수는 없었을 것이다.

328 「마카베오 4서」는, 아마도 잠재적인 이방인 청중을 염두에 두고 변증적으로, 랍비들의 내부 토론보다 더욱 강렬하게 구원을 묘사한다.

이하게 한다. 정욕은 억압되지만 근절되지 않으며, 억제되지만 진압되지
않는 것 같다.

추기: 육신[329]

바울이 "육신"이라는 단어를 사용한 것은 그리스 상황에서 완전히 새로운 것은 아니

었을 것이다. 가끔 그리스 자료들은 "육신"(σάρξ)을 가치 없는 것이라고 이미 이야기

했다.[330] 몇몇 학자는 그 용례가 원래 에피쿠로스를 반대하는 반응에서 나온 것이라

고 제안한다.[331] 에피쿠로스 철학자들은 육신으로 만들어진 사람들(σάρκινον)이 자연

스럽게 쾌락을 긍정적으로 보았다고 주장했다.[332] 1세기 스토아 철학자에게 신성은

육신(σάρξ)이 아니라 순전히 이성으로 구성되었으며,[333] 탁월함은 육신보다는 도덕적

목적에 속했다.[334] 2세기의 한 스토아 철학자가 이해하기에, 사람은 "육신을 무시해

야" 했다. "육신은 무가치하지만, 피와 뼈, 신경과 정맥, 그리고 동맥으로 이루어진 소

---

329 내가 영어의 관습적 번역인 "육신"(flesh)이라는 단어를 채택하기는 했지만, σάρξ는 다양
    한 방식으로 번역되어왔다(Creve, Janse, and Demoen, "Key Words"). 중요한 어휘의 고려
    에 대해서는 Dunn, *Theology*, 62-73(특히 70의 경고); Marshall, "Flesh"를 보라.

330 Davies, *Paul*, 18의 후기 용례에 관한 부분적으로 정확한 경고에도 불구하고 말이다. ὕλη와
    ψυχή에 대해서는 Philo *Posterity* 61을 보라.

331 에피쿠로스는 σάρξ를 욕망의 위치에 가끔 적용했는데(Schweizer, "Σάρξ," 103), 이 점에
    있어서는 헬레니즘 유대교가 그를 따른 것이 분명하다(105).

332 Plut. *R. Col.* 27, *Mor.* 1122D. 플루타르코스 역시 전인을 육신적으로, 즉 육체적으로 이해
    하는 사람들에 대해 불평하며(Plut. *Pleas. L.* 14, *Mor.* 1096E), 육신은 본성상 질병에 걸리
    기 쉽다고 말한다(*Pleas. L.* 6, *Mor.* 1090EF). 하지만 Porph. *Marc.* 29.453-57만큼 늦은 시
    기에도 부정적인 "육신"은 주로 외형적인 것과 관련이 있으므로, "몸"과 특히 "물질"이 쟁
    점이다.

333 Epict. *Diatr.* 2.8.2.

334 Epict. *Diatr.* 2.23.30; 참조. 이와 비슷하게 3.7.2-3 역시 에피쿠로스 학파의 견해에 반대
    한다.

형 네트워크다."[335] 몇몇 후기 자료는 "육신으로[σάρκα]" 전락하는 것을 경고했다.[336]

하지만 특히 바울이 "육신"과 (하나님의) "영"을 대조한 것을 고려하면, 바울의 용어는 유대교의 용례를 훨씬 더 분명하게 반영한다. 때로 학자들은 일반적인 구약의 전체적인 용례로부터 바울의 용례로 너무 성급하게 넘어가곤 했다.[337] 마치 바울이 동등한 그리스어 용어들을 사용하여 고대 이스라엘 사람들에게 글을 쓰고 있는 것처럼 말이다.[338] 몇몇 사람의 예상과는 다르게, 70인역이 σῶμα(소마)를 사용할 때, 이 단어는 보통 신체적인 함의를 지닌다.[339] 유대교 자료들은 때때로 한 사람의 신체적 부분과 비신체적 부분의 차이를 논평했다.[340] 따라서 예를 들어 탄나임 중 한 사람은 영혼을 하늘에 속한 것으로, 몸을 땅에 속한 것으로 특징지었다.[341]

다른 곳에서 사용된 용어의 일부 유사성에도 불구하고, 바울이 로마서 8:4-6, 9, 13에서 "육신"과 "영"을 대조적으로 사용한 것은[342] 특히 사해사본과 같은 유대교

---

335   Marc. Aur. 2.2 (번역. Haines, LCL, 26ff.).

336   Porph. *Marc.* 9.172-73 (번역. O'Brien Wicker, 55); 대신에 사람은 자기 영혼의 분산된 요소들을 몸으로부터 모으면서, 몸에서(ἀπὸ τοῦ σώματος; 10.176) 벗어나야 한다(10.180-83).

337   Grant, *Judaism and New Testament*, 62; Sandmel, *Judaism*, 178을 보라. 참조. Davies, *Paul*, 18-19(랍비들의 사고에 호소하면서 그 차이를 주장함; 참조. Davies, *Origins*, 145-77); Hunter, *Gospel according to Paul*, 17.

338   Flusser, *Judaism*, 63. Conzelmann(*Theology*, 176)은 Bultmann을 따라 바울의 전체론을 강조한다. 하지만 177에서 그는 일종의 인류학적 이원론을 인정한다.

339   Gundry, *Sōma*, 16-23을 보라. Robinson(*Body*, 31)은 σάρξ를 하나님으로부터 멀어진 인간으로 다루지만, σῶμα를 "하나님을 위해 만들어진" 인간으로 취급한다. Gundry(*Sōma*, 50)는 σῶμα를 "중립적인 의미에서 '육신'과 거의 동의어인 신체적인 몸"으로 취급한다. 참조. Gundry의 견해를 따르는 Craig, "Bodily Resurrection," 53-54.

340   Moore, *Judaism*, 451을 보라(그러나 502에서는 자질도 논한다).

341   *Sipre Deut.* 306.28.2; 이보다 늦은 시기의 *Gen. Rab.* 8:11을 참조하라.

342   갈 3:3; 4:29; 5:16-17; 6:8; 빌 3:3을 보라. 참조. 롬 7:14; 고전 3:1. σάρξ는 가끔 성령과 대조하여 단순히 몸을 가리킨다(요 3:6; 딤전 3:16; 벧전 3:18; 4:6). 대조되는 영이 인간일 때도 이 단어는 몸을 가리킨다(막 14:38; 고전 5:5; 고후 7:1; 골 2:5; *2 Clem.* 14.5; Ign. *Magn.* 13.1; *Trall.* pref.; 12.1; *Phld.* 11.2; *Smyrn.* 1.1; *Pol.* 5.1).

사상에 대한 그의 배경을 반영한다.[343] 이런 대조는 구약성서 이사야 31:3에 나타나지만, 가장 주목할 만한 본문은 창세기 6:3인데,[344] 이 구절은 성서의 가장 영향력 있는 단락에 등장한다.[345] 이 자료들에서 대조는 (죽을 수밖에 없는 다른 존재들처럼) 육신으로서의 인간과 하나님의 영 사이에서 이루어진다.[346] 구약성서에서 육신인 인간은 죽을 수밖에 없는 존재이며, 약해지기 쉽다.[347]

바울은 종종 연약한 것으로서 "육신"을 사용하지만,[348] 이보다 약간 더 나아가기도 한다.[349] 하지만 그는 이 단어를 그것에 대한 유대교 진영의 일부 발전과 일관된 방식으로 사용한다. 다른 일부 초기 유대교 자료와 달리,[350] 사해사본은 죄를 범하기 쉽다는 의미를 비롯하여[351] 연약함의 의미를 도덕적 방향으로 발전시킨다. 이것은 바

---

343 Frey, "Antithese"; Flusser, *Judaism*, 64-65을 보라. Pryke("Spirit and Flesh," 358)는 이것을 선한 영과 악한 영의 대조로 이해한다.

344 4Q252 1.2에서는 히브리어 단어가 다르게 사용되었지만, 창 6:3의 70인역은 바울이 "육신"과 "영"을 가리키기 위해 사용한 것과 같은 단어들을 사용한다.

345 Ladd, *Last Things*, 30-31; Ladd, *Theology*, 458에 동의함; 참조. Klausner, *Jesus to Paul*, 486-87. 또한 참조. *Jub.* 5:8; *1 En.* 106:17. Philo *Heir* 57에서도 육체적인 쾌락과 대조되는 이성과 나란히 언급된 성령은 신의 영이다.

346 Robinson(*Body*, 11-14)은 구약성서가 너무 전체적이어서 "몸"을 가리키는 용어와 "몸"과 "영혼" 사이의 구별이 없다고 주장한다(어쩌면 과장일 것이다; 참조. MT와 LXX의 사 10:18). 인간은 *Jub.* 5:2; *Sir.* 28:5와 같은 전통적인 유대교 자료들에서도 육신이다. 창 17:11-14; Jdt. 14:10에는 물질성이 암시된 것 같다.

347 Baumgärtel, "Flesh"; Davies, *Paul*, 18.

348 인간으로서 육신에 대해서는 롬 3:20; 고전 1:29; 갈 1:16을, 연약함에 대해서는 롬 6:19; 8:3; 고전 7:28; 고후 1:17; 5:16; 7:5; 갈 4:13-14을, 필멸의 존재에 대해서는 고전 15:50; 고후 4:11; 빌 1:22, 24을 보라. Sheldon(*Mystery Religions*, 79)은 신비종교보다 더 관련되는 것으로서 구약의 용어를 인용한다.

349 Bornkamm, *Paul*, 133.

350 죄를 대속하는 것으로도 이해되는(*Pesiq. Rab Kah.* 11:23; *b. Sanh.* 47b) 육신의 분해(*m. Sanh.* 6:6; *Moed Qat.* 1:5)는 몸을 악으로서 이해한다는 암시가 아니다.

351 Meyer, "Flesh"; Driver, *Scrolls*, 532; Wilcox, "Dualism," 94-95; Best, *Temptation*, 52; 특히, Flusser, *Judaism*, 62-65. 1QS 3.8; 4.20-21; 9.9; 11.7, 12; 1QM 4.3; 12.12; 1QH^a 5.30; 12.29-32; 17.14-16(Sukenik 4.29-32; 9.14-16; 13.13); CD 1.2; 4Q511 frgs. 48-49 + 51.4를 보라. 성서에서처럼 이 단어의 의미의 범위는 광범위하다. 그래서 때로는 단지 종

울에게 이에 상응하는 그리스어가 종종 전달하는 의미다.[352] 분명한 것은 바울이 로마서 8:4-9, 13에서 육신과 영을 대조할 때, 전체 문맥이 보여주듯이(롬 1:3-4; 7:6; 고전 5:5; 갈 3:3; 4:29; 5:17; 6:8도 참조하라) 하나님의 영에 대해 말한다는 점이다. 고린도후서 7:1과 골로새서 2:5은 분명한 예외다.[353]

....

많은 고대 사상가들이 정욕을 몸과 연결했다.[354] 예를 들어 소크라테스는 철학자는 "몸의 온갖 요구를 무시하고 몸의 쾌락에 사로잡히지 않는다"고 주장했다고 전해진다.[355] 또한 그는 자신보다 육신의 정욕에 덜 사로잡힌

족을(CD 5.9, 11; 7.1; 8.6), 또는 인류를(1QM 15.13; 17.8; 4Q511 frg. 35.1; 1Q20 1.25, 29), 또는 마음과 함께 육체성을 지니고 있음을 언급하기도 한다(영; 1QM 7.5). 그리스어 본문인 T. Job 27:2 (OTP)/27:3(ed. Kraft)에서 사탄은 영인 자신을 "육신을 가진 사람", 즉 약하고 죽을 존재인 욥과 대조한다.

352 Dunn(*Romans*, 1:370)은 "그것이 바로 죄의 원인인 '필멸의 몸'(=육신)의 약함과 성향이다"라고 정확히 언급한다. 이와 마찬가지로 "육신의 문제"는 그것이 죄성을 지녔다는 것 자체가 아니라 죄의 유혹에 취약하다는 것이다. 우리는 이렇게 말할 수 있을 것이다. 육신은 '갈망하는 나'(롬 7:7-12)라고 말이다(Dunn, *Theology*, 67).

353 세네카와 다르게, 바울은 누구에게나 있는 인간의 소유물이 아니라 그리스도 안에 있는 하나님의 영을 가리키기 위해 "성령"을 사용한다(Sevenster, *Seneca*, 79-80). 바울은 사람들의 "두 '부분'"이 아니라 옛 시대와 새 시대를 특징짓는 "존재의 두 양식"을 생각하고 있다(Ridderbos, *Paul: Outline*, 66). 바울은 몸에 대해 적대적이지 않다(Kohler, *Theology*, 215과 반대임).

354 예. Plato *Phaedo* 66CD; 83CD; Aeschines *Tim.* 191; Cic. *Resp.* 6.26.29; Sen. Y. *Dial.* 2.16.1; Dio Chrys. *Or.* 4.115; 13.13; Max. Tyre *Or.* 7.7; 33.7; Philost. *Vit. Apoll.* 7.26; Proclus *Poet.* 6.1, K121.14-15; Iambl. *Pyth. Life* 31.205; *Letter* 3, frg. 2 (Stob. *Anth.* 3.5.45); Porph. *Marc.* 14.243-44; 33.506-7; Philo *Alleg. Interp.* 3.161. 참조. Iambl. *Soul* 8.39, §385; *Letter* 3, frg. 4.5-6 (Stob. *Anth.* 3.5.47)에 언급된 문제. 심지어 에피쿠로스조차도 생각/마음이 육신(σάρξ)보다 더 우월하다고 생각했는데, 그 이유는 생각/마음이 올바른 쾌락을 최선으로 파악하기 때문이었다(Diog. Laert. 10.145-20).

355 Pseudo-Socrates *Ep.* 14(번역. Stowers and Worley, 257, 259).

사람이 누구인지도 물었다고 한다.[356] 플라톤은 "몸과 몸의 욕망"이 돈을 위한 폭력으로 이어지고, 최악의 경우 철학 연구에 집중하지 못하도록 만든다고 불평한다.[357] 플라톤 철학의 전통은 다른 많은 사상가보다 더 몸을 폄하했다.[358] 몸은 신적 실재에 대한 사람들의 관심을 다른 데로 돌리게 했다.[359]

2세기의 한 웅변가는 인간이 동물과 공유하는 "특히 육신에 해당하는 기능"이 "쾌락이며", 필멸의 존재가 신성과 공유하는 "지적 작용에 해당하는 것이 이성"이라고 경고한다.[360] 고대 자료에 가장 만연한 것은 진정한 존재와 대조되는 몸이 언젠가 반드시 죽는다는 생각이다.[361] 많은 사람들은 몸이 영혼을 가두는 감옥 또는 사슬이라고 말했다.[362]

---

356 Xen. *Apol.* 16, ταῖς τοῦ σώματος ἐπιθυμίαις.

357 Plato *Phaedo* 66CD(번역. Fowler, LCL, 1:231).

358 예를 들어 세네카는 몸이 비록 덧없는 것이지만 생각/마음에 유익이 될 수 있다고 생각했다(Sen. Y. *Dial.* 7.8.2). 스토아 철학자들은 모든 것, 심지어 영(πνεῦμα)과 덕(Arius Did. 2.7.5b7, p. 20.28-30)조차도 "몸"으로 여겼다.

359 Plut. *Isis* 78, *Mor.* 382F; Max. Tyre *Or.* 11.10; Iambl. *Letter* 16, frg. 2.1-2 (Stob. *Anth.* 3.1.49). 모든 특수성은 원래의 보편적인 전체를 약화시켰다((Proclus *Poet.* 5, K52.7-19, 23-24).

360 Max. Tyre *Or.* 33.7(번역. Trapp, 266; 참조. 6.1, 4; 41.5); Epict. *Diatr.* 1.3.3; *Sipre Deut.* 306.28.2도 보라. "육신"(σάρξ)보다 지적인 존재로서 신성의 진정한 본질에 대해서는 Epict. *Diatr.* 2.8.2를 보라. 저급한 동물을 지배하는 욕정과 이성의 대조에 대해서는 Arist. *Pol.* 1.2.13, 1254b를 보라. 따라서 철학은 사람을 짐승에서 신으로 바꾼다(Marc. Aur. 4.16).

361 예. Cic. *Resp.* 6.26.29; Sen. Y. *Dial.* 1.5.8; Epict. *Diatr.* 2.19.27; Iambl. *Pyth. Life* 32.228; Marc. Aur. 4.4; 10.33.3. 참조. Reitzenstein, *Mystery-Religions*, 79에 언급된 후기 마니교 교도들과 만다교도들(Reitzenstein은 이런 종교들이 롬 7:24에 영향을 주었다고 잘못 생각한다[449]).

362 예. Plato *Gorg.* 493AE; *Phaedo* 82E; *Cratyl.* 400B; Heracl. *Ep.* 5; Epict. *Diatr.* 1.9.11-12; Max. Tyre *Or.* 7.5(Plato *Rep.* 514A-516B을 생각나게 함); 36.4; Philost. *Vit. Apoll.* 7.26; Iambl. *Letter* 3, frg. 2(Stob. *Anth.* 3.5.45); *Gnom. Vat.* 464(Malherbe, *Moral Exhortation*, 110). 따라서 갈려서 죽어가고 있는 한 철학자는 "그 자신이 갈리고 있는 것이 아니라, 어

그 한계로 인해 물질성 자체가 때때로 문제가 되었다. 몇몇 스토아 철학자는 사람들을 그들의 몸마저도 소유하지 않은 영혼으로 상상했다.[363] 하늘이 순수한 반면, 땅에서 나쁜 일이 발생하는 것은 땅이 썩어질 물질로 구성되었기 때문이었다.[364] 후기 플라톤주의자들은 정욕과 소멸하는 물질에 관심을 집중하는 것으로부터 그들의 불멸의 영혼을 정화하려고 노력했다.[365] 플라톤 철학의 전통을 발전시킨 일부 후기 자료들은 심지어 몸을 사랑하는 것을 악으로 제시하기까지 했다.[366]

양면성에서 적대감에 이르기까지 몸에 대한 이런 태도는 자연스럽게 금욕주의로 이어졌다. 기원전 2세기 금욕주의자인 카르네아데스 (Carneades)는 금욕주의적으로 그의 몸을 등한시했다. 그는 이것이 그의 지적 집중력을 향상시킨다고 생각했다.[367] 후기 기독교의 온화한 금욕주의 자료에 따르면, 쾌락을 사랑하는 것은 몸이 영혼에 견딜 수 없도록 만드는

쩌다 둘러싸이게 된 자신의 일부분만이 갈리고 있다고 선언했다"(Dio Chrys. [Favorinus] *Or.* 37.45; 번역. Crosby, LCL, 4:45).

363 예. Epict. *Diatr.* 1.11-12(하지만 Sorabji[*Emotion*, 215]는 1.22.10에 대해 논평하면서 이와 같은 사상들이 에픽테토스의 혁신일 수 있다고 제안한다).

364 Hierocles *Gods*(Stob. *Anth.* 2.9.7).

365 Iambl. *Soul* 8.39, §385; 8.43, §456. 좀 더 이른 시기의 Plato *Rep.* 10.611C도 참조하라.

366 Porph. *Marc.* 14.244-50; 25.394-95(그러나 악의 진정한 근원은 영혼의 선택에서 나옴, 29.453-57). 몸을 사랑하는 것은 하나님에 대해 무지한 것이다(13.227-29). 사람은 몸과의 관계를 가볍게 유지해야 한다(32.485-95). 참조. 몸의 부차적인 부정성에 관한 Plot. *Enn.* 1.8. 물질은 악하고(1.8.4), 무가치하며(2.4), 비실재적이다(3.6.6-7). 많은 영지주의 사상가들 역시 물질이 분명히 문제가 된다고 생각했다(Hippol. *Ref.* 6.28; 7.20). 몇몇 사람은 오르페우스교의 이원론을 인용한다(Tarn, *Civilisation*, 354; Guthrie, *Orpheus*, 82-83, 174).

367 Val. Max. 8.7.ext.5; 참조. Eunapius *Lives* 456(그러나 Porph. *Plot.* 11.113에는 다르게 보도되었다)의 후기 신플라톤주의. 세네카는 건강을 위해 몸의 욕구를 충족시켰지만, 이것을 제외하고는 몸을 그의 생각/마음에 복종시키려고 애썼다(Sen. Y. *Ep. Lucil.* 8.5). 참조. Fronto *Nep. am.* 2.8의 수사학적 주장.

것이다.[368]

헬레니즘의 유대인들은 이와 같은 용어들의 영향을 피하지 않았다. 따라서 그들은 몸을 정욕과 연결할 수 있었다.[369] 필론은 이생에서 몸 안에 파묻힌 영혼에 대해 말했다.[370] 죽음은 하나의 도피였다.[371] "육신"(σάρξ)은 신적인 것으로부터 소외된다.[372] 영혼은 몸의 정욕으로 말미암아 이제 몸의 노예가 된다.[373] 다른 사람들에게 술에 취하는 것은 몸을 자극하여 간음하게 하는 쾌락을 허용했다.[374] 사탄은 그 사람이 회개할 때까지 "인간으로서, 육신[σάρξ]으로서 나의[그 사람의] 부패한 죄 안에서" 사람을 눈멀게 했다.[375]

---

368   *Sent. Sext.* 139a–139b. *Sent. Sext.* 204–9에서 정욕은 위험하며, 반드시 억제되어야 한다. *Diogn.* 6.5–6에서 σάρξ는 영혼과 싸운다(참조. 벧전 2:11). 후기 기독교의 금욕주의는 후기 고대에 존재하던 경향들에서 유래했다(Judge, *Jerusalem*, 223을 보라).

369   예. Philo *Alleg. Interp.* 2.28; *Sacr.* 48; *Posterity* 96, 155; *Unchangeable* 111; *Agr.* 64; *Plant.* 43; *Abr.* 164; *Mos.* 2.24; *T. Jud.* 14:3.

370   Philo *Alleg. Interp.* 1.108; *Unchangeable* 150; *Conf.* 78–79; *Spec. Laws* 4.188; 참조. *Alleg. Interp.* 3.21; *Heir* 85; 기독교 저술인 *Diogn.* 6.5도 그렇다.

371   Philo *Cher.* 114.

372   Philo *Giants* 29(일반적으로 필론은 σῶμα를 이런 방식으로 이용하지만, 여기서는 창 6장을 인용하기 때문에 σάρξ를 사용한다). 지혜의 성장을 방해하는 것은 우리의 육신적 특성(σαρκῶν φύσις)이다. "육신과 몸으로부터의 해방된"[ἄσαρκοι καὶ ἀσώματοι] 영혼은 우주와 함께 축하할 수 있다(*Giants* 30–31; LCL, 2:460–61). 육신은 사람들이 하늘을 올려다볼 수 없도록 막는다(*Giants* 31).

373   Stuhlmacher, *Romans*, 109에 인용된 Philo *Heir* 267–69, Stuhlmacher는 롬 7:24의 몸으로부터의 해방을 위한 외침과 비교한다. 더 자세한 내용은 Wolfson, *Philo*, 1:433을 보라. 이성적 명령의 측면에서 사람들은 일반적으로 몸을 생각/마음의 노예로 그릴 것이다(Arist. *Pol.* 1.1.4, 1252a; 1.2.10, 1254a; 참조. Cic. *Resp.* 3.25.37; Sall. *Catil.* 1.2; Heracl. *Ep.* 9; Philo *Sacr.* 9; Sen. Y. *Ep. Lucil.* 66.32의 감각을 지배하는 이성). 몇몇 사람이 노예를 "몸"이라고 부를 때는 더욱 그렇다(Deissmann, *Light*, 165; BDAG는 Tob. 10:10; 2 Macc. 8:11; Jos. *Ant.* 14.321을 인용함).

374   *T. Jud.* 14:3.

375   *T. Jud.* 19:4 (*OTP* 1:800; Charles, *Testaments*, 95의 그리스어 본문). 주님께서 회개를 받으시는 것은 사람들이 "육신[σάρξ]이고, 속임의 영이 그들을 미혹하기 때문이다"(*T. Zeb.*

바울과 몸

바울은 "육신"에 대해 말하거나 정욕을 몸과 연결할 때, 그의 요지를 주장하기 위해 당대의 일부 용어를 개작한다. 하지만 후기 신플라톤주의자들과 많은 영지주의자처럼 바울이 몸을 악으로 보았는가? 그가 몸과 영혼의 갈등을 그렸는가? 이교도의 여러 비평에도 불구하고,[376] 일부 영지주의 사상가들에 반대하면서, 심지어 교부 작가들조차도 "육신"의 물질성을 변호했다.[377]

초기의 몇몇 바울 해석자는 바울이 플라톤 철학자들의 생각과 비슷한 방식으로 몸과 몸의 정욕으로부터의 해방을 갈망한다고 제안했다.[378] 이런 비교는 확실히 과장의 위험이 있다. 특히 몸의 부활에 대한 바울의 기대를 고려한다면 말이다(롬 8:11, 13, 23; 7:24b-25a).[379] 그럼에도 인간성의 여러 요소 사이에서 바울의 구별을 경시한 학자들도 그들의 사례를 과장했다.[380]

9:7; *OTP* 1:807; Charles, *Testaments*, 128).

376 일부 이교도들은 몸에 대한 그리스도인들의 고상한 관점에 대해 그들을 비판했다(예. Origen *Cels.* 8.49; Cook, *Interpretation*, 113). 하지만 Cyril Alex. on Rom. 6:6(Burns, *Romans*, 139)을 참조하라.

377 Talbert(*Romans*, 162)는 여기서 Tert. *Flesh* 15를 인용한다. Bray(*Corinthians*, 56, 108과 *Romans*, 165)는 Chrys. *Hom. Cor.* 17.1; *Hom. Rom.* 11 (on 6:13); Theodoret *Interp. Rom.* on 6:13 (PG 82:109); Aug. *Contin.* 10.24를 인용한다. 하지만 다음도 참조하라. Aug. *Ag. Jul.* 70 (in Bray, *Corinthians*, 172).

378 Schlatter, *Romans*, 3, 157(하지만 참조. 167).

379 Schlatter 자신은 여기서 바울과 플라톤 철학을 구별한다(*Romans*, 167). 바울에게는 "영혼"을 가리키는 플라톤 철학의 어휘가 없다(아래 부록 A를 보라). 그러나 바울은 "속사람"에 대해 이야기한다.

380 Bultmann(과 전인에 대한 그의 칭송할 만한 현대적 평가) 이후의 주석가들은 이와 같은 비"히브리"적 사상들을 종종 피했다. 하지만 일부 학자들은 인류학적인 이원론적 언어에

바울에게 새롭게 된 생각이 인도하는 몸(롬 12:2-3)은 선을 위해 사용될 수 있었다(12:1; 참조. 6:13). 하지만 다른 환경하에서 몸은 죄를 위해 사용되거나(1:24; 6:12-13; 7:5), 심지어 죄와 밀접히 연결될 수도 있었다(6:6; 8:10, 13; 참조. 7:24). 여기서 우리가 논의하는 "육신의 생각"에 적절한 것은 몸의 욕망이 생각과 싸울 수 있다는 점이다(7:23). 생각은 몸의 정욕에 동의하지 않을 수 있지만(7:23, 25), 몸의 정욕에 굴복하고 그로 말미암아 타락할 수 있다(1:28). 따라서 육신에 의해, 유혹에 빠지기 쉬운 인간의 연약함에 의해 형성된 생각의 틀은 하나님을 기쁘시게 할 수 없다(8:8). 이 문맥에서는 오직 성령 안에 있는 새로운 삶만이 사람을 해방시킬 수 있다(8:2).

바울에게 그리고 그가 따르는 유대교 전통에서 창조와 몸을 가진 실존은 선하다. 사람은 부활 때까지 언젠가 반드시 죽는 것과 같은 몸의 한계에서 구출되지 않는다(롬 8:11). 하지만 성령의 현존은 현재 생명을 주며, 그래서 몸은 악이 아니라 선을 위한 도구가 될 수 있다(6:13, 19). 그러나 몸을 가진 실존은 그 자체로 옳고 그름을 인식할 수 없는 다양한 충동에 취약하다. 이런 충동들은 성적으로 부적절한 행위 혹은 우상에게 바쳐진 음식을 먹는 것과 같은, 유대인들이 근본적으로 이교도의 삶에 속한 행위라고 간주한 것과 교차할 수 있었다(고전 10:6-8).[381]

바울을 비롯하여 아무도 사실상 모든 사람이 생존에 필요한 배고픔, 인류의 번식에 필요한 출산과 같은 생물학적 욕구가 있음을 부인하지 않

주목했다(예. Vogel, "Reflexions"; Pelser, "Antropologie"; 보다 이른 시기의 Glover, *Paul*, 20).

381   참조. 예. 계 2:14, 20; 행 15:20; *Sib. Or.* 3.757-66; *t. Abod. Zar.* 8:4; *b. Sanh.* 56a, bar.; *Pesiq. Rab Kah.* 12:1.

을 것이다.[382] 그럼에도 원칙적으로 이성은 정욕이 제기하는 제안을 거부할 수 있었지만, 이런 정욕의 끌어당김은 지성의 기능에 만연했고, 이런 만연함은 율법에 의해 훨씬 더 명백하게 드러났다. 사람은 탐심에 따라 행동하는 것을 피할 수 있지만, 탐심 자체는 율법이 그것을 금지하라고 지시하기 전에 마음에서 일어났다. 실제로 율법은 옳고 그름을 폭로함으로써 탐심을 근절하기보다 그것에 스포트라이트를 비췄다.

학자들은 바울과 동시대의 다른 유대인들이 더 광범위한 그리스 개념들에 어느 정도 동의했는지, 그들이 도용하고 그 용어를 개작한 범위가 어느 정도인지를 놓고 논쟁을 벌인다. 내가 로마서 6장을 논의하면서 언급했듯이,[383] 바울은 모든 욕망을 반대하지는 않으며, 확실히 불쾌한 모든 감정을 반대하지도 않는다. 그가 금지된 욕망의 구체적인 예들을 제시할 때, 그것은 성서가 이미 금지한 것을 소유하거나 행하기를 바라는 것을 가리킨다.

바울에게 "육신"과 성령은 상반되는 욕망을 낳는다. 그러나 바울은 "바라다"라는 용어를 특히 육신이 좋아하는 것과 결부시키는 것을 더 편하게 생각한 것 같다(갈 5:16-17; 참조. 5:24; 롬 6:12; 13:14; 엡 2:3). 그리스도 안에 있는 사람이 원리상 죄에 대하여 죽었듯이(갈 2:20; 롬 6:2-10), 원리적으로 신자들의 욕망은 죽었지만(갈 5:24), 실제로 사람은 이런 욕망이 일어날 때 그 욕망이 죽었다고 생각함으로써(롬 6:11) 그 욕망에 계속 맞서야 한다(참조. 롬 6:2-13; 갈 5:13-16; 6:1; 골 3:5). 그는 점점 그리스도 및 성령과

---

382 이것은 문화적인 쟁점이 아니다. 성욕을 경고한 공자(*Anal.* 9.17; 15.12 [47]) 역시 여성의 아름다움을 사랑하는 만큼 덕을 사랑하는 사람이 아무도 없음을 알았다(*Anal.* 16.7 [82]).
383 본서 제1장 "죄에 대해 죽으면 정욕은 근절되는가?" 단락과 제3장 "불법적인 욕망" 항목을 보라.

동일시하면서 성령이 원하는 것을 품을 수 있다. 성령과 함께하는 삶은 단지 육체적 충동을 위해서만 살아가는 것으로부터 그를 보호할 것이다(갈 5:16-17).[384] 어쨌든 바울은 분열된 사람이 이상적이지 않으며, 율법은 사람을 통일하기는커녕 사실상 그 사람을 분열시킨다는 점을 분명히 한다.

바울은 몸이 부활의 영광을 갖게 되지만 육신은 신체적 정욕의 지배를 받은 실존의 일면과 연결되어 있으며, 그중 일부는 억제되지 않으면 하나님의 율법을 위반하는 것으로 이어지게 된다고 주장한다. 이와 같은 용어를 현대 용어로 바꾸는 것이 바울이 설명하는 몇몇 개념을 우리가 더 명확하게 이해하는 데 도움이 될 것이다. 비록 고대와 현대의 심리학이 여러 점에서 관련성이 부족하지만 말이다. 오늘날 우리는 화학적 의존성을 발전시키는 누군가가 육체적인 수준에서 이런 화학 물질에 대한 갈망을 가질 것이라고 이해한다. 같은 방식으로 특정 종류의 이미지를 성적 흥분과 연결하는 습관이 있는 청소년은 정기적으로 그런 흥분을 유발하는 이미지의 신경 화학적 패턴을 발전시킬 것이다.

종교적 확신은 뇌의 패턴을 자동적으로 바꾸지 않는다. 누구나 자신의 의식적 의지의 수준에 따라 습관적인 반응에 혐오감을 느끼고 그것을 거부할 수 있지만, "유혹"은 그대로 있다.[385] 경험적으로 말하자면, 종교적

---

384 나는 이런 통찰을 제공해준 하나님의 성회 신학교의 Jim Hernando 교수에게 감사한다 (2015년 2월 5일에 개인적으로 나눈 대화에서).

385 Freud는 사람의 무의식에 있는 억압된 욕망, 방어기제, 그리고 그것들의 발전을 강조했다. 불행하게도 대중문화는 때때로 무의식이나 거의 의식하지 못하고 있던 욕망을 인식하는 것을 자신의 정체성을 드러내는 것으로 그래서 그 사람의 불가피한 선택과 운명을 형성하는 것으로 전용해왔다. 만일 억압이 위선이라면, 저항은 궁극적으로 헛된 것으로 보인다. (대중문화는 욕망의 성적 측면들에 대한 Freud의 과장된 강조를 사춘기 이후의 포유동물에게 있는 핵심적인 것으로 쉽게 받아들인다. 인간의 사춘기는 대부분의 다른 포유동물보다 신체적 성숙 과정에서 늦게 등장한다[참조. Stormshak, "Comparative Endocrinology,"

행위는, 그것이 어떤 것이든지 간에, 그 자체로는 그런 행위를 일반적으로 바꾸지 않는다.[386] 바울은 갈라디아에 보내는 그의 편지에서 이것을 의식했다. 그 편지에서 그는 육신을 종교(갈 3:2-3)와 죄악된 행위(5:16-21, 24) 모두와 연결한다. 단순한 종교가 할 수 있는 최선은 옳고 그름을 분별하고, 그른 것을 덮어주며, 다른 행동을 주장하는 것이다.[387]

패배의 이미지

철학자들은 정욕과 싸워 승리를 쟁취하는 군인이 되라고 종종 주장했다.[388] 견유학파인 디오게네스는 가명을 사용한 편지에서 이렇게 권면한다. "만일 당신이 인간의 정욕을 가라앉히려고 노력하고 있다면, 나를 불러라. 왜냐하면 내가 마치 장군[στρατηγεῖν]처럼 이것들과 싸울[πόλεμον] 수 있기 때문이다."[389] 필론은 정욕, 특히 쾌락과 싸우라고 생각/마음에 권고한다.[390] 따라서 로마서 13:12-14에서 바울은 욕망을 거슬러 빛의 갑옷을 입으라고 권한다.[391] 후기 랍비들은 악한 충동과 싸우기 위해 토라를 사

157].) 인간의 자료에만 의존하는 이와 같은 접근들과 대조적으로 바울은 성령을 통해 변화시키는 하나님의 능력의 순전한 활동을 주장한다.

386   참조. Sider, *Scandal*에서 많은 복음주의자들의 성행위와 부부관계에 대한 불평.

387   참조. Odeberg, *Pharisaism*, 66, 72: 예수는 바리새인의 윤리 대부분을 긍정했을 것이다. 하지만 참된 기독교적 접근은 내적 변화를 요구한다.

388   예. Xen. *Mem.* 1.2.24; *Oec.* 1.23; Sen. Y. *Nat. Q.* 1.pref.5; Lucian *Phil. Sale* 8. 운동경기의 승리에 대해서는 참조. Dio Chrys. *Or.* 8.11-9.18.

389   Diogenes *Ep.* 5(번역, Fiore, 96-97). 참조. Diogenes *Ep.* 10에서 대중적 의견과의 싸움; *Ep.* 12에서 쾌락 및 역경과의 싸움.

390   Philo *Alleg. Interp.* 2.106. 4 Macc. 3:4-5에서는 이성 역시 정욕과 싸운다.

391   갑옷 이미지에 대해서는 엡 6:11-17; 살전 5:8; Ign. *Pol.* 6.2를 보라. 참조. 고후 10:3-4; 딤전 1:18; 딤후 2:4; 계 12:11; 아래 "추기: 고대의 군사적 은유들"도 보라. 이 이미지가 견유학파에 뿌리를 두고 있을 가능성이 있지만, 몇몇 학자(예. Downing, *Cynics and*

용하고 토라에 복종하라고 말했다.[392]

하지만 로마서 7장에서 싸움에 연루된 인물은 패배하고 만다. "나는 곤고한 사람이로다!"라는 부르짖음은 구체적인 페르소나를 반영할 필요가 없다.[393] 이와 같은 한탄은 연극과 그 밖의 다른 곳에 등장하는데,[394] 그 이유는 그것이 사람들이 그들의 환경에 대해 슬퍼할 때 실제로 말하는 방식을 반영하기 때문이다.[395] 1세기 말의 한 스토아 철학자는 그의 육신의 비참한 처지를 불평하는 한 대화 상대에게 육신에 대한 관심을 버려야 한다고 경고한다.[396]

    Churches, 137-41)는 견유학파에 지나치게 초점을 맞춘다. 하지만 철학자들과 도덕론 자들의 배경(Dibelius and Conzelmann, *Pastoral Epistles*, 32-33; Lincoln, *Ephesians*, 437; Malherbe, *Moral Exhortation*, 159-60)이 타당하다.

392   Schechter, *Aspects*, 272-73; 악한 충동과 싸우고 그 충동을 억제하는 것에 대해서는 *m. Ab.* 4:1; *Ruth Rab.* 8:1도 보라.

393   Stowers(*Rereading*, 271-72)는 세네카의 *Medea*에 나오는 메데아의 부르짖음을 인용한다. 고대 해석가들은 보통 이 곤고함을 더 일반적으로 이해했다. (Bray, *Romans*, 197에 인용된) Ambrosiaster *Comm. on Rom.* 7:24 (CSEL 81:245); Chrys. *Hom. Rom.* 13 on Rom. 7:24를 보라. Smith("Form")는 회심 이전의 일부 의례적 애가에서 병행구를 찾는다(그렇지만 매우 제한된 증거만 있음). 만일 특정 인물을 염두에 두었다면, 아마도 율법 아래 있는 이스라엘일 것이다(Grieb, *Story*, 76에 동의함). 롬 3:16에서 바울은 율법 아래 있는 죄인들을 가리키기 위해 "곤고함"을 지칭하는 현재의 용어와 어원이 같은 말을 이용한다.

394   예. Aeschylus *Ag.* 1260; Ovid *Am.* 1.4.59; *Metam.* 9.474; Terence *Andr.* 882; *Phorm.* 1006; *Moth.* 293; Plut. *L. Wealth* 5, *Mor.* 525D; Apul. *Metam.* 3.25; Jos. *Asen.* 6:2 (*OTP*; Philonenko의 그리스어 본문의 6:5); 참조. Lysias *Or.* 24.23, §170; 사 33:1 LXX; 미 2:4 LXX; 4 Macc. 16:7.

395   참조. Demosth. *Aphob.* 1.66 (*Or.* 27). 이 부르짖음은 무기력한 "내게 화로다"처럼 기능한다. Epict. *Diatr.* 1.4.23-24; 3.13.4; 4.1.57; 4.4.21.

396   Epict. *Diatr.* 1.3.5-6; 참조. 1.12.28에서 에픽테토스는 만족을 촉구함으로써 곤고함에 대한 비슷한 외침에 응답한다. 에픽테토스는 어리석은 가상의 대화 상대자들을 이런 식의 곤고한 자로 낙인찍는다(*Diatr.* 1.4.11; 2.8.12; 2.17.34; 2.18.27; 3.2.9; 3.22.31; 4.1.21; 4.6.18). 어떤 사람들은 다른 사람들을 곤고한 자로 비판한다. Dio Chrys. *Or.* 34.2(견유학파에 관한 몇몇 사람의 견해를 언급한다); Wis. 3:11; 13:10을 보라. 일반적인 용례에서 이런 언어는 "가련한 사람들!"과 같은 동정을 표현할 수도 있었다(Epict. *Diatr.* 4.6.21).

"이 사망의 몸에서 누가 나를 건져내랴?"라는 호소는 갇힌 자의 이미지를 계속하며, 오직 죽음만이 대답이라는 고대의 몇몇 다른 본문과 비슷하다.[397] 하지만 여기서 대답은 예수 그리스도 안에 있다(롬 7:25a). 이 대답은 부분적으로 로마서 8:1-7에서 그리스도 안에 있는 사람들을 가리키는 것으로 발전되며, 몸은 죽은 것이지만, 예수를 다시 살리신 성령이 몸의 행위를 죽이는 사람들을 다시 살리실 것이라는 8:10-11, 13에서 궁극적으로 완전히 발전된다.[398]

(몸의) 지체들 가운데서 활동하는 율법은 그의 생각/마음에서 활동하는 율법과 싸워 그(와 따라서 그의 생각)를 죄에 초점을 둔 율법과의 전쟁에서 포로가 되게 한다(롬 7:23).[399] 전쟁 포로들은 보통 노예가 되거나 처형당했다.[400] 여기서 포로는 죄의 노예이며(7:25; 참조. 6:6, 16-17, 20), 죽음을 기다린다(7:24). 다른 사상가들은 정욕의 지배를 받는 사람을 전쟁에서 사로잡힌 포로로 묘사했다.[401]

---

397 많은 철학자들은 자살을 "이 고통에서 누가 나를 해방할 것인가?"에 대한 적절한 해답으로 여겼다(Diog. Laert. 6.21; 참조. Max. Tyre *Or.* 7.5; 철학자들과 자살에 대해서는 Keener, *Acts*, 3:2498-507, 특히 2503-5을 보라). 본서 제3장 "추기: 육신"과 아래 "부록 A: 고대 지중해 사상에서 영혼—구별된 실체로서 영혼"에서 몸을 감옥으로 믿은 고대인의 신념에 대한 논평(여기서 죽음은 해방의 수단임, 예. Epict. *Diatr.* 1.9.16)과 Sevenster, *Seneca*, 82-83을 보라. 영지주의자들은 자연스럽게 이 본문을 몸으로부터의 해방을 추구하는 것으로 이해했다(Pagels, *Paul*, 32-34). 하지만 바울은 여기서 영지주의 사상을 반영하지 않는다(Bornkamm, *Experience*, 99). 물론 사람들은 구원을 위해 부르짖을 수도 있었다(Apul. *Metam.* 11.2, 하지만 Apul은 구원받지 못하는 것보다 죽음을 선호한다).
398 부활이 몸의 타락에 대한 궁극적인 대답이라는 것은 고대의 일부 주석가들도 인정했다. 예. Caesarius *Serm.* 177.4(in Bray, *Romans*, 199).
399 참조. 육신의 정욕(벧전 2:11) 또는 육신(*Diogn.* 6.5)은 영혼과 싸운다.
400 Jewett, *Romans*, 470-71.
401 Dio Chrys. *Or.* 32.90; Iambl. *Pyth. Life* 17.78; 참조. Philo *Sacr.* 26. 대중 문학에서는 Xen. Eph. *Anthia* 1.3-4를 보라. 이 은유는 더욱 광범위하게 등장한다. 예. 아름다움에 "사로잡힌" 사람(Jdt. 16:9).

추기: 고대의 군사적 은유들

군사적 은유들은 당연히 흔했다.[402] 예를 들어 웅변가들은 군사적 은유들을 종종 사용했는데,[403] 때로는 도덕적 쟁점을 위해 사용했다.[404] 디온 크리소스토모스는 내적 유혹과 싸울 때 이렇게 요구한다. "지혜와 신중함의 말이 아니라면" 무슨 방어나 갑옷이나 경호원이 있겠는가?[405]

군사적 이미지는 특히 철학자들 사이에 만연했다.[406] 따라서 소크라테스의 칭송자 중 한 사람은 욕망의 유혹을 받은 사람들은 소크라테스에게서 정욕을 거스르는 동맹군이나 동료 전사(συμμάχῳ)를 발견했다고 선언한다.[407] 견유학파 디오게네스는 역경[408] 및 쾌락[409]과 전쟁을 벌였다고 선언한다. 한 견유학파 현자는 공격을 견뎌낼 채비를 갖춘 도시처럼 그의 생각을 강화할 수 있었다.[410] 또 다른 견유학파는 쾌락

---

402   예. 사랑에 대해서는 Ach. Tat. 2.10.3; Catullus 67.21; Lucian *Lucius* 10(성관계); Apul. *Metam*. 2.17; 언어적 주장을 위한 과장법은 Hor. *Ep*. 1.18.15-16; 군사적 권면을 위한 비교에 대해서는 2 Macc. 15:11을 보라.

403   예. Dion. Hal. *Demosth*. 32; Cic. *De or*. 3.14.55; Sen. E. *Controv*. 9.pref.4; Pliny *Ep*. 1.20.3; 4.22.5; 7.25.6; Tac. *Dial*. 32, 34, 37; Fronto *Eloq*. 1.16; Lucian *Nigr*. 36; Philost. *Vit. soph*. 2.1.563. 무기로서의 논증에 대해서는 Hor. *Sat*. 2.3.296-97; Sen. Y. *Ep. Lucil*. 117.7, 25; Heracl. *Ep*. 7도 보라.

404   예. Cic. *Fam*. 4.7.2; *Brut*. 2.7. 가장 거대한 원수인 사치에 대해서는 Dio Chrys. *Or*. 33.28을 보라.

405   Dio Chrys. *Or*. 49.10 (번역. Crosby, LCL, 4:303).

406   예. Epict. *Diatr*. 1.14.15; 4.5.25-32. Val. Max. 4.1.ext.2는 플라톤이 도덕적 전투에서 악으로부터 그의 영혼을 지켰다고 주장한다. 8.7.ext.5에서 카르네아데스는 "지혜의 군인"이다.

407   Xen. *Mem*. 1.2.24; 참조. *Oec*. 1.23.

408   Dio Chrys. *Or*. 8.11-16, 특히 13, 15.

409   Dio Chrys. *Or*. 8.20; Diogenes *Ep*. 5; 쾌락과 역경에 대해서는 Dio Chrys. *Or*. 9.11-12; Diogenes *Ep*. 12를 보라. 디온 크리소스토모스는 대중적 의견과도 싸우라고 권한다 (Diogenes *Ep*. 10). 그의 지갑은 "방패"다(Diogenes *Ep*. 19).

410   일찍이 견유학파 현자인 안티스테네스가 개진한 이미지다(Malherbe, "Antisthenes"; Malherbe, *Philosophers*, 91-119, 특히 여기서는 97-101). 안티스테네스는 "지혜는 가장

과 싸우면서 헤라클레스와 같은 군인이라고 주장할 수 있었다.[411] 스토아 철학자들은 삶을 역경과 싸우는 전쟁으로 이해했다.[412] 군인이 무기로 무장하듯이, 지혜로운 사람은 삶을 위해 지혜로 무장한다.[413] 심지어 에피쿠로스 철학자조차도 사람이 악과 싸워야 한다고 주장했다.[414] 헬레니즘 유대교 저술가들도 때때로 이와 같은 전쟁 용어를 사용했다는 것은 전혀 놀랍지 않다.[415]

바울은 이 군사적 이미지를 로마서를 비롯하여 그의 편지 여러 곳에서 발전시킨다. 따라서 그는 하나님의 진리를 뒤엎는 거짓 이데올로기에 도전하는 그의 사역을 위해 이와 비슷한 전쟁 용어를 사용한다(고후 10:3-5). 여기서 바울의 용법과 관련하여 가장 적절한 것은 로마서 13:12의 후반부에 나오는 빛의 "갑옷"(ὅπλα, 호플라)에 관한 그의 논평이다. 이 구절은 이 본문으로 다시 돌아감을, 그리고 아마도 의의 "도구" 또는 "무기"(ὅπλα)가 되라는 것을 암시할 것이다(롬 6:13). 그 문맥에서 사람은 과도한 금식, 술 취함, 성적인 범죄, 자제력의 부족, 다툼, 시기와 같은 어둠의 일을 버려야 한다(13:13). 대신에 빛의 갑옷을 입어야 한다. 이것은 주 예수 그리스도로 옷 입는 것이다(13:14a).[416] 이것은 13:13에 방금 열거된 행위들 배후에 있는 것과 같은,

---

확실한 요새다.…방어벽은 우리의 난공불락의 이성적 생각들 안에 건설되어야 한다"라고 주장한 것으로 알려진다(Diog. Laert. 6.1.13; 번역. Hicks, LCL, 2:13).

411   Lucian *Phil. Sale* 8. 디오게네스와 헤라클레스의 비교에 대해서는 Dio Chrys. *Or.* 8.28-34 를 보라.
412   Sen. Y. *Ep. Lucil.* 96.5; Hierocles *Love* (Stob. *Anth.* 4.84.20). 참조. 이와 비슷한 Dio Chrys. *Or.* 16.6.
413   Sen. Y. *Ep. Lucil.* 109.8.
414   Philod. *Prop.* col. 4.6-15.
415   사람들은 죄를 벽과 탑을 세우는 것으로 말할 수 있었다(*T. Levi* 2:3). Wis. 18:21-22에서 모세의 갑옷(ὅπλα)은 기도와 그의 메시지다. 하지만 특히 Philo, *Alleg. Interp.* 3.14, 155; *Dreams* 2.90; *Abr.* 243; *Mos.* 1.225를 보라.
416   도덕적 속성이나 하나님의 영으로 "옷을 입은" 사람은 고대의 다양한 본문에 등장한다. 예. *L.A.B.* 27:9-10; LXX 삿 6:34; 대상 12:19(12:18 ET); 대하 24:20; 참조. *Odes Sol.* 25:8; 미래 회복의 옷에 대해서는 사 52:1; *Pss. Sol.* 11:7; *1 En.* 62:15-16; 지혜의 옷에 대해서는 *L.A.B.* 20:2-3을 보라.

육신의 정욕에 빠지기 위한 계획적인 방식과 대조된다(13:14b).

이 책의 주제와 관련하여 내적 갈등에 대한 그런 묘사는 그 인물의 생각/마음에 있는 율법과 관련하여 로마서 7:22-25에서 특히 적절하다. 율법 아래 있는 유대인의 생각/마음은 율법을 기뻐할 수 있으며(롬 7:22, 25), 1:28에서 정욕을 덜 절제하는 이교도의 생각/마음과는 여러 면에서 실제로 긍정적으로 다르다. 그럼에도 불구하고 생각/마음은 여전히 잘못된 욕망을 품는 죄를 스스로 물리칠 수 없고, 약속된 종말론적인 죄로부터의 구원을 기다릴 수밖에 없다(7:24).

그러므로 바울은 육신—율법을 성취하려는 인간적 능력—에 의존하는 율법에 대한 어떤 접근도 부적합하다는 점을 예시한다.[417] 누구나 두 가지 방법 중 하나로 하나님의 법에 접근할 수 있다. 자랑하는 방법[418] 또는 율법이 증언하는 하나님에 대한 신뢰를 심어주기 위해 읽는 방법 중 하나로 말이다(롬 3:27; 참조. 3:31-4:3). 율법은 죄를 폭로하고 심판을 선언하는 도덕적 표준으로 이해될 수도 있고, 아니면 예수를 따르는 사람들 안에 있는 하나님의 영이 새 언약의 백성에게 힘을 주는 율법으로서 이해될 수도 있다(8:2). 이 율법은 사람의 행위로 추구될 수 있고, 아니면 믿음으로 추구될 수도 있다(9:30-32; 10:3-6).

---

417 또는 다른 읽기에 근거하여, 민족적 배타성에 근거하여 읽는 방법도 있다. 로마서의 거시 구조는 유대인과 이방인 모두를 위한 의를 분명히 다루며, 그 논증은 이방인을 환영하기 위해 정경의 각 부분에서 유래한 성서적 지지와 함께 15:8-12에서 절정에 도달한다. 율법의 민족적 소유는 2:17, 23-24; 3:2; 그리고 9:4와 일치한다. 하지만 롬 7장의 더 구체적인 쟁점은 공동체적 정체성에 대한 보다 넓은 논의를 지지하는 한편, 그리스도 안에 있는 하나님의 선물과 별개의 지위뿐만 아니라 이런 경험을 확보하기 위한 이방인들과 유대인들의 도덕적 의와 무능력을 수반한다.

418 자신의 신학적 틀에 의존하는 이것은 그 사람의 업적이나 언약에서 그의 민족적 유산을 자랑하는 것이다. 나는 이 본문의 특정한 논증에서는 전자가 강조되었고, 로마서의 더 큰 거시 구조와 관련해서는 후자가 강조되었다고 이해한다.

결론

로마서 7:15-25은 이상적인 그리스도인의 율법도 바울의 현재 경험도 묘사하지 않으며, 율법 아래 있는 삶에 대한 바울의 생생한 극화를 묘사한다. 1:18-32의 율법 없는 이방인들과 달리, 이 본문에 등장하는 인물은 하나님의 율법의 진리에 의해 지적으로 계몽된다. 하지만 이와 같은 참된 도덕적 정보조차도 사람을 그의 정욕의 평결로부터 해방할 수 없다. 그는 하나님의 의에 근거한 새 생명의 선물로만 해방될 수 있다.

로마서 7:15-25은 바울이 계속해서 육신의 생각으로 기술하는 것을 묘사하는 반면, 8:5-9에서 바울은 성령의 생각이라는 관점에서 하나님과 함께하는 삶에 대한 완전히 대안적인 경험을 제시한다.

제4장 • 성령의 생각(롬 8:5-7)

> 육신을 중심으로 삶의 방향이 설정된(그럼으로써 몸으로 사는 실존의 이
> 익만을 추구하는) 사람들은 육신의 일에 대해 생각하지만, 하나님의
> 영에 의해 방향이 설정되어 사는 사람들은 성령의 일을 생각한다.
> 이는 육신의 생각이 사망만을 기대할 수 있는 반면, 성령의 생각은
> 생명과 평안이 있기 때문이다.
>
> – 로마서 8:5-6

로마서 7장에서 정욕을 지배할 수 없는 사고방식과 대조되는 그리스도 안
에서의 새로운 사고방식은 이제 신자들 안에 거하시는 하나님의 영에 의
해 힘을 얻는다. 유한한 육신으로써 하나님의 의의 선물을 얻으려고 노력
하기보다 그 선물의 진리를 받아들이는 이 새로운 접근은 하나님의 뜻을
성취할 수 있다. 왜냐하면 하나님의 뜻을 아시는 성령이 신자들을 인도하
시고, 그들에게 동기를 부여하시며, 힘을 주실 것이기 때문이다.

생각의 새로운 틀

바울은 육신의 φρόνημα(프로네마)를 성령의 그것과 대조한다. 바울은 아마도 삶에 대한 두 성향 또는 태도를 대조하려고 이 용어를 사용했을 것이다. 하나는 단지 육신적 존재에 의해 틀이 형성되고, 다른 하나는 하나님의 임재의 실재, 즉 성령에 의해 틀이 형성된다.

성향과 생각

영어에는 φρόνημα(프로네마)라는 용어에 정확히 상응하는 단어가 없다. 심지어 그리스어에서도 이 단어의 의미론적 범위는 오로지 문맥만이 그 의미를 결정할 만큼 광범위하다. φρόνημα의 의미론적 범위를 고려할 때, "성령의 생각"과 "육신의 생각"으로 종종 번역되는 이 어구들은 성령과 육신의 생각, 인지적 성향 또는 인지적 접근의 다양한 틀을 언급할 수 있다.[1] 오늘날의 용어에서 혹자는 이 두 영역의 다른 세계관 혹은 실재에 대한 접근이 어떻게 전망과 성격을 형성하는지를 부분적으로 생각할 수 있을 것이다. 한 생각은 하나님의 일에 집중하고, 다른 생각은 자아와 자아의 욕망과 관련된 문제에만 초점을 맞춘다(롬 8:5-6).

    φρόνημα라는 용어를 종종 이용한 필론은 디아스포라 유대교의 지

---

1   BDAG를 보라. 성향과 같은 어떤 것에 대해서는 2 Macc. 7:21; 13:9을 보라. 생각하는 것은 물론이고 "의지의 방향"에 대해서는 Schreiner, *Romans*, 411과 이와 비슷한 Sanday and Headlam, *Romans*, 195을 보라. 고정된 사고방식이나 태도에 대해서는 Dunn, *Romans*, 1:425(다른 바울 서신의 본문을 인용함)를 보라. 참조. Aquinas, lecture 1 on Rom. 8:5: "영적인 문제들에서 올바른 의미"와 하나님에 대해 잘 생각하기(Levy, Krey, and Ryan, *Romans*, 181). 이 용어는 필론이 선호했던 것이다.

적 용례를 제시해줄 수 있다. 필론은 보통 성향, 태도 또는 성격을 의미하려고 이 용어를 사용한다.[2] 그래서 이는 스쳐 지나가는 생각의 문제가 아니라 인격의 고정된 방향이다. 확실히 이것은 틀림없이 바울에게도 해당될 것이다. 바울은 로마서 1:28-31의 부패한 생각을 스쳐 지나가는 생각의 문제가 아니라 특징적인 생각의 문제로서 분명하게 묘사한다. 이런 성향은 지성적일 수도 있고,[3] 철학적일 수도 있으며,[4] 훈련되지 않고 지각이 둔한 것일 수도 있고,[5] 자유롭거나[6] 예속적일 수 있으며,[7] 교만하거나[8] 깨지거나,[9] 고상하거나,[10] 지속적이거나,[11] 성숙하거나,[12] 용맹하고 용기 있는 것일 수도 있다.[13] (필론에게서 예상하듯이, 성격의 이와 같은 측면들은 남성성 또는 여성성과 종종 연결된다.)[14]

고대의 지성인들이 성격의 이런 측면들을 한 사람의 사고방식과 종

---

2   태도에 대해서는 Philo *Mos.* 1.266을 참조하라. 성향에 대해서는 Jos. *Ant.* 1.232; 2.232도 참조하라.

3   Philo *Creation* 17; *Mos.* 1.259; *Embassy* 62의 사려 깊음. 참조. Jos. *Ant.* 12.195(여기서 문맥은 지혜, 약삭빠름, 또는 일종의 사업 수완을 암시한다).

4   Philo *Good Person* 130. 참조. Jos. *Ant.* 2.40의 전망.

5   Philo *Drunkenness* 198.

6   Philo *Dreams* 2.79; *Good Person* 62, 111, 119; *Flacc.* 64; *Embassy* 215 (참조. Jos. *Ant.* 4.245).

7   Philo *Good Person* 24 (참조. 기분이 가라앉음, Jos. *Ant.* 3.58; 5.186).

8   Philo *Cher.* 64; *Flight* 207; *Names* 176; *Abr.* 223; *Spec. Laws* 1.293; *Virt.* 165, 172; *Rewards* 74, 119; *Hypoth.* 11.16; 참조. 2 Macc. 13:9.

9   역경(Philo *Jos.* 144) 또는 그들의 용기를 약하게 하는 사람들로 인해(*Mos.* 1.325; 참조. *Hypoth.* 6.1; Jos. *Ant.* 14.355) 좌절함.

10 Philo *Jos.* 4; *Mos.* 1.51, 149; *Virt.* 71, 216; *Good Person* 121.

11 Philo *Mos.* 1.40.

12 Philo *Sober* 20; *Abr.* 26.

13 Philo *Mos.* 1.309; *Virt.* 3; 2 Macc. 7:21도 참조하라.

14 Philo *Dreams* 2.9; *Jos.* 79; *Spec. Laws* 4.45에는 남성적 연관어들이 긍정적으로 등장한다(따라서 군중에 의해 악으로 이어지지 않는다); *Posterity* 165; *Giants* 4; Jos. *War* 2.373에서는 여성적 측면들이 부정적으로 등장한다.

종 연결했으므로, 필론에게 φρόνημα라는 용어는 바울이 여러 곳에서 언급한 일종의 지적 사고와 연결되는 방식을 포함하는 인지적 관련성이 있다. 따라서 필론에게 φρόνημα는 저급한 문제들보다는 하늘 위의 문제들을 이상적으로 깊이 생각한다.[15] 이는 신적인 관점에서 문제들을 바라보며 지상의 것을 아무것도 바라지 않는 신성한 것일 수 있다.[16] 그것은 쾌락에 굴복하거나 쾌락을 피할 수 있다.[17] 이상적으로 말해서 그것은 그 자체의 현장에 대해서뿐만 아니라 우주에 관해서도 현명한 지식으로 생각해야 한다.[18]

바울은 분명히 인지적 관련성을 포함하는데, 그 이유는 그가 이 명사의 의미를 로마서 8:5에 등장하는 인지 동사 φρονέω(프로네오)와 분명하게 연결하고 있기 때문이다. 하지만 바울이 의미하는 것은 배타적으로 "성향", "성격", "태도" 또는 "생각의 틀"이 아니라 그 이상이다. 왜냐하면 그가 성령의 생각과 관련하여 동일한 용어를 사용하기 때문이다(롬 8:27을 보라).[19] 이는 이 장의 뒷부분에 있는 "그리스 사상에서 신의 생각에 참여함" 단락을 통해 더 충분히 논의되는 개념이다.[20] 즉 바울에게 새로운 사고방식은 하나님 자신의 행위에 의해 힘을 얻는다.

따라서 성령의 생각의 틀은 하나님을 깊이 생각할 뿐만 아니라 하나님의 의제에도 참여한다. 이것은 그리스도 안에서 성취된 해방(롬 8:2)과

---

15   Philo *Drunkenness* 128.

16   Philo *Dreams* 1.140.

17   그것은 쾌락에 굴복할 수도 있고(Philo *Heir* 269), 쾌락을 좋아하지 않을 수도 있으며(부드러운 여자들과 대조되는 *Dreams* 2.9), 남성적이어서 정욕을 피할 수도 있다(*Jos.* 79).

18   Philo *Dreams* 1.39.

19   "생각"과 비슷한 의미에 대해서는 Jos. *Ant.* 2.40(아마도 2.229)을 참조하라.

20   아래에 나오는 "그리스 사상에서 신의 생각에 참여함" 단락을 보라.

그 결과로 나타난 새로운 삶의 방식을 살아내는 힘(8:3)을 인식하면서 하나님께 의존한다. 이것이 바로 바울이 이전의 여러 장에서 전달해온 관점이다. 즉 신자들은 그들 자신이 아니라 그리스도로 말미암아 바르게 되었으며(참조. 3:21-5:11), 이 바르게 됨은 그리스도와의 연합 안에 있는 새 생명을 포함한다(5:12-6:11). 바울은 바르게 되기 위해 그리스도께 의존했듯이, 바르게 된 사람과 일치하는 인지적인 도덕적 품성에 적합하도록 하나님의 영에 의존한다. 그러므로 이 새로운 정체성에 의해 행동하는 사람은 성령에 따라 행한다. 바울에게 생각의 새로운 틀이 효과를 발휘하는 것은 그 틀이 그리스도의 실재에 의존하며, 따라서 그리스도 안에 있는 새로운 정체성에 의존하기 때문이다.

로마서 7장의 패배한 생각과의 관련성

육신의 생각의 틀과 성령의 생각의 틀은 실재를 경험하는 상반되는 두 방식을 제공한다. 찰스 탤버트(Charles Talbert)가 표현하듯이, 육신의 생각의 틀은 "육체적이고 유한한 질서의 일부분을 절대화하는 삶의 방향성이 결정적인 특징이다." 이와 대조적으로 성령의 인식은 "하나님이 그 사람의 궁극적 관심사이자 능력이 되시는 방향성"과 관련된다.[21]

로마서 8:5-9에서 두 사고방식 간의 대조는, 몇몇 사람이 제안했듯이, 7:15-25에 묘사된 내적 갈등에 상응할 수 없다. 오히려 율법을 알고

---

21   Talbert, *Romans*, 204-5. 참조. Talbert, *Romans*, 209에서 Aug. *Spir. Lett.* 19의 인용문: "율법은 은혜를 구하라고 주어졌다. 은혜는 율법을 이루기 위해 주어졌다." 참조. 막 8:33에서 하나님의 일에 대해 생각하는 것과 단지 인간적인 일에 대해서만 생각하는 것을 대조한 예수의 말씀.

있는 생각으로는 죄를 짓고자 하는 육신의 욕망이 극복될 수 없음을 설명한 이 본문은 8:5-9의 육신에 속한 생각에만 상응한다. 7:14-25의 인물은 율법의 선함을 인정하지만(7:16), 8:7에서 육신의 생각처럼 그것을 이룰 수 없다. "육신의 생각은 하나님과 원수가 되나니, 이는 하나님의 법에 굴복하지 아니할 뿐 아니라 할 수도 없음이라."

율법은 육신, 즉 그들 자신에게 의존하는 사람들 안에서 성취되지 않고 성령을 의존하는 사람들 안에서 성취된다(롬 8:3-4). 로마서 7:25의 등장인물은 그의 "생각/마음"($\nu o \hat{u} \varsigma$, 누스)으로 하나님의 법을 섬긴다. 하지만 그는 자신의 지체들 가운데 활동하는 죄의 법으로 인해 실패한다(7:23, 25). 로마서 8장에서 성령의 법은 이런 죄의 법으로부터 그리고 그 결과 실패했다는 판결로부터 우리를 해방하고(8:2), 우리에게 율법의 목적을 완수할 힘을 준다(8:4). 이와 마찬가지로 7:24의 인물은 죽기로 결정된 몸에 종노릇하는데, 이것은 7:7-25의 타락한 사람의 특징이다(7:9-10, 13). 이와 대조적으로 성령의 영향을 받는 생각의 틀은 그 대신에 생명과 평안을 약속한다(8:6; 참조. 8:2, 13).

위에서 언급했듯이, 로마서 8:5에서 육신의 생각의 틀은 7:15-25에 묘사된 생각의 틀을 요약한다.[22] 고대의 일부 청중이 바울의 언어에 부정적인 사고방식에 대한 좀 더 일반적인 고려 사항을 가져왔을 수도 있는데, 그들은 이것을 몸의 욕망에 지배받는 것과 자주 연결했다. 앞에서 이미 언급한 것처럼, 이방인 지성인들은 생각이나 영혼을 지배하는 쾌락에 대해

---

22 Clem. Alex. *Instr.* 6.36(in Bray, *Romans*, 207)은 육신의 생각을 아직 회심 중인 사람들에게 적용하며, Origen *Comm. Rom.* on 8:5(*CER* 3:298; Bray, *Romans*, 207)는 율법 아래 있는 유대인들에게 적용한다(롬 7:7-25에 대한 대부분의 현대적 관점들에 해당하는 의견이다).

때때로 경고했으며,[23] 가끔은 무지한 군중의 잘못된 윤리적 견해들에 대해 경고하기도 했다.[24] 몇몇 사람은 지혜로운 사람들이 생각을 훈련함으로써 쾌락을 절제하고 고통을 견디는 법을 배울 수 있다고 주장했다.[25] 후기 플라톤 철학자들은 물질에 대해 깊이 생각하는 것을 중단하라고 경고하기도 했다.[26] 바울 당시에 주류를 이루었던 스토아 철학자들은 이런 견해에 동의하지 않았겠지만 말이다.[27]

바울의 정확한 용어를 사용하지는 않았지만, 필론과 아마도 다른 헬레니즘 유대인들은 육체를 향한 생각에 대한 언급을 이해할 수 있었을 것이다. 모세 율법에서 발견되는 종류의 지혜와 대조적으로, 필론은 다른 생각이 몸과 정욕을 좋아한다는 의견을 내놓았다.[28] 필론은 몸을 사랑하는 생각, 그리고 하나님께서 생명의 영으로 영감을 주시지 않으셨다면 멸망했을 생각에 대해 말한다.[29] 필론은 사람을 두 인종으로 나눈다. 하나는 하나님의 영과 이성에 의해 사는 사람들이고, 다른 하나는 육신의 쾌락을 위해 사는 사람들이다.[30] 앞 장에서 언급했듯이,[31] 많은 유대인 교사들은 쾌

---

23 예. Max. Tyre *Or.* 33.3. 본서 제1장의 "정욕으로 더럽혀진 생각"을 보라.

24 예. Mus. Ruf. frg. 41, p. 136.22, 24–26.

25 Sen. Y. *Dial.* 4.12.4–5.

26 Iambl. *Soul* 8.39, §385(플로티노스와 대부분의 플라톤 철학자들에 대하여).

27 그들은 심지어 생각/마음과 영혼을 물질적인 실체로까지 여겼다. Arius Did. 2.7.5b7, p. 20.28–30을 보라. Robertson, "Mind"에서 필론 및 중기 플라톤 철학과 대조하라.

28 Philo *Unchangeable* 110–11(in 111, φιλοσώματος καὶ φιλοπαθὴς νοῦς). 필론은 *Abr.* 103에서 몸을 사랑하는 생각을, *Agr.* 83; *Migr.* 62에서 정욕을 사랑하는 생각을 정죄한다.

29 Philo *Alleg. Interp.* 1.32–33. 필론이 창 1장의 천상적이고 이성적인 사람과 창 2–3장의 세속적인 사람을 대조한 것에 대해서는 본서 제6장 "아담 안에 있는 사람들 대 그리스도의 영"에서 내가 간략히 논의한 것을 보라.

30 Philo *Heir* 57(σαρκὸς ἡδονή).

31 본서 제3장의 "불법적인 욕망", "악한 충동에 대한 유대적 사상들", "토라는 악한 충동을 극복할 수 있게 한다" 단락을 보라.

락을 위한 정욕을 기능적으로 악한 "예체르"와 거의 같은 것으로 취급했다.[32] 바울에게 이 육신의 생각은 높으신 주님을 대적하는 세속적이고 언젠가 사라질 이기적인 문제들에 집착하는 생각(빌 3:19-21) — 예수를 합법적이고 정당한 주님으로 인정하지 않는 자율적인 생각 — 이다.

그렇지만 바울의 생각이 아무리 디아스포라의 생각과 관련이 있다고 해도, 인간의 육신과 하나님의 영을 대조하는 그의 구체적인 용어는 분명히 유대적 용어다.[33] 그가 사용한 용어는 먼저 70인역이 σάρξ를 사용한 것(특히 σάρξ를 하나님의 영과 대조하는 창 6:3)과, 좀 더 광범위하게는 사해사본에도 반영된 것과 같이, 이 단어와 동등한 히브리어의 용례를 포함하는 초기 유대교의 용례를 반영한다.[34] 유대교 전통에서 "육신"은 그 자체로 악이 아니었지만, 육신의 필멸성과 유한성은 도덕적 완전성을 빼앗고 죄를 쉽게 짓도록 만들었다.[35]

그렇다면 바울에게 "육신과 관련되는 사고방식"은 하나님의 현존에 의해 알려지고 인도함을 받는 생명의 관점과 성향을 반대하는, 순전히 인간적이고 신체적인 존재의 만성적인 관점 또는 성향이다.[36] 자신의 욕망을 만족시키면서 궁극적인 관심사를 순전히 덧없는 것에 두는 사람들은 영

---

32 Davies, *Paul*, 26을 보라. Moreno García, *Sabiduría del Espíritu*에 있는 더 자세한 논의를 참조하라.

33 Davies, *Paul*, 18; Flusser, *Judaism*, 64-65; Frey, "Antithese"를 보라.

34 Frey, "Antithese"; Flusser, *Judaism*, 64-65; 참조. Pryke, "Spirit and Flesh," 358.

35 예. 1QHᵃ 7.25; 12.30; 15.40; 1QS 11.9, 12; *T. Jud.* 19:4; *T. Zeb.* 9:7. 참조. Wilcox, "Dualism," 94-95. 바울에게 육신의 의미에 대해서는 Dunn, *Romans*, 1:370; Dunn, *Theology*, 67-73을 보라.

36 요한 신학 역시 믿음에 의해 인식되는 성령을 통해 신자들과 함께하시는 하나님의 현존을 강조한다(특히 요 14:16-26; 16:13-15; Keener, *Gift*, 27-30의 주석을 보라; 주해적인 세부 내용에 대해서는 Keener, *John*, 932-79, 1035-43, 특히 972-78, 1041-42을 보라).

원하신 하나님께 관심을 두고 그분께 거룩하게 나아가는 사람들과 대조된다.

로마서 7장의 율법적 접근과의 대조

갈라디아서에서처럼 로마서에서도 "육신"은 율법에 있는 하나님의 의로운 표준에 대한 부적절한 반응을 제시한다(롬 7:5, 14, 25; 8:3-4, 7; 참조. 2:28; 3:20; 갈 2:16; 3:3, 5; 5:16-19; 6:12-13). 율법은 선하지만, 육신은 연약하다(롬 7:14). N. T. 라이트가 언급하듯이, 율법이 "작용해야 하는 물질"은 참된 의를 낳기에 "부적합했다."[37] 하나님은 그의 아들이 속죄제물로서 죄가 마땅히 받아야 할 정죄를 받게 하심으로써 육신의 죄를 정죄하셨다. 그래서 성령으로 행하는 사람들은 육신으로 행하는 사람들이 진정 이룰 수 없었던 율법의 요구[38]를 이룰 수 있었다(8:3-4).[39] 만일 "행하다"라는 단어가 여기서 율법을 따라 행한다는 성서와 유대교의 관용어를 떠올리게 한다면,[40] "육신으로 행하는"이라는 언급은 8:3에 분명하게 언급된 무능

---

37 롬 8:3에 대해 Wright, *Faithfulness*, 1:507을 인용함.

38 몇몇 사람은 여기서 탐내지 말라는 명령(롬 7:7; Ziesler, "Requirement") 또는 사랑의 법 (13:8-10; 갈 5:14; Sandt, "Research")과 같은 특정 명령을 주장한다. 다른 사람들은 대신에 전체로서 율법의 원리를 주장한다(Dunn, *Romans*, 1:423).

39 참조. Chrys. *Hom. Rom.* 13 on Rom. 8:1(in Bray, *Romans*, 200). 여기서 쟁점은 단순히 법 정적인 문제 그 이상일 것이다. Schreiner, *Romans*, 404-5를 보라. 단순한 법정적 접근을 반대하면서(바울의 다른 법정적 용어에도 불구하고), 바울은 생명의 성령의 법을 비롯하여(롬 8:2) 성령으로 행하는 사람들을 계속 구체적으로 언급하며(8:4), 육신의 생각과 대조적으로 하나님의 법에 굴복할 수 있는(8:5-7, 특히 8:7) 성령의 생각에 대해 말한다.

40 바울이 보통 좀 더 일반적으로 행위를 지칭하는 어구를 이용하지만, 갈 5:16(과 참조. 행 21:21; 요일 2:3-6)의 문맥에서 그의 용례를 보라. "행하다"라는 용어는 행위를 지칭 하는 셈어의 관용어를 떠올리게 하며(예. 왕하 21:21; 22:2; 대하 6:27; 34:2; 시 143:8; 잠 2:20; 10:9; 1QS 4.11-12; 1QH^a 7.31; 12.22, 25; *1 En.* 82:4; *4 Ezra* 7:122; Tob. 1:3;

력, 즉 하나님의 율법을 섬기지 못하는 인간의 무능력(7:5, 14, 18, 25)을 생각나게 할 수 있다.[41]

율법의 이상을 이루지 못하는 육신의 무능력과 대조적으로 성령은 참된 의에 능력을 주시며, 외형적 율법이 아니라 내적인 율법을 제공하신다(롬 8:2, 4; 참조. 7:6; 갈 3:2, 5; 5:18, 23). 그렇다면 성령의 생각은 율법의 원리들에 구현된 것과 같은 의의 인도를 받는 생각이다(참조. 롬 8:2). 성령의 생각은 순종을 제공하며(겔 36:27; 참조. 신 5:29; 30:6), 어쩌면 하나님의 참된 율법을 계속 묵상하고 그렇게 함으로써 그 율법을 계속 경험하는 이상을 성취한다(신 6:6; 수 1:8; 시 1:2; 119:15, 23, 48, 78, 148). 성령의 인도를 받는 이런 생각은 추측건대 적어도 "성령의 인도를 받는다"라는 의미의 일부분일 것이다(8:14; 참조. 갈 5:16-23).[42] 이것은 순전히 하나님을 향하고 그분에게 힘을 공급받는 생각이다.

바울은 끊임없이 확실하게 성령의 뜻을 따르는 자만이 의롭다 하심

4:5), 하나님의 율법에 따라 행한다는 사상을 상기시킬 수도 있다. 예. 출 18:20; 레 26:3; 신 5:33; 8:6; 13:5; 26:17; 28:9; 30:16; 왕상 2:3; 3:14; 시 119:1; 사 2:3; *Jub.* 21:2; 25:10; *1 En.* 91:19; 94:1; 1QS 2.2; 3.9, 18; 4.6; 5.10; 9.8-9, 19; 1QSb 3.24; CD 2.15-16; 7.4-7; 4Q524 frgs. 6-13.1; 4Q390 frg. 1.3; 11QT 54.17; 59.16; Bar. 1:18; 2:10; 4:13; Wis. 6:4(그러나 이 사상은 보통 법적인 것이 아닐 수도 있다; 참조. Green, "Halakhah"); 후기의 할라카(참조. Hultgren, *Romans*, 248, 300과 그의 자료). 70인역 번역자들과 요세푸스는 그리스어로 글을 쓰면서 이 관용어구를 피하려는 경향을 보인다. 그러나 이방인들은 묵상을 지칭하기 위해(O'Sullivan, "Walking"; O'Sullivan, "Mind") 또는 순회강연을 위해 행한다는 말을 사용했을 수 있다(Sen. Y. *Ep. Lucil.* 108.3; Eunapius *Lives* 481; 특히 아리스토텔레스 학파, 참조. Lucian *Dem.* 54); 참조. Arius *Did.* 2.7.5c, p. 28.8; 2.7.5g, p. 32.5; 2.7.11e, p. 68.14.

41 참조. Hunter, *Gospel according to Paul*, 18; Schlatter(*Romans*, 180)는 신체적인 측면을 강조한다.

42 참조. 느 2:12; 7:5; Wis. 9:11. 한 철학자는 하나님과 한마음이 됨으로써 하나님의 인도를 받는 것에 대해 말할 수 있었다(하나님의 뜻에 동의하면서 말이다; Epict. *Diatr.* 2.16.42). 하지만 바울은 스토아 철학의 체념보다 더 능동적인 용어로 성령을 묘사한다.

을 얻는다는 것과 육신의 욕망에 사로잡힌 모든 사람이 정죄를 받는다는 것을 암시하지 않는다. 성령의 사람들과 육신의 사람들은 이상적 유형들이다(아래의 논의를 보라). 바울은 그 대신에 성령이 있어서 성령을 온전히 따를 수 있는 사람들은 설령 더 많은 훈련과 발전이 필요할지라도 의롭게 되지만, 성령이 없는 사람들은 오직 육신만을 의지한다고 말하고 있다.

단순한 동물적 본능을 넘어서는 의를 따라—다시 말해서 초자연적으로—살아가는 것은 하나님이 예수를 따르는 사람들을 의롭게 하셨다는 것(참조. 롬 3:26)과 하나님이 그들을 의롭다고 선언하심에서 의롭다/공의롭다는 것을 입증한다. 만일 누군가가 하나님의 영으로 말미암아 실제로 죄를 이길 수 있다면, 하나님은 정당성이 입증되거나 의롭게 보인다.[43] 그리스도는 이 일을 행하셨다. 그리고 그와 연합한 사람들 역시 그의 의로움을 입증하기에 충분할 만큼 죄를 이길 수 있다(비록 완벽하지 않을지라도 말이다). 하나님의 의로움에 대한 **모든** 표지는 신성하게 생성된 활동을 보여줌으로써 복음의 진리의 정당성을 입증한다. 로마서 3:3-4에 언급되었듯이, 역으로 인간의 실패는 이 의로움을 기소하지 않는다. 아마도 하나님만이 그분의 의가 없다면 신자들이 어떤 모습일지를 아실 것이다. 하지만 바울은 적어도 종종 그들 안에서 하나님의 역사는 단순한 노력이나 조건이 만들어내는 것을 훨씬 뛰어넘어야 한다고 기대한다.

---

43 하나님의 정의의 정당성을 입증하는 것에 대한 관심은 롬 3:3-8; 9:6, 14, 19을 보라. 이와 비슷하게 후기 랍비들도 하나님이 이방인들(*Lev. Rab.* 2:9; *Pesiq. Rab.* 35:3; 참조. 마 12:38-42) 혹은 가난한 자와 부자들(*Abot R. Nat.* 6 A; 12, §30 B; *b. Yoma* 35b; *3 En.* 4:3)과 같은 집단의 회개하지 않은 사람들을 심판하실 때 하나님의 정의의 정당성을 입증하기 위해 다양한 집단의 의로운 사람들을 기대했다.

두 가지 사고방식

학자들은 육신과 성령에 대한 바울의 묘사를 이해하기 위해 두드러지는 성서적·유대적 모티프들을 자주 탐구해왔다.[44] 이것은 "육신의 생각"(φρόνημα τῆς σαρκός)과 "성령의 생각"(φρόνημα τοῦ πνεύματος)에 대한 바울의 대조를 우리가 어떻게 이해해야 하는지를 확실히 알려준다.[45] 비록 본문에 대한 우리의 이해가 대부분 이런 유대교의 이해에 근거하지만, 나는 그리스와 로마 철학에 제시된 언어에 친숙한 독자가 여기서 바울의 논증을 어떻게 들었을지를 간단히 탐구하고자 한다.[46] 이런 탐구는 여러 민족이 섞여 있었을 실제 디아스포라 공동체의 일원들이 바울의 말을 어떻게 들었는지를 이해하고 종종 간과되는 그의 메시지의 몇몇 측면을 드러내기 위해 추가적인 미묘한 차이들을 활용할 수 있게 해줄 것이다.[47]

그리스와 로마의 철학자들은 지혜와 어리석음이라는 두 가지 사고

---

44 예. Flusser, *Judaism*, 62-65.

45 φρόνημα의 이런 의미에 대해서는 BDAG를 보라. 나는 대체로 이 단어를 영어에서 어색한 이중적인 소유격 구문을 피하려고 아래에서 다르게 번역한다. 어쨌든 이 단어는 모든 개인의 생각이 아니라 고정된 사고방식, 사고의 만연한 확신이나 방향을 암시한다.

46 대중적 철학은 대중적 담화에 영향을 끼쳤다. 바울의 논증의 세련된 수준에도 불구하고 (참조. 롬 15:14), 우리는 로마의 그리스도인들이 모두 높은 교육을 받았다고 전제하지 말아야 한다. 바울은 교육을 잘 받은 사람이지만, 그의 언어는 철학 학파에서 특별한 훈련을 받지 않아도 되는 대중적 철학과 여러 점에서 일치한다.

47 사실 대부분의 학자들은 로마에 있는 바울의 청중이 주로 이방인이었다고 생각한다(참조. 롬 1:5-6, 13-16; 11:13). 예. Nanos, *Mystery*, 77-84; Dunn, *Romans*, 1:xlv, liii; Tobin, *Rhetoric*, 37; Matera, *Romans*, 7; Jewett, *Romans*, 70을 보라. 더욱이 헬레니즘의 인류학은 유대교 자료에 깊은 영향을 미쳤다. 헬레니화를 광범위하게 인정한 자료들뿐만 아니라 (예. *Let. Aris.* 236; Jos. *Ag. Ap.* 2.203), 일반적으로 좀 더 전통적인 셈족의 관점을 반영하는 자료들까지 말이다(*1 En.* 102:5; *Sipre Deut.* 306.28.2; 본서 부록 A의 "영혼과 몸에 관한 유대교 사상가들" 단락을 보라). 바울의 이원론적 언어에 대해서는 Vogel, "Reflexions"; Pelser, "Antropologie"도 보라.

방식을 이상적 유형으로서 대조했다(아래의 논의를 보라). 비록 그들이 "육신"(σάρξ)과 (하나님의) "영"이라는 성서의 용어를 채택한 것은 아니지만, 몇몇 사람은 어리석음을 몸의 정욕과 연결하고, 참된 지혜를 하나님을 묵상함에서 나오는 변화와 연결했다. (올바른 생각의 중요성이나, 단순히 개인적이고 인간적인 관점보다 하나님의 관점을 의존하는 것의 중요성과 같은.) 바울의 논증의 몇몇 요소는 다른 요소들보다 더 이해하기 쉬웠을 것이다(예컨대 예수 그리스도를 통해 오직 한 분 하나님만을 철저히 의존하는 것).

철학에서 지혜로운 생각에 대한 강조

철학자들은 이성의 중요성을 강조했다. 따라서 예를 들어 이성은 철학을 받아들이는 한 사람 안에 있는 요소였다.[48] 철학은 자연에 만족하지 못하는 인간에 대한 치료법으로서 이성을 제공한다고 주장했다.[49] 사실 (바울 시대에 그리스와 로마에서 가장 인기를 누렸던 철학 학파인) 스토아 철학자들에게 덕은 그 자체가 지식의 유형이었다.[50] 모든 무지는 덕과 관련하여 결점들을 내놓았다. 참된 신중함은 사람이 통제할 수 있는 유일한 참된 선이 덕이며 유일한 참된 악이 악덕이라는 인식을 포함했다.[51] 바르게 생각하는 것은 운명을 두려워하지 않고 역경 속에서도 기쁨을 유지하는 것과 관련이 있었다. 따라서 바르게 생각하는 사람은 그가 권력을 쥐고 있는 한 가

---

48   Mus. Ruf. 16, p. 106.3-6, 12-16.
49   Lutz, *Musonius*, 여기서는 28(Mus. Ruf. frg. 36을 인용함).
50   Arius Did. 2.7.5b5, p. 18.15-17.
51   Lutz, *Musonius*, 28.

지 문제, 즉 자신을 통제한다.[52] 스토아 철학자들은 거짓이 생각을 왜곡하며, 이런 왜곡이 해로운 감정을 낳는다고 느꼈다.[53]

　로마서 8:6-7에서 바울의 용어와 동족어인 φρόνησις(프로네시스)[54]는 바울 시대에 아리스토텔레스 학파 진영을 넘어 널리 사용된 아리스토텔레스의 전통적인 네 가지 덕 가운데 하나였다.[55] 이 용어와 동족어들은 스토아 철학자들[56]과 다른 사람들[57]에게 인정받은 건전한 생각을 종종 설명한다. 스토아 철학자들에게 이런 덕은 바르고 고결한 생각과 관련되었다.[58] 스토아 철학자는 철학의 진정한 중심이 필수적인 것을 생각하고 (φρονεῖν) 깊이 묵상하는 데 있다고 주장했을 것이다.[59] 아마도 죽음과 관

52　Sen. Y. *Nat. Q.* 3.pref.11-15; Epict. *Diatr.* 2.19.32; 참조. Sen. Y. *Ep. Lucil.* 96.1-2; 123.3; *Dial.* 1.3.1; Mus. Ruf. 17, p. 108.37-38; Epict. *Diatr.* 2.5.4; 2.14.7-8; 후기 플라톤 철학자에 대해서는 Porph. *Marc.* 30.470-76을 보라. 자신의 통제하에 있지 않은 문제들에 대한 스토아 철학의 무관심에 대해서는 Sen. Y. *Dial.* 7.8.3; Epict. *Diatr.* 1.12.23; 1.29.22-29; 4.1.133; Lucian *Phil. Sale* 21을 보라. 그러나 그들은 몇몇 외형적인 것을 선하다고 인정했다(Arius Did. 2.7.5e, p. 30.5-6).

53　Diog. Laert. 7.1.110.

54　φρόνημα의 이 동족어는 그것과 혼동되어서는 안 된다. 이 용어들의 의미론적 범위는 상당히 중첩된다(BDAG를 보라).

55　예. Mus. Ruf. 4, p. 44.11-12; 4, p. 48.1; 6, p. 52.21; 9, p. 74.26; 17, p. 108.9-10; Arius Did. 2.7.5b1, p. 12.13-22; 2.7.5b2, p. 14.1-4; 2.7.5b5, p. 18.21-35; Men. Rhet. 1.3, 361.14-15; 2.5, 397.22-23; 참조. Arius Did. 2.7.5a, pp. 10-11.7-9; 2.7.5b, pp. 10-11.16-21. 통치자와 총독들에 대해서는 Dio Chrys. *Or.* 3.7, 58; Men. Rhet. 2.1-2, 373.7-8; 2.3, 380.1-3; 2.3, 385.28-386.6; 2.10, 415.24-26; 도시들에 대해서는 Dio Chrys. *Or.* 32.37을 보라. 성서의 내러티브에 대한 요세푸스의 재서술에서도 이것이 강조되었다(Feldman, "Jehu").

56　예. Arius Did. 2.7.5f, p. 30.22, 33.

57　덕은 도시들(Men. Rhet. 1.3, 364.10-16)과 통치자들에게(Men. Rhet. 2.1-2, 376.13-23; 2.3, 385.28-386.6; 2.10, 415.26-416.1) 칭찬받을 만한 것이었다. Aubenque, "Prudence" 도 보라.

58　Arius Did. 2.7.5b1, p. 12.13-16, 22-25; 2.7.5b2, p. 14.4-5, 12-14; 2.7.5b5, p. 18.21-26; 2.7.11e, p. 68.12-16; 2.7.11i, p. 78.12-14.

59　Mus. Ruf. 16, p. 106.16. 우주의 특성에 생각을 집중하는 것, 그래서 필연성을 받아들이는

련된 육신의 관점(롬 8:6)에 대한 바울의 설명과 관련이 있는 것은 스토아 학파에게 죽음에 대한 두려움을 극복하는 것이 포함된 올바른 길을 생각하는(φρονεῖν) 것이다.[60]

그리스어로 작성된 유대교 자료들, 특히 구체적으로 그리스의 지적 사상의 영향을 이미 받은 자료들도 악한 욕망으로부터 생각을 정결하게 하는 것에 대해 이야기한다.[61] 때로는 옳은 것을 묵상함으로써 정결하게 된다고 말한다.[62] 이 자료 중 일부는 지혜[63] 또는 선한 것[64]을 묵상하는 것에 대해 이야기한다. 알렉산드리아 유대교 자료인 「아리스테아스의 편지」(*Letter of Aristeas*)는 자신의 시간 대부분을 생각에 유익한 것을 연구하는 데 쓴 헌신자를 칭송함으로써 마무리한다.[65] 필론은 오직 인간의 지성만을 불멸의 것으로 여긴다.[66] 스토아 철학자들이 자연의 법칙에 일치할 필요를 강조했듯이, 많은 유대인들은 올바른 생각이 인간사에 대한 하나님의 통치를 인정한다고 강조했다.[67]

것에 대해서는 Mus. Ruf. frg. 42, p. 138.9-11도 보라.

60 Mus. Ruf. 3, p. 42.3. 나는 이 관점을 아래의 "철학자들 안에 있는 평정심"에서 논의할 것이다.

61 *T. Reub.* 4:8. 악은 생각을 통해 들어온다(예. *T. Iss.* 4:4).

62 *T. Ash.* 1:7-9.

63 Wis. 6:15; 8:17.

64 *Let. Aris.* 236 (참조. 212).

65 *Let. Aris.* 322. 나중에 이방인 지식인들도 철학, 문학, 예술 등이 아프로디테의 방식에 대한 관심보다 영혼에 대한 더 나은 관심이라고 말했다(Men. Rhet. 2.3, 385.24-28).

66 Philo *Unchangeable* 46.

67 *Let. Aris.* 244; 참조. Jos. *Ant.* 18.18; *T. Iss.* 4:3. 유대교 자료들도 생각에 대한 하나님의 주권을 강조하는 경향이 있을 수 있다(*Let. Aris.* 227, 237-38, 243).

이상적인 유형들

성격은 타고나는 것이며 그래서 쉽게 바뀌지 않는다고 느끼는 사람들이 더러 있었다.[68] 많은 스토아 철학자를 비롯하여 다른 사람들은 훈련이 한 사람의 본성을 바로잡을 수 있다고 느꼈다.[69] 어느 경우든지 간에, 인간을 두 가지 상반되는 범주로 구분하는 것은 일반적으로 이상적인 유형들로서 기능했으며, 선한 것과 악한 것의 혼합된 범위를 고려하지 않은 것이었다.

이상적인 유형으로서 인간의 두 가지 범주

문학적 형식의 측면에서 바울이 여기서 대조한 것은 특이하지 않다.[70] 고대의 청중은 절대적인 것에 대한 수사학이 완전한 덕이나 악보다 이상적인 유형들을 종종 포함했다고 이해했다.[71] 아래에 언급했듯이, 문제들을 설명하는 이런 구조적 방식은 이방인과 유대인의 수사학 모두에 적합하

---

68   예. Pindar *Ol.* 11.19-20; 13.12; Quint. *Decl.* 268.6; Max. Tyre *Or.* 8.7.

69   예. Arius Did. 2.7.11m, p. 86.24-28. 후천적인 악덕에 대해서는 Iambl. *Pyth. Life* 31.205를 보라.

70   Watson, *Gentiles*, 51-54, 88, 92, 95, 97과 반대로, 우리는 바울이 종파 특유의 맥락에서 대조한다고 상상할 필요가 없다(참조. Segal, *Convert*, 65-66, 회심을 대조의 사회학적 배경으로서 제시한다). 그러나 이와 같은 설명 역시 쿰란과 관련해서 제안되어왔다(참조. Duhaime, "Dualisme"). 그리스의 변증법은 적어도 기원전 5세기의 프로타고라스 이래로 변증법을 사용하여 반대 주장을 해왔다(Diog. Laert. 9.8.51). 수사학에서 변증법과 상반되는 대조의 사용에 대해서는 Hermog. *Inv.* 4.2.173-76; *Method* 15.431-32; *Rhet. Alex.* 26, 1435b.25-39; Dion. Hal. *Lysias* 14; Anderson, *Glossary*, 21-22; Rowe, "Style," 142을 보라.

71   언어가 종종 문제를 정확하게 측량해야 한다고 생각하는 현대 서구 사상가들은 그것이 익숙한 수사학적 접근이었다는 것을 인식할 때까지 그런 언어와 씨름할 것이다.

고 따라서 이해할 수 있는 것이었다.[72]

전통적인 스토아 철학자들은 인간을 두 범주로 나눴다. 지혜롭고 덕스러우며 그 밖의 완벽한 사람들(극소수)과, 어리석으며 악의 지배를 받는 사람들(대다수의 인간)이다.[73] 그들은 "미덕과 악덕의 중간 지대는 없다"고 주장했다.[74] 덕은 분리할 수 없었다. 하나를 가진 사람은 누구나 모든 것을[75] 가졌다(따라서 미덕을 가진 사람은 누구나 그에 따라 행동할 수 있었다).[76] 미덕이나 악덕의 정도는 없었다. 그러나 이는 단순히 모든 미덕이 정의상 완전한 미덕이고, 모든 악덕이 완전한 악덕이라는 말이지, 일부 미덕과 악덕이 다른 것보다 더 유익하거나 해롭다는 뜻이 아니다.[77]

하지만 적어도 이 기간에 스토아 철학자들은 이 범주들을 이상적인 유형으로 종종 사용했을 것이다.[78] 지혜로운 사람은 말 그대로 이상적인 사람이었다. 그래서 반복해서 말하자면 그는 완전히 덕스러운 사람이었

---

72 나는 여기서 스토아 철학과 관련하여 Engberg-Pedersen의 통찰이 매우 유익하다는 것을 알았지만, 비평가들은 이런 통찰 중 일부가 다른 많은 상황에도 적용될 것이라고 정확히 언급한다(참조. Wright, *Faithfulness*, 1394-95).

73 Arius Did. 2.7.11g, p. 72.5-24를 보라. 참조. 2.7.5b8, p. 22.5-14; 2.7.5b10, p. 24.5-17; 2.7.5b12, p. 24.28-30; 2.7.5c, p. 28.3-16. 그러므로 선한 사람은 유피테르처럼 선하다(Sen. Y. *Ep. Lucil.* 73.12-16).

74 Arius Did. 2.7.5b8, p. 22.5 (번역. Pomeroy, 23).

75 Arius Did. 2.7.5b5, p. 18.17-20; 2.7.5b7, p. 20.25-26. 대부분의 고대 철학 학파들은 미덕이 부분적이기보다 고정된 성향이라는 점에 동의했다(Engberg-Pedersen, "Vices," 611-13; Engberg-Pedersen, *Paul and Stoics*, 52; 참조. Max. Tyre *Or.* 8.7).

76 Diog. Laert. 7.1.125(스토아 학파의 견해를 보도함).

77 Arius Did. 2.7.11L, p. 85.34-37; p. 87.1-4, 13-20; 2.7.11o, p. 96.22-29; 2.7.11p, p. 96.30-34.

78 한 미묘한 인물에 대해서는 Engberg-Pedersen, "Vices," 612-13(사람의 세 유형에 대해)을 보라. 스토아 학파가 이상적인 현자를 과장법으로 묘사한 것에 대해서는 Liu, "Nature," 248도 보라.

다.[79] 따라서 그는 자기가 하는 모든 일을 잘했다.[80] 예를 들면 그는 오류가 없고, 참된 것만을 믿으며, 근거가 없는 의견을 절대로 믿지 않았다.[81] 이와 마찬가지로 그는 완전했으며, 모든 미덕을 지니고 있었다.[82] 대조적으로 쓸모없는 사람은 모든 덕이 없었다.[83]

스토아 철학자들은 실제로 정신적인 변화에 시간이 걸린다는 점을 인정했을 것이다.[84] 그들은 미덕의 "진보"에 대해 종종 말했다.[85] 예를 들어 스토아 철학자인 세네카는 덕에 있어 자신의 진보가 아직 충분하지 않다는 점을 인정한다.[86] 그는 아무것에도 통제받지 않는 "이상적인 지혜자"

---

79 예. Arius Did. 2.7.5b8, p. 22.11-14.

80 Arius Did. 2.7.5b10, p. 24.5-6(이상적인 플루트 연주자 또는 수금 연주자가 당연히 플루트와 수금을 잘 연주하는 것과 같음, 24.6-9); 2.7.11i, p. 78.12; 2.7.11k, p. 84.15-16. 대조적으로 "쓸모없는 사람은 자기가 하는 모든 일을 나쁘게 한다"(2.7.5b10, p. 24.15-17[번역. Pomeroy, 25]; 2.7.11i, p. 78.15-16; 2.7.11k, p. 80.26-31; p. 82.5-18; p. 84.15, 17).

81 Arius Did. 2.7.11m, p. 94.19-35; p. 96.2-14; 2.7.11s, p. 98.34-36; p. 100.1-3. 이와 마찬가지로 지혜로운 사람은 술 취할 수 없다(2.7.11m, p. 88.34-39).

82 Arius Did. 2.7.11g, p. 70.1-3.

83 Arius Did. 2.7.11g, p. 70.31-33.

84 예. Epict. *Diatr.* 1.15.6-8. 이전의 삶에 대한 계속되는 기억에 대해서는 Engberg-Pedersen, *Paul and Stoics*, 72-73을 보라.

85 예. Cic. *Fin.* 4.24.67; Sen. Y. *Ep. Lucil.* 87.5; 94.50; Epict. *Diatr.* 1.4.1; 2.17.39-40; *Encheir.* 12-13; 51.2; Lucian *Hermot.* 63; Marc. Aur. 1.17.4; Diog. Laert. 7.1.25; Arius Did. 2.7.7b, p. 44.26; Plut. *Progr. Virt.*(스토아 철학의 접근에 이의를 제기함); 참조. Motto, "Progress"; Deming, "Indifferent Things," 390; Malherbe, *Moral Exhortation*, 43; Meeks, *Moral World*, 50; Engberg-Pedersen, *Paul and Stoics*, 71. 진보와 관련하여 비스토아 철학자들에 대해서는 Philod. *Death* 17.37-38; 18.10-11을 보라. 그들은 스토아 철학자들보다 더 덕을 향한 진보를 강조했다(Stowers, "Resemble," 91).

86 Sen. Y. *Ep. Lucil.* 87.4-5. 이상적인 현자가 너무 드물었기 때문에 세네카는 반천 년마다 한 명만 나타난다고 생각했다(*Ep. Lucil.* 42.1; Meeks, *Moral World*, 50; 참조. Brouwer, *Sage*, 106, 110). 갈레노스(*Grief* 71)는 일부 극단이 그를 방해할 수 있음을 인식하면서 (72a) 완전히 정욕이 없는(ἀπαθής) 지혜로운 사람이 존재하는지를 질문한다.

에 대해 말한다.[87] 하지만 그는 자신의 불완전함을 받아들인다.[88] 또 다른 1세기의 스토아 철학자인 무소니우스 루푸스(Musonius Rufus)도 이와 비슷하게 철학적으로 훈련받은 사람들인 우리가 더 잘 알기는 하지만, 여전히 상실에 대해 두려워하며, 습관적으로 덧없는 것들에 애착을 지니고 있다고 지적한다. 이런 까닭에 우리는 반드시 스스로 계속 훈련해야 한다.[89] 초기의 스토아 철학자인 크리시포스(Chrysippus)조차도 자신과 그의 동료들이나 교사들이 지혜롭다고 생각하지 않는다.[90] 스토아 철학의 이상은 단지 이론으로만 존재했을 수도 있다. 하지만 그것은 스토아 철학자들이 추구하는 이상으로 남아 있었다.[91] 누구나 완전한 지혜의 이상적인 유형을 향한 진보를 이루기에 충분할 만큼 지혜로울 수 있었다.[92]

다른 사상가들은 때때로 스토아 철학이 이런 방식으로 말하는 것을 조롱했다.[93] 루키아노스(Lucian)는 스토아 학파의 현자들이 스스로 이런 이상적인 지혜에 도달했다고 주장하지 않는다는 점을 지적한다.[94] 비평

---

87   Sen. Y. *Dial.* 7.11.1(번역. Basore, LCL, 2:125).

88   "내가 말하는 것은 미덕에 대한 것이지 나 자신에 대한 것이 아니며, 나의 불만은 모든 악덕, 특히 나 자신의 악덕에 있다"(Sen. Y. *Dial.* 7.18.1; 번역. Basore, LCL, 2:145). 다른 문화에서는 이와 비슷한 공자의 이상을 참조하라(*Anal.* 91 [14.13]), 공자는 자신이 특정한 미덕들을 아직 갖추지 못했다는 것을 겸손히 인정한다(*Anal.* 71 [14.30]; 178 [7.16]).

89   Mus. Ruf. 6, p. 54.35-37; p. 56.1-7.

90   Erskine, *Stoa*, 74, 특히 Plut. *Stoic Cont.* 1048e(SVF 3.668)를 인용함; 이차적으로 Sext. Emp. (*SVF* 3.657), Plut. *Comm. Conc.* 1076bc.

91   Klauck, *Context*, 376; Erskine, *Stoa*, 74; Engberg-Pedersen, *Paul and Stoics*, 61-62.

92   Engberg-Pedersen, *Paul and Stoics*, 70-72을 보라.

93   참조. Meeks, *Moral World*, 45, Plut. *Progr. Virt. Mor.* 76B를 인용함.

94   Lucian *Hermot.* 76-77. 그리스-로마의 몇몇 사상가는 스토아 철학의 이상적인 유형에 반대하면서 덕과 악의 정도를 주장했다(Cic. *Fin.* 4.24.66-68). 후기 플라톤 철학자들은 철학자가 본성적으로 덕스럽고 지혜로울 수 있지만, 여전히 그 방향으로의 지도가 필요하다고 단언했다(Plot. *Enn.* 1.3.3).

가들은 스토아 철학자들이 덕을 향한 진보를 허용하기 때문에 그들이 악덕과 미덕의 정도의 가능성을 부인하는 것은 옳지 않다는 의견을 피력한다.[95] 그렇지만 고대의 많은 사상가는 요점을 전달하기 위한 장치로서 일부 역설에 신경을 쓰지 않았다.[96]

페르시아의 이원론도 선과 악을 순수한 유형으로서 대조했다.[97] 일반적인 연설에서 그리스인들과 다른 사람들 역시 선한 사람들과 수치심을 모르는 사람들을 대조했다.[98] 실질적인 면에서 저술가들도 지혜나 덕 그리고 쾌락과 같은 이상적인 범주들을 대조할 수 있었다.[99] 아리스토텔레스는 더 많은 헌신을 허용하면서, 충분한 덕을 가진 사람과 충성이 이성과 욕망으로 나뉜 사람을 대조한다.[100] 에우리피데스는 극단에 대해 말하면서 이렇게 언급한다. "자제력이 없는 사람들, 그들 안에 적대감과 불의의 악이 흘러넘치는 사람들은 악하지만, 정반대의 성품이 우세한 사람들은 덕이 스며들어 있다." 하지만 에우리피데스 역시 다른 것들이 섞여 있다는 점

---

95   Cic. *Fin*. 4.24.67.
96   고대 수사학에서 역설의 유용성에 대해서는 Anderson, *Glossary*, 88을 보라. 바울 이외에, 죄 없는 기대와 실제적인 죄 사이의 역설적 긴장에 대해서는 요일 1:8-10; 2:1; 3:6, 9을 참조하라.
97   Conzelmann(*Theology*, 14)은 이 이원론을 초기 유대교와 기독교의 이원론에 대한 영향으로서 제안한다(많은 사람이 사해사본에 미친 영향을 제안했다; Fritsch, *Community*, 73을 보라). 이 견해에 반대하면서 Gordon(*Civilizations*, 190)은 이원론이 심지어 가나안의 사상에도 나타난다고 주장하지만, 대부분의 신적 용사 이미지를 제시한다. 일부 이원론은 트라키아의 제의에도 등장하는 것 같다(Bianchi, *Essays*, 151-56). 분명한 조로아스터교의 이원론에 대해서는 Yamauchi, *Persia*, 438-40을 보라.
98   Aeschines *Tim*. 31; Max. Tyre *Or*. 8.7.
99   Max. Tyre *Or*. 33.2. 플라톤이 제시한 이원론은 이후에 그의 강의를 들은 사람들에 의해 더욱 발전되었을 것이다(Nock, "Gnosticism," 266-67, *Pol*. 269E를 인용함).
100   Engberg-Pedersen, *Paul and Stoics*, 52, Arist. *N.E.* 1.13.17, 1102b26-28; 6.13.2, 1144b16; 7.8.4, 1151a11-20을 인용함.

을 분명히 인정한다.[101]

유대교의 이상적인 유형들

유대교 자료들도 개인이 완전히 의롭거나 전적으로 악하게 행동한다고
추정하지 않은 채로 인류를 이상적인 범주로 나눴던 것 같다. 성서의 지혜
전통 역시 인류를 어느 정도 이상적인 유형들로서 지혜로운 자와 어리석
은 자로 나눴다.[102] 예를 들어 집회서는 "선은 악의 반대이며, 생명은 죽음
의 반대다. 그래서 죄인은 경건한 자의 반대다"라고 설명한다.[103] 「열두 족
장의 유언」(*Testament of the Twelve Patriarchs*)에도 이런 대조가 포함되었다. "하
나님은 사람들의 아들들에게 두 길, 두 사고방식, 두 행동 방침, 두 모델,
두 목표를 주셨다. 이에 따라 모든 것은 짝을 이룬다. 하나는 다른 것을 대
적한다. 두 길은 선하고 악하다. 두 길과 관련하여 우리 마음 안에는 이 둘
사이에서 선택하는 두 성향이 있다."[104] 두 길의 이미지 또는 두 길 사이에
서의 선택은 이방인의 자료와 유대인의 자료에 모두 등장하며,[105] 일부 학

---

101   Eurip. frg. 954 (번역. Collard and Cropp, LCL, 8:549).

102   그래서 지혜 시편의 저자는 전적으로 의로운 사람들을 칭송하고(시 119:1-3), 자신도 그
       들 중에 있기를 구한다(119:5). 의인과 악인에 대해서는 시 1:5; 잠 10:3, 6-7, 11, 16, 20,
       24-25, 28, 30, 32; 4Q511 frg. 63, col. 3.4를 보라. 지혜로운 사람과 어리석은 사람에 대
       해서는 잠 10:1, 14; 13:20; 14:1, 3, 24; 4Q301 frg. 2a.1; 4Q548 frg. 1ii 2.12를 보라. 고
       대 이집트 지혜 전통에도 이와 비슷한 대조가 있었다. 비록 약간 다른 사회적 근거에 의
       거했지만 말이다(Morris, *Judgment*, 13). 지혜 문헌과 묵시적 자료의 이원론에 대해서는
       Gammie, "Dualism"을 보라.

103   Sir. 33:14 (NRSV); 33:15도 보라.

104   *T. Ash.* 1:3-5 (*OTP* 1:816-17); 서로 대조되는 충동들에 대해서는 본서 3장의 논의를 보
       라.

105   Sen. Y. *Ep. Lucil.* 8.3; 27.4; Dio Chrys. *Or.* 1.68-81; Diogenes *Ep.* 30, to Hicetas; Max.
       Tyre *Or.* 14.1-2; 신 30:15; 시 1:1; *m. Ab.* 2:9; *T. Ash.* 1:3, 5; 마 7:13-14; *Did.* 1.1-6.2;

자들은 그것이 여기서 바울의 묘사와 관련이 있다고 호소한다.[106]

의인과 악인, 하나님에 대한 지식이 있는 사람들과 그 지식이 없는 사람들 간의 도덕적 구분이 사해사본에도 퍼져 있는데,[107] 여기서는 하나님의 영이 의로운 남은 자 공동체를 정화한다.[108] 쿰란 언약자들은 모든 행위가 진리의 영이나 사악함의 영 중 어느 하나에서 기원한다는 것을 분명히 믿었지만,[109] 하나님만이 그들을 온전히 의롭게 하실 수 있다는 점을 인정했다.[110] 스토아 철학자들처럼, 사해사본을 만든 공동체 역시 자신들의 불완전함을 인정했다. 여기서 의인들은 어떤 의미에서 "완전한 자"라고 불릴 수 있었지만, 하나님 앞에서 자신들의 연약함을 인정했을 것이다.[111] 후기 랍비들은 가장 작은 계명을 어기는 것에 대해 경고했지만,[112] 거의 모든

　　　Barn. 18.1-21.9; Keener, *Matthew*, 250; Aune, *Dictionary of Rhetoric*, 478의 다른 자료들.

106　　Talbert, *Romans*, 203.

107　　예. 1QM 1.1, 11; 13.16; 1Q34bis frg. 3, col. 1.5; 4Q473 frg. 1. Dunn(*Romans*, 1:425) 역시 "언약자들 자신이 **두** 집단에 **다** 속한다(1QS 4.23-25…)"고 말하면서 1QS 3.13-23과 비교한다(1QS 3.18, 20-21; 4.6-18에서 바울이 대조한 것의 병행구를 주목한다). 참조. 사해사본에는 도덕적 이원론(Flusser, *Judaism*, 25-28; Driver, *Scrolls*, 550-62)과 종말론적 이원론(Jeremias, "Significance")이 둘 다 있다. 종말론과 하나님의 주권은 사해사본의 우주적 이원론을 제한한다(1QS 4.17-20). 참조. 1QS 4.2-14에서 두 영의 대조(Duhaime, "Voies").

108　　다음을 보라. 1QS 3.7; 4.21; 4Q255 frg. 2.1; 참조. Chevallier, *Ancien Testament*, 56-57; Keener, *Spirit*, 8-10; Keener, *Acts*, 1:532-34; Coppens, "Don," 211-12, 222.

109　　특히 1QS 3.19를 보라. 비록 크기는 다르지만, 지혜와 진리의 일부가 모든 사람에게 거했다(1QS 4.24). 문맥상 이것이 공동체에 가입한 이후 중단되어야 했는지는 논쟁이 있을 수 있지만, 「공동체 규범」은 그것이 종말 이후에 중단될 것으로 예상했을 가능성이 더 큰 것 같다.

110　　예. 1QS 11.10-17; 1QHᵃ 5.33-34; 12.30-38; 4Q264 frg. 1.1; 참조. 1QHᵃ 11.21-26.

111　　일부 표준에 의한 그들의 "완벽함" 혹은 완전성에 대해서는 1QS 4.22; 8.25; 10.22; 1QM 14.7; 4Q403 frg. 1, col. 1.22; 4Q404 frg. 2.3; 4Q405 frg. 3, col. 2.13; frg. 13.6; 4Q491 frgs. 8-10, col. 1.5; 1QHᵃ 8.35; 9.38을 보라. 하지만 1QHᵃ 12.30-31; 17.13; 22.33과 대조하라.

112　　예. *Abot R. Nat.* 35, §77 B; *Sipre Deut.* 48.1.3.

사람이 죄를 범한다는 점도 인정했다.[113]

바울은 인류를 아담 안에 있는 사람들과 그리스도 안에 있는 사람들로 나눴다(롬 5:12-21). 하지만 바울 자신은 그리스도 안에 있는 사람들이 여전히 죄를 범하지 말라는 권고를 받아야 할 필요가 있음을 인정한다(6:1, 11-13, 15-16; 8:12-13). 바울이 아담에게서 태어난 사람들과 그리스도로 세례를 받은 사람들의 공동체적 정체성을 대조할 때, 차이점은 후자의 집단이 죄를 지을 수 없게 되었다는 것이 아니다. 오히려 차이점은 지금 그리스도 안에 있는 후자의 집단이 하나님의 참된(하나님이 주신) 의를 살아낼 수 있다는 것이다. 그들이 그리스도 안에서 죄가 없으신 그분과의 동일성을 인식하는 만큼 말이다(6:11).

따라서 바울은 인류를 육신의 특징을 가진 사람들과 성령의 특징을 가진 사람들로 나눌 때, 이상적인 유형들 안에 있는 서로 차이 나는 헌신의 수준보다는 그 유형들을 다루고 있음이 틀림없다.[114] 성령이 있는 사람들은 모두 성령의 사람들이다(롬 8:9). 다른 모든 사람은 절망적이고 언젠가 반드시 죽어야 하는 인류의 영역—즉 많은 주석가가 표현하는 것처럼 육신, 옛 아담의 영역—에 속한다. 다시 말해서 실제적인 구분은 "육신"에 맞춘 조정의 정도에 근거하는 것이 아니라 성령이 활동하며 변화를 가져오는지 아닌지에 근거한다.[115] 성령은 참된 의의 효과를 내신다. 이상적으

---

113   Moore, *Judaism*, 1:467-68; Flusser, *Judaism*, 62.

114   Dunn, *Romans*, 1:425; Dunn, *Theology*, 478. Dunn은 이상적인 유형들을 선호하지만, 근본적으로 이상적인 유형을 나누는 방식, 즉 인류를 두 방식으로 나누는 것에는 이의를 제기한다. 그러나 실제로 그 유형을 충분히 만족시키는 사람은 아무도 없는데, 이것이 Dunn의 지적에 가까울 것이다.

115   참조. Chrys. *Hom. Gen.* 22.10(번역. Bray, *Romans*, 211): "**당신은 육신에 있지 않다.** 그 이유는 당신이 육신을 입고 있지 않기 때문이 아니라, 육신을 입고 있음에도 육신의 생각 위로 다시 살리심을 받았기 때문이다." 이것은 성령을 위험한 정도로까지 하찮은 존재로 여

로 말해서, 이런 성령의 활동은 완전한 특성을 산출하지만, 고대의 청중은 실제로 이 이상이 진보의 가치를 배제하지 않을 것이라는 점을 인식했을 것이다.

하나님의 생각에 참여함

바울은 육신의 생각과 성령의 생각을 대조한다. 성서와 초기 유대교의 이런 대조가 하나님의 영을 언급하므로, 바울은 그의 청중 대부분이 이해했을 만한 방식으로 하나님의 능력 주심에 대해 말하고 있다.

고대에 있었을 법한 유비들을 고려하면, 바울은 "그리스도의 생각/마음"에 관해 말할 때(고전 2:16) 은유 이상의 무엇을 말했을 것이다. 그는 예수께서 생각하신 방식으로 생각하고(빌 2:5), 성령에 따라 생각하는 것에 대해 말했을 것이다(롬 8:5).[116] 로마서 8:6 이외에 바울이 그의 편지들에서 τὸ φρόνημα τοῦ πνεύματος("성령의 생각")에 대해 말한 또 다른 본문은 나중에 같은 문제를 다룬 8:27이다. 여기서 이 어구는 하나님의 영의 생각을 가리킨다. 하나님은 성령의 생각/마음을 아신다. 성령은 신자들 안에 거

길 수 없다는 것을 의미하지 않는다. 배교는 여전히 가능한 것으로 남아 있다(Lambrecht, "Exhortation"; 참조. 롬 8:13).

116 그리스도 및 성령과 관련되는 경험에 대해서는 Keck, *Romans*, 200; Toit, "In Christ"를 보라. 철학자들이 생각하기에 신이 행하는 신성한 역할을 때때로 예수가 맡는다고 바울이 추정하는 것은 롬 8장의 문맥에서도 분명한 것으로 보인다. 예. "그리스도의 영"이라는 어구(롬 8:9; Turner, "Spirit of Christ," 특히 436; Fee, "Christology and Pneumatology," 특히 331; Hamilton, *Spirit and Eschatology*, 28-29을 보라)와 아들을 보내셨다는 표현(8:3; Adinolfi, "L'invio"; Wanamaker, "Agent"; Byrne, "Pre-existence"의 논의; 참조. 다른 자료로 Howell, "Interchange").

하시며 하나님의 방법으로 간구하신다.[117]

따라서 바울은 단지 하나님의 생각에 부합하는 생각의 틀만이 아니라 하나님에 의해 영감을 받거나 작동되는 생각의 틀에 대해서도 말하고 있다. 바울에게 이것은 약속된 하나님의 영의 종말론적 부음의 일부분이다.[118] 바울은 내적인 촉구(만약 롬 8:14이 이것을 암시한다면)[119]와 성령으로부터 얻는 하나님과의 관계에 대한 정서적 확신을 믿었을 뿐만 아니라 (8:16),[120] 8:5-7에 언급된 것처럼 그리스도 안에 있는 사람들의 **생각**을 형성하는 데 도움을 주는 하나님의 영을 기대한다.[121] 이런 관점은 고린도전

---

117 로마에 있는 바울의 청중 모두가 8:6을 처음 들었을 때 바울이 말하려는 뜻을 다 이해했는지 아닌지와 상관없이, 그들은 8:27을 곧바로 들었을 것이고, 로마에서 뵈뵈와 바울의 이전 동료들은 모두 바울의 용례를 그들에게 설명했을 것이다(참조. 특히 롬 16:1-5, 7). 문학비평의 이상적인 독자처럼(Johnson, *Romans*, 19-20에 동의함), 고대의 독자와 청중은 종종 전체 저술에 비추어 본문을 들었으며, 또 여러 번 듣거나 읽었을 것이다(Quint. *Inst.* 10.1.20-21; Sen. Y. *Ep. Lucil.* 108.24-25; Hermog. *Method* 13.428; Philost. *Hrk.* 11.5).

118 예. 욜 2:28-29; 특히 겔 36:27과 렘 31:33. 참조 1QS 4.21과 겔 36:25-27.

119 고대의 청중은 지혜에 대한 좀 더 평범한 신의 선물을 보충할 수 있는 신적 직관 혹은 음성을 이해할 수 있었을 것이다. Apul. *De deo Socr.* 162-66을 보라. 참조. 느 7:5.

120 바울은 고전 14:14-15에서 분명히 인간성의 정서적인 요소인 사람의 영을 이성적인 요소와 구별한다(14:13-16의 문맥에서 바울은 자신의 영과 함께 방언으로 기도하는 것과 깨달음을 통한 통역을 언급하는데, 12:7-11에 비추어볼 때 둘 다 같은 성령의 영감을 받는다). 참조. Marc. Aur. 12.3; Ridderbos, *Paul: Outline*, 121

121 참조. Edwards, "Light," 139(1733년에 발표되었고, Locke의 심리학의 영향을 받음): "하나님의 영은…사실 자연인의 생각/마음에 의거하여 행동할 수 있다. 하지만 그는 성도의 생각/마음 안에서 내주하는 필수적인 원리로서 행동한다.…그는 성도의 생각/마음과 하나가 되고, 그를 자신의 성전으로 안내하며, 생명과 행동의 새로운 초자연적 원리로서 행동하고 영향을 미친다.…그들의 기능을 발휘하는 곳에서 그 자신의 품성을 행사한다." (아마도 당대의 퀘이커 교도들의 요소들을 비롯하여 그 시대의 특정 운동들과 대조적으로) 이것은 새로운 교리를 계시하는 것이 아니었다고 Edwards는 경고한다. 대신에 성령은 하나님의 거룩하심에 대한 의미를 제공했고, 성도의 이성을 진리를 향해 옮겼으며, 깨달음과 믿음을 발생시켰다. McClymond and McDermott, *Theology of Edwards*, 416-17, 420-21도 참조하라. Edwards가 이해하기에 감정은 총체적으로 지성과 의지를 포함한다(312-13). 참조. Calvin, *Commentary on Galatians* 2:20, in Bray, *Galatians, Ephesians*, 80-81; 특

서 2:16에서 다시 분명해지는데, 여기서는 성령이 있는 신자들도 그리스도의 생각/마음(νοῦς)의 일부분을 경험한다.[122]

그리스 사상에서 신의 생각에 참여함

바울의 추론은 성서에서 나온다. 하지만 그의 언어는 교육받은 이방인들의 반향을 불러일으켰을 것이다. 실제로 바울의 언어를 지나치게 상황화한 사람들이 있었을 것이다. 마치 바울이 생각의 신성함에 대해 말하고 있다는 듯이 말이다.[123] 일부 사상가들은 신들이 행한 방식에서 무엇이 좋은지를 몰랐던 사람들의 생각에 대해 말했지만,[124] 다른 사람들은 일부 신성을 획득하기 위해 생각의 신적 특성이나 능력에 대해 말했다. 기원전 5세기의 비극 작가인 에우리피데스의 한 단편은 개인의 생각/마음이 신이라고 제시했다.[125] 이방인 사상가들은 종종 생각/마음을 신적인 것과 연결하곤 했다.[126] 몇몇 사람은 인간의 모든 혜택 중에서 이성만이 신적 속성을 공유한다고 주장했다.[127]

히 Rudolf Gwalther, *Sermons on Galatians*, on Gal. 3:5 (ibid., 94).

122 바울은 LXX 사 40:13에서 "주의 생각/마음"을 인용한다. 하지만 바울 자신의 논증의 문맥(고전 2:11-12)은 그가 이사야서의 히브리어 독법, 즉 "주의 영"을 알고 있었음을 암시한다.

123 본서 6장 "바울의 성서적 근거"와 "하나님과의 동일시가 아니라 하나님의 영감과 능력 주심(고전 3:3-4)" 단락을 보라.

124 Val. Max. 7.2.ext.1a.

125 Eurip. frg. 1018. Collard and Cropp(LCL, 8:577n1)은 다른 가능성 있는 해석을 제안하지만, 우리(와 아마도 고대의 많은 해석자)에게 그 말의 맥락이 부족하다는 점에 주목한다.

126 Sen. Y. *Ep. Lucil.* 124.23; Porph. *Marc.* 11.191-93; 26.409-10; 참조. Mus. Ruf. 17, p. 108.8-22.

127 Ael. Arist. *Def. Or.* 409-10, §139D. 신중함은 인간의 문제들에 속한 가장 신성한 부분이었다(*Rhet. Alex.* pref. 1420b.20-21).

한 스토아 철학자에게 이상은 하나님과 "한 생각/마음"이 됨으로써 이성과 운명의 뜻을 받아들이는 것이었다.[128] 이만큼 진보를 이룩한 사람은 거의 신이 되었다. 비록 이런 사람을 찾기가 어렵기는 했지만 말이다.[129] 스토아 철학자들은 사람이 오직 이성적으로만 하나님께 도달할 수 있다는 의견을 피력했는데, 그 이유는 하나님이 순수한 지성이기 때문이다.[130] 1세기의 스토아 철학자인 세네카는 인간의 영혼이 신적이라는 의견을 내놓았다.[131] 하나님은 다른 요소들과 섞이지 않은 **완전한** 이성 또는 영혼이라는 점에서 우월하시다.[132]

이와 같은 관심들은 그리스-로마의 지성인들 사이에 널리 퍼졌다. 한 연설가는 제우스의 친구가 제우스처럼 생각할 것이라고 결정한다. 이로써 그 연설가가 말하고자 하는 바는 수치스러운 것보다 덕스러운 것을 갈망하라는 것이다.[133] 이보다 훨씬 이른 시기의 한 연설가는 청중에게 "불멸의 생각들을 함양하라"고 충고한다.[134] 스토아 철학자 에픽테토스는 하

---

128   Mus. Ruf. frg. 38, p. 136.4-5(Lutz의 번역은 이 의미를 간파하지만, 무소니우스는 여기서 단지 τῷ θεῷ, "신에게"라고만 말할 뿐이다); Epict. *Diatr.* 2.16.42(ὁμογνωμονῶ); 2.19.26-27(여기서는 신이 되기를 바라는 것에 해당한다)을 보라. 제우스처럼 생각하는 것에 대해서는 Dio Chrys. *Or.* 4.42-43을 참조하라. 누구나 신들의 지혜를 따르고 그들과 "한 생각/마음"(ὁμογνώμονας)이 되어야 한다(Libanius *Thesis* 1.3).

129   Epict. *Diatr.* 2.19.26-27.

130   Epict. *Diatr.* 2.8.2.

131   Sen. Y. *Ep. Lucil.* 41.4-5(번역. Gummere, LCL, 1:274-75): 이 세상의 문제나 쾌락을 무시하는 영혼은 하늘에서 벗어난(*caelestio potentia agitat*) 신적인 것에 속한다. Porph. *Marc.* 26.419-20에서 영혼에 각인된 신적인 법을 참조하라.

132   Sen. Y. *Nat. Q.* 1.pref.14.

133   Dio Chrys. *Or.* 4.43. "최고의 생각"으로서 제우스에 대해서는 Max. Tyre *Or.* 4.8을 보라.

134   Isoc. *Demon.* 32(번역. Norlin, LCL, 1:23, 25). 하지만 올바른 방법으로 언젠가 반드시 죽는다는 것에 대해 깊이 생각하라고 충고한다.

나님과 "한마음이 되라"고 권한다.[135] 세네카에게 이것은 하나님이 우주로 무엇을 하시는지를 곰곰이 생각하고, 그럼으로써 자신의 "필멸성"을 초월하는 것을 포함했을 것이다.[136] 후기 플라톤 학파에 속한 사상가들은 "같은 것끼리 끌리기 마련이므로, 신으로 충만한 지성은…하나님과 하나가 된다"고 주장한다.[137] 더욱이 오직 생각만이 그것에 각인된 신의 법을 안다.[138] 덕을 통해 자신의 "생각을 하나님처럼" 만들어야 한다.[139] 생각은 하나님께 순종해야 한다. 왜냐하면 생각은 거울처럼 하나님의 형상을 반영하기 때문이다.[140] 중기 플라톤 철학자 유대인 필론에게 지성은 인간 안에 있는 신적 요소를 대표한다(비록 필멸의 존재들이 지성으로 하나님과 동일시되지는 않지만 말이다).[141] 한 사람의 성향은 신성한 것이 될 수 있으며 신성한 문제들에 집중할 수 있다.[142]

사람은 하나님처럼 생각하고 그분에 대해 생각할 필요가 있었다. 몇몇 사상가도 이런 능력을 위해 하나님께 의존할 필요를 인정했다. 누구나 철학을 배울 수 있었다. 하지만 단순히 정보를 암송하는 것만으로는 충분하지 않았다. 세네카는 신의 내주만이 한 사람을 선하게 만들 수 있다는

135   Epict. *Diatr.* 2.16.42; 2.19.26-27.
136   Sen. Y. *Nat. Q.* 1.pref.17(번역. Corcoran, LCL, 1:13).
137   Porph. *Marc.* 19.314-16(번역. O'Brien Wicker, 63). 314행은 ἔνθεον φρόνημα라고 읽는데, 이것은 아마도 영감을 암시할 것이다. 19.318-19에서 그는 그 생각(νοῦς)이 하나님을 위한 성전(νεώς, ναός에 해당하는 아티카 방언)이 되어야 한다고 요구한다. 이것은 언어유희일 가능성이 크다. 참조. 11.191-93, 196-98.
138   Porph. *Marc.* 26.409-10.
139   Porph. *Marc.* 16.265-67(번역. O'Brien Wicker, 59). 하나님처럼 되기를 바라는 플라톤 철학자들에 대해서는 Nock, *Christianity*, 55을 보라.
140   Porph. *Marc.* 13.233-34(결국 영혼은 생각에, 몸은 영혼에 복종해야 함; 13.234-35).
141   예. Philo *Alleg. Interp.* 2.10, 23; *Unchangeable* 46-48.
142   Philo *Dreams* 1.140.

점을 인정했다. "하나님은 자네 곁에 계시네. 그분은 자네와 함께 계시네. 그분은 자네 안에 계시네. 루킬리우스, 내가 말하고 싶은 것이 바로 이것이네. 거룩한 영이 우리 안에 거하신다네.[143] 우리의 선한 행위와 나쁜 행위를 기록하시며 우리의 보호자이신 분이 거하신다는 말일세. 우리가 이 영을 대우하듯이, 우리도 그 영의 대우를 받는다네. 실제로 아무도 선할 수가 없다네. 하나님의 도우심이 없이는 말일세."[144] 하나님은 사람들에게로 오신다. 그리고 그분의 현존이 없는 생각은 아무것도 선하지 않다.[145]

따라서 플라톤 철학자들이 생각하기에, 사람은 하나님의 완전하심을 묵상함으로써 신적인 생각을 경험했으며, 스토아 철학자들은 운명을 받아들임으로써 신적인 생각을 용납했다. 이와 대조적으로 바울에게는, 우리가 지금까지 언급했듯이, 성령이 예언자들이 약속한 것처럼 하나님의 율법을 내면화했다(롬 8:2-4).[146] 새로운 생각은 그리스도 안에 있음으로써 존재하며, 사람은 성령의 경험을 통해 신적인 생각에 가까이 나아간다. 필론처럼,[147] 바울은 계시를 제외하고 순수한 이성으로 하나님께 도달한다는 어떤 생각도 거부했을 것이다. 하지만 필론과 몇몇 다른 디아스포라 유

---

143 라틴어로 *sacer intra nos spiritus sedet*.

144 Sen. Y. *Ep. Lucil.* 41.1-2(번역. Gummere, 1:273). 몇몇 다른 사람들 역시 하나님께서 반드시 죽을 존재들의 영혼에 덕이 만연하도록 도와주서야 할 필요를 인정했다(Max. Tyre *Or.* 38.6). Porph. *Marc.* 12.207에서 우리는 우리가 행한 악에 대한 책임이 있는 반면에 (12.208), 하나님은 "우리가 행하는 모든 선에 대한 책임"이 있다.

145 Sen. Y. *Ep. Lucil.* 73.16.

146 고후 3:3, 6(참조. 롬 7:6)에 비춰볼 때, 겔 36:26-27과 렘 31:31-34의 미드라쉬적 결합은 바울의 이해를 알려준다(참조. Bruce, *Apostle*, 199; Dunn, *Romans*, 1:417). 렘 31:33(ET)의 70인역에는 διανοία(생각, 이해)와 καρδία(인지적 요소들을 포함하는 마음)의 율법이 있고, 31:34(ET; 38:33-34 LXX)에는 하나님을 "아는 것"(γινώσκω와 οἶδα 둘 다)이 있다.

147 Philo *Abr.* 80; 참조. Isaacs, *Spirit*, 50; Dillon, "Transcendence in Philo"; Hagner, "Vision," 89-90.

대인들처럼, 바울은 때때로 이성의 신적 영감을 고려했을 것이다.[148]

이방인과 유대인의 사상에서 내주하는 신성

몇 가지 예외가 있지만, 유대교의 유일신 주창자들은 대개 자신을 신적 존재로 묘사하는 것에 대해 이방인들보다 훨씬 더 조심스러웠다.[149] 하나님한 분에 대한 그들의 경외심이 그것을 막았다. 하지만 신적인 대리인에 의해 움직인다는 것은 성서 자체에서 뒷받침되는 까닭에 훨씬 덜 의심스러웠다.[150] 유대인과 이방인은 모두 사람들과 함께하거나 사람들 안에 거주하는 신성에 대한 개념이 있었다. 물론 신들이 필멸의 존재들의 생각에 거하거나 영향을 준다는 이방인들의 언급은 한 분이신 참하나님의 영에 관한 유대교 자료들만큼 바울의 논의와 관련되지는 않는다. 하지만 이방인들의 언급은 바울의 이미지가 그의 실제 청중 가운데 성서에 대한 이해력이 덜한 일부 사람들에게도 낯설거나 이해할 수 없는 것이 아니었음을 분명히 보여준다.

　　성서에서 이방인들은 신성한 영이 이스라엘의 하나님의 종들 안에 있다는 것을 때때로 인식할 수 있었겠지만(창 41:38; 단 4:9, 18; 5:14), 좀 더 일반적인 히브리어 관용구는 이 영이 특히 신성한 과업을 위해 어떤 사람

148　참조. 고전 2:16; 12:8. *Letter of Aristeas*에 언급된 이 사상의 사례에 대해서는 Scott, "Revelation"을 보라. 참조. Ign. *Trall.* 4.1: "φρονῶ ἐν θεῷ."

149　본서 6장 "하나님과의 동일시가 아니라 하나님의 영감과 능력 주심(고전 3:3-4)" 단락과 "추기: 그리스와 로마 전통에서 신격화"를 보라.

150　Keener, *Acts*, 1:532-37의 논의를 보라. 성서적 배경에 대해서는 Keener, "Spirit," 485-87을 보라.

"위에" 임한다고 말한다.[151] 때때로 그 표현은 적어도 일시적으로가 아니라 오랫동안 성령을 품었던 사람에게 동등했을 것이다(민 27:18; 신 34:9). 종말론적으로 하나님은 그의 백성을 변화시키기 위해(겔 36:27), 그들에게 힘을 주시기 위해(욜 2:28-29) 그들 안에 그의 영을 주실 것이다. 어쩌면 부분적으로 몇 가지 신학적 이유에서 바울은 하나님의 백성들 안에서, 그리고 그들 가운데서 역사하시는 성령에 대해 더 자주 말하는 것 같다(예. 고전 3:16; 갈 6:8).

이방인들과 디아스포라 유대인들은 신자들 안에 거하시는 하나님의 영 또는 그리스도의 영에 관한 바울의 용어를 어떻게 이해할 수 있었을까? 몇몇 저술가는 소크라테스 안에 신이 있었다고 주장한다.[152] 플루타르코스는 신적 νόμος(노모스, 법)가 선한 통치자 안에 언제나 거한다는 점을 강조한다.[153] 한 신플라톤 철학자는 신성이나 악한 귀신이 영혼에 깃들어 있다는 대안을 제시한다.[154] 에픽테토스는 사람이 언제나 홀로 존재한다는 사실을 부인하면서, 모든 사람 안에 있는 신성의 현존에 대해 말한다. "하나님이 안에 계시며, 당신의 천재성(δαίμων, 다이몬)이 안에 있다."[155] 이와 마찬가지로 "당신은 하나님의 향기다. 당신 안에는 하나님의 일부가 있다. 그런데 왜 당신은 자기 가족을 알아보지 못하는가?"[156] 로마의 스토

---

151   Keener, *Acts*, 2:1810의 좀 더 충분한 논의를 보라.

152   Apul. *De deo Socr.* 157.

153   Plut. *Uned. R.* 3, *Mor.* 780CD. 이 언급은 쉽게 비유적일 수 있다.

154   Porph. *Marc.* 21.333-36; 참조. 19.321-22; 21.331-32, 336-39 (ἐνοικέω); 참조. 11.201-2에서 사악함의 원인으로서 영혼의 악마.

155   Epict. *Diatr.* 1.14.13-14(번역. Oldfather, LCL, 1:104-5); 참조. *Diatr.* 2.8.14; Marc. Aur. 2.13, 17; 3.5-6; 3.12; 3.16.2; 5.10.2. 이 본문들은 아마도 생각의 신성과 관련될 것이다.

156   Epict. *Diatr.* 2.8.10-11(번역. Oldfather, LCL, 1:260-61). 사람은 미트라 신에게 자신의 ψυχή(프쉬케, 영혼. *PGM* 4.709-10) 안에 "거하시기를" 간청할 수 있었다. 이것은 에로틱

아 철학자인 세네카는 이와 비슷하게 하나님이 사람들 안으로 오시고(*in homines venit*), 그들 안에 신적인 씨앗이 심어졌다(*semina…dispersa*)고 주장한다.[157] 이와 같은 용어는 널리 퍼졌던 것은 아니지만, 얼마든지 이해 가능했다.

유대인들은 구약성서를 따라 자기 백성 안에 또는 그들 가운데 거하시는 하나님 또는 그분의 영을 때때로 언급했다. 「솔로몬의 지혜」에서 지혜는 거룩한 영혼들에 들어가서 그들이 하나님과 예언자들의 친구가 되게 한다.[158] 위(僞) 필론에서는 "거룩한 영"(*spiritus sanctus*)이 예언을 고무하려고 "그에게 임했을" 뿐만 아니라 "그 안에 거하기도" 했다.[159] 「열두 족장의 유언」도 이와 비슷하게 언급한다. 그래서 요셉은 하나님의 영이 그 안에 거하셨으므로 선을 행했다(참조. 창 41:38).[160] 종말의 때에 하나님은 그가 찾으시는 긍휼이 많은 사람 안에(또는 그와 함께) 거하실 것이다.[161] 하나님의 백성은 반드시 죄를 피해야 한다. 그래야 "주께서 그들 가운데 거하실 수 있다."[162] 올바르게 행하는 사람들 "가운데 주님이 거하실 것이다."[163] 필론도 하나님이 그분께 헌신하는 사람들 안에 거하신다는 바울의

한 어조의 간청이거나(Betz, *Magical Papyri*, 52) 아니면 기독교의 영향을 반영한 것일 수 있다.

157   Sen. Y. *Ep. Lucil.* 73.16(선한 사람들이 신성하다고 주장하고 나서, 73.12-16). 다른 맥락에서 오비디우스(*Fast.* 6.5-6)는 신이 필멸의 존재 안에 있으며, 그들에게 영감의 씨앗(*semina*)을 남겼다고 주장한다. Iambl. *Pyth. Life* 33.240에서 신격화하는 친근함과 하나됨을 참조하라.

158   Wis. 7:27; 1:4, 8:9, 16; 10:16도 보라.

159   *L.A.B.* 28:6 (*OTP* 2:341; Kisch, p. 195의 라틴어).

160   *T. Sim.* 4:4.

161   *T. Zeb.* 8:2.

162   *T. Dan* 5:1 (*OTP* 1:809; Charles, *Testaments*, 136의 그리스어: κατοικήσει ἐν ὑμῖν).

163   *T. Jos.* 10:2 (*OTP* 1:821; Charles, *Testaments*, 196: κατοικήσει ἐν ὑμῖν).

말뜻을 바울의 디아스포라 청중이 어떻게 이해할 수 있었는지를 우리가 파악하는 데 도움이 되는 몇 가지 유비를 제시한다.[164]

바울의 사상은 그리스 사상에 의존하지 않았다. 그가 율법과 하나님의 영을 둘 다 언급한 것은 성서의 예언자들을 직접 반영한 것이 틀림없다. 예언자들에 의하면, 하나님의 백성이 하나님을 온전히 섬기도록 해주는 것은 궁극적으로 하나님의 영이었다(겔 36:25-27).[165] 바울 역시 이 신적 행위를 하나님의 언약에 참여한 사람들로 제한한다(롬 8:9). 그들은 하나님의 대리인들이지만 여전히 온전한 인간으로 남아 있다. 하지만 바울의 사상 중 일부는 이방인의 환경에서 이해될 수 있었다.

성령을 경험함

널리 인정되듯이, 성령은 바울의 신학에서 중심적인 요소다.[166] 바울에게 성령의 선물은 신자들의 결정적 표지다.[167] 비록 이방인 철학에서 흔히 발견되는 학문적 혹은 인류학적 접근이 여러 점에서 바울의 관심사와 중복된다고 할지라도, 그 접근은 바울의 사상과 완전히 병행할 수는 없다. 바

---

164 참조. Sellin, "Hintergründe." Philo *Cher.* 98, 100; *Dreams* 1.149; *Mos.* 1.277. 필론은 다른 곳에서 영혼의 거처로서 몸에 대해 말한다.

165 Davies, *Paul*, 341, 의인이 성령 안에서 모든 것을 행한다는 점에 대해 *Yalqut* on Gen. 49를 인용한다. 이 용어는 랍비 자료에서 드물게 등장하지만, 사해사본에서는 하나님의 영이 사람을 정결하게 한다(1QS 3.6-9; 3.25-4.5; 4.21; 1QHᵃ 8.30; 참조. 4Q444 frgs. 1-4i + 5.3-4). 하나님이 사람으로 하여금 선을 행하게 하실 수 있다는 사상은 더 널리 등장한다. *Jub.* 1:19; *Let. Aris.* 243, 252, 274, 276, 278, 282, 287, 290을 보라.

166 Fee, *Presence*; Schreiber, "Erfahrungen"; Stegman, "Holy"; Jervis, "Spirit"에 동의함.

167 Dunn, "Gospel," 148-51; Dunn, *Romans*, 1:429-30; Matera, *Romans*, 208-9.

울에게는 단순히 인간 이성에 의해 접근 가능한 몇몇 내재하는 신성보다
는 하나님의 주도권 자체가 한 사람의 삶에서 신적 실재를 활성화한다.

사람은 새로운 정체성을 인지적으로 받아들이려고 할 수 있지만, 성
령으로 말미암아 이 실재를 경험한다. 성령에 반응하는 것은 인지적인 받
아들임을 포함한다. 하지만 이 받아들임은 로마서 1:18-32에서 하나님을
아는 것을 버린 사람들처럼 감사를 깨닫지 못하거나 표현하지 않는 것이
아니라, 반드시 하나님의 주도권을 인정하는 것이어야 한다.

성령은 인간의 생각과 의지가 성령의 능력을 받아 봉사할 수는 있지
만 통제할 수는 없는 주관적이고 관계적인 요소를 덧붙인다. 비록 로마서
6장에서 바울이 새로운 생명 안에서 행하는 것(롬 6:4의 부정과거 가정법은
그 의미를 놓고 논쟁이 되고 있다)에 대해 말했지만,[168] 그는 그리스도의 과거
의 죽음과 부활 그리고 신자들의 과거의 세례라는 측면에서 신자들과 그
리스도의 동일시에 대해 더 많이 말한다. 다시 말해서 바울의 주장의 이런
측면은 객관적으로 접근될 수 있다.

비록 그리스도의 죽음과 부활이 완료되었지만, 하나님의 영은 이 실
재를 현재 신자들에게 적용한다. 하나님의 영은 여기서 계속 행동하는 분
으로 등장한다. 그래서 신자들이 성령을 경험하는 것은 늘 현재다. 성령은
그리스도 안에 있는 새롭고 지속적인 생명을 계속 활성화하며(참조. 롬 7:6;
8:2, 10), 하나님께서 성령으로 말미암아 예수를 다시 살리셨듯이(1:4) 언
젠가 신자들의 몸을 변화시키실 것이다(8:11, 23). 성령은 현재 그리고 계

---

168 롬 6:5에서 미래의 부활이 어떤 모습일지와 병행임에도 불구하고, 6:4의 부정과거 가정법
은 현재의 행위를 요청하는 것 같다. 여기에 사용된 시제에 대한 전통적인 이해와는 상반
되게, ἐπιμένωμεν의 현재 가정법을 6:1의 πλεονάσῃ에 해당하는 부정과거 가정법과 비교
하고, 부정과거 직설법을 6:2의 미래 직설법과 비교하라.

속 신자들 안에 거하시고(8:9, 11), 신자들에게 능력을 공급하여 죄의 죽음을 실현하게 하시며(8:13), 하나님의 자녀를 인도하시고(8:14), 우리가 실제로 하나님의 자녀라는 확신을 심어주신다(8:15-16). 성령은 신자들이 아버지이신 하나님과의 관계를 체험하도록 영감을 주시고(8:15), 우리 안에서 우리를 위해 간구하신다(8:26).

성령의 활동에서 주관적이거나 관계적인 차원은 성령의 많은 사역에서 분명히 나타난다. 예를 들어 성령은 신자들 사이에 은사를 나눠주시고(고전 12:7-11), 그들 안에서 도덕적 열매를 맺으신다(갈 5:22-23). 다시 말해서 성령은 하나님의 활동을 고백하거나 추상적으로 설명하는 교리 그 이상이다. 성령은 신자들의 삶에서 활동하신다. 성령은 십자가의 메시지를 증언하고 전달하신다(고전 2:4). 성령이 없이는 십자가의 메시지가 이해되지 않을 것이다(2:10-15).[169] 그렇지만 성령의 온전한 활동은 자동적이지 않다. 신자들은 성령이 그들 가운데(고전 3:16), 그들 안에(6:19) 거하시거나(6:19) 그들을 바르게 하셨다는(6:11) 사실을 잊을 수도 있다. 이런 망각이 성령이 신자들 안에 거하시는 것을 막지는 못하지만, 성령의 활동을 어느 정도 방해할 수는 있다.

동시에 성령은 가능성 있는 대안이나 상호 보완적인 자연적 설명을 배제하는 방식으로만 일하지 않으신다. 이것은 기적에 대한 흄(Hume)의 논문의 여파로 대중화된 현대적 개념이다.[170] 성령의 활동으로 만연된 사고방식은 하나님의 뜻을 분별하기 위해 새롭게 된 생각(롬 12:2), 혹은 십자가의 지혜를 이해하는 생각(고전 1:18, 24; 2:15-16)과 구분되지 않을 것

---

169   이와 마찬가지로 청중 가운데 일부만이 복음의 영감받은 메시지를 진정한 하나님의 메시지로서 진심으로 인정했을 것이다(살전 2:13; 참조. 막 4:15-20).
170   Keener, "Reassessment"; Keener, *Miracles*, 83-208과 그곳에 인용된 자료들을 보라.

이다. 성령은 다양한 방식으로 그리고 우리의 개성의 여러 다른 측면을 통해 우리와 교류하신다.[171] 바울은 신자들이 하나님의 자녀라는 것을 사람의 영과 함께 증언하시는 성령에 대해서뿐만 아니라(롬 8:16), 생각하는 것과 관련한 성령의 활동에 대해서도(8:5-7; 참조. 12:2) 말한다. 몇몇 그리스도인 개인과 집단은 이런 강조점 중 어느 하나에 무게를 둘 수 있겠지만, 우리는 성령의 모든 활동을 환영할 때 가장 완전해진다.

바울이 로마서 8장에서 하나님의 영을 강조한 것은 어느 본문이나 신학에 대한 단순한 학문적 판단 이상이 필요하다는 것을 드러낸다. 한 사람의 삶에서 하나님의 실제 행위를 믿는 진정한 믿음(즉 온전한 인식)이야말로 그 사람이 바울이 묘사하는 실재를 살아낼 수 있게 해준다. 이와 같은 믿음은 한 사람의 삶과 공동체 안에서 역사하시는 하나님의 행위의 현 실재를 인식하는 것이다. 하지만 이것은 단순히 자기 개선의 기술 또는 자제력의 문제가 아니다. 이것은 그리스도 안에서 하나님의 주도권을 인정하고 기쁘게 받아들인다는 의미에서 하나님의 선물이다.

법적으로 바르게 되기 위해 그리스도의 사역을 믿는 사람은 행동으로 올바르게 되기 위해서도 그리스도의 사역을 믿어야 한다. 신자들은 죄를 짓고자 하는 그들의 충동(그러나 절제는 성령의 열매임, 갈 5:23)을 통제하려고 노력하는 대신에, 그리스도께서 그들을 통해 살아 계심을 의식할 수 있다. 바울신학에서는 그리스도의 영이 신자들 안에 사시고(롬 8:9-10), 그

---

171 예를 들어 방언과 통역이 모두—자신의 영으로 기도하는 것과 자신의 깨달음으로 기도하는 것이 모두(고전 14:13-15)—하나님의 영의 영감을 받은 은사들이다(12:10-11). 하나님의 영은 사람의 영을 다룰 뿐만 아니라 생각/마음도 다룬다(고전 2:16). 성령의 지혜의 다양한 측면에 대해서는 Moreno García, "Sabiduría del bautizado"; Moreno García, "Sabiduría del Espíritu"도 참조하라.

리스도께서 그들 안에 사시며(8:10; 갈 2:20), 그리스도께서 "우리의 생명"이시다(골 3:3-4; 참조. 빌 1:21).[172]

찰스 셸던(Charles Sheldon)이 19세기 말에 했던 질문인 "예수라면 어떻게 하실까?"는 바울신학에도 적절한 질문이다. 하지만 좀 더 온전하게 표현하자면, 바울은 신자들에게 "예수는 어떤 분이신가?"를 고려하고 그와 똑같은 도덕적 특성이 그들 안에서 표현되기를 확신을 갖고 기대하라고 권할 것이다. 따라서 우리는 성령으로 말미암아 신자들 안에 있는 하나님의 임재의 "열매"에 대해 읽는다(갈 5:22-23, 25; 참조. 롬 15:30; 엡 5:9; 빌 1:11). 이는 육신이 천성적으로 좋아하는 것을 표현하는 행위와는 대조된다(갈 5:19-21).[173]

성령의 생각의 틀은 평안이다(롬 8:6)[174]

바울이 로마서의 앞부분에서 논의한 것에 비춰볼 때, 그가 로마서 8:6에서 "사망"과 "생명"에 대해 언급하면서 전하려고 한 일반적인 요지는 아주 분명한 것 같다. 죄는 사망에 대한 판결을 낳지만, 그리스도 안에 있는 사람들은 영생을 받는다는 것이다. 하지만 바울이 "평안"이라고 말한 것의 의미는 무엇일까? 아주 분명한 것은 이 말이 "하나님과의 화평"―하나님과의 관계에서 원수 됨을 끝내는 화해―을 의미한다는 것이다(롬 5:1,

---

172 엡 4:18의 "하나님의 생명"도 참조할 수 있을 것이다. 정확한 뜻은 이 본문의 소유격 구문의 의미에 달려 있다.

173 Keener, *Gift*, 74-82(특히 74-77)에 제시된 논의를 보라.

174 이 단락에서 다루는 내용은 대부분 Keener, "Perspectives," 222-25을 개작한 것이다.

10-11). 이것은 8:7에서 하나님을 향한 적대적인 생각의 틀과 대조를 이룬다.[175]

생각에 대한 논의의 고대 맥락으로 인해, 나는 여기서 있을 수 있는 부가적인 미묘한 차이, 이른바 내적 평안을 탐구하려고 한다. 비록 내적 평안이 하나님과의 화평보다는 덜 분명한 듯 보이지만 말이다. 고대의 저술가들은 생각과 관련하여 "평안"(조용함, 소동이 없음)과 같은 어떤 것을 말할 때 내적 조화 또는 평정심을 가리켰을 것이다. (여기서 제공된, 특히 고대 철학에서 나온 정보는 본서 7장에서 빌 4:7에 대한 논의를 이해하는 데에도 도움이 될 것이다.[176] 이 정보는 여기보다 7장에 더 적합할 수 있겠지만, 관련 내용이 본서의 앞부분에 등장하기 때문에 여기서 다룬다.) 바울은 의심할 여지 없이 평정심 이상의 것을 생각하지만, 고대 철학자들 사이에서 내적 평정심에 대한 논의는 이것이 바울과 그의 실제 청중이 이 맥락에서 듣게 될 의미의 일부임을 시사할 수 있다. 최소한 "평안"은 로마서 7:23에서 육신의 생각의 내적 "전쟁"을 확실히 끝낸다. 이는 "사망"이 7:10, 13, 24(그리고 5:12-21; 6:16, 21, 23; 7:5)에 등장하는 인물의 상태를 반영하는 것과 마찬가지다.[177]

---

175 여기서 ἔχθρα는 5:10의 ἐχθρός를 상기시킨다.

176 본서 제7장 "하나님의 평강이 그리스도 안에서 생각을 지킨다(빌 4:7)" 단락을 보라.

177 참조. Philo *Alleg. Interp.* 3.117에서 영혼 안에서 벌어지는 전쟁은 생각을 종속시키고 생각의 평안을 어지럽힌다. 3.130에서 정욕의 근절은 내적 평안을 가져오고, 정욕은 영혼에 전쟁을 가져오지만, 하나님은 생각에 평안을 주실 수 있다(3.187; 참조. *Creation* 81; *Good Person* 17; *Spec. Laws* 4.95; *Dreams* 2.250; *Conf.* 43; *Abr.* 26). 사악함은 영혼의 평정심을 방해한다(*Alleg. Interp.* 3.160; *Conf.* 46). 사악함은 영혼을 혼란스럽게 한다(예. *Studies* 176; *Mos.* 2.164).

철학자들 안에 있는 평정심

단어 사용의 차이를 고려해볼 때, "평안"이라는 바울의 용어는 평정심에 대한 철학적 이상이나 정욕의 전쟁을 끝내는 것에 상응할 필요가 없지만, 이것들을 서로 연결하여 생각하는 것은 장점이 있다. 스토아 철학자들은 평정심과 생각의 평안을 가치 있게 여겼다.[178] 에피쿠로스 철학자들[179]과 그 밖의 다른 사람들이 그랬듯이 말이다.[180] 아리스토텔레스를 추종하는 스토아 철학자들에게 "덕은 생각/마음의 상태(*hexis*), 늘 활동할 필요는 없지만 적절한 환경에서는 신중하게 활동하게 되는 상태다."[181] 스토아 철학자들과 에피쿠로스 철학자들은 모두 진리를 이해하는 것을 통한 평정심을 추구했다.[182] 비단 스토아 철학자들만이 아니라 다른 사람들도 무지와 쾌락에 대한 욕망이 언젠가 죽어야 하는 존재들의 생각에 혼란을 일으킨다고 경고했다.[183]

다양한 철학이 평안과 평정심을 제공해준다고 주장했다.[184] 이 약속은 로마서 8:6에서처럼 "사망"에 사로잡혀 있는 것과 대조될 수 있었다.

---

178   Sen. Y. *Dial.* 4.12.6; 4.13.2; 5.6.1; 9 외 여러 곳; *Ep. Lucil.* 75.18; Mus. Ruf. frg. 38, p. 136.1-3; Epict. *Diatr.* 1.4.1; Arius Did. 2.7.5b1, p. 12.31-33; 2.7.5k, p. 34.1-4; 2.7.11s, p. 100.7.
179   Lucret. *Nat.* 5.1198-1206; Cic. *Fin.* 1.14.47; Lucian *Alex.* 47; Diog. Laert. 10.131; 10.144.17. 에피쿠로스의 주요 목표는 생각/마음의 평안이었다(혼란의 부재라는 의미에서; Diog. Laert. 10.85; 참조. 10.144.17).
180   Iambl. *Pyth. Life* 2.10; 참조. Cic. *Amic.* 22.84; Hossenfelder, "Ataraxia."
181   Engberg-Pedersen, *Paul and Stoics,* 51, Arist. *N.E.* 2.5를 인용함.
182   Bett, "Emotions," 212을 보라. Bett는 회의론자들이 이와 같은 절대 진리가 존재하지 않는다고 인식하면서 반대의 것을 추구했다고 언급한다.
183   Dio Chrys. *Or.* 13.13.
184   철학에서 생각/마음(ἀταραξία)의 평안의 중요성에 대해서는 Hossenfelder, "Ataraxia"를 보라.

예를 들어 에피쿠로스 철학자들은 미신과 죽음에 대한 두려움을 쫓아냄으로써 생각의 평안을 세운다고 주장했다.[185] 스토아 철학자들[186]과 에피쿠로스 철학자들[187]을 비롯한 많은 사상가들[188]은 죽음에 대한 두려움이 비이성적이라고 주장했다. 고대의 목격자들은 철학자가 얼마나 용감하게 죽는지가 그 철학자의 신념과 인품을 진정으로 시험하는 것이라고 종종 주장했다.[189] 철학자는 위험에 직면할 때 두려워하지 말아야 한다.[190]

그 결과 일반적으로 진정한 철학자의 한 가지 표지는 역경 속에서도 평정심을 갖는 것이었다.[191] 철학자들은 이런 표준에 종종 미치지 못한다

---

185 Cic. *Fin.* 1.18.60; Lucian *Alex.* 47; 마음에 소동이 없는 것에 대해서는 Lucret. *Nat.* 5.1203; Diog. Laert. 10.144.17을 보라. 에피쿠로스 철학자들은 절제가 이러한 목표를 달성하기 위한 수단이라고 충고했다(Cic. *Fin.* 1.14.47).

186 Sen. Y. *Ep. Lucil.* 80.6; 82 등등; 98.10; *Nat. Q.* 1.pref.4; 2.58.3; 6.32.12; *Dial.* 9.11.4-5; Mus. Ruf. 1, p. 34.31-33; 3, pp. 40.35-42.1; 3, p. 42.3; 4, p. 48.5-6; 17, p. 110.1, 12-13; Epict. *Diatr.* 1.17.25; 2.1.13; 2.18.30; Marc. Aur. 9.3; 12.35; 참조. 8.58. 하지만 철학자들조차도 이런 두려움으로 갈등하는 것을 인정했다(Mus. Ruf. 6, pp. 54.35-56.7, 특히 56.2).

187 **특히** 에피쿠로스 학파가 그랬을 것이다. 다음을 보라. Lucret. *Nat.* 여러 곳(특히 1.102-26; 3.1-30, 87-93; 참조. O'Keefe, "Lucretius"; Warren, "Lucretius"); Cic. *Fin.* 1.18.60; 4.5.11; *Nat.* d. 1.20.56; Diog. Laert. 10.125.

188 예. Cic. *Leg.* 1.23.60; Diogenes *Ep.* 28; Max. Tyre *Or.* 11.11; 36.2; Iambl. *Pyth. Life* 32.228. 참조. Val. Max. 9.13.pref.; 9.13.3; Plut. *Poetry* 14, *Mor.* 37A; Sir. 40:2, 5; 히 2:14-15; *Mart. Pol.* 여러 곳.

189 예. Cic. *Fin.* 2.30.96-98; 참조. Sen. Y. *Ep. Lucil.* 66.50에서 용감함을 시험함. 이 점에서 실패한 거짓 철학자를 폭로하는 것에 대해서는 Lucian *Peregr.* 42-44을 보라.

190 Mus. Ruf. 8, p. 66.10; 참조. Iambl. *Pyth. Life* 32.224-25. 두려움을 이긴 철학자들에 대해서는 Val. Max. 3.3.ext.1; Sen. Y. *Ben.* 4.27.1; *Ep. Lucil.* 13; 98.6; Dio Chrys. *Or.* 1.13; 3.34; Crates *Ep.* 7; Arius Did. 2.7.5a, p. 10.11; 2.7.5b, p. 12.6; 2.7.5b1, p. 12.27-29; 2.7.5c, p. 28.14-15; Philost. *Vit. Apoll.* 1.23을 보라.

191 예. Sen. Y. *Nat. Q.* 6.32.4; Epict. *Diatr.* 2.19; Iambl. *Pyth. Life* 2.10; 32.220; Philost. *Vit. Apoll.* 1.23; 더 자세한 내용은 Stowers, "Resemble," 93; Keener, *Acts,* 4:3627-29를 참조하라. 우정과 같은 다른 요인들도 영혼에 평정심을 가져다줄 수 있었다(Cic. *Amic.* 22.84).

는 점을 인정했지만,[192] 이런 실패가 그들의 이상에 대한 가치를 부정하는 것이라고는 생각하지 않았다. 많은 사람들은 통제되지 않은 부정적 감정이 해롭고,[193] 철학이 쓸데없는 감정을 정복하는 수단이라고 단언했다.[194] 정욕을 억누르면 분노와 잘못된 욕망 등을 불러일으키는 "정신적 흥분"이 없는 영혼의 평온함이 찾아왔다.[195] 여기서 고난에 대한 바울의 접근이 다르지만(롬 8:17-18, 35-39), 바울은 죽음에 대한 평정심과 불안 사이의 대조를 받아들였을 가능성이 있다. 만일 그의 일차 청중의 일부가 바울의 말을 이런 식으로 이해했다면 말이다(참조. 고전 15:58; 고후 4:13-14; 5:6-8; 빌 1:20-21; 살전 4:13).

구체적으로 스토아 철학자들은 평정심과, 내적 소동이 없는 것을 강조했다.[196] 이상적인 지혜자는 평온했다.[197] 세네카에게는 인내를 위해 생각을 훈련하는 것에 대한 보상이 영혼의 평정심이었다.[198] 이것은 분노처럼 소동을 일으키는 정욕과 상반되는 것이었다.[199] 진리는 오류와 두려움으로부터 해방을 가져오므로, 영혼에 평정심을 제공해준다.[200] 생각은 가

---

192 Mus. Ruf. 6, pp. 54.35-56.7(특히 56.2); Aul. Gel. 19.1.4-21; Diog. Laert. 2.71(아리스티 포스에 대해).

193 예. Cic. Off. 1.38.136; Diog. Laert. 7.1.110; Iambl. Pyth. Life 32.225. 정욕을 억제하는 것은 덕에 속했다(Cic. Off. 2.5.18).

194 예. Val. Max. 3.3.ext.1.

195 Cic. Off. 1.29.102; 1.38.136.

196 Arius Did. 2.7.5k, pp. 34-45.1-3; Sen. Y. Dial. 9에 길게 묘사됨. 덕스러운 영혼은 상충하는 충동이 없이 그 자체와 조화를 이루었다(Arius Did. 2.7.5b1, p. 12.31-33).

197 Arius Did. 2.7.11s, p. 100.7-10.

198 Sen. Y. Dial. 4.12.6. 이것은 단순한 이완과 구별될 수 있으며, 그 자체로 유익하다(Sen. E. Controv. 1.pref.15). 소(小)세네카 역시 산만함을 피하는 능력을 가치 있게 여겼다(Sen. Y. Ep. Lucil. 56).

199 Sen. Y. Dial. 4.13.2. 영혼의 이와 같은 소동에 대해서는 Dio Chrys. Or. 13.13을 참조하라.

200 Sen. Y. Ep. Lucil. 75.18. 두려움을 정복하는 것에 대해서는 Epict. Diatr. 2.16.11; 2.17.29

장 높은 하늘처럼 평온하고 평화로워야 한다.[201] 또 다른 로마의 스토아 철학자인 무소니우스 루푸스(Musonius Rufus)는 이성의 정확한 사용이 평온함과 자유로 인도할 수 있다고 강조한다.[202] 사람은 확실하게 얻을 수 있는 유일한 욕망의 대상, 즉 덕[203]을 독점적으로 추구함으로써, 또는 실제로 일어나는 것 이상을 바라지 않음으로써 평온을 획득한다.[204]

디아스포라 유대인들 역시 심지어 역경의 시기 동안에도 영혼의 "평안" 또는 평정심에 대해 말했다.[205] 더 적절한 예로서, 필론은 생각의 평안(εἰρήνη, 에이레네)을 정욕이 일어나는 영혼 내의 전쟁과 대조할 수 있었다.[206] 이와 마찬가지로, 지혜로운 사람의 생각은 전쟁과 내부의 소요로부터 그 사람을 해방하고, 평온함과 평안(εἰρήνη)을 준다.[207]

(앞에서 논의한) 두려움은 철학자들만의 관심사가 아니었다. 로마서 8:15에서 바울은 하나님의 자녀로 입양되는 양자의 영을 받은 것을 이전에 두려워하는 종의 영과 대조한다. 확실한 것은 7:15-25의 내적 혼돈에 대한 묘사가 평안보다는 두려움과 훨씬 비슷하다는 점이다.[208] 바울의 다

도 보라.

201 Sen. Y. *Dial.* 5.6.1. 생각과 하늘의 관계에 대해서는 앞의 논의를 보라. 신화를 문자적으로 이해하는 것과 다르게, 신들은 갈등이 없이 평안과 평정심이 있었다(Proclus *Poet.* 6.1, K87.16-17, 21-22; Libanius *Invect.* 7.2).

202 Mus. Ruf. frg. 38, p. 136.1-3.

203 Epict. *Diatr.* 1.4.1, 3.

204 Epict. *Encheir.* 8.

205 *Let. Aris.* 273. *T. Sim.* 3:5에서 생각은 하나님께 피하고 시기심의 영이 쫓겨날 때 편안함을 누린다. 순수한 평안(참조. 약 3:17)에 대해서는 Philo *Flight* 174를 보라.

206 Philo *Alleg. Interp.* 3.187.

207 Philo *Dreams* 2.229(2.228에 묘사된 생각의 평안도 참조하라).

208 위에서 인용한 일부 철학자들의 죽음에 대한 두려움을 롬 7:24 및 8:6과 비교하라. 롬 7장에 묘사된 일종의 불안은 쉽게 스스로를 갉아먹으며, 두려움을 강박적으로 만든다. 그러나 바울은 두려움이나 불안의 경험을 자신의 상태에 대한 불안의 대상으로 삼는 사람을

른 편지에서 생각을 지키는 하나님의 평강(빌 4:7)은 염려(4:6)와 대조된
다.[209]

평화로운 생각을 위한 주해적 기초

바울이 이런 평정심을 여기서 부분적으로 염두에 두었을 수 있지만, 만일
그가 여기서 70인역을 묵과한 주해 전통에 접근했다면 그의 관점과 용어
선택에 대한 주해적 이유도 있었을 것이다.[210] 바울은 이사야 26:3에서 **믿
음**의 생각/마음에 평안이 있다는 것을 알았을 것이다.[211] 바울은 다른 곳
에서도 새 마음/생각을 설명하기 위해 이사야서를 인용한다(고전 2:16). 그
는 이사야서를 묵상함으로써 그의 편지들의 다른 곳, 특히 로마서에서 그
의 용어의 중요한 기반을 형성하는 것 같다.[212] 바울의 "생명"(롬 8:6)은 다
양한 자료에서 유래했을 수 있지만, 가능성 있는 한 자료가 이사야서의 동
일한 문맥에 등장한다. 바울은 이 본문을 장차 있을 부활을 선언하는 것으

지지하지 않을 것이다. 바울이 이 편지 앞부분에서 논의한 내용에 비춰볼 때, 한 사람의 신
뢰의 대상과 근거는 그의 주관적인 감정의 상태가 아니라, 그리스도 안에서 얻은 칭의라
는 객관적 실재에 있는 것이 분명하다. 바울의 편지에서는 고후 7:5; 11:28-29; 살전 3:5
을 참조하라.

209 빌립보서에서도 평안은 의심의 여지 없이 부분적으로 공동체와 관련이 있다(빌 2:2; 4:2-
3; 참조. 4:9). 하지만 틀림없이 개인의 생각도 부분적으로 고려되었을 것이다(4:8).

210 이 본문의 70인역에 εἰρήνη가 사용되었지만, 70인역의 의미는 완전히 다르다. 따라서 영
향을 받았다면 틀림없이 MT(또는 우리가 70인역으로 일반화하는 대부분의 독법이 된 것
이외의 그리스어 역본)를 통해 받았을 것이다.

211 일반적으로 바울에게서 그러하듯이, 좀 더 넓은 문맥에서 이 "평안" 역시 관계적이다(사
26:12; 27:5).

212 바울의 이사야서 사용에 대해서는 Wagner, *Heralds*; Hays, *Conversion*, 25, 46-49; Oss,
"Note"; Haacker, *Theology*, 100을 보라. 이런 용례 역시 그의 시대에 다른 몇몇 "종말론적"
해석자들 사이에서 이사야서가 중요했다는 점과 부합한다(참조. Fritsch, *Community*, 45).

로 이해했을 것이다(사 25:8-9; 26:19). 그의 문학적 맥락에서 "생명"이 부활과 관련되는 것처럼 말이다(롬 8:11).[213]

이사야 26:3에서 통상 "생각/마음"으로 번역되는 히브리어는 "예체르"(yēṣer)다.[214] 이 용어는, 앞 장에서 언급한 유대교 용례에서의 발전과 별개로,[215] "의도" 또는 "계획"과 같은 것을 종종 의미했다.[216] 다른 곳에서 이 용어는 생각 또는 한 사람의 생각의 "의도" 및 "의향"과 관련이 있는 것으로 보인다.[217] 따라서 이 용어는 로마서 8:5-7에서 바울의 "생각의 틀"과 같이, 한 사람의 생각을 설정하는 것에 적용될 수 있었다.

생각을 묘사하는 "확고한"으로 종종 번역되는(예. NRSV, NASB, NIV) 이 용어는 신뢰(주를 신뢰하는 것이 이 구절 다음에 등장함)와 관련하여 등장하는 것 같다.[218] 여기서 "신뢰"에 해당하는 동족어 동사는 이어지는 절(사

---

213 바울은 심지어 사 26:9로부터 "성령"을 추론했**을지도 모른다**. 하지만 이 본문에서 그것은 기도하는 사람의 영혼과 병행하는 그 사람의 영(**나의 영**)이다. 더 가능성이 큰 것은 그가 단순히 부활과, 추측하건대 믿음의 생명을 성령에게 돌리고 있다는 점이다. 초기 유대교에서 성령과 부활에 대해서는 Philip, *Pneumatology*, 137-38을 보라.

214 이사야서 본문은 언어유희를 포함하고 있을 것이다. 본문은 두 용어를 나중에 말한다. "당신[주님]은 지키실 것입니다(tiṣōr)."

215 본서 3장 "유대인의 정욕: 악한 충동" 단락을 보라.

216 보통 이사야서에서 이 용어와 그 동족어들은 도자기 또는 만들어진 무엇과 관련된다(지으시는 하나님, 사 29:16; 43:1, 7, 10, 21; 44:2, 21, 24; 45:7, 9, 18; 64:8; 조각한 우상을 만드는 사람들, 44:9-10, 12). 하지만 이 용어는 마음이 만드는 것(계획, 상상; 참조 22:11)을 의미할 수도 있다(사 37:26에서 이 용어는 하나님이 계획하셨거나 만드신 것을 의미할 수 있었다).

217 참조. 창 6:5(참조. LXX); 8:21; 신 31:21; 대상 28:9; 29:18. 롬 8:26-27은 대상 28:9에서 하나님이 마음을 찾으신다는 것을 반영할 가능성이 있다. 하지만 거기서 사 26:3의 ἀντιλαμβάνομαι를 반영했을 것 같지는 않다. 왜냐하면 이 용어가 같은 방식으로 사용되지 않았고, 70인역에서 이 용어는 흔하기 때문이다. 바울은 빌 4:7에서 대상 29:18을 반영했을 수도 있다.

218 "기대다"를 가리키는 것과 같은 동사와 "신뢰하다"를 가리키는 동족어 동사는 이집트에 기대거나 이집트를 신뢰하는 것을 경고하는 사 36:6에 함께 등장한다. 이 동사들이 함께

26:4)을 비롯하여 이사야서의 다른 곳에서 주님 또는 다른 사람들을 신뢰하는 것으로 나타난다.[219] 이 용어는 시편 78:22에서 믿음과 병행구로 등장한다. 여기서 광야의 이스라엘은 하나님을 믿지도 않았고 그분의 구원을 신뢰하지도 않았다.[220]

이사야 26:3의 의미는 다음과 같다. "주께서는 그의 생각이 주님을 의지하는 자를 평강하고 평강하도록 보호하시리니/지키시리니/살펴보시리니, 이는 그가 주를 신뢰함이니이다." 따라서 하나님을 신뢰하면서 믿음으로 견고해진 생각/마음은 평안을 보장받는다.

이사야서의 문맥 역시 이런 독법을 지지한다. "의로운" 나라는 신의를 지킨다. 다시 말해서 "신실하다"(사 26:2). 사람은 주님을 신뢰해야 한다. 왜냐하면 그는 신뢰할 만한 분이시기 때문이다(26:4). 의로우신 하나님은 그분을 **기다리는**(26:8) "의로운" 자들과 함께하실 것이다(26:7). 하나님은 그들을 위해 "평안"을 세우실 것이다(26:12).[221] 이사야 26:3에서

등장하는 유일한 다른 곳은 왕하 18:21(=사 36:5)이다. 사 48:2에서 백성들은 주님께 거짓으로 기대지만, 그 의존이 26:3에서는 진실이다.

219 그 용어 또는 동족어들에 대해서는 사 12:2; 30:12; 31:1을 보라(이집트와 그들의 말들을 잘못 의지함, 31:3에서 이 말들은 "육신이고 영이 아니다"). 32:17(32:9-11에서 잘못 신뢰하고 안전하게 거하는 것과 대조됨); 36:4-9(랍사게의 도전: 이집트를 신뢰하지 말라); 36:15과 37:10(한 차원 더 높아진 도전: 주님을 신뢰하지 말라); 42:17(우상을 신뢰하지 말라는 경고); 50:10(주님을 신뢰하라); 59:4(혼돈 속에서 잘못 신뢰함). 이 용어는 안전(사 14:30)이나 거짓 안전(사 32:9-11; 47:8, 10)을 전달하기도 한다. 이 어근은 MT에 155번 등장하지만, "안전" 혹은 (신 28:52의) 잘못된 신뢰를 이야기하는 모세 오경에는 단지 8번만 등장한다.

220 시편에서 이 용어는 종종 신뢰를 표현한다. 예. 시 55:23; 56:3-4, 11. 혹자는 미 7:5과도 비교할 수 있을 것이다. 이 본문은 이웃을 신뢰하지도 말고 친구를 믿지도 말라고 경고한다. 이는 "오직 나는 여호와를 우러러보며 나의 구원의 하나님을 기다릴 것"이라는 7:7과 대조된다.

221 부활은 사 26:19에서 약속된 것 같다.

하나님을 신뢰하며 그분을 의지하는 생각(즉 믿음의 생각)은 "평강"을 갖게 될 생각이다.[222] (롬 1:17; 4:3; 갈 3:6, 11에서 믿음과 의를 연결하는 두 본문을 모두 인용할 때) 바울이 믿음을 논하기 위해 이처럼 풍부한 본문을 단순히 인용하지 않은 까닭은 무엇일까? 만일 바울이 여기서 미드라쉬 주해에서 추론하고 있다면, 청중이 인지할 수 없는 본문의 내용을 직접 인용하는 것이 별로 가치가 없었다고 판단했을지도 모른다.[223]

공동체의 평정심

생각에 대한 문맥을 고려할 때, 바울은 내적 평정심을 포함하기 위해 "평강"을 의도했을지도 모른다.[224] 그렇지만 다른 곳에서 그의 용례는 이것이 그 이상의 의미와 관련됨을 암시한다. 이따금 바울이 사용하는 "평강"은 (하나님 혹은 사람과의) 적대감 없음, 화목, 또는 하나 됨과 관련된다.[225] 실제

---

222 히브리어는 (NRSV에서 인식된 것처럼) "평강"을 두 번 반복한다. 이것이 "완전한 평강"을 가리키는 관용어라는 점은 의심의 여지가 없다(참조. KJV, ASV, NASB, NIV: "perfect peace"). 이것과 똑같은 구성이 사 57:19에 등장한다(여기서 하나님은 멀고 가까운 곳에 있는 비천한 자들에게[57:15, 타락한 이스라엘에, 57:16-18] 평강을 가져오셔서 그들을 고치신다. 하지만 악한 자들에게는 평강이 없다, 57:21). 거짓 예언자들은 평강이 없을 때에 "평강하다, 평강하다"라고 말한다(렘 6:14; 8:1). 그리고 용사들은 다윗에게 "평강, 평강이 당신에게 있을지어다"라고 축복한다(대상 12:18).

223 이와 대조적으로 롬 1:17에서 바울의 청중은 표준 그리스어와 히브리어 본문에 표현된 것과는 다르게 최소한 대명사 없이 그 인용을 알아보았을 것이다.

224 이와 같은 연결이 도덕적 함의를 배제할 필요는 없다. T. Sim. 3:5에서 생각은 하나님이 시기의 영을 내쫓으실 때 편안해진다. 이와 마찬가지로 Iambl. Letter 9(Stob. Anth. 2.33.15)에서 ὁμόνοια(9.1)는 "도시와 집들"(9:3; 번역 Dillon and Polleichtner, 29) 및 자신과 하나가 되는 것(9:4-5)에 적용된다. "자신에게 두 생각이 있는" 사람은…"자신과 갈등하며" "자신과 전쟁하는" 사람이다(9.7, 10; 번역. Dillon and Polleichtner, 29).

225 예. 사람들과의 관계, 롬 3:17; 12:18; 14:19; 고전 7:15; 14:33; 16:11; 고후 13:11; 하나님과의 관계, 롬 5:1. 드물게 사용되는 롬 15:33에서조차도 초기 해석자들 중 일부는 관계

로 이 용어의 일반적인 의미론적 범위는 다른 사람과의 평화 또는 완전함, 내적 평정심[226] 그 이상을 포함하며, 특히 이 편지의 문맥과 이 편지에서 유대인과 이방인의 갈등 상황을 고려해볼 때, 바울의 청중은 아마도 관계적 차원을 상상했을 것이다. 평강은 모든 사람과 함께해야 한다(롬 12:18). 하지만 바울은 특히 공동체에서의 차이점을 언급할 때(14:17, 19; 15:13) 다른 사람과의 평화를 강조한다.

이 문맥에서 가장 중요한 것은, 평강과 관련된 성령의 생각의 틀과는 대조적으로, 육신의 생각의 틀은 하나님과의 원수 됨을 포함한다는 점이다(롬 8:7). 실제로 이 문맥을 고려하면, 바울은 철학자들이 추구했던 주관적 평정심을 넘어 하나님과의 객관적 평화를 의도적으로 강조했을 수도 있다. 하지만 로마서 7:23에서 내적 싸움에 대한 바울의 언어를 고려해볼 때, 바울은 두 가지 의미를 모두 뜻했을 것이다. 확실한 것은 두 의미가 모두 서로 어울린다는 점이다.

현대의 유비에 따르면, 적어도 많은 도시의 청중이 하나님과의 화평에 대한 바울의 주장이 이해할 만한 것임을 알았을 것이다. 스토아 철학자들에게는 어떤 잘못된 행위도 신들에게 불경스러운 것이었으며,[227] 어리석음의 지배를 받는 사람들은 언제나 신들과 불화하는[228] 신들의 원수들이었

적인 강조점을 발견했다(Theodoret *Interp. Rom.* [PG 82,217]; Pelagius *Comm. Rom.* [PCR 150]; 참조. Ambrosiaster *Comm.* [CSEL 81:477]; 모두 Bray, *Romans*, 367-68에서 인용함). 빌 4:7에서 평정심의 의미를 주장할 수도 있다. 그러나 빌 4:2-3에서 하나 됨의 쟁점을 참조하라.

226 위에서 다양한 저자가 사용한 "평정심"의 용어 대부분은 "조용함" 또는 "소동이 없음"과 관련된다.

227 Arius Did. 2.7.11k, p. 84.4-6.

228 Arius Did. 2.7.11k, p. 84.27-28.

다.[229] 바울의 이상적 유형과 영역들은 하나님 앞에서 상반되는 신분과 지위를 가진 두 종류의 사람과 관련된다. 바울이 하나님의 법에 굴복할 수 없는 육신의 생각의 무능력을 언급한 것(롬 8:7)은 로마서 7:23, 25에서 생각의 실패를 암시한다. 오직 성령만이 마음에 율법을 새길 수 있다(8:2-4).

결론

신자들은 그리스도와의 연합 안에서 그들의 새로운 정체성의 실재뿐만 아니라 그리스도와 하나님의 영이 그들 안에 사신다는 실재도 받아들여야 한다. 이것은 대부분의 다른 사상가들이 호소했던 인지적 자원보다 도덕적·시민적 선을 달성하기 위한 더 큰 자원이다. 그러나 하나님의 평안에 의존하는 것은 바울의 동시대인들에게 널리 퍼져 있지는 않았을지라도 이해할 수 있는 것이었다.

바울에게 "육신과 관련되는 생각의 틀"은 세상적으로 순전히 인간적인 관심사들에 의해 주도되는 성향 또는 습관적인 사고방식이다. 자신의 개인적인 육체적 존재에 초점을 맞추는 이런 정신적 생활방식은 하나님의 법의 의로운 목적을 성취할 수 없다. 심지어 최선의 노력을 하더라도 로마서 7:15-24에 묘사된 일종의 자아 소모적인 갈등만을 낳을 뿐이다(특히 7:22-23에서는 심지어 율법을 알고 있는 생각조차도 육체의 정욕을 무찌르는 데 무기력하다).

---

229   Arius Did. 2.7.11k, p. 84.23-24, 29, 33. 제논은 나쁜 사람들은 모두 천성적으로 다른 사람들과 적대관계가 된다고 가르친 것으로 알려진다(Engberg-Pedersen, *Paul and Stoics*, 74-75).

이와 대조적으로 "성령과 관련되는 생각의 틀"은 성령으로 말미암는 하나님의 임재로 인해 결정적인 차이를 만드는 의로운 정신의 생활방식이다. 이런 생각의 틀은 (비록 암시가 여전히 불확실하지만) 이사야 26:3의 문맥을 떠오르게 하는 생명 및 평안과 관련된다. "평안"은 생각에 대한 고대의 몇몇 논의에서 강조된 평정심과 부분적으로 관련될 수 있다(또한 이것은 일부 고대 사상가들에 의해서 죽음에 대한 두려움, 그리고 롬 7:15-25에 등장하는 것과 같은 분열된 충성심에 대한 산란한 마음과 대조된다). 로마서 자체의 문맥에서 바울의 강조점은 아마도 특히 잘못 분열된 기독교 공동체에서 관계의 평화를 추구하는 데 있었을 것이다.

제5장 ● 새롭게 된 생각(롬 12:1-3)

> 너희는 이 세대의 패턴을 따르지 말라. 그 대신에 너희 생각을 새롭게 함으로써 변화를 받으라. 이렇게 하면 너희는 선하고 기쁘게 하고 완전한 것이 무엇인지를 평가할 수 있는 자격을 갖추게 될 것이며—그래서 하나님의 뜻을 인식하게 될 것이다.
>
> – 로마서 12:2

로마서 12장에서 바울은 올바른 생각의 문제를 다시 거론한다.¹ 인류가 하나님을 계속해서 아는 것이 가치 있다고 판단하지 않았기 때문에 하나님은 그들을 그분의 평가에 미치지 못한 정신세계에 내버려 두셨다(롬 1:28). 하지만 하나님은 여기서 그에게 헌신한 사람들의 생각을 새롭게 하심으로써 그들이 하나님의 뜻인 선한 것들을 참되게 평가할 수 있게 하신다(12:2).²

---

1 이 본문(롬 12:1-2) 역시 이 본문이 속한 단락에서 논의할 내용을 위해 전략적으로 등장한 것이다. 대부분의 학자들은 이 본문을 12:1-15:13의 논제 진술로 이해한다(Crafton, "Vision," 333-35, 특히 335; 합의의 요약에 대해서는 Jewett, *Romans*, 724을 보라). 몇몇 학자는 심지어 로마서에서 이 본문을 그것의 공동 목적을 드러내는, 바울의 두 가지 핵심 권면 중 하나로 이해한다(Smiga, "Occasion"). 대부분의 학자들은 여기서 인지의 중요성을 인식한다(예. Keefer, "Purpose").

2 앞에서 언급했듯이(본서 1장 "합당하지 못한 생각[롬 1:28]" 단락), 롬 1:28은 δοκιμάζω, ἐδοκίμασαν, ἀδόκιμον νοῦν 등 동족어들을 중심으로 논의를 펼친다. 롬 12:1-2에서 νοῦς

이 장은 로마서 12:1-3에서 생각에 대한 바울의 관심사에 해당하는 몇 가지 요소를 개관한다. 바울은 신자들에게 그들의 몸을 하나님의 일을 위한 영적 제물로 바치라고 권할 때 이미 이성의 문제를 소개하고 있다(롬 12:1). 바울은 이 주제를 더욱 발전시켜 신자들에게 현재의 시대, 즉 죄악된 선택이 도덕적 분별을 부패시킨 타락한 시대의 패턴을 따르지 말라고 경고한다(12:2; 참조. 1:28). 그 대신에 신자들은 그들의 마음이 새 시대의 패턴을 따름으로써 변화를 받아야 한다. 그래야 신자들은 참으로 선한 것이 무엇인지 평가할 수 있고, 하나님의 뜻을 분별하게 된다(12:2). 그들의 생각이 새로워지는 것은 11:34에서 언급한 하나님의 마음/생각을 떠올리게 한다. 또한 그것은 그들이 그리스도의 다양한 은사를 받은 몸이라는 좀더 넓은 맥락에서(12:4-6) 생각할 수 있게 해준다(12:3).

이상적으로는 심지어 훈계조차도 일반적으로 온유해야 한다.[3] Παρακαλέω(12:1, NRSV에서 "내가 호소한다"로, NIV와 NASB에서는 "내가 강권한다"로, KJV과 ASV에서는 "내가 간청한다"로 번역됨)는 바울 서신에서 종종 요청과 함께 등장한다.[4] 이 단어의 의미 범위는 넓으며, 여기처럼 "강하게 권하다" 또는 "권면하다"뿐만 아니라 심지어 "위로하다"라는 의미까지도 포함한다. 따라서 이 단어는 일반적으로 "훈계하다" 또는 "경고하다"로 번역되는 용어보다 훨씬 더 부드러운 용어로서 작용한다.[5]

는 새롭게 되어 δοκιμάζειν(분별)할 수 있다. 참조. 고전 2:15-16에서 (다른 단어들로 된) 성령의 사람은 그리스도의 생각/마음이 있으므로 모든 것을 평가할 수 있다.

3 참조. 롬 15:14; 갈 6:1; Plut. *Old Men* 22, *Mor.* 795A; 23, *Mor.* 795BC; Iambl. *Pyth. Life* 22.101; 33.231; 1QS 5.25; *b. Sanh.* 101a; 참조. *Rhet. Alex.* 37, 1445b.17-19; *t. Kip.* 4:12 에 언급된 훨씬 더 엄격한 장르.

4 Aune, *Environment*, 188; Stowers, *Letter Writing*, 24, 78.

5 후대의 여러 핸드북에 설명된 범주들에 따라서, 권고 또는 권면의 편지(Stowers, *Letter Writing*, 112-25)는 훈계의 편지들(125-32)과 특히 책망의 편지(133-38)에서 발견

바울은 여기서 확실히 온유하며, 짐짓 권세 있는 사람으로서가 아니라 권면하는 은사를 받은 사람으로서 로마의 신자들에게 권면한다. "내게 주신 은혜로 말미암아"(롬 12:3)는 로마서 12:6에서 다양한 은사를 위해 각 신자에게 주신 은혜를 상기시킨다. 가장 중요한 것은 "권하다"가 12:6-8의 은사 목록에 등장한다는 점이다(8절, 개역개정에서는 "위로하다"로 번역됨). 바울은 "형제자매"로서,[6] 그리고 자신의 권면의 행위가 그리스도의 몸 안에서 다른 몇몇 사람이 공유하는 하나님이 주신 사역을 반영하는 사람으로서 그들에게 권면한다(12:8).[7]

되는 거친 말, 가장 혹독하게는 비난(139-41)을 요구하지 않았다. 긴급한 요청은 간청으로 표현될 수 있었다. 따라서 고귀한 신분을 가진 사람들조차도 다른 사람들을 대신하여 "간청"하거나(Cic. *Fam.* 13.14.2; 13.20.1; 13.24.3; 13.26.2; 13.30.2; 13.32.2; 13.35.2; 13.54.1; 13.72.2; 13.74.1) "내가 그대에게 거듭 부탁합니다"라고 말하기도 했다 (13.28b.2; 13.41.2; 13.43.2; 13.45.1; 13.47.1; 13.73.2; 13.76.2). 참조. 추천받지 못한 편지에 사랑이 담긴 권면: "나의 사랑하는 형제여, 잘 지내시기를 거듭 간청합니다"(Cic. *Quint. fratr.* 3.1.7.25; 번역 W. G. Williams). Longenecker(*Introducing Romans*, 218)는 이와 비슷하게 애정이 담긴 또는 긴급하게 요청하는 형식들을 인용한다(*BGU* 846.10; P.Mich. 209.9-10). 본문에 표현된 바울의 온유함에 대해서는 Levy, Krey, and Ryan, *Romans*, 247에 인용된 Aquinas, lecture 1 on Rom. 12:1을 보라.

6 롬 1:13; 7:1, 4; 8:12; 10:1; 11:25; 15:14, 30; 16:17에도 이런 언급이 있다. 이 어구는 9:3에서 유대인들에게도 적용되었다. 의미 범위에 대해서는 Keener, *Acts*, 2:1663-64와 고대 자료들에 대한 참고문헌을 보라. 여기서 이 어구는 초기 기독교에서 동료 신자들에 대한 사랑을 표현한다(참조. 롬 14:10, 13, 15, 21). 바울은 로마서의 이 단락을 "비교적 표준적인 편지의 두 관습"으로 시작한다. 그것은 "**요청 형식**과…**직접 호칭의 호격**"이다 (Longenecker, *Introducing Romans*, 422).

7 로마서의 다른 곳에서 이 동사는 15:30; 16:17에만 등장한다.

몸을 제물로 드리라

여기서 신자들은 제사를 드리는 제사장들일 뿐만 아니라(참조. 롬 15:16에
서 바울의 역할과 11:33-36에서 그의 송영)[8] 그들 자신이 하나님께 바쳐지는 제
물이기도 하다.[9] 영적 제사의 이미지는 친숙한 것이었으며, "드리다"라는
용어(12:1)는 제사에 적합하다.[10] 하지만 이 동사는 바울이 로마서에서 일
찍이 사용한 것과 함께 취급되어야 한다. 자기 몸을 드리는 것은 로마서
6:13, 19(참조. 6:16)에서 자신의 지체를 하나님을 위한 수단 또는 무기로
드리는 이미지를 지속한다.[11] 따라서 신자들은 전적으로 하나님의 목적을
위해 헌신해야 한다.[12]

---

8   다른 사람들도 롬 12:1을 15:16과 연결한다. 예. Dillon, "Priesthood"를 보라. 참조. 벧전
     2:5. 로마의 종교에서는 이스라엘의 레위인 서열 제도와 대조적으로, 어느 지위의 사람이
     라도 제사장이 될 수 있었으며, 제의 행위는 모든 사람에게 열려 있었다. Rives, *Religion*, 43
     을 보라. 제사를 드리는 일은 개인적인 문제였다. Judge, *First Christians*, 614을 보라. 그렇
     지만 제물을 도살하는 것은 "일반적으로 전문가에 의해 수행되었다"(Rives, *Religion*, 25).
9   참조. Aker("*Charismata*") 역시 여기서 롬 12:6-8의 사역들을 영적인 성전 이미지와 연결
     한다. Grieb(*Story*, 117)는 바울이 롬 3:21-26에 사용된 제의 은유(제물, 속죄)를 다시 거
     론하고 있다고 넌지시 말한다. 바울의 제의 은유들에 대해서는 특히 Gupta, *Worship*을 보
     라.
10   제물을 "드림"에 대해서는 다음을 보라. Jos. *Ant.* 7.382; Sanday and Headlam, *Romans*,
     352(Jos. *Ant.* 4.113을 인용함); Dunn, *Romans*, 709(Moulton and Milligan, *Vocabulary*와
     BDAG를 인용함).
11   동사 παρίστημι가 이 본문들을 연결한다. 로마서에서 이 동사의 다른 두 가지 용례는 관
     련이 없는 의미를 전달한다. 다른 학자들, 특히 Dunn, *Theology*, 58도 보라. 부정과거 부
     정사는 헌신의 행위를 요청할 수 있다(참조. 고후 11:2; 골 1:22; 딤후 2:15). 하지만 아마
     도 단 한 번의 순간을 암시하기보다는 항상 적절함을 가리킬 것이다. 이런 구성이 단번에
     행해지는 하나의 사건을 암시할 필요는 없다. 참조. Combs, "Doctrine." (Jewett[*Romans*,
     728-29]은 여기서 부정과거를 스페인을 향한 선교에 도움을 구하는 바울을 가리킨다고
     너무 구체적으로 읽는다; 롬 6:13, 19에 사용된 같은 동사의 부정과거 명령형은 더 넓은
     윤리적 함의가 있다.)
12   참조. 사해사본 공동체의 이상, 즉 자기 재산을 바침, 육체적 강인함, 그리고 하나님에 대

바울에게 선한 목적을 위해 몸을 드리는 것은 몸이 선한 것(롬 6:13; 참조. 8:11, 23; 고전 6:13, 15, 19-20; 고후 4:10; 5:10; 빌 1:20; 3:21; 골 2:23)과 악한 것(롬 1:24; 6:6; 7:24; 8:10, 13; 고전 6:16; 고후 5:10)을 위해 사용될 수 있는 수단임을 확인해준다.[13] 몸 자체가 악한 것은 아니다. 그것은 단순히 도덕적으로 방향이 없는 육체적 욕망(롬 1:24; 6:12)보다는 그리스도와 성령이 빛을 비춰주는 생각이 자신의 행위를 통제해야 한다는 것을 의미한다(참조. 고전 9:27, 이것은 바울의 실례를 얼마나 강조하고 싶어 하는지에 달려 있다).

궁극적으로 우리의 몸의 목적은 몸 자체의 자율적인 욕망을 이루는 것이 아니라 그리스도의 더 큰 몸을 섬기는 것이다(롬 12:4-6; 참조. 7:4). 새롭게 변화된 생각(12:2)이 더 큰 몸의 측면에서 생각하는 것처럼 말이다 (12:3).

고대의 제사

동물의 희생제물을 포함하는 제사는 고대 종교의 특징이었다. 대부분의 신전은 동물 제사를 요구했다.[14] 예를 들어 제사에 대한 언급은 일반적으

한 태도(Betz, *Jesus*, 72, 1QS 1.11-13; 5.1-3; 6.19를 인용함).

13   "몸(bodies)"이 여기서 복수형이므로, Jewett(*Romans*, 728)은 바울이 공동체적 제물을 요청하고 있다고 주장한다. 하지만 그 용어가 단수형이었다면, 바울이 훨씬 더 힘있게 주장할 수 있었을 것이다. 바울은 고전 6:15에서 "몸(bodies)"을 지칭하기 위해 복수형을 사용할 때, 비록 그의 주장에 공동체적 함의가 있다고 할지라도, 개인의 몸들을 가리킨다 (6:16-18을 보라).

14   제사에 대해서는 Burkert, *Religion*, 68-70; Smith, *Symposium*, 67-69; Siebert, "Immolatio," 745을 보라. 지성인들 대부분이 제사를 실행했다. 예. Pliny *Ep.* 9.10.1을 보라. 물론 모든 제사가 동물 제사였던 것은 아니다. 참조. Malkin, "Votive Offerings," 1613; 이보다 일찍 이 문제를 거론한 *ANET* 420.

로 동전[15]과 비문[16]에 등장한다. 많은 이방인들은 제사를 은혜에 대한 보답을 기대하는 신들과의 교환으로서 여겼다.[17] 후기의 한 연설가가 표현했듯이, "제사는 신들의 호의를 끌어낸다."[18]

하지만 몇몇 지성인은 제사를 반대했다.[19] 학자들은 조로아스터가 제사를 반대했는지 아니면 단순히 제사의 남용을 반대했는지를 두고 격론을 벌인다.[20] 일부 사상가들은 원칙적으로 제사를 반대했지만, 실제로 항상 그런 것은 아니다.[21] 다른 사람들은 더 지속적으로 반대했다. 피타고라스와 그 학파에 속한 철학자들은 동물 제사(와 고기를 먹는 행위)를 반대했다.[22] 그들은 신앙이 깊지 않은 사람들조차도 영혼이 깃들어 있는 고등 동물을 제물로 바치는 것(과 먹는 것)을 피해야 한다고 생각했다.[23] 티아나의 아폴로니우스는 이 문제에 있어서 피타고라스 학파의 실천을 따랐다고

---

15   Williams, "Religion," 150-54.

16   Moede, "Reliefs," 165-68, 173-75.

17   Klauck, *Context*, 38. 고대 로마의 윤리학에서 상호성의 원리에 대해서는 Pliny *Ep*. 6.6.3; Statius *Silv*. 4.9; Libanius *Anec*. 1.20; Symm. *Ep*. 1.104; 더 충분히 설명한 Keener, *Acts*, 3:3314n1610을 보라.

18   Libanius *Maxim* 3.4(번역. Gibson, 103). 그리스인들은 양으로 제사하기 위해 양이 털을 깎고 새끼를 낳을 때까지 만반의 준비를 하며 기다렸다(Andration *Atthis* frg. 55).

19   루키아노스는 *Sacrifices*에서 제사 행위를 조롱한다. 그는 Lucian *Dem*. 11에서 데모낙스를 제사를 반대하는 사람으로 제시한다. Porph. *Marc*. 19.316-17은 무지한 자들의 제사를 맹렬히 비난한다.

20   Yamauchi, *Persia*, 448.

21   예. Plut. *Stoic Cont*. 6, *Mor*. 1034C. 몇몇 사람은 심지어 이미지조차도 오직 신성을 상기시키는 것으로서만 가치 있다고 여겼다(Max. Tyre *Or*. 2.1-2). 신들은 인간의 섬김을 필요로 하지 않는다(Sen. Y. *Ep. Lucil*. 95.48).

22   Diog. Laert. 8.1.22; Philost. *Vit. Apoll*. 1.1; 6.11; Iambl. *Pyth. Life* 11.54; 24.108. 아리스토텔레스의 학생이었던 테오프라스투스도 보라(Porph. *Abst*. 2.32; Ferguson, *Backgrounds*, 271에 인용됨).

23   Iambl. *Pyth. Life* 18.85; 28.150. Heliod. *Eth*. 10.9에서 에티오피아 현자들은 동물 제사를 인정하지 않는다.

전해진다.[24] 일부 신화학자들과 후기의 지성인들은 동물 제사 이전의 원시 황금시대를 믿었다.[25]

위험을 피하게 해주는 속죄제보다 감사제를 더 고상하다고 평가한 사람들이 있었다.[26] 몇몇 사람은 **참된** 경건이 그렇게 많은 희생제물과 많은 유향에 덜 소비할 것이라고 단언한다.[27] 한 고전적인 웅변가는 신들이 많은 제물보다 선행과 정의를 더 기뻐한다는 의견을 개진한다. 그런 덕이야말로 최상의 제사라고 말이다.[28]

비유적이거나 은유적인 제사는 고대 자료에 빈번하게 등장한다. (이에 상응하는 영적 **성전**에 대해서는 고전 3:16-17; 6:19; 고후 6:16; 엡 2:18-22; 벧전 2:5; 계 3:12을 보라; 참조. 요 4:23-24; 계 21:2; 특히 21:22.)[29] 스토아 철학자들은 공식적인 제의에 참여하긴 했지만, 원칙적으로 말해서 지혜가 있는 사람들은 "[순수] 사제들뿐이다. 왜냐하면 그들이 제사를 연구할 뿐만 아니라, 신전 건물, 정결례, 그리고 신들에게 속하는 다른 모든 문제를 연구해왔기

---

24 Philost. *Ep. Apoll.* 27; *Vit. Apoll.* 1.31-32; 2.38; 4.11; 5.25; 8.7. 그는 헬리오스 숭배를 선호했다(*Vit. Apoll.* 2.24, 32, 38, 43; 3.15, 48; 7.10, 31).

25 Ullucci, "Sacrifice."

26 Fronto in *Ep. graec.* 8.3. 참조. Philost. *Vit. Apoll.* 1.1에 언급된 찬송의 제사. 일부 후기 유대교 전통에 따르면, 다른 제사들은 불필요하게 될 것이지만, 감사제사는 영원히 남아 있을 것이다(*Pesiq. Rab Kah.* 9:12).

27 Dio Chrys. *Or.* 13.35.

28 Isoc. *Ad Nic.* 20. 참조. Porph. *Marc.* 17.282-84, 287-88: 제사보다 경건한 행위와 성향이 신적인 문제와 더 유사하다.

29 다음을 보라. 1QS 8.5; 4Q511 frg. 35.2-3; *Let. Aris.* 234; Philo *Rewards* 123; Tac. *Ann.* 4.38.2(in Sinclair, "Temples"); Porph. *Marc.* 19.318-19; Cic. *Resp.* 6.15.15에 언급된 신전으로서의 우주; 참조. Davila, "Macrocosmic Temple"; Hierocles *Marr.* (Stob. *Anth.* 4.79.53)에 비유적으로 표현된 신전으로서의 가정; 더 자세한 정보는 Gärtner, *Temple*; Keener, *Acts*, 1:1033-34; 2:1323, 1417; 3:2639-40, 2643, 특히 3151-52을 보라. 내 박사과정 학생인 Philip Richardson이 이 문제에 대해 더 연구하기 시작했다.

때문이다"라고 주장했다.[30]

이와 비슷한 사상들이 「피타고라스의 속설 모음집」(*Pythagorean Sentences*)에 등장한다. "지혜로운 사람은 제사장뿐이다. 그만이 신들에게 사랑받으며, 기도하는 법을 안다."[31] 이와 마찬가지로 "봉헌물과 제사는 하나님을 영화롭게 하지 못한다. 예물은 하나님에게 존귀한 것이 아니다. 하지만 완전히 안전한 영감 받은 생각은 하나님을 충족시키는데, 그 이유는 유유상종이기 때문이다."[32] 신플라톤 철학자인 포르피리오스에게 신의 진정한 신전은 지혜로운 사람의 생각이다.[33] 하나님은 제사가 아니라 하나님께서 채워주시는 생각의 틀에 의해 영광을 받으신다.[34]

확실한 것은 영적 제사의 우선권이 성서적으로 지지를 받을 수 있었다는 점이다. 그것은 이미 구약성서에 등장한다.[35] 초기 유대교 진영에서는 찬양,[36] 구제,[37] 그리고 다른 의로운 행위들[38]이 제사였다. 유대인 중에서도 동물 제사를 반대한 사람들이 더러 있었다. 하지만 그들은 아마도 특

---

30   Diog. Laert. 7.1.119(번역. Hicks, LCL, 2:225). Hierocles *Marr.*(Stob. *Anth.* 4.79.53, p. 83)는 부모가 신들처럼 영광을 받아야 하고, 그들의 자녀들을 천성적으로 서품을 받은 사제들처럼 만들어야 한다고 촉구했다.

31   *Pyth. Sent.* 15 (in Malherbe, *Moral Exhortation*, 110).

32   *Pyth. Sent.* 20 (in Malherbe, *Moral Exhortation,* 111). 일부 성소에서 몸뿐만 아니라 영혼의 정결도 요구한 것에 대해서는 Nock, *Christianity*, 18-19의 자료를 보라.

33   Porph. *Marc.* 11.191-93, 196-98; 19.318-19.

34   Porph. *Marc.* 19.313-16.

35   예. Kelly, *Peter*, 91, 시 50:14; 51:16-19; 69:30-31; 141:2; 호 6:6; 미 6:6-8을 인용함. 참조. 삼상 15:22; 사 1:11-17; 58:3-7; 암 5:21-24. 하나님을 두려워하는 것이 단순한 제사보다 낫다(Jdt. 16:16).

36   시 154:10-11 (11QPsª 154); 4Q403 frg. 1, col. 1.39-40.

37   Sir. 3:30; 29:12; 35:4. 참조. 이슬람교의 구제(Mbiti, *Religions*, 330).

38   Sir. 35:1-5.

히 이교도의 제사를 비판했을 것이다.[39] 예루살렘 성전에 접근할 기회가 적었던 디아스포라 유대인 중 일부는 찬양이 유일하게 진정한 제사라는 폭넓은 주장을 채택했다.[40] 필론에게는 경건,[41] 또는 하나님을 사랑하는 데 마음이 집중된 생각,[42] 또는 영혼으로부터 나오는 진리[43]가 최상의 제사였다.[44]

외부인들은 에세네파 사람들이 성전에서 멀리 떨어진 곳에서 그들 나름의 제사를 드렸는지,[45] 아니면 제사를 전혀 드리지 않고 그 대신에 경건하게 그들의 생각/마음을 바쳤는지[46]에 대해 의견이 갈렸다. 언약자들이 실제 제사의 가치를 높게 평가했을 개연성이 높지만,[47] 쿰란 문서들은

---

39 아마도 헬레니즘 시대에 기원했을 *Sib. Or.* 4.29-30을 보라.

40 참조. Philo *Plant.* 126; 참조. Knox, *Gentiles*, 32. 하지만 필론의 관심은 특히 악한 자들의 헛된 제사를 반대하는 데 있는 것 같다(*Plant.* 108, 124). 왜냐하면 그는 다른 곳에서 경건한 제사를 호의적으로 말하기 때문이다. 필론은 다른 몇몇 사람이 모든 율법, 그가 인정하지 않는 행위를 알레고리화한다고 증언한다(*Migr.* 89-93; Sanders, *Judaism*, 53).

41 Philo *Mos.* 2.108.

42 Philo *Spec. Laws* 1.201, 271-72, 290; 참조. *Alleg. Interp.* 2.56; *Unchangeable* 8.

43 Philo *Worse* 21; 참조. *Sacr.* 27; *Dreams* 2.72. 제사하는 사람의 영혼은 반드시 정욕에서 벗어나야 한다(*Spec. Laws* 1.257).

44 더 충분한 내용은 Richardson, "Sacrifices," 9-14을 보라.

45 Jos. *Ant.* 18.19를 보라. 일부 학자들은 요세푸스가 단지 에세네파 사람들을 그가 가치 있다고 여긴 성전에 대해 적극적인 태도를 지닌 자들로서 제시하길 원했다고 생각한다(Nolland, "Misleading Statement"). 몇몇 학자는 다른 사람들이 제사에 사용된 것이라고 제안하는 쿰란에서 발굴된 동물 뼈들이 그 대신 공동체 식사(Laperrousaz, "Dépôts")에서 비롯되었거나, 아니면 해마다 거행하는 언약 갱신과 같은 흔치 않은 제사 의식에서(Duhaime, "Remarques") 비롯된 것이라고 주장했다. 그곳에서 발견된 뼈가 제의에 사용되었다는 명확한 증거는 없다(Donceel, "Khirbet Qumrân").

46 Philo *Good Person* 75. 이것은 필론의 이상적인 생각이었을 수 있다. Heger("Prayer")는 기도가 제사를 대체했다는 생각은 후기 랍비들의 글의 관점으로 사해사본을 읽은 경우라고 주장한다.

47 CD 9.14; 11.17-19; 16.13; Davies, "Ideology"를 보라.

영적인 제사도 암시한다.[48] 종파에 속한 사람들은 미래 시대의 예상되는 새 성전이 임할 때까지 그들의 영적 제사가 진정한 성전 제사와 같은 기능을 한다고 믿었을 것이다.[49]

이미 헬레니즘 시대에 아리스토텔레스의 제자였던 테오프라스투스 (Theophrastus)는 유대교 제사의 영성화에 대해 분명히 알았다.[50] 이와 같은 태도는 「아리스테아스의 편지」에 등장한다. "예물과 제사가 아니라 영의 정결함으로…하나님을 경외하라."[51] 「솔로몬의 지혜」에서 하나님은 순교를 제사로 받으신다.[52] 그러므로 영적인 제사에 대한 사상은 단순히 성전 파괴에 대한 조정이 결코 아니었다.[53] 그렇지만 그 사상은 필연적으로 성전 파괴 이후 더욱 핵심적인 것이 되었다.[54] 이후에 유대교 교사들은 기도의 전통,[55] 죄의 고백,[56] 죄를 뉘우치는 마음,[57] 당하게 될지도 모를 순교,[58]

---

48   1QS 9.4-5; CD 11.21; Gärtner, *Temple*, 30, 44-46. 찬양의 제사에 대해서는 1QS 10.6을 보라.

49   Flusser, *Judaism*, 39-44. 참조. Arnaldich, "Sacerdocio."

50   Stern, *Authors*, 1:8-11.

51   *Let. Aris.* 234(번역. Hadas, 193).

52   Wis. 3:6; 4 Macc. 17:22도 보라.

53   Gathercole, *Boasting*, 205; 참조. Sanders, *Judaism*, 253. Roetzel(*Paul*, 7)은 영적인 제사에 대한 바울의 사상에 미친 바리새인의 영향을 제안하기까지 한다. 바리새인들은 정결에 세심했지만, 제사장의 수준에서 정결에 도달하려고 노력하지는 않았다(Sanders, *Jesus to Mishnah*, 131-254).

54   유대교는 영적인 제사를 이미 단언했다. 하지만 Guttmann("End")은 바리새인들이 성전 체계를 혐오했다고 주장하는데, 이는 과장된 것이다.

55   예. *B. Ber.* 15a.

56   *B. Sanh.* 43b.

57   *Pesiq. Rab Kah.* 24:5.

58   *Gen. Rab.* 34:9.

고난,[59] 자비의 행위,[60] 토라 연구,[61] 그리고 영적 제사로서 다른 행위들[62]을 계속했다.

하지만 이방인들 사이에서는 지적 엘리트의 일부만이 실제로 제사를 멀리한 반면, 그리스도인 집단은 보통 종교와 연관된 물리적 제사를 수행하지 않았다.[63] 이런 점에서 그들은 외부인들이 일반적으로 종교로 여겼던 것보다 철학 학파와 더 비슷했다.[64] 이 기간에 예수를 따르는 유대인들은 성전 제사에 대한 접근을 유지했으며,[65] 디아스포라에 있는 예수의 추종자들은 이런 종류의 어떤 것도 행하지 않았다.

산 제사

로마서 12:1에서 바울은 살아 있는, 거룩한, 그리고 하나님이 기뻐하시는 또는 받으실 만한이라는 세 가지 형용사와 함께 그들의 몸 제사를 묘사한다.

제사가 살아 있다는 것은 특별한 종류의 구약 제물을 암시할 수 있지

---

59 *Sipre Deut.* 32.5.2.
60 *Abot R. Nat.* 4 A; 8, §22 B. 그리스도인들 중에서는 *Sent. Sext.* 47을 참조하라.
61 *Abot R. Nat.* 4 A; *Pesiq. Rab Kah.* 6:3; *Pesiq. Rab.* 16:7; 참조. *Sipre Deut.* 306.20.3.
62 그리스도인들 사이에서 계속되어온 생각을 참조하라. 예. Jerome *Hom.* Ps. 1(번역. Bray, *Corinthians*, 102): "만일 내가 규정된 것을 행한다면, 다른 사람들이 그들의 입술로 기도하는 것을 나는 내 온몸으로 기도한다." 다른 용어이기는 하지만 고대의 영적 제사 용어에 대한 유용한 목록은 Talbert, *Romans*, 283-84을 보라.
63 Dunn, *Romans*, 710; Witherington, *Acts*, 398에 동의함; 참조. Nock, "Vocabulary," 134.
64 Wilken, "Christians," 107-10(하지만 그리스도께 헌신하는 종교 체계이기도 함, 110-18); Wilken, "Social Interpretation"; Keener, *Acts*, 3:2610-11. 2세기까지만 해도 많은 사람이 기독교를 철학 학파로 여겼다. Wilken, "Social Interpretation," 444-48; Schmeller, "Gegenwelten"을 보라.
65 행 21:23-26에 언급되었듯이 말이다. 참조. 눅 24:53; 행 2:46; 3:1; 5:42.

만,[66] 여기서는 주의를 집중시키기 위한 의미의 모순어법 또는 역설로서 기능할 가능성이 더 크다.[67] 그리스인들에게는 제물로 자신을 기꺼이 드리는 동물들에 관한 이야기가 있었다.[68] 하지만 사람을 드리는 제사는 대부분의 사람들에게 혐오스러운 것이었다.[69] 순교는 용인되는 제사였을 것이다.[70] 그러나 예수의 추종자들은 마치 그분을 위해 그들의 삶을 박탈당한 것처럼 하루하루의 삶을 살아야 한다. 그들은 어떻게 죽을지뿐만 아니라 어떻게 살아갈지를 고려하여 순교자들과 똑같은 헌신을 보여주어야 한다.[71]

---

66 아사셀 염소에 대해서는 Kiuchi, "Azazel-Goat"를 보라. 이것은 (소제[곡물 제사]나 전제 [헌주, 獻酒]와 같은) 죽음을 요구하지 않는 구약 제사 중에서 가장 가능성이 큰 선택이다. 예. Jewett, *Romans*, 729. 죽음을 요구하는 제사들은 쉽게 "산"(제사)로 묘사되지 않았을 것이다.

67 예. Krentz, "Oxymora." 모순어법에 대해서는 Rowe, "Style," 143; Aune, *Dictionary of Rhetoric*, 327을 보라. 바울에게 이런 표현에 대해서는 Anderson, *Rhetorical Theory*, 227; Porter, "Paul and Letters," 582을 보라.

68 예. Philost. *Hrk.* 17.4; 56.4.

69 예. Sil. It. 4.791; Plut. *Cic.* 10.3; *Themist.* 13.2-3; Lucian *Dial. G.* 274 (3/23, *Apollo and Dionysus* 1); Philost. *Vit. Apoll.* 8.7; Rives, "Human Sacrifice"; Garnsey and Saller, *Empire*, 169. Hom. *Il.* 23.175-76에 그런 실천에 대한 설명이 등장한다. Aeschylus *Ag.* 205-26; Apollod. *Bibl.* 2.5.11; 3.15.8; Lycophron *Alex.* 229; Ovid *Metam.* 13.447-48; Virg. *Aen.* 10.517-20; Livy 22.57.6; Sen. Y. *Troj.* 360-70; Quint. Curt. 4.3.23; Appian *C.W.* 1.14.117; Arrian *Alex.* 1.5.7; Dio Chrys. *Or.* 8.14; Tac. *Ann.* 14.30; Plut. *Par. St.* 35, *Mor.* 314CD; Tert. *Apol.* 9.2. 유대교 사상에서 개인의 죽음은 다른 사람들을 위해 속죄할 수 있었지만 (Schenker, "Martyrium"; Baslez, "Martyrs"; Thoma, "Frühjüdische Martyrer"; Haacker, *Theology*, 133-34; *Mek. Bah.* 6.142-43; *Sipre Deut.* 32.5.2, 5; 310.4.1; 311.1.1을 보라), (여기서처럼) "제사"는 속죄보다 더 넓은 범주다.

70 바울 서신에서는 엡 5:2; 빌 2:17; 딤후 4:6; 고전 5:7을 참조하라.

71 막 8:34에 묘사된 예수의 가르침과 특히 눅 9:23의 적용을 참조하라. 또한 예수의 세례 및 고난의 잔에 참여하는 것에 관한 용어(막 10:38-39; 참조. 14:23-24, 36; 눅 12:50)와 그리스도의 죽음과 연합하는 세례에 대한 바울의 이미지(롬 6:3-4; 참조. 고전 10:16; 11:26의 잔)도 참조하라. 여기서 어떻게 살아갈지의 문제로서 제사에 대해서는 Burns, *Romans*, 292에 인용된 Chrysostom *Homily* 20.1(on Rom. 12:1)을 보라.

사람들은 신을 "기쁘게 하는" 것이 무엇인지에 대해 종종 말하곤 했으며,[72] 제사는 신이 "받으실 만"하거나 신을 기쁘게 하는 것이어야 했다.[73] 성서는 때때로 다양한 표현을 사용하여 하나님이 자신에게 드려진 제사를 받으셨거나 기뻐하셨다고,[74] 혹은 역으로 제사를 받지 않으셨다고 선언한다.[75] 바울 역시 빌립보서 4:18에서 하나님이 받으실 만한 제사를 비유적으로 말한다. 이 경우 바울에게 제사는 선물을 지칭한다.

바울이 로마서 12:2에서 하나님의 뜻을 묘사하는 세 가지 중에서 동일한 형용사("기쁘게 하는")를 사용하고 있으므로, 바울이 그 행위들을 함께 연결하고 있는 것은 분명해 보인다. 즉 2절에 언급된 하나님의 뜻은 우리가 몸을 드리는 목적이다. 이와 마찬가지로 우리의 생각은 하나님의 더 큰 몸을 위해 우리가 우리의 몸을 어떻게 사용할 수 있는가의 측면에서 하나님의 뜻을 분별하기 위해 새롭게 된다.

---

72 Epict. *Diatr.* 2.14.12; 4.12.11; 유대교의 예. *Jub.* 2:22; 23:10; Tob. 4:21; Wis. 4:10; 9:10; *T. Dan* 1:3; *T. Ab.* 15:14 A; 참조. Sir. 2:16.

73 이방인의 종교에서 이것은 제사 후에 제물로 바친 동물의 내장을 검사함으로써 결정되었을 것이다(deSilva, *Honor*, 252). "하나님이 받으실 만한"이라는 어구는 코이네 그리스어에서 흔했다(Moulton and Milligan, *Vocabulary*, 259, *Priene* 114.15와 이보다 후기의 P.Fay. 90.17을 인용함; P.Flor. 1.30.30; P.Stras. 1.1.9; P.Gen. 1.15.2; Jewett, *Romans*, 729, Foerster, "Εὐάρεστος," 456을 따름). 제사에 적용된 이 용어와 이와 관련된 용어에 대해서는 Porph. *Marc.* 17.282-86을 보라. 받지 않으시는 제사에 대해서는 Lucian *Sacr.* 12-13(풍자적으로); *Runaways* 1을 보라.

74 예. 창 8:21; 출 29:18, 25, 41; 레 1:9, 13, 17 외 여러 곳; 민 15:3; 스 6:10; 시 20:3; 119:108; 사 56:7; 참조. 1 Esd. 1:12; Sir. 35:8; 45:16; 50:15; *Jub.* 6:3; 7:5; 21:7, 9; 49:9; 1QS 3.11; 8.10; 9.4; 2Q24 frg. 4.2; 11QT 27.4; Philo *Spec. Laws* 1.201; Jos. *Ant.* 4.34, 311; 6.149; 7.334; 10.64; 12.146.

75 예. 창 4:4-5; 렘 6:20; 14:12; 겔 43:27; 암 5:22; 말 1:10; 2:13; *Jub.* 4:2; Philo *Spec. Laws* 1.223; Jos. *Ant.* 5.266.

합리적인 제사

그리스어 λογικός(로기코스)는 의미론적 범위가 넓고, 다양한 문맥에서 여러 방식으로 번역될 수 있다. RSV, NRSV, ASV 역본, NAB의 개정본, 그리고 ESV는 로마서 12:1과 베드로전서 2:2에서 이 단어를 "영적인"(spiritual)으로 번역한다. NIV 역본은 이 단어를 로마서 12:1에서는 "참되고 올바른"(true and proper)으로, 베드로전서 2:2에서는 "영적인"(spiritual)으로 번역하며, CEB 역본은 로마서에서는 "적절한"(appropriate)으로, 베드로전서에서는 "말씀에 속한"(of the word)으로 번역한다. NASB 역본과 NAB의 초기 역본은 모두 로마서에서는 "영적인"으로 베드로전서에서는 "말씀에 속한"으로 번역한다(NASB는 베드로전서에서 그렇게 번역한 KJV의 번역을 유지한다). GNT은 이 단어를 로마서에서는 "참된"(true)으로, 베드로전서에서는 "영적인"으로 번역하며, NCV는 이 단어를 로마서에서는 "영적인"으로, 베드로전서에서는 "단순한"(simple)으로 번역한다. KJV은 이 단어를 로마서에서는 "이성적인"(reasonable)으로, 베드로전서에서는 (벧전 1:23의 λόγος[로고스]와의 연결을 유지하면서) "말씀에 속한"으로 번역한다. 그리고 두에-랭스(Douay-Rheims, 17세기 초) 역본은 로마서에서는 "이성적인"으로, 베드로전서에서는 "합리적인"(rational)으로 번역한다.

로마서 12:1과 베드로전서 2:2에서 λογικός의 번역

성서 역본	로마서 12:1	베드로전서 2:2
RSV, NRSV, ASV, ESV, NAB	spiritual	spiritual
NIV	true and proper	spiritual

CEB	appropriate	of the word
NASB	spiritual	of the word (KJV의 독법을 유지함)
GNT	true	spiritual
NCV	spiritual	simple
KJV	reasonable	of the word (벧전 1:23의 λόγος와의 연결을 유지함)
Douay-Rheims	reasonable	rational

하지만 이 본문(롬 12:2-3)처럼 생각을 언급하는 문맥에서 이 용어는 종 종 이성(즉 이성적 요소)을 언급한다. 이 경우 더 최신인 많은 역본보다 오 래된 KJV가 예상치 않게 잘 간파했다.[76] 따라서 예를 들어 스토아 철학 자들에게 적절하지 않은 모든 행위는 그들이 인간을 지칭했던[77] "이성적 인"(λογικῷ, 로기코) 존재에게 잘못이었다.[78] 스토아 철학자들은 λογικός(로 기코스)인 인간과 λόγος(로고스)이신 하나님 사이—다른 말로 표현해서 인 간의 이성과 우주를 조직한 이성 사이—의 관계를 이해했다.[79] 이에 근거

---

76 롬 12:2의 생각과 연결된 이성적 요소에 대해서는 Cranfield, *Romans*, 2:602(스토아 학파 의 용례를 언급함); Byrne, *Romans*, 366; Schreiner, *Romans*, 645; Cobb and Lull, *Romans*, 161; Bryan, *Preface*, 195n5(Epict. *Diatr.* 2.9.2를 인용함); Hultgren, *Romans*, 440; Kruse, *Romans*, 463; Barclay, *Gift*, 509을 보라. 이보다 초기의 자료에 대해서는 Levy, Krey, and Ryan, *Romans*, 249에 인용된 Aquinas, lecture 1, on Rom. 12:1을 보라. 몇몇 사람은 단지 동물 제사를 반대하는 것으로서 "영적인" 제사를 뒷받침하는 고대의 용례를 대신 인용 하거나(Hunter, *Romans*, 108), 그것이 전체적인 삶을 가리킨다고 생각한다(Bornkamm, *Experience*, 41, 여기서 스토아 철학자들과 같은 사용을 반대함).

77 Epict. *Diatr.* 4.7.7; Arius Did. 2.7.6, p. 36.25; 참조. 2.7.11m, p. 90.9-10.

78 Arius Did. 2.7.8a, p. 52.21-22. 적절한 행위만이 "이성적인 보호"[εὔλογον ἀπολογίαν]를 받을 수 있다(2.7.8, pp. 50.36-52.1; 번역. Pomeroy). 참조. 2.7.10a, p. 56.23-25(그러나 이 본문은 이 용어에 대한 스토아 학파의 기술적 용례가 일반적인 용례와 다르다는 것을 언급한다).

79 Thorsteinsson, "Stoicism," 23. Jewett(*Romans*, 730)은 스토아 철학에서처럼 여기서도 이

하여 일부 스토아 철학자들은 군중의 미신과 대조적으로 "오직 로기코스 [즉 이성적인] 예배만"을 참된 예배로 여겼다.[80] 스토아 학파가 바울 당시의 가장 대중적인 철학 학파로서 그 시대의 지적 배경을 반영하는 것으로서 여전히 적절하긴 하지만, 이 용어는 스토아 철학자들에게만 한정되지 않았다.[81] 따라서 일부 디아스포라 유대인들도 그 용어를 적절한 제사에 적용했다.[82]

다시 말해서 로마서 12:1에서 자기 몸을 하나님께 제사로 드리는 방법은 이성적으로, 즉 이성을 통해 드리는 것이다. 사람의 생각이 몸이 어떻게 섬길 것인지를 지시한다.[83] 12:2-3의 관점으로 볼 때, 이것은 새롭게 된 생각이 그리스도의 몸에서 자신의 유용한 위치를 비롯하여(12:3-8) 하나님의 뜻을 분별한다는 것을 의미한다(12:2).

성과 판린하여 번역하면서 Cranfield를 비르게 따른다(Cranfield, *Romans*, 2:602, Epict. *Diatr.* 1.16.20; 2.9.2; Marc. Aur. 2.16을 인용함). 하지만 불행하게도 Jewett은 그다음에 이것을 스페인에서의 사역으로 너무 좁게 적용한다. 맥락상 그것은 좀 더 일반적으로 연합에 적용될 수 있다(롬 12:4-6처럼).

80 Moo(*Romans*, 752)는 여기서 Kittel, "Λογικός," 142; Ortkemper, *Leben*, 28-33을 인용한다.

81 중기 플라톤 철학자들은 영혼의 "이성적인" 부분과 "비이성적인" 부분을 구별할 수 있었다(Dillon, *Middle Platonists*, 특히 174, 필론에 대해); 이후에 포르피리오스에게는 "생각"(νοῦς)의 "몸"이 "이성적인 영혼"(ψυχὴν λογικήν, Porph. *Marc.* 26.412)이다. 필론은 하나님의 형상으로 창조된 "이성적인" 영혼(*Plant.* 18)과 "하나님의 형상의 원형적 형태에 부합한 모양을 갖춘 우리 내부의 이성적인 영의 세력"에 대해 말한다(*Spec. Laws* 1.171; 번역. Colson, LCL, 7:197). 필론보다 훨씬 더 발전되긴 했지만 플라톤의 견해에 대해서는 Aune, "Duality," 221을 참조하라.

82 Moo(*Romans*, 752)는 여기서 Philo *Spec. Laws* 1.277을 인용한다. (Janzen, "Approach"와 더불어) 4 Maccabees의 이성적인 경건을 참조하라(그러나 의존에 대한 제안은 너무 낙관적인 것으로 보인다).

83 다른 그리스어를 사용하기는 했지만 "이성적인" 예배에 대해서는 Iambl. *Pyth. Life* 33.229를 보라: "경건과 과학적인 예배를 통해 인간들과 맺은 신들의" 우정(번역. Dillon and Hershbell, 227).

변화된 생각 대 [이 시대를] 본받는 생각

바울은 다음과 같은 삶의 두 가지 반제적 모델을 반대한다. 즉 이 시대에 일치되는가 아니면 그리스도 안에서 새 시대와 연결되어 변화되는가에 대한 모델이다.[84] 몇몇 학자는 각 동사의 현재 시제에서 추론하여 그것들이 "진행 중인 과정"을 가리키고[85] 수동태라는 점을 주목한다.[86] 이는 아마도 전자의 경우 자연적인 사회화를, 후자의 경우 하나님의 사역을 암시할 것이다.[87] 사상가들은 군중과 같이 되지 않거나 그들의 가치에 참여하지 않는 것을 종종 가치 있게 여겼다.[88] 군중의 신념을 유지하는 것은 무지를 드러내는 것이었다.[89]

---

84 두 동사는 영어에서처럼 언어유희를 포함하지 않지만, 바울은 동의어로서 동족어 어근 또는 의미의 유사성을 사용하고 있을 것이다(참조. μορφή와 σχῆμα 둘 다 등장하는 빌 2:7).

85 Bryan, *Preface*, 196. 참조. 아무도 생각이 즉시 바뀌지 않는다는 의견을 개진한 스토아 철학자 에픽테토스; 한 사람을 변화시키는 데는 시간이 걸린다(Epict. *Diatr*. 1.15.6-8). 스토아 철학자들은 오래된 기억의 끌림을 여전히 경험했지만, 올바른 관점을 유지하기 위해 노력했다(Engberg-Pedersen, *Paul and Stoics*, 72-73). 그리스어 동사의 시제들은 영어의 시제 범주로 번역하기가 어렵기로 악명이 높지만, 이 관찰은 여기서 정확할 수 있다.

86 Bryan, *Preface*, 196.

87 하지만 동사 "일치하다"(συσχηματίζω)는 능동태 그 이상으로 기능할 것이다(참조. BDAG). 변화에 있어서 인간의 굴복 또는 협력과 함께하는 하나님의 사역에 대해서는 Cranfield, *Romans*, 2:607; Kruse, *Romans*, 464; Gorman, *Cruciformity*, 134을 보라. 또한 참조. 갈 4:19에서 부정과거 수동태 가정법(Bonhoeffer, *Discipleship*, 284-85을 인용하는 Gorman, *Inhabiting*, 169에 동의함).

88 예. Philo *Abr*. 38; Max. Tyre *Or*. 1.7-8.

89 예. Mus. Ruf. frg. 41, p. 136.22, 24. 많은 철학자가 철학적 사고를 하지 않는 군중은 "정신이상자들"이고, 건전하게 생각하지 않는다고 믿었다. 예. Epict. *Diatr*. 1.12.9; 1.21.4; Arius Did. 2.7.5b13, p. 26.28-30; 2.7.5b13, p. 28.1-2를 보라.

새 시대 대 옛 시대

해석자들은 종종 이 본문에서 "이 시대"를 장차 올 약속된 메시아의 시대와 바르게 대조한다.[90] 바울의 용례는 유대교 전통이나 바울의 가르침에 익숙한 사람들에게 특히 분명했을 것이다. 전통적인 유대인은 악과 고통의 현시대를 장차 올 구원의 시대와 종종 구별하면서[91] 역할의 종말론적 역전을 강조했다.[92] 따라서 다른 곳에서 바울은 그리스도께서 현재의 악한 시대에서 우리를 구원하셨고(갈 1:4) 성령이 장차 올 시대를 미리 맛보게 하신다고(고전 2:9-10; 고후 1:22; 5:5; 갈 5:5) 선언한다. 로마서의 여러 곳에서 바울은 단지 "영원히"를 나타내는 관용어로서 αἰών(아이온, "시대")을 사용하지만, 다른 곳에서는 이 시대의 지혜(고전 1:20; 2:6, 8; 3:18)와 적

---

90   예. Sanday and Headlam, *Romans*, 353; Taylor, *Romans*, 92; Nygren, *Romans*, 418; Furnish, "Living," 194-95; Gorman, *Cruciformity*, 354, 365; Hultgren, *Romans*, 441; 참조. Cullmann, *Time*, 45.

91   예. 다음을 보라. 1QS 3.23; 4Q171 frgs. 1-2, col. 2.9-10; 4Q215a frg. 1, col. 2.4-6; *4 Ezra* 4:35-37; 6:7-9, 20; 7:31, 47, 50, 113-14; 8:1, 52; *2 Bar.* 15:8; *t. Ber.* 6:21; *Peah* 1:2-3; *Sipre Num.* 115.5.7; *Sipre Deut.* 29.2.3; 31.4.1; 32.5.10; 34.4.3; 48.7.1; *Abot R. Nat.* 5, 9 A; 22, §46 B; *Pesiq. Rab Kah.* 4:1; *b. Hag.* 12b; *y. Hag.* 2:1, §16; *Pesiq. Rab.* 16:6; 21:1; 25:2; *Gen. Rab.* 1:10; 53:12; 59:6; 66:2, 4; 90:6; 95 (msv); *Exod. Rab.* 47:3; *Lev. Rab.* 2:2; 3:1; *Deut. Rab.* 1:20; 2:31; 3:4; *Eccl. Rab.* 4:6, §1; *Song Rab.* 2:2, §6; *Lam. Rab.* 1:5, § 31; 3:3, §1; 3:18, §6; 3:22, §8; *Tg. Ps.-Jon.* on Gen. 25:32; 참조. *Sib. Or.* 3.367-80; Pryke, "Eschatology," 48; Ferch, "Aeons"; Charlesworth, *Jesus within Judaism*, 43; Grant, "Social Setting," 140. 후대의 문헌으로는 Qur'an 16.107, 122; 29.64도 참조하라. 악의 현시대에 대해서는 다음을 보라. CD 4.8, 10, 12; 6.10, 14; 12.23; 14.19; 15.7, 10; 1QS 4.18; 4Q271 frg. 2.12; 4Q301 frg. 3ab.8; 4Q510 frg. 1.6; *4 Ezra* 4:27.

92   종말론적 역전에 대해서는 다음을 보라. 1QM 14.4-7, 10-15; 4Q215a frg. 1, col. 2.3-6; *1 En.* 46:5-6; 96:8; 104:2; *Sib. Or.* 3.350-55; *2 Bar.* 83:5; *t. Taan.* 3:14; *Sipra Behuq. pq.* 3.263.1.8; *Sipre Deut.* 307.3.2-3; *Abot R. Nat.* 39 A; 22, §46; 44, §123 B; *Pesiq. Rab Kah.* 6:2; 9:1; *b. Yoma* 87a; *y. Sanh.* 6:6, §2; *Gen. Rab.* 21:1; *Exod. Rab.* 30:19; *Lev. Rab.* 13:3; 23:6; 33:6; 36:2; 참조. *4 Ezra* 6:20-24; *T. Jud.* 25:4.

대적인 "이 시대의 신"(고후 4:4)을 평가절하한다.[93] 바울의 용례에서 이 시대를 "본받지"(συσχηματίζεσθε) 않는 것은 사라지고 있는(고전 7:31, 이 세상의 "외형"[σχῆμα, 스케마]을 말함) "이 세상"의 덧없는 가치에 지나치게 시간과 노력을 쏟지 않는 것을 포함할 것이다.[94]

이런 연결에서 바울이 ἀνακαίνωσις(아나카이노시스)를 사용한 것은 요점을 강화한다. 물론 철학자들도 어떤 점에서는 철학으로 전향하여 새롭게 되는 것에 대해 말했다.[95] 하지만 바울이 다른 곳에서 이런 용어를 사용한 것은 그가 유대교 유산에서 두드러지는 종말론에 비춰 갱신 용어를 사용했을 것임을 암시해준다. 고린도후서 4:16에서 바울은 외적 퇴보와 대조되는 내적 새로움을 지칭하기 위해 이 명사의 동족어 동사(ἀνακαινόω, 아나카이노오)를 사용한다. 이 문맥은 일시적인 것과 영원한 것(고후 4:17-18), 현재의 몸과 미래의 부활의 몸(5:1-5)을 대조한다.[96] 로마서 앞부분에서 바울은 그리스도 안에 있는 새 생명을 지칭하려고 동족어인 καινότης(카이노테스)를 사용하는데(롬 6:4), 이는 미래의 부활(참조. 6:5)과 성령 안에서의 새 생명(7:6)을 약속한다.

따라서 바울은 그리스도 안에서의 새 창조를 상기시키고 있을 수 있다(고후 5:17; 갈 6:15). 이제 새 창조는 현재의 실재에 대한 새로운 세계관

---

93   바울이 신자들을 두 시대가 만나는 곳에 살고 있다고 말했을 가능성도 있다(고전 10:11). Epp, "Imageries," 104을 보라. 하지만 다른 해석에 대해서는 Ladd, *Theology*, 371을 참조하라.

94   고전 7:31과의 연결에 대해서는 Jewett, *Romans*, 732도 보라. 그러나 Jewett은 여기서 그 적용을 지나치게 구체화한다. 참조. Theodoret *Commentary* 12.2 (on Rom. 12:2), Burns, *Romans*, 293에 인용됨.

95   Stowers, "Resemble," 92을 보라. 철학적 전향에 대해서는 특히 Nock, *Conversion*을 보라.

96   나는 고후 5:5에 언급된 종말론적 성령의 임재를 염두에 두고, 5:1에서 현재의 "있음"을 소유의 확실성과 연결하여 이해한다. Keener, *Corinthians*, 179을 보라.

이나 접근을 포함한다(고후 5:16).[97] 이 새로운 세계관은 신자들이 그들을 위해 죽었다가 다시 사신 그리스도를 위해 살기 위해 그리스도와 함께 죽는 것에 근거한다(5:14-15).

몇몇 학자는 여기서 "새롭게 함" 혹은 암시된 새 시대를 새 아담이신 그리스도 안에 있는 것과 연결하기도 한다.[98] 바울은 일찍이 "옛"것을 율법에 대한 접근뿐만 아니라(롬 7:6; 참조. 고후 3:14) 아담 안에 있는 옛사람과도 연결했다(롬 6:6; 참조. 골 3:9). 골로새서 3:10에서 새 사람은 그를 창조하신 이의 형상을 따라 새롭게 된다. 그러므로 아마도 이것은 창세기 1:26-27을 상기시킬 것이다.[99]

새 시대를 위해 새롭게 됨

바울이 생각의 방향 재설정에 관한 용어들을 선택한 것은 우연이 아니다. 새로운 생각은 그리스도 안에서 장차 올 세상을 미리 맛봄에 의해 영향을 받는다. 위에서 언급했듯이, "새롭게 함"(ἀνακαινώσει, 아나카이노세이)이 부활하신 그리스도와의 연합(참조. 롬 6:4의 καινότης[카이노테스]; 6:6의 "옛사람"과 대조됨)과 성령으로 말미암아(참조. 7:6의 καινότης; 7:6의 율법 조문의 옛것과 대조됨) 얻은 "새" 생명을 암시한다는 것은 의심의 여지가 없다.

---

97   Byrne, *Romans,* 366; Schreiner, *Romans,* 647에 동의함.
98   예. Matera, *Romans,* 287.
99   70인역은 이전 상태를 새롭게 하고(시 102:5[103:5 ET]; 애 5:21), 하나님의 재창조 활동과 병행하여 사용하는 데(시 103:31[104:30 ET]) 동족어를 적용할 수 있다. 요세푸스는 이 단어를 재건축이나 수리에 적용한다(*Ant.* 9.161; 11.107; 13.57). Dunn(*Romans,* 714)은 "새롭게 함"이 관점의 변화만이 아니라 개인적인 정체성에서 연속성의 정도를 나타낸다고 주장한다.

따라서 새롭게 된 생각은 장차 올 시대의 관점에서 세상을 본다(참조. 고전 2:6-10). 현재의 행동과 행동하지 않음은 반드시 그 행동의 영원한 결과에 비춰 평가되어야 한다(롬 13:11-14, 특히 살전 5:2-9을 고려할 때; 참조. 롬 2:6-10; 14:10-12).[100] 하지만 이것 이상으로 새롭게 된 생각은 장차 올 세상의 미리 맛봄을 경험한다. 이는 바울이 성령이 거하시는 사람들과 연결하는 경험이다(고전 2:9-10; 고후 1:22; 5:5).

로마서 12:1-3의 생각/마음을 새롭게 하는 것은 로마서 1장의 부패한 생각/마음과 완전히 대조를 이룬다.[101]

로마서 1:18-32	로마서 12:1-3
인류는 하나님께 감사하지 않고(1:21), 결국 우상을 경배함(1:23)	신자들은 자신을 제물로 드림으로써 하나님을 경배함(12:1)*
그들은 그들의 몸을 더럽힘(1:24)	신자들은 그리스도의 몸을 섬기기(12:4-8) 위해 자신의 몸을 드림(12:1)
그들은 이 시대에 속함(참조. 1:18-32의 동사 시제)	신자들은 이 시대를 본받지 않으며, 그들의 생각이 새롭게 됨(12:2)
그들은 하나님에 대한 지식을 인정하지 않았으며, 그래서 하나님은 그들의 생각이 부패하도록 허용하셨음(1:28)	하나님이 신자들의 생각을 새롭게 하셨으므로, 그들은 하나님의 뜻을 인정함(12:2)
그들의 부패한 생각은 이기적인 악들을 낳음(1:28-31)	새롭게 된 생각은 그리스도의 몸을 섬기는 행동을 낳음(12:1-8)

* 여기서 합리적인 예배와 롬 1장의 비합리적인 예배 간의 대조에 대해서는 Palinuro, "Rm 12,1-2"도 참조하라.

---

100 참조. Epicurus *Let. Men.* 135(in Grant, *Religions*, 160)에서 영원한 가치를 소중히 여김. 그러나 에피쿠로스는 사후 세계를 부정했다(124-26).
101 다른 사람들도 롬 1장과의 몇몇 대조를 언급했다. 예. Kim, "Paraenesis," 124; Gorman, *Inhabiting*, 89.

새롭게 된 생각은 율법이 의도한 것을 성취한다. 로마서 2:17-18에서 율법을 자랑하는 사람은 하나님의 뜻을 알고 있다고 확신한다. 하지만 12:2에서 새롭게 된 생각은 하나님의 뜻을 참으로 알고 그 뜻으로 말미암아 살아간다. 율법을 성취하는 것은 7:14-25의 율법 아래 있는 자기중심적인 투쟁이 아니라 13:8-10의 다른 사람 중심적인 사랑의 인격이다.

그렇다면 새롭게 된 생각은 장차 올 시대에 비춰 이 시대의 문제들을 평가하고, 세상의 의견보다 하나님의 의견에 가치를 두며, 영원하다고 여기는 것에 가치를 둔다. 아마도 고린도의 일부 그리스도인들이 미래의 부활에 대한 일반적인 그리스인들의 몰이해에 비추어 바울의 가르침을 이해했을 것이므로, 바울은 특히 우리가 고린도전서라고 부르는 편지에서 신자들에게 종말론적 관점을 종종 촉구한다(참조. 고전 3:4-15; 4:5; 5:5; 6:2-3; 7:26, 29-31; 9:22, 24-27; 10:33; 11:26, 32; 13:8-13; 15:20, 30-32).[102] 이 접근은 내가 본서 6장에서 고린도전서 2장을 다룰 때 더 많은 논평을 요구할 것이다.[103] 하지만 이와 같은 관심은 분명히 고린도전서에 제한되지 않는다.

---

102 한 세대 전에 학자들은 "과도하게 실현된 종말론"에 대해 종종 말하곤 했다. 실현된 요소와 미래적 요소를 둘 다 허용하는 바울의 접근보다 "과도하게 실현된 종말론"을 더 매력적인 것으로 만든 고대의 더 광범위한 지적 요인들을 늘 분명히 밝히지 않은 채로 말이다.
103 고전 2:9-10에서 성령과 종말론의 부분적인 맛봄에 대해서는 본서 6장 "미래 시대에 대한 지혜(고전 2:6-10)" 단락을 보라.

생각과 변화

변화의 수단은 생각을 새롭게 하는 것이다. 이것은 생각 그 자체가 한 사람의 삶의 변화를 촉진하는 방식으로 어떻게든 변화된다는 것을 암시한다. 몇몇 학자는 생각이 "변화된다"는 사상에는 헬레니즘의 배경이 있다고 주장해왔다.[104] 변화된 생각과 관련하여 가장 적절한 이방인의 사상은 이와 같은 쟁점들을 거론한 철학자들에게서 나타난다. 예를 들어 세네카는 단순히 무엇을 해야 하고 무엇을 하지 말아야 할지를 배우는 것만으로는 충분하지 않다고 주장한다. 사람은 그의 "생각이 그가 배운 모습대로 변화될[*transfiguratus est*]" 때에만 진정 지혜로운 사람이 된다.[105] 플라톤 철학의 전통도 신적인 형상으로 변화되는 것에 가치를 부여했다.[106] 지혜로운 사람은 오직 "신성에서 나오는 선하고 고상한 사상을 생각함으로써"

---

104   이 용어는 70인역에 등장하지 않으므로, 때때로 신비종교에 속하는 것으로 취급되기도 했다(Reitzenstein, *Mystery-Religions*, 454, 고후 3:18에 대해). 하지만 신비종교에서는 그 의미가 상당히 다르다(Sheldon, *Mystery Religions*, 86). 그 용어는 신화에서 신들과 다른 존재들의 변형을 지칭하기 위해 자주 사용되었다(Jewett, *Romans*, 732에 언급됨; Blackburn, "ANΔPEΣ," 190; Keener, *John*, 1189-90; Keener, *Acts* 1:667-68, 720; Keener, *Matthew*, 437에 인용된 변형 자료들을 보라). 이 의미는 더 가까운 유대교 개념과 마찬가지로 현재의 문맥에도 어울리지 않는다.

105   Sen. Y. *Ep. Lucil.* 94.48(번역. Gummere, LCL, 3:42-43). *Ep. Lucil.* 6(Malherbe, *Moral Exhortation*, 64에 인용됨)에서 세네카는 아직 완전하지는 않지만, 자신이 변화를 경험하고 있다고 주장한다. 스토아 철학자들은 변화된 생각을 강조했다(Thorsteinsson, "Stoicism," 24-25). Vining("Ethics")은 이성과 윤리에 대한 바울의 강조가 스토아 철학의 동일한 강조에 의존하지 않았으나 그것과 유사하다고 이해한다.

106   인지적 사상과 관련하여 신비종교의 사상을 반대하는 Nock, *Christianity*, 55을 보라. 사람은 덕을 통해 자기 생각을 하나님과 같이 만듦으로써 그분을 영화롭게 한다(Porph. *Marc.* 16.265-67). 덕은 영혼을 그것과 같은 것으로 이끈다(16.267-68). 하나님과 같은 생각은 그분께로 끌리기 마련이다(19.315-16; 생각에 각인된 신성한 법에 대해서는 26.410-11, 419-20을 보라). 플라톤 철학이 가르치는 환생을 통한 변화는 훨씬 덜 관련된다(Athen. *Deipn.* 15.679A).

선하게 되었다.[107] 다른 몇몇 철학자처럼,[108] 유대인 철학자 필론은 하나님을 닮는 것을 강조한다.[109]

고대의 철학 용어는 바울의 청중이 그의 용어 중 일부를 이해할 수 있게 해주었을 것이다. 하지만 그들은 바울이 그 용어를 약간은 다르게 사용하고 있다는 점도 인식했을 것이다. 스토아 철학자들도 지혜가 한 사람의 생각을 "변화시키며", 그것을 지혜에 일치하게 한다는 것을 인정했다.[110] 물론 바울에게 변화는 그리스도의 형상으로 변화되는 것이다(참조. 롬 8:29; 고후 3:18).[111] 하나님을 본받는 것 역시 철학적 담론에서 눈에 띄는 요소다.[112] 하지만 로마서의 문맥에서 변화에 영향을 주는 것은 인간의 능력이 아니라 성령이다. 대부분의 철학자들은 대중의 견해를 따르지 말아야 한다고 강조했다.[113] 하지만 바울에게 이 "시대"를 본받지 않는 것은 전통적인 유대교의 "두 시대" 구조에 대한 그의 실현된 접근에 속한다(참조. 롬 8:11, 23; 고전 2:9-10; 10:11; 고후 1:22; 갈 1:4).

---

107   Porph. *Marc.* 11.199-201(번역. O'Brien Wicker, 55).

108   예. Marc. Aur. 10.8.2(그리고 LCL, 270n1에서 Haines가 인용한 비교할 만한 자료들).

109   Philo *Creation* 144; 참조. *Abr.* 87; *Decal.* 73; *Virt.* 168. 필론은 때때로 자연이 하나님의 본질에 일치한다고 언급하면서 동사 ἐξομοιόω와 그 동족어 명사를 46번 사용한다. 유대인들역시 율법에 대한 바른 생각의 중요성을 강조할 수 있었다(예. 1QS 9.17; 4Q398 frgs. 14-17, col. 2.4).

110   Sen. Y. *Ep. Lucil.* 94.48.

111   그리스도의 형상에 대한 이 본문들은 동족어 용어들을 적절한 방식으로 사용한다. 신적지혜에 대한 기대를 구현하는 하나님의 형상이신 그리스도에 대해서는(참조. 고후 4:4; Wis. 7:26) Keener, *Corinthians*, 169-71, 174의 논의를 보라. 참조. Philo *Dreams* 2.45의로고스(*logos*).

112   예. Cic. *Tusc.* 5.25.70; Sen. Y. *Dial.* 1.1.5; Epict. *Diatr.* 2.14.12-13; Marc. Aur. 10.8.2; Heracl. *Ep.* 5; Plut. *Borr.* 7, *Mor.* 830B; *Let. Aris.* 188, 190, 192, 208-10, 254, 281; Philo *Creation* 139; *T. Ash.* 4:3; *Mek. Shir.* 3.43-44; *Sipra Qed. par.* 1.195.1.3; *Sent. Sext.* 44-45; Rutenber, *Doctrine*, 2-3장을 보라. 참조. 엡 5:1.

113   예. Mus. Ruf. frg. 41, p. 136.22-24; Philo *Abr.* 38.

하나님을 향해 자신의 마음을 훈련하려고 노력하는 사람들이 더러 있었다. 따라서 스토아 철학자들에게는 정말로 중요한 것에 대한 바른 생각이 가장 중요했다.[114] 스토아 철학자들과 플라톤 철학자들은 모두 자제력이 행복을 얻는 데 필요하다고 믿었다.[115] 자제력에는 생각을 훈련하는 것이 필요했다.[116] 피타고라스는 "그의 지성을 정화했다."[117] 한 후기 플라톤 철학자는 학생이 비물질적인 문제들을 생각하는 데 익숙해지도록 수학에 집중하라고 충고한다.[118] 몇몇 사상가에게 이와 같은 변화는 그 자체로 나쁘지 않은 자기 훈련의 문제였지만(참조. 갈 5:23), 로마서의 문맥은 하나님에 대한 의존도 암시한다. 이런 사상은 틀림없이 바울의 독자들이 이해할 만한 내용이었을 것이다. 일부 디아스포라 유대인들은 오직 하나님만이 생각을 지혜로 향하게 하실 수 있음을 인정했다. 오직 하나님만이 생각을 최상의 것으로 인도하실 수 있었다.[119]

바울의 용어가 몇몇 철학적 이상과 관련이 있기는 하지만,[120] 여기

---

114 예. Sen. Y. *Nat. Q.* 3.pref.11-15; 스토아 철학자가 아닌 사람에 대해서는 Porph. *Marc.* 5.86-94를 보라.

115 Meeks, *Moral World*, 47; 무소니우스 루푸스에 대해서는 Lutz, *Musonius*, 28을 참조하라.

116 Lutz, *Musonius*, 28, Mus. Ruf. 6, p. 24에 대해.

117 Iambl. *Pyth. Life* 16.70. 다른 사람들도 똑같을 일을 하려고 했을 것이다(예. Libanius *Speech Char.* 18.3).

118 Plot. *Enn.* 1.3.3.

119 *Let. Aris.* 237-39. 하나님은 사람들의 생각을 다스리시며(227), 그 생각이 선을 행하도록 인도하신다(243). 246에서 하나님은 (이 책에서 언급하는 대부분의 지혜의 수혜자인) 왕의 생각을 인도하신다. 참조. 251, 255, 267, 270, 276. 사람은 올바르게 행동하기 위해 하나님의 도우심이 필요하고(252), 선을 행하는 자가 되는 것은 하나님의 선물이다(231; 참조. 278). 왜냐하면 하나님이 사람의 행동을 지도하시기 때문이다(195). 하나님은 깨달음을 주신다(Wis. 8:21; 1QS 4.22; 1QH^a 18.29; 19.30-31; 20.16; 4Q381 frg. 15.8; 4Q427 frg. 8, col. 2.18).

120 더 자세한 내용은 본서 6장 "환상을 통한 변화(고후 3:18)" 항목 전체에서 논의한 내용을 보라.

서 그의 생각은 묵시적 사상에도 어울린다. 왜냐하면 그가 관련 용어를 종말론적 변화에 적용하기 때문이다(롬 8:29; 빌 3:21). 종말론적 변화의 이미지는 특히 유대교 묵시 자료에 친숙하고 어울린다.[121] 디아스포라 유대교 자료에서 순교는 불멸을 위해 고난을 겪음으로써 "변화되는"(μετασχηματιζόμενος, 메타스케마티조메노스) 것으로 보인다(4 Macc. 9:22).[122] (변화에 대한 바울의 이해 역시 개념적으로는 모세의 경험에 의존하지만, 그는 로마에 있는 신자들에게 이런 연결을 설명하지 않는다; 본서 6장에서 고후 3:18에 대한 논의를 보라.)[123]

신자들의 생각은 누구의 생각과 일치해야 하는가? 종말론적으로, 빌립보서 3:21에서 신자들은 예수를 본받는다. 고린도후서 3:18에서 그들은 현재 예수의 영광에 참여하기 위해 변화된다. 그리고 바울은 고린도전서 2:16에서 그리스도의 생각/마음을 언급한다.[124] 바울이 로마서 12:2과

---

121 Dunn(*Romans*, 713)은 여기서 미래의 부활과 관련하여 단 12:3; *1 En.* 104:6; 고전 15:51-53; 빌 3:21; 막 12:25; *4 Ezra* 7:97; *2 Bar.* 51:5을 인용한다. 그는 가끔 일어나는 변화, "살아 있는 동안 하늘로 올라간 사람, 특히 에녹(*1 En.* 71.11; *2 En.* 22.8; *Asc. Isa.* 9.9)"도 다룬다. Jewett(*Romans*, 732)은 그리스어로 기록된 신화의 병행구보다 더 거리가 있는 묵시적 병행구를 인용한다. 하지만 이 거리는 주로 어휘와 관련된다(왜냐하면 이 자료들 대부분이 그리스어로 기록되지 않았기 때문이다). 반면에 개념적으로 그 자료들은 바울의 용례에 더 잘 어울린다. 여기서의 의미는 미래적 종말론을 포함하지 않을지라도(Jewett, *Romans*, 733), 실현된 종말론과 관련된다. Segal(*Convert*, 63-65)은 바울이 현재의 변화와 미래의 변화를 모두 강조한 것이 아마도 묵시적 모델을 반영할 것이라는 의견을 피력한다. 유대교 신비주의에서 신적 형상으로의 변화에 대해서는 Morray-Jones, "Mysticism"을 보라.

122 저자가 이 목적으로 그리스의 신화적 용어를 개작했을 수 있다(참조. Philo *Embassy* 80). 바울은 가장하는 것(고후 11:13-15)을 지칭하기 위해서뿐만 아니라 그리스도처럼 되는 종말론적 변화(빌 3:21)를 지칭하기 위해서도 동일한 용어(μετασχηματίζω, 메타스케마티조)를 사용한다. 이 용어는 롬 12:2에서 "본받다"를 가리키는 바울의 용어와 동족어다.

123 본서 6장의 "환상을 통한 변화(고후 3:18)" 항목 전체, 특히 "하나님과 하나님의 형상에 대한 유대적 환상"을 보라.

124 Johnson, *Romans*, 191. 빌 2:5도 보라.

고린도후서 3:18에서 사용하는 것과 똑같은 동사($\mu\epsilon\tau\alpha\mu\rho\phi\acute{o}\omega$, 메타모르포오)는 고린도후서 3:18에서처럼 영광을 드러내는 예수의 변형에 대한 또 다른 초기 기독교 자료에 등장한다(막 9:2; 마 17:2).[125]

고난은 그 과정을 촉진할 수 있다. 바울은 (앞선 고난에 대한 문맥의) 로마서 8:29과 (몸의 부활에 대한) 빌립보서 3:21에서 궁극적으로 예수와 같이 되는 것과 예수의 부활에 참여할 준비를 하기 위해(참조. 빌 3:11) 그의 고난과 죽음을 현재 본받는 것(빌 3:10)에 동족어들을 적용한다.[126] 다시 말해서 고난은 종종 변화의 과정에 대한 내적 복종이 그러하듯이, 본받음을 위한 외적 기회를 촉진한다. 최종 결과물은 하나님께서 죽은 자들을 다시 살리실 때 그리스도를 완전히 본받는 것이 될 것이다. 하지만 그 과정 자체도 기회가 된다.

하나님의 뜻을 분별하라

바울은 하나님의 뜻인 선한 것을 평가하기 위해 신자들의 마음이 새로워지기를 기대할 때, 로마서 2:18에서 위선적인 율법 전문가들의 거짓된 주장을 맞받아친다. 그들은 짐짓 하나님의 뜻을 안다고, 그래서 최상의 것을

---

125 필론은 이것을 출 2:17에 기록된 모세가 영감 받은 것(Philo *Mos.* 1.57)과 신인 척하는 가이우스 칼리굴라(*Embassy* 95)에게 적용하지만, 바울이 고후 3:18에서 암시하는 모세의 변모에는 적용하지 않는다.

126 이것은 단순한 종교적 "형식"과 대조를 이룰 것이다(롬 2:20). 바울은 신자들 안에서 이루어지는 그리스도(아마도 회심 때, 갈 4:19)와, 빌 2:6-7에 언급된 그리스도의 신적인 "형상"이나 "모양"과 인간의 "형상"이나 "모양" 간의 대조를 지칭하려고 동족어들을 사용한다.

평가할 수 있다고 한다. 로마서 2:18과 12:2은 로마에 있는 신자들을 방문하기를 바라는 바울의 갈망의 틀을 구성하는 구절들(롬 1:10; 15:32) 외에 로마서에서 θέλημα(텔레마, "뜻")가 사용된 유일한 두 가지 예다. 또한 이것들은 로마서에서 δοκιμάζω("평가하다")의 네 가지 용법 중 두 가지다. 그중 하나는 12:2이 대조를 통해 암시하는 1:28이다. 따라서 12:2의 새롭게 된 생각은 율법을 알지 못하는 이교도의 생각(1:28)과 율법을 알지만 변화되지 않은 육신의 생각(2:18; 7:23, 25도 보라) 모두와 대조를 이룬다(롬 7:23, 25은 1:28; 11:34; 12:2; 14:5 이외에 νοῦς[누스, 생각]가 사용된 다른 두 가지 예다).[127]

하나님의 뜻을 행하는 것은 초기 유대교에서 가장 강조하는 것이었다.[128] 일부 사람들은 언젠가 반드시 죽을 존재들은 신적 지혜의 선물에 의해서만 하나님의 뜻을 분별할 수 있다고 느꼈다.[129] 스토아 철학자들은 하나님의 뜻에 복종할 준비가 되어 있음을 강조했다.[130] 이런 복종은 종종 그들의 처지를 적극적인 관점으로 받아들이는 것을 의미했지만, 진리를 아는 것은 행동을 지시할 수도 있었다. 즉 덕이 있는 사람은 그들이 무엇을 해야 할지를 즉각 알았을 것이다.[131]

---

127 바울이 사 40:13에서 찾은 νοῦς라는 용어는 70인역에 매우 빈번하게 등장하며(Dafni, "NOYΣ"; 70인역의 용례는 호메로스의 용례와 비교된다), 4 Maccabees에는 자주 등장한다(1:15, 35; 2:16, 18, 22; 3:17; 5:11; 14:11; 16:13).

128 예. *Jub.* 21:2-3, 23; CD 3.11, 15-16; *T. Iss.* 4:3; *m. Ab.* 5:20 MSS; *Sipre Num.* 42.1.2; *Sipre Deut.* 47.2.9; 306.28.2; 이스라엘은 하나님의 뜻에 불순종하는 지금 심판에 직면한다(*Sipre Deut.* 40.4.1; 40.6.1; 305.2.1; 참조. 114.1.1; 118.1.1; *Abot R. Nat.* 34 A).

129 Wis. 9:13; (특히 9:17과 더불어) 문맥 안에서.

130 Sorabji, *Emotion*, 219; 하나님의 (운명적인) 뜻에 복종하는 것에 대해서는 Sen. Y. *Dial.* 7.15.4; Epict. *Diatr.* 1.6.1; 1.14.16; Marc. Aur. 6.16과 Keener, *Acts*, 3:2491-92의 다른 자료들을 보라. 유대교에 대해서는 1 Macc. 3:59-60을 참조하라. 스토아 철학 이외의 철학에서 하나님의 뜻을 행하는 것에 대해서는 Socrates *Ep.* 1; (좀 더 후기의 저술인) Proclus *Poet.* 6.1, K107.16-17을 보라.

131 스토아 철학의 견해를 자세히 이야기하는 Diog. Laert. 7.1.125.

새롭게 된 생각은 어떤 생각을 할까? 여기서 새롭게 된 생각은 선하고, 받아들일 만하며, 완전한 하나님의 뜻을 인식한다.[132] 바울은 여기서 도덕적 표준에 대한 관습적 용어를 사용한다.[133] 스토아 철학자들에게 생각은 본질적인 것이었다. 오직 합리적인 기능만이 실제로 생각 자체를 살펴보고 이해할 수 있었다.[134] 이성은 신들에게서 기원하며, 선한 것과 악한 것, 좋은 것과 수치스러운 것을 평가하는 수단을 제공했다.[135]

평가의 표준

새롭게 된 생각은 선한 것을 "평가"할 수 있다.[136] 이것은 하나님의 지식이 타당하다고 판단하기를 거부한 로마서 1:28의 타락한 생각과 분명한 대조를 이룬다.[137] 가치를 평가하는 것은 고대 철학의 본질적 요소였다. 이 시대에 북부 지중해 도시들에서 주도적인 철학이었던 스토아 철학에서

---

132 스토아 철학자들도 이성이 선한 것과 악한 것을 구별하도록 해준다고 생각했다(Mus. Ruf. 3, p. 38.26-30). 그런 분별은 어리석은 말을 피하기 위해 필요했다(Epict. *Diatr.* 2.24.19를 보라).

133 도덕적 표준을 좀 더 폭넓게 제시한 것에 대해서는 *Rhet. Alex.* 1, 1421b.25-26을 보라.

134 Epict. *Diatr.* 1.1.

135 Mus. Ruf. 3, p. 38.26-30.

136 여기서 "시험하다", "평가하다"라는 의미로서 δοκιμάζω에 대해서는 Byrne, *Romans*, 366을 보라. Baumert("Unterscheidung")는 이 본문을 분별에 적용하지만, 내가 다르게 이해하는 12:6에 초점을 맞춘다(여기서 12:3의 μέτρον πίστεως와 동등한 것으로서 ἀναλογίαν τῆς πίστεως에 대해서는 Keener, *Romans*, 146을 보라; Fuller, "Theology," 210n13; Harrison and Hagner, "Romans," 187; Dunn, *Romans*, 728; Moo, *Romans*, 765-66; Osborne, *Romans*, 323-24; Schreiner, *Romans*, 656; Kruse, *Romans*, 469-71에 동의함; 나는 믿음의 다양한 적용이 다른 분량보다는 다른 은사들에 적용되는 것으로 이해한다).

137 여기서 바른 의견이 "이 시대"에 속한 것과 구별되어야 하듯이(롬 12:2), 고대 사상가들은 군중의 감정이 주도하는 견해들을 배제해야 좀 더 분명하게 추론할 수 있다는 것을 종종 인식했다(Pliny *Ep.* 2.11.6-7).

특히 그러했다. 어떤 것들은 본질적으로 선하다. 다른 것들은 단순히 그것들의 대안보다 선호된다.[138] 일단 선호되는 것이 무엇인지를 알면, 이것들은 본질적으로 "선한" 것에 가깝다.[139] 선과 악을 분별할 수 없는 사람은 도덕적으로 맹인이며 무지한 사람이다.[140] 분별에 반드시 관여해야 하는 것은 바로 생각이다.[141] 그러므로 이 분별이 철학적으로 훈련받은 사람들을 특징지어야 한다.[142]

바울은 긍정적인 것을 묘사하는 형용사들, 즉 사람이 하나님의 뜻을 분별할 수 있게 해주는 특징을 열거한다. 이런 형용사 중 일부는 철학자와 수사학자들 사이에서 도덕적 혹은 법적 표준으로서 등장하기도 한다(여기서 언급하지 않은 다른 표준들은 고전 6:12과 롬 3:1에 사용된 "유익한"[143]과 고전 6:12

---

138 Arius Did. 2.7.7f, p. 48.19-22.

139 Arius Did. 2.7.7f, p. 48.24-26.

140 Epict. *Diatr.* 2.24.19.

141 Porph. *Marc.* 26.413.

142 Mus. Ruf. 16, p. 106.10-12. 이와 같은 지적 분별을 원리상 신적 직관 또는 계시에 비할 수는 없었다(참조. Apul. *De deo Socr.* 162; 바울에서는 아마도 롬 8:14).

143 철학에서는 Plato *Alcib.* 1.114E; *Hipp. maj.* 295E; Xen. *Mem.* 4.6.8; Cic. *Fin.* 3.21.69; Philod. *Crit.* col. 20 b; Sext. Emp. *Eth.* 2.22(스토아 철학자들); Sen. Y. *Dial.* 7.8.2; *Ben.* 4.21.6; Mus. Ruf. 4, p. 46.36-37; 8, p. 60.16-17; 15, p. 96.25; 16, p. 102.33-35; 17, p. 108.35-36; 18B, p. 116.10-11; frg. 27, p. 130; frg. 40, p. 136.8-9; Epict. *Diatr.* 1.2.5-7; 1.6.6, 33; 1.18.2; 1.22.1; 1.28.5-6; 2.7.4; 2.8.1; 4.7.9; Arius Did. 2.7.5b2, p. 14.20-22; 2.7.10a, p. 56.26-27; 2.7.11h, p. 74.23-24, 29-30; Marc. Aur. 6.27; 9.1.1; Diog. Laert. 7.1.98-99(스토아 철학자들); 10.150.31(에피쿠로스); 10.151.36; 10.152.37; 10.153.38; Iambl. *Pyth. Life* 22.101; 31.204; 플라톤과 관련하여 참조. Lodge, *Ethics*, 62-63; 수사학에서는 Arist. *Rhet.* 1.7.1, 1363b; *Rhet. Alex.* 6, 1427b.39-1428a.2; Ael. Arist. *Leuct. Or.* 5.11-16; Theon *Progymn.* 8.45; Hermog. *Issues* 77.6-19; *Progymn.* 6, "On Commonplace," 14; Hermog. *Progymn.* 11, "On Thesis," 25-26; 비전문적으로는 Arist. *Pol.* 1.2.8, 1254a; Phaedrus 3.17.13; Epict. *Diatr.* 3.21.15; 4.8.17. 유익하지 않거나 유용하지 않은 것에 대해서는 *Rhet. Alex.* 4, 1426b.32; 34, 1440a.1-2; Quint. *Decl.* 261.6; Mus. Ruf. 18B, p. 116.23-25; Arius Did. 2.7.5d, p. 28.21; Hermog. *Progymn.* 5, "On Refutation and Confirmation," 11을 보라. 전통적인 유대교의 지혜는 Sir. 37:28을 참조하라.

에 사용된 "합법적인"에 해당하는 용어들을 포함한다).[144] 다른 형용사들은 성서 관용어에서 더 일반적이다.

성서 관용어에서는 다양한 형용사를 사실상 동의어로 사용할 수 있었다.[145] 이런 경향은 여기서도 적용되는 것 같다.[146] 이방인들도 긍정적인 특징들을 축적할 수 있었다. 따라서 예를 들어 피타고라스는 사람들이 "고결하고, 공의롭고 이로운 것들"을 깊이 생각하는 사모스(Samos)에서 한 집단을 시작했다고 전해진다.[147] 플라톤은 공의로운 것이 존경할 만하고 선하며 편리한 것이라고 말한다.[148] 수사학 지침서에는 널리 받아들여진 이와 같은 다양한 표준의 목록이 있었다.[149] 한 웅변가는 제안된 행동들이 "공의롭고, 합법적이며, 편리하고, 존경할 만하며, 기쁘게 하고, 쉽게

---

144 *Rhet. Alex.* 4, 1426b.32; 6, 1427b.39-1428a.2; Mus. Ruf. 12, p. 86.7-8, 12, 15; Epict. *Diatr.* 1.1.21-22; *Encheir.* 51.2; Hermog. *Progymn.* 6, "On Commonplace," 14; *Progymn.* 12, "On Introduction of a Law," 27; Aphthonius *Progymn.* 7, "On Commonplace," 35S, 20R; *Progymn.* 14, "On Introduction of a Law," 53S, 47R; 사르디스의 요한에게 헌정한 Aphthonius의 *Progymnasmata*, 13, "On Thesis," 240, 5; Nicolaus *Progymn.* 7, "On Commonplace," 44; 관습에 대하여는 Ael. Arist. *Leuct. Or.* 5.6-11; "허용적인 것"에 대하여는 Hermog. *Issues* 67.2-6. 타당성과 자아 충족성에 대해서는 Lodge, *Ethics*, 68-72를 보라.

145 신 6:18과 12:28; 삼상 12:23; 대하 14:2; 31:20에 언급된 "정직하고 선량한"과 같은 것들(이 결합은 관용적이며, 분명히 신학적이지 않다—수 9:25; 삼하 15:3; 렘 26:14; 40:4; Jos. *Ant.* 13.431; 욥 34:4과 시 52:3의 병행 어구를 보라). 이 본문들에서 관용어구들은 어감의 차이가 약간 있을지라도 의미 누적의 기능을 한다.

146 여기서 상승하는 순서로 세 개를 놓는 사람들이 있겠지만, 단어들을 계층적으로 순서를 매기는 것은 어려운 것 같다. 일례로 롬 5:7에서 "선한"은 "의로운"과 같거나 우월하다는 점에 주목하라. 특히 7:12의 "거룩한, 의로운, 선한"이라는 바울의 대표적인 세 형용사를 참조하라. 거기서 "선한"은 마지막 위치를 차지한다.

147 Iambl. *Pyth. Life* 5.26(번역, Dillon and Hershbell, 49).

148 Plato *Alcib.* 1.115-27; 특히 118A(정의로운, 고결한, 선한, 그리고 편리한)를 보라.

149 정의로움, 합법적임, 유익함 그리고 유쾌함을 열거하는 *Rhet. Alex.* 6, 1427b.39-41과 1428a.1-2.

실천 가능한 것"임을 증명하려고 노력했다.[150] 신들과 공유하는 지혜 혹은 신중함을 통해,[151] "우리는 선하고 이롭고 고결한 것이 무엇인지, 그리고 상반되는 것이 무엇인지를 분별하는 안목을 얻는다."[152]

표준으로서 선함, 기쁘게 함, 완전함

공통의 윤리적 기준 하나는 선한 것이었다.[153] 그리고 이것은 지고의 선을 추구하기를 주장했던[154] 스토아 철학자들 사이에서 자주 강조되었다.[155]

---

150 *Rhet. Alex.* 1, 1421b.25-26(번역. Rackham, LCL, 277); 또는 적어도 필수적이었음 (1421b.28); 참조. *Rhet. Alex.* 4, 1427a.26-27. 참조. 좀 더 후기의 작품으로 Hermog. *Issues* 76.5-6(번역. Heath, 52)의 수사학적 사용을 위한 범주들: "합법성; 정의; 이익; 타당성; 명예; 결과"; Hermog. *Progymn.* 12, "On Introduction of a Law," 27; Aphthonius *Progymn.* 7, "On Commonplace," 35S, 20R; Aphthonius *Progymn.* 14, "On Introduction of a Law," 53S, 47R; Nicolaus *Progymn.* 7, "On Commonplace," 44.

151 Iambl. *Letter* 4.1-9 (Stob. *Anth.* 3.3.26).

152 Iambl. *Letter* 4.9-10 (Stob. *Anth.* 3.3.26; 번역. Dillon and Polleichtner, 13).

153 *Rhet. Alex.* 1, 1421b.16-22; Cic. *Fam.* 15.17.3(스토아 철학의 금언을 인용함).

154 예. Sen. Y. *Ep. Lucil.* 71. 도덕적으로 고결한 것만이 선하다(Cic. *Parad.* 6-15, 스토아 철학자들에게 동의하면서). 명예로운 것은 선한 것이다(Sen. Y. *Ep. Lucil.* 87.25). 비전문적인 의미에서는 도덕적 선이 편리함과 거의 일치하지 않는다고 주장할 수 있다(Polyb. 21.32.1). 그리고 Soranus *Gynec.* 1.11.42에 따르면, 유용한 것이 모두 유익한 것은 아니다. 확실히 유쾌한 것이 모두 유익한 것은 아니다(Dio Chrys. *Or.* 3.9). 하지만 많은 철학자들은 그 용어들을 다르게 정의하고, 서로 일치한다고 말했다(Mus. Ruf. 8, p. 60.10-12; Epict. *Diatr.* 1.22.1; 2.8.1; Arius Did. 2.7.5d, p. 28.17-19, 25-29; 2.7.11i, p. 74.38; 참조. Plato *Alcib.* 1.115-27; Aeschines *Tim.* 6).

155 예. Mus. Ruf. 4, p. 46.36-37; 7, p. 58.25; 8, p. 60.10; 15, p. 96.25; 16, p. 102.35; 16, p. 104.35-36; Epict. *Diatr.* 1.22.1; 4.7.9; Arius Did. 2.7.5b1, p. 12.15; 2.7.5e, p. 30.1-2; 2.7.5g, p. 32.1-9; 2.7.5h, p. 32.19-24; 2.7.5i, p. 32.25-32; 2.7.5k, p. 32.33-34; p. 34.1-6; 2.7.5L, p. 34.17-20; 2.7.5m, p. 36.10-12; 2.7.6d, pp. 38.34-41.3; 2.7.7g, p. 50.23-26; Marc. Aur. 5.15; Diog. Laert. 7.1.92; Sext. Emp. *Eth.* 2.22(스토아 철학에 관해)를 보라. 스토아 철학의 목표로서 선에 대해서는 Murray, *Philosophy*, 28-30, 36-38, 43도 보라.

(플라톤 역시 지고의 선을 강조했다.)[156] 스토아 철학자들에게 덕은 필연적으로 지고의 선에 속하는 것이었다.[157] 덕은 (다른 긍정적인 형용사들 가운데서) "선하고", "기쁘게 하는" 것으로서 묘사될 수 있었다.[158] 분별력이 있는 사람들은 선한 것과 나쁜 것을 구별할 수 있었다.[159] 따라서 "참된 이성이 인정하는 선은 견고하고 영원하다."[160] "(그들이 말하기를) 선한 것은 다 편리하고, 구속력이 있으며, 유익하고, 유용하며, 실용적이고, 아름다우며, 의롭거나 옳다."[161] 견유학파의 편지에서 지혜는 선한 것을 아는 능력으로 정의된다.[162] 알렉산드리아 유대인의 「아리스테아스의 편지」에서는 다른 사람들에게 선의와 하나님께 보상받는 것을 보여주는 것이 "지고의 선" 또는 "최상"이다.[163] 필론의 글에 따르면, 하나님은 선한 것의 원천이시지

---

156   Lodge, *Ethics*, 343-477, 특히 442-55을 보라. 플라톤에게 있어 아름다움과 지고의 선의 관계에 대해서는 Gilbert, "Relation," 290; Lodge, *Ethics*, 61을 보라. 중기 플라톤 철학자들의 공감/연민과 더불어 후기 도덕주의자의 선에 대해서는 Plut. *L. Wealth* 10, *Mor.* 528A를 보라. 선에 대한 플라톤의 사상을 반대하는 입장은 Arist. *N.E.* 1.6.1-7.2, 1096a ff.; *E.E.* 1.8.1-22, 1217b-1218b를 보라.

157   Cic. *Fin.* 2.12.35-13.43; 참조. Long, *Philosophy*, 199; Frede, "Conception," 71. 키케로는 덕이 반드시 지고의 선에 속한다는 점에 동의한다(Cic. *Fin.* 3.1.2). 하지만 사상가들은 그것이 유일한 선인지(3.7.26-9.31; 3.10.33-11.36) 아닌지(스토아 철학에 반대, 4.16.43)에 대해 논쟁할 수 있었다. 에피쿠로스는 쾌락을 지고의 선으로 만들었다(Cic. *Fin.* 1.9.29). 스토아 철학자들은 선으로서의 그것을 거부했지만(Mus. Ruf. 1, p. 32.22), 자제력을 옹호하는 데 그것을 사용할 수 있었다(Mus. Ruf. frg. 24, p. 130).

158   Arius Did. 2.7.11h, p. 74.15-17.

159   Mus. Ruf. 3, p. 38.26-30; Arius Did. 2.7.5b2, p. 14.27-29.

160   Sen. Y. *Ep. Lucil.* 66.31(번역. Gummere, LCL, 2:21).

161   Diog. Laert. 7.1.98(번역. Hicks, LCL, 2:205).

162   Anacharsis(Solon에게) *Ep.* 2.9-11.

163   *Let. Aris.* 225("지고의 선", 번역. Shutt, *OTP* 2:27; "최상", 번역. Hadas, 189). 참조. *Let. Aris.* 7, 236(특히 하데스에서의) καλός(칼로스, "좋은")와 195, 212, 238, 322에 언급된 "최상의"; 참조. 287. 선한 사람에 대해서는 참조. *T. Sim.* 4:4; *T. Benj.* 3:1(스토아 철학자들의 관심 역시 그렇다; 예. Epict. *Diatr.* 1.12.7; 3.26.27-28; 4.10.11; Marc. Aur. 6.30.1; 10.17, 32; 11.5; 그리고 다른 사람들, 예. Antisthenes, Diog. Laert. 6.12).

만,[164] 선한 것보다 우위에 계신다.[165] 다양한 유대교 집단에서 하나님[166]과 토라[167]는 선했다.

"기쁘게 하는"[168]이라는 단어 역시 자주는 아니지만, 윤리적 기준으로서 가끔 등장한다.[169] 바울은 로마서 12:1의 제사에 대한 그의 묘사에서 이 용어를 빌려왔다. 이 단어는 본문에서처럼 하나님을 기쁘시게 하는 것에 종종 적용될 수 있었다.[170] 헬레니즘 유대교의 사상가들은 진정한 지혜가 이 기준을 만족시키는 것을 분별할 수 있다고 추정했을 것이다. 지혜서 9:10에서 지혜는 하나님을 "기쁘게 하는" 것을 보여준다.

τέλειος(텔레이오스, 롬 12:2)는 의미 범위가 넓다. 바울의 동시대 사람들은 "완성된" 것 또는 (정해진 범위 내에서) "완전한" 것에 이 단어를 종종 사용했다.[171] (영어에 이 용어의 의미 범위를 망라하는 단어는 없다.) 스토아 철학

---

164   Isaacs, *Spirit*, 30, Philo *Sacr.* 54; *Flight* 131을 인용함.

165   Isaacs, *Spirit*, 30, Philo *Creation* 8을 인용함. Isaacs는 이것을 플라톤과 대조하는데, 플라톤은 선한 것을 하나님과 동일시했다(*Rep.* 6.504D; 508E를 인용함); 참조. Wolfson, *Philo*, 1:201-2.

166   Philo *Names* 7; *m. Ber.* 9:2; *b. Ber.* 45b, 46a, 48b, 49a, 59b, 60b; *y. Taan.* 2:1, §10; *Gen. Rab.* 13:15; 57:2; Oesterley, *Liturgy*, 61. 다른 본문들도 인용하면서 롬 5:7의 "선인"이 하나님이라는 주장에 대해서는 Martin, "Good"을 참조하라.

167   예. *b. Ber.* 5a; *y. Rosh Hash.* 3:8, §5; *Pesiq. Rab Kah.* 15:5; Abrahams, *Studies* (2), 186.

168   "선한"과 마찬가지로 여기서 좀 더 자주 나는 같은 의미론적 영역 안에서 용어들을 분류했다.

169   Arius Did. 2.7.5i, p. 32.25-26을 보라.

170   예. Sir. 2:16. 본서 5장 "산 제사" 단락에서 롬 12:1에 대한 논의를 보라.

171   참조. 결혼에서 "완전한" 사랑(Mus. Ruf. 13A, p. 88.21), 완전한 인격(Marc. Aur. 7.69), 또는 완전한 행복(Diog. Laert. 7.1.9). (Conzelmann, *Corinthians*, 60; Héring, *First Epistle*, 16; Ladd, *Theology*, 361에 지적되었듯이) 신비종교와의 오래되고 협소한 연관성은 더 넓은 용례에 대한 부적절한 지식을 반영하며, 바울에게 핵심적인 신비 용어가 부족하다는 점을 무시한다(Sheldon, *Mystery Religions*, 77-78; Nock, "Vocabulary," 134; Pearson, *Terminology*, 28). 영지주의 용례에 대한 호소(Schmithals, *Gnosticism in Corinth*, 179, Iren. Her. 1.13.6을 인용함)는 시대착오적이다.

자들은 τέλειος, 즉 완성되었거나 완전한 것을 우월한 것으로서 귀하게 여겼다.[172] 이상적인 현자는 그렇게 묘사될 수 있었다.[173] 그러나 실제 현자들은 일반적으로 그 이상에 도달했다고 주장하지 않았다.[174]

후기 플라톤 철학자들은 완전한 삶에 도달하기 위한 지성을 강조했다.[175] 그러나 완전한 삶이나 사람을 찾는 일은 어려웠다.[176] 플라톤 철학의 전통에 있는 사람들은 언젠가 반드시 죽는 존재 중에서 완전한 삶의 원인이 될 만한 것은 아무것도 없다고 말했다.[177] 자제력은 정욕에 빠지기 쉬운 것을 제거함으로써 완전하게 한다.[178] 덕은 "영혼의 완성[τελειότης, 텔레

---

172 Arius Did. 2.7.5b4, p. 16.29-31; 2.7.8, p. 52.7, 11; 2.7.11a, p. 63.31; 2.7.11b, p. 64.14; 2.7.11L, p. 87.18. 따라서 Sen. Y. *Ep. Lucil.* 66.8-12: 참된 덕은 완전하므로 최상이며, 개선할 수도 능가할 수도 없다.

173 Sen. Y. *Ep. Lucil.* 109.1; Arius Did. 2.7.5b8, p. 22.13; 2.7.11g, p. 70.1-3(반대의 경우에 대해서는 70.31-33을 보라); 2.7.11m, p. 94.13-16. 세네카는 심지어 에피쿠로스조차도 **이상적인** 현자의 관점에서 말할 수 있었다고 언급한다(*Ep. Lucil.* 66.18). 원리적으로 제논은 덕의 완전함을 달성할 수 있다고 생각했다(Diog. Laert. 7.1.8). 참조. 말과 행동에서 "완전한" 이상적인 왕(Mus. Ruf. 8, p. 64.11).

174 Engberg-Pedersen, *Paul and Stoics*, 61-62; Meeks, *Moral World*, 50; 초기 스토아 철학에서는 오직 그런 세상만이 완전하고 신적인 것이다(Cic. *Nat. d.* 2.13.35-2.14.39). 이상적으로 지혜로운 사람은 완벽을 달성했지만(Sen. Y. *Ep. Lucil.* 109.1), 모든 지혜로운 사람은 여전히 배워야 할 다른 것이 있다(109.3). 사람은 노력할 수는 있지만, 완전하게 흠이 없을 수는 없다(Epic. *Diatr.* 4.12.19). 생각은 즉시 완성되지 않지만(Epic. *Diatr.* 1.15.8), 완전하지 않은 사람은 완전을 향해 진보할 수 있다(Sen. Y. *Ep. Lucil.* 94.50; Epict. *Diatr.* 1.4.4). 용어가 항상 일치하는 것은 아니다. 에픽테토스는 사람을 성숙하고(τέλειος) 발전하는 것으로 이야기하며(Epict. *Encheir.* 51.2에서 아리아노스의 요약), 다른 스토아 철학자들은 누군가를 "완벽하다고", 즉 비난받을 것이 없다고 부를 수 있었다(Marc. Aur. 1.16.4).

175 Plot. *Enn.* 1.4.4.

176 Max. Tyre *Or.* 15.1(15.2은 철학자들이 다른 사람들보다 덜 불완전하다고 말한다).

177 Iambl. *Letter* 8, frg. 7(Stob. *Anth.* 2.8.48), 왜냐하면 영혼의 진정한 본질이 완전함이기 때문이다.

178 Iambl. *Letter* 3, frg. 3 (Stob. *Anth.* 3.5.46).

이오테스]이다."[179] 완전한 생각은 완전한 지혜를 생산한다.[180] 충분한 완전함은 그것의 궁극적 모습에서 변하지 않는다.[181] 따라서 완전하다고 여겨지는 신들은 불완전한 세상과 직접 접촉할 수 없었다.[182] 플라톤 철학에서 하나님은 정의상 필연적으로 완전할 수밖에 없었다.[183]

유대교 진영에서는 더 많이 헬레니즘화된 자료들만이 플라톤 철학의 용례가 지닌 어감을 일부 받아들였다. 필론에게 비이성적인 요소들은 사람들을 불완전하게 만들지만, 철학적인 추구는 완전함으로 이어질 수 있다.[184] "완전한"이라는 단어는 일부 이방인 철학자들 사이에서 종종 그러하듯이, 궁극적 이상을 묘사할 수 있었다.[185] 따라서 성서의 영웅들은 완전한 덕의 이상적인 유형들로서 기능했다.[186] 또 다른 헬레니즘 유대교 저술

---

179   Iambl. *Letter* 16, frg. 1.1 (Stob. *Anth.* 3.1.17; 번역. Dillon and Polleichtner, 47).

180   Iambl. *Letter* 4.5-6 (Stob. *Anth.* 3.3.26).

181   Apul. *De deo Socr.* 146; 변하지 않는 분으로서 하나님에 대해서는 Max. Tyre *Or.* 8.8; Proclus *Poet.* 6.1, K109.12-14; 약 1:17을 보라. Engberg-Pedersen, *Paul and Stoics*, 48에서 아리스토텔레스의 "완전한"(궁극적인) 것을 참조하라. **가장** 완전한 것은 가장 높은 하늘에 있다. 가장 높은 곳에 가까울수록 더 완전한 것이다(Arist. *Heav.* 2.12, 291b.24-293a.14).

182   Apul. *De deo Socr.* 127.

183   Max. Tyre *Or.* 38.6; Iambl. *Letter* 16, frg. 4 (Stob. *Anth.* 4.39.23), 여기서는 하나님처럼 되기를 권한다. 다른 사상가들도 마찬가지다. 예. Marc. Aur. 10.1; 참조. Ael. Arist. *Def. Or.* 130, §41D; Lutz, *Musonius*, 27n111, on Mus. Ruf. 17, p. 108.11-13.

184   Satlow, "Perfection"을 보라. 완전함으로 인도하는 로고스에 대해서는 *Migration* 174을 보라. 필론은 "완전한 사람"에 대해 말한다(*QG* 4.191). 그에게 이상적으로 지혜로운 사람은 "완전한" 사람이기도 하다(*Sacr.* 8). 필론 전집은 이 형용사를 400번 이상, 동족어 동사를 50번 이상 사용하며, 명사 τελειότης(텔레이오테스)는 35번쯤 사용한다. Pearson(*Terminology*, 28-30)은 필론의 용례를 강조한다.

185   예. Philo *Posterity* 130에서 "완전한 덕"을 대표하는 사라(완전한 덕에 대해서는 *Unchangeable* 154; *Drunkenness* 148; *Sober* 8; *Dreams* 1.177, 200; *Abr.* 100, 116; *Mos.* 1.159를 보라). 참조. *Posterity* 174; *Migr.* 166; *Dreams* 1.39; *Spec. Laws* 2.231; *Virt.* 129의 "완전한 지혜"; Wis. 6:15의 "완전한" 이해.

186   Dey, *World*, 72-74.

에서는 평생 율법에 순종했음에도 불구하고 경건한 사람을 완전하게 하는 것은 순교였다.[187]

이와 같은 이상적인 용례와 상관없이, "완전한"이라는 단어는 당면한 문제에서 단순히 완전한 또는 결함이 없는 것을 의미할 수 있었다.[188] 몇몇 사람은 철학에서 가장 상위의 단계에 도달한 사람들을 지칭하기 위해 이런 용어를 사용했다.[189] 가장 훌륭한 학생은 그들의 기술에서 "완전해질" 수 있다.[190] 유대교 전통 역시 흠이 없는 사람을 "완전한" 사람이라고 말했는데, 이는 그 사람이 도덕적 허물로 비난을 받을 수 없었다는 뜻이었다.[191] 이런 식으로 자주 번역되는 히브리어 용어는 삶의 길과 관련하여 사해사본에 빈번하게 등장한다.[192] 하지만 특히 기도에서 공동체는 그들에게 신적 자비가 필요함을 인정한다.[193] 따라서 사람은 하나님의 도우심이 없이

---

187   4 Macc. 7:15.

188   예. Philo *Creation* 42, 59; *Spec. Laws* 2.204; Dio Chrys. *Or.* 8.16; 77/78.17; Plut. *Educ.* 10, *Mor.* 7C; Men. Rhet. 2.1-2, 376.31; 2.1-2, 377.2. 라틴어 *perfectus*도 마찬가지다. 예. Fronto *Ad M. Caes.* 4.1.

189   Philod. *Death* 34.10; *Crit.* col. 4 b.5-6, 8a. 하지만 스토아 철학의 이상에서 이와 같은 "완전함"은 실제로 도달할 수 없는 것이었다(Lucian *Hermot.* 76); 참조. Arius Did. 2.7.11g, p. 74.11-13.

190   Men. Rhet. 2.14, 426.27-32; 참조. Epict. *Diatr.* 2.19.29.

191   예. *L.A.B.* 4:11(*perfectus*); 창 6:9 LXX과 Sir. 44:17의 노아; *Jub.* 15:3(참조. 창 17:1)의 아브라함; *Jub.* 27:17의 야곱; *Jub.* 36:23의 레아; 참조. *Apoc. Zeph.* 10:9. 인간의 표준으로 비교적 완전한 사람도 하나님의 지혜가 필요하다(Wis. 9:6).

192   예. "완전한 거룩"(CD 7.5; 20.2, 5, 7; 1QS 8.20), "완전한" 행위와 관련됨(CD 2.15-16; 1QS 1.8; 2.2; 3.9; 5.24; 8.1, 9, 10, 18, 21; 9.2, 5, 6, 8, 9, 19; 10.21; 11.2; 1QSa 1.17, 28; 1QSb 1.2; 5.22; 1QM 7.5; 14.7; 1QHᵃ 9.38; 4Q255 frg. 2.5; 4Q259 2.18; 3.1; 4Q266 frg. 5, col. 1.19; 4Q403 frg. 1, col. 1.22; 4Q525 frg. 5.11); 행위의 "완전한 길"(1QS 4.22)을 보라. 또한 그것은 "완성된"을 의미할 수도 있다("완성된 해"에서처럼; CD 15.15; 4Q252 2.5; 4Q266 frg. 8, col. 1.6).

193   예. 1QS 11.3, 14; 1QM 11.4; 1QHᵃ 8.30, 34; 15.32-16.3; 17.7; 18.23; 19.32-34; 4Q504 frg. 4.5-7. 참조. Kim, *New Perspective*, 150.

는 자신의 길이 "완전해질" 수 없음을 인정할 수 있다.[194] 사람들은 죄인이며 완전한 길에서 행할 수 없지만, 하나님의 영이 그들을 위해 그 길을 완전하게 하실 수 있다.[195]

바울에게 형용사 τέλειος(텔레이오스)와 그 동족어들은 "성숙한"(고전 2:6; 14:20; 엡 4:13; 빌 3:15), 도덕적으로 흠이 없는(골 4:12), 또는 "완전한"(골 3:14)을 의미할 수 있으며, 이상이나 목표를 가리킬 수 있다(빌 3:12; 골 1:28). 아무튼 고대 사상가들은 바울이 하나님의 뜻에 적합한 기준을 사용하고 있음을 인식할 수 있었다.

따라서 누구나 선한 것이 무엇인지, 하나님을 기쁘게 하는 것이 무엇인지, 긍정적으로 "완전"하거나 "완성된" 것이 무엇인지를 분별함으로써 하나님의 뜻을 분별할 수 있다. 많은 철학적 담론에서 그러하듯이, 바울은 여기서 일반적인 용어로 말하고 있지만, 이어지는 문맥에서 이런 사고방식을 좀 더 구체적으로 정의할(또는 그런 예를 제시할) 것이다. 비록 이 문맥이 이어지는 모든 권면을 포함하고 있지만, 아래에서 나는 이것이 로마서 12:3에서 생각하는 것과 어떻게 관련되는지에 초점을 맞출 것이다.

생각을 새롭게 하기 위한 문학적 맥락

여기서 바울의 어휘를 그가 다른 곳에서 사용한 용례에 비추어 읽는 것이 도움이 되지만,[196] 바울은 분명히 로마의 신자들이 훗날 현존하게 될 그의

---

194 1QS 11.17을 보라.
195 1QH* 12.30-33.
196 노련한 고대 독자들 역시 다른 곳에서 저자들의 어휘를 고려했다. Sen. Y. *Ep. Lucil.*

다른 편지들을 읽으면서 어휘 사전을 찾기를 기대하지 않았다. 바울은 그의 이상적인 청중이 로마의 신자들에게 보낸 그의 편지에서 생각에 대한 주제를 인식하기를 기대했겠지만, 이 편지 안에서조차 외떨어진 단어들을 추적하는 것만을 기대하지는 않았을 것이다. 그 대신에 바울은 그들이 로마서 전체에서 사상의 흐름을 듣기를 기대했다.[197]

앞의 문맥에 비추어볼 때 바울은 부분적으로 성서에 보도된 구원 역사에 계시된 하나님의 생각 또는 지혜를 생각한다. 하나님은 신자들에게 그분의 목적에 대해 소급적인 몇몇 통찰을 주신다.[198] 이전의 문맥이 생각을 변화시키는 데 필요한 기초로서 하나님의 주권적 계획을 제공한다면, 이어지는 문맥은 이 변화의 객관적 기초를 제공한다. 올바른 사고방식은 우리 각 사람과 우리가 받은 은사들 하나하나를 그리스도의 몸에 대한 더 광범위한 맥락에 놓는다.

스토아 철학의 추론은 우주에서 하나님의 생각을 인식함으로써 체현된 개인의 한계를 초월하려고 노력했다. 그들은 우주와 심지어 국가조차도 하나의 몸으로 이해했다. 바울에게 구원 역사와 하나님의 백성은 둘 다 우리 자신을 초월한 맥락을 제공한다. 현대의 많은 서구 해석자들과 달리, 바울은 매우 개인주의적인 청중에게 말하는 것이 아니었다. 비록 개인주

108.24-25; Philost. *Hrk*. 11.5를 보라. 참조. Dion. Hal. *Demosth*. 46.

197 지성인들은 문맥에 집중하기를 기대했다. 예. Quint. *Inst*. 10.1.20-21; Apul. *Apol*. 82-83; Hermog. *Method* 13.428-29.

198 참조. 사해사본의 페셰르 해석(예. Dimant, "Pesharim"; Brooke, "Pesher"; Brooke, "Pesharim"; Brooke, "Interpretation"; Aune, *Dictionary of Rhetoric*, 347-50; Longenecker, *Exegesis*, 31, 38-45; Fitzmyer, "Quotations," 325-30; Brownlee, "Interpretation," 60-62; Lim, "Orientation"을 보라). 그러나 페셰르는 사해사본에만 한정된 해석이 아니었다. 사해사본에서 통찰을 제공하는 성령의 역할도 참조하라(1QS 4.3; 1QH^a 20.15; 4Q427 frg. 8, col. 2.18).

의적 관점이 예수의 갈릴리 청중 사이에서보다는 그리스어를 말하는 로마의 이방인들 사이에서 좀 더 일반적이었겠지만 말이다. 바울의 요지는 스토아 철학에서처럼 단순히 우리의 제한된 인간성 너머의 맥락이 아니라, 하나님의 관점을 의도적으로 거부한 인간의 자율성 너머의 삶이다.

바울에게 그리스도는 그의 몸 안에 사신다. 그분은 모든 신자를 통해 일하신다. 하나님은 우주 안에서(롬 1:19-20; 골 1:15-16) 그리고 모든 역사 안에서 일하시지만, 그분의 백성의 역사와 그리스도 안에 있는 그분의 백성들 사이에서 일하시는 그분의 현재 사역에서 가장 충분히 나타나신다. 하지만 좀 더 거대한 계시는 더 큰 책임을 요구하므로(롬 2:12; 5:13; 7:7) 비록 바울이 이런 연결과 관련하여 여기서 이 점을 강조하지 않는다고 할지라도, 그가 믿음에 대해 외부인들보다 신자들에게 더 높은 요구로 도전했으리라고 예상할 수 있다(예. 고전 6:1-5, 15, 19).[199]

앞 문맥에서 하나님의 생각

(롬 12:1의 후치 접속사) "그러므로"(οὖν)는 12:1의 권면을 앞 문맥과 연결한다.[200] 바울이 로마서 12:1에서 다른 용어를 사용하지만, 하나님의 "자

---

199 더 큰 책임을 요구하는 더 큰 지식의 개념에 대해서는 Philost. *Vit. soph.* 1.16.501; 암 3:2; *2 Bar.* 15:5-6; 19:3; *Sipre Deut.* 43.14.1; *b. Shab.* 68ab; *Yoma* 72b; 눅 12:47; 약 3:1; 4:17 도 보라.

200 자주 언급되는 예. Dunn, *Romans*, 708. 모두가 인정하듯이 바울은 이 접속사를 자유롭게(로마서에서는 30번 이상) 사용하지만, 이는 이런 예들에서 일반적인 의미를 전달하고, (고전 4:16에서처럼) 새로운 권면과 결합하며, 결과의 요소가 중요하다. 때때로 바울은 좀 더 신학적인 근거 다음에 윤리적 단락을 발전시키는 경우 "그러므로"를 사용하며 (Marshall, *Thessalonians*, 104), 몇몇 주석가는 여기서 접속사의 이 기능을 마음에 그린다 (Moo, *Romans*, 748). 저술가들은 요점을 재서술하고 나서 이어지는 내용을 제시함으로써

비" 또는 "긍휼의 표현들"은 그곳에서 로마서 9:15-16, 18, 23 그리고 11:30-32의 하나님의 "자비"에 대한 주제를 떠올리게 할 것이다.[201] (바울은 여기서 하나님의 자비하심으로 권면한다. 누구나 신의 이름으로 누군가에게 권면할 수 있었다.)[202] 하나님은 구원 역사에서 유대인과 이방인들을 모두 다루시면서 그분의 자비를 드러내셨다. 그래서 신자들은 자신을 드림으로써 반응해야 한다. 이 구원 역사는 하나님의 지혜를 힘 있게 계시한다 (11:33-36).[203]

로마서 11:33-36의 하나님의 지혜와 현재 문맥의 연결은 중요하다. 8:5에서와 같이 여기서도 바울은 아마도 하나의 예로서 하나님의 생각에 대한 비유적 언급 이상을 의미할 것이다. 이를테면 새롭게 된 생각은 부분적으로 하나님의 생각에 영향을 받으므로(또는 이상적으로 그 생각으로 가득 차 있으므로)[204] 하나님의 뜻을 인식한다. 하나님의 영향을 받은 그 생각은 고린도전서 2:16에서 명백해진다. 이 구절에서 바울은 이사야 40:13을 그

전환을 꾀하기도 했다(*Rhet. Her.* 4.26.35).

201 많은 학자가 여기서 "자비"를 롬 9-11장을 가리키는 것으로 이해한다. 예. Schreiner, *Romans*, 639. Cranfield(*Romans*, 2:448)는 롬 9-11장의 핵심 단어가 "자비"라고 생각한다. 70인역은 하나님의 언약적 신실성과 관련하여 하나님의 자비를 지칭하기 위해 여기서 "자비"에 대한 바울의 용어를 사용한다(Gupta, "Mercies"). Furnish("Living," 194)는 이 단어를 (롬 5:8; 8:35, 39을 비롯하여) 그리스도 안에 있는 하나님의 사랑에 관한 모든 주장에 적용한다. 이와 달리 몇몇 사람은 여기서 자비가 성령에 의한 것처럼 자신을 나타내기 위한 권한이라고 제안한다(Talbert, *Romans*, 282-83, 롬 8:4과 빌 2:1-2을 인용함). 하지만 바울은 여기서 성령을 쉽게 명시할 수 있었다. 그리고 빌 2:1-2도 하나님의 행위에서 드러난 그분의 자비에 대한 반응일 수 있다.

202 예. Isaeus *Menec.* 47; *Rhet. Alex.* 15, 1432a.1-2; Dio Chrys. *Or.* 33.45; Rowe, "Style," 139을 보라. 다른 방식으로 신들의 이름을 거론하는 것에 대해서는 Mus. Ruf. 2, p. 38.17; 3, p. 42.2; Dio Chrys. *Or.* 47.14; Fronto *Ad Ant. Pium* 2, 4; *Ep. graec.* 1.5; 2.1; 5.4의 편지들을 보라.

203 부록 B를 보라.

204 참조. Murphy, "Understanding"에서 예수의 모델을 여기서 내면화했다는 사상.

리스도의 생각을 가진 그분의 추종자들에게 적용한다. 특히 고린도전서 2:16은 이사야서 구절에 대한 바울의 해석에 접근하는 것을 우리에게 제공하므로, 우리는 바울이 우리가 일찍이 살펴본 그의 동시대인들처럼 사실상 하나님의 생각이 지혜 있는 자들의 생각을 새롭게 하는 데 작용했다고 믿었다고 예상해야 한다.

바울은 "생각"(νοῦς)을 가리키는 이 특정 용어를 로마서에서 여섯 번 사용한다(다섯 개 단락에서: 1:28; 7:23, 25; 11:34; 12:2; 14:5). 하나(11:34)는 생각을 새롭게 하는 것에 관한 그의 언급 네 절 전에 이사야 40:13을 인용한 것이다. 이처럼 가까이에 이 단어가 몰려 있는 것은 우연이 아닌 것 같다. 로마서 11:34에서 바울이 말하려는 요지는 이것이다. 즉 (11:25-32에서 개괄했고, "비밀"로 소개된) 역사에서의 하나님의 계획은 감탄을 자아낼 정도로 지혜로우며, 사람들이 계획할 만한 것을 뛰어넘는다는 것이다.[205] 동시에 고린도전서에서 그리스도의 마음을 가진 신자들을 확증하기 위해 동일한 이사야서 구절을 사용한 것과 일치하는 방식으로, 바울은 여기서 신자들의 생각이 새롭게 되어 하나님의 뜻을 분별하는 것에 대해 말한다.

이어지는 문맥에서 그리스도의 몸에 대한 생각

신자들은 하나님의 목적을 위해 그들의 몸을 제사로 올려드린다(롬 12:1-2). 궁극적으로 그들의 몸을 그리스도의 몸을 위해(롬 12:4-6) 드리는 것이

---

205 역사가들은 역사의 과정을 회고해야만 인지할 수 있다고 종종 생각하지만, 그럼에도 자주 그것을 운명 혹은 섭리의 탓으로 돌렸다. Grene, *Political Theory*, 75-79; Squires, *Plan*, 특히 15-20, 38-51, 121-37, 154-66; Squires, "Plan"; Brawley, *Centering on God*, 86-106; Walbank, "Fortune," 350-54; Brouwer, "Polybius and Tyche"의 논의를 보라.

다. 맥락상 12:2에 잘 표현된 새로운 사고방식은 그리스도인 공동체의 맥락에서 신자들이 그곳에서 다른 신자들과 관계를 형성하며 자신들에 대해 어떻게 생각하는지를 보여준다.[206] 바울은 12:1-2부터 생각에 대한 그의 관심을 계속하며, 12:3에서 φρονεῖν(프로네인)과 σωφρονεῖν(소프로네인)을 이용하여 "냉철한" 생각을 지속적으로 강조한다.[207] 동사 σωφρονέω(소프로네오)가 동족어 명사 σωφροσύνη(소프로쉬네)를 반드시 암시한다고 할 수는 없지만, 의미론적 범위는 상당히 겹친다. 도덕적 담화에서 σωφροσύνη와 그 동족어들의 용례는 철학자들을 넘어 훨씬 확장된다. 그러나 철학에 대한 우리의 논의에 맞게, 일반적인 철학의 용례를 설명한 몇몇 요약적 논평을 여기서 순서대로 나열하는 것이 좋을 것이다. 플라톤의 소크라테스는 초기 제국의 여러 철학자처럼,[208] 이런 덕을 강조한 것으로 알려졌다.[209] "신중함"처럼 σωφροσύνη는 아리스토텔레스가 추천하는 네 가지 주요 덕목 중 하나였으며,[210] 스토아 철학자들은 계속해서 이 단어를 전통적인 덕

---

206 롬 12:2의 초점이 "집단적인 결단하기"에 있다는 Jewett(*Romans*, 733)의 주장은 너무 멀리 갔다. 이것은 고대의 철학에 비춰 본문을 읽을 때 얻을 수 있는 관점이 아니다. 이런 해석은 12:3-6에는 어울릴 수 있지만, 유일하게 필요한 요지는 결단을 내릴 때 집단을 고려한다는 점이다. 듣고 결정하는 것이 개인이든 집단이든 상관없이 말이다. 따라서 그 결단은 그리스도의 몸이라는 더 넓은 맥락을 요구한다. 하지만 바울은 집단뿐만 아니라 개인들도 조언을 적용할 것을 기대한다. 12:5에서처럼 "개인적인" 책임을 주목하라.

207 바울은 수사학적으로 즐거운 반복을 만들면서 ὑπερφρονεῖν을 이용한다(Longenecker, *Introducing Romans*, 423에 찬성함; 참조. Furnish, *Corinthians*, 308). 많은 사람이 인지와 관련하여 롬 12:2과 12:3 간의 연결을 주목한다(예. Rodríguez, *Call Yourself*, 237).

208 Mus. Ruf. 18B, p. 116.20; Arius Did. 2.7.5f, p. 30.23; 2.7.11g, p. 72.15; Lucian *Icar.* 30(제우스는 그들이 그에 맞춰 살지 않는다고 불평했다)을 보라. 참조. *Poetry* 11, *Mor.* 32C에서 도덕주의자 플루타르코스.

209 특히 Plato *Charm.* 159B-176C를 보라. 참조. Xen. *Mem.* 1.2.23.

210 그러나 궁극적으로는 소크라테스에게서 나온 것이라고 한다(Plato *Rep.* 4.428-34).

목 중 하나로 취급했다.[211]

스토아 철학자들은 특별히 비교적 저급한 감정인 정욕에 대한 자제력을 지칭하기 위해 이 언어군을 사용했다.[212] 이는 덕을 요약하기 위해 사용될 수 있었다.[213] 이는 이상적인 통치자의 통치를 특징지어야 하지만,[214] 특히 철학자의 전형적인 특징이어야 한다.[215] 여성들과 관련하여 철학자들은 이 덕을 순결과, 그리고 불법적 관계를 피하는 것과 연결했다.[216] 이 덕은 스토아 학파보다는 철학자들 사이에서 훨씬 더 광범위하게 퍼져 있

---

211 예. Mus. Ruf. 4, p. 44.10-22, 특히 16-22; p. 48.1, 4, 8, 13, 특히 4; 6, p. 52.15, 17, 19, 21, 특히 15; 7, p. 58.25-26 (minus "용기"); 8, pp. 60.22-64.9, 특히 62.10-23; 8, p. 66.7-8, 특히 8; 17, p. 108.9-10; Marc. Aur. 3.6; Arius Did. 2.7.5a, p. 10.7-9(제논의 견해); 2.7.5b1, p. 12.13-22(22-29행에 있는 그들의 대화; 덕과 악의 **견본**에 대해서는 29-30 행을 보라); 2.7.5b2, p. 14.1-4 (특히 3); 2.7.5b5, p. 18.27-31(21-26, 32 35행과 함께). 참조. Mus. Ruf. 7, p. 58.25-26 (특히 26); 16, p. 104.32-34, 특히 33; frg. 38, p. 136.3. n. 113을 비롯하여 Lutz, *Musonius*, 27의 논의를 보라. 적어도 이것 중 세 개를 포함하는 덕의 목록을 참조하라. 예. Arius Did. 2.7.5b, p. 10.16-21 (특히 17); 2.7.11e, p. 68.12-16; Philost. *Vit. Apoll*. 1.20.

212 참조. Mus. Ruf. 3, p. 40.20-22; 4, p. 44.18-22; 6, p. 52.15-17; 8, p. 62.14-17; 16, p. 104.33-35; 17, p. 108.11-14; frg. 24, p. 130; Arius Did. 2.7.5b2, p. 14.6. 성적 방종을 반대하는 Mus. Ruf. 12, p. 86.13-16; 폭식을 반대하는 Mus. Ruf. 18A, p. 112.6-7 (참조. 112.29); 18B, p. 116.4-22, 특히 19-20; 18B, p. 118.4-7, 특히 5; p. 120.2-7, 특히 6-7; 비탄을 반대하는 Arius Did. 2.7.5L, p. 36.3-5. 더 자세한 내용은 Lutz, *Musonius*, 28(특히 p. 54.2-25를 언급함)을 보라. 가장 완전한 정의에 대해서는 Arius Did. 2.7.5b1, p. 12.18-19; 2.7.5b2, p. 14.15-16, 31-35; p. 16.1-3을 보라. 참조 2.7.5b, p. 10.21-25(특히 23); p. 12.1-2.

213 Mus. Ruf. 5, p. 50.22-26.

214 Mus. Ruf. 8, p. 60.10-23; 8, p. 62.10-21; Dio Chrys. *Or*. 3.7; Philost. *Vit. Apoll*. 5.35, 36.

215 예. Mus. Ruf. 8, p. 66.8; Dio Chrys. *Or*. 35.2.

216 예. Mus. Ruf. 3, p. 40.17-18, 20; 4, p. 44.16-18. 여성에게 어울리는 덕목에 대해서는 Mus. Ruf. 4, p. 48.4도 보라. 여성에게 이런 덕을 가르치는 철학에 대해서는 Mus. Ruf. 3, p. 42.26-28도 보라. 더 광범위하게 다룬 North, "Mare"를 보라.

었다.[217] 피타고라스 학파 철학자들이 그 대표적인 예다.[218] 비록 외부인들이 철학을 위해 모든 것을 버린 사람의 σωφροσύνη에 의문을 제기할 수 있었지만, 많은 지성인들은 그런 사람이 진정 지혜롭다고 반박했다.[219]

바울은 로마서 12:3에서 σωφρονέω(소프로네오)를 구체적으로 어떻게 적용했을까? 12:2의 새롭게 된 생각은 생각해야 할(ὑπερφρονεῖν,[220] 12:3; 참조. 12:16) 그 이상의 것을 생각하지 않는다.[221] 지혜는 거만하게 자신의 한계를 뛰어넘는 것을 반대했다.[222] 그 대신에 새롭게 된 생각은 그리스도의 몸의 맥락에서 자신을 보아야 하며(12:4-6), 궁극적으로 신자들의 하나됨을 후원하는 방식으로 생각해야 한다(참조. 15:5). 이 새롭게 된 생각은 각 신자가 특별한 행위를 위해 믿음을 할당받았다는 것을 인정한다(12:3,

---

217   참조. Cic. *Fin*. 1.14.47(*temperantiam*)에서는 에피쿠로스 철학자들조차도 스토아 철학자들이 이용할 준비가 되어 있었다는 점을 인정한다(Mus. Ruf. frg. 24, p. 130, Lutz의 언급을 인정함, p. 131). 참조. Lucian *Nigr*. 6.

218   참조. Philost. *Vit. Apoll*. 5.36; 6.11; Iambl. *Pyth. Life* 1.1; 혀를 다스림, 31.195; 젊은이들의 유혹에 관하여, 8.41; 31.195(성적 유혹).

219   Dio Chrys. *Or*. 80.1.

220   자신의 역할을 "그 이상으로" 생각하는 것은(이 점에 대해서는 Jewett, *Romans*, 739-41을 보는 것이 도움이 된다) 종종 오만함으로 표현되었다(예. Diog. Laert. 7.7.183, 185의 크리시포스에 관해; Hom. *Il*. 17.19의 자신의 능력을 넘어 자랑하는 것; Diog. Laert. 2.38의 소크라테스의 비평 대상). 고결한 마음가짐 또는 위대한 마음가짐에 관한 고대의 긍정적인 논평과 혼동하지 말아야 한다. 이에 대해서는 Galen *Grief* 50b; Iambl. *Letter* 6, frg. 2(Stob. *Anth*. 4.5.75)를 참조하라. 그렇지만 롬 12:16을 고려할 때 바울이 분명히 염두에 둔 것은 사회적 지위에 대한 고려를 제쳐놓는 것이다(참조. Taylor, "Obligation"). 그리고 그 구절은 하나님의 백성에게 윤리적 편견을 경고하는 롬 11:20을 상기시킨다.

221   참조. 자기 평가와 자기 개선에 대한 일부 철학자들의 실천(Sorabji, *Emotion*, 211-27, Stoics on 213-14). 부적절한 자만을 경고하는 것에 대해서는 다음을 보라. Eurip. frg. 963(Plut. *Mor*. 102e에서 인용); frg. 1113a(= 1040 N; Stob. *Anth*. 3.22.5에서 인용).

222   Marshall, *Enmity*, 190-94(고후 10:13의 "분수 이상"에 대해서는 369을 보라). 참조. North, "Concept"; North, *Sophrosyne*.

6).[223] 그래서 다른 사람보다 더 가치 있거나 덜 가치 있는 사람은 아무도 없다. 구체적인 역할은 다를 수 있지만, 각 지체는 그리스도의 몸에 속한 다른 사람들을 섬기기 위해 은사를 받는다. 따라서 새롭게 된 생각은 다른 사람들을 섬길 방법을 찾아야 한다. 자랑하지 말고,[224] 그리스도의 몸에 주신 하나님의 선물로서 그분께 받은 우리의 역할을 이행하면서 말이다. 즉 로마서에서 바울이 바른 사고방식을 강조한 것은 그가 유대인 신자와 이방인 신자를 화해시키려고 노력한, 하나 됨에 대한 그의 광범위한 강조(많은 학자가 로마서에서 발견하는 강조)와 일치한다.[225]

로마서의 더 넓은 이 문맥은 생각에 대한 고대의 논의에서 강조했던 "평정심"을 넘어 우리가 일찍이 제안했던 "평화"의 부가적인 의미를 더욱 강화한다. 추측하건대 바울에게 있어서 성령의 생각의 틀 역시 인종을 초월하여(로마서 전체에서와 같이) 신자들이 저마다 받은 사역 은사의 다양성

---

223 Μέτρον πίστεως(12:3)를 ἀναλογίαν τῆς πίστεως(12:6)와 거의 동등한 것으로 취급하는 Dunn, *Romans*, 727-28; Byrne, *Romans*, 371; Schreiner, *Romans*, 652의 예를 보라. 다음의 예들과는 반대된다. Cranfield, "ΜΕΤΡΟΝ ΠΙΣΤΕΩΣ," 351; Bryan, *Preface*, 197. 은사에 적합하게 할당된 믿음을 지지하는 것은 다음을 참조하라. (Bray, *Romans*, 309-12에 언급된) Origen *Comm. Rom.* on 12:3(CER 5:46); Basil *Baptism* 8; *Rules* 7 (on Rom. 12:6); Chrys. *Hom. Rom.* 21(on Rom. 12:6); Ps.-Const. *Rom.*(on Rom. 12:6); Pelagius *Comm. Rom.* on 12:6 (PCR 133); Gennadius of Constantinople, catena on Rom. 12:6 (PGK 15:404). 하지만 여기서 요점은 하나님이 신자에게 할당해주신 믿음의 **분량**이 아니라 그분이 믿음을 할당해주신 독특한 **목적**(특별한 은사)이다.

224 자신의 역할을 과소평가해서도 안 된다(참조. Thucyd. 1.84.3에서 σωφροσύνη와 자기 존중의 관계; 우리 자신을 하나님의 자녀로 여김으로써 자신에 대해 낮게 생각하는 것을 피하는 것, Epict. *Diatr.* 1.3.1). 하지만 물론 로마서에서 바울의 더 큰 염려는 자랑하고 다른 사람들을 멸시하는 것이다(예. 롬 2:17, 23; 3:27; 4:2; 참조. 고전 1:29; 3:21; 4:7); 하나님의 은혜에 대해 자랑하는 것은 이와 다르다(롬 5:2, 3, 11; 15:17; 고전 1:31). 헛된 것과 작은 영혼이 되는 것 사이의 바른 의미로서 겸손한 자부심의 가치에 대해서는 Arist. *E.E.* 3.5.16-20, 1233a를 보라.

225 예. Dunn, *Romans*, lvii; Lung-Kwong, *Purpose*, 413-14; Haacker, *Theology*, 48-49; Grieb, *Story*, 7.

(롬 12:4-8에 언급되었듯이)과 상관없이 서로 화평하도록 인도한다.

몸에 대한 바울의 이미지는[226] 로마의 신자들과 관련하여 상실되지 않았을 것이다. 철학자들과 연설가들은 모두 이 이미지를 오랫동안 사용해왔다.[227] 때때로 사상가들은 그것의 통일성을 강조하면서 우주 전체[228] 또는 인류[229]를 하나의 몸으로 묘사했다. 연설가들[230]과 철학자들[231]도 국

---

226 이것을 바울의 주된 이미지로서 이해하는 사람들이 있다(Manson, *Paul and John*, 67; Robinson, *Body*, 9) 이런 의견은 과장되었을 수 있다(참조. Daines, "Use"; Ridderbos, *Paul: Outline*, 366; Judge, *First Christians*, 568-73). 하지만 그 이미지가 바울에게 중요하다는 것은 확실하다(고전 10:17; 11:29; 12:12-27; 엡 1:23; 2:16; 3:6; 4:4, 16; 5:23, 30; 골 1:18, 24; 2:19; 3:15; 참조. 롬 7:4). 후대 자료로는 *1 Clem*. 37.5; 38.1; 46.7; *2 Clem*. 14.2; Ign. *Smyrn*. 1.2; *Herm*. 95.4를 보라.

227 이 은유는 자연스러운 것이다. 유교 전통에서 이 은유에 대해서는 Jochim, *Religions*, 80을 보라. 유대교의 신비주의(*2 En*. 39:6 A; Kim, *Origin*, 252-54; 참조. Schweizer, "Kirche") 혹은 심지어 디아스포라 유대교(Quispel, "Mysticism")를 인용하는 사람들도 있다. 후자의 경우에 정치적 비교는(Grant, *Christianity and Society*, 37, Philo *Spec. Laws* 3.131; *Virt*. 103; Jos. *War* 1.507; 4.406을 인용함) 자연스러운 것이거나, 더 광범위한 지중해의 용례를 반영할 수도 있다.

228 예. Diod. Sic. 1.11.6; 스토아 철학자 중의 대부분: Cic. *Fin*. 3.19.64(스토아 철학의 관점을 제시함); Sen. Y. *Ep. Lucil*. 95.52; Epict. *Diatr*. 1.12.26; 참조. Marc. Aur. 4.14, 40; 10.6.2; Long, "Soul." Lincoln(*Ephesians*, 70)은 이 이미지가 플라톤(*Tim*. 30B-34B, 47C-48B; 참조. Schweizer, *Colossians*, 58)과 함께 시작되었으며, 필론의 저서(*Plant*. 7; *Spec. Laws* 1.210; 참조. *Creation* 82; *Migr*. 220; *Spec. Laws* 2.127, 133, 134)에 등장한다고 말한다.

229 Marc. Aur. 7.13. 다른 방식으로 인류의 하나 됨을 위해 사용된 몸 이미지에 대해서는 Mitchell, *Rhetoric of Reconciliation*, 119, 158-59을 보라. 참조. Hierocles *Love*에서 가족 구성원들(Stob. *Anth*. 4.84.20; Sandnes, "Legemet"에도 인용됨). 그러나 고대의 저술가들은 가정과 도시 경영을 연결했다. Lucian *Tox*. 53; Philost. *Hrk*. 48.22의 친구들도 어느 정도 이에 해당한다.

230 Cic. *Phil*. 8.5.15(해로운 구성원의 절단을 추천함); *Resp*. 3.25.37; Sall. *Ep. Caes*. 10.6; Dio Chrys. *Or*. 34.22; Max. Tyre *Or*. 15.4-5; 참조. Catiline in Cic. *Mur*. 25.51; Plut. *Cic*. 14.4-5.

231 일찍이 Arist. *Pol*. 1.1.11, 1253a에 이미 언급된 비교를 주목하라. 참조. Philo *Spec. Laws* 157; *T. Naph*. 2:9-10. Wojciechowski, "Tradition," 108에 있는 (우화 159/132/130으로서 다양하게 인용된) 초기의 이솝 우화 *The Belly and the Feet*도 눈여겨보라. 참조. Dio Chrys. *Or*. 33.16의 비슷한 우화; 참조. 랍비 자료에서 후대의 작품인 *Song Rab*. 4:1, §2; 7:5, §2.

가를 이런 식으로 묘사했는데, 때때로 모든 부분이 전체에 얼마나 필요한 지를 보여주었다.[232] (오랫동안 관찰되었듯이,[233] 이 이미지는 메네니우스 아그리파 [Menenius Agrippa]의 연설 이후 로마의 정치적 용법에서 대중적인 것이 되었다. 이 연설에서 아그리파는 평민들에게 국가에서 그들의 생산적인—하지만 종속된—역할을 가치 있게 여기라고 권했다.)[234]

일부 학자들의 견해와 대조적으로,[235] 바울의 묘사가 다른 핵심적인 내용은 이 폭넓은 용례에 대한 그의 묘사와 반대되지 않는다. 그들은 바울이 다양한 저자가 그러했듯이 그의 목적을 위해 그것을 개작했다고 제안한다. 그렇지만 바울의 목적은 그 이미지를 정치적이거나 육체적인 몸이 아니라 그리스도와 연합한 사람들에게 적용한다는 점에서 확실히 독특하다. 학자들은 그가 계급제도를 언급하지 않고 상호의존성을 강조하기 위해 원래 계급적이고 정치적인 이미지를 재설정했다는 점에 종종 주목한다.[236]

---

232 널리 주목받음(예. Allo, *Première Épitre*, 328; Horsley, *Corinthians*, 171); 더 자세한 내용은 Grant, *Christianity and Society*, 36-37; Lindemann, "Kirche"; Judge, *First Christians*, 568-95(특히 581-95)을 보라. 위에서 언급한 참고문헌 외의 주석들(예. Conzelmann, *Corinthians*, 211; Lincoln, *Ephesians*, 70)은 Plato *Rep.* 5.464B; Arist. *Pol.* 1.1, 2; Cic. *Phil.* 8.5.16; *Off.* 1.25, 85; 3.5.22; Livy 26.16.19; Sen. Y. *Clem.* 1.5.1; *Ira* 2.31.7; Quint. Curt. 10.6.8; 10.9.2를 인용한다.

233 예. Moffatt, *Corinthians*, 183-84; Knox, "Parallels"; Héring, *First Epistle*, 129-30; Cerfaux, *Church*, 266. Oster(*Corinthians*, 301)가 지적하듯이, 바울과 이 이미지의 상관관계는 종교개혁자이자 인문주의 학자였던 장 칼뱅에 의해 이미 지적되었다.

234 다음을 보라. Livy 2.32.9-12; Dion. Hal. *Ant. rom.* 6.86.1-5(6.83.2-86.5의 연설에서 절정에 도달함); Plut. *Coriol.* 6.2-4; Dio Cass. 4.17.10-13; 참조. Val. Max. 4.4.2; Sen. Y. *Dial.* 12.12.5.

235 일반적으로 유익한 몇몇 논의는 차이점을 지나치게 강조하는 것 같다. 예. Sevenster, *Seneca*, 170-72; Jewett, *Romans*, 744.

236 다음을 보라. Robertson and Plummer, *Corinthians*, 269; Kim, *Introduction*, 27; Witherington, *Corinthians*, 254, 259. 참조. Troeltsch, *Teaching*, 1:76-77. 하지만 계급 개

바울은 이상적으로 신자들이 자신들의 관심사보다는 하나님의 관심사에 마음을 쓰고 그것을 위해 살기를 원했다(고후 5:14-15; 빌 2:20-21; 참조. 고전 4:11-16; 7:29-35; 막 8:33-38). 그러나 실제로 바울의 교회들에서 대부분의 신자들은 이렇게 살지 **않았다**. 그럼에도 바울은 그들이 그리스도 안에 있다는 점을 부인하지 않았다. 예를 들어 바울은 자신에게 디모데와 같은 사람이 없다고 말함으로써 신실한 빌립보 교회를 향해 디모데를 칭찬하는데, 그 이유는 다른 사람들이 그리스도의 일보다는 자신의 관심사에 더 마음을 쓰고 있었기 때문이다(빌 2:20-21).

바울이 그 칭찬에서 다른 모든 사람을 배제한다는 것은 의심의 여지가 없는 과장이다. 추천서를 쓰는 사람들은 한 사람 이상을 위해 최상급에 빠지는 경우가 종종 있었다.[237] 랍비들이 그럴 수 있었듯이 말이다.[238] 더욱이 같은 문맥에서 에바브로디도는 그리스도의 일을 위해 자기 목숨을 아까워하지 않았음이 분명하다(빌 2:30). 그러나 바울은 대부분의 신자들이 그리스도께 오롯한 마음을 가지고 헌신하는 데는 미치지 못한다고 확신하는 듯하며, 이런 상황에 실망하고 있다.

하지만 이런 경고와 관계없이, 몇 가지 요지는 분명하다. 첫째, 바울은 특히 전적으로 그리스도의 관심사를 위해 사는 것을 가치 있게 여긴다(빌 2:21). 둘째, 빌립보서의 문맥에서 그리스도의 관심사는 특히 하나님의

넘은 이 이미지에 대한 고대의 사용에서 항상 존재한 것은 아니었다는 점에 주목해야 한다. 일치에 대한 고대 연설의 전통적인 계급 기능을 바울이 뒤집은 것과 관련하여, 그중 일부는 이 이미지를 부당하게 이용했다. Martin, *Body*, 38-68, 특히 39-47을 보라.

237   예. Cic. *Fam*. 3.1.3; 13.1.5; 13.5.3; 13.18.2; 13.19.1; 13.26.1; 13.32.2; 13.34.1; 13.35.1; 13.36.1-2; 13.39.1; 13.45.1; 13.51.1; 13.78.2. 참조. 왕하 18:5; 23:25.

238   Kraeling, *John the Baptist*, 139, *Mekilta*를 인용함. 셈어 연설에서 과장은 일반적이었다 (Caird, *Language*, 133).

백성의 안녕을 가리킨다(2:20). 셋째, 이와 같은 관심사는 불행히도 흔치 않은 것이었기 때문에 칭찬받을 만한 것이었다.[239]

결론

바울은 그의 청중에게 그들이 어떻게 살아가는지의 문제에서 하나님을 기쁘시게 하는 제사로서 그들의 몸을 드리기를 "이성적으로" 결정하라고 권한다. 그는 계속해서 이성적인 요소를 좀 더 충분히 묘사한다. 신자들은 그들의 생각을 새롭게 함으로써 변화될 것이다. 이와 같은 새롭게 됨은 그들이 장차 올 완전한 세상의 가치로 이 시대를 평가할 수 있도록, 그럼으로써 이 세대의 특징에 순응하라는 압력을 받지 않도록 해준다. 신자는 하나님이 보시기에 선하고 완전하며 하나님을 기쁘게 하는 것이 무엇인지를 앎으로써 하나님의 뜻을 이성적으로 밝힐 수 있다.

앞선 문맥은 역사 속에서 하나님의 계획 안에 있는 그분의 생각을 드러낸다. 이는 신자들이 어떻게 그분께 헌신을 표현해야 하는지에 대한 기초를 제공해준다. 이어지는 문맥 역시 새롭게 된 생각이 어떻게 생각해야 하는지를 계시한다. 즉 각 사람은 자신이 어떻게 그리스도의 몸을 최상으로 섬길지 생각해야 하며, 모든 구성원은 다른 구성원을 가치 있게 여겨야 한다. 따라서 각 사람은 그리스도의 몸을 섬기기 위해 자기 몸을 드려야

---

239 복음서 전통에서 예수의 수제자는 이와 비슷하게 하나님의 관심보다 인간의 관심을 생각했다(φρονέω, 프로네오). 궁극적으로 이것은 사탄의 관점이다(막 8:33; 참조. 마 4:10; 16:23). 이상적인 표준과 목표는 변하지 않지만, 제자들도 늘 그 표준과 목표를 만족시키지 못한다. 적어도 복음서에 서술된 기간에는 말이다.

한다.

생각을 새롭게 하는 중요한 역할을 소홀히 하는 것은(롬 12:2), 신자들에게 "육신"의 능력에 대한 율법적 염려나 두려움—옛 패턴 또는 옛 충동에 대한 두려움(참조. 롬 8:15)—을 남길 수 있다. 생각을 새롭게 하는 것은 본질적으로 하나님 및 그리스도와의 관계를 수반하는 하나님과 그리스도를 지향하는 믿음 또는 신뢰 안에서 자라는 것과 나란히 발생한다. 고린도후서 3:18에서 특히 강조되듯이(본서 6장을 보라),[240] 하나님의 형상 안에서 그와 같은 신뢰와 새롭게 됨은 하나님에 대한 살아 있는 경험과 비례하여 자라난다.

---

240   아래 6장의 "환상을 통한 변화(고후 3:18)" 단락을 보라.

제6장 • 그리스도의 생각(고전 2:15-16)

[성서에 기록된 것처럼] "누가 주의 마음/생각을 알아서 그에게 조언할 수 있겠는가?" 그러나 우리에게는 그리스도의 마음/생각이 있느니라.

- 고린도전서 2:16

고린도전서 1-2장에서 바울은 신자들에게 진정한 하나님의 지혜로 성숙해지기를 권한다. 그는 이런 지혜의 내용을 자세히 설명한다. 그것은 세상의 가치를 뒤집고, 하나님의 지혜가 거침없이 만연하는 때인 장차 올 세대에 비추어(고전 2:6-10) 이 세대의 모든 것을 바라보라고 우리에게 요청하는 십자가의 메시지다.

더욱이 바울은 하나님의 지혜가 오직 하나님의 영에 의해서만 계시되기 때문에(고전 2:10-13) 사람들이 하나님의 지혜를 받는다는 점을 인식한다. 성령이 없는 사람들은 하나님의 진리를 따르는 사람들의 결정을 바르게 이해하거나 평가할 수 없다. 하지만 성령의 통찰을 따르는 사람들에게는 세상을 평가하는 바른 관점이 있다(2:14-15). 하나님의 영이 있는 사람들은 그리스도의 생각을 지닌다(2:16). 그리스도의 몸은 다양한 은사를 통해 여러 방식으로 이 생각을 경험할 수 있지만, 참된 메시지는 십자가에

못 박히신 주님에 대한 메시지와 늘 일치할 것이다(1:17-24; 2:1-5). 세상의 철학에 근거하여 자신을 신적 존재라고 생각하는 사람들은 그 대신에 하나님의 관점을 진심으로 포용하는 법을 구축해야 한다(3:3-4).

고린도후서의 한 본문은 바울이 하나님의 생각에 참여한다는 말로써 표현하는 것이 무엇인지를 어느 정도 설명하는 데 도움이 된다. 비록 그것이 인지 과정을 분명하게 말하지는 않을지라도 말이다. 신자들은 하나님의 최고의 형상이신(고후 4:4) 그리스도의 영광에 집중함으로써 하나님의 형상으로 좀 더 변화될 수 있다(3:18). 고대의 많은 사상가는 신적인 것을 마음에 그림으로써 변화를 추구했다. 유대교의 신비주의자들도 할 수만 있으면 보좌에 앉으신 하나님을 보려고 노력했다. 하지만 진정한 신적 영광을 봄으로써 근본적인 변화를 경험한 사례는 모세다(3:7-16). 새 언약의 사역자들은 모세가 특별하게 경험한 것을 그들 안에 살아 계시는 하나님의 영으로 말미암아 더 충분히 경험한다(3:3, 6, 8, 17-18).

참지혜(고전 1:18-2:10)

성서의 잠언은 지혜에 대한 바울의 관점의 한 측면을 이렇게 요약한다. "너는 마음을 다하여 여호와를 신뢰하고 네 명철을 의지하지 말라"(잠 3:5). 바울은 신자들에게 참지혜를 받아들이라고 권한다. 주님에 대한 경외에 기초하는 지혜 말이다.[1] 이는 궁극적으로 의지할 만한 충고의 근원이

---

1   욥 28:28; 시 111:10; 잠 1:7; 9:10; 15:33; Sir. 1:18, 27; 19:20; 21:11을 보라. 참조. *1 Clem.* 57.5.

모든 것을 아시는 그분임을 인정하는 것을 의미한다. 그분의 길은 언젠가 죽어야 하는 존재들의 제한된 지식이 예상하는 것과는 매우 다르다.

로마서 12:2에서처럼 고린도전서 1-2장에서도 바울은 세상의 가치가 아니라 장차 올 세대에 속한 하나님의 온전한 가치로 형성된 지혜를 구축한다. 영원이라는 유리한 시점에서 얻게 되는 하나님의 계획을 명확하게 할 때, 세상이 보기에 단순히 엘리트들이 반역죄로 예수를 처형했다고 여긴 것은 오히려 구원 역사의 절정, 부활에 의한 하나님의 승리의 서곡이 된다.

십자가의 지혜(고전 1:17-2:5)

바울은 고린도전서 2:6-13에서 세상의 불충분한 지혜와 하나님에게서 나오는 참된 지혜(참조. 약 3:13-18) 사이의 대조를 발전시킨다. 바울은 하나님의 일에 관한 지혜가 오직 성령을 통해서만 나오므로(고전 2:10-11), 성령에 속한 사람들만이 그 지혜를 사용할 수 있다고 말한다(2:12-16).

바울은 그가 전파하는 지혜, 이로 말미암아 사람들이 회심하게 하는 그 지혜가 십자가의 메시지임을 보여준다(고전 1:17-18, 21, 24, 30; 2:1-5). 이 메시지는 세상의 눈에 어리석은 것처럼 보인다(1:18, 21, 23, 27). 하지만 그 메시지의 변화시키는 능력을 경험한 사람들은 더 잘 안다(1:18). 바울은 세상이 분명 전혀 다르게 행하리라는 것을 알고 있다. 하지만 역사 가운데 일어난 최근의 사건들, 특히 예수의 죽음과 부활은 하나님의 더 위대한 지혜를 계시한다. 하나님의 영원한 계획에 비춰볼 때, 세상의 신학적 지혜는 아무것도 아니다(1:19-20; 3:19-20).

바울은 여기서 지혜뿐만 아니라 능력에 대해서도 거론한다. 바울의 상황을 우리와 가장 가까운 동등한 것으로 번역하면, 그것은 교육뿐만 아니라 지위 및 사회적 영향력과 밀접하게 연결된 문제다. 십자가는 인간의 연약함을 여실히 나타내지만, 하나님의 능력을 드러낸다. 표적과 기사들은 하나님의 능력을 드러낼 수 있다(롬 1:22; 참조. 고후 12:12). 그러나 십자가는 그 능력을 좀 더 깊이 드러낸다(고전 1:18, 24; 2:4-5; 고후 13:4). 이 세대에서 능력이 있는 듯 보이는 엘리트들[2]은 하나님의 지혜와 능력을 알지 못하여 참되고 영원하신 주님을 범죄자로서 처형했다(2:6-8). 예수는 그가 전파한 무저항을 실천하면서 그의 아버지께 자신을 전적으로 의탁하고, 자신을 다시 살려주실 아버지를 의지했다.[3] 마찬가지로 바울도 십자가의 길을 따름으로써 연약함을 받아들여 하나님의 능력이 존귀하게 여김

---

[2] 몇몇 학자는 본문의 통치자들을 하늘의 또는 영적 통치자로서 이해한다(예. Dibelius, "Initiation," 94; MacGregor, "Principalities," 22-23; Cullmann, *State*, 63; Héring, *First Epistle*, 16-17; Berkhof, *Powers*, 14; Manson, *Paul and John*, 61; Whiteley, *Theology*, 26; Lee, "Powers," 63; Conzelmann, *Corinthians*, 61; Adeyemi, "Rulers"; 참조. Ambrosiaster *Comm.* [CSEL 81:24; Bray, *Corinthians*, 22]). 그들은 본문의 이 언급을 어쩌면 롬 8:38에, 확실하게는 골 1:16; 2:15; 엡 3:10; 6:12에 언급된 것과 같은 것으로 이해한다. 참조. 단 10:13, 20; *Jub.* 15:31-32; 35:17; *1 En.* 61:10; 75:1. 몇몇 사람은 천사들이 하나님의 사역을 모두 이해할 수 없었거나(참조. 4Q402 frg. 4.14-15[재구성됨]; 엡 3:10; 벧전 1:12; Daniélou, *Theology*, 206-14), 하나님이 사탄을 피하려고 비밀스러운 것을 간직하셨다고 믿었다(*b. Sanh.* 26b). 현재의 문맥을 고려할 때, 여기서 언급하는 것은 단순히 세상의 통치자들일 가능성이 더 크다(Miller, "ΑΡΧΟΝΤΩΝ," 528; Carr, *Angels*, 120; Fee, *Exegesis*, 87-91; Fee, *Corinthians*, 104; Thiselton, *Corinthians*, 233-39; Allison, *Constructing Jesus*, 396에 동의함; 참조. Oecumenius, catena on 1 Cor. 2:12 [*PGK* 15:432; Bray, *Corinthians*, 23]). 이런 예는 롬 13:1-3; 딛 3:1에서도 찾을 수 있고, 어쩌면 고전 15:24도 이에 해당할 것이다. 그러나 이 단어가 천사와 관련하여 사용된 예가 바울 이후라는 점 때문에 세상 통치자를 가리킨다고 판단한 것은 아니다(Carr, "Rulers," 30에 반대됨).

[3] 마가복음에서 일찍이 제시된 하나님 나라에 대한 설교와 마가의 수난 내러티브에서 하나님 나라의 절정을 주목하라. 비록 이 내러티브가 여전히 미래의 하나님 나라를 묘사하고(막 14:25; 15:43), 예수의 왕권에 대한 이 내러티브의 초점이 예수가 자신을 죽이는 사람들에게 왕으로서 조롱당하는 것이지만 말이다(15:2, 9, 12, 18, 26, 32).

을 받게 한다(고후 4:7, 10; 12:9; 13:3).

바울의 접근은 인간의 본능에 반직관적이었으며, 확실히 그의 시대에 반문화적이었다. 고린도 사회는 배움과 신분을 가치 있게 여겼지만,[4] 대부분의 고린도 신자들의 배경은 하나님이 그분의 목적을 성취하시기 위해 세상의 지혜나 능력이 필요하지 않다는 것을 보여주었다(고전 1:31에 인용된 본문의 한 부분인 렘 9:23-24을 반영하는 고전 1:26-29).[5] 고린도의 그리스도인들은 하나님이 택한 사람들인 그들 자신보다 하나님이 택하지 않은 사람들을 높이는 세상의 가치를 본받고 있었다.[6]

바울은 고린도의 그리스도인들이 자랑하고 있는 바로 그 문제들을 놓고 그들에게 이의를 제기한다(참조. 고전 1:29-31; 3:21; 4:7; 5:6; 6:5; 10:15). 세상의 철학들[7]은 정신적 훈련을 옹호하거나, 아니면 타고난 자연

---

4   고린도는 부와 무역으로 명성이 높았다(예. Mart. *Epig.* 5.35.3; Favorinus in Dio Chrys. *Or.* 37.8, 36; Thiselton, *Corinthians*, 6-12; Engels, *Roman Corinth*, 33-52). 하지만 그 도시는 계급으로도 명성이 높았다(Alciph. *Paras.* 24 [Chascobuces to Hypnotrapezus], 3.60, ¶1). 도시 제국의 신분/지위 문제에 대해서는 Meeks, *Moral World*, 32을 참조하라.

5   비록 그곳에서 상류층에 속한 그리스도인들은 거의 없었지만(예. Gager, "Class," 99; Gager, "Review," 180; Judge, *Pattern*, 52), 일부는 분명히 높은 지위에 있었다. 그들은 회중 안에서 소수였지만, 그럼에도 부적절한 영향력을 행사했다(예. Theissen, "Schichtung"; Judge, *Rank*, 9-10; Malherbe, *Social Aspects*, 29-30, 118-19). 고린도는 높은 지위의 신자 비율에서 독특했을 수 있다(Friesen, "Prospects," 353-58을 보라).

6   탈식민주의적인 정치적 관점에서 볼 때, 우리는 그들이 엘리트들의 거짓 내러티브를 내면화했다고 말할 수 있다.

7   학자들은 고전 1:17-18, 20; 2:1, 4, 13; 4:19-20(1:5, 17; 2:4의 솜씨 좋은 말의 "지혜"를 비롯하여)에서 말하기를 강조함으로써 좀 더 엘리트로 이루어진 회중 사이에서 수사학과 관련한 관심사를 올바르게 주목한다. 예. Pogoloff, *Logos*, 109-12; Litfin, *Theology*, 119-24, 245-46을 보라. 하지만 몇몇 학자는 바울이 지혜나 지식을 말할 때, 그리스-로마의 고대성에 관한 다른 고급 학문, 즉 철학의 영향을 간과했던 것 같다(1:5, 19-22, 26-27; 2:1, 4-6, 13; 3:18-20; 참조. Clem. Alex. *Strom.* 1.90.1; Ambrosiaster *Comm.*, proem [CSEL 81:3-4]; Chrys. *Hom. Cor.* 4.4, 6; 5.5; Bray, *Corinthians*, 14, 16-17). 바울이 하나님의 지혜와 인간의 철학을 대조한 것은 골 2:3, 8에 더 분명히 나타난다.

적 신성에 의존함으로써 신적 지혜를 얻을 수 있다.[8] 하지만 바울에게 하나님의 지혜는 (롬 11:30-34에서처럼) 역사 안에서 그분의 계획에 드러난다. 그 계획은 인간의 파멸의 전형인 십자가에서 절정에 이른다. 하나님의 지혜의 핵심, 그리스도의 생각에 참여하는 것의 핵심(고전 2:16)은 십자가의 길이다. 이 신적 지혜의 핵심은 이 세대의 지혜를 받아들이는 대신에 세상이 터무니없는 것으로 멸시하는 하나님의 더 큰 계획을 신뢰한다. 진정 지혜로운 사람들은 그들의 약함을 자랑하고 하나님의 능력을 의지한다(참조. 고전 3:18; 고후 12:9-10). 그들은 모든 영광(또는 현대 서구의 용어로 말하면, 모든 신용)을 하나님께 드려야 한다. 하나님을 의지하는 이와 같은 지혜는 예컨대 내가 믿음의 생각이라고 칭했던 바울의 신학에 어울린다.[9]

미래 세대의 지혜(고전 2:6-10)

로마서 12:2보다 훨씬 더 분명하게, 고린도전서 2장에서 하나님의 지혜는 종말론적 지혜다.[10] 바울은 회심하지 않은 사람들에게 접근할 때 인간의 지혜를 멀리하고(고전 2:5) 십자가의 공격적인 메시지를 약화시키기를 거부하지만, 참된 깨달음을 반대하지 않는다. 따라서 그는 성숙한 사람들 사이에서의 지혜를 말한다(2:6a).[11] 이는 고린도의 그리스도인들이 이르지

---

8   이 장 아래 "추기: 그리스와 로마 전통에서 신격화" 단락을 보라.

9   본서 2장 "믿음으로 말미암아 새로운 실재로 여김" 단락을 보라.

10   장차 올 세대의 지혜는 그 후에 공공연하게 정당함을 입증받을 것이다(Ambrosiaster *Comm.* [CSEL 81:23; Bray, *Corinthians*, 21]). 하지만 내용 면에서는 종말론적이다(이 단락 결론 부분의 설명을 보라).

11   바울이 고전 2:6에서 "지혜"를 두 번 반복한 것은 수사학적으로 적절하다(이런 반복에 대해서는 Cic. *Or. Brut.* 39.135를 보라; 참조. Anderson, *Glossary*, 18, 37).

못한 성숙함이다.[12] 신분/지위와 경쟁에 대한 집착 때문에 그들은 바울이 그들에게 성령의 깊은 것[13]을 가르치기에는 너무 미성숙했다(3:1-2). 여기서 바울이 말하는 성령의 깊은 것은 그들이 이르게 될 미래의 영광에 관한 하나님의 종말론적 약속이다(2:7, 9; 참조. 롬 8:16-17; 엡 1:13-14). 비록 바울의 미래적 종말론이 결여되었다고 할지라도, 철학자들 역시 일시적인 것보다 영원한 것을 훨씬 더 가치 있게 생각했다.[14]

지혜와 성숙을 연결하면서 바울은 지혜서 9:6을 떠올렸을 것이다. 이 본문 역시 다른 방식이긴 하지만 두 개념을 연결한다. "사람들 가운데서 가장 성숙한 [τέλειος, 텔레이오스] 사람조차도" 주님에게서 "오는 지혜가 없다면 아무것도 아닌 것으로 여겨질 것이다."[15] 마지막에 인용한 이 본문은 지혜를 주시고 자신의 영을 보내시는 하나님 없이는 아무도 하나님의 충언을 배울 수 없다고 강조한다(Wis. 9:17). 이와 마찬가지로 바울은 하나님의 영이 그를 감동했기 때문에 하나님의 지혜를 고린도의 신자들에게 줄 수 있었다(고전 2:4-5, 13).[16]

바울은 그가 말하는 지혜가 사람의 지혜(고전 2:5), 즉 이 세대에 속한

---

12 바울이 자주 사용하는 "성숙한/온전한"의 의미에 대해서는 Allo, *Première Épitre*, 91; Garland, *1 Corinthians*, 93을 보라.

13 고전 2:10의 "깊은 것"도 참조하라.

14 예. Sen. Y. *Ep. Lucil.* 66.31; Epict. *Diatr.* 2.12.21-22; Marc. Aur. 11.1.2; in 4 Maccabees, 참조. Fuhrmann, "Mother." 묵시적인 공감대를 가진 사람들은 더 분명하게 이해했을 것이다(막 8:36-37; *2 Bar.* 51:15-16; 참조. *b. Tamid* 32a).

15 Philo *QG* 4.191의 자료도 참조할 수 있다. 바울은 다른 유대교 정경에 대한 지식으로부터의 인용 공식을 생략한 것 같다(고전 1:19, 31; 2:9; 3:19). 아볼로가 그의 알렉산드리아 정경의 일부분으로서 이와 같은 지혜 본문들을 사용했거나, 아니면 그 본문들이 바울이 도착하기 전에 고린도의 회당에서 사용되었을 것이다.

16 바울의 지혜 용어는 특히 헬레니즘 유대교의 지혜 전통을 반영한다. Conzelmann, *Corinthians*, 8; Scroggs, "ΣΟΦΟΣ," 37, 54("묵시적 지혜의 가르침")을 보라. 여기서 Wis. 9에 대해서는 Scroggs, "ΣΟΦΟΣ," 51; deSilva, "Wisdom," 1274도 보라.

지혜가 아니라고(2:6) 구체적으로 명시한다. 이 세대처럼(7:31), 이 세대의 통치자들은 덧없으며, 아무것도 아니게 될 것이다(2:6). 그들은 영원한 지혜가 없으므로, 모든 것보다 가장 존귀하고 영광스러운 통치자, 진정한 왕을 십자가에서 처형했다(2:8).[17] 추측하건대 바울은 여기서 예수의 처형에 연루된 유대인과 로마인 엘리트를 둘 다 염두에 두었을 것이다(참조. 막 15:1; 고전 1:23; 살전 2:14-15).[18]

하지만 바울은 직접적인 책임이 있는 엘리트의 직계 구성원 너머를 바라보고 일반적으로 이 세대에서 영광을 받고 존귀하게 여김을 받는 사람들을 생각한다. 통치자들이 "없어질"(καργουμένων, 고전 2:6) 것이라는 언급은 고린도전서 1:28에서 하나님이 폐하실(καταργήση) 존귀한 자들을 떠올리게 한다. 바울의 예는 신분/지위를 의식하는 고린도의 그리스도인들에게 경고한다. 즉 사람들의 능력에 대한 그들의 갈망은(1:26-28) 이 세대의 표준에 의한 능력 있는 사람들과 일맥상통한다. 참된 왕의 십자가를 영화롭게 하는 대신, 고린도의 그리스도인들은 그를 처형한 사람들의 어리석은 가치를 받아들인다.[19] 실제로 그들은 지도자들에 대한 세상의 가치

---

17 "영광의 주" 또는 "영광스러운 주"(고전 2:8)는 2:7에 언급된 세상적인 영광과 대조되며 신자들의 미래의 "영광"을 상기시킬 수 있다. Grant(*Gnosticism*, 158)가 언급하듯이, 이와 비슷한 용어가 *1 Enoch*에 하나님의 칭호로서 등장한다(22:14; 25:3; 27:3, 5; 36:4; 40:3; 63:2; 75:3; 83:8). 또한 참조. 시 24:7-10(23:7-10 LXX). 몇몇 사람(예. Pearson, *Terminology*, 34)에게는 미안하지만, 그 어구를 바울의 "대적자들" 탓으로 돌릴 이유는 없다(그러나 "영광의 주"는 *1 En.* 63:3의 깊은 비밀들과 함께 63:2의 "지혜의 주"이기도 하다).

18 살전 2:14-16이 바울 이후의 삽입이라는 생각(예. Setzer, *Responses*, 16-19; Schmidt, "Linguistic Evidence"에 분명히 표현됨)에 반대하는 Das, *Paul and Jews*, 129-36; Schlueter, *Measure*; Donfried, "Test Case"; Donfried, *Thessalonica*, 198-99; Collins, "Integrity"를 보라.

19 Bar. 3:14-19에서 하나님의 지혜보다 능력을 더 가치 있게 여기는 세상 통치자들의 몰락을 참조하라. 참조. LXX 시 104:22(105:22 ET); 사 19:11; 겔 27:8; 단 1:20; 2:48; 4:18;

를 교회의 지도자들에게 옮겼다. 그들을 자랑하고(3:21) 엘리트 그리스도인 명사들을 만들어내면서 말이다(3:4).

바울은 그의 청중에게 자신과 아볼로가 단지 하나님의 목적을 수행하는 종들일 뿐이며(고전 3:5-9; 4:1-2), 미래의 심판과 상급의 날에 각 사람이 행한 일의 가치가 드러날 것이라고(3:10-15; 4:4-5) 경고해야 했다. 고린도의 그리스도인들에게는 정확히 퇴보적인 신분/지위의 문제가 있었다. 그리스도인 지도자들뿐만 아니라 사실상 현재와 미래의 세상에 있는 모든 것이 교회를 위해 존재한다(3:21-23). 고린도의 그리스도인들은 세상의 지혜의 가치를 따름으로써 그들이 상상한 것보다 훨씬 더 영광스러운 것을 그들에게 약속한 더 깊은 지혜를 놓쳐버렸다.[20]

이 세대의 없어질 지혜와 대조하여, 바울은 현세대와 심지어 세상의 과거 세대 이전에 계획된 하나님의 지혜를 전한다(고전 2:7).[21] 이 지혜는

Pss. Sol. 8:20.

20 신학적 수준에서 우리는 이것을 하나님의 피조물을 통치하는 자로서 인간 창조(창 1:26-28)와 "하나님처럼" 된다는 공허한 약속을 위해 거의 최고의 신분/지위를 포기한 것에 (창 3:5-6) 비교할 수 있다. 많은 사상가들은 대다수의 지혜를 거절했지만, 바울의 접근이 사회적 엘리트의 가치들을 따르지 않은 반면, 지성인들은 지식이 없는 대중의 견해를 무시했다(예. Eurip. Hipp. 988-89; Aristoph. Acharn. 371-73; Frogs 419, 1085-86; 철학자들 중에서는 Arist. Pol. 3.6.4-13, 1281a-1282b; 4.4.4-7, 1292a; 5.4.1-5, 1304b-1305b; 6.2.10-12, 1319b; Rhet. 2.20.5, 1393b; Epict. Diatr. 1.2.18; 1.3.4; 1.18.4, 10; 2.1.22; 4.8.27; Sen. Y. Ep. Lucil. 66.31; 108.7; Marc. Aur. 11.23; Mus. Ruf. 41, p. 136.22-26; Iambl. Pyth. Life 31.200, 213; Porph. Marc. 17.291-92; 30.475; Diogenes the Cynic in Diog. Laert. 6 외 여러 곳; 랍비들 중에서는 m. Git. 5:9; Hag. 2:7; t. Demai 2:5, 14-15, 19; 3:6-7; 6:8; Maas. 2:5를 보라).

21 지혜의 선재성에 대해서는 잠 8:22-23; Sir. 24:9; Wis. 7:22; 9:1-3; L.A.B. 32:7; t. Sanh. 8:9; Sipre Deut. 37.1.3; 2 En. 30:8; 33:3을 보라. 고전 2:6-9의 선재하는 지혜에 대해서는 특히 Hamerton-Kelly, Pre-existence, 116-17; Keener, John, 352-55, 367-68, 379-80의 논의를 보라.

"감춰졌었다"(2:7).[22] 이것은 세상 최고의 교육을 받은 사람과 엘리트층에 있는 사람들에게도 숨겨졌다(2:6, 8). 따라서 그 지혜는 보는 것이나 듣는 것, 또는 사람의 상상력으로 인식하지 못하는 것이었다(2:9). 이 지혜의 주체는 하나님께서 미래의 자기 백성을 위해 계획하신 영원한 영광(2:7),[23] 즉 "하나님이 자기를 사랑하는 자들을 위해 예비하신 것"(2:9)이다. (헤아릴 수 없는 미래의 복에 대한 사상은 엡 2:7의 바울 사상에도 등장한다.)[24] 이런 문제들은 사람의 감각으로도 이성에 의해서도 계시될 수 없으며(고전 2:9),[25] 오직 성령의 경험으로만 계시될 수 있다(2:10). 즉 성령은 장차 올 세상의 삶을 경험하고 미리 맛볼 수 있게 하신다. 이는 일부 초기 그리스도인들도

22　감춰진 또는 비밀스러운 지혜에 대한 개념은 때때로 반대를 받는 경우도 있었지만(예. Isoc. *Antid*. 84) 일반적이었다(예. Val. Max. 8.7.ext.2; 1QS 11.6). 본문의 μυστήριον(미스테리온)을 신비종교와 관련이 있는 것으로 이해한 고대의 일부 주석가들(Wis. 14:15, 23; Philo *Spec. Laws* 1.319; 3.40; Jos. *Ant*. 19.30, 71, 104; *Ag. Ap*. 2.189, 266)과는 다르게, 이 용어는 유대교 지혜(Wis. 2:22; 6:22; 참조. Sir. 22:22; 27:16-17, 21의 일반적 용례)와 계시적 본문들(단 2:19, 27-30, 47)에 이미 안착했다. 필론은 신적인 비밀을 지칭하기 위해 신비종교의 용어를 비유적으로 종종 빌려왔다(*Alleg. Interp*. 3.3, 27, 71, 100; *Cher*. 48-49; *Sacr*. 60; *Unchangeable* 61; *Contempl*. 25). 이와 비슷한 히브리어 단어는 사해사본에 만연하다(150번 이상). *1 En*. 51:3에서 지혜의 비밀도 참조하라(부정적으로 사용된 69:8). Brown, "*Mysterion*"; Brown, *Mystery*; Caragounis, *Mysterion*의 논의를 보라. 이 문맥에서는 Casciaro Ramírez, "Misterio"; Jódar-Estrella, "Misterio"; Horsley, *Corinthians*, 58-59을 보라.

23　고전 2:9에 대한 오리게네스의 주석을 참조하라. "신령한 몸의 광채, 아름다움, 그리고 밝음은 참으로 위대하다"(*Princ*. 3.6.4; 번역. Bray, *Corinthians*, 23). 그것은 미래의 복에 널리 적용되었다(예. *1 Clem*. 34.7-8; *Mart. Pol*. 2.3; Tert. *Spec*. 30).

24　의인들을 위해 예비된 미래의 복에 대해서는 마 25:34; *1 En*. 25:7; 103:3; *4 Ezra* 8:52도 참조하라.

25　바울은 여기서 사 64:3 LXX(64:4 ET)을 개작하는데, 이 본문 역시 후기 랍비들 사이에서 대중적인 종말론의 본문이 되었다(예. *b. Ber*. 34b; *Sanh*. 99a; *Shab*. 63a; *Exod. Rab*. 45:6). *L.A.B*. 26:13에 언급된 바울의 어구와 유사한 구절을 참조하라. 일부 초기 해석자들은 바울이 사 64장을 다른 말로 바꾸어 표현했음을 인정했다(참조. *1 Clem*. 34.8; Bray [*Corinthians*, 23]의 혼합된 용어는 Ambrosiaster *Comm*.[CSEL 81:26]를 인용한다). 일부 다른 사람들은 더 이상 존재하지 않는 자료를 제안한다(Chrys. *Hom. Cor*. 7.6).

인정했던 경험이다(특히 히 6:4-5을 보라).[26]

성령의 통찰(고전 2:10-13)

하나님의 영만이 하나님의 생각을 참으로 알기 때문에(고전 2:11), 하나님의 영만이 종말론적 진리(2:9-10)와 하나님의 마음의 깊은 것(2:10)을 계시할 수 있다. 신자들은 하나님의 영을 받았으므로, 그들에게 약속된 기업을 알 수 있으며(2:12), 성령으로 말미암아 영적으로 성숙한 사람들 사이에서 그것을 전달할 수 있다.

세상의 영만 있는 사람들은(고전 2:12) 영적인 진리가 무엇인지 알 수 없다(2:14). 그들은 영적인 진리를 받아들일 수 없고 그 진리에 의해 살아갈 수 없는데, 그 이유는 그런 수준의 이해는 하나님의 영에 감동된 관점을 가진 사람들에게만 임하기 때문이다. 따라서 하나님의 영이 없는 사람들은 성령의 사람들의 선택을 이해할 수 없지만, 성령의 사람들은 세상에 속한 사람들이 왜 그런 모습을 하고 있는지를 이해한다(2:15). 성령의 사람들에게만 실재에 대한 궁극적인 해석적 이해, 즉 창조주가 제공해주시는 이해가 있다.

---

26   참조. Arrington, *Aeon Theology*, 132-33.

계시자이신 성령(고전 2:10-11)

하나님은 성령으로 말미암아 이 종말론적 실재를 신자들에게 계시하셨다 (고전 2:10). 아마도 인간의 이해나 언어 자체가 전달할 수 있는 것보다 훨씬 깊은 수준에서 계시하셨을 것이다.[27] 성령은 하나님의 마음의 가장 깊은 곳까지 살필 수 있으므로 하나님의 진리를 계시할 수 있다(2:10).[28] 유대교 사상가들 사이에서 헤아릴 수 없는, 하나님의 "깊은 것들"은 특히 하나님의 마음에 관한 비밀스러운 지혜의 모티프들과 세상에 대한 그분의 계획을 이미 상기시켰다(참조. 롬 11:33).[29] 이런 연결은 특히 욥기 11:6-8에서 분명하다. 이 본문에서 "하나님의 깊은 것"은 하늘보다 높고, 스올보다 깊다. 언젠가 죽는 존재들은 지혜의 비밀에 접근할 수 없다. 이런 용어는 가까이할 수 없는 하나님의 생각을 묘사할 수 있다.[30] 이와 비슷하게 다니엘 2:22에서 하나님은 깊고 은밀한 것을 계시하신다. 이것은 비밀들을

---

27 "계시된 지혜" 역시 *1 En.* 48:7과 같은 묵시적 본문들에 간헐적으로 등장한다.

28 "깊은 것"이라는 말은 물리적인 깊은 곳뿐만 아니라 감춰졌거나 인간이 탐지해낼 수 없는 마음이나 생각의 영역에도 어울린다. LXX 시 63:7(64:6 ET); 잠 20:5; 25:3; 렘 17:9을 보라. 특히 적합한 것은 Jdt. 8:14인데, 이 본문은 닿을 수 없는 사람의 마음의 깊이와 이보다 훨씬 더 불가능한 하나님을 찾는 것을 비교한다.

29 더 자세한 내용은 잠 18:4; Sir. 1:3; Philo *Drunkenness* 112을 보라. *Dreams* 1,6; 2,271(유비에 의해)의 지식의 깊음; *Posterity* 130; 참조. *Flight* 200; *3 En.* 11:1; 여기서 파생한 엡 3:18의 하나님의 사랑; 본문의 지혜 용어에 대한 암시에 대해서는 Scroggs, "ΣΟΦΟΣ," 51을 보라. 몇몇 사람은 "깊은"이라는 단어를 "심오한"(예. Longin. *Subl.* 2,1의 βάθος) 혹은 "알려지지 않은"(전 7:24 LXX) 이라는 뜻으로 사용하거나, "깊음"을 특별한 비밀에 적용했다(*1 En.* 63:3; 계 2:24; 참조. 계 2:23의 마음을 진정 살피시는 이와의 대조).

30 *2 Bar.* 54:12에서 하나님께 말하는 비슷한 언어를 참조하라. "누가 생명에 대한 당신의 깊은 생각을 이해하겠습니까?"(번역. A. F. J. Klijn, *OTP* 1:640; Charles의 더 오래된 번역은 다음과 같다: "누가 삶에 대한 주님의 깊으신 생각을 헤아리겠습니까?"[*APOT* 2:511]). 이와 비슷하게 지혜의 헤아릴 수 없는 위대함을 찬양하는 Sir. 1:2-3도 참조하라.

계시하는 것과 관련된 다니엘서의 모티프에 적합하며, 사해사본에서도 발전된다.[31]

따라서 바울은 여기서 성령이 신자들에게 하나님과 그분의 지혜의 깊은 연관성을 어떻게 제공하는지에 대해 말한다. 가장 근본적으로 이것은 하나님의 성품과 하나님과 신자들의 관계, 그리고 그들을 향한 하나님의 마음을 경험하는 것과 관련된다. 그러므로 바울신학에서 성령은 십자가에서 나타난 하나님의 사랑을 강조한다(롬 5:5-10, 특히 5:5; 8:15-16).

다시 말해서 성령은 두 가지 측면에서 신자들과 하나님을 긴밀하게 연결한다. 바울은 다른 곳에서 모든 마음을 살피시는 하나님이 신자들 안에 있는 성령의 생각을 아신다고 말한다(롬 8:26-27). 로마서 8장에서 신자들을 위해 기도하는 성령은 신자들의 의식적인 기도를 넘어서 그들의 필요에까지 다가간다. 피조물이 의도적으로라기보다는 그 상태 때문에 탄식하듯이(8:22), 성령은 하나님을 향한 신자들의 내적인 탄식을 해석한다(8:23, 26).[32] 여기서 성령은 하나님의 마음을 살펴 그것을 신자들에게 계시한다(고전 2:10). 요한 신학과 관련한 저술들에서 좀 더 두드러지는 몇몇 용어를 다른 말로 바꾸어 표현하면, 성령은 상호 거주의 수단이다.

---

31   다니엘서와 초기 유대교, 특히 사해사본의 "비밀" 모티프에 대해서는 Brown, *"Mysterion"*; Brown, *Mystery*; Caragounis, *Mysterion*을 보라. 가장 최근의 연구로 Beale and Gladd, *Hidden*, 29-55을 보라.

32   더 자세한 주석은 의롭게 하는 분이신 예수의 중보와의 연관성뿐만 아니라 출애굽(출 2:23)과 종말론적 출산의 고통(롬 8:22)의 배경을 설명해줄 것이다(8:34; 더 자세한 내용은 Keener, *Romans*, 106-8을 보라). 나는 이것을 방언과 동일시하는 것에 대한 반대를 간략히 주장했다(107-8n37). 하지만 Fee가 이것과 방언의 동일시를 지지한 것은 주목할 만하며, 설득력이 있는 것 같다(Fee, *Listening*, 105-20). 최소한 방언은 바울신학에서 유사한 기능을 반영한다. 탄식은 인지적이지 않으며, 신자들의 의도적인, 어쩌면 종종 의식적인 행위라기보다는 신자들 안에서 성령의 도움으로 일어나는 성령에 감동된 기도일 수 있다(이와 비슷하게 롬 8:15의 아빠 기도를 참조하라).

하나님의 마음을 계시하는 것은 하나님의 영만이 수행할 수 있는 역할이다. 자기 자신 이외에 자신에 대한 경험이나 자기 생각을 완전히 아는 사람은 아무도 없다.[33] 같은 방식으로, 하나님의 영만이 하나님의 마음을 완전히 아신다(고전 2:11; 참조. 2:16).[34] (이 유비는 많은 디아스포라 유대인 청중에게 친숙했을 것이다. 유닛은 그의 청중에게 인간의 마음의 깊은 곳조차도 헤아릴 수 없는데, 어떻게 하나님의 생각을 헤아리고 이해하기를 기대할 수 있겠냐고 경고한다.)[35] 욥은 나중의 증언에서 그를 비판하는 사람들은 몸이 어떻게 작동하는지를 이해하지 못하므로, 하늘의 일들을 이해한다고 주장해서는 안 된다고 불평한다.[36]

몇몇 사상가, 특히 플라톤 철학의 전통에 있는 사람들은 지고의 신을

---

33 이 사상은 충분히 흔했다(예. Dio Chrys. *Or.* 3.18; 잠 14:10; 여기서는 잠 20:27도 적절할 것이다; 비록 *1 Clem.* 21.2; *Pesiq. Rab.* 8:2에서는 상당히 다르게 이해되었지만 말이다). 다른 문맥에서 인간을 아는 자는 아무도 없다고(*Ahiq.* 116, 격언 33), 또는 친구는 "두 번째 자아"이므로 친구의 생각을 안다고 주장할 수 있었다(Papyrus Merton 12 in Stowers, *Letter Writing*, 61; 좀 더 일반적으로 "두 번째 자아"로서 친구에 대해서는 Diod. Sic. 17.37.6; Cic. *Fam.* 7.5.1; 13.1.5를 보라; 참조. P.Oxy. 32.5-6; Cic. *Fin.* 1.20.70; Sen. Y. *Ep. Lucil.* 95.63). 헬레니즘 유대교 저술가들은 여기서처럼 코이네 그리스어가 좀 더 자주 ψυχή(프쉬케)로 묘사한 인간의 요소를 지칭하기 위해 πνεῦμα(프뉴마)를 사용했다(Isaacs, *Spirit*, 35-36; 참조. Allo, *Première Épitre*, 104). 필론은 이 단어를 사람의 이성 및 의식과 연결한다(Isaacs, *Spirit*, 38-41).
34 참조. Bar. 3:31-32: 하나님 외에 지혜의 길을 아는 자는 아무도 없다.
35 바울이 고전 2:10에서 사용한 동사 ἐραυνάω(에라우나오)와 동족어 형태를 사용하는 Jdt. 8:14. 후기의 사례로 Diogenes in Dio Chrys. *Or.* 10.22(참조. 10.27)를 참조하라. 델포이 신전의 비문에 있는 "너 자신을 알라"와 어긋나게, 대부분의 사람들은 자신을 몰랐다. 그렇다면 그들이 어떻게 신들을 알 수 있겠는가? (그가 주장하는 것은 이것이다: 왜 그들이 신탁을 물어야 하는가?)
36 *T. Job* 38:5 (*OTP* 1:858). 그를 비난하는 사람들 중 하나는 이렇게 응수한다. "우리는 우리를 넘어서는 일을 살피지 않는다"(38:9, 번역, Kraft; 38:6 in *OTP* 1:858, 번역, Spittler).

형언할 수 없는 분으로,[37] 또는 적어도 인간의 이해를 초월하는 분으로[38] 여겼다. 그리고 다른 저술가들은 언젠가 반드시 죽을 존재의 생각은 신들의 계획을 절대로 이해할 수 없다고 경고했다.[39] 이 문맥에서 바울의 유명한 성서 인용을 고려해볼 때, 유대교 자료들이 좀 더 적절할 수 있을 것이다. 지혜에 대한 전통적 유대교의 성찰은 오직 하나님만이 완전히 지혜로우시므로, 그분의 지혜는 반드시 "계시"되어야 한다고 이미 이해했다(Sir. 1:6-9).[40] 바울은 세상이 하나님을 이해할 수 없다고 설명한다. 하지만 하나님을 이해하는 그분의 영은 그분의 지혜를 받아들이는 사람들에게 그분을 계시할 수 있다(고전 2:12, 16).

---

37 예. Plato *Tim.* 28C; *Ep.* 2,312E; Max. Tyre *Or.* 2,10; 11,9; 21,7-8; Apul. *Apol.* 64; *De deo Socr.* 123-24. Philo *Names* 15; Shibata, "Ineffable"도 참조하라.

38 하나님의 영역은 언젠가 죽을 존재들의 영역 위에 있었다(Sen. Y. *Dial.* 12,8,5). 피타고라스 학파에 속한 사람들은 그들의 신적인 철학을 이해하기 위해 신의 도움을 요청했다. 왜냐하면 "그 철학은 신들의 도움이 없다면 이해할 수 없는 것이기 때문이다"(Iambl. *Pyth. Life* 1,1; 번역. Dillon and Hershbell, 31).

39 Pindar *Paean.* 21, frg. 61, in Stob. *Anth.* 2,1,8(4행에서 본문처럼 ἐραυνάω의 동족어 형태를 사용함). Hesiod *Melamp.* 9 (in Clem. Alex. *Strom.* 5. p. 259)도 참조하라. "언젠가 죽을 인간 중에서 제우스의 생각을 아는 선견자는 없다"(번역. Evelyn-White, LCL, 271).

40 Sir. 1:6-9은 "지혜"와 "계시하다"를 둘 다 포함하는 유일한 70인역 본문이다. 참조. Bar. 3:31-32. 집회서에서 하나님으로부터 오는 유일한 선물로서 참지혜에 대해서는 Boccaccini, *Judaism*, 82-83을 보라. 바울이 고전 2:9에서 "그를 사랑하는 자들"이라는 어구를 사용한 것은 이 본문을 암시할 수도 있다. 왜냐하면 Sir. 1:10이 지혜의 선물을 받는 사람들을 그렇게 묘사했고, 바울이 이 단어들을 사용하여 사 64:3 LXX(64:4 ET)의 용어를 미드라쉬적으로 개작하기 때문이다. 하나님을 "사랑하는 자들"이라는 어구가 성서에서 친숙하다는 점은 인정된다(참조. 출 20:6; 신 5:10; 7:9; 느 1:5; 시 91:14; 119:132; 122:6; 145:20; 단 9:4). 이것은 성서 이외에 집회서(Sir. 2:15-16; 34:19)를 비롯하여 다른 곳에도 등장한다(예. 1 Macc. 4:33; *Pss. Sol.* 4:25; 6:6; 14:1; 4Q176 frg. 16,4; 4Q525 frg. 5,13; *T. Ab.* 3:3 A). 다른 사람들은 변화에 대한 신학적 이유를 제시한다(Bauer, "ΑΓΑΠΩΣΙΝ").

하나님의 영으로 말미암는 깨달음 대 세상의 영(고전 2:12-13)

신자들이 받은 성령은 세상 체계[41]에 속한 영이 아니다(고전 2:12; 참조. 2:6).[42] 세상의 통치자들은 주님을 십자가에 처형했다(2:8).[43] 이들과 다르게, 모든 신자는 하나님으로부터 오는 성령을 받았다. 성령은 하나님의 마음을 안다(2:11). 이 문맥에서 성령은 신자들이 영원한 영광을 위해 미리 준비된 약속(2:7, 9)을 비롯하여 하나님이 은혜로 주신 것을 알 수 있게 해준다(2:12). 종말론적 실재에 대한 이 지식은 현재에도 해당하는데, 그 이유는 신자들이 이런 지식을 사용할 수 있게 해주는 성령을 이미 받았기 때문이다(바울의 명명법에 의하면, 신자들은 회심 때 성령을 "받는" 것이 분명하다; 갈 3:2; 참조. 고후 11:4; 갈 3:14).

사람들은 성령을 통해서만 종말론적 소망과 관점을 충분히 이해

---

41 여기서 몇몇 사람은 "세상의 영"이 사탄을 가리킨다고 제안하거나(참조. Isaacs, *Spirit*, 105; 엡 2:2), 그것을 사해사본에 언급된 진리의 영을 대적하는 오류의 영과 비교하거나(Levison, *Filled*, 281-82, 1QS 4.3-6, 9-11을 인용함; 차이점들도 주목하는 Flusser, *Judaism*, 68), 아니면 *Jub.* 1:20-21의 관련된 대조를 언급한다. 동시에 그리스어로 글을 쓴 유대교 저술가들은 심리학적 성향이나 경향을 지칭하기 위해서도 πνεῦμα(프뉴마)를 사용한다(Chevallier, *Ancien Testament*, 39; Isaacs, *Spirit*, 71). 롬 8:15에서 이와 비슷한 바울의 구조를 참조하라.

42 이곳과 롬 8:15에서 바울은 신자들이 받지 않은 영과 그들이 받은 성령을 대조한다. 바울에게 성령을 "받는" 것은 적어도 원리상 회심과 동시에 일어난다(갈 3:2, 14).

43 참지혜와 거짓 지혜를 구별하는 표준에 대해서 바울과 다르기는 하지만(그러나 일반적으로 그 표준은 본문과 마찬가지로 자신들이 속한 학파의 신조였다), 많은 사상가들이 이런 구별을 만들었다. 다음을 보라. Sen. Y. *Ep. Lucil.* 88.44; *Nat. Q.* 1.pref.14-15; Aul. Gel. 10.22; Lucian *Carousal* 30, 34; *Dial. D.* 329 (1/1, *Diogenes* 1); 332 (1/1, *Diogenes* 2); Fronto *Ad M. Caes.* 4.3.1; Porph. *Marc.* 25.394-95; 27.425-31; 참조. 잠 3:5-7; 딤전 6:20; *Sib. Or.* 5.86-87; *Diogn.* 12.4-7. 이와 마찬가지로 사해사본을 만든 공동체는 그들만이 그들에게 참된 깨달음을 주실(1QS 4.21-23) 진리의 성령을 소유했다고 믿었다(Flusser, *Judaism*, 54).

할 수 있는데(고전 2:9-11), 바울의 설교가 이것을 어떻게 전할 수 있었을까? 바울은 사람들의 지혜가 아니라 십자가의 메시지(2:2)와 성령을 통해(2:4-5) 감춰진 지혜(2:7)를 말한다고 이미 주장했다. 이제 그는 사람의 지혜가 아니라, 성령이 전달하는 지혜를 말한다고 반복한다(2:13).

형용사 πνευματικοῖς(프뉴마티코이스)를 중성으로 취할 것인지 아니면 남성으로 취할 것인지에 따라(여격은 둘 중 어느 것으로나 이해될 수 있다) 고린도전서 2:13을 이해할 수 있는 두 가지 방법이 있다. 이 형용사를 중성으로 이해한다면, 바울이 말하는 것은 성령에 속한 일을 순수하게 자연적인 틀의 상황에서가 아니라 오직 성령에 속한 다른 문제들의 상황에서 이해할 수 있다는 것이다.[44] (확실히 바울은 그의 메시지가 "신령한 것", 즉 성령에게서 나오는 것이라고 믿고 있다.)[45] 이와 대조적으로 고린도의 그리스도인들은 인간의 틀 안에서 성령에 속한 문제들을 해석하려고 노력해왔다(2:13). 고린도 교인들은 인간적인 표준으로 바울과 아볼로를 비교함으로써(3:4),[46] 영

---

44 Chrys. *Hom. Cor.* 7.8(in Bray, *Corinthians*, 25)에 동의함.

45 잘못 이해한 것 같지만, 몇몇 사람이 계 11:8에 대해 제안하듯이(Beale, *Revelation*, 592), "신령한"(영적인, 성령과 관련이 있는, spiritual)이란 단어는 "알레고리적인"을 뜻할 수 있다(Bruce, "Spirit in Apocalypse," 339; Roloff, *Revelation*, 133; Bauckham, *Climax*, 168-69을 보라). 하지만 이 단어는 "비유적으로"라는 의미일 가능성이 더 크다. 요한계시록의 전달 형식인 이 "비유적으로"는 시적으로 예언했던 포로기 이전 예언자들에게 일반적인 것이었다. 하지만 바울은 다른 곳에서 일반적으로 "신령한"이라는 단어를 성령과 연결한다(Fee, *Presence*, 28-31; Fee, *Listening*, 5에 동의함). 십자가의 메시지 자체는 "신령한" 것이며, 성령이 계시하는 하나님의 말씀이다(고전 9:11; 고후 2:17; 4:2; 5:19; 살전 2:13). 아마도 성령에 대한 깨어진 의존 역시 그것의 메신저를 통한 의사소통을 촉진시켰을 것이다(참조. 고후 4:7-10).

46 고전 2:13에서 해석 또는 이해(συγκρίνω)를 가리키는 바울의 용어는 특히 비교(사물 혹은 사람)에 적용된다. 3:4-7의 쟁점과 관련하여 그 용어와 그것의 동족어들은 수사학을 비롯하여 평가에 사용되는 비교에 자주 적용되었다. Philo *Virt.* 85(Martin, "Philo's Use"도 참조하라); Jos. *War* 1.13; Plut. *Comparison of Alcibiades and Coriolanus*(그리고 그의 다른 병행하는 삶); Hermog. *Inv.* 4.14.212; *Progymn.* 8, "On Syncrisis," 18-20; Men. Rhet.

적으로 평가하지 못했다(2:14-15).[47]

　대신에 바울은 아마도 십자가의 기본적인 메시지를 넘어 종말론적 약속을 받아들일 수 있는 사람들에게만 그 약속을 전달했을 것이다.[48] 불신자들은 **영적으로** 이해할 수 없는데, 그 이유는 그와 같은 이해가 단순히 메시지의 문법을 설명하는 것이 아니라 진리를 받아들이는 것을 포함하기 때문이다(그렇게 함으로써 그는 더 이상 불신자가 되지 않는다).[49] 바울은 순수하게 자연적인 틀을 가지고 있는 사람들에게 성령에 속한 것들(πνευματικά, 프뉴마티카[중성 복수], 2:13)을 설명하려고 하지 않는다. 성령에 속한 것들은 순전히 자연적인 틀만을 가지고 있는 사람들에게는 이해할 수 없는 것으로 입증되었을 것이다(2:14). 하지만 바울은 성령을 받은 사람들(즉 2:15의 명사처럼, πνευματικοῖς를 남성으로 이해할 경우)에게는 성령에 속한 것들을 설명한다. 고린도의 그리스도인들이 스스로 성령에 속한 사람들처럼 행동

2.3, 381.31-32; 2.10, 416.2-4; 2.14, 427.1-3; 2.10, 417.5-9; Libanius *Comp.* 여러 곳; Nicolaus *Progymn.* 9, "On Syncrisis," 59-62; Gärtner, "Synkrisis"; Aune, *Dictionary of Rhetoric*, 110을 보라. 바울의 경우에 대해서는 고후 10:12을 보라.

47　비교가 반드시 다른 사람을 높이기 위해 한 사람을 폄하해야 하는 것은 아니었다(Men. Rhet. 2.6, 402.26-29; 403.26-32; 404.5-8; 2.10, 417.5-17; 예. Plut. *Comparison of Aristides and Marcus Cato; Comparison of Lucullus and Cimon*). 하지만 가끔 그런 일이 발생했으며(예. Cic. *Ag. Caec.* 12.37; *Brut.* 93.321-22; *Pis.* 22.51; 수사학에서는 Demosth. *Embassy* 174; Keener, *John*, 916-17, 1183-84의 주석을 보라), 파벌에 의한 분열은 이 경우에 폄하가 발생했음을 암시하는 것 같다.

48　참조. Witherington, *Corinthians*, 128. "우리는…신령한 사람들에게 신령한 문제들을 해석한다." 그는 본문의 동사를 창 40:8, 22; 41:12; 단 5:12에서와 마찬가지로 "해석하다"로 이해한다. 이 접근은 앞에서 언급한 비교의 어감을 배제하지 않는다. 바울이 이곳 외에 συγκρίνω라는 용어를 사용하는 유일한 곳은 고후 10:12이다. 비록 고후 10:12만이 분명한 수사학적 사용이지만 말이다(Forbes, "Comparison," 152).

49　이해의 수준이 다르다. 유비로 표현하자면, 지면 위에 있는 잉크의 화학적 성질을 설명하는 것과 메시지를 읽는 것 사이에는 차이가 있다.

하고 있지 않으므로(3:1의 πνευματικοῖς에 주목하라),[50] 바울은 그들과 더 깊은 영적 진리를 공유하지 않았다.[51]

어느 정도까지 이 두 가지 읽기 중 어느 것을 선호하는지는 중요하지 않다. 본문이 같은 상황에서 나온 것이므로, 두 가지 읽기는 모두 거의 같은 적용으로 이어진다. 요한 신학에서처럼, 단순히 사람의 지혜로는 성령의 일을 알 수 없다(요 3:3, 8, 10). 요한은 세상의 유비를 사용하지만, 이 유비조차도 하늘에 속한 일에 익숙하지 않은 사람에게는 지혜자의 수수께끼와 다르지 않게 보일 것이다(3:12).

바울은 여기서 예수의 가르침에 이미 들어 있고 더 이른 성서의 사상들과 일관성이 있는 주제를 발전시킨다. 예수는 하나님께서 그분의 진리를 지혜 있고 슬기 있는 사람들에게는 감추시고 어린아이들에게 계시하셨다고 가르치신다(마 11:25//눅 10:21). 이 어린아이들은 아마도 제자들을 암시할 것이다(마 12:1-2; 18:3; 눅 10:23-24). 같은 전통에서 그리스도 안에 있는 하나님의 계시를 통하지 않고는 아무도 하나님을 알 수 없다(마 11:27//눅 10:22; 참조. 마 16:17). 더 이른 시기에 성서의 지혜자들과 예언자

---

50 바울은 아마도 여기서 그들의 자아 인식에 도전하고 있을 것이다. 참조. 고전 14:37. 몇몇 사람은 이 상황을 특별히 예언자적 인물들과 연결한다(Wire, *Prophets*, 39-71). 다른 사람들은 이에 이의를 제기한다(Hill, *Prophecy*, 130, Dautzenberg, "Botschaft"에 반대함). 몇몇 학자는 자신을 πνευματικοί(프뉴마티코이)로 인식하는 사람들은 고전 1:12에 언급된 "그리스도의 사람"에 속할 것이라고 제안한다(Snyder, *Corinthians*, 36). 바울은 갈 6:1에서 이 용어를 적극적으로 사용하는 것 같다(참조. 5:16-18, 22-23, 25; 6:8).

51 하지만 그가 나눠준 복음은 고전 2:4-5과 9:11에서 분명하게 드러나듯이, "신령한 것들" 또는 "성령에 속한 것들"로서 묘사될 수도 있다. 바울이 언급한 "젖"과 단단한 "음식"(3:2)은 모두 성령에 속한 것들이지만, 몇몇 사람은 다른 사람들보다 성령을 향한 더 깊은 개방의 수준을 요구한다. 이 편지의 후반부에서 "성령에 속한 것들"이라는 표현은 성령에게서 공급받는 사역의 힘에 적용되는 것으로 보인다(12:1; 특히 14:1; 참조. 롬 1:11).

들 역시 자신의 지혜보다 더 위대한 하나님의 지혜를 의존하는 것의 중요성을 인정했다(예. 신 4:6; 잠 2:1-6; 3:5, 7, 11-13; 26:12; 사 5:21; 29:14; 렘 8:9; 9:23-24).[52] 다른 곳에서 성령은 하나님을 영화롭게 하기 위해 예술적 재능(출 28:3; 31:3; 35:31)이나 지도력(신 34:9; 사 11:2)과 같은 지혜의 영감을 주신다.

진리를 헤아릴 수 있는 영적 능력(고전 2:14-15)

영적 진리는 오직 성령에 의해(고전 2:10-11) 그리고 성령을 받은 사람들 사이에서만(2:12-13) 전달될 수 있었다. 세상의 지혜는 하나님의 참지혜를 알 수 없으므로(1:21, 23-25; 2:8, 12-13), 성령이 없는 사람들은 성령에 속한 것들이나 성령의 영원한 지혜를 따르는 사람들을 평가하는 위치에 있지 않다(2:14-15). 성령이 없는 사람들은 하나님의 영이 아니라 세상의 영을 받았으므로(2:12), 성령에 속한 것들을 받을 수가 없다(2:14).

　　예수의 정체성과 십자가가 그 가치로 인해 세상에서 이해될 수 없는 것과 마찬가지로(고전 2:8), 성령의 생각에 따라 행하는 사람들은 세상의 지혜의 측면에서 이해될 수 없다(참조. 요 3:8). 현재 성령에 감동된 행위와 종말론적으로 동기부여를 받은 선택은 세상의 가치에 익숙한 사람들에게

---

[52]　잠언은 이집트의 현자들과 공유하는 지혜를 많이 포함하고 있다. 지성과 몇몇 종류의 지혜는 모든 인류를 위한 공통의 선물이다(참조. *Diogn.* 10.2). 하지만 주님을 경외하는 것이 하나님께서 교훈하시는 신성하고 도덕적인 문제에 관한 지혜의 출발점이다(시 111:10; 잠 1:7, 29; 9:10; 15:33). 세계관 또는 현실에 대한 해석학적 틀로서 인간의 지혜는 인간의 반역에 의해, 특히 그 지혜가 신성한 문제를 다루고 개인 혹은 공동체의 죄에 의해 형성되는 수준까지 타락했다.

는 별로 의미가 없다.

하지만 고린도의 그리스도인들은 바울의 메시지를 평가하거나(고전 1:18-2:5), 그를 그의 동료들과 비교하기 위해(1:12; 3:4) 세상의 기준을 사용하고 있었다! 몇몇 사람이 바울을 "평가"한 것은 분명하다. 외부인들이 지혜 있는 자들을 이해할 수 없음을 표현하기 위해 바울이 여기서 사용한 동일한 동사(ἀνακρίνω, 아나크리노, 2:15)는 나중에 고린도의 그리스도인들이 바울을 세상적으로 평가하는 데 등장한다(4:3; 9:3).[53] 그들은 그리스의 수사학적 기준[54] 또는 그들에게 자명하다고 생각되는 대중적인 철학적 신념들에 의해 바울의 가르침을 판단하고 있었다. 그렇지만 세상의 표준에 의하면, 십자가는 능력, 지위, 그리고 현명한 메시지에 반대된다.

만연한 평가 문화

그리스-로마의 엘리트들이 도시와 개인들을 모두 평가하거나 감정할 수 있는 능력을 가치 있게 여긴 것은 분명하다.[55] 이런 행동은 다른 관계들로 이어졌다.[56] 따라서 예를 들어 키케로는 "당신은 당신의 친구를 평가한 후에 그를 사랑해야 하며, 당신이 그를 사랑하기 시작한 후에는 그를 평가하지 말아야 한다"고 충고한다.[57] 즉 성품에 근거하여 친구가 될 사람을 선택해야 한다. 애정은 다른 사람의 유익을 위해 한 사람을 더 비판적으로 만

---

53   Horsley, *Corinthians*, 61에 동의함. 상황과 관련하여 Keener, "Corinthian Believers"의 논의도 보라.

54   Witherington, *Corinthians*, 47; Grindheim, "Wisdom"을 보라.

55   Savage, *Power*, 19-53 외 여러 곳과 Pliny *Ep*. 1.21.1도 보라.

56   노예를 소유하고 있는 사람들은 노예를 평가하는 데 관심이 있었다(Pliny *Ep*. 1.21.2).

57   Cic. *Amic*. 22.85(번역. Falconer, LCL, 20:190-93).

드는 것으로 생각되었을 수 있다.[58]

연설을 평가하는 것이 만연했고, 그렇게 할 수 있는 능력이 가치 있게 생각되었다.[59] 수사학적 비평가들은 과거의 연설가들도 평가했다.[60] 누구든지 자기가 가진 기술을 개선하기 위해 자신의 실적을 기존의 글과 비교한 후에 기록된 본문을 가지고 수사학적으로 경쟁할 수 있었을 것이다.[61] 연설을 평가하는 것은 이런 맥락과 관련이 있으며(고전 2:1-7, 13), 나중에 바울에게는 수사학적으로 숙련된 외부 비평가들 앞에서 훨씬 더 큰 문제가 되었다(고후 10:10; 11:5-6). 청중 역시 내용을 평가할 수 있었다. 따라서 수사학자는 철학자의 철학적 기술을 평가할 준비가 되어 있었다.[62] 이상적인 스토아 학파의 현자는 단순한 의견을 표현하는 것이 아니라 특정한 지식만을 수용한다.[63]

부분적으로는 다른 사람에 대한 이와 같은 평가가 가져오는 명예를 얻기 위한 경쟁 때문에, 경쟁과 분열이 고대 지중해 도시 사회에 만연했다.[64] 그들의 문화에 깊이 뿌리박힌 이런 습관을 지속하면서, 심지어 고린

---

58 Pliny *Ep.* 6.26.2. 플리니우스는 특히 대중 앞에서 실수를 잡아내기 위해 친구와 동료들을 비판하고(Pliny *Ep.* 3.15.1-2; 7.20.1) 그들로부터 비판받을 준비가 되었던 것으로 보인다 (3.13.5; 5.3.8; 5.12.1; 7.17.1-3; 7.20.2; 8.19.2). 물론 이 상황은 적대적인 공개적 거래와는 다르다.

59 예. Fronto *Ad M. Caes.* 1.8; Apul. *False Preface* 1.104-5.

60 Dio Chrys. *Or.* 18.11. 루키아노스는 연설가들을 지혜롭게 평가할 수 없는 대중을 조롱한다(Lucian *Prof. P.S.* 20, 22).

61 Pliny *Ep.* 7.9.3.

62 Symm. *Ep.* 1.29(이 경우에는 호의적으로)는 "사람은 자신이 소유하지 못한 기술을 판단할 수 있다"는 의견을 피력한다(번역. Salzman and Roberts, 68).

63 Arius Did. 2.7.11m, p. 94.5-18.

64 도시들 사이에서의 예는 Heracl. *Ep.* 9; Babr. 15.5-9; Hdn. 3.2.7-8; 파벌 정치에 관한 예는 Corn. Nep. 7 (Alcibiades), 4.1; 25 (Atticus), 7.1-11.6; Sall. *Jug.* 73.5; Plut. *Sulla* 4.4; 7.1; Aul. Gel. 6.19.6; 수사학에서의 예는 Dio Chrys. *Or.* 24.3; Lucian *Prof. P.S.* 22;

도에 있는 하나님의 백성들조차도 경쟁과 분열에 사로잡혔다. 바울이 십자가에 관한 그의 메시지에서 참된 하나님의 지혜에 대해 긴 여담을 늘어놓게 된 것은(고전 1:17-3:3a) 아마도 부분적으로는 저마다 다른 교사들의 지혜 혹은 수사학적 기술을 둘러싼 그들의 분열 때문이었을 것이다(1:10-12; 3:3b-4).[65]

이와 같은 분열은 심지어 "영적인" 문제나 지도자들에 관해서까지도 주변 세계의 특성을 반영했다(그리고 오늘날 많은 교회, 특히 개신교의 대다수 교단에서도 지속되고 있다). 바울이 보기에, 지위, 교육, 전달 기술, 또는 그 밖의 세상 기준으로 그리스도의 몸에 사람들의 가치를 부여하는 이런 관행은 그리스도께서 자신의 몸에 대해 어떻게 느끼시는지를 놓치는 것이었다.

평가 기준

바울은 윤리적이고 영적인 분별에 더 관심이 있었던 것 같다. 스토아 철학자들은 사람들이 덜 선호하는 것보다 더 선호할 만한 것을 구별하고 선택하는 데 관심을 쏟았다.[66] 더 중요한 것으로서—선호하는 것이 종종 옳고

Eunapius *Lives* 493-94; 문학적인 경쟁에서의 예는 Plut. *Cim.* 8.7; Aul. Gel. 17.4.3-6 등을 보라. 더 자세한 내용은 Keener, *Acts*, 3:2287-88을 보라.

65   고린도를 비롯하여(Dio Chrys. *Or.* 8.9; Winter, *Left Corinth*, 37, 39-40), 다른 학파에 속한 학생들은 자신들을 경쟁자로 종종 생각했다(Suet. *Tib.* 11.3; Philost. *Vit. soph.* 1.8.490; Pogoloff, *Logos*, 175; Winter, *Philo and Paul*, 170-76; Winter, *Left Corinth*, 38-39). 이런 경향은 중세의 여러 학파에서도 계속되었다(Shelley, *Church History*, 198). 이것은 그 교사들이 서로 친구인 경우에도 해당되었던 것 같다. 바울과 아볼로의 경우도 분명히 마찬가지였고(참조. 고전 16:12; Mihaila, "Relationship"), 후대에 휘트필드와 웨슬리 역시 그랬다(Cragg, *Church*, 145).

66   예. Arius Did. 2.7.7f, p. 48.19-22; 2.7.7g, p. 50.11-16을 보라.

그름과 대조적으로 무관심한 것이 될 수 있었으므로[67] — 일부 스토아 철학자들은 철학의 핵심이 선과 악을 구별하는 것이며,[68] 스토아 철학이 이런 쟁점을 자주 다룬다고[69] 주장했다. 관계가 없는 것은 아니지만, 그들은 참된 것과 거짓된 것을 구별해야 한다고 고집했다.[70] 스토아 철학자들에게는 선한 사람들만이 선과 악을 구별할 수 있었으며,[71] 이성이 비판적으로 평가하는 수단이었다.[72]

하지만 올바른 수단은 이와 같은 평가에 필수적이었다. 일부 전통적인 유대교 자료들에 따르면, 사람은 하나님의 선물인 지혜에 근거하여 선과 악을 구별했다.[73] 철학자들은 철학이 진리와 거짓을 분별해야 한다고 믿었으며,[74] 철학자들은 진리와 거짓,[75] 선과 악 또는 해로운 것의 분별을

67　예. Arius Did. 2.7.7g, p. 50.23-26.

68　Sen. Y. *Ep. Lucil.* 71.7; Mus. Ruf. 8, p. 60.16-17. 선과 악을 구별하는 것은 "지혜의 기능"이며(Cic. *Off.* 3.17.71; 번역. Miller, LCL, 21:341), 철학자는 정의롭고 적합한 것을 바르게 판단하는 사람이 되어야 한다(Mus. Ruf. 8, p. 66.7-8).

69　예. Sen. Y. *Ep. Lucil.* 45.6; Mus. Ruf. 8, p. 60.10-12; Epict. *Diatr.* 2.3.1과 여러 곳; Marc. Aur. 6.41(통제할 수 있는 우리의 능력 안에 있는 것에 대하여). 동물이 아니라 인간만이 다양한 외적 표정 간의 차이를 구별할 능력이 필요하다(Epict. *Diatr.* 1.6.18).

70　Epict. *Diatr.* 1.7.8.

71　Diog. Laert. 7.1.122.

72　Mus. Ruf. frg. 36, p. 134.11-12. 구별은 인간 특유의 선물이다(Epict. *Diatr.* 1.6.18).

73　예. 왕상 3:9-12; 4Q417 frg. 1, col. 1.6-9; 참조. 1QS 4.22-5.2; 겔 44:23-24의 하나님의 법에 근거함. 젊은 아이들 사이에서(신 1:39; 사 7:15-16) 그리고 악한 자들 사이에서(사 5:20) 선과 악을 구별하지 못하는 무능력과 대조하라.

74　Mus. Ruf. 8, p. 60.16-17; 8, p. 62.39-40; Iambl. *Letter* 13, frg. 2 (Stob. *Anth.* 2.2.7); 참조. Cic. *Inv.* 2.53.160의 지혜에 대한 정의. Sen. Y. *Ep. Lucil.* 71.7은 소크라테스가 철학을 말장난에서 선과 악을 구별하는 것으로 되돌렸다고 생각한다.

75　예. Epict. *Diatr.* 1.7.8; Marc. Aur. 9.1.2. 엘리트들은 군중에게 이런 능력이 없다고 불평했다(Tac. *Hist.* 2.90).

강조했다.[76] 이성은 올바른 분별을 가능하게 하며,[77] 사람이 선을 택하고 악을 거절하도록 해준다.[78]

철학 학파들은 분별하는 감각들에 대한 그들의 견해에 있어 다양했다. 스토아 철학자들에게 이성은 감각을 충족시키기보다 지배해야 한다.[79] 세네카가 불평하듯이, "감각은 선한 것과 악한 것을 결정하는 것이 아니다."[80] 그럼에도 스토아 철학자들은 감각 기관들이 유익하고 인식적 역할을 한다고 주장했다.[81] 다른 몇몇 사람은 감각이 도덕적 분별에서 역할을 할 수 있다고 인정하면서 이에 동의한다(히 5:14).[82] 이와 대조적으로 플라톤 철학자들은 단호하게 감각보다 이성을 더 강조한다.[83] 가장 의심스러운

---

76   Sen. Y. *Ep. Lucil.* 45.6; Mus. Ruf. 8, p. 60.10-12; Epict. *Diatr.* 1.4.1; 2.3.1-3; 2.24.19; Marc. Aur. 2.1, 13. 이런 특징은 사람이 통제할 수 있는 것에 제한되었다(Marc. Aur. 6.41).

77   Mus. Ruf. frg. 36, p. 134.11.

78   Cic. *Leg.* 1.23.60.

79   Sen. Y. *Ep. Lucil.* 66.32; *Dial.* 7.8.4.

80   Sen. Y. *Ep. Lucil.* 66.35(번역. Gummere, LCL, 2:23). 스토아 철학에서 "감각"에 대한 논의는 Rubarth, "Meaning"; Diog. Laert. 7.1.110, 157을 보라. 영혼 자체는 감각적인 기능이었다(Hierocles *Ethics* 4.23-24; Arius Did. 2.7.5b7, p. 20.32-33; 참조. Plut. *Pleas. L.* 14).

81   Mus. Ruf. 3, p. 38.30-31; Sen. Y. *Dial.* 5.36.1; 7.8.4; Diog. Laert. 7.1.52의 스토아 철학자들; 더 자세한 내용은 Murray, *Philosophy*, 26; Long, *Philosophy*, 123-31을 보라. 감각의 건강은 다른 신체 건강처럼 무관심한 것이었으나 자연에서 정상적인 것으로서 선호되었다(Arius Did. 2.7.7a, p. 42.34; 2.7.7b, p. 44.30). 감각적 지식은 에피쿠로스 철학의 인식론을 이해하는 열쇠다. Long, *Philosophy*, 21을 보라. 감각에 대해서는 Arist. *Soul* 3.1, 424b도 참조하라.

82   Max. Tyre *Or.* 10.8의 견해를 보라. 하나님의 선한 선물로서 감각에 대해서는 Xen. *Mem.* 4.3.11을 보라. *Let. Aris.* 156에서 사람들을 하나님께로 돌리기 위한 감각의 가치도 보라.

83   Plato *Phaedo* 83A; 참조. Max. Tyre *Or.* 11.7, 10-11; Porph. *Marc.* 8.147-50(그러나 10.185-86도 참조하라); 피타고라스 학파에 대해서는 Iambl. *Pyth. Life* 32.228을 보라. 감각을 초월하는 실재에 대해서는 Diog. Laert. 6.2.53에 언급된 플라톤을 보라. 감각의 실제적이지만 저등한 역할에 대해서는 Baer, *Categories*, 65-66; Mattila, "Wisdom"의 필론도 참조하라. 감각은 영혼과 생각을 지켜주는 것이었다(*Alleg. Interp.* 3.15; *Worse* 33, 85; *Drunkenness* 201; *Conf.* 19-20; *Dreams* 1.27, 32; *Spec. Laws* 3.111; 4.92, 123). 다른 사람들은 쾌락이 감각을 활용할 수 있었음을 인정했다(Dio Chrys. *Or.* 8.23; *T. Reub.* 3:3).

것은 회의론자들의 감각에 대한 이해다.[84] 그들은 선과 악 사이의 어떤 구별도 부정했다.[85]

바울은 육체적인 눈으로 볼 수 있는 일시적인 것보다 영원한 것에 속한 믿음의 가치를 더 높이 평가했다(고후 4:18; 5:7; 참조. 2:9-10). 하지만 바울은 육체적 감각이 이런 문제들을 바르게 이해하도록 해주는 일반적인 수단이라는 점도 인정한다(롬 1:19-20; 10:14; 고전 9:1; 15:5-8; 빌 1:30; 4:9; 살전 2:17; 3:6).

철학자들에게 그들의 철학적 틀은 도덕적 분별력의 기초를 제공했다. 바울에게 복음에 표현되고 성령으로 말미암아 전해지는 하나님의 지혜는 도덕적 분별력을 가능하게 해준다. 성령이 없는 사람들은 성령의 사람들을 이해할 만한 자격이 없다. 육체의 비평적 평가는 종종 공인되지 않은 다른 세계관을 가지고 평가하면서 그리스도를 의지하지 않으며, 믿음을 유보한다. 성령 충만한 평가는 믿음의 전제로 시작하며, 하나님의 믿음직한 계시에 부합하지 않은 것을 비평적으로 평가한다.

많은 사람들은 다른 사람들이 자신을 평가할 자격이 없다고 이의를 제기했는데, 그 이유는 다른 사람들에게 필요한 지식이나 능력이 없기 때문이었다.[86] 소 플리니우스는 민회가 필요에 의해 다수 투표에 의존해야 한다는 점에 주목했다.[87] 하지만 불행하게도 "판단하기 위한 동일한 권리"

---

84 Murray, *Philosophy*, 26.
85 Diog. Laert. 9.11.101.
86 예. Corn. Nep. pref.2-3; Pliny E. *N.H.* pref.29-30. 이 점에서 일차 자료를 제시하지 않는 Reitzenstein(*Mystery-Religions*, 33; 참조. 74)은 협소하게 신비종교에 호소한다. 하지만 그 사상은 훨씬 더 일반적이었다.
87 Pliny *Ep.* 2.12.5.

는 "지혜롭게 판단하기 위한 동일한 능력"을 부여하지 않는다.[88] 한 철학자가 지혜로운 사람을 찾을 수 없다는 의견을 개진할 때, 또 다른 철학자는 "당연하지,…지혜로운 사람을 알아보기 위해서는 지혜로운 사람이 있어야 하거든"이라고 반응한다.[89] 한 지성인은 소크라테스를 단죄한 법정이 덕의 측면에서 특별한 기술이 없었으므로 소크라테스를 진정으로 평가할 수 없었다고 불평한다.[90] 견유학파의 한 철학자는 불경건한 사람들은 경건한 사람들을 바르게 판단할 수 없다는 점에 주목한다. "만일 맹인이 보는 것이 무엇인지를 결정한다면, 보는 것을 맹목이라고 칭할 것이다."[91] 사해사본에 따르면, 분별하는 데 있어 부주의한 사람들에게 지식을 추구하는 자를 판단할 권한이 주어져서는 안 된다.[92]

바울은 평가의 중요성을 인정하지만, 신자들이 세상의 기준이 아니라 반드시 참지혜(고전 6:2-3; 10:15; 11:31)와 예언의 영(14:24, 29)을 의지해야 한다고 주장한다. 성령의 사람(ὁ πνευματικός, 호 프뉴마티코스)은 모든 것을 판단할 자격이 있지만, 이 사람의 가치는 자연적인 것만을 이해하는 사람들에 의해 평가될 수 없다(2:15).[93] 본문을 이렇게 읽으면, 고린도 교인들은 자연적인 수단으로써 바울과 아볼로를 비교하고 평가하려고 했으므로(3:4), 성령의 사람들을 바르게 분별하지 못했다.

---

88   Pliny *Ep*. 2.12.6(번역. Radice, LCL, 1:121).

89   크세노파네스가 엠페도클레스에게 대답한 것으로 전해지는 내용을 서술하는 Diog. Laert. 9.2.20(번역. Hicks, LCL, 2:427). 이와 비슷하게 Lucian *Dem*. 13을 참조하라. 자신이 진정한 철학자가 아닌 한, 누가 진정한 철학자인지 분별할 수 없다.

90   Max. Tyre *Or*. 3.1, 5.

91   Heracl. *Ep*. 4(번역. Worley, 190-91).

92   4Q424 frg. 3.2, frg. 3.1-7의 문맥.

93   참조. 요 3:8.

영적인 것을 이해하지 못하는 무능력(고전 2:14-15)

고린도전서 2:14-15에서 바울은 신령하지 않은 사람들은 오직 성령으로 말미암아 계시되는 것을 이해할 수 없다고 주장한다. 바울은 로마서 8:3-11에서처럼 인류를 두 집단으로 나눈다.[94] 그리스 철학과 유대교 지혜 전통에 모두 나타나듯이, 여기서 중요한 경계선은 지혜로운 자와 지혜롭지 못한 자 간의 구분이다. 하지만 바울은 로마서 8:3-11에서처럼 이 집단들을 "육체적인" 사람들(참조. 고전 3:1, 3)과 "신령한" 사람들로 나눈다. 육체적인 사람들은 하나님의 능력 주심이 없이 자신을 의지하는 사람들이고, 신령한 사람들은 하나님의 영에 가까이 나아가는 사람들이다.[95]

바울은 자연인은 하나님의 영의 일을 받지 않는다고 설명한다. 바울이 십자가의 기본 메시지를 말하든지(고전 1:17-21, 23), 하나님의 미래의 약속을 말하든지 간에(2:9-10), 이 문제들은 자연인에게는 어리석어 보인다. 하나님의 영의 일은 오직 성령으로 말미암아 받을 수 있다(2:14).

추기: "자연인"과 "신령한 사람"

고린도전서 2:14에서 성령이 없는 사람은 ψυχικός(프쉬키코스)다. 이 용어는 "신령하지 않은"(unspiritual, RSV, NRSV; 참조. NLT), "자연적인"(natural, KJV, ASV, NASB, NKJV, ESV), "성령이 없는 사람"(the person without the Spirit, NIV), "성령이 없는 누구

---

94   세 집단보다는 두 집단. Héring, *First Epistle*, 22; Ridderbos, *Paul: Outline*, 120에 동의함.
95   "신령한"이라는 단어는 보통 하나님의 영과 관련된다(Fee, *Presence*, 28-31을 보라).

나"(whoever does not have the Spirit, GNT), 또는 단순히 "불신자"(the unbeliever, NET) 등 다양하게 번역된다. 영어 번역이 이처럼 상당히 다양한 것은 영어 단어 중에 그리스어 ψυχικός(프쉬키코스)에 정확히 상응하는 하나의 단어가 없기 때문이다. 위에서 나는 이 단어를 "자연적인"으로 번역했지만, 누군가는 ψυχή(프쉬케)와의 관련성을 유지하기 위해 "영혼이 있는"(soulish)이라고 번역할 수도 있다(본서 "부록 A: 고대 지중해 사상에서의 영혼"을 보라).

용어의 기원에 대한 제안

"자연인"과 "신령한 사람" 간의 대조는 후기의 몇몇 영지주의 자료에 등장한다.[96] 하지만 이 자료들은 바울을 해석한 것이거나 바울을 해석한 전통들이다.[97] 이와 대조적으로 이 용어는 헬레니즘 유대교 사상에 개연성 있는 맥락이 있다.[98]

모든 자료가 동등하게 도움이 되는 것은 아니다. 그러나 심지어 도움이 덜 되는 자료들도 최소한 일부 도움을 종종 제공해준다. 요세푸스는 헤롯의 "몸"과 "영혼"에 대해, 그리고 그가 두 가지를 모두 어떻게 신체적으로 활성화했는지에 대해 말한다. 누군가는 "영혼에 속한 문제들과 관련하여"(ψυχικοῖς, 프쉬키코이스)라고 말할 수 있었

---

96   Iren. *Her.* 1.8.1, 3을 인용하는 Thiselton, *Corinthians*, 268을 보라. 이레나이우스에 따르면, 많은 영지주의자들은 자신들만이 영적이라고 여겼고, 평범한 그리스도인들은 단지 두 가지 본성만을 가지고 있었다(Iren. *Her.* 1.6.2). 몇몇 주석가는 초기 기독교 어휘에 대한 영지주의 배경에 호소했지만(예. Bultmann, *Christianity*, 166; Dibelius, *James*, 211-12, 그러나 개념을 구별함), 이것은 가능성이 거의 없다(Pearson, *Terminology*, 9-11을 보라).

97   Pagels, *Paul*, 59, 163-64; Sheldon, *Mystery Religions*, 82; Wilson, *Gnostic Problem*, 211; Thiselton, *Corinthians*, 268. 비록 몇몇 용어가 신비종교에 등장하긴 하지만, 이 용어들을 사용하는 "자연적인"과 "영적인/신령한"의 대조는 바울 이전에 입증되지 않는다(Sheldon, *Mystery Religions*, 82; Moffatt, *Corinthians*, 35).

98   Pearson(*Terminology*)은 이 문맥을 인정하지만, 바울의 정확한 용어 구별은 입증하기가 더 어렵다(Horsley, "Pneumatikos," 270-73을 보라; 하지만 Horsley도 헬레니즘 유대교 맥락의 가치를 인정한다).

다.[99] 그렇지만 요세푸스는 플라톤 철학에서 사용되는 용어나, "영혼"이라는 영어 단어의 흔한 어감으로 ψυχή를 생각하지 않았다. 요세푸스는 단순히 헤롯의 너그러운 행위를 가리켰을 것이다.[100]

이와 마찬가지로 바울의 용어에 플라톤 철학의 어감은 없었다. 사람은 ψυχή일 수 있다(예. 창 2:7; 고전 15:45에 인용됨). 바울은 종종 한 사람이나 생명을 지칭하기 위해 이 용어를 사용한다(롬 11:3; 13:1; 16:4; 고후 12:15; 빌 2:30; 아마도 롬 2:9과 고후 1:23). 바울은 한 사람의 한 부분 또는 측면을 분명하게 지칭하기 위해 이 단어를 단 한 번 사용하는데, 거기서는 전인과 관련하여 사용한다(살전 5:23). 거기서 그가 "영"과 "혼"으로 보통 번역되는 용어 사이를 구별한 것이 수사학적이며 임의적인지, 아니면 더 심오한 신학적 차이를 반영하는지가 논쟁이 되지만, 바울은 철저하게 일관된 어휘를 사용하기보다는 특정한 쟁점들을 다루기 위해 구별했을 것이다.

「마카베오 4서」는 "영혼에 속한"(ψυχικαί) 욕망과 "육체적인" 욕망을 구별한다. 이 둘을 모두 지배하기 위한 이성을 기대하면서 말이다(4 Macc. 1:32).[101] 더 중요한 것은 이 형용사가 필론의 전집에 40회 이상 등장한다는 점이다. 이는 헬레니즘 유대교에서—적어도 필론과 그에게 영향을 받은 사람들에게는—이 단어의 인기를 암시할 것이다. 필론은 때때로 이 단어를 육체적인 것(σωματικός, 소마티코스)과 대조한다.[102] 확실히 필론은 영혼과 몸을 자주 구별하며, 이 둘을 인간 안에 있는 두 가지 주요 요소로서 이해한다.[103]

---

99   요세푸스가 유일하게 ψυχικός라는 용어를 사용한 Jos. *War*. 1.429-30.
100   Jos. *War* 1.426-28의 문맥에 주목하라.
101   Porph. *Marc*. 9.157에서 형용사 ψυχικός는 부정적으로 기능하지만, 이는 단지 이 단어가 πάθη(파테, "열정")를 수식하기 때문이다. 포르피리오스는 영혼을 호의적으로 이해한다 (예. *Marc*. 32.494-95; 33.506-7).
102   Philo *Creation* 66; *Names* 33; *Abr*. 219.
103   예. Philo *Creation* 119, 134-36, 139-41, 145, 164; *Alleg. Interp*. 1.105-8과 여러 곳.

아담 안에 있는 필멸의 존재들 대 그리스도의 영

현존하는 서신에서 바울은 같은 편지의 뒷부분에 나오는 다른 한 구절에서만 ψυχικός라는 용어를 다시 언급한다(고전 15:44, 46).[104] 여기서 형용사는 σῶμα(소마, "몸")를 수식한다. 이것은 그가 σῶμα πνευματικόν(소마 프뉴마티콘, "신령한 몸")을 언급한 것만큼 확고하게 주의를 끌 수 있는 상관관계가 있다.[105] 바울은 영의 본질적 물질성에 대한 스토아 학파의 사상에도 불구하고, "영혼"과 "영"으로 구성된 몸에 대해 말하지 않았을 것이다. 앤서니 티슬턴(Anthony Thiselton)이 언급했듯이, 접미사 -ικος는 (접미사 -ινος와 다르게) 전형적으로 "본질"보다는 **"존재 혹은 삶의 양식"**과 관련된다.[106]

바울이 다른 곳에서 "성령과 관련이 있다"는 의미로 "신령한"(spiritual)을 때때로 사용하고(고전 2:11-15; 12:1-4), 성령을 부활(롬 1:4; 8:11) 및 미래(롬 8:23; 고전 2:9-10)와 연결하므로, 그리고 유대교 문맥에서 부활이 몸과 관련되므로, 바울은 아마도 하나님의 영으로 말미암아 부활하는 미래의 몸을 지칭하기 위해 "신령한 몸"을 사용했을 것이다. "신령한 몸"은 성령의 충만한 생명에 적합한 몸이다. 현재 성령을 경험하는 것은 이 충만한 생명을 미리 맛보는 것이다(참조. 고후 1:22; 5:5). "하늘에 속한 영광"의 몸(고전 15:43, 49)은 천상의 특성으로 여겨지는 일종의 순수한 존재에 어울

---

104 초기 기독교의 다른 본문에서는 두 본문이 모두 부정적으로 사용된 약 3:15과 유 19절의 용례를 보라.

105 오늘날과 마찬가지로 고대에는 충격적인 진술이 주목받았을 것이다(Anderson, *Glossary*, 88을 보라). 비록 이것이 용어라기보다 하나의 어구이긴 하지만, 화자들은 때때로 새로 만든 단어를 사용하기도 한다(참조. Anderson, *Glossary*, 75, 83; Fronto *Ad M. Caes.* 3.13.1). 비평가들은 불평할지도 모르겠지만 말이다(참조. Rowe, "Style," 123-24; Fronto *Eloq.* 1.4). 우리가 가지고 있는 제한된 고대 자료로 인해 이것이 불확실하긴 하지만(Anderson, *Rhetorical Theory*, 228-29, 239n105), 바울은 때때로 몇몇 용어를 새로 만들었을 것이다. 바울의 개작은 몇몇 사상가 말의 오용이라고 부르는 것에 좀 더 가까울 수 있다(참조. Anderson, *Glossary*, 66).

106 Thiselton, *Corinthians*, 1276-77을 보라. Wright, *Faithfulness*, 1401-2도 Thiselton의 더 충분한 논증(1275-81)을 뒤따른다. Fee, *Corinthians*, 124; Witherington, *Corinthians*, 132도 참조하라.

리는 영광이다(참조. 15:40-41).[107] 이런 이해는 고린도전서 2장에도 어울린다. 여기서 "신령한" 사람은 전적으로 영으로 이루어진 사람이 아니라 하나님의 계시를 받은 사람이다.[108]

확실한 것은 고린도전서 15장의 전후 맥락에서 ψυχικός(프쉬키코스)의 몸이 주해상 첫 번째 아담의 생명에 확실히 상응한다는 점이다. 아담은 비물질적 실체로 지음을 받은 것이 아니라 "살아 있는 영혼"이다(창 2:7을 인용하는 고전 15:45). 70인역은 동일한 어구를 동물에게 적용한다(예. 창 1:20, 24; 2:19). 따라서 현재 동물과 같은 특성을 공유하는 필멸의 존재는 성령으로 말미암아 힘을 받은 새 생명과 다르다.

아마도 고린도전서 15장의 바울의 용례와 관련이 있는 것은 하나님께서 아담에게 생명의 숨결(πνοή, 프노에)[109]을 불어넣어 살아 있는 ψυχή(프쉬케, "영")가[110] 되게 하신 것(창 2:7 LXX)에 대한 필론의 해석일 것이다. 필론은 일반적으로 헬레니즘 유대

---

107 대부분의 사람들은 불붙은 별들을 천상적인 존재들이라고 생각했다. Sen. Y. *Ben.* 4.23.4; *1 En.* 80:6-8을 보라. 별과 불, 가장 밝고 가장 높은 곳에 있는 요소에 대해서는 Cic. *Nat. d.* 2.36.92; Pliny E. *N.H.* 2.4.1; Apul. *De deo Socr.* 138; Philost. *Vit. soph.* 2.8.580; 2.20.602; Heracl. *Hom. Prob.* 36.3; *Pesiq. Rab Kah.* 1:3; Hippol. *Ref.* 1.5,7의 견해들을 보라.

108 Iren. *Her.* 5.6.1에 제시된 고전 2장에 대한 해석에 동의하는 Palma("Glossolalia," 42)가 내 관심을 끌었다. Robinson, "Spiritual Man"에 제시된 하나님의 영과 하나님의 계시에 열려 있는 해석을 참조하라.

109 70인역은 여기서 πνεῦμα(프뉴마)를 사용하지 않았지만, 바울은 고전 15:45에서 예수를 창 2:7의 생명을 주시는 영 또는 숨결과 동일시하는 것 같다. 다른 사람들은, 몇몇 사람이 고후 3:17에 관해 주장해왔듯이, 바울이 예수를 그리스도인의 경험의 수준에서 성령과 동일시한다고 주장했다.

110 창 2:7과 불멸에 대한 헬레니즘 유대교의 이해 간의 관련성에 대해서는 Pearson, *Terminology*, 18-20을 보라. Pearson(17)은 고린도 교회에서 바울의 "대적자들"이 불멸을 주장했지만, 부활을 주장하지 않았다고 단언한다. 좀 더 최근의 학자들은 대적자들을 재구성하는 것이 상당히 어려울 수 있다고 결론을 내린다(Longenecker, *Introducing Romans*, 78; 특히 Sumney, *Opponents*, 특히 85-86, 142을 보라). 고린도전서는 특히 분명한 대적자들보다는 분열을 조장하는 사람들을 겨냥하여 쓴 편지다(Mitchell, *Rhetoric of Reconciliation,* 302; Pogoloff, *Logos,* 102). 그렇지만 여기서 바울은 고린도 교회에서 자신을 비난하는 사람들의 필론과 같은 견해에 대답하고 있을 것이다. Davies, *Paul,* 52; Isaacs, *Spirit,* 78을 보라. 참조. Wedderburn, "Heavenly Man."

교 사상을 대표하기에는 사회적으로 너무 독특했다.[111] 하지만 우리의 제한된 현존 자료를 감안할 때, 필론의 저술은 바울의 맥락을 이해하기 위한 핵심 자료를 제공해준다.[112] 고린도전서 15장과 대조적으로, 필론이 로고스와 연결한 "하늘에 속한" 사람[113]은 (창 1:26-27을 사용하여) 먼저 나오지만, "살아 있는 영혼"인 "땅에 속한" 사람(창 2:7)은 나중에 나온다.[114] (그러나 바울이 순서를 거꾸로 배열한 것은 타당하다. 이는 특히 부활을 믿는 사람이라면 모두 부활이 현재의 몸을 앞서는 것이 아니라 뒤따를 것으로 생각했기 때문이다.) 바울은 아마도 유대교 해석자들이 창세기 2:7을 에스겔 37장에서 발견한 미래의 부활과 연관시키는 유대교 주석에 대해서도 잘 알고 있었을 것이다.[115] (앞에서 언급했듯이, 창 1-3장은 초기 유대교 사상의 유대인 토론에서 빈번하게 관심의 대상이 되었다;[116] 고전 11:7-9에서 입증되듯이, 고린도의 그리스도인들은 분명히 그 이야기를 알고 있었다.)

만일 이 어구에 대한 디아스포라 유대교의 해석이 고린도전서 15:44-46에 나

---

111 필론이 나이가 많아졌을 무렵, 심지어 알렉산드리아의 엘리트 유대인들 사이에서조차도 그의 지성과 사회적 지위에 필적할 만한 사람은, 설령 있다고 해도, 극히 드물었다(Jos. *Ant.* 18.259).

112 알렉산드리아 유대교에서 당시 필론의 영향력 있는 위치(Jos. *Ant.* 18.259)와 알렉산드리아 유대-그리스도인의 교훈과 고린도 교회와의 관련성을 고려할 때(행 18:24-28), 현재의 자료는 필론이 증언하는 전통 혹은 필론 자신의 주해에서 기인한 전통을 대표할 수 있다. 아무튼 필론은 고전 2장과 관련이 있는 것으로 보이는 전통을 입증한다(Sterling, "Wisdom"; Nordgaard, "Appropriation"을 보라).

113 Philo *Conf.* 41, 146. 하늘의 사람은 하나님의 형상을 담지하며, 쇠하지 않는다(*Creation* 134; *Plant.* 44). 다른 사람들은 하나님의 형상으로 지음을 받은 부분이 불멸이라는 데 의견이 일치했지만(Wis. 2:23), 이 불멸이 죄로 인해 망가졌다고 생각했다(2:24; 하지만 6:18-19을 참조하라).

114 Philo *Alleg. Interp.* 1.31-32; 2.4-5.

115 비록 후대의 전통일 가능성이 있지만 *Gen. Rab.* 14:8과 Grassi, "Ezekiel xxxvii," 특히 164을 보라. 바리새인들은 모세 오경 본문에서 부활을 입증하기를 선호하는데, 그 이유는 사두개인들이 종종 이 본문들을 요구했기 때문이다. 관련된 본문을 찾는 데 있어 랍비의 독창성에 대해서는 *Sipre Deut.* 306.28.3; 329.2.1을 보라. 바울 역시 고전 15:54-55에서 더 분명한 예언서 본문으로 그의 주장을 뒷받침한다.

116 본서 6장 각주 254에 언급된 자료들을 보라.

오는 바울의 설명 배후에 있을 수 있다면, 2:13-3:3에서 바울의 청중이 이런 언어에 친숙했다고 가정하는 것은 상당히 합리적이다.

....

바울은 성령에 속한 사람을 가리키는 "신령한"과 대조적으로, "자연적인"(ψυχικός, 고전 2:14)과 "육신에 속한"(σάρκινος, 3:1)을 밀접하게 관련되는 방식으로 사용하는 것 같다.[117] 성령에 속한 사람은 성령에게서 오는 참된 분별력, 즉 그리스도의 마음/생각에서 나오는 진정한 지혜가 있다(고전 2:14-16). 이와 같은 사람은 영적인 어린아이(3:1)가 아니라 "성숙한" 사람이다(2:6).

이와 대조적으로 고린도의 그리스도인들은 그리스도에 대해 어린아이와 같았으며, "육신에 속한" 사람(σάρκινος, 사르키노스)과 같았다. (그들이 회심으로 말미암아 성령을 받았으므로, 바울은 그 용어에 ὡς[호스, "~와 같은"]를 붙여 그들을 완전히 "육신에 속한 사람"이라고 부르기를 주저한다. 대조적으로 바울이 3:3에서 사용한 동족어 σαρκικός는, 적어도 바울이 이 단어를 특징적으로 사용하고 있다면, 그리 가혹하지 않다.)[118]

비록 예수가 어린아이들에게 하나님의 계시를 제공했다고 할지라도 (마 11:25//눅 10:21), 바울이 여기서 말하려는 요지는 고린도의 그리스도인들이 영적으로 어린아이와 같음을 꾸짖는 것이다(참조. 고전 14:20). 필론

---

117   바울은 발렌티누스 학파의 영지주의 해석자들이 나중에 설명한 것처럼 세 가지 유형의 사람들을 묘사하기보다는 수사학적으로 이 용어들을 다양하게 사용하는 것 같다. 이와 같은 다양성에 대한 평가는 Lee, "Translations: Greek," 776-77, on μεταβολή를 보라.

118   Fee, *Corinthians*, 124. 그러므로 여기서 바울의 수사학은 고후 5:20-6:2의 수사학보다는 덜 가혹하다. 고후 5:20-6:2에서 바울은 고린도의 그리스도인들에게 회개하라고 요청한다(참조. 갈 4:19; 5:4).

에 따르면, 온전하거나 성숙하며(τέλειος, 텔레이오스) 이상적인 사람은 교훈이 필요 없다. 하지만 악한 사람은 가르침이 필요한 갓난아이(νήπιος, 네피오스, 3:1)와 같다.[119] 전자는 지혜롭지만, 후자는 훈련이 필요하다.[120] 유아는 정신적 혹은 지적 미성숙에 대한 기존의 이미지를 제공하며,[121] 이상적인 현자와 대조를 이룬다.[122] 사상가들은 초보적 지식에 만족하는 사람들을 꾸짖곤 한다.[123]

만일 고린도의 교인들이 바울이 그들에게 준 젖보다 더 깊은 것을 원했다면, 그들은 어린아이고 계속 어린아이로 남아 있으므로, 바울이 그들에게 젖을 주었음을 깨달을 필요가 있었다.[124] 몇몇 저술가는 새로 배우려는 사람들에게 적합한 초보적인 연구에 대한 이미지로서 젖을 자연스럽게 사용했다.[125] 이와 비슷하게 바울은 자신이 고린도의 그리스도인들에

---

119 Philo *Alleg. Interp.* 1.94. Wis. 12:24에서 우상 숭배자들의 어리석음과 비교한 것을 참조하라. 15:14도 참조하라. 여기에 사용된 바울의 언어를 이해하기 위한 맥락으로서 헬레니즘 유대교 언어에 대해서는 특히 Pearson, *Terminology*, 28-30을 보라. 초기 학자들은 흔한 용어인 τέλειος를 좁게 신비종교와 잘못 연결했다(예. Lightfoot, *Colossians*, 170; Héring, *First Epistle*, 16; Conzelmann, *Corinthians*, 60; Bruce, *Corinthians*, 38; Sheldon, *Mystery Religions*, 77-78의 비평을 보라).

120 Philo *Migr.* 46. 이런 상태에 있는 사람은 배울 수 있었고, 따라서 몸에 대한 집착에서 멀어질 수 있었다(*Heir* 73).

121 예. Philo *Cher.* 63, 73; *Embassy* 1; 참조. *Plant.* 168; *Sober* 10; *Mos.* 1.20; Aristoph. *Clouds* 821; Max. Tyre *Or.* 36.5의 어린아이들; Hom. *Il.* 16.7-8의 감정적 미성숙. 아직 덕이나 악을 받아들이지 않는 어린아이에 대해서는 Philo *Alleg. Interp.* 2.53, 64를 보라. 아직 이성의 능력을 갖지 못한 것에 대해서는 *Alleg. Interp.* 3.210을 보라. 사람들은 어린아이처럼 행동하는 것을 경고했다. 예. Hom. *Od.* 1.296-97.

122 Philo *Sober* 9.

123 예. Sen. Y. *Ep. Lucil.* 48.11; 히 5:12.

124 2세기 크레타의 한 주교는 고린도의 주교에게 보내는 서한에서 바울이 여기서 한 말을 반영한다. 그의 글은 그 후 Euseb. *H.E.* 5.23에 인용되었다. 더 이른 시기의 Ign. *Trall.* 5.1을 보라.

125 Quint. *Inst.* 2.4.5-6; Philo *Good Person* 160; *Agr.* 9; *Prelim. St.* 19; *Migr.* 29; *Dreams* 2.10;

게 "더 깊은" 지혜를 베풀지 않은 유일한 이유가 그들이 그것을 이해하기에는 너무 미성숙했음을 스스로 보여주었기 때문이라고 설명한다. (이는 후대의 한 스토아 사상가가 통제할 수 없는 것 때문에 걱정하는 미성숙한 사람들에 대해 어떻게 불평하는지와 비교할 수 있다. "이 늦은 나이에 당신은 왜 어린아이처럼 젖을 떼고 더 단단한 음식을 먹으며 유모에게 보채지 않으려고 하지 않는가?")[126]

바울에게 고린도 그리스도인들의 현재 분열은 그들의 미성숙함을 공공연하게 보여주는 것이었다(고전 3:1-4). 젖을 주는 것은 교사들이 때때로 사용한[127] 부모 또는 보육의 이미지다.[128] 바울은 이어지는 문맥에서 부모의 이미지를 계속한다. 여기서 바울은 그들의 아버지이며(4:15; 참조. 4:17), 그들은 바울을 본받아야 한다(4:16-17). 바울은 그들을 훈육할 필요가 있었을 것이다(4:21).

고린도의 그리스도인들이 생각하는 "더 깊은" 교훈은 바울이 염두에

초급 교육과 연결된 어린아이 이미지에 대해서는 *Studies* 154도 참조하라. 심지어 어린아이조차도 창조주가 그의 피조물보다 더 위대하다는 기본적인 진리를 이해한다는 것에 대해서는 *Decal.* 69를 보라. 좀 더 적극적으로, *Sipre Deut.* 321.8.5에서는 토라가, 벧전 2:2에서는 하나님의 메시지(말씀)가, Caesarius *Serm.* 4.4에는 성서가(in Bray, *Corinthians*, 27), *Barn.* 6.17에서는 하나님의 말씀이 젖으로 묘사되었다. Keener, "Milk," 708을 보라.

126 Epict. *Diatr.* 2.16.39(번역. Oldfather, LCL, 1:333).

127 교사를 아버지와 비교한 것에 대해서는 Epict. *Diatr.* 3.22.82; Philost. *Vit. soph.* 1.490; 1.25.536, 537; Eunapius *Lives* 486, 493; Iambl. *Pyth. Life* 35.250; Porph. *Marc.* 1.6-8; *t. B. Qam.* 9:11; *Sanh.* 7:9; *Sipre Deut.* 34.3.1-3, 5; 305.3.4를 보라. 양육 이미지에 대해서는 Malherbe, "Gentle as Nurse," 212; 11Q5 21.14; Fronto *Ad Ant. imp.* 1.5.2를 참조하라. 고대인들은 비교의 한계를 잘 알고 있었으므로 때때로 남성에 대해 여성의 이미지를 얼마든지 사용했다(참조. Hom. *Il.* 8.271-72; *Od.* 20.14-16).

128 많은 사람이 어머니가 자기 아이를 양육해야 한다고 믿었지만(Mus. Ruf. 3, p. 42.7; Plut. *Educ.* 5, *Mor.* 3CD; Tac. *Germ.* 20; *Dial.* 28-29; Aul. Gel. 12.1; Osiek and MacDonald, *Place*, 64; Garnsey and Saller, *Empire*, 139; Dixon, *Roman Mother*, 3, 105), 보모가 흔했다(그들의 영향에 대해서는 Quint. *Inst.* 1.1.4-5; Plut. *Educ.* 5, *Mor.* 3DE; Soranus *Gynec.* 1.1.3; 2.12.19 [32.88]; Bradley, "Wet-Nursing"; Treggiari, "Jobs," 87; Ilan, *Women,* 119-21을 보라).

두고 있는 것과 분명히 달랐다. 비록 바울이 염두에 두고 있었던 것이 정확히 무엇인지에 대해서는 해석자마다 의견이 다르지만 말이다.[129] 몇몇 사람은 바울에게 단단한 음식이 젖과 마찬가지로 십자가의 메시지라고 생각한다.[130] 단단한 음식의 함의가 좀 더 충분히 발전된다고 할지라도, 그것이 십자가의 메시지와 불가분의 관계라는 것은 확실하다. 여기서 초보적인 가르침과 수준 높은 가르침의 구별은 히브리서 5:11-6:8에서처럼 분명하지 않다. 바울이 여기서 더 많은 관심을 기울이는 것은 분열이 그의 청중에게 성숙한 지혜가 부족하다는 점을 보여주고 있음을 상기시키는 것이다. 그들의 분열은 다른 모든 은사에 비해 영적 성숙의 가장 깊고 참된 표징인 사랑이라는 기독교의 근본적인 미덕이 그들에게 부족함을 보여준다(고전 13:1-13).[131]

---

129 Severian of Gabala(catetena on 1 Cor. 3:2, *PGK* 15:236; 번역. Bray, *Corinthians*, 27-28)는 초보적인 가르침을 "하나님에 대한 교리의 선포"와 상반되는 "도덕적 가르침과 기적"으로 이해한다.

130 Hooker, "Hard Sayings"; 참조. Litfin, *Theology*, 215, 218; Willis, "Mind." 어쨌든 (Baird, "Mature"에게는 미안하지만) 바울이 영적 엘리트에게 말한 것은 감춰진 교훈을 가리키지 않을 것이다. 바울은 비밀스러운 집단을 칭찬하지 않고 고린도 그리스도인들의 위신을 떨어뜨리고 있다. 입문의 등급은 많은 사회에서 나타난다(Eliade, *Rites*, 37-40, 44-47; Mbiti, *Religions*, 164).

131 몇몇 다른 현자들이 사랑에 매우 높은 등급을 매겼지만(*Jub.* 36:4, 8; *m. Ab.* 1:12; 랍비 아키바에게는 이웃 사랑이 가장 큰 계명이었다; *Sipra Qed. pq.* 4.200.3.7; *Gen. Rab.* 24:7), 만장일치로 사랑을 최고의 미덕으로 등급을 매기는 유일한 고대의 움직임(롬 13:8-10; 갈 5:13-14; 약 2:8; *Did.* 1.2; Poly. *Phil.* 3.3; 참조. 요 13:34-35; 벧전 1:22; 4:8; 요일 2:7-11; *1 Clem.* 49.1-50.5; Ign. *Magn.* 1.2)은 하나님과 이웃에 대한 사랑이 최고의 계명임을 분명히 밝힌 한 선생에게서 기인했다(막 12:29-31; 참조. 눅 10:27-28).

우리는 그리스도의 마음/생각을 가졌느니라(고전 2:16)

바울의 요지는 단순히 사람의 지혜로 하나님을 헤아릴 수 없다는 것만이 아니다. 바울은 그 역도 주장한다. 이를테면, 신자들은 성령으로 말미암아 하나님을 이해**할 수 있다**는 것이다. 하나님에 대한 완전한 지식은 종말론적이지만(고전 13:12), 신자들은 현재 그 지식의 미리 맛봄을 경험할 수 있다. 인간 수혜자의 유한성을 고려할 때, 우리는 이 지식을 양적으로 유한하지만[132] (그 순수한 형태에 있어서는) 질적으로 완전하다고 묘사할 수 있는데, 그 이유는 그 지식이 무한하신 하나님의 영으로부터 나오기 때문이다. (고대 사상가들이 하나님의 생각에 참여하는 것에 대해 말할 때 관련되는 의미 범위에 관한 설명에 대해서는 본서 4장과 6장의 논의를 보라.)[133]

바울의 성서적 근거

계시된 하나님의 지혜를 다루는 이 본문에서 바울은 이사야서의 두 본문을 인용한다. 이 두 본문은 모두 언젠가 반드시 죽어야 할 존재들이 무한히 위대한 하나님의 길을 헤아릴 수 없음을 설명한다(고전 2:9에 인용된 사 64:3 LXX[64:4 ET][134]과 고전 2:16a에 인용된 사 40:13). 바울은 다른 곳에서 두

---

132 참조. Chrys. *Hom. Cor.* 7.12(번역, Bray, *Corinthians*, 26): "이것은 그리스도가 알고 계시는 모든 것을 우리가 안다는 뜻이 아니다. 이 말은 우리가 아는 모든 것이 그분에게서 나오며, 영적인 것이라는 뜻이다."

133 본서 4장 "그리스 사상에서 신의 생각에 참여함"과 6장의 "추기: 그리스와 로마 전통에서 신격화" 단락을 보라.

134 바울은 사 65:16 LXX의 새 창조 문맥에서 "그들의 마음에 들어가지 못한다"를 미드라쉬적인 해석을 사용하여 혼합했을 것이다. Robertson and Plummer, *Corinthians*, 42; Thiselton, *Corinthians*, 250-52의 논의를 보라. 이와 다르게 설명하는 Soards, *Corinthians*,

번째 본문을 역사에 나타난 하나님의 예상치 못한 계획과 관련하여 조금 더 길게 인용한다(롬 11:34에 인용된 사 40:13). 바울은 그 본문의 좀 더 넓은 문맥에서 표현된 동일한 주제에도 익숙했을 것이다(사 40:12, 14, 18-26).[135] 하나님의 생각을 알거나 하나님께 조언할 수 없다는 것은(사 40:13), 성령이 없는 사람들이 하나님의 인도를 받아 살아가는 사람들을 이해하거나 평가할 수 없다는 바울의 입장을 정당화한다(고전 2:14-15).

하지만 바울은 두 본문을 인용하고 나서 곧바로 이 본문들의 의미를 설명한다. 사람들은 자신의 힘으로 하나님의 길을 이해할 수 없을지라도, 하나님의 영으로 말미암아 그 길을 이해할 수 있다(고전 2:10, 16b). 많은 그리스 철학자들은 사람들이 이성과 동일시되는 신성의 내재적 불꽃으로 인해 신적인 생각에 참여할 수 있다고 주장했다. 이와 대조적으로 바울에게 주님의 생각/마음과의 연결은 그분의 영의 선물을 통해 이루어진다. 바울은 이사야 40:13의 70인역을 사용한다. 이 본문은 하나님의 생각($\nu o \widehat{u} \varsigma$, 누스)에 대해 말하지만, 바울의 논증의 전체 과정은 하나님의 영에 대한 의존을 전제한다(고전 2:10-14). 고린도의 그리스도인 공동체의 새로운 신자들은 알지 못했을지라도,[136] 바울은 여기서 "생각"으로 번역된 히브리어가 하나님의 영을 가리키는 "루아흐"임을 분명히 알고 있다.

바울은 이사야서의 70인역에 있는 하나님의 생각을 그리스도의 생각

59-60도 보라. 성서 외적인 자료에 대해서는 Berger, "Diskussion"을 참조하라. 바울의 대적자들에게서 나온 외경 인용은 Pearson, *Terminology*, 34-35을 참조하라(*L.A.B.* 26:13을 언급함; 대안적으로 이것은 그리스도인 필경사의 확장일 수도 있다).

135 실제로 이 주제는 이사야서의 이 단락에 자주 등장한다(예. 사 55:8-9). 참조. Sir. 1:2-3.

136 특히 바울이 다른 곳(롬 11:34)에서 이 본문을 사용한 것에 비춰볼 때, 그가 고린도에 머물던 18개월(행 18:11) 동안 어떤 점에서 이 본문을 확장했을 개연성이 없지 않다. 고린도 회중을 설립한 핵심은 회당에서 시작되었다(행 18:4-8).

으로 해석한다. 이것은 신성한 κύριος(퀴리오스, "주")에 관한 70인역 본문을 예수에게 적용하는 바울의 패턴에 맞는 것 같다(예. 롬 10:9-13; 고전 8:6; 빌 2:10; 살전 3:13).[137] 여기서 바울이 하나님께 해당하는 것을 그리스도에게 적용한 것은 로마서 8:9에서 비슷하게 하나님의 영을 그리스도의 영과 동일시한 것에도 어울린다.[138] 따라서 그리스도의 마음/생각이 많은 고대 자료에서 신성한 생각이 기능하는 것처럼 여기서도 기능한다는 것은 그리 놀라운 일이 아니다(본서 4장과 6장의 논의를 보라).[139] 신격화된 특정한 그리스 영웅의 정신이나 생각이 좀 더 편재하는 신성한 마음/생각에 대해 많은 사람이 말하는 방식으로 그들 안에서 살았다고 주장하는 철학 학파는 찾아볼 수 없다. 여기서 그리스도의 마음/생각은 성령으로 말미암아 전달되는 하나님의 마음/생각이다.

하나님의 생각을 계시함

신성한 생각의 구성 요소에 참여할 수 있음을 이해하는 단서는 이 문맥의 여러 곳에 등장한다. 고린도전서 2:10에서 바울은 성령이 하나님의 깊은 것을 통찰하시므로 신자들의 미래의 영광을 계시한다고 말한다. 바울의

---

137 Collins, *Corinthians,* 137에 동의함. 고전 1:8; 5:5(일부 사본들); 고후 3:18; 4:4; 빌 1:6도 참조하라.

138 참조. Turner, "Spirit of Christ," 특히 436; Fee, "Christology and Pneumatology," 특히 331; Hamilton, *Spirit and Eschatology,* 28-29. 이것은 후기의 *Gen. Rab.* 2:4(사 11:2에 근거함)에서와 같은 단순한 중복보다 바울에게 더 퍼져 있다. 신성한 영은 특징적으로 하나님의 영이며(예. CD 2.12), 신성한 영을 통해 메시아를 따르는 사람들 안에 거하시는 메시아와 결부된 하나님의 영에 대한 생각은 초기 유대교에 존재하지 않았다.

139 본서 4장 "그리스 사상에서 신의 생각에 참여함"과 6장의 "추기: 그리스와 로마 전통에서 신격화" 단락을 보라.

말은 성령이 하나님의 마음의 깊은 것을 아시므로 하나님의 감춰진 계획을 아신다는 뜻일 것이다. 하지만 바울은 미래의 영광을 하나님의 깊은 것과 동일시했을 수도 있다. 영광 자체는 하나님의 마음에 대한 한층 더 깊은 친밀함을 수반한다. 문법도 바울신학도 어느 쪽으로든 그 문제를 완전히 결정하지 않는다. 바울은 둘 다 진리로 여겼을 것이다. 아무튼 문맥에 따르면 신자들은 성령을, 그리고 성령에 의해 하나님의 마음을 경험하는 것이 분명하다(2:11-12, 16).

이 문맥 이외에 바울은 로마서 8장에서 "성령의 생각의 틀"까지도 하나님의 자녀의 생각에 작용하는 하나님의 생각의 활동을 암시하는 것으로 이해하는 것 같다.[140] 따라서 로마서 8장의 같은 문맥의 후반부에서 하나님은 성령의 생각을 아시고 신자들 안에서 행하시는 성령의 중보기도를 들으신다(롬 8:26-27). 이 용어는 8:6에 있는 것과 똑같지만(τὸ φρόνημα τοῦ πνεύματος), 8:27에서는 단순히 "생각의 틀" 이상을 뜻하는 것이 틀림없다. 이것은 8:6에서 신자들을 특징짓는 이런 식의 사고방식에 대한 바울의 표현이 신자들의 생각에 대한 성령의 관점뿐만 아니라 성령의 직접적인 영향도 포함한다는 것을 제시해준다. 말하자면, 하나님의 영은 8:16에 언급되었듯이 신자들의 영뿐만 아니라 신자들의 생각에도 영향을 미친다.

많은 그리스도인이 성령의 인도를 받거나 신성한 통찰을 받는다고 부르는 것은 여기서 묘사되는 과정과 관련이 있을 것이다. 당연한 말이지만, 바울은 어느 정도 신자들의 새로운 세계관을 다시 언급하고 있을 것이다. 이 세계관을 통해 지식이 그것의 정확한 신학적 틀 안에서 이해된다

---

140   본서 4장을 보라.

(예. 비활성인 자연 자체가 신성하거나 무의미하다는 것이 아니라, 창조세계가 하나님을 증거한다는 점). 따라서 성령에 속한 사람은 올바른 근거 위에서 자연적이고 영적인 문제들을 모두 평가할 수 있다(고전 2:15). 반면에 성령이 없는 사람은 영적인 문제들이나 성령에 감동받는 사람의 가치를 헤아릴 수 없다(2:14-15).

하지만 여기에 사용된 언어는 고정된 세계관을 배타적으로 말하는 것을 넘어선다. 이 언어는 지속적인 경험도 암시한다. 바울은 진리를 가르치기 위한 성령의 영감에 대해 말한다(고전 2:13).[141] 그는 유대인들이 이와 같은 영감을 특별한 통찰[142](특히 사해사본에서)[143] 및 특히 예언적 능력[144]과

---

141 영감을 받은 배움이나 가르침에 대해서는 *Gen. Rab.* 61:1; 95:3의 아브라함을 보라. 필론은 "하나님의 이끌림을 받은 말을 선호했다"(Litfin, *Theology*, 232). 바울은 고전 14장의 영감을 받은 말에 대한 논의를 위해 그의 청중을 준비시키고 있을 것이다. 참조. Boring, *Sayings*, 66. 초기 그리스도인들은 하나님의 행위(롬 8:27; 계 2:23; 참조. 기억 혹은 잠 20:27의 역본에 의존하여 인용된 것이 분명한 *1 Clem.* 21.2의 동족어 형태)뿐만 아니라, 성령으로 말미암는 예언 활동(벧전 1:10-11)을 위해서도 고전 2:10에서 발견되는 바울의 동사 ἐραυνάω를 사용할 수 있었다.

142 예. Sir. 39:6; 요 14:26. 몇몇 자료는 지혜와 성령을 식별한다(Wis. 1:5-7; 7:22; 9:17; Keener, "Pneumatology," 256-57; 사해사본에서 지혜와 성령에 대해서는 Menzies, *Development*, 84-87; Isaacs, *Spirit*, 136-37을 참조하라; 참조. 1QS 4.3). 후대의 해석자들도 성서의 "지혜의 영"을 성령과 동일시한다. 예. 출 35:31에 관한 *Tg. Neof.* 1을 보라.

143 예. 1QS 4.3; 9.3-4; 1QHᵃ 6.24; 20.15-16; 4Q213a frg. 1.14; 4Q444 frgs. 1-4i + 5i; 4Q504 frg. 4.4-5; 초기 그리스도인들과의 비교에 대해서는 Flusser, *Judaism*, 67-68; Wooden, "Guided"를 보라. 사해사본에서 이 계시는 공동체의 창시자와 공동체 전체에 주는 계시를 확실히 포함했다.

144 민 11:25-26, 29; 삼상 10:6, 10; 19:20, 23; 느 9:30; 욜 2:28; 슥 7:12; CD 2.12; 1QS 8.16; 4Q266 frg. 2, col. 2.12; 4Q270 frg. 2, col. 2.14; 4Q381 frg. 69.4 (어쩌면 1Q34bis frg. 3, col. 2.7도 해당될 것이다.); *1 En.* 91:1; *Jub.* 25:14; 31:12; Sir. 48:24; *L.A.B.* 28:6; *4 Ezra* 14:22; Philo *Flight* 186; *Heir* 265; *Mos.* 1.175, 277; 2.265; *Decal.* 175; *Spec. Laws* 4.49; Jos. *Ant.* 6.166 (참조. *Ant.* 6.56, 222-23; 8.408); *T. Job* 48:3; *t. Pisha* 2:15; *Sipre Deut.* 22.1.2; Chevallier, *Ancien Testament*, 27-29; Best, "Pneuma," 222-25; Bruce, "Spirit in Qumran Texts," 51; Johnston, "Spirit," 33-35, 39-40; Isaacs, *Spirit*, 47-48; Ma, *Spirit*, 30-32, 202-3, 206-7; Menzies, *Empowered*, 49-101; Menzies, *Development*, 53-112;

연결한다는 것을 알았다. 더 중요한 것은 신자들이 성령 안에서 종말론적 영광의 미리 맛봄을 경험한다는 점이다(2:9-10). 바울은 하나님의 생각을 아는 것에 대해 말한다(2:11). 헬레니즘의 문맥에서 이와 같은 언어는 신성한 생각에 능동적으로 참여한다는 사상을 전달했다. 바울은 여기서 지속적인 경험을 말한다. 신자들이 복음을 받아들였을 때 처음으로 신성한 지혜를 받아들인 것만이 아니라 조명이나 변화의 측면에서 묘사될 수 있는 경험 말이다.

실제로 그리스도의 마음/생각을 가지거나 자신 안에 사시는 그리스도에 근거하여 행동하는 것은(롬 8:10; 갈 2:20) 다음과 같은 요소를 포함할 것이다. 도덕적 능력 부여(갈 2:20의 문맥에 반영되었듯이), 하나님 중심적이고, 그리스도 중심적이며, 교회 중심적이고, 선교적인 사고의 틀, 성령에게 주기적으로 인격적 지도를 받거나 감동받음, 인정된 하나님의 지혜를 주기적으로 경험함, 주기적인 계시적 통찰 등등 말이다. 비록 은사가 다양하다는 것은 몇몇 사람이 다른 사람들보다 (지혜나 계시적 통찰과 같은) 일부 측면을 더 많이 경험할 것이라는 점을 의미하지만, 사람은 믿음으로 이런 경험을 촉진할 수 있다.

문학적/수사학적 목적에서 바울은 로마서 7:7-25에 묘사된 타락한 인간이라는 페르소나와 자신을 동일시하고 그것을 채택한다. 하지만 여기서 그는 신자들에게 믿음으로 그리스도와 자신을 동일시하라고 요청한

Turner, *Power*, 86-104; Keener, "Spirit," 486-87; Keener, *Spirit*, 10-13, 31-33. 초기 기독교 자료에서는 다음을 보라. 눅 1:67; 행 19:6; 엡 3:5; 벧후 1:21; *Did.* 11.7-9; Ign. *Magn.* 9.2; *Herm.* 43.2, 7, 12; Justin *Dial.* 32-34; *1 Apol.* 31, 44, 47, 63; Athenag. *Plea* 7; Theoph. 2.33.

다. 이런 동일시는 그리스도가 되는 것이 아니라(아래의 논의를 보라),[145] 신자들이 그리스도를 의지하고, 그리스도의 마음이 공동체 안에 그리고 공동체를 통해 존재한다는 믿음에 의존하는 것을 의미한다. 이런 생각에는 선교에 대한 지배적인 관심을 가진 누가가 내러티브 수준에서 묘사한 것과 같은 경험이 포함될 수도 있다. 즉 사람들이 하나님의 영으로 충만하고(예. 행 4:8, 31), "예수의 이름으로" 담대하게 행동하는 것 말이다(행 3:6; 9:34; 16:18). 바울은 고린도전서의 다른 곳에서도 이와 같은 경험에 대한 구체적인 예들을 암시하고 있을 것이다. 하나님의 마음을 공유하는 것은 성령의 열매, 특히 사랑으로 가장 완전히 표현될 수 있다. 하지만 하나님의 마음은 인지적 방식으로 전달되기도 한다.

사역의 은사들과 하나님의 생각

일부 사역의 은사들은 하나님의 지혜를 전달한다(고전 2:13; 12:8-10). 몇몇 학자는 고린도전서 2:10의 계시된 지혜가 "의식의 변화된 상태"의 계시에서 나온다고 주장해왔다.[146] 바울은 실제로 환상과 특별계시를 경험했다(고후 12:1, 7). 그 내용은 일반적으로 늘 비밀로 남았다(12:4). 하지만 우리는 이것이 바울과 다른 사람들이 하나님께서 자신을 계시하시거나 신자들에게 성령의 인도를 받는 관점(고전 2:15) 혹은 그리스도의 마음/생각(2:16)을 주시는 것을 경험한 유일한 상황이라고 추정하지 말아야 한다.

---

145   본서 6장의 "하나님과 같아짐이 아니라 하나님의 영감과 능력 주심(고전 3:3-4)"과 "추기: 그리스와 로마 전통에서 신격화"를 보라.

146   Malina and Pilch, *Letters,* 71. 의식의 변화된 상태에 관한 연구는 Pilch, *Visions,* 여러 곳; Keener, *Miracles,* 789-94 여러 곳, 821-22, 871의 논의를 보라.

바울이 여기서 사용하는 언어는 개인적이고, 단순히 공동체적인 것이 아니지만(고전 2:14-15), 아마도 공동체적인 차원도 지니고 있을 것이다.[147] 고린도에 보내는 바울의 편지의 좀 더 넓은 문맥은 성령의 생각이 성령에 대해 열려 있는 다른 사람들에게 전달될 수 있음을 암시해준다. 따라서 바울은 가르침을 통해 성령의 지혜를 전달하기를 기대한다(2:13).

일찍이 바울은 고린도의 신자들 사이에서 하나님의 은혜에 대한 성찰로서(고전 1:4) 그들이 모든 종류의 언사와 지식에 풍성하다는 사실(1:5)을 인용했다.[148] 그는 이와 같은 언사와 지식을 그가 1:7에서 표현하는 은혜의 선물들(χαρίσματα, 카리스마타)에 속하는 것으로 이해했다. 바울이 나중에 나열한 사역의 권한 부여 또는 영적 은사 중 일부는 인지적으로 전달된다.[149] 성령은 기도하는 사람의 영으로부터 나오는 효과적인 기도로서 방언 기도에 영감을 불어넣으시지만, 이와 같은 효과적인 기도를 자국어로 해석하는 것은 인지적인 내용을 전달한다. 그것 역시 성령으로부터의 선물이다(12:9-11; 14:13-15).[150]

이와 마찬가지로 바울이 고린도전서 14장에서 매우 광범위하게 강조

---

147 여기서 "성령에 속한 사람"의 일차적인 상황적 예는 잘못 평가되고 있는 바울 자신이다(고전 2:13-15). 하지만 고린도의 그리스도인들도 육신에 속한 사람이 아니라 성령의 사람들처럼 행동하는 것(3:1)이 바울의 이상이라는 점은 분명하다.

148 (무작위 주제들에 대해 즉흥적으로 강연하기 위한 지식을 비롯하여) 수사학의 가치를 높이 평가한 문화와 (교육과 때때로 철학적 원리들을 통한) 지식은 자연히 이와 같은 은사를 계발하는 것에 우선순위를 부여했을 것이다.

149 이레나이우스(Her. 5.6.1)는 예언하고 비밀을 계시하며 모든 언어를 말하는 사람들과 고전 2장에 언급되고 바울 당시에 인식된 "신령한" 자들의 긍정적인 예가 되는 사람들을 기술한다.

150 그리스의 열광적 예언에 관한 믿음과는 대조적으로, 바울은 그리스도인 예언자들이 몸의 더 큰 선을 위해 자신을 통제할 수 있고 그들의 영감에 대한 표현조차도 제한할 수 있어야 한다고 믿었다(고전 14:27-32).

하는 그리스도의 몸을 세우기 위한 은사는 예언이다. 이는 이해의 수준에서도 전달된다. 예언의 한 가지 표현은 사람들의 마음에 있는 비밀을 드러내는 것을 포함할 수 있는데(고전 14:25), 이는 신적인 계시를 전제한다(그 이유는 하나님이 마음을 통찰하시는 분이시기 때문이다; 롬 8:27).[151] 방언을 제외하고 고린도전서 14:26에서 공동체를 세우는 모든 행위—자국어로 예배함, 가르침,[152] 그리고 예언적 계시—는 적어도 부분적으로는 인지적으로 전달된다. 바울이 공개 집회에서 기대하듯이, 통역과 함께 방언 기도도 공동의 인지를 촉진할 수 있다(14:13, 27-28).

성령이 지혜, 예언, 가르침, 또는 예배와 같은 다양한 방식으로 인지적 소통에 영감을 준다는 점은 초기 그리스도인들을 놀라게 하지 않았을 것이다. 그들은 자신들이 예언의 영을 부어주시는 시대에 있다고 믿었으며(행 2:17-18), 하나님의 영이 성서에 영감을 불어넣었다는 믿음을 동시대의 유대인들과 공유했다.[153] 성서의 장르에는 내러티브, 율법, 예언, 노

---

151 시 7:9; 렘 17:10; Wis. 1:6; Philo *Spec. Laws* 3.52; *m. Ab.* 2:1도 참조하라. 좀 더 후기의 자료로는 Qur'an(예. 5.7); 신을 지칭하는 용어로서 "마음을 살피는 자"에 대해서는 *t. Sanh.* 8:3; Marmorstein, *Names*, 73, 79, 86을 보라. 더 자세한 내용은 Keener, *Acts*, 1:771-72를 보라.

152 오순절 신학자들과 은사주의 학자들을 비롯한 많은 학자에게 동의하면서(예. Horton, *Spirit*, 272-73; Williams, *Renewal Theology*, 2:355-57; Lim, "Gifts," 464-65; 덜 확실하지만 Storms, *Guide*, 42-44을 참조하라), 나는 고전 12:8의 "지식의 말씀"을 하나님에 관한 지식을 전하는 은사, 즉 가르침으로 이해한다(이것은 12:28; 14:6, 26에도 등장함; Carson, *Spirit*, 38; Bultmann, *Theology*, 1:154; Cullmann, *Worship*, 20도 참조하라). 이것은 고전 1:5; 13:2, 8-9(γνῶσις; 8:1, 7, 10-11; 14:6도 참조하라)의 "지식"과 고린도전서의 다른 곳에 있는 "말"(λόγος; 예. 1:5, 17-18; 2:1, 4, 13)의 의미에 어울린다. 내가 이해하기에, 종종 **대중적으로** "지식의 말씀"이라고 불리는 것은, 순수할 경우, 예언 은사의 특별한 형태로서 기능할 수 있다(참조. 삼상 10:2-7; 왕하 4:27; 5:26; 6:12).

153 예. 1QS 8.16; Jos. *Ag. Ap.* 1.37; *4 Ezra* 14:22; *Sipra VDDen. par.* 1.1.3.3; 5.10.1.1; *Sh. M. d.* 94.5.12; *Behuq. pq.* 6.267.2.1; *Sipre Deut.* 355.17.1-3; 356.4.1(355.17.2를 반복함); *1 Clem.* 47.3; *Barn.* 9.2; 14.2, 9; *Herm.* 43.9; Justin *Dial.* 25. 더 자세한 내용은 Isaacs, *Spirit*,

래, 그리고 다른 요소들이 포함되어 있었다.

　바울이 여기서 이 믿음에 추가한 것은 성령이 각기 다른 개인에게 다른 방식으로 은사를 주신다는 인식이다. 각 사람은 부분적으로 알거나 예언하며(고전 13:9), 각각 하나님의 마음의 다른 측면들을 전달할 수 있다. 고대 이스라엘의 예언자들에 대한 간략한 조사는 그들 가운데서도 하나님의 계시가 다른 방식으로 임했다는 점을 보여줄 것이다. 예를 들어 그 계시는 환상, 꿈, 하나님의 음성을 들음, 천사로부터의 전달, 또는 넘쳐흘러서 말하지 않을 수 없게 만드는 하나님의 메시지 등으로 임한다.[154]

　하나님은 다양한 보충적인 방식으로 그분의 지혜를 계시하시며, 그리스도의 몸에 속한 각 구성원들은 자신의 은사와 다른 형태의 은사를 가져오는 구성원들에게 존경을 보여야 한다. 물론 은사가 더 풍성할수록, 분별이 더 필요할 것이다. 바울은 이것을 은사(특히 예언; 고전 12:10; 14:29; 살전 5:20-21)와 분명히 연결한다. 하지만 앞에서 언급했듯이, 그리스도의 몸에서 참지혜에 속하는 것은 그리스도의 몸이라는 더 큰 맥락 안에서 자신의 은사를 이해하고 그 은사를 가장 큰 은사로서(또는 오늘날 일부 사람들이 그렇게 하도록 유혹받듯이, 유일하게 적법한 은사로서) 여기지 않는 것이다(롬 12:3-8, 특히 12:3).

　51; Foerster, "Geist," 117; Büchsel, *Geist*, 57-58을 보라.

154　왕상 22:19-23과 왕하 6:16에서처럼 **참된** 관점은 천상의 실재에 의해 알려지고 계시적 통찰을 가진 사람들만이 충분히 이용할 수 있는 것이었다. 하지만 성서 예언자들은 대부분 계시에 대한 이런 특별한 차원의 경험을 이야기하지 않는다. 추측하건대, 천상적 차원의 계시를 알고 있는 다른 사람들은 예를 들어 환상을 경험하지 않고도 믿음으로 그 계시를 받아들일 수 있을 것이다.

하나님과 같아짐이 아니라 하나님의 영감과 능력 주심(고전 3:3-4)

신자들 안에 하나님의 생각/마음이 있다는 것은 바울이 고린도의 신자들을 구체적으로 그리고 어쩌면 역설적으로 묘사하는 것과 대조를 이룬다. 바울은 고린도의 그리스도인들이 언젠가 반드시 죽어야 하는 존재처럼 행동한다는 의미에서 인간처럼 행동한다고 그들을 책망한다(고전 3:3-4). 그리스 사상에서 인간과 신의 경계는 종종 얕았다. 많은 철학자가 이성을 개발함으로써 그들 안에 있는 신성의 불꽃을 해방한다고, 또는 이성을 통해 그들을 신격화하는 신을 경험한다고 믿었다. 이와 대조적으로, 바울에게 하나님의 성품의 가장 큰 표징, 즉 신자들 안에 있는 하나님의 현존에 대한 가장 큰 징표는 사랑이다(예. 롬 5:5-8; 8:35-39; 13:8-10; 14:15; 15:30; 고전 13:13; 14:1; 16:14; 고후 5:14; 13:11; 갈 2:20; 5:14; 살전 4:9; 특히 갈 5:22을 보라).

추기: 그리스와 로마 전통에서 신격화

유대교의 유일신 전통과 대조적으로, 이 무렵에 그리스와 로마 전통에서 고위층의 인간과 막 시작된 신성 간의 경계는 종종 유동적이라는 것이 입증되었다.[155] (이 유동성은 신격화를 너무 편협하게 신비종교와 연결한 일부 초기 학자들의 의견과 다르게 널리 퍼져 있었다.)[156]

---

155   예. Epict. *Diatr.* 2.19.26-28; Ovid *Metam.* 8.723-24; 참조. Jos. *Ag. Ap.* 1.232.
156   신격화가 다른 일부 집단의 입문 의식에서 행해진 것으로 알려져 있기는 하지만(Eliade, *Rites*, 71), 그것이 신약 시대에 신비종교에서 행해졌다는 일반적인 견해(Reitzenstein,

일례로 민간전승은 많은 영웅을 신격화했는데,[157] 여기에는 디오니시우스,[158] 헤라클레스,[159] 디오스쿠로이,[160] 아스클레피오스,[161] 아킬레스,[162] 트로포니오스,[163] 팔라메데스,[164] 그리고 가끔 고대 내러티브에 등장하는 기억할 만한 주인공[165] 등이 있

Mystery-Religions, 70, 200; Angus, Mystery-Religions, 108; Dibelius, "Initiation," 81; 참조. Tarn, Civilisation, 354-55; Avi-Yonah, Hellenism, 42)는 최근 몇 년 동안 도전을 받아왔다(Ferguson, Backgrounds, 239을 보라). 하지만 일반적으로 그리스 문화에서 발생한 빈도를 고려할 때, 몇몇 제의에서 이런 일이 행해졌다고 주장하는 것은 가능하다(예. Tinh, "Sarapis and Isis," 113). 확실한 것은 신격화가 후기 헤르메스 문서(Reitzenstein, Mystery-Religions, 70-71; Conzelmann, Theology, 11; Wikenhauser, Mysticism, 179)와 다른 영지주의 문헌(Ménard, "Self-Definition," 149; Jonas, Religion, 44-45)과 후기 기독교 자료(Tatian Or. Gks. 7; Taylor, Atonement, 206, Iren. Her. pref.와 Athanas. Inc. 54.3을 인용함)에 분명히 언급되었다는 점이다. 마술에서의 신격화에 대해서는 PGM 1.178-81; Frankfurter, Religion in Egypt, 229을 보라.

157   예. Eurip. Andr. 1253-58; Cic. Nat. d. 2.24.62; 3.15.39; Virg. Aen. 7.210-11; Ovid Metam. 9.16-17; Lucan C.W. 9.15-18, 564; Paus. 8.9.6-8; 9.22.7; Philost. Hrk. 2.11. 영웅의 정의에 대해서는 Nock, Paul, 96; Hadas and Smith, Heroes; Edson and Price, "Ruler-Cult"; Graf, "Hero Cult"를 참조하라. 그리스인들이 세상을 떠난 영웅들을 숭배한 것은 기원전 8세기에 시작되었을 것이다(Antonaccio, "Hero Cult"). 비록 그런 제의들이 특히 기원후 3세기와 2세기 후반에 융성하기는 했지만 말이다. 루키아노스는 Dial. D. 340에서 인간적 요소와 신적 요소가 혼합된 영웅들에 대한 이해를 조롱한다(10/3, Menippus, Amphilocus, and Trophonius 2) (후기 동방 기독교의 기독론들이 말하려고 했던 일부 개념을 폭로함; 다른 곳에서의 혼합 사상에 대해서는 Max. Tyre Or. 6.4를 보라).

158   예. Apollod. Bibl. 3.5.3.

159   Apollod. Bibl. 2.7.7; 2.8.1; Cic. Tusc. 1.12.28; 2.7.17; Sen. E. Suas. 1.1; Men. Rhet. 2.9, 414.23-24. 더 자세한 내용은 Graf, "Heracles: Cult"를 보라.

160   예. Cic. Sest. 15.34; 37.79; 38.83; 39.85; Hor. Ode 3.3.9-10; 4.5.35-36; Epode 17.40-44; Ovid Fast. 5.715-20; Val. Max. 1.8.1; Suet. Tib. 20; Calig. 22.2; Quint. Curt. 8.5.8; Arrian Alex. 4.8.2-3; Paus. 1.18.2; 3.13.6; 5.15.5; Parker, "Dioscuri"; Purcell, "Castor"; Keener, Acts, 4:3695-99를 보라.

161   예. Paus. 6 (Elis 2).11.9.

162   예. Philost. Hrk. 53.8. 파트로클루스의 혼령도 제사를 드리는 날에 참석한다(Hrk. 53.12-13).

163   Max. Tyre Or. 8.2; Philost. Vit. Apoll. 8.19; Lucian Dial. D. 340(10/3, Menippus, Amphilocus, and Trophonius 2)과 대조하라.

164   Philost. Vit. Apoll. 4.13; 33.48; 참조. Hrk. 20.4-21.8.

165   예. Telegony Bk. 4에서 오디세우스의 가족 모두; 참조. Philost. Hrk. 31.7에서 망자 아약스

다. 호메로스는 영웅들을 "신과 동등한 사람들" 또는 "신과 같은 사람들"로서 자주 묘사한다.[166] 영웅은 신과 반드시 죽어야 하는 존재들 사이의 중간 범주를 이루었는데,[167] 다른 말로, 반신반인의 존재로 여겨졌다.[168] 이 중간 계층은 살아 있는 자들에 의해 신격화된 망자들로 구성되었다.[169] 고대의 영웅들, 그중에서도 특히 글자 그대로 신의 씨에서 태어났다고 추정되는 사람들 역시 신의 아들[170](그러나 이런저런 인간 아버지를 둔 "제우스에게서 태어난" 아들과 같이[171] 대부분 비유적이거나 동떨어진 의미였음),[172] 혹은 신들에 의해 "양육된" 자들이었다.[173]

심지어 구체적으로 유창한 웅변가조차도 신들과 비교되거나 "신"의 칭호를 받을 수 있었다.[174] 시인들, 특히 "신과 같은 호메로스"도 마찬가지였다.[175] 로마인들은 망자들의 영에게 제사했지만, 그리스의 영향으로 인해 기원전 4세기 이후에야 비로

의 탄원. 하지만 디오메데스는 불필요한 잔인함으로 자신을 실격시킨다(*Thebaid* frg. 9, Hom. *Il.* 5.126에 관한 고전 주석학자 D).

166 예. Hom. *Il.* 2.407; 7.47; 13.295, 802; *Od.* 3.110; 17.3, 54, 391; 19.456; 20.369; 21.244; 또한 참조. Soph. *Oed. tyr.* 298; Philost. *Hrk.* 21.9; 26.11; 48.15, 19; *Alcmeonis* frg. 1(Eurip. *Andr.* 687에 관한 고전 주석학자의 글에서) "신과 같은 텔라몬"(그러나 그는 누군가를 살해한다).

167 예. Philost. *Hrk.* 16.4.

168 예. Philost. *Hrk.* 23.2(ἡμιθέοις, 헤미테오이스); 참조. Eunapius *Lives* 454.

169 Kearns, "Hero-Cult."

170 예. Hom. *Il.* 2.512; 특히 헤라클레스를 보라(Epict. *Diatr.* 3.26.31; Grant, *Gods,* 68-69).

171 예. Hom. *Il.* 4.358.

172 예. Hom. *Il.* 4.489; 16.49, 126, 707; *Od.* 10.456 (MSS), 488, 504; 11.60, 92, 405, 473, 617; 13.375; 14.486; 16.167; 18.312; 22.164; 23.305; 24.542. 이런 비유적 의미의 신성에 대해서는 Aeschylus *Suppl.* 980-82을 보라.

173 Hom. *Il.* 17.34, 238, 685, 702; 21.75; 23.581; 24.553, 635, 803; *Od.* 4.26, 44, 63, 138, 156, 235, 291, 316, 391, 561; 5.378; 10.266, 419; 15.64, 87, 155, 167, 199; 24.122. 이 호칭은 종종 허술하게 부여되곤 했으나(*Od.* 22.136), 때때로 신에게 적용되었다(*Il.* 21.223).

174 예. Cic. *De or.* 1.10.40; 1.38.172; Pliny E. *N.H.* pref.29.

175 예. *Contest of Homer and Hesiod* 316, 325; Men. Rhet. 2.15, 430.13; 2.16, 434.11; *Contest of Homer and Hesiod* 313에서 헤시오도스와 함께.

소 로마의 창건자인 로물루스를 신격화했다.[176]

통치자들을 신격화하는 것은 특히 이런 패턴의 뚜렷한 공식적 표현이었다. 그리스인들은 헬레니즘의 통치자들을 신으로 추대했다.[177] 이런 관행은 마케도니아의 알렉산드로스 치하에서 그가 세계를 정복하여 동양 전통에 영향을 받은 이후 본격적으로 시작되었다.[178] 후기 공화정 시대에 키케로는 자애로운 통치자들을 신으로 여긴 그리스인들을 풍자했다.[179] 하지만 이 언어는 제국의 문화에 너무 편만해 있어서 기원후 1세기 말에 한 로마인은 원로원을 그들의 덕에 필적할 만한 신들이라고 시적으로 묘사할 수 있었다.[180] 그것은 제국의 황제 숭배에서 일반적인 것이 되었다.[181]

---

176   Hammond and Price, "Ruler-Cult," 1338.

177   아마도 마케도니아의 필리포스 시대였을 것이다(Diod. Sic. 16.95.1); 하지만 견유학파 디오게네스와 같은 철학자들은 이런 관행을 조롱했던 것 같다(Diog. Laert. 6.2.63; 참조. 6.9.104). 통치자와 황제 숭배에 대해서는 Klauck, *Context*, 250-330; Thomas, *Revelation* 19, 45-55의 자세한 설명을 보라. 헬레니즘의 통치자들에 대해서는 Klauck, *Context*, 252-60을 보라. 참조. Lucian *Cock* 24.

178   신의 아들로서 알렉산드로스에 대해서는 Arrian *Alex*. 7.29.3; Diod. Sic. 17.51.1-2; Dio Chrys. *Or*. 32.95; Plut. *S. Kings*, Alexander 15, *Mor*. 180D; *Alex*. 2.2-3.2; 27.5-11; 28.1을 보라. 그는 기독교의 탄생을 전후로 하여 수세기 동안 이집트 유대인들에 의해서도 알려졌다(*Sib. Or*. 5.7; 11.197-98; 12.7). 몇몇 사람은 알렉산드로스가 자신이 신으로 추대된 것을 정치적 선전으로만 사용했다고 믿는다(Plut. *Alex*. 28.3; Lucian *Dial. D*. 395 [12/14, *Philip and Alexander* 1]). 루키아노스는 *Dial. D*. 397-98(12/14, *Philip and Alexander* 5); 390(13/13, *Diogenes and Alexander* 1)에서 알렉산드로스의 신성을 부인한다.

179   Cic. *Quint. fratr*. 1.1.2.7; 키케로 시대에 로마인들은 신과 죽어야 하는 존재 사이의 선을 더 엄격하게 그었다. 라틴어에서는 적어도 제국이 시작되는 무렵에, 죽어야 하는 존재가 되어 본 적이 없는 불멸의 신(*deus*)과 사후에 신(*divus*)이 된 필멸의 존재를 구별할 수 있었다.

180   Sil. It. 1.611.

181   황제 숭배를 비롯하여 통치자 숭배에 대한 논평에 대해서는 Keener, *Acts*, 2:1784-86을 보라.

마음의 토론과 더 관련이 있는 철학은[182] 철학의 목표인 미덕[183] 또는 행복[184]과 마찬가지로 사람들을 신성화하는 데 사용되었다.[185] 이와 마찬가지로 신격화는 한 사람의 인간성에 대한 적절한 지식,[186] 신실함,[187] 또는 일부 관점이나 찬양의 미사여구에서는 단순히 죽음[188]에서도 비롯될 수 있었다. 철학자들과 다른 현자들도 종종 신격화되거나 어떤 의미에서는 신이라는 말을 들었다.[189] 데모크리토스,[190] 피타고라스,[191] 엠페도클레스,[192] 에피쿠로스,[193] 테오프라스토스,[194] 테오도로스,[195] 아폴로니우

---

182   이 단락은 Keener, *Acts*, 2:1784를 개작한 것이다. 1782-86도 보라.

183   Sen. Y. *Dial*. 1.1.5; Epict. *Diatr*. 2.19.26-28; Philost. *Vit. Apoll*. 3.18, 29; 8.5; Plot. *Enn*. 1.2.7 ("On Virtue"); Koester, *Introduction*, 1:353; Arius Did. 2.7.11m, p. 92.15-16에 묘사된 우리 안의 신적인 덕성도 참조하라.

184   Εὐδαιμονία, "blessedness"; 참조. Arius Did. 2.7.11g, p. 70.36; Max. Tyre *Or*. 26.9.

185   Sen. Y. *Ep. Lucil*. 48.11; Marc. Aur. 4.16; Iambl. *Pyth. Life* 16.70; Porph. *Marc*. 17.286-88; 참조. Epicurus *Let. Men*. 135; Cic. *Tusc*. 5.25.70; Crates *Ep*. 11; 몇몇 사람은 "신적인"이라는 말이 착한 사람들 모두에게 적용될 수 있다고 주장했다(Sen. Y. *Ep. Lucil*. 73.12-16; 124.14, 23; Max. Tyre *Or*. 35.2; 38.1; Philost. *Vit. Apoll*. 8.5). 신플라톤 철학에서 이 문제는 Klauck, *Context*, 214, 424을 보라. 스토아 철학의 이상에 대해서는 Engberg-Pedersen, *Paul and Stoics*, 62을 보라.

186   Plut. *Pomp*. 27.3.

187   *Sent. Sext*. 7ab, 헬레니즘 기독교 자료.

188   예. (Ps.-)Dion. *Epideictic* 6.283; Cic. *Leg*. 2.9.22; 2.22.55; *Att*. 12.36; 37a; Men. Rhet. 2.9, 414.23, 25-27; 2.11, 421.16-17; 참조. *PGM* 1.178-81; 나중에 포이만드레스에 대해서는 Wikenhauser, *Mysticism*, 179을 보라.

189   예. Longin. *Subl*. 4.5; Diog. Laert. 6.2.63(디오게네스의 주장); 6.9.104.

190   Diog. Laert. 9.7.39.

191   Diog. Laert. 8.1.11; Philost. *Ep. Apoll*. 50; Iambl. *Pyth. Life* 2.9-10; 5.10; 10.53; 28.143-44; 35.255(참조. Iambl. *Pyth. Life* 6.31의 중간 카테고리; 19.92; 28.135, 140에서 그의 황금 허벅지). 참조. Abaris in Iambl. *Pyth. Life* 19.91. Thom, "*Akousmata*," 103도 보라.

192   예. Philost. *Vit. Apoll*. 1.1; Diog. Laert. 8.2.68.

193   Cic. *Pis*. 25.59(역설적으로 세상에 관한 신들의 관심사에 대한 에피쿠로스의 회의론도 언급한다).

194   Cic. *Or. Brut*. 19.62.

195   Diog. Laert. 2.100.

스,[196] 인도의 현자들,[197] 리쿠르고스와 같은 신성한 입법자,[198] 그리고 특별히 "신적 존재인 플라톤"[199]을 예로 들 수 있다. 그리스인들은 이와 같은 존경의 용어를 더 자유롭게 부여했으며, 많은 사람이 인간의 영혼이나 이성적인 생각을 신적인 것으로 여기거나[200] 심지어 우주조차도 신적인 것으로 여겼다.[201]

유대인 중기 플라톤 철학자인 필론에게 지성은 인간 안에 있는 신적인 요소를 대표한다.[202] 하지만 비록 신격화 언어가 유대교에 영향을 미쳤다고 할지라도,[203] 심지어 필론조차도 "매우 한정된 의미에서"만 그 언어를 사용한다.[204] 실제로 좀 더 전

---

196 Philost. *Vit. Apoll.* 8.5, 15; *Ep. Apoll.* 44; 48; Eunapius *Lives* 454; 어쩌면 3세기 또는 4세기 비문들; Jones, "Epigram"; Eunapius *Lives* 454의 반신반의. Philost. *Vit. Apoll.* 7.31에서 아폴로니우스는 "신처럼" 보이지만, 7:32에서 그의 신성을 부인한다.

197 Philost. *Vit. Apoll.* 3.29; 7.32. 이보다 정도는 덜하지만, Philost. *Ep. Apoll.* 16-17의 점성술사들도 이에 해당한다.

198 Hdt. 1.65-66; Val. Max. 5.3.ext.2; Plut. *Lyc.* 5.3. 입법자들은 Mus. Ruf. 15, p. 96.24에서 "신과 같다."

199 Cic. *Opt. gen.* 6.17; *Leg.* 3.1.1; *Nat. d.* 2.12.32; Plut. *Profit by Enemies* 8, *Mor.* 90C; *Apoll.* 36, *Mor.* 120D; Philost. *Ep.* 73 (13); Porph. *Marc.* 10.185-86; Athen. *Deipn.* 15.679A. 참조. Grant, *Gods*, 63-64의 교부 자료.

200 참조. Plato *Rep.* 10, 611DE; Cic. *Parad.* 14; *Resp.* 6.24.26(스키피오의 꿈); *Tusc.* 1.24.56-26.65; *Leg.* 1.22.58-59; *Div.* 1.37.80(한 스토아 철학자를 인용함); Sen. Y. *Ep. Lucil.* 32.11; 78.10; *Nat. Q.* 1.pref.14; Mus. Ruf. 18A, p. 112.24-25; Epict. *Diatr.* 1.1; 1.9.6-11, 22; 1.14.6; 1.12; 1.17.27; 2.8.10-11, 14; (Ps.?)-Plut. *Face* M. 28, *Mor.* 943A; Ael. Arist. *Def. Or.* 409-10, §139D; Max. Tyre *Or.* 2.3; 6.4; 33.7; 41.5; Marc. Aur. 2.13, 17; 3.5, 6, 12; 3.16.2; 5.10.2; 5.27; 12.26; Men. Rhet. 2.9, 414.21-23; Iambl. *Pyth. Life* 33.240; 참조. *Rhet. Alex.* pref. 1420b.20-21. 인간의 신격화에 대한 역사적 개관은 Koester, "Being"을 참조하라.

201 스토아 철학의 범신론에서(예. Cic. *Nat. d.* 2.7.19-20), 이 견해는 에피쿠로스 철학자들에게 조롱당했다(예. Cic. *Nat. d.* 1.10.24).

202 예. Philo *Alleg. Interp.* 2.10, 23; *Unchangeable* 46-48.

203 Philo *Mos.* 1.279; Jos. *War* 3.372(Urbach, *Sages*, 1:222); 참조. Tabor, "Divinity"; *T. Adam* 3:2-3(기독교 자료일 수도 있음)의 사후 신격화; Ps.-Phoc. 104의 부활에서의 신격화; *Jos. Asen.* 16:16; *L.A.E.* 14:2-3; *Pr. Jos.* 19; *y. Suk.* 4:3, §5; 4Q181 frg. 1.3-4의 불멸 또는 신적인 특성.

204 Holladay, *Theios Aner*, 236; Philo *Virt.* 172; *Creation* 135을 보라. 참조. 유일한 참하나님을

통적인 팔레스타인 유대교에서 이와 같은 약속은 여전히 뱀에게 속했다(창 3:5; *Jub.* 3:19).[205] 주를 경외하는 것은 온전한 신격화의 주장을 배제했다.

....

분명히 바울은 그의 주제에도 불구하고 신격화에 대한 그리스 언어를 사용하지 않는다. 그는 유일신론적 표현에서는 필론보다 훨씬 더 보수적이었던 것 같다.[206] 바울은 사람의 생각/마음을 신이라고 부르지 않으며, 모든 사람 안에 내재하는 신적인 불꽃에 대해서도 말하지 않는다. 또는 신자들이 하나님이라거나 하나님의 일부분이 되었다고 말하지도 않는다. 우리는 그리스도의 마음/생각을 "가졌다." 그러나 우리의 마음/생각이 그리스도의 마음/생각**이다**라고 말해서는 안 된다. 즉 바울은 그의 주제를 다룰 때 일부 동시대인들이 사용한 몇몇 용어를 의도적으로 피하는 것 같다.

인정하지만 사도와 같은 후원자들에게 이 용어를 사용하는 리코메데스의 용례(*Acts John* 27).

205 *Apoc. Mos.* 18:3도 보라. 참조. 창 11:4; 출 20:3-5; 사 14:14; *Jub.* 10:20; *Exod. Rab.* 8:2.

206 Litwa(*Transformed*, Costa, "Review"에 언급됨)는 바울의 신격화 언어를 주장하지만, 불멸과 같은 신적 특성의 제한된 요소들을 공유한다고 주장한다. 이는 한 분 하나님께 제한되는 요소도 아니고 하나님께 완전히 흡수되는 것도 아니다. 이 정도까지는 신격화와 비신격화 간의 차이가 의미론적인 문제일 수 있는데, 그 이유는 **그리스** 사상가들이 때때로 이와 같은 참여를 신격화의 측면에서 묘사하기 때문이다. 그렇지만 나는 대부분의 관점에서 필론보다 더 보수적인 바울이 과연 이와 같은 그리스 사상가들이 신의 성품에 참여하는 것을 신격화로 묘사하는 정도까지 나아가려 했을지에 의문을 제기한다. 왜냐하면 바울은 구체적으로 신자들을 전적으로 신적인 용어로 묘사하기를 피하며, 그들을 θεοί(테오이, "신들", Costa, "Review"를 주목하라)라고 부르거나 더 유연한 용어인 θεῖος(테이오스, "신성을 지닌 사람", 벧후 1:4에 표현된 이 단어의 더 완전한 용례를 참조하라)를 사용하지도 않기 때문이다. 동방 정교회 전통에서처럼, 다른 사람들은 이 용어를 더 자유롭게 발전시켰다. Jonathan Edwards는, 비록 "신격화"라는 용어를 피하기는 했지만, 하나님과의 참여, 연합, 상호 거주를 받아들였다(McClymond and McDermott, *Theology of Edwards*, 422-23; 신플라톤 철학과의 관련성에 대해서는 413-16을 보라; Hastings, *Edwards and Life of God*도 보라). Bonhoeffer의 사상에 대해서는 Gorman, *Inhabiting*, 168-70을 보라.

그렇지만 바울은 하나님이 그의 백성들 가운데 거하신다는 점을 인정한다(고전 3:16). 그리고 그리스도와 성령이 하나님의 백성 안에 사신다는 것은 그리스도의 마음/생각이 그들 안에서 활동한다는 의미다.[207] 육신의 행위(갈 5:19-21)와 대조되는 성령의 열매(갈 5:22-23)는 하나님께서 성령을 통해 신자 안에서 행하시는 하나님의 도덕적 성품의 열매, 즉 자연스러운 결과다.

바울에게 하나님의 형상으로의 회복(롬 8:29)은 하나님의 형상으로 지음을 받은 원 창조(창 1:26-27) 그 이상을 수반하는 것이 분명하다. 첫 인간들은 분명히 하나님과 정기적으로 교제했다(창 2:16-22; 3:8). 하지만 그리스도 안에서 신자들은 하나님께 가까이 나아갈 수 있을 뿐만 아니라(롬 5:2), 하나님의 영이 그들 안에 거하시기까지 하신다(롬 8:9). 성령은 신자들의 영과 생각에 모두 영향을 끼친다(롬 8:5-6, 16; 고전 12:10-11과 더불어 14:13-15). 이상적으로 많은 신적 통찰은 신적인 사고의 틀을 따르는 생각에 직접 영향을 준다.

207　다시 말해서 나는 바울이 신격화 용어를 피한다는 점을 믿지만, 동방 기독교 전통이 "테오시스"(*theosis*, "신화, 즉 하나님과 같이 됨"; 교부들의 테오시스와 거룩성에 대해서는 Blackwell, *Christosis*를 보라)라고 부른 것의 핵심을 부인하지 않는다. "하나님의 형상이신 그리스도, 즉 성육신하시고, 십자가에서 처형당하시고, 부활하시고/영광스럽게 되신 그리스도를 본받을 수 있도록 힘을 주시는 성령을 통한, 하나님의 신성 포기와 십자가의 특성과 생명에의 변화된 참여"를 바울이 진정으로 강조했다는 측면에서 우리가 "테오시스"를 정의하는 한 말이다(Gorman, *Inhabiting*, 7, 125; 참조. Wright, *Faithfulness*, 781, 1021-22).

환상을 통한 변화(고후 3:18)

우리는 바울이 고린도 교회에 보낸 편지에서 그의 가르침의 다른 예들을 검토함으로써 좀 더 일반적인 그의 메시지뿐만 아니라 고린도의 그리스도인들에게 주는 그의 메시지를 좀 더 온전히 이해할 수 있다. 여기서 나는 고린도후서의 한 본문에 간략히 집중한다.[208] 성령에 의한 새 언약의 사역을 율법에 대한 모세의 사역과 비교하는 바울의 본문의 절정은 그리스도의 영광을 경험함으로써 변화되는 것에 대한 바울의 관심을 강조한다 (고후 3:18).

이 본문은 하나님의 계시의 형식을 직접 언급하지도 않고 신격화의 문제를 다루지도 않는다(대부분의 유대인은 모세의 영화에 대한 묘사로서 신격화를 사용하지 않았다). 그럼에도 이 본문은 신자들이 하나님을 경험하고 성숙하고 변화되기를 바울이 기대한 한 가지 방식을 이야기한다는 점에서 이 장의 논의에 여전히 적절하다. 이 본문은 우리가 로마서 12:2을 이해하는 데 도움을 준다는 점에서도 적절한데, 그 이유는 고린도후서 3:18이 바울이 동사 μεταμορφόω(메타모르포오, 변화시키다)를 사용한 유일하게 현존하는 다른 본문이기 때문이다.

---

[208] 바울이 고린도 교회에 보낸 편지에서 고후 5:13, 16-17과 같은 다른 본문들도 관련이 있지만, 나는 본서에서 제한된 본문에만 집중할 수 있다. 본서 2장 "그리스도 안에서 운명적으로 정의됨" 단락에서 고후 5:16-17을 간략히 다루었다. 다른 사람들도 여기서 신에 대한 변화와 순응의 주제를 설명했다. 특히 Litwa, "Implications"; Litwa, *Transformed*를 보라.

하나님에 대한 헬레니즘의 환상

환상은 아는 것을 지칭하기 위해 자주 사용되는 유비였으며,[209] 종종 영적 환시에 사용되었다.[210] 플라톤은 이상적인 형상을 볼 수 있는 생각의 환상을 강조했다.[211] 신체적 감각들은 기만적이었으므로, 영혼은 오직 그 자체만을 의존해야 하며, 생각으로만 지각할 수 있는 보이지 않는 추상적인 것을 "보아야" 한다.[212] 결국 많은 저술가들은 볼 수 있는 생각 혹은 영혼의 능력을 강조했다.[213] 필론은 영혼의 "눈"에 대해 거듭 말했다.[214] 에픽테토스[215]와 마르쿠스 아우렐리우스[216] 같은 스토아 철학자들은 무지한 군중을 "눈먼 사람들"로 간주했다. 마찬가지로 세네카는 오직 순수한 생각만이 하나님을 이해할 수 있다고 믿었다.[217]

---

209   예. Max. Tyre *Or.* 6.1.

210   내가 여기서 영적 환상에 대해 다룬 자료는 대부분 Keener, *Acts*, 4:3519-22의 내용을 개작한 것이다. 좀 더 길게 설명한 Keener, *John*, 247-50과 더 간략하게 다룬 Keener, "Beheld"를 보라. 고대의 환상 신비주의에 대해서는 DeConick, *Voices*, 34-67을 보라.

211   예. Plato *Phaedo* 65E; 66A; 이후의 여러 저술가도 언급했다. 예. Diog. Laert. 6.2.53; Justin *Dial.* 2; 4.1. 플라톤과 하나님에 대한 환상에 대해서는 Kirk, *Vision*, 16-18을 보라.

212   Plato *Phaedo* 83A. 참조. Iambl. *Pyth. Life* 6.31; 16.70; 32.228. 후기 저술가들은 플라톤의 소크라테스에게서 보이지 않는 세상을 투시하는 지적 환상에 대한 호소를 계속해서 발견했다(Lucian *Phil. Sale* 18).

213   예. Cic. *Tusc.* 1.19.44; Marc. Aur. 11.1.1 (참조. 10.26).

214   영혼의 눈을 여는 것에 대해 O'Toole(*Climax*, 72)은 Philo *QG* 1.39를 인용한다. 필론 역시 그의 다음 저술들에서 영혼의 눈에 대해 말한다. *Spec. Laws* 1.37; 3.4, 6; *Unchangeable* 181; *Sacr.* 36, 69, 78; *Posterity* 8, 118; *Worse* 22; *Plant.* 22; *Drunkenness* 44; *Sober* 3; *Conf.* 92; *Migr.* 39, 48, 165, 191; *Heir* 89; *Prelim. St.* 135; *Names* 3, 203; *Abr.* 58, 70; *Dreams* 1.117; 2.160; *Mos.* 1.185, 289; *Rewards* 37. 다른 자료로는 *Rhet. Alex.* pref. 1421a.22-23을 참조하라.

215   Epict. *Diatr.* 1.18.4, 6; 2.20.37; 2.24.19; 참조. 4.6.18.

216   Marc. Aur. 4.29.

217   Cary and Haarhoff, *Life*, 335에 인용된 Sen. Y. *Ep. Lucil.* 87.21. 소(小) 세네카(*Ep. Lucil.*

이와 같은 견해들은 생각이 하나님을 상상하기 위해 사용되었다는 플라톤 전통과 매우 깊이 연관된 사람들 사이에서 특히 흥왕했다.[218] 기원후 2세기 중엽에 절충적인 플라톤 학파의 연설가인 티로의 막시무스(Maximus of Tyre)는 지성에 의한 환상을 강조했다.[219] 그는 죽을 때 하나님을 사랑하는 사람들이 이상적인 아름다움과 순수한 진리이신 그분을 보게 될 것이라고 언급했다.[220] 그 사이에 사람은 자기 생각을 하나님께 집중함으로써 하나님을 그와 같이 완전히 볼 준비를 할 수 있었다. 영혼은 신적인 아름다움에 대한 태아기의 환상을 그저 희미하게만 상기할 수 있다.[221] 이와 같은 아름다움은 불변하는 하늘에서는 완전함을 유지하지만, 감각의 저급한 영역에서는 희미해진다.[222] 중기 플라톤 학파와 관련이 있는 한 연설가에게 감각 인식의 층들을 제거하는 것은 하나님을 보는 데 도움이 된다.[223] 진정한 신적인 아름다움을 묵상하는 것은 저급한 영역의 부

115.6)는 덕을 보는 마음/생각에 대한 유비로서 신체적인 시각을 사용한다. 심지어 신화학자조차도 마음/생각을 통해 하늘의 신들을 보는 누마(Numa)에 대해 말할 수 있었다(Ovid *Metam*. 15.62-64). 따라서 신비종교와의 연결(예. Apul. *Metam*. 11.15, 23-24, 30; Reitzenstein, *Mystery-Religions*, 454-56; Dibelius, "Initiation," 81; Strachan, *Corinthians*, 90)은 너무 편협하다.

218 예. Plut. *Isis* 78, *Mor*. 382F; Iambl. *Letter* 4.5 (Stob. *Anth*. 3.3.26); *Soul* 8.53, §458. 중기 플라톤 철학은 스토아 철학의 영향을 많이 포함하지만 기원전 1세기보다는 제국 초기에 더 초월적이었다(Dillon, "Plato," 806). 이는 신플라톤 철학에서 더 초월적인 것이 되었다(아래의 논의를 보라).

219 Max. Tyre *Or*. 11.9; 38.3. 그는 오디세우스의 기행을 영혼에 의한 (묵시문학에서 발견되는 것과 비슷한) 환상적 우주여행으로 알레고리화했다(*Or*. 26.1).

220 Max. Tyre *Or*. 9.6; 10.3; 11.11. 참조. Philost. *Hrk*. 7.3; *4 Ezra* 7:98; 종말론적으로 고전 13:12; 참조. *1 En*. 90:35. 플라톤 철학에서 하나님의 순수한 선에 대해서는 Barclay, *Gift*, 71, 84을 보라.

221 Max. Tyre *Or*. 21.7.

222 Max. Tyre *Or*. 21.7-8. 필론 역시 쾌락에서 마음을 돌린 생각이 덕의 아름다움을 깨달음으로써 덕을 고수한다고 주장한다(*Sacr*. 45).

223 Max. Tyre *Or*. 11.11. 하나님을 볼 수 없는 사람들은 우주적인 서열에서 그분 아래에 있는

패로부터 영혼을 자유롭게 한다.[224] 비록 신적인 아름다움이 천상의 영역에서 완전하긴 하지만, 오직 지적인 사람들만이 저급하고 감각적인 영역에서 그 아름다움을 꿰뚫어 볼 수 있었다.[225]

이후 3세기에 신플라톤 철학의 창시자는 이와 같은 환상을 추구했다. 전해지는 바에 의하면, 플로티노스(Plotinus)는 "가수(假睡) 상태에서 초월적인 하나님을 실제로 보는 경험을 했다."[226] 플로티노스는 플라톤 철학의 모델에 따라 그의 견해를 발전시키면서 영혼의 환상, 일종의 내적 시각이 이데아의 영역에서 선하신 분의 아름다움을 관조한다고 선언했다.[227] 하지만 그의 추종자들은 이와 같은 견해와 아울러 더 오래된 대중적인 신화를 유지했다.[228] 이와 대조적으로 그의 제자인 포르피리오스는 지혜로운 영혼이 항상 하나님을 본다고 주장했다.[229] 그가 이것이 가능하다고 말하는 이유는 지성이 하나님과의 유사성에 의해 하나님의 형상을 반영하는 "거울"과 같기 때문이다.[230]

필론에게 하나님은 초월적인 분이시므로 신비적인 환상을 통해, 특

그의 후손(별, 악령 등)을 숭배하는 것으로 만족할 수 있었다(11.12).

224   Max. Tyre Or. 11.10.
225   Max. Tyre Or. 21.7-8.
226   Case, Origins, 93-94; 참조. Osborn, Justin, 72. 요세푸스는 이집트의 한 통치자가 "신들을 보고" 싶어 했다고 선언할 때 그의 독자들이 이 말을 이해하기를(그리고 부정적으로 반응하기를) 기대한다(Ag. Ap. 1.232-34).
227   Plot. Enn. 1.6("On Beauty," 특히 9장). 플로티노스에게 이것은 상상력의 문제가 아니라 이성의 문제였다(Iambl. Soul 2.13, §369의 논평을 눈여겨보라). 신을 관조하는 것에 대해서는 Cic. Tusc. 5.25.70; Max. Tyre Or. 16.2-6; Philo Spec. Laws 3.1도 참조하라. 덜 분명하기는 하지만, Panayotakis("Vision")는 프시케와 에로스의 이야기에서도 이것을 발견한다(Parker and Murgatroyd, "Poetry"에 언급된 것처럼 다른 사람들은 다르게 읽는다).
228   Case, Origins, 94.
229   Porph. Marc. 16.274. 하나님을 인식하는 것은 사람을 정화시킨다(Marc. 11.204).
230   Porph. Marc. 13.233-34(ἐνοπτριζόμενος).

히 무아지경인 상태에서 그분을 대면할 수 있다.[231] 이방인 플라톤 철학자들과는 대조적으로, 필론에게 이 환상은 완전히 하나님의 자기 계시에 의존한다.[232] 하지만 여느 플라톤 철학자들처럼 필론은 순수한 영혼만이 하나님을 볼 수 있다고 믿었다.[233] 신성에 대한 현재의 환상은 불완전할 수밖에 없다. 언젠가 죽어야 하는 존재들은 단지 하나님이 존재한다는 것만을 감지할 수 있을 뿐, 그분이 어떤 존재인지는 알 수 없다.[234] 오직 하나님만이 "하나님을 이해할" 수 있다.[235] 영혼의 눈은 하나님의 영광에 압도되지만,[236] 하나님을 찾는 것은 여전히 축복된 수고다. 이는 "태양 자체를 볼 수 없을 때도 사람들이 그 광선의 발산을 보기 때문에, 아무도 신체의 눈을 비난하지 않는 것과 같다."[237] 사람은 더 분명한 환상을 향해 나아가야 한다. 하나님에 대한 궁극적인 환상은 완전함을 얻기 위한 보상이었다.[238]

몇몇 사람은 하나님, 하늘에 속한 것들, 그리고 원래 하늘에서 기원한 영혼을 묵상함으로써 영혼의 천상적인 특성에 자양분을 공급하여[239] 몸

---

231 Isaacs, *Spirit*, 50; Dillon, "Transcendence in Philo"; Hagner, "Vision," 89-90을 보라. 이 환상의 중재에 대해서는 Mackie, "Seeing"을 보라. 하나님을 보고 정욕을 극복하는 것에 대해서는 Hayward, "Israel"을 보라(특히 Philo *Names* 44-46, 81-88; *Drunkenness* 80-83; *Dreams* 1.79, 129-31, 171을 인용함). 동시대의 스토아 철학자들이 그러했듯이, 천상의 것들에 대한 묵상은 필론에게 천상적 관점을 허용하는 것 같다(*Spec. Laws* 3.1-2).

232 Philo *Abr.* 80.

233 Philo *Conf.* 92. 성서의 예에 대해서는 *Names* 3-6; *QG* 4.138; *Conf.* 92, 146; *Dreams* 1.171; *Abr.* 57을 보라.

234 Philo *Rewards* 39; Hagner("Vision," 89)는 필론의 이 자료와 *Names* 62를 모두 인용한다.

235 Philo *Rewards* 40(번역. Colson, LCL, 8:335).

236 Philo *Spec. Laws* 1.37.

237 Philo *Spec. Laws* 1.40(번역. Colson, LCL, 7:121).

238 Philo *Rewards* 36; 참조. *Dreams* 72. Conzelmann(*Corinthians*, 228)은 고전 13:12의 종말론적 환상을 필론의 통상적인 신비적 황홀경의 환상과 대조한다. Hagner("Vision," 86)는 요한의 개념을 필론의 *sōma-sēma* 개념과 대조한다.

239 Porph. *Marc.* 6.103-8; 7.131-34; 10.180-83; 16.267-68; 26.415-16; 본서 8장의 골

의 죽음 이후 하늘로 올라갈 준비를 한다고 믿었다.[240] 플라톤 철학이 일찍이 융성하여 그곳에 있는 유대 지성인들의 사상에 영향을 주었던 알렉산드리아에서 이와 같은 사상은 이미 영향을 미치고 있었다. 따라서 널리 유포되던 「솔로몬의 지혜」는 영혼이 하늘의 관심사에 집중하지 못하도록 몸이 방해한다고 경고한다.[241] 이 유대인 저자가 생각하기에, 사람들은 하나님의 선물인 하늘의 지혜와 성령으로만 하늘의 문제들을 이해할 수 있다.[242]

하나님과 하나님의 형상에 대한 유대교의 환상

몇몇 유대교 자료 역시 하나님을 상상하는 것에 대해 말한다.[243] 유대교 신비주의자들은 환상 중에 하늘로 올라가는 것을 가치 있게 여겼고,[244] 일부 철학자들이 신을 대면하려고 시도한 것과 비슷한 방법으로 이것을 권장

3:1-2에 대한 논의를 참조하라.

240 승천에 대해서는 Max. Tyre *Or.* 41.5; Men. Rhet. 2.9, 414.21-23을 보라. 몇몇 사람은 이것을 바울이 피하는 표현인 신격화로 이해했다(2.9, 414.25-27).

241 Wis. 9:15-16. 이방인들 가운데서는 Mus. Ruf. 18A, p. 112.20, 27-28(1세기의 스토아 철학자); Max. Tyre *Or.* 1.5를 참조하라.

242 Wis. 9:17. 이 문맥은 요 3:11-12의 언어에도 영향을 미친다(Keener, *John*, 560을 보라).

243 예. 1QS 11.5-6.

244 묵시적 자료(예. *1 En.* 14:18-20; *2 En.* 20:3 A; 22:1-3; *3 En.* 1)와 다른 위경 자료(예. *L.A.E.* 25:3-4; *Odes Sol.* 36:1-2) 이외에 *t. Hag.* 2:3-4; *b. Hag.* 14b, bar.; *y. Hag.* 2:1, §§ 7-8; *Song Rab.* 1:4, §1; Kirk, *Vision*, 11-13; Chernus, "Visions"; Himmelfarb, "Ascent"; Scholem, *Trends*, 44을 보라. 모세에 대해서는 Meeks, *Prophet-King*, 122-25, 156-58, 205-9, 241-44을 보라. 필론의 신비주의(예. *Spec. Laws* 3.1)에 대해서는 Goodenough, *Introduction*, 134-60; Winston, "Mysticism"; Sterling, *Ancestral Philosophy*, 151-70, 특히 169-70을 보라. 헬레니즘 자료에 대해서는 Max. Tyre *Or.* 11.10; 26.1; 38.3을 참조하라.

하곤 했을 것이다.[245] 이와 같은 경험은 「에녹1서」와 다른 묵시문학적 자료들의 일부 내용의 배경을 제공했을 수 있다.[246] 몇몇 저자는 하늘로의 신비로운 상승을 위한 모델로서 특히 하나님의 영광에 대한 성서의 계시에 의지했을 것이다(예. 사 6:1-8; 겔 1:4-28).[247]

비록 바울이 이 문맥(참조. 고후 4:16-5:1)에서 플라톤의 이미지에 의존하는 것을 싫어하지는 않았다고 할지라도, 그는 성서에 나오는 모세의 경험[248]에 호소하고 있음이 분명하다(아마도 바울은 예수 전승을 통해 이것을 떠올렸을 것이다; 참조. 막 9:2).[249] 성서와 유대교 전통은 다양한 신현을 전했지만,[250] 가장 중요한 모델은 모세였다(특히 이곳에 언급된 출 33:18-34:7).[251] 일

---

245 신적 형상으로의 변화를 추구하는 신비주의자들에 대해서는 Morray-Jones, "Mysticism"; Arbel, "Understanding"을 보라.

246 여기에는 종말론적 변화(*1 En.* 62:15; 108:11-13; *4 Ezra* 7:97; *2 Bar.* 51:3, 10; Furnish, *Corinthians*, 240-41; Belleville, *Glory*, 286-87에 동의함) 또는 심지어 현재 신비주의자의 변화도 포함될 수 있다(*1 En.* 39:14; 71:10-11).

247 묵시적 자료 이외에 4Q385 frg. 6.5-14; *b. Hag.* 13a, bar.; Dimant and Strugnell, "Vision"; Segal, "Ascent," 39-40; Scholem, *Trends*, 42을 참조하라. Halperin("Midrash")은 메르카바 신비주의가 70인역에 이미 등장한다고 주장한다.

248 변화에 대한 헬레니즘의 이상과 함께 출 34장에 대한 미드라쉬를 사용하는 바울에 대해서는 Fitzmyer, "Glory"도 보라. 출애굽 배경을 지지하는 제안된 배경들에 대한 개관은 Thrall, *Corinthians*, 294-95을 보라. 대부분의 학자들은 여기서 이 배경을 인정한다(예. Belleville, *Glory*, 178-91, 273; Hays, *Echoes*, 144을 보라).

249 필론(예. *Mos.* 1.57)이 제시한 모세-시내산과 변형 주제에 대해서는 Moses, *Transfiguration Story*, 50-57; Josephus, 57-61, 사해사본, 61-66, 그리고 다른 자료들, 66-83에서 이 주제를 보라. 대다수 학자들은 모세의 변형을 예수의 변형을 이해하는 일차적 배경으로 이해한다(예. Glasson, *Moses*, 70; Davies and Allison, *Matthew*, 2:695; 특히 Moses, *Transfiguration Story*, 84-85을 보라).

250 미래 시대를 보는 교부들의 환상에 대한 초기 유대교의 논의는 *4 Ezra* 3:14; *2 Bar.* 4:3-4; *L.A.B.* 23:6; 4Q544 lines 10-12; 4Q547 line 7; *Sipre Deut.* 357.5.11; *b. B. Bat.* 16b-17a, bar.; *Abot R. Nat.* 31 A; 42, §116 B; Keener, *John*, 767-68의 더 자세한 논의를 보라. Smelik("Transformation")은 후기 자료들(*Tg. Jon.* on Judg. 5:31; 삼하 23:4; 사 30:26; 60:5)에서 헬레니즘적 신격화의 반향을 발견한다.

251 모세의 변형에 대해서는 출 34:29-35을 보라. 참조. *L.A.B.* 12:1; 19:16; *Abot R. Nat.* 13,

부 유대교 전통에서 모세는 토라를 받기 위해 하늘에 올라가기까지 했다.[252] 더욱이 모세는 이 계시를 통해 변형되었던 것이 분명하다(아래의 주석을 보라).[253] 비록 그의 변형이 새 언약이 시작된 내적인 변화와 대조적으로 일시적이었지만 말이다.

바울이 여기서 언급한 이미지들을 연상할 수 있는 두 가지 예는 특히 중요하다. 하나님은 사람을 그분의 형상으로(창 1:26), 그분의 자녀로(창 5:1-2) 지으셨다. 따라서 그리스도의 형상으로 새롭게 되는 것은 앞에서 언급한 것처럼 아담이 잃어버린 것을 회복하는 것에 대한 암시를 포함할 것이다(고전 11:7; 15:49; 골 3:10). 이런 의미에서 변화는 사람을 하나님이 인류에게 원래 의도하신 정체성으로 회복시킨다. 아담의 죄는 하나님의 형상을 지닌 사람들에게 죽음을 가져왔지만(롬 5:12-21),[254] 둘째 아담은 그분의 형상을 지닌 사람들을 위해 새 창조를 개시하셨다(고후 5:17). 유대

---

§32 B; *b. B. Bat.* 75a; 출 34:29, 30, 35에 관한 *Tg. Onq.*

252 예. Aristob. frg. 4 (Euseb. *P.E.* 13.13.5); Philo *QE* 2.46; *Sipre Deut.* 49.2.1; *b. Shab.* 88b; *Exod. Rab.* 28:1; 41:5; 47:5; *Lev. Rab.* 1:15; *Pesiq. Rab.* 20:4; 47:4; *3 En.* 15B:2; 참조. *L.A.B.* 12:1.

253 아래 "모세와 예수의 일꾼들에게 계시된 영광" 단락과 Keener, *Matthew*, 437을 보라. 유대교 전통에서 모세의 승천을 다룬 Moses, *Transfiguration Story*, 50-83을 보라.

254 *2 Bar.* 23:4; 48:42-43; 54:14; *4 Ezra* 7:118도 보라. 아담과 하나님의 형상(창 1:26-27; 5:1; 9:6)에 대해서는 4Q504 frg. 8 (recto).4; *Jub.* 6:8; Sir. 17:3; Wis. 2:23; 고전 11:7; 약 3:9; Philo *Creation* 69, 139; *Alleg. Interp.* 1.90, 92; *Conf.* 169; *Mos.* 2.65; *Spec. Laws* 1.171; 3.83, 207; *Sib. Or.* 1.23; 3.8; *4 Ezra* 8:44; *L.A.E.* 13:3; 14:1-2; 15:2; *Apoc. Mos.* 33:5; *2 En.* 30:10 J; 44:1-2; 65:2; *m. Ab.* 3:13/14; *t. Yebam.* 8:7; *Mek. Bah.* 11.111-14; *b. B. Bat.* 58a; *Gen. Rab.* 8:10; *Midr. Pss.* on Ps. 17:8을 보라. 참조. Ps.-Phoc. 106; *L.A.E.* 37:3; 39:3 (Seth; *Apoc. Mos.* 10:3; 12:2도 참조하라); *T. Naph.* 2:5; *b. Sanh.* 38a, bar.; Bunta, "Metamorphosis." 이방인들의 유비에 대해서는 Sen. Y. *Dial.* 1.1.5; Mus. Ruf. 17, p. 108.15-22; Marc. Aur. 10.8.2; Diog. Laert. 6.2.51; Iambl. *Letter* 4.7-9, 13-16(Stob. *Anth.* 3.3.26); *Myst.* 7.4; Porph. *Marc.* 13.233-34; 16.267; 32.496-97을 참조하라. 스토아 철학의 용례에 비춰 플라톤에서 하나님과의 유사성을 읽어낸 Russell, "Virtue"도 보라. 아이는 부모의 형상을 지니는데, 이는 창 5:1-3, 따라서 1:26-27과 관련된다.

교 전통은 아담이 하나님의 형상을 손상함으로써 그분의 영광을 잃어버렸다고 믿었다.[255] 이제 영광의 종말론적 회복(참조. 롬 8:29)[256]이 그리스도 안에서 임한다.

동시에 그리스도는 독특한 방법으로 하나님의 형상으로서 등장하는데, 그 형상은 단순히 어떤 사람이든 채울 수 있는 것이 아니었다(고후 4:4; 골 1:15).[257] 따라서 바울은 아마도 하나님의 최고의 형상을 상기시키는 것 같다. 이를 통해 하나님은 자신의 형상을 세상에(참조. 골 1:15-16) 혹은 인류에게 각인시키셨다. 이는 그리스어를 말하는 유대교 전통에서는 하나님의 지혜 또는 로고스로 밝혀진 형상이다.[258] 디아스포라 유대인들은 지

---

255 예. *Apoc. Mos.* 21:6(참조. 18:5-6); *3 Bar.* 4:16; *y. Shab.* 2:6, §2; *Gen. Rab.* 12:6; *Num. Rab.* 13:12; *Pesiq. Rab.* 14:10; *Tg. Ps.-Jon.* on Gen. 2:25; 참조. *Pesiq. Rab Kah.* 1:1. 아담의 영광에 대해서는 Sir. 49:16; 4Q504 frg. 8 (recto).4; 4Q511 frgs. 52 + 54-55 + 57-59.2; *Abot R. Nat.* 1 A; *Pesiq. Rab Kah.* 4:4; 26:3; *b. B. Bat.* 58a; *Lev. Rab.* 20:2; *Eccl. Rab.* 8:1, § 2를 보라. 참조. *Sib. Or.* 1.24; *b. B. Metsia* 84a; *Num. Rab.* 13:2; Noffke, "Glory"; Goshen Gottstein, "Body." 하지만 타락 후에도 여전히 그분의 영광을 지닌다는 것에 대해서는 *Tg. Onq.* on Gen. 3:21; *Tg. Neof.* 1 on Gen. 3:21; *Tg. Ps.-Jon.* on Gen. 3:21을 참조하라. 하나님의 "형상"은 "영광스러운 것"이다. 따라서 하나님의 형상으로 변화되는 것은 영화를 수반한다(고후 3:18; 궁극적으로 영화롭게 된다고 가르치는 롬 8:29-30). **원래** 하나님의 형상으로 되는 것은 영광을 포함한다(고전 11:7). 바울은 고후 4:4과 롬 1:23에서 형상과 영광을 연결한다. 참조. 4Q504 frg. 8 (recto).4.

256 참조. CD 3.20; 1QS 4.23; 1QH^a 4.27; *Apoc. Mos.* 39:2-3(*L.A.E.* 47:3에는 병행구가 생략되었음); Scroggs, *Adam*, 23-31. 이것을 모세의 영광과 연결하는 후기 전승도 있다(*Memar Marqah* 5.4를 인용하는 Furnish, *Corinthians*, 215).

257 지혜 언어는 특히 골로새서에서 강조된다. Lohse, *Colossians*, 48; Bruce, "Myth," 94을 보라. 참조. May, "Logos," 446; Glasson, "Colossians and Sirach."

258 Wis. 7:22-27; Philo *Creation* 16, 25, 36; *Spec. Laws* 3.207; *Plant.* 18; *Flight* 12; *Dreams* 2.45를 보라. 좀 더 일반적으로 하나님의 형상으로서의 로고스에 대해서는 Wis. 7:26(지혜); Philo *Conf.* 97, 147; *Dreams* 1.239; 2.45; *Drunkenness* 133; *Eternity* 15; *Flight* 101; *Heir* 230; *Plant.* 18; *Spec. Laws* 1.81; *Creation* 146을 보라. 참조. 골 1:15; 히 1:3. 이 형상은 Philo *Alleg. Interp.* 1.43, 92에 언급되었듯이, (지상의 아담과 구별되는, 창 1장의) 첫 이상적인 사람과 연결될 수 있었다. 다른 사람들에게 각인된 첫 사람의 형상에 대해서는 *m. Sanh.* 4:5; *b. Sanh.* 38a도 보라.

혜를 하나님의 성품과 사역을 반영하는 거울[259]로서 묘사할 수 있었다
(Wis. 7:26).[260]

모세와 예수의 일꾼들에게 계시된 영광

여기서뿐만 아니라 다른 곳에서도 바울은 "형상"과 "영광"을 연결한다
(고후 4:4; 롬 1:23; 고전 11:7). 하나님의 영광을 보는 것은 모세를 변화시켰

---

259 유리 거울이 알려졌지만(Pliny E. *N.H.* 36.66.193), 당시에는 철제 거울이 주를 이루었다
(참조. Sir. 12:11; Pliny E. *N.H.* 33.45.128; Hurschmann, "Mirror," 57; Forbes, *Technology*,
5:184-85; 맑은 물이나 반들반들하게 광을 낸 돌에 대해서는 Sen. Y. *Nat. Q.* 1.17.5도
보라). 몇몇 사람은 고전 13:12과 여기서 거울을 언급한 것을 고린도 도시와 연결한다.
왜냐하면 구리 거울이 일반적이었으며, 고린도의 구리가 유명했기 때문이다(예. Cic.
Verr. 2.4.44.97-98; *Fin.* 2.8.23; Strabo 8.6.23; Petron. *Sat.* 31, 50; Pliny E. *N.H.* 34.1.1;
37.12.49; Jos. *Life* 68; *War* 5.201, 204; Mart. *Epig.* 9.59.11; 14.172, 177; Paus. 2.3.3). 하지
만 프렌치프라이와 스위스 치즈를 굳이 프랑스나 스위스에서 수입할 필요가 없듯이, 모든
"고린도 구리"가 고린도에서 나온 것은 아니었다(Pliny E. *N.H.* 34.3.6-7; Jacobson and
Weitzman, "Bronze"). 고린도가 일부 구리를 생산했을 수 있지만(Engels, *Roman Corinth*,
36-37), 그것은 이 시대에 매우 제한적이었으며(Mattusch, "Bronze," 219-22, 228-30),
바울은 고전 3:12의 목록에서 그것을 생략한다.

260 몇몇 사람은 거울을 마음에서 빛을 발하는 하나님의 영광과도 연결한다. 고후 3:3, 6;
4:6을 보라. 참조. 13:3-5. 신자들이 여기서 그리스도의 형상을 반영하는 거울일 수 있
지만(몇몇 사람은 그것을 복음에서 그리스도를 반영하는 거울로 이해한다: Lambrecht,
"Glorie"; Lambrecht, "Transformation"; 혹은 구약성서로 보기도 한다: Lebourlier,
"Miroir"), 여기서 그리스도를 하나님의 형상을 반영하는 지혜로서 언급할 가능성이 더
크다(Witherington, *Corinthians*, 379). 그럼에도 자기 이해와 "신성"의 연결(예. Plato
Alcib. 1.132E-133C; Cic. *Tusc.* 1.22.52; *Leg.* 1.22.58-59; Epict. *Diatr.* 2.14.21에 묘사된
자기 이해)은 여기서 헬레니즘 유대교의 지혜 사상보다 관련이 적다(그렇지만 후대에는
두 개를 혼합했다; *Sent. Sext.* 445-50; *Odes Sol.* 13:1-4를 보라). 몇몇 사람은 거울을 자기
개선을 옹호하기 위해 사용하기도 했다(Sen. Y. *Nat. Q.* 1.17.4; Diog. Laert. 2.33; 7.1.19;
Sorabji, *Emotion*, 214). 다시 말하지만 이것은 여기서 다루는 사상이 아니다. 거울 유비가
항상 보는 사람 **자신의** 반영을 암시하는 것은 아니었다(예. Polyb. 15.20.4).

고(고후 3:7),[261] 이와 동일한 방식으로 하나님의 형상인 예수를 보는 것이 (4:4-6) 신자들을 변화시킨다. 이 동일한 영광은 (바울과 같은) 그리스도의 일꾼들인 연약한 그릇을 통해 빛을 발한다(4:7-12). 바울은 이 그리스도의 일꾼들과 모세를 호의적으로 비교한다(3:6-4:4).[262] 그리스도의 일꾼들은 모세의 것보다 더 뛰어난 영광과 언약을 중재한다(3:6). 그 이유는 그들의 영광스러운 변화가 죽음이 아니라 생명을 주며(3:6-8) 잠시 있다가 없어지는 것이 아니라 영원한 것이기 때문이다(3:7, 11, 13; 4:16).[263]

문맥상 바울의 주된 요지는 모세에게 주신 계시와 모든 신자에게 주신 계시 간의 비교가 아니라, 모세에게 주신 계시와 다른 사람들에게 메시지를 전달하는 새 언약의 종들에게 주신 계시 간의 비교다. 그렇지만 그 자신에 대한 바울의 논증에서 일부는 더 넓은 그리스도인의 경험을 의지한다. 그리고 이것은 의심의 여지 없이 바울이 여기서 말하려고 하는 내용이다. 고린도후서 3:18의 "모든"(πάντες, 판테스)은, 만일 그것이 모든 신

---

261 Keener, *Corinthians*, 169-71의 논의를 보라.

262 나중에 요한이 예수의 목격자였던 사람들을 하나님의 영광의 목격자였던 모세와 비교한 것과 같다(요 1:14-18). Keener, *John*, 405-26, 특히 405, 412, 421-22에서 요 1:14-18에 대한 논의; Boismard, *Prologue*, 135-45, 특히 136-39; Enz, "Exodus," 212; Borgen, *Bread*, 150-51; Hanson, "Exodus"(랍비 자료들을 포함); Harrison, "Study," 29; Mowvley, "Exodus"를 보라. 요한의 진영에 있는 그리스도인들은 하나님을 보는 것을 과거, 현재, 미래를 위한 변화로 이해했다(요일 3:2-3, 6). 그들은 바울처럼 이 패턴의 성서적 예들에 주목했다(요 1:14-18, 출 33-34장을 반영함; 참조. 요 8:56; 12:40).

263 그들이 끼친 영향 역시 외적인 것과 반대되는 내적인 것이지만(고후 3:2-3), 다양하고 좀 더 변화하는 방식에서 공적인 것이다(3:2). 다른 초기의 기독교 자료들도 새 언약의 영광이 모세에게 계시된 것보다 덜 극적이었다는 비방자들의 불평에 이의를 제기한다(참조. 막 9:2-7; 요 1:14; 벧후 1:16-18). 바울은 더 상세한 설명을 제시하지 않은 채 보이지 않는 것이 영원하다고 호소할 수 있었는데(고후 4:18), 그 이유는 플라톤 철학의 전통이 이 사상을 널리 퍼뜨렸기 때문이다. 예. Plato *Rep.* 6.484BD; Philo *Drunkenness* 136; Sen. Y. *Ep. Lucil.* 36.9-10(참조. 66.32의 이성)을 보라. 참조. Diod. Sic. 10.7.3; Porph. *Marc.* 8.147-50; *4 Ezra* 7:26; *2 Bar.* 51:8.

자에게 적용될 수 있는 경험을 가리키는 것이 아니라면, 불필요해 보인다(5:10, 14-15; 롬 4:16; 8:32도 참조하라).[264]

이 문맥에서 핵심적인 강조는 이 영광스러운 변화가 하나님의 영에 의해 온다는 것이다(고후 3:3, 6, 8). 출애굽기 33-34장에서 주님이 그분의 영광을 모세에게 드러내신 것처럼, 이에 상응하여 성령은 하나님의 영광을 새 언약의 종들에게 드러내신다(고후 3:17).[265]

하지만 이 내적 영광은 시내산에서 계시된 영광과는 매우 다른 방식으로 임했다. 이 영광은 십자가에서 분명히 드러났으며, 부활의 관점에서만 인지될 수 있다. 바울과 그의 동료들의 깨짐은 십자가의 영광을 복제한다(고후 4:7, 10-11, 17). 이 영광은 멸망하는 이 세대의 관점에서는 감춰지지만, 복음을 받아들이는 사람들에게는 분명하게 드러난다(2:15-16; 3:15-16; 4:3). 세상의 관점에서 예수의 처형과 그를 따르는 자들의 고난[266]은 모두 죽음의 악취에 불과하다. 하지만 신자들의 세계관에서 그것들은 하나님의 부활의 능력과 분리될 수 없다(2:14-16). 새 창조에 참여하기 시작한 사람들은 그리스도를 비롯한 모든 것을 만물의 옛 질서에 생각이 사로잡힌 사람들과는 전혀 다른 관점으로 바라본다(5:16-17).

---

264 참조. Thrall, *Corinthians*, 282. 엡 2:3; 요 1:16; Philo *Jos.* 6; *1 Clem.* 21.1; *2 Clem.* 7.2; Ign. *Phld.* 3.3; *Mart. Pol.* 20.2; *Diogn.* 3.4도 참조하라. 그러나 소수의 본문과 관련해서는 좀 더 절대적인 의미를 주장할 수 있다. 예. 행 2:32; 10:33에 소개된 열두 제자.

265 고후 3:17에 관한 이런 해석은 Bruce, *Apostle*, 120-21; Belleville, *Glory*, 256-72; Thrall, *Corinthians*, 278-81; Hays, *Echoes*, 143; Matera, *Corinthians*, 96을 보라. Theodoret *Comm. 2 Cor.* 305-6도 참조하라.

266 나는 로마의 승리에 대한 일반적인 이미지에 적합하게, 고후 2:14에서 승리로 인도되는 사도들을 죽음으로 인도되는 포로들로서 이해한다. 따라서 그들은 그리스도의 죽음에 참여한다(참조. 1:5, 9; 4:10; Keener, *Corinthians*, 164).

성령 경험

바울의 편지에서 반복적으로 언급되듯이, 바울에게 새 언약은, 옛 언약과 달리, 성령에 대한 경험을 하나님의 백성 모두에게 확장한다(겔 36:26-27 을 떠올리게 하는 고후 3:3).[267] 현존하는 자료들은 대부분의 유대인들이 그들 의 시대에 하나님의 영을 직접 경험하는 일이 드물다고 여겼음을 암시한 다.[268] 하지만 바울은 모세의 수건이 모세가 주 앞에 있을 때 벗겨졌듯이, 불신자들이 하나님의 영광을 알지 못하도록 가린 수건(고후 3:13-15; 4:3-4)이 사람들이 그리스도께로 돌아갈 때 제거된다고 선언한다(3:16). 이 계 시는 성령을 통해 분명하게 성취된다(3:17).

바울이 주님을 보고 계시를 받은 것은 틀림없이 주님의 영광을 바라 보는 그 자신의 경험을 촉진시켰다(고후 12:1, 7). 동시에 바울은 자신의 환 상 경험을 모든 신자가 추구해야 하는 규범적인 모델로 제시하지 않는다 (12:5; 참조. 5:13).[269] 모든 신자가 공유하는 경험은 그들의 마음에 있는 그

---

267 참조. 고후 3:13(몇몇 번역본에서는 13:14); 롬 5:5; 7:6; 8:2-16, 23, 26-27; 14:17; 15:13; 고전 3:16; 6:11; 12:3-13; 갈 3:3, 5, 14; 4:6; 5:16-18, 22, 25; 6:8; 빌 3:3; 골 1:8; 살전 4:8; 5:19.

268 *T. Sot.* 12:5; 13:3; 14:3(예외는 *Sipre Deut.* 173.1.3을 참조하라); *b. Suk.* 28a, bar.; *y. Abod. Zar.* 3:1, §2; *Hor.* 3:5, §3; *Sot.* 9:16, §2; 참조. 1 Macc. 9:27의 예언자들; *2 Bar.* 85:3; Davies, *Paul*, 208-15; Isaacs, *Spirit*, 49, 51; Bamberger, "Prophet," 306; Leivestad, "Dogma"; Hill, *Prophecy*, 33-35; Aune, "Προφήτης"; 요세푸스에 대해서는 Isaacs, *Spirit*, 49; Best, "Pneuma," 222-25; Aune, "Προφήτης"(예언적 용례에 대하여)를 보라. 이 접근 에는 사해사본 공동체가 제외되는데(예. 1QS 3.7; 4.21; 1QSb 2.22, 24), 그들은 자신들이 성령을 소유하고 있다는 점과 종말론을 연결시켰다(Chevallier, "Souffle," 38-41; Aune, *Prophecy*, 81, 104; Aune, *Cultic Setting*, 29-44).

269 바울은 환상이 얼마나 흔한지는 언급하지 않는다. 성령을 민주화한 새 언약 경험과 관련 하여 행 2:17-18에서 설명된 누가의 이상에서 환상과 꿈은 특이한 것이 아니었을 것이 다. 하지만 이 본문은 모든 사람이 똑같은 방법으로 성령에 의한 예언적 능력 부여를 경험

리스도의 신적 영광이다(4:6).[270] 바울의 다른 편지들은 하나님의 가치를 본받고(롬 12:2, 이 구절 역시 변화를 언급한다) 그리스도께 속한 것들에 집중하는(골 3:1-11) 생각이 환상을 보지 않고도 변화를 가져올 수 있음을 시사한다. 은사의 다양함을 고려할 때(롬 12:4-8; 고전 12:4-11, 29-30),[271] 신자들은 다른 방식으로 이 경험을 제 것으로 만들었을 것이다. (바울의 환상과 비슷하게) 몇몇 사람은 좀 더 신비적인 방법으로, 다른 사람들은 그리스도의 행위와 수난에 나타난 그리스도의 품성을 묵상함으로써 그렇게 했을 것이다.[272] 많은 사람들은 아마도 가장 일반적으로 그리스도 안에 계시는 하나님께 집중하는 예배를 통해 그렇게 했을 것이다.[273] 타락 이전의 삶(창 2:16-22; 참조. 3:8-11), 인격적이며 관계적인 분으로서 성서의 하나님, 그리고 회복의 때에 있을 하나님에 대한 약속된 지식(렘 31:32-34; 호 2:20; 고전 13:12)을 묘사하는 구약성서에 비춰볼 때, 그 경험의 핵심은 의심의 여

한다고 구체적으로 말하지 않는다(사도행전에서 "말씀"은 복음 메시지를 가장 많이 가리키지만, 누가는 예언자와 환상도 종종 언급한다). 바울은 예언이 **잠재적으로** 모든 신자가 이용할 수 있는 것이라고 믿은 것 같다(고전 14:1, 5, 24-25, 31, 39; 참조. 12:31). 하지만 그는 성령의 주권을 받아들이며(12:7-11), 이것을 경험하지 않는 사람들을 저급한 영적 수준으로 격하하지 않는다(12:29).

270 빛을 비추는 것은 그 사람이 회심에서 새 창조의 일부가 되었을 때 발생했을 것으로 추정된다. 하지만 그리스도께서 부여하신 빛은 아마도 거기서 계속될 것이다(참조. 롬 8:9; 갈 2:20).

271 엡 4:11-13; 벧전 4:10-11도 참조하라. 하지만 좀 더 관련이 있는 본문은 고전 12:8-10과 14:26이다. 왜냐하면 이 본문들은 성령으로부터 배우는 다른 방법들에 대한 몇 가지 예를 제공해주기 때문이다(지혜, 지식 또는 가르침, 그리고 예언 또는 계시).

272 앞에서 언급한 철학적 접근과 관계가 있지만, 신비적 접근과는 맞지 않는다. 앞에서 언급했듯이, 환상적 접근은 유대교의 묵시문학자들 사이에서뿐만 아니라 중기 플라톤 철학자인 필론에게서도 나타난다. 아우구스티누스와 동방 정교회의 교사들과 같은 후기 기독교 해석자들은 플라톤 철학 전통의 영향을 받아, 하나님의 성품을 단순히 논평하지 않고 깊이 생각하는 것을 가치 있게 여겼다.

273 예수에 대한 초기 예배에 대해서는 Hurtado, *One God*; Hurtado, *Lord Jesus Christ*; Hurtado, *Become God*; Bauckham, *Crucified*를 보라.

지 없이 관계적이다.

하나님의 영광을 보는 것을 어떤 방식으로 경험하든지 간에, 바울은 변화를 가져오는 지속적인 현재의 경험을 묘사한다.[274] 마치 로마서 12:2에서 변화를 가리키는 동일한 동사가 제시하듯이 말이다. "영광에서 영광으로"는 하나님의 영광을 점점 더 경험하는 것을 묘사할 것이다.[275] 바울은 영광에 대한 경험이 엄밀히 따지면 수건으로 가려져 있지 않지만 그리스도의 재림 때까지는 거울로 보듯이 여전히 제한됨을 인정한다(고전 13:10-12).[276] 영광의 완전한 경험은 영화롭게 된 몸을 기다린다(고전 15:49; 빌 3:21; 참조. 롬 8:29-30). 그럼에도 현재 신자들은 그리스도가 어떤 분이신지를 계속 알아가는 동안 그리스도 안에서 하나님의 영광스러운 형상을 점점 더 본받게 된다.

플라톤 철학자들이 순수 이성에 속한 신을 마음에 그리려고 하고, 유대교 신비주의자들이 하나님의 보좌 전차를 그리려고 노력하지만, 바울의 초점은 그리스도의 고난을 비롯하여(참조. 고전 2:2) 그리스도 자신에게 맞춰져 있다(고후 4:4; 12:1, 8-9; 골 3:1-2, 10). 특히 그리스도의 고난을 받아들인 사람들은 그의 부활의 능력과 영광에 참여한다(고후 4:5, 10-12, 16).

---

274 현재 수동태 직설법 동사(μεταμορφούμεθα, 고후 3:18)와 고후 4:16에서 바울과 그의 동료들이 날마다 새롭게 된다고 한 것에 주목하라.

275 비슷한 표현들(시 84:7 [83:8 LXX])은 수사학적인 또는 다른 축적(예. Hom. Il. 16.111; Men. Rhet. 2.3, 378.29-30; 요 1:16; 롬 1:17; 고후 2:16) 또는 증가하는 분량(렘 9:3)을 전달할 수 있다. Taylor, "Faith," 341-43(Das, Debate, 64에도 인용됨)에서 논증의 문법적 요소를 참조하라. Max. Tyre Or. 1.10(참조. 21.7-8)에서 신을 마음속으로 상상하는 것의 진전에 대한 개념을 참조하라. 이 축적이 일차적으로 수사학적이라면, "처음부터 끝까지"를 암시할 것이다(참조. Moo, Romans, 76; Benware, "Grammar").

276 이 본문과 대조되는 본문에서, 바울은 모세의 경험보다 덜 강렬했던 통상적인 예언 경험을 상기시킨다(민 12:6-8, 특히 8, 바울은 "대면하여"와 70인역의 αἴνιγμα를 되울리는데, 이는 70인역에 최대 아홉 번 등장한다).

이분은 "플라톤 철학의 무정념의 신이 아니라 인간의 깨짐과 필멸을 받아들이신 십자가의 하나님"이다.[277]

결론

바울에게 참지혜는 지위나 신분을 의식하는 세상의 지혜와 반대되는 십자가에서 발견된다. 참지혜는 진리가 사라질 수 없는 장차 올 세대의 관점에서만 이해될 수 있다(참조. 고후 3:13-15; 4:5). 하나님의 영은 실재에 대한 이런 관점을 신자들에게 계시하고 그들이 하나님의 관점의 차원을 이해할 수 있도록 해준다. 하나님의 영은 이것을 다양한 방법으로 신자들에게 전달한다.

바울은 이와 대조적으로 그리스도를 십자가에 못 박은 능력의 표현을 높이 평가하는 세상은 영적·도덕적 평가를 위한 능력이 부족하다고 주장한다. 불행하게도 고린도의 그리스도인들은 그리스도의 영보다 세상의 영에 더 심취하여 문제를 잘못 평가하고 있었다. 그리스도의 마음/생각이 그들에게 임했지만, 이는 그리스도의 사랑 안에서 행하는 성숙한 신자들에게 해당하는 것이지, 다른 사람을 가혹하게 판단하고 시기와 분쟁으로 서로 나뉜 유치한 신자들에게는 해당하지 않는 것이었다. 십자가에 못 박히신 그리스도의 인격을 점점 더 완전히 이해하는 것은 신자들의 성품을 점점 더 변화시켜서 그들을 그리스도의 영광스러운 형상에 일치시킬 수 있었다.

---

277 Keener, *Corinthians*, 170.

그리스도 예수께서 생각하신 대로 너희 가운데서 생각하라.

– 빌립보서 2:5

너희는 함께 나를 본받아라.…많은 사람이…그리스도의 십자가의 원수로 행한다. 그들의 마지막은 멸망이다. 그들은 자신들의 욕망을 숭배하고, 그들의 부끄러움을 영광으로 여기며, 땅의 일에 집중하는 자들이다. 너희가 이렇게 행해야 하는 이유는 우리의 시민권이 하늘에 있기 때문이다. 그곳으로부터 우리는 구원하는 자 곧 주 예수 그리스도를 기다린다. 그분은 우리의 치욕스러운 몸을 자신의 영광스러운 몸처럼 변하게 하실 것이다.

– 빌립보서 3:17-21

아무것도 염려하지 말고 다만 모든 일에 기도와 간구로, 너희의 구할 것을 감사함으로 하나님께 아뢰라. 그리하면 너희로서는 헤아릴 수 없는 하나님의 평강이 그리스도 예수 안에서 너희 마음과 생각을 지키시리라. 더욱이 나의 가족인 너희는 무엇에든지 참으며 무엇에든지 고결하며 무엇에든지 의로우며 무엇에든지 거룩하며 무엇에든지 사랑받을 만하며 무엇에든지 칭찬받을 만하며 무슨 덕이 있든지 무슨 기림이 있든지 이것들을 생각하라.

– 빌립보서 4:6-8

바울이 빌립보의 신자들에게 보낸 편지에 들어 있는 이 세 본문은 생각에 대한 바울의 관심사를 보여주는 추가적인 표본을 제공한다. 나는 이들 중

세 번째 본문(빌 4:6-8)을 먼저 다루려고 하는데, 그 이유는 이 본문이 로마서 8:6에도 등장하는 평강의 문제를 다시 거론하기 때문이다. 빌립보서 4장에서 바울은 빌립보의 신자들에게 덕스러운 것들(4:8)을 생각하고, 그들의 간구를 하나님께 맡기라고 요청한다. 그러면 하나님의 평강이 그리스도 안에서 그들의 마음과 생각을 지켜줄 것이다(4:6-7).

바울은 빌립보서 2장에서 신자들에게 서로 일치와 섬김을 지원하는 방식으로 생각하고, 따라서 예수께서 본을 보여주신 방식으로 생각하라고 권한다(빌 2:5). 바울은 4:6-8에서 이보다 더 분명하게 교회 안에서 벌어지고 있는 분열과 다툼의 문제를 언급한다(참조. 4:2-3). 다른 몇몇 본문에서처럼(참조. 롬 12:2-5; 고전 2:14-3:4), 그리스도를 생각하는 것은 그리스도의 몸을 생각하는 것이기도 하다.

마지막으로 빌립보서 3:19-21은 세상의 것에 집중하는 생각과 하늘에 집중하는 생각을 대조한다. 이 본문은 이 주제를 발전시키는 구절인 골로새서 3:1-2을 다룬 본서 8장으로 자연스럽게 이어진다.[1]

---

1   나는 바울이 골로새서를 기록했다고 믿는다. 이것이 사실이라면, 이 편지는 빌립보서에서 언급된 같은 구금 기간에 나온 것으로 추측된다. 빌립보서와 빌레몬서를 현존하는 바울의 마지막 편지로 간주하는 학자들도 이 두 서신을 시간상 가장 초기에 작성된 바울 이후의 편지들과 근접한 시대의 것으로 여길 것이다.

하나님의 평강이 그리스도 안에서 생각을 지킨다(빌 4:7)

빌립보서 4:7에서 바울은 신자들의 마음과 생각을 지키시는 하나님의 평강을 약속하는데,[2] 이는 다른 곳에서 성령의 열매로 표현된다(롬 14:17; 갈 5:22). 나는 로마서 8:6과 관련하여 평강에 대한 강조와 평강의 배경을 이미 논의했다.[3] 그곳에서 설명했듯이, 이 평강은 부분적으로 개인 안에 있을 뿐만 아니라(빌 4:7-8) 공동체적인 함의도 지니는 것으로 보인다(참조. 4:1-2).[4] 로마서 8:6-7에 분명하게 나타나듯이, 하나님의 평강은 하나님과의 화평과 관련될 것이다(참조. 빌 3:18의 "원수들").

이 본문에서 바울은 모순어법으로 그의 이상적 청중의 관심을 사로잡는다. 즉 하나님의 평강이 모든 생각을 뛰어넘으며 신자들의 생각을 지킨다고 말이다. 다시 말해서 전형적인 철학적 기대와 대조적으로 하나님의 평강은 예컨대 철학적 사유에 의해 자연 발생하지 않는다.[5] 만일 여기서 "지킨다"라는 말이 경비하거나 감시하는 군대 또는 구금의 이미지를

---

2   바울은 빌 4:9에서 "평강의 하나님"이 신자들과 함께하신다고 말함으로써 하나님으로부터 오는 이 평강을 사용하지만, 이 어구가 바울의 이 맥락에서 독특한 것은 아니다(롬 15:33; 16:20; 살전 5:23; 히 13:20; 이 어구는 *T. Dan 5:2* 이외의 다른 초기 유대교 자료에는 거의 등장하지 않는다; 몇몇 사람은 Similitudes, *1 En.* 40:8; 52:5; 53:4; 54:4; 56:2; 60:24; *T. Dan* 6:5; *T. Ash.* 6:5; *T. Benj.* 6:1에 등장하는 "평강의 천사"와 비교한다).
3   본서 4장 "성령의 생각의 틀은 평안이다(롬 8:6)" 단락을 보라. 여기서는 Marius Victorinus *Phil.* 4.7(Edwards, *Commentary*, 268)을 참조하라.
4   Fee, *Philippians*, 411-12도 보라. 참조. Snyman, "Philippians 4:1-9."
5   참조. 엡 3:19의 비슷한 모순어법: 알 수 있는 것을 넘어서는 하나님의 사랑을 아는 것.

연상시킨다면,[6] 이 단어와 "평강"의 결합이 두드러질 수 있다.[7]

좀 더 일반적으로 보호를 위해 하나님이나 그분의 일꾼들을 기대하는 것은 새로운 사상이 아니었다. 유대인들은 하나님께서 그분의 백성을 지켜주시거나 보호하시기를 기대했다.[8] 이 용어는 정기적으로 암송되는 제사장의 축복으로 잘 알려졌는데, 이는 하나님께서 그분의 백성을 지키시며 그들에게 평강을 주시기를 기도한다(민 6:24-26).[9] 적어도 몇몇 사람은 이 보호에 마귀와 악으로 기우는 것으로부터의 보호가 포함된다고 이

---

6   참조. 예. 1 Esd. 4:56; Jdt. 3:6; Philo *Mos*. 1.235; Jos. *Ant*. 9.42. 이것은 BDAG에 제시된 가장 일반적인 의미다. 비록 바울이 이 단어를 비유적으로 적용한 유일한 사람은 아니었지만 말이다(예. Philo *Agr*. 15, 인지 명사; 벧전 1:5; 후대의 *Diogn*. 6.4). *Rhet. Alex*. pref. 1421a.16-18에서 건강은 몸을 지키고, 교육은 영혼을 지킨다. Mus. Ruf. frg. 36, p. 134.11에서 이성은 분별을 지킨다. 이 시기에는 비유적인 용례조차도 종종 문자적인 이미지를 떠올리게 했다(예. Philo *Decal*. 74). 몇몇 사람은 빌립보에서, 또는 그 편지와 좀 더 관련이 있는 바울 자신의 상황에서 지키는 것을 생각한다(참조. 빌 1:13; Cohick, *Philippians*, 222).

7   예. Vincent, *Philippians*, 136; Michael, *Philippians*, 199; Erdman, *Philippians*, 141; Fee, *Philippians*, 411n58; Garland, "Philippians," 253; Witherington, *Philippians*, 248-49; Popkes, "Aussage"에서의 반제국적 해석. 하지만 이것이 반드시 모순어법으로 기능하는 것은 아니다. 로마 제국은 정복을 통해 먼저 평화와 통일을 이루었다고 주장했다. 로마의 이데올로기에서 복종을 평화로 이해한 것에 대해서는 *Res gest*. 5.26; Cic. *Prov. cons*. 12.31; Vell. Paterc. 2.90.1-4; 2.91.1; 2.115.4를 보라(골 1:16을 염두에 두는 골 1:20도 참조하라). 참조. Lopez, "Visualizing," 83; Lopez, *Apostle*, 49-50에 제시된 로마의 도상 연구에 대한 해석; 참조. Huttner, "Zivilisationskritik"에서 거짓 평화에 대한 세네카의 비판.

8   예. 민 6:24; Wis. 9:11; 10:1, 5; 1QS 2.3. 참조. Philost. *Hrk*. 4.3에서 땅을 지키는 반신의 프로테실라오스.

9   *m. Meg*. 4:10에서 기대하듯이, 이 축복문의 일부 아람어 역본들은 친숙한 축복을 위해 히브리어를 유지했다(예. *Tg. Onq*. to Num. 6:24-26; *Tg. Neof*. 1 on Num. 6:24-26). 하지만 *Tg. Ps.-Jon*. on Num. 6:24-26에서는 그렇지 않았다(이 문헌들도 *Tg. Ps.-Jon*. on Num. 6:25의 토라에 대한 이해와 관련하여 축복문을 확장한다). 축복문을 반영한 초기 문헌에 대해서는 *Jub*. 1:20; 31:15; 1QS 2.3 (참조. Black, *Scrolls*, 95); 4Q381 frg. 69.5를 보라. *Jub*. 25:11의 손가락을 펼치는 것도 이에 해당할 것이다.

해했다.[10] 이미 성서 자체에서 다윗은 하나님께서 그 백성의 마음의 성향을 지켜주시기를 기도한다(대상 29:18).[11]

내가 로마서 8:6을 앞에서 논의하면서 바울이 사용한 하나님의 평강 저변에 놓여 있을 만한 배경이나 공명을 이미 다뤘으므로,[12] 아래에서는 단지 앞에 있는 문맥이 어떻게 이 약속을 준비하며, 이어지는 구절이 어떻게 그것과 관련이 있는 인지적 관심사로 이어지는지를 개괄적으로 설명할 것이다.

그리스도 안에서 기뻐함(빌 4:4)

하지만 하나님께서 그 백성을 평강 중에 지키신다는 바울의 약속은 앞서 나온 권면에 의존하는 조건적인 약속이다. 빌립보서 4:7의 약속이 특히 4:6의 권면에 의존할 수 있지만, 다른 권면들 역시 역할을 할 수 있다.

두 번이나 강조하는 "기뻐하라!"[13]는 말은 전후 문맥의 요약적 권면

---

10 *Sipre Numbers*(in Gaster, *Scriptures*, 41); *Num. Rab.* 11:5; *Tg. Ps.-Jon.* on Num. 6:24에 언급된 아론의 축복에 대한 해석; 1QS 2.2-4; 4Q398 frgs. 14-17, col. 2.4-5; 4Q399 frg. 1, col. 2.1-2의 축복문에 대한 상세한 설명에서는 아마도 이미 함축되었을 것이다. 참조. 1QM 14.10; 4Q158 frgs. 1-2.8; 마 6:13; 요 17:15; Montefiore, *Gospels*, 2:103; Abrahams, *Studies* (2), 101; Jeremias, *Prayers*, 105. 이런 연결은 배타적인 것이 아니었다. 4Q374 frg. 2, col. 2.8은 축복문을 하나님의 백성을 치유하고 강화하는 데 적용하며, 4Q398 frgs. 14-17, col. 2.4-5와 4Q399 frg. 1, col. 2.1-2는 모두 청중에게 악한 생각과 벨리알의 사주로부터 자신을 보호해주기를 하나님께 구하라고 권한다.
11 70인역: φύλαξον ταῦτα ἐν διανοίᾳ καρδίας.
12 본서 4장 "성령의 생각의 틀은 평안이다(롬 8:6)" 단락을 보라.
13 빌 2:17-18에서 기쁨에 대해 약간 다르게 두 번 언급하는 것을 참조하라. 이처럼 다양한 반복 형식의 수사학적 기능에 대해서는 다음을 참조하라. Rowe, "Style," 130; Porter, "Paul and Letters," 579; Black, "Oration at Olivet," 85.

을 소개한다(빌 4:4; 참조. 3:1; 살전 5:16).[14] 바울은 기쁨을 성령의 사역의 자연스러운 열매로서 이해하며(롬 14:17; 15:13; 갈 5:22; 살전 1:6),[15] 교제에서, 즉 다른 신자들과의 적극적인 관계에서 그리고 그들의 기쁨을 공유하거나 그것을 위해 봉사하는 것에서 그 기쁨을 기대한다(롬 12:15; 16:19; 고전 12:26; 16:17; 고후 1:24; 2:3; 7:4, 7, 9, 13, 16; 8:2; 13:9, 11; 골 1:24; 2:5; 살전 2:19; 3:9; 5:16; 몬 7절).[16]

스토아 철학자들은 쾌활함을 올바른 인생관, 즉 운명에 복종하는 것과 연결한다.[17] 이를 통해 그들이 현대의 적극적 사고와 같은 것을 의미하는 것은 아니었다. 사실 그들은 추종자들이 불행을 예상하고 그런 일이 발생했을 때 바른 사고의 틀에 있기를 권했다.[18] 스토아 철학자들은 바른 관점과 기뻐하는 것의 연관성을 인정했으며, 이상적으로 지혜로운 사람은 항상 덕을 가지겠지만, 늘 기쁨과 쾌활함을 갖지는 않을 것이라고 주지시

---

14 빌 4장과 살전 5장의 유사성에 대해서는 Kim, "Paraenesis," 110-13을 보라. 감사하라는 구체적인 권면에 대해서는 118-19를 보라.

15 눅 10:21; 행 13:52도 참조하라. Sir. 39:6; 1QH^a 4.38; 15.9도 해당할 것이다. 스토아 철학자들은 이것을 실재에 대한 정확한 관점과 연결할 수 있었다(아래의 주석을 보라).

16 Cousar(*Philippians*, 85)는 이전 문맥으로부터 공동체적 함의를 제안한다. Witherington (*Philippians*, 245)은 복수형 동사에서 공동체적 함의를 찾는다.

17 Sen. Y. *Dial*. 7.15.4; 7.16.1-3; Mus. Ruf. frg. 38, p. 136.1-3; 참조. Engberg-Pedersen, *Paul and Stoics*, 73. 운명에 복종하는 것에 대해서는 Sen. Y. *Dial*. 1.1.5; 1.2.4; 1.3.1; 7.8.3; 7.15.6; *Ep. Lucil*. 96.1-2; 98.3; Mus. Ruf. 17, p. 108.37-38; 27, p. 130; 43, p. 138.14-15; Epict. *Diatr*. 2.5.4; 2.14.7; 4.13.24; Marc. Aur. 2.16; Crates *Ep*. 35; Libanius *Thesis* 1.6; Porph. *Marc*. 5.90-94도 보라. 참조. Eurip. *Oenom*. frg. 572(Stob. *Anth*. 4.35.8에서 인용); frg. 965(Epict. *Encheir*. 53에서 인용); frg. 1078(Stob. *Anth*. 4.44.36에서 인용); *Aeol*. frg. 37(Stob. *Anth*. 4.44.49); Philo *Spec. Laws* 4.187의 신에 대한 관점과 Jos. *Ant*. 18.18에서 에세네파 사이에서의 신에 대한 관점; *b. Ber*. 60b-61a; *Taan*. 21a. 평온한 마음/생각은 어떤 상황에서도 위안을 찾을 수 있다(Sen. Y. *Dial*. 9.10.4).

18 Sorabji, *Emotion*, 235-36(에피쿠로스 철학자들과 상반되는 견해를 제시하기 위해 Cic. *Tusc*. 3.32-33을 인용하는 237). 참조. Galen *Grief* 52, 55-56, 74.

킬 수 있었다.[19]

　대부분의 고대 철학의 궁극적 목표는 행복(εὐδαιμονία, 유다이모니아)이었다.[20] 이 용어가 성서 그리스어에는 없는데, 그 이유는 아마도 성서적 윤리의 목표가 대부분 언젠가 반드시 죽을 존재들의 기쁨보다는 하나님의 기쁨을 지향하기 때문일 것이다.[21] 그럼에도 스토아 철학자들은 기쁨이나 쾌활함 없이도 덕만 있으면 행복을 얻을 수 있다고 생각했다.[22] 그것은 그렇다 치고,[23] 비록 스토아 철학자들이 감정을 불신했다고 할지라도,[24] 스토

19　Arius Did. 2.7.5c, p. 28.3-9.

20　예. Mus. Ruf. 7, p. 58.13-15; Arius Did. 2.7.5b5, p. 20.15-16; 2.7.6d, pp. 38.34-41.3; 2.7.6e, p. 40.11-13; 참조. Lutz, *Musonius*, 28; Engberg-Pedersen, *Paul and Stoics*, 74; Hossenfelder, "Happiness." 에피쿠로스 철학자들의 쾌락은 Diog. Laert. 10.131; 10.144.17을 참조하라. 그들이 이해하기에 지혜로운 사람은 고통 때문에 신음할 때도 행복하다(Diog. Laert. 10.118). Keener, *Acts*, 2:2112-13에서 사용된 자료를 여기서 각색했다.

21　그러나 *Diogn*. 10.5에 제시된 좀 더 헬레니즘화된 유대교와 기독교의 접근들을 참조하라. 이 용어와 그것의 동족어들은 요세푸스의 저술에 151번(예. *Ant*. 1.14, 20, 41, 44, 46, 69, 98, 104, 113, 142-43), 필론의 저술에 189번(예. *Alleg. Interp*. 1.4; 2.10, 82, 101-2; 3.52, 83, 205, 209, 218-19, 245) 등장한다.

22　Arius Did. 2.7.6d, pp. 38.34-40.3. 오늘날의 언어에서 우리는 늘 기쁨을 느끼지 않으면서도 오랜 기간의 "만족" 혹은 "충만"을 생각할 수 있다. "기쁨"과 "쾌활함"은 여전히 선하지만(Arius Did. 2.7.5g, p. 32.4-6), εὐδαιμονία(유다이모니아)에 필요한(p. 32.7-9) 덕의 수준에 있지 않다(p. 32.5-6).

23　Wojciechowski("Vocabulary")는 철학적·도덕적 철학이 많은 신약의 용어를 형성시켰다는 점에 의문을 품는다. 나는 바울의 편지에서(예. Keener, "Perspectives"; Keener, *Corinthians*, 44-47, 57; 특히 Malherbe, *Philosophers*를 보라) 일부 중첩을 발견하는데, 가장 두드러지는 것은 목회서신이다.

24　예. Knuuttila and Sihvola, "Analysis," 13, 15; 참조. 플라톤(17); 아리스토텔레스는 더 적극적이었다(16). 대부분의 비스토아 철학자들은 스토아 학파의 입장을 실행할 수 없는 것으로 여겼다(17). 플로티노스는 가능한 한 감정을 억누르라고 요구했다(Emilsson, "Plotinus on Emotions," 359). 분명히 대부분의 스토아 철학자가 인간을 전적으로 이성적인 존재로 이해했다(Brennan, "Theory," 23). 하지만 포시도니우스는 갈레노스가 그를 정확하게 이해했다고 추정하면서(Sorabji, "Chrysippus") 이런 접근을 파기한 것 같다(Cooper, "Posidonius," 71, 99). 몇몇 사람은 갈레노스가 크리시포스를 오해했다고 생각한다(Gill, "Galen," 예. 126-27). 마르쿠스 아우렐리우스는 "온당한" 감정을 긍정적으로

아 철학을 비롯하여 그리스 철학은 기쁨의 가치를 인정했다.[25] 철학자들 사이에서는 육체적 쾌락보다는 지혜와 덕이 행복을 낳는다는 것이 일반적인 생각이었다.[26] 몇몇 도덕주의자는 경박한 웃음과 농담을 정죄했으며, 그 대신 진정한 기쁨을 강조했다.[27]

유대인들은 기쁨을 하나님의 계명을 지키고[28] 지혜를 따라 살며(Wis.

평가했다(Engberg-Pedersen, "Marcus," 334-35).

25 예. Mus. Ruf. 17, p. 108.7; Arius Did. 2.7.5k, p. 34.1; 2.7.11e, p. 68.12-16; Iambl. *Pyth. Life* 31.196; 참조. Vorster, "Blessedness," 38-51. 스토아 철학자들은 기쁨을 **좋은** 감정으로 인정했다(Engberg-Pedersen, "Vices," 612; Engberg-Pedersen, *Paul and Stoics,* 72-73). 하지만 바울이 기쁨을 성령의 열매에 속하는 미덕들과 함께 열거한다고 할지라도(갈 5:22-23), 그것은 도덕적 "덕"이 아니었다(Arius Did. 2.7.5b, p. 10.19; 2.7.5c, p. 28.7; 2.7.5g, p. 32.4). 스토아 철학자들은 선한 것에 대한 "차분한 기쁨"의 가치를 인정했다(Brennan, "Theory," 57).

26 Cic. *Parad.* 16-19; *Leg.* 1.23.60; *Tusc.* 5.7.19-20; Mus. Ruf. 7, p. 58.13; 17, p. 108.7; Iambl. *Pyth. Life* 31.196; Sen. Y. *Ep. Lucil.* 23; 27.3-4; 59.10; *Ben.* 7.2.3; *Dial.* 7.16.1-3; Epict. *Diatr.* 4.7.9; Dio Chrys. *Or.* 25.1; Arius Did. 2.7.6e, p. 40.13-15; 2.7.11g, pp. 70.33-73.4; Lucian *Dem.* 19-20; 또한 Meeks, *Moral World,* 46-47; Lutz, *Musonius,* 28; Engberg-Pedersen, *Paul and Stoics,* 73. 자기 이해 역시 온전한 기쁨을 낳는다(Cic. *Tusc.* 5.25.70).

27 Dio Chrys. *Or.* 32.99. 지나친 웃음이나 농담을 금지한 경고도 참조하라. 예. Arist. *N.E.* 4.8.1-12, 1127b-1128b(특히 4.8.3, 1128a); Epict. *Encheir.* 33.15; Dio Chrys. *Or.* 7.119; 32.99-100; 33.10; frg. 7 (Stob. *Anth.* 4.23.60 p. 588, ed. Hense; 74.60, ed. Meineke); Aul. Gel. 4.20.4-6 (참조. 4.20.11); Iambl. *Pyth. Life* 2.10; 17.71; 30.171; Porph. *Marc.* 19.321-22; Diog. Laert. 8.1.20; Pelikan, *Acts,* 148-49(Arist. *N.E.* 2.7.11-13, 1108a; Clem. Alex. *Instr.* 2.8을 인용함); 4Q269 frgs. 11ii+15.1; 전 7:3, 6; Sir. 21:20(침묵의 미소는 허용하지만, 큰 소리로 웃는 것은 정죄함; 참조. 27:13); *m. Ab.* 3:13/14; *t. Ber.* 3:21; *b. Ber.* 30b; 4Q266 frg. 18, col. 4.12-13; 4Q184 frg. 1.2; *Gen. Rab.* 22:6; *Exod. Rab.* 30:21; *Eccl. Rab.* 2:2, §1(하지만 랍비들은 단지 적절하지 않은 웃음만을 인정하지 않았다; Reines, "Laughter"). 그러나 창 21:6; 시 126:2; 잠 31:25; 전 3:4; 눅 6:21과 대조하라. Philo *Alleg. Interp.* 3.87, 217-19; *Worse* 123-24; *Names* 131, 261; *Abr.* 201-2, 206; *Rewards* 31의 영적인 웃음. 품위를 유지하는 한 수사학적 유머를 승인한 것에 대해서는 Cic. *Brut.* 43.158; *Or. Brut.* 26.88-90; Quint. *Inst.* 4.3.30-31; Plut. *Table* 2.1.4, *Mor.* 631C를 보라.

28 시 19:8; Jos. *Ag. Ap.* 2.189; *Pesiq. Rab Kah.* 27:2; *b. Yoma* 4b; *y. Pesah.* 10:1; *Lev. Rab.* 16:4(Ben Azzai가 한 말로 알려짐); *Pesiq. Rab.* 21:2/3; 51:4; Urbach, *Sages,* 1:390-92;

8:16), 올바른 삶을 살고(*Let. Aris.* 261),[29] 덕이나 신성한 황홀경[30]을 따라 사는 것과 종종 연결하곤 했다. 그들은 특히 기쁨을 예배와 자주 연결했다.[31]

특히 편지의 상황과 관련하여 누구나 환난에 직면해서도 기쁨을 경험할 수 있었다(롬 12:12; 고후 7:4; 8:2; 살전 1:6).[32] 일부 철학자들(특히 초기 스토아 철학자들)의 복종과 달리, 바울이 하나님께 복종한 것은 운명적인 것이 아니었다. 그는 하나님께서 기도에 응답하여 상황을 바꾸시리라는 것을 알았다(아래의 주석을 보라).[33] 그렇지만 바울은 변경된 상황에 대한 기쁨을 조건으로 제시하지 않는다. 그 대신에 신자들은 친숙한 바울의 어구처럼 "주 안에서"(빌 4:4) 기뻐해야 한다.[34]

Bonsirven, *Judaism*, 95; 특히 Urbach, *Sages*, 1:390의 탄나임 자료들; Anderson, "Joy"에 가장 충분히 언급되었음. *Song Rab.* 4:11, §1에서 토라에 대한 공개적인 가르침은 결혼식 손님들이 신부를 바라보면서 경험하는 것과 같은 큰 기쁨을 불러일으킨다(참조. 요 3:29).

29 Montefiore and Loewe, *Anthology*, 203에 인용된 *y. Suk.* 5에는 성령이 기쁨으로 등장한다. 참조. *Tg. Onq.* on Gen. 45:27-28.

30 예. Philo *Names* 175; *Dreams* 2.249; *Alleg. Interp.* 3.217; *Abr.* 206; *Migr.* 157(황홀한 기쁨에서 나오는 정신적 웃음); *Spec. Laws* 2.54.

31 예. 시 2:11(LXX); 5:11; 20:5; 27:6; 31:7; 32:11; 33:1, 3; 35:9; 42:4; 43:4; 47:1; 63:7; 67:4; 68:3-4; 71:23; 81:1; 84:2; 90:14; 92:4; 95:1; 98:4; 132:9, 16; *Jub.* 36:6; 1QS 10.17; 1QM 4.14; 1QH^a 11.24; 19.26; 4Q177 frgs. 12-13, col. 1.10; 4Q403 frg. 1, col. 1.9; 4Q405 frg. 23, col. 1.7; 4Q427 frg. 7, col. 1.14; 4Q502 frgs. 6-10.3; 4Q542 frg. 1, col. 1.11; 11Q5 22.15; *Pss. Sol.* 5:1; *Jos. Asen.* 3:4. 기쁨은 찬송으로 이어질 수 있었다(Tob. 8:16; 13:17; 약 5:13; 눅 1:47). 기쁨은 고대 축제에서 일반적이었듯이(그러나 모든 문화의 개인적인 경건에서 일반적인 것은 아니었다; 참조. Walton, *Thought*, 161) 공적인 축제와 연결될 수 있었다(느 8:10-12; 시 42:4; 희년에 대해서는 Halpern-Amaru, "Joy"도 참조하라).

32 Sir. 2:4도 참조하라. 스토아 학파와 에피쿠로스 학파가 모두 이것을 가르쳤지만, 아리스토텔레스는 가르치지 않았다(Stowers, "Resemble," 93; 스토아 학파에 대해서는 Sen. Y. *Ep. Lucil.* 123.3; *Nat. Q.* 3.pref.12-13, 15; *Dial.* 1.5.8; 7.15.4; 7.16.1-3을 보라).

33 아래 "염려하지 말고 기도함(빌 4:6)" 단락을 보라.

34 바울 서신, 특히 저자에 관한 논란이 없는 편지와 에베소서에서 이 어구는 거의 50번 등장하는데, 신약성서의 다른 곳에서는 단 한 번만 등장한다. *1 Clem.* 13.1은 고전 1:31에 의존한다.

이 편지의 길이를 고려한다면, 바울은 관계(빌 1:4, 25; 2:2, 17-18, 28-29; 4:1, 10)와 복음의 확산(1:18), 이 두 가지 모두와 관련하여 기쁨을 특히 강조하는 것 같다(3:1; 4:4). 아마도 여기서의 강조는 그의 긍정적인 전망과, 매우 지지하는 것으로 입증된 교회를 격려하려는 그의 열망을 모두 반영할 것이다.

바울의 권면의 이상적인 특성을 인식하는 것이 중요하다. 바울 자신은 종종 슬픔을 경험했으며(롬 9:2에서 계속되는 슬픔; 고후 2:1, 3; 빌 3:18; 빌 2:27의 잠재적인 슬픔), 신자들에게 우는 자들과 함께 울라고 권면했다(롬 12:15; 참조. 살전 5:14). 역경의 상황들로 인해 바울은 정기적으로 기쁨과 슬픔의 긴장을 유지해야 했다(고후 6:10). 따라서 슬픔(과 살전 4:13, 18에 언급된 것처럼 슬픔을 달래주는 소망) 가운데서도 성령의 기쁨의 분량을 경험하는 것이 가능하지만, "항상 기뻐하라"는 바울의 일반적인 권면은 신자들에게 슬퍼할 타당한 원인이 절대로 없을 것임을 의미하지 않는다.[35]

염려하지 말고 기도함(빌 4:6)

빌립보서 4:7에서 평강에 대한 바울의 기대가 부분적으로 4:4에 의존했든지 의존하지 않았든지 간에, 이 구절이 4:6에 의존한 것은 분명하다. 바울은 염려하거나 근심하지 말라고 경고한다(4:6a). 이것은 철학자들이 평강(그들은 이 단어를 종종 평정심을 의미하는 것으로 사용함)을 위협하는 것이라고 종종 생각했던 상황이다. 여기서 바울은 특히 Q 자료에 입증된 예수의

---

35 바울은 갈레노스가 *Grief* 1-5, 11, 48, 50b, 71, 78b에서 주장한 정도까지 슬픔을 피하려 하지는 않았을 것이다(그러나 갈레노스조차도 그의 고국의 멸망[72a] 또는 건강의 상실 [74]에 대한 슬픔을 용인했을 것이다). Sen. Y. *Ep. Lucil.* 66.37-39도 참조하라.

가르침을 반영하고 있을 것이다.[36] 우리가 바울이 이 이상을 현시대에 완벽하게 달성할 수 있는 것으로서 이해했다고, 아니면 그 자체로 걱정거리가 되는 수행에 대한 규칙으로서 이해했다고 가정하지 않도록, 다른 사람들에 대한 바울의 사랑은 종종 그를 불안으로 몰아넣었다(고후 7:5; 11:28-29; 살전 3:5). 이 편지에서는 그렇지 않지만 말이다.[37] 이 본문에서 바울의 관심은 신경화학적인 감정의 상태에 있는 것이 아니라 행위에 있으며, 문맥상 그의 권면은 법적 규정이 아니라 (신자들이 그들의 문제를 해결할 만한 능력이 있는 분에게 맡길 수 있다는) 격려다.[38]

염려에 대한 바울의 대안은 그것을 억제하려는 불안한 시도가 아니라, 오히려 필요한 것을 하나님께 알리고 그분께 맡기는 것이다(빌 4:6). 염려의 무익함과 대조되게, 기도는 관심사를 전달하는 능동적인 방법을 제공한다. 기도가 감사로 보완된다는 것은 염려해야 할 필요에 반대되는 신

---

36 마 6:25, 28//눅 12:22, 25-27. 막 13:11과 함께 마 10:19//눅 12:11도 참조하라. 예수 전승의 다른 곳은 막 4:19; 눅 10:41; 21:34을 참조하라. Hunter, *Predecessors*, 50; Fee, *Philippians*, 408n40도 보라.

37 여기서 사용된 특정 용어(μεριμνάω, 메리므나오)는 다양한 어감을 지니지만(BDAG를 보라), 빌립보 교회에 대한 디모데의 관심을 비롯하여(빌 2:20) 교회를 위한 관심에 바울이 가치를 부여하는 것은 주목할 만하다(고후 11:28, 동족어 명사를 사용함; 참조. 고전 12:25).

38 "아무것도 염려하지 말라"는 NRSV의 번역은 불안을 피하라고 권하는 번역본들(예. NASB, NIV)보다 오늘날 본문의 의미를 이해하는 데 더 도움이 된다. 왜냐하면 우리는 일반적으로 불안을 하나의 상태로 생각하지만, 염려는 우리가 하는 것이기 때문이다. 오늘날 우리는 우울증과 불안이 종종 유전적 요인이나 초기 뇌 발달에서 비롯되는 신경화학적 원인을 가지고 있다는 것을 이해한다. 바울은 사람들에게 그들의 신경학적 상태를 평가하라고 권하는 것이 아니라, 그들에게 필요한 것에 대해 염려하기보다 그것을 기도 중에 하나님께 맡기라고 격려하고 있다. 염려하지 않는 것은 어떤 사람들에게는 다른 사람들보다 신경학적으로 그리고 환경적으로 더 쉬운 일이 될 수 있다. 그러나 다시 말하지만, 바울은 영적인 자기 평가의 기준이 아니라 권면을 제시하고 있다.

뢰를 암시할 것이다.[39] 하나님이 하시는 일에 대한 적절하고 필요한 반응인 감사는(롬 1:21)[40] 때때로 특별히 예배 상황에서의 기쁨과 연결된다(살전 3:9; 5:16-18).[41] (스토아 철학자들도 기쁨을 모든 일에 하나님께 감사하는 것과 연결할 수 있었지만,[42] 초기 기독교의 유대교 맥락은 더 능동적인 찬양을 암시한다.) (섭리의 가치를 높이 평가한) 이 시대의 몇몇 스토아 철학자는 하나님의 주권을 인정하면서 모든 일에 감사를 촉구한다.[43] 하지만 스토아 철학자들이 체념을 강조한 반면에, 바울은 때때로 환경에 영향을 줄 수 있고 그래서 더 많은 감사를 불러일으킬 수 있는 기도를 권한다(고후 1:11; 빌 1:19; 몬 22절).[44]

바울이 말하는 "모든 일에"(ἐν παντί)는 단순히 "모든 면에서"를 암시할 수 있다.[45] 더 가능성이 큰 것은 이 어구가 "모든 상황에서"를 의미하는 것이다(참조. 빌 4:12; 살전 5:16-18).[46] 이것은 앞 절에 있는 "아무것도"와 대

---

39 몇몇 사람은 이것을 과거와 현재의 축복에 대한 대답과만 연결한다(O'Brien, "Thanksgiving," 59). 하지만 앞뒤 문맥을 고려할 때, 이것은 여기서 말하는 기도와 더 직접적으로 연결될 것이다. 이런 필요는 한 사람의 간구가 응답받는다는 확실성을 의미하는 것이 아니라, 적어도 기도를 들으신다는 신뢰를 함의할 것이다. 감사는 유대교의 기도 맥락에서 정상적인 것이었지만(Oesterley, *Liturgy*, 67), 환경에 따라 차이가 있을 수 있었다(참조. 약 5:13).

40 본서 1장의 "타락한 생각은 창조에서 나오는 이성적인 증거를 거부한다" 단락에서 감사에 대한 논의를 보라.

41 느 12:27; 시 95:2; 97:12; 107:22; 사 51:3; 렘 33:11; *Jub.* 22:4; 1QM 4.14; 4Q403 frg. 1, col. 1.4; 4Q511 frgs. 28-29.2(재구성됨); 3 Macc. 7:16; Philo *Migr.* 92; *Spec. Laws* 1.144; 2.156, 185; Jos. *Ant.* 11.131; 14.421; *4 Ezra* 1:37; 2:37; *T. Jos.* 8:5; *T. Mos.* 10:10; 눅 10:21도 참조하라. Tob. 8:16; 눅 1:46-47에는 다른 찬양이 소개되었다.

42 예. Epict. *Diatr.* 4.7.9.

43 Epict. *Diatr.* 1.6.1; 4.7.9; Marc. Aur. 6.16. 유대교 진영의 *Jub.* 16:31; *m. Ber.* 9:5도 보라.

44 모든 일에 하나님께 감사하라는 유대교의 다른 권면도 참조하라(*1 En.* 108:10; 1QS 10.15-17).

45 예. 고전 1:5; 고후 7:11, 16; 8:7; 9:8, 11; 11:6에서처럼 말이다. 참조. Polyb. 12.8.4.

46 더 자세한 내용은 엡 5:20; 고후 6:4을 참조하라. Fee, *Philippians*, 408-9을 보라. Fee는 "삶의 모든 세부적인 일과 환경에서"라고 번역한다.

조되며, 따라서 "아무것도 염려하지 말고 모든 일에 너희 기도를 하나님께 맡기라"를 의미한다.[47] 바울이 명하는 감사의 기도는 그 필요를 되풀이하거나 억누르려고 함으로써 그 필요에 계속하여 마음을 쓰기보다 필요한 것을 믿음으로 하나님께 맡긴다. 빌립보서 4:7에서 평강을 가져오는 것은 바로 4:6에서 말하는 대로 하나님께 필요를 맡기는 것이다.

정결한 것을 생각함(빌 4:8)

평강의 약속을 한 이후에 바울은 새로운 사상으로 주제를 옮기고, 앞 절의 인지적 강조를 계속한다. 대부분의 번역은 바울이 사용한 λοιπόν(로이폰)을 "마지막으로"라고 번역한다.[48] 이것은 이 용어의 일반적인 의미다.[49] 그러나 이 단어는 단순히 새로운 요점으로 전환하거나 "덧붙여 말하자면"을 의미할 수도 있다.[50] 바울은 이미 한 번 그런 의미로 말한 적이 있으며(빌 3:1), 다른 곳에서는 편지를 마무리하기 위해서가 아니라 새로운 단락으로 전환하기 위해 이 용어를 사용한다(살전 4:1). 바울이 빌립보서 2:17-30과 4:10-19에서 더 개인적인 쟁점들을 다루면서 빌립보서 3:1과 4:9 사이에 있는 권면의 자료를 괄호로 묶기 위해 이 용어를 사용했을 가능성이 있다. 아무튼 그는 4:7에 나타나는 인지에 대한 관심사를 계속하면서 고결한 것

---

47 참조. Witherington, *Philippians*, 247.
48 예. NRSV, ESV, NIV; 또는 "결론적으로"(GNT), "다른 문제에 대해 말하면"(Young's Literal); "지금까지 말한 모든 것을 요약하면"(Message). 눈에 띄는 예외는 NLT의 "그리고 이제", 또는 NCV에서 이 용어의 생략.
49 예. 고후 13:11; Philost. *Hrk.* 18.1(그러나 16:6에서 손님은 믿음을 이미 천명함). 반복은 일반적이었다(예. Dion. Hal. *Demosth.* 32).
50 BDAG를 보라. 참조. *T. Reub.* 5:5.

들을 주의 깊게 생각하라는 권면을 4:8에서 제시한다.

이상적인 관심

나는 앞에서 선한 것들, 특히 신과 관련된 문제들을 생각하라고 요청하는 고대의 몇몇 권면을 개관했다.[51] 그렇지만 이 맥락에서는 더 많은 예가 적절해 보인다. 한 고전적인 연설가는 이렇게 충고한다. "선하고 존귀한 것을 말하기를 연습하여 당신의 생각이 습관을 통해 당신의 말과 같이 되게하라."[52] 피타고라스는 사람들이 "고상하고, 의롭고, 이로운 것들을" 깊이 생각하는 사모스(Samos)에서 단체를 시작했다고 알려진다.[53] 키케로는 명예롭게 행동하는 것과 로마의 안녕에 생각의 초점을 맞춘 한 사람을 칭송한다.[54] 이미 언급했듯이, 비록 스토아 철학자들이 사람들에게 불행을 예상하라고 촉구했지만, 많은 사상가는 긍정적인 전망과 생각에 대한 긍정적인 주제들을 강조했다. 따라서 한 중기 플라톤 철학자는 "우리가 알고 있는 모든 것은 훌륭하고 공정하며 진지하고 고귀하며 천상적이다!"라고 자랑한다.[55] 다른 사람들도 다양한 용어를 사용하여 순결한 생각을 계속하

---

51 본서 4장의 "철학에서 지혜로운 생각에 대한 강조" 단락과 8장의 "그리스와 로마의 자료에서 하늘의 것을 생각함" 단락을 보라. 고전 13:6-7도 참고할 만한 본문일 것이다. 하지만 바울이 그곳에서 대응에 집중한 것과 아마도 πάντα(판타, "만물")라는 더 좁은 의미 사이에서 우리는 그 본문에 너무 많은 의미를 부여하는 것을 피하고 싶을 것이다.

52 Isoc. *Ad Nic.* 38(번역. Norlin, LCL, 1:61).

53 Iambl. *Pyth. Life* 5.26(번역. Dillon and Hershbell, 49). 이것들은 표준적인 윤리 기준이었다. 신의 마음/생각에 관한 주석과 일치하여(본서 4장의 "그리스 사상에서 신의 생각에 참여함"), 몇몇 사람은 이와 같은 생각을 "신에게서 나온" 것으로 이해했다(Porph. *Marc.* 11.199-201; 번역. O'Brien Wicker, 55).

54 Cic. *Vat.* 11.26.

55 Apul. *Apol.* 64(번역. Hunink, 86).

라고 주장하고,[56] 명예롭고 품위 있는 문제들에 대해 말하는 것의 가치를 높이 샀으며,[57] 명예로운 것을 선한 것과 동일시했다.[58]

일부 학자들은 바울의 구체적인 관심사가 단순히 이런 것들에 "대해 생각하는"(thinking about) 것, 즉 이 구절에서 자신들의 언어 중 일부를 종종 인식했을 많은 철학자의 접근 방식이 아니라, 그것들을 "헤아리는/고려하는"(reckoning, λογίζομαι, 빌 4:8) 것일 수 있다고 제안한다. 이 동사는 이 선한 것들을 참작하는 것/고려하는 것,[59] 또는 문제들을 신중하게 평가하는 것[60]을 암시할 수 있다. 이런 이해는 내가 본서에서 일찍이 살폈던 강조에도 어울린다.[61] 하지만 이 동사는 단순히 문제를 골똘히 생각하는 것을 의미할 수 있다.[62] 이 경우에 여기서 바울의 관심사는 앞에서 언급한 사상가들의 그것과 유사할 수 있다.

덕 목록은 유대교와 그리스 모두의 고대 자료에서 공통적인 문학적·

---

56 예. Porph. *Marc.* 23.368. 그러나 포르피리오스에게 이것은 하늘의 문제를 의미했다. 자신의 직업을 떠난 한 창녀는 이렇게 선언한다. 아프로디테보다 아테나 여신을 따르기 위해 "나는 내 생각 또는 목적을 정결케 한다"(καθαίρω τὴν γνώμην)(Libanius *Speech Char.* 18.3). 성전에 들어가려면 마음과 영혼이 정결해야 한다(Nock, *Christianity*, 18-19). 요세푸스는 에세네파의 입문 의식 때 행하는 맹세에 영혼이 거룩하지 않은 이익을 바라지 않도록 지키겠다는 약속을 포함한다(Jos. *War* 2.141).

57 Men. Rhet. 2.7, 406.4-7(결혼에 해당함).

58 Sen. Y. *Ep. Lucil.* 87.25.

59 Fee, *Philippians*, 415.

60 Hawthorne, *Philippians*, 187. 이것이 수사학적으로는 적합할 수 있지만, 몇몇 사람은 "만일 있다고 한다면"(εἴ τις)으로의 전이가 분별의 필요를 암시할 수 있다고 제안하는데, 그 이유는 신자들이 이렇게 널리 칭송을 받는 가치들을 불신자들과는 다른 방식으로 적용하기 때문이다(Fee, *Philippians*, 415-16; 참조. Sandnes, "Idolatry and Virtue").

61 본서 5장의 "하나님의 뜻을 분별함" 단락과 6장의 "진리를 헤아릴 수 있는 영적 능력(고전 2:14-15)" 단락을 보라.

62 BDAG를 보라.

수사학적 형식이었다.[63] 여기에 제시된 바울의 목록은 수사학적으로 배열되어 있으며, 모두 -α(알파)나 -η(에타)로 끝나는 형용사와 함께 ὅσα를 여섯 번 반복한 다음에 εἴ τις를 두 번 사용한다.[64] 이런 배열은 반복이 강조하는 바울의 핵심점을 전달하는 강력한 방법을 제공한다.

바울의 목록은 많은 덕 목록처럼 어느 정도 임의적일 수 있다. 확실한 것은 그가 철학에서 종종 다뤄지는 표준적인 네 가지 주요 덕을 빌려오지 않았다는 점이다.[65] 바울은 이 네 개 중에서 하나만을 여기서 언급한다. 무엇이든지 "옳으며" 또는 "바르며"(δίκαιος)가 그것이다.[66] 하지만 다른 사람들은 덕(ἀρετή)이라는 보다 넓은 제목하에 각기 다른 개별 덕들도 포함할 수 있었다. 예를 들어 한 본문에서 로마의 스토아 철학자는 네 개의 덕을 인용하는데, 그중 하나만(δικαιοσύνη) 전통적인 네 개의 하부 주제에 속한다.[67]

---

63   예. 1QS 4.3; Philo *Sacr.* 27; *Rhet. Alex.* 36, 1442a.11-12; Corn. Nep. 15(Epaminondas), 3.1-3; Cic. *Mur.* 14.30; 29.60; Theon *Progymn.* 9.21-24; Mus. Ruf. 4, p. 44.10-12; 14, p. 92.31-33; 17, p. 108.8-11; 38, p. 136.3; Arrian *Alex.* 7.28.1-3; Arius Did. 2.7.5b, p. 10.16-25; 2.7.5b2, p. 14.18-20; 2.7.11i, p. 78.12-18; 2.7.11m, p. 88.1-8; Dio Chrys. *Or.* 32.37; Plut. *Stoic Cont.* 7, *Mor.* 1034C; Lucian *Portr.* 11; Max. Tyre *Or.* 3.1; 18.5; 우리가 은사라고 부를 수 있는 것에도 적용된다. 예. Theon *Progymn.* 9.15-19; Pliny *Ep.* 6.11.2; 6.26.1; Symm. *Ep.* 1.2.7.

64   여덟 개의 형용사나 명사 중 다섯 개도 ἀ, ἁ, εὐ, 또는 ἑ 모음으로 시작한다.

65   예. Mus. Ruf. 4, p. 44.10-22; p. 48.1, 4, 8, 13; 6, p. 52.15, 17, 19, 21; 8, pp. 60.22-64.9; 8, p. 66.7-8; 17, p. 108.9-10; Marc. Aur. 3.6; 8.1; Arius Did. 2.7.5a, p. 10.7-9; 2.7.5b1, p. 12.13-22; 2.7.5b2, p. 14.1-4; 2.7.5b5, p. 18.27-31; Dio Chrys. *Or.* 3.7, 58; Men. Rhet. 2.1-2, 385.8.

66   스토아 철학자들은 거룩하고 경건하게 되는 것에 가치를 부여했다(Arius Did. 2.7.5b12, p. 26.17-18).

67   Mus. Ruf. 14, p. 92.31-33; in 16, p. 104.32-35, 전통적인 덕 중 두 개가 몇 개의 다른 덕과 나란히 등장한다. 다섯 가지 긍정적인 자질 중에서 Lucian *Portr.* 11에는 아름다움이 추가되는데, 이것 하나만 네 가지 매우 중요한 덕에 속한다. 또한 11에서 그는 (ἀρετή 자체를 비롯하여) 네 개의 덕을 열거하는데, 또다시 그중 하나만이 전통적인 네 개의 덕에 속

여기서 ἀρετή(아레테)에 대한 특별 주석이 필요한데, 그 이유는 이것이 그리스 윤리학을 논의할 때 매우 광범위하게 등장하는 용어임에도, 바울에게서만 유일하게 나타나기 때문이다. 이는 덕을 가리키는 기본적인 그리스어 단어이며,[68] 덕들을 가리키기 위해 복수형으로도 사용되었다.[69] 이 단어는 지적인 담화에 자주 등장하는 주제였다.[70] 다양한 학파가 이 단어의 내용을 약간씩 다르게 정의했지만,[71] 그 학파들 사이에는 상당한 중첩이 존재했다. 견유학파[72]와 스토아 학파[73]를 비롯한 많은 지성인이 "아레테"

한다. (역시 ἀρετή가 포함되는) Philost. *Vit. Apoll.* 1.20의 여섯 개의 덕 목록에는 관습적인 네 개의 덕 중 세 개가 포함되어 있다. *Rhet. Alex.* 1, 1421b.25-26에 열거된 문제를 칭찬하기 위한 몇 가지 수사학적 근거 중에서 오직 하나만(δίκαια) 매우 중요한 덕들 가운데 하나를 반영한다.

68 예. Dio Chrys. *Or.* 3.47; 35.2; Lucian *Hermot.* 22; Arius Did. 2.7.11i, p. 78.28. Hawthorne(*Philippians*, 186)은 70인역에서 고전적인 용례의 폭과 "영광 또는 찬양"의 의미를 강조한다. 이 단어는 "탁월함"(예. Philost. *Hrk.* 36.3) 또는 전문지식(Arius Did. 2.7.5b5, p. 18.15-17; Men. Rhet. 2.5, 397.23-24; 2.14, 426.27-32)을 뜻할 수 있다

69 예. Mus. Ruf. 17, p. 108.9, 12; Arius Did. 2.7.5b2, p. 14.1; 2.7.5b5, p. 18.15-17; 2.7.5e, p. 30.3; 2.7.5f, p. 30.19; 2.7.5g, p. 32.6; Men. Rhet. 1.3, 361.14-15; 2.1-2, 369.30; 2.3, 379.30; 2.11, 421.30-32; Iambl. *Letter* 3, frg. 6(Stob. *Anth.* 3.5.49).

70 예. Dio Chrys. *Or.* 69(덕에 대하여).

71 플라톤 학파에서는 Gould, *Ethics*, 142-53; Krämer, *Arete*(아리스토텔레스를 다룸)를 보라. 필론의 정의에 대해서는 Wolfson, *Philo*, 2:268-79를 보라. 필론은 덕에 대한 아리스토텔레스의 정의에 가깝지만, 스토아 철학의 정의에 대한 사용을 발견했다(272-75). 아리스토텔레스의 관심은 폴리스에 가치를 부여하는 것이었지만, 헬레니즘의 용례는 인품에 집중했다(Finkelberg, "Virtue"). 자제력에 기초를 둔 것에 대해서는 Iambl. *Letter* 3, frg. 5(Stob. *Anth.* 3.5.48)를 보라. Iambl. *Letter* 16, frg. 1.1(Stob. *Anth.* 3.1.17; 번역. Dillon and Polleichtner, 47)은 이 단어를 영혼의 온전함 또는 완전함으로 묘사한다.

72 Diog. Laert. 6.9.104. Crates(*Ep.* 12)는 사람이 실천으로만 ἀρετή를 얻는다고 주장한다.

73 Diog. Laert. 6.9.104; 7.1.30(ἀγαθὸν μόνον, "유일한 선"); Arius Did. 2.7.6e, p. 40.11-15, 26-32(그것을 행복과 동일시함으로써); Long, *Philosophy*, 199. 스토아 철학에서 ἀρετή에 대해서는 Marc. Aur. 3.11.2; Arius Did. 2.7.5b1, p. 12.31-33; 2.7.11h, p. 74.14-17(특히 14)을 보라. 더 자세한 내용은 Long, *Philosophy*, 199-205; Kidd, "Posidonius," 208을 보

를 최고의 목표로 간주했다.[74] 한 스토아 철학자는 이렇게 판단한다. 비록 사람들이 가치를 부여하는 많은 대상이 우리의 손 밖에 있을지라도, 만일 사람이 추구하는 것이 ἀρετή라면, 그는 그것을 획득할 수 있고, 그럼으로써 행복하며 정욕의 소용돌이로부터 자유로울 수 있다고 말이다.[75]

헬레니즘 유대교 진영에서 바울보다 먼저 글을 쓴 필론은 ἀρετή라는 용어를 대략 천 번 사용한다.[76] 필론은 특히 아리스토텔레스 철학자들처럼 그 용어를 사용하지만, 스토아 철학의 요소들을 포함하기도 했다.[77] 요세푸스는 그 용어를 거의 3백 번 사용한다.[78] 이보다 일찍이 「아리스테아스의 편지」는 ἀρετή를 선한 일의 성취로 정의한다.[79] 이런 덕은 유대인 대제사장이 프톨레마이오스에게 보내는 장로들의 특징이었다.[80]

아마도 ἀρετή가 바울의 현존하는 편지에서 관습적인 용어가 아니기 때문에, 일부 주석가들은 여기서 바울의 사용을 재빠르게 일반적인 용례와 거리가 먼 것으로 여기거나, 바울의 언급을 단순히 세속적인 덕과 연관시키는 것처럼 보인다.[81] 하지만 바울이 긍정적인 방식으로 일반적인 용

라. 루키아노스는 *Phil. Sale* 20에서 덕과 스토아 철학의 연관성을 조롱한다. 스토아 철학자들이 생각하기에, 각 피조물은 그것의 본성에 특징적인 덕을 지니고 있다(Mus. Ruf. 17, p. 108.1-4). 그리고 가장 이상한 것은 덕이 (다른 자질들과 실제로 명사로 묘사될 수 있는 모든 것과 같이) 물질적인 실체로 여겨졌다는 점이다(Arius Did. 2.7.5b7, p. 20.28-30; pp. 20.35-22.1).

74   Eurip. frg. 1029-30. 참조. Dio Chrys. *Or.* 39.2에서는 신들의 최고 관심사가 이 문제에 있다.

75   Epict. *Diatr.* 1.4.3(즉 사람은 ἀπάθεια[아파테이아, "무정념"]에 도달할 수 있다).

76   필론의 전집에서 일치점 검색(2014년 8월 26일)은 955회가 넘었다.

77   Wolfson, *Philo*, 2:272-75.

78   일치점 검색(2014년 8월 26일)은 290회가 넘었다.

79   *Let. Aris.* 272. 대부분은 그들에게 정욕이 주어지기 때문에 ἀρετή를 거부한다(277).

80   *Let. Aris.* 122, 200.

81   Sevenster, *Seneca*, 156("덕에 대한 당신의 오래된 이교도적 이해", 덕에 대한 세상의 관점).

어를 사용할 수 없었다고 추정할 이유는 없다. 이것은 논쟁의 상황이 아니며, 디아스포라 사상가들과 더불어 부가적인 경험을 반영하는 바울의 현존하는 후기 편지 중 하나다. 더욱이 이 용어는 70인역[82]과 이후의 초기 기독교[83]에도 등장한다. 이 문맥(빌 4:11)에서[84] 대중 철학의 다른 언어를 개작했을 가능성과 그의 초기 편지들에 대중적인 철학 용어가 존재한다는 점은 바울이 자신의 목적에 맞게 조정하면서 나중에 그의 사역에서 점점 더 대중적인 철학 용어를 전용했을 가능성을 허용한다.

어쨌든 바울은 ἀρετή를 통칭적인 의미로 사용했을 것이다. "ἀρετή"는

이와 대조적으로 Hawthorne(*Philippians*, 186)은 바울이 그 용어를 스토아 철학자들이 사용했던 것처럼 쓰고 있을 것이라고 합리적으로 제안한다. 비록 바울이 그 용어를 이곳에서만 사용하고 있지만, 그의 편지들은 대중적인 철학이 덕이라는 제목하에 포함했을 문제에 대한 관심을 종종 표현한다(Engberg-Pedersen, "Vices," 608-9에 동의함).

82 히브리 정경과 중첩되는 70인역 본문에서는 좀 더 일반적인 의미로 여섯 번 사용되었다. 이 단어는 마카베오서의 본문에 더 빈번하게 등장한다. 「마카베오 4서」(4 Macc. 1:2, 8, 10, 30; 2:10; 7:22; 9:8, 18, 31; 10:10; 11:2; 12:14; 13:24, 27; 17:12, 23)와 「솔로몬의 지혜」(Wis. 4:1; 5:13; 8:7)에서 이 단어는 분명히 적어도 대중적인 철학적 용법에 대한 지식과 함께 사용된다.

83 벧전 2:9에 70인역이 인용된 것 외에 벧후 1:3, 5; *2 Clem.* 10.1; *Herm.* 26.2; 36.3; 46.1; 61.4; 76.3을 보라.

84 αὐτάρκεια(아우타르케이아)에 대해서는 다음을 참조하라. Arist. *N.E.* 1.7.6-8, 1097b(진정한 행복은 자족하는 것이어야 한다); Sen. Y. *Ep. Lucil.* 9.1; 55.4; Arius Did. 2.7.11h, p. 74.31; Marc. Aur. 3.11.2; Socratics *Ep.* 8; Plut. *Virt.* 3, *Mor.* 101B; Diog. Laert. 6.1.11; Porph. *Marc.* 27.428-29; 28.448-49; 30.469-70; Engberg-Pedersen, *Paul and Stoics*, 48-50, 101; in Plato, Lodge, *Ethics*, 68-72. 하지만 이런 표현이 사용되었다고 해서 그것이 늘 철학적인 전문지식이나 관심사를 암시하는 것은 아니다(참조. *Pss. Sol.* 5:16-17; *Orph. H.* 10.13; Aul. Gel. 2.29.17-20; Max. Tyre *Or.* 24.6[농부들]). Val. Max. 7.1.2; Mus. Ruf. frg. 43, p. 138.15; Epict. *Diatr.* 1.1.27; 2.2.3; Lucian *Dial.* D. 436 (8/26, *Menippus and Chiron* 2); Ps.-Phoc. 6에 언급된 만족을 참조하라. 주석가들은 바울이 그리스도께 의존하므로(빌 4:13) 바울의 적용이 다르다는 점을 때때로 주목하지만, 여기서는 스토아 학파나 견유학파의 관련성을 종종 인용한다(Vincent, *Philippians*, 143; Bornkamm, *Paul*, 170; Sevenster, *Seneca*, 113; Beare, *Philippians*, 157; Hawthorne, *Philippians*, 198; Hengel, *Property*, 54-55).

(지혜와 용기와 같은) 다른 개별적인 덕들을 망라할 수 있다.[85] 이는 덕들을 열거한 후에 이 덕들의 요약으로 기능할 수도 있었다. 예를 들어 로마의 한 스토아 철학자는 몇 가지 덕을 열거하고는 "그리고 총괄적인 덕"이라고 덧붙인다.[86] 바울은 그의 목록 끝에서 그가 이름을 거론하지 않은 것들을 포함하여 모든 덕을 요약하기 위해 "덕"과 "무슨 기림이 있든지"로 전환했을 수 있다. 스토아 철학적인 "아레테"의 맥락에서 "기릴 만한/칭찬할 만한"(ἔπαινος)[87]은 아마도 사람을 "칭찬할 만한 것들"을 의미했을 것이다.[88]

비록 침묵으로부터 주장할 수는 없지만, 적어도 일부 인정된 덕이나 장점이 없다는 것은 바울의 세계관을 반영할 수 있다. 이는 바울이 그의 목록에 포함한 것들이 그가 동의하는 것들에 속함을 암시한다. 특히 플라톤 철학의 전통[89]에 있는 많은 사람은 아름다움(美)[90]에 가치를 부여했으며, 때로는 그것을 덕과 연결하기도 했다.[91] 하지만 다른 사람들은 아름다

---

85   Arius Did. 2.7.5a, p. 10.7-9; Iambl. *Letter* 4.7-9(Stob. *Anth.* 3.3.26에 언급된 지혜).

86   Mus. Ruf. frg. 38, p. 136.3(번역. Lutz).

87   또한 그것은 스토아 철학자들 사이에서 선한 것의 특징으로서 가치를 부여하는 것이었다 (Arius Did. 2.7.5i, p. 32.25-26).

88   Hawthorne, *Philippians*, 186. 만약 그렇다면, 그것의 요약은 목록의 앞에 있는 εὔφημα를 포함한다.

89   도덕적인 것뿐만 아니라 심미적 아름다움에 대한 플라톤의 관심에 대해서는 Gilbert, "Relation," 279-94; Warry, *Theory*; Lodge, *Theory*, 210-33; Partee, *Poetics*를 보라. 아름다움과 지고의 선의 관계에 대해서는 Gilbert, "Relation," 290; Gould, *Love*, 147(욕망의 주요 대상으로서 아름다움과 함께)을 보라. 참조. Warry, *Theory*, 51: "따라서 아름다움은 진리에 의해 자극을 받으며, 그 자체로 선의 자극제다."

90   인간의 아름다움에 대한 문제는 차치하고, 빌립보 도시는 백 개의 꽃잎이 피는 장미로 잘 알려진 아름다운 지역에 있었다(Athen. *Deipn.* 15.682B).

91   아름다움과 균형의 관련성은 아름다움을 덕과 연결한다(Lodge, *Ethics*, 61).

움을 적절한 덕의 외부에 있는 선으로 인식했다.[92] 궁극적인 아름다움은 플라톤 철학 전통이 그렇게 높은 가치를 부여하지 않은 막연한 외형과 구별되었다. 스토아 철학자들은 선한 것의 측면에서 아름다움을 평가했다.[93] 따라서 알렉산드리아 유대교의 일부 자료는 하나님의 아름다움에 대해 말했다.[94] 이와 마찬가지로 그들은 경건을 아름다움의 중요한 형식으로 그린다.[95] 이상적으로 말해서 하나님은 아름다운 것들을 향한 "생각의 인도자"시다.[96]

여기 빌립보서 4:8에서 생각의 초점은 로마서 7장과 거리가 먼 세상에 있으며, 성령의 생각(롬 8:6)과 그리스도의 생각(고전 2:16)을 닮았다.

그리스도처럼 생각함(빌 2:5)

바울이 빌립보서 4:8에서 가장 염두에 둔 것은 어떤 사고방식일까? 그는 아마도 전반적인 범위의 바른 사고방식을 포함하고 있는 것 같다. 하지만 이미 언급했듯이, 빌립보 그리스도인들의 사고방식에 대한 바울의 특별한 관심사 중의 하나는 그들의 분열에 대한 문제다(4:2-3을 다시 보라). 바울은 이 쟁점을 빌립보서 2장에서도 거론했다. 거기서 그는 다른 사람을

---

92 *Rhet. Alex.* 35, 1440b.17-19(고귀한 혈통, 힘과 부와 함께). 여기서 사람은 덕이 아니라 "행운"으로 칭송을 받는다(1440b.20-23).

93 (좀 더 일반적으로 번역될 수 있는 용어들이 종종 사용되지만), Epict. *Diatr.* 1.8.5; 1.22.1; Marc. Aur. 4.20이 좋은 예다.

94 Wis. 13:3, 5.

95 *Let. Aris.* 229.

96 *Let. Aris.* 238(번역. Hadas, 193). 이와 마찬가지로 *Let. Aris.* 287에서 학식이 있는 사람들은 "아름다운 문제들"을 위해 그들의 생각을 훈련한다.

섬기는 것을 설명하기 위해 그리스도(2:5-11), 바울 자신(2:17; 참조. 4:9), 디모데(2:19-22), 에바브라디도(2:25-30) 등 몇 사람을 모델로 제시한다.

빌립보서 2:5에서 바울은 신자들에게 그리스도 예수 안에 있었던 사고방식 또는 생각의 중심을 그들 가운데도 있게 하라고(φρονεῖτε ἐν ὑμῖν) 권한다.[97] 바울은 이 동사 φρονέω(프로네오)를 빌립보서에서 몇 번 사용하는데(빌 1:7; 2:2, 5; 3:15, 19; 4:2, 10), 빌립보서보다 훨씬 긴 편지인 로마서보다 약간 더 자주 사용하는 셈이다.[98] 바울이 이 동사를 언급한 본문 중 하나는 다른 가정교회의 지도자들이었을 유오디아와 순두게에게 "주 안에서 같은 방식으로 생각하라"고 권면하는 곳이다(4:2). 이렇게 함으로써 바울은 빌립보 교회에서 가장 분명하게 드러난 균열을 언급한다.

또 다른 곳에서 φρονέω에 대한 언급은 빌립보서 2:2에 나타난다. 이 언급은 2:5 바로 앞의 문맥에 등장하며, 따라서 본문에 대한 가장 직접적인 정보를 제공한다.[99] 여기서 바울은 빌립보의 신자들이 어떻게 생각해야 하는지를 말함으로써 하나가 되라는 그의 요청의 윤곽을 제시하며, (동사의 부정사 대신 가정법을 사용한 것을 제외하고는) 4:2에서 "같은 방식으로 생각하라"(τὸ αὐτὸ φρονῆτε; 2:2의 두 번째 예는 이와 비슷한 τὸ ἓν φρονοῦντες임)고 말

---

97 번역본들이 일반적으로 과거 시제 동사 "있었다(was)"를 보충한 것은 문맥상 바울이 빌 2:6-8에서 예수의 역사적 예를 언급하기 때문이다(롬 15:3, 7의 그리스도의 예를 인용하는 롬 15:5도 참조하라). 동시에 "그리스도 예수 안에서…생각하라"(φρονεῖτε…ἐν Χριστῷ Ἰησοῦ)는 권면은 본서 6장 "우리는 그리스도의 생각을 가졌도다(고전 2:16)" 단락에서 이미 말했던 "그리스도의 생각/마음"(참조. 고전 2:16)을 가리킬 수 있다. 이것은 신자들 안에 거하시고 그 안에서 일하시는 그리스도에 대한 사상과 일맥상통한다(갈 2:20).

98 로마서는 빌립보서보다 네 배 이상 길지만, 이 동사가 빌립보서에는 열 번, 로마서에는 아홉 번, 골 3:2에 한 번 등장하며, 나머지 바울 서신에는 세 번만 등장한다(고전 13:11; 고후 13:11; 갈 5:10).

99 롬 8:6과 빌 2:2의 연결에 주목하는 Moreno García, "Sabiduría del Espíritu"도 보라.

했을 때와 같은 표현을 사용한다.

바울은 빌립보서 2:1에서 더 큰 감정적인 강세를 가지고 그의 요점을 주입하는 수사학적 기술을 사용한다. 여기서 그는 네 개의 절에서 설득력 있는 다양한 감정적 근거에 호소한다. 각각의 절은 (이어지는 명사의 성[性]에 따라) εἴ τις(에이 티스) 또는 εἴ τι(에이 티)로 시작한다. 서두에 나오는 반복이나 대용어는 친숙한 수사학적 장치였으며, 요지를 확장하거나 요점을 주입한다.[100] 감정적 호소는 오늘날 수사학 비평가들이 파토스(pathos)라고 칭하는 것이었는데,[101] 이는 설득의 연설[102]과 수사학 훈련 및 핸드북[103]에 광범위하게 등장한다. 편지는 때때로 깊은 감정이나 장난기

---

100 예. Cic. *Sest.* 1.1; Anderson, *Glossary*, 19과 그곳에 인용된 자료들; Rowe, "Style," 131; Black, "Oration at Olivet," 86; 편지들에서 예. Sen. Y. *Ep. Lucil.* 47.1; Fronto *Ad Ant. imp.* 2.6.1-2; *Ad verum imp.* 2.1.4; *Ad M. Caes.* 2.3.1; 3.3; *Nep. am.* 2.9; 바울과 관련해서는 Porter, "Paul and Letters," 579을 보라. 구약성서의 예. Aune, *Dictionary of Rhetoric*, 34, 시 29:1-2을 인용함; Lee, "Translations: Greek," 779, 70인역의 잠 13:9을 인용한다. 반복이나 대용이 빈번하게 미치는 감정적 효과와 관련하여 반복은 심미적 목적으로도 작용했다. Hermog. *Method* 13.428-29; Pickering, "Ear."

101 Walde, "Pathos"; Olbricht and Sumney, *Paul and Pathos*, 여러 곳. 파토스의 반복에 대해서는 Quint. *Decl.* 251.5; 260.10; 335.3, 8, 10; Pliny *Ep.* 9.26.8; Fronto *Ad Ant. imp.* 1.4; Hermog. *Inv.* 2.7.125를 보라.

102 예. Lysias *Or.* 7.41, §§111-12; 10.27-28, §118; 13.46, §134; 20.35-36, §161; Isaeus *Menec.* 44, 47; Aeschines *Embassy* 148, 179; Dion. Hal. *Ant. rom.* 4.33.1-36.3; *Isaeus* 3; Cic. *Cael.* 24.60; *Mil.* 38.105; *Quinct.* 30.91-31.99; *Font.* 21.46-47; *Sest.* 2.4; 69.144-46; *Rab. Perd.* 17.47; Val. Max. 8.1. acquittals 2; Sen. E. *Controv.* 1.4.2; 1.7.10; 4.pref.6; Pliny *Ep.* 2.11.12-13; 4.9.22; Dio Chrys. *Or.* 40.12; Plut. *Cic.* 39.6; Philost. *Vit. soph.* 2.5.574; Apul. *Apol.* 85; Dio Cass. 8.36.5; Libanius *Declam.* 44.78-81.

103 예. Isoc. *Ad Nic.* 23; *Rhet. Alex.* 34, 1439b.15-1440b.3; 36, 1443b.16-21; 36, 1444b.35-1445a.26; Cic. *Or. Brut.* 40.138; *Brut.* 93.322; Quint. *Inst.* 4.1.33; 6.1.9; 6.2.20(에토스와 파토스에 대하여); Ps.-Quint. *Decl.* 299.1-2; 306.6-7; 329.17; Hermog. *Method* 31.448; Men. Rhet. 2.5, 395.26-30; Libanius *Topics* 1.11; 3.14; 5.11-12; *Descr.* 17.7을 보라. 더 자세한 내용은 Hall, "Delivery"; Leigh, "Quintilian"을 보라. 물론 대적자들은 감정적인 호소에 반대되는 증거를 요구했다(예. Lysias *Or.* 27.12-13, §§178-79; Hermog. *Progymn.* 6, "On Commonplace," 14; Libanius *Topics* 1.27-30; 2.20; 4.19). 감정은 결국 사라졌다

있는 감정을 보여줄 수도 있었다.[104] "교제", "사랑" 그리고 "긍휼" 등으로 번역될 수 있는 것들을 요구하는 그의 진술은 이미 그의 호소의 특성을 암시한다.[105]

바울은 빌립보서 2:2에서 빌립보의 신자들에게 (이미 이 주제를 강조하는 편지에서 그랬던 것처럼) 그의 기쁨을 완성하라고 부탁함으로써 다시 감정에 호소한다. 우리가 앞에서 언급했듯이, 바울은 그들에게 "같은 생각의 틀을 실행하라", "같은 사랑을 가지라", "영으로 하나가 되라", 그리고 다시 "하나의 생각의 틀을 가지라"고 권한다.[106] 하나 됨을 위한 이와 같은 권면은 고대 지중해 도시 사회에서 일반적이었고,[107] 그곳에서 빈번하게 일어나는 분열에 대한 반응이었다.[108] 바울의 네 가지 권면은 하나하나가 근본적으로 같은 것을 말한다. 그래서 반복은 그의 호소를 다시 강화한다.

(Pliny *Ep.* 2.11.6).

104 예. Cic. *Fam.* 1.9.1; 2.2.1; 2.3.2; 10.23.7; 12.12.1; 12.30.3; 15.20.2; 15.21.1; 16.25.1; Sall. *Pomp.* 1; Lucius Verus in Fronto *Ad verum imp.* 2.2; Symm. *Ep.* 1.5.1; 고후 6:11-13; 갈 4:12-20(갈 4장에 대해서는 Kraftchick, "Πάθη," 61; Martin, "Voice"을 눈여겨보라). 참조. Demet. *Style* 4.227에 언급된 편지에 드러나는 인물의 특성. 독자는 이 감정적 호소의 사용을 바울 서신에서 약간 더 기대할 수 있는데, 그 이유는 바울 서신이 대부분의 평범한 편지들보다 더 많은 설득과 논증을 포함하기 때문이다.

105 핸드북은 특히 마무리하는 부분에 파토스를 부과하지만(Wuellner, "Rhetoric," 340-41), 연설가들은 그들의 연설의 다양한 부분에서 그것을 사용했다(Sumney, "Use," 147).

106 하나가 되라는 권면에서 하나의 생각이 되는 것에 대해서는 Lysias *Or.* 2.24, §192; Dio Chrys. *Or.* 38.15; 39.3, 5, 8; 특히 Mitchell, *Rhetoric of Reconciliation*, 76-77, 79을 보라. 바울의 가르침에서는 롬 12:16; 15:5; 고전 1:10; 고후 13:11; 빌 1:27; 4:2을 보라.

107 예. Xen. *Mem.* 4.4.16; Demosth. *Ep.* 1.5; *Rhet. Alex.* 1, 1422b.33-36; Dion. Hal. *Ant. rom.* 7.53.1; Livy 2.33.1; 5.7.10; 24.22.1, 13, 17; Sen. Y. *Ep. Lucil.* 94.46; Mus. Ruf. 8, p. 64.13; Dio Chrys. *Or.* 34.17; 38.5-8; 40.26; Max. Tyre *Or.* 16.3; Men. Rhet. 2.3, 384.23-25; 2.4, 390.14-16.

108 분열의 위험에 대해서는 다음을 보라. Hom. *Il.* 1.255-58; Sall. *Jug.* 73.5; Livy 2.60.4; 3.66.4; Babr. 44.7-8; 47; Dio Chrys. *Or.* 24.3; Plut. *Sulla* 4.4; 7.1; Aul. Gel. 6.19.6; Lucian *Prof. P.S.* 22.

예수의 생각의 틀을 가지라는 요청(빌 2:5)은 예수의 섬김의 예에 호소한다(2:6-8). 바울은 이것으로써 빌립보의 신자들에게 하나가 되라고 촉구한다.[109] 따라서 자신을 낮춤으로써(ταπεινοφροσύνη) 각 사람은 자신보다 다른 사람을 더 가치 있게 여기거나 "존중해야"(ἡγούμενοι) 한다(2:3). 마치 예수께서 하나님과 동등하게 되는 것을 빼앗길 권리로서 "존중하지"(ἡγήσατο) 않으시고 대신에 자신을 "낮추셨"듯이 말이다(ἐταπείνωσεν, 2:8).

예수는 "하나님의 본체[μορφῇ]"이셨지만(빌 2:6), 사람과 같이 되시고 사람의 형체를 취하시며 "종의 형체(μορφήν)를 가지셨다"(2:7). 그가 종이 되신 것에는 죽음—그것도 십자가라는 가장 수치스러운 죽음—에 이르는 순종도 포함되었다(2:8). 십자가 처형은 노예를 비롯하여 가장 비천한 신분에 있는 사람들에게 가장 적합하다고 여겨지는 처형의 형태였다. 따라서 바울은 신자들에게 그리스도의 몸에서 자신의 지위에 대해 생각하는 것을 포기하고 서로 섬기는 모델을 제시한다. 예수가 자신을 낮추신 후에 높아지셨듯이(2:9-11), 신자들도 지금 비천한 몸을 가지고 있지만, 언젠가 그리스도의 모습에 참여할 것이다(3:21).[110] 많은 학자가 예수의 예에서 이미 하나님의 형상이었으나(창 1:26-27, 그러나 바울은 여기서 70인역의 창세기와 동일한 용어를 사용하지 않는다) 하나님과 동등함을 추구한(창 3:5-6)

---

109 종종 언급된 예. Heriban, "Zmysl'ajte." 빌 2:6-11에 관한 연구는 매우 많으며, 여기서 다룬 쟁점들에 대한 간략한 요약 이외의 주제들에 관심이 있는 독자들은 그 연구들을 참조하라(Martin, *Carmen Christi*에 있는 기존의 엄청난 연구물들을 주목하라).

110 빌 2:7에 나오는 예수의 인간의 형체(σχῆμα)를 3:21의 변화될(μετασχηματίζω) 신자들과 비교하고, 2:8에서 자신을 낮추시는(ταπεινόω) 예수를 3:21에 나오는 신자들의 비천한(ταπείνωσις) 현재의 몸과 비교하고, 2:7에서 예수가 인간의 형체(μορφή)를 취하셨다는 것을 3:21에서 우리가 그의 형체(σύμμορφος)를 입을 것과, 그리고 2:8과 3:21에서 죽음의 역전과 비교하라.

아담의 역전을 주목한다.[111]

하늘의 시민권(빌 3:20)

바울은 빌립보서 3:15과 3:19에서도 동사 φρονέω(프로네오)를 사용한다. 3:15에서 신자들은 "위에 있는"(3:14), 즉 하늘을 향한 목표(참조. 3:10-11, 20-21) 추구에 집중하는 의도를 가지고 생각해야 한다.[112] 이와 대조적으로 3:19에서 자기 자신의 욕망과 같은 덧없는 "땅의 일"에 집중하는 사람들은 멸망에 직면할 것이다. 바울은 멸망할 사람들에 대해 말하고 있으므로, 자기 자신의 이익을 추구하는 동료 사역자들에 대해 말하는 것이 아니며(2:20-21), 부분적으로 자기중심적인 동기로 그리스도를 전파하는 사람들에 대해 말하는 것도 아니다(1:15-17).[113] 오히려 바울은 여기서 "그리스도의 십자가의 원수들"을 다룬다(3:18).[114] 그들은 로마서 8:5-7에서처럼

---

111 이사야서의 종에 대한 암시도 있을 수 있지만, 다시 바울은 통상적인 70인역의 번역을 따르지 않는다. 더 분명한 것은 그가 늘 의식하고 있듯이(롬 14:11) 이사야서의 신적인 주님을 언급한다는 점이다(빌 2:10; 사 45:23).

112 바울은 다른 곳에서 하늘에 있는 예루살렘(갈 4:26)이나 본서 8장 "하늘의 것을 생각하라 (골 3:1-2)" 단락에서 논의될 하늘의 것들에 대해서만 ἄνω를 사용한다. 참조. Engberg-Pedersen, *Paul and Stoics*, 90. 이 관찰은 이곳과 고대 문학에서 친숙했던 육상경기의 이미지를 무시하려는 것은 아니다(참조. Pitzner, *Agon Motif*).

113 빌 1:18에서 바울이 기뻐한 것과 3:18에서 눈물을 흘린 것을 대조하라. 다른 원인이 제시되었으므로 이 대조 자체가 결정적일 필요는 없지만 말이다.

114 바울은 그리스도를 대적하는 사람들에게 이와 같은 "적대감" 용어를 적용한다(롬 5:10; 고전 15:25; 골 1:21; 참조. 롬 12:20; 엡 2:14-16). 때로는 성령이 없이 율법을 지키려고 하는 사람들에게도 이 용어가 적용된다(롬 8:7; 11:28). 이것은 징계를 받는 신자들도 포함하지 않는다(살후 3:15). 이와 비슷하게 십자가보다 할례를 선호하는 사람들을 비롯하여(갈 5:11; 6:12, 14) 십자가를 받아들이지 않는 사람들은 멸망할 것이다(고전 1:18).

하나님께 적의를 품고 육체에 집중하는 생각과 마찬가지로 그리스도와 성령이 없는, 따라서 하나님과의 화평이 없는 사람들이다(참조. 빌 4:7). 이 원수들은 바울과 그의 동료들이 제시한 모델과 정반대된다(3:17).

바울이 빌립보서 3:19에서 κοιλία(코일리아, "위, 배")를 언급한 것은 바울이 다른 곳(롬 16:18; 고전 6:13의 성적 쾌락[115]; 참조. 아마도 갈 5:15의 싸움)에서 사용한 쾌락에 대한 친숙한 이미지를 발전시킨다. 이것은 그리스와 로마 사상가들 사이에서 방종을 가리키는 일반적인 이미지였다. 이것은 원래 탐욕과 탐식에 대한 환유였다.[116] 이는 특히 필론의 글에 퍼져 있는데, 그는 배를 비이성적 욕망의 자리로 여겼다.[117] 여기서 요점은 음식을 즐기는 것(또는 소화!)[118]이 아니라 쾌락을 추구하는 것이다.[119] 어쩌면 이것은 엘

---

115 사상가들은 배의 즐거움과 성기의 쾌락을 종종 연결했다. 예. Epict. *Diatr.* 2.9.4; 참조. Corrington, "Defense."

116 Hom. *Od.* 17.286; Eurip. frg. 915; Mus. Ruf. 16, p. 104.18; 18B, p. 118.7; Epict. *Diatr.* 2.9.4; Sen. Y. *Dial.* 7.20.5; *Ep. Lucil.* 60.4; Philost. *Vit. soph.* 1.20.512–13; Plut. *Pleas. L.* 3, *Mor.* 1087D의 에피쿠로스 철학자들. 참조. 롬 16:18의 "배의 노예"; Max. Tyre *Or.* 25.6; Ach. Tat. 2.23.1; Philost. *Vit. Apoll.* 1.7; Libanius *Encom.* 6.9; Dio Chrys. *Or.* 32.90의 배에 "사로잡힌 자"; 탐식을 비롯한 정욕의 노예가 됨, Aeschines *Tim.* 42; 배, 성기, 그 외 몸의 지체들에 매임, Porph. *Marc.* 33.506–7; 배를 따름, Syriac Menander Epitome 6–8; 욕망에 노예가 되었음을 묘사하는 배, Philo *Migr.* 66; 음식의 노예로서의 식탐, Philo *Alleg. Interp.* 3.221; 그들의 신은 그들의 배요, *Apoc. Elij.* 1:13(아마도 빌 3:19에 의존한 것 같다).

117 예. Philo *Creation* 158–59; *Alleg. Interp.* 3.159; *Migr.* 66; *Spec. Laws* 1.148, 192, 281; 4.91; 참조. Wolfson, *Philo,* 2:225–37; 또한 참조. 3 Macc. 7:10–11; 4 Macc. 1:3. 배와 쾌락 또는 정욕(ἡδονή)에 대해서는 Philo *Alleg. Interp.* 3.114, 116, 138–44, 160; *Migr.* 65; *Spec. Laws* 1.150을 보라. 욕망을 제어하기 위한 유대교의 식사 규정과 식습관에 대해서는 Rhodes, "Diet"를 보라. 스토아 철학자들은 값싼 음식으로 자기 절제를 시작했으며(Mus. Ruf. 18A, p. 112.6–9; p. 114.21–26, 29), 페르시아인들과 스파르타인은 어린 시절에 반복적으로 그렇게 했다고 전해진다(Xen. *Cyr.* 1.2.8; *Lac.* 5.4–7).

118 참조. Epict. *Diatr.* 1.13.1; Philo *Creation* 77; *Jub.* 22:6; *Sib. Or.* 4.25–26; *m. Ber.* 3; *b. Ber.* 35ab; *Sanh.* 102a; 창 1:30–31; 딤전 4:3–4; *Did.* 10.3.

119 Chrys. *Hom. Cor.* 17.1을 보라.

리트 연회의 폭식을 전형적으로 보여주는 것일지도 모른다.[120] 쾌락을 위해 사는 사람들의 마음은 오직 땅에 있는 것들에만 고정되었다.

이런 용어는 빌립보서 3:2의 "개들"을 떠올리게 할 수 있다. 이 본문의 초점은 하나님의 영으로 예배하는 것보다 신자들의 육체의 할례에 있다(3:3). 비록 개들이 다양한 긍정적 용례와 연결되기도 하지만,[121] "개"는 고대를 통틀어 친숙한 모욕이었다.[122] 개들은 음탕과,[123] 오물과 배설물

---

120 엘리트들은 때때로 장난삼아 위를 찬양하거나 폭식을 조롱했다(Ruscillo, "Gluttony"; Montanari, "Gastronomical Poetry"). 폭식에 반대하는 다음을 보라. Polyb. 12.8.4; Pliny E. *N.H.* 28.14.56; Mus. Ruf. 4, p. 44.18; 18B, p. 116.4-22; 18B, p. 118.9-11; Mart. *Epig.* 2.40.1-8; 3.17.3; 3.22.1-5; 5.70, 72; 7.20; 11.86; 12.41; Plut. *M. Cato* 9.5; *Educ.* 7, *Mor.* 4B; Juv. *Sat.* 2.114; Max. Tyre *Or.* 7.7; 25.5-6; 36.4; Apul. *Apol.* 57-59, 74-75; Heracl. *Hom. Prob.* 72.3; Porph. *Marc.* 28.439-42; Iambl. *Pyth. Life* 31.203; Libanius *Anec.* 3.30; *Invect.* 5.16(배를 마음껏 채우는 부자들); 신 21:20; 잠 23:20-21; 28:7; Sir. 23:6; 31:20; 37:30-31; 3 Macc. 6:36; 4 Macc. 1:27; Philo *Dreams* 2.155; *T. Mos.* 7:4. 구토는 방종에 대한 한가지 치료법이었다; Hipponax frg. 42; Sen. Y. *Ep. Lucil.* 108.15; Cic. *Phil.* 2.25.63.

121 특히 이방인들 사이에서 그렇다. 예. Hom. *Il.* 22.66-70; 23.173; *Od.* 10.216; 17.290-304; Aelian *Nat. An.* 6.25; 7.10, 25; Pliny E. *N.H.* 8.61.142-47; Appian *R.H.* 11.10.64; Longus 1.21; Plut. *Themist.* 10.6; 하지만 이스라엘 안에서도 그렇다(*y. Ter.* 8:7; Schwartz, "Dogs"; Miller, "Attitudes"). 개는 사냥에 사용되었으므로(Dio Chrys. *Or.* 4.34; 20.15), 아르테미스에게 신성시되었다(Plut. *Isis* 71, *Mor.* 379D).

122 예. Hom. *Il.* 8.527; 11.362; 20.449; 22.345(참조. 9.373; 21.394, 421); *Od.* 17.248; 22.35; Callim. *Hymn* 6(데메테르에게), 63; 여자에게 개라고 말하는 경우, 그것은 때때로 음탕을 함의했다. Hom. *Od.* 11.424; 18.338; 19.91. *Exod. Rab.* 9:2에서 악인들은 개에 비교되었다. 견유학파는 개에 비교되었지만(Dio Chrys. *Or.* 9.9; Mart. *Epig.* 4.53.5; Lucian *Runaways* 16; *Peregr.* 2; *Posts* 34; *Dem.* 21; *Phil. Sale* 7; Diog. Laert. 6.2.40, 45, 60, 77-78; 참조. Cercidas frg. 1; *Gr. Anth.* 7.63-68, 115), 그런 칭호를 자랑으로 여겼다; Crates *Ep.* 16; Diogenes *Ep.* 2, 7; Dio Chrys. *Or.* 8.11; 9.3; Lucian *Dial. D.* 420 (4/21, *Menippus and Cerberus* 1); 참조. Philost. *Vit. Apoll.* 6.31-33(참조. Lucian *Hermot.* 86에 일반적으로 언급된 철학자들). 견유학파는 사람들이 보는 앞에서도 배설함으로써 이런 칭호를 얻게 되었다. 예. Dio Chrys. *Or.* 8.36. 디오게네스는 개가 하듯이 그의 청중을 흠뻑 적셨다(Diog. Laert. 6.2.46).

123 예. Aelian *Nat. An.* 7.19; Theophr. *Char.* 28.3; *b. Sanh.* 108b; *y. Taan.* 1:6, §8; *Gen. Rab.* 36:7; 그들의 은밀한 신체의 한 부분을 지적하는 Plut. *Exile* 7, *Mor.* 601DE. 때로 야만스러움(Aeschylus *Lib.* 621; Eurip. *Orest.* 260), 몰염치(*Song Rab.* 2:13, §4; *Pesiq. Rab.* 1:7;

을 즐기는 것[124]으로 알려졌으며, 아마도 빌립보서 3:8과 관련이 있을 것
이다.[125] 일부 초기 그리스도인들은 "개"라는 용어(참조. 막 7:28; 마 7:6; 계
22:15)를 비이성적인 "짐승"(벧후 2:12, 22)─이성에 따라서가 아니라 쾌락
에 따라서 사는 사람들[126]─의 예로 사용했다. 내가 일찍이 언급했듯이, 철
학자들은 비이성적으로 사고하는 군중을 짐승으로 종종 묘사했다.[127]

한 연설자는 이렇게 선언한다. "배의 욕망을 제거하라. 그러면 당신
은 사람에게서 짐승을 제거한 것이다."[128] 한 스토아 철학자는 탐식이 인
간보다는 돼지나 개처럼 행동하는 것이라고 불평한다.[129] 따라서 부유한
후원자의 연회에 의존하는 기생충 같은 사람은 그의 배를 섬기는 사람이
며, 음식을 위해서라면 무엇이든지 하는 동물에 비교될 수 있다.[130] 음탕에
지배받는 사람들은 개를 비롯하여 짐승에 비교된다.[131] 필론은 배를 동물

15:14/15), 또는 분노(Callim. *Poems* 380)에 대해서도 이런 칭호를 붙였다. 개들이 에우리
피데스를 죽였다고 알려진다(Val. Max. 9.12.ext.4; Aul. Gel. 15.20.9).

124 예. Phaedrus 4.19(참조. 1.27.10-11); Mart. *Epig.* 1.83. 고대 문학은 시체를 먹거나 먹으
려는 개들로 가득했다. 예. Hom. *Il.* 17.127, 255, 272; 23.21, 183-87; 24.211, 411; *Od.*
3.258-60; 21.363-64; 22.476; Eurip. *Phoen.* 1650; Thucyd. 2.50.1; Appian *C.W.* 1.8.72;
Iambl. *Bab. St.* 18(in Photius *Bibl.* 94.77a); *Pesiq. Rab Kah.* 7:6(7:9).

125 Σκύβαλον(스퀴발론)은 때때로 배설을 지칭한다. 바울은 빌 3:4-6에서 그가 인용한 인간
적 자격이 배설물 냄새를 맡으며 쿵쿵대는 개들의 관심을 끄는 일종의 쓰레기임을 암시할
수 있다.

126 소크라테스는 자신은 단지 살기 위해 먹지만, 사람들은 대부분 먹기 위해 산다고 주장한
것으로 알려진다(Mus. Ruf. 18B, p. 118.16-18; Diog. Laert. 2.34).

127 본서 1장 "정욕으로 더럽혀진 생각" 단락을 보라.

128 Max. Tyre *Or.* 33.8(번역. Trapp, 27)도 이와 비슷하게 "음부의 욕망"의 제거를 충고한다.

129 Mus. Ruf. 18B, p. 116.14.

130 Quint. *Decl.* 298.10. 폭식을 동물에 비교한 예는 Sen. Y. *Ep. Lucil.* 60.4; Mus. Ruf. 18B, p.
116.18; Epict. *Diatr.* 2.9.4; Dio Chrys. *Or.* 77/78.29("개"를 포함함); Heracl. *Hom. Prob.*
14.4에도 등장한다. 인간이 되기를 원하는 지혜로운 사람은 먹기 위해 살지 않을 것이라
고 무소니우스는 경고한다(18B, p. 118.18-19).

131 Plut. *Bride* 7, *Mor.* 139B. 자기 위장을 채우거나 성교하는 데 탐욕스러운 사람들도 마찬가

적 욕망과 연결하고,[132] 종종 "배"를 저주받아 머리를 아래로 향하고 배로 움직이는 뱀이 전해준 쾌락과 연결한다.[133] 하늘에 소망을 두고 마음을 집중하는 신자들과 달리(빌 3:20-21), 이런 짐승들의 마침은 멸망이며, 그들의 생각은 땅에 있는 것, 멸망할 것에 집중한다(3:19).

바울은 빌립보서 3:19에서 땅에 속한 생각의 틀을 영원한 하늘의 관점과 대조한다. 즉 그리스도 안에 있는 신자들은 그들의 시민권이 땅이 아니라 하늘의 것이라는 점을 알고 있다(빌 3:20). 그들은 하늘을 바라본다. 왜냐하면 예수께서 의인들을 다시 살리고 세상을 다스리기 위해 하늘로부터 다시 오실 것이기 때문이다(3:20-21).[134] 로마서 12:2, 고린도전서 2:9-10, 그리고 골로새서 3:2에서 그랬듯이, 바울은 여기서 하늘과 미래에 생각을 집중하라고 제안한다. 예수 안에 있는 참신자는 동물적인 정욕을 이루기 위해 사는 것이 아니라 그리스도 안에 있는 영원한 소망과 상급의 관점에서 산다.[135]

하늘의 시민권에 대한 바울의 이미지는 문화적으로 부분적으로라도 글을 읽을 수 있는 도시 사람들에게 이해되었을 것이다. 많은 철학자들은 온 세상을 그들의 도시 또는 조국으로 여겼다.[136] 일부 저술가들은 여

지다(Dio Chrys. *Or.* 77/78.29.

132 Philo *Spec. Laws* 1.148.

133 Philo *Creation* 157-58; *Alleg. Interp.* 3.114; *Migr.* 66. 필론의 글에서 뱀은 쾌락을 자주 대표한다. 예. *Creation* 160, 164; *Alleg. Interp.* 2.71-74, 79, 81, 84, 87-93, 105-6; 3.61, 66, 68; *Agr.* 97, 108.

134 그는 현재의 "낮은" 몸(빌 3:21; 참조. 2:8)을 "영광"의 몸으로 변하게 하실 것이다(3:21; 참조. 고전 15:40-43, 특히 43). 영광의 몸은 **하늘의** 몸으로도 이해된다(참조. 빌 3:20-21; 고전 15:40-41, 47-49).

135 묵시적 이미지에 관해서는 음녀로 묘사된 이 세상의 도시와 신부로 묘사된 장차 올 세상의 도시를 대조하는 요한계시록을 참조하라(계 17:1-5; 21:9-14).

136 예. Sen. Y. *Ep. Lucil.* 28.4; Mus. Ruf. 9, p. 68.15-16, 21-22; Epict. *Diatr.* 2.10.3; Max.

기서 바울의 언어에 더 가까워졌다. 예를 들어 한 견유학파 철학자는 시민은 "그 안에 그의 조국"을 지니고 있어야 한다고 주장하고[137] 그의 영혼의 "조국"을 하늘이라고 말한다.[138] 아낙사고라스(Anaxagoras)는 그의 조국에 관심이 있는지 질문을 받았을 때, 그렇다고 말하며 하늘을 가리켰다.[139] 필론은 지혜로운 사람의 영혼은 하늘을 그들의 고향으로, 땅을 외국으로 인식한다고 주장한다.[140] 또한 그는 이상화된 유대교 종파인 테라퓨테(Therapeutae)를 하늘과 세상의 시민들이라고 말한다.[141]

바울이 빌립보서에서 하늘의 시민권이라는 이미지를 사용한 것은 훨씬 더 중요한 의미를 지닐 수 있다. 빌립보가 로마의 식민 도시였기에, 거기서 빌립보 시민이었던 신자들 역시 로마의 시민들이었다. 따라서 그들은 지금 사는 곳이 아닌 다른 곳의 시민이 된다는 것이 무슨 뜻인지를 이해했다.[142] 비록 바울이 빌립보의 신자들에게 하늘 시민권의 이미지를 전하는 특별한 이유가 있었다고 할지라도, 다른 초기 그리스도인들은 하늘

Tyre *Or*. 36.3; Marc. Aur. 10.15; 12.36; Diog. Laert. 2.99; Philost. *Ep. Apoll*. 44; Philo *Creation* 142; *Spec. Laws* 2.45; *Contempl*. 90; 참조. Heracl. *Ep*. 9; Diog. Laert. 6.5.93; Obbink, "Sage," 189; 원래의 보편성에서 떨어졌음을 반영한 특수성(Proclus *Poet*. 5, K52.7-19), 세상, 도시 또는 가족의 특정한 영역에 대한 애착을 포함함(K52.23-24). 세상의 시민권은 특히 견유학파에게 적절했는데, 그들은 시민권을 과격하게 적용했다(예. Dio Chrys. *Or*. 4.13; Lucian *Phil. Sale* 8; Diog. Laert. 6.2.63, 72). 때때로 다른 학파들은 세상 시민권에 대한 이런 주장을 차용했다(예. Vitruv. *Arch*. 6.pref.2).

137 Heracl. *Ep*. 9(번역. Worley, 211).
138 Heracl. *Ep*. 5.
139 Diog. Laert. 2.7.
140 Philo *Agr*. 65; *Conf*. 78; *Heir* 274도 보라.
141 Philo *Contempl*. 90. 참조. *QG* 3.45.
142 참조. Michael, *Philippians*, 181; Beare, *Philippians*, 136; Hawthorne, *Philippians*, 170; Fee, *Philippians*, 378-79; Cousar, *Philippians*, 80; Witherington, *Philippians*, 218; Cohick, *Philippians*, 200.

시민권의 이미지를 더 광범위하게 적용할 수 있었다. 따라서 그리스도인들은 그들이 사는 땅에서 외국인인 동시에 시민들이며,[143] 땅에 사는 하늘의 시민들이다.[144] 그들은 하나님 나라의 시민들이다.[145]

하늘의 시민권에 대한 이 논의를 끝으로 우리는 이 책의 마지막인 짧은 장에 이르렀다. 여기서 우리는 골로새서 3:1-2의 하늘의 생각을 논할 것이다.

결론

빌립보서 4장에서 바울은 빌립보의 신자들에게 그들의 필요를 하나님께 맡기고 도덕적인 문제들을 묵상하라고 요청한다(빌 4:8). 하나님의 평강이 그리스도 안에서 그들의 마음과 생각을 지킬 것이다(4:6-7). 빌립보서 2장에서 바울은 분열에 도전하고, 신자들에게 하나 됨과 서로 섬기는 일을 지원하는 방식으로 생각함으로써 예수의 모범을 따르라고 권한다(2:5). 마지막으로 빌립보서 3:19-21은 땅의 것에 집중하는 생각과 하늘의 것에 집중하는 생각을 대조한다. 나는 본서 8장에서 골로새서 3:1-2을 다루면서 이 마지막 주제에 대한 고대의 맥락을 이야기하려고 한다.

---

143   *Diogn.* 5.5.
144   *Diogn.* 5.9; 참조. 5.4.
145   *1 Clem.* 54.4. 참조. Poly. *Phil.* 5.2.

제8장 • 하늘의 생각(골 3:1-2)

> 그러므로 너희는 그리스도와 함께 다시 살리심을 받았으므로, 위의 것에 전념하라. 그곳에서 그리스도가 하나님 우편에 앉아 계신다! 너희 생각의 초점이 땅의 문제가 아니라 하늘의 문제에 있게 하라.
>
> – 골로새서 3:1-2

골로새서 3:1-2에서 바울은 신자들에게 하늘 보좌에 앉아 계신 그리스도께 그들의 관심을 고정하라고 권한다. 1세기 지중해 도시의 청중은 이 요청을 적어도 부분적으로는 당시 그들의 환경에서 다양한 사상과 이미지에 비추어 들었을 것이다. 골로새 신자들의 환경에는 그리스 철학(φιλοσοφία, 골 2:8)과 전통적인 유대교의 관례(2:16)가 모두 포함되었을 것이다.

골로새 신자들이 처한 환경의 이런 요소들은 바울이 자신의 권고가 어떻게 이해되기를 기대했는지를 제안하기 위해 바울의 언어와 충분히 가까운 언어를 이용했다. 그가 하늘에 속한 생각의 대상(τὰ ἄνω φρονεῖτε, 골 3:2)을 권하는 것처럼, 그리스와 로마의 철학은 때때로 올바른 생각[1]이

---

1   나는 일찍이 철학에서의 이런 강조를 언급했다. 특히 본서 2장 "다른 고대 자료에서 인지

영혼을 하늘로 끌어올려 초월적인 신에 대한 순수한 환상을 경험하게 한다고 주장했다. 일부 유대교 진영들도 하나님의 하늘 보좌에 대한 환상을 얻어내려고 시도했다(2:8). 바울의 몇몇 본문(예. 고전 2:16; 빌 2:9-11)에서 그렇듯이, 여기서도 그리스도는 성부 하나님과 함께 일반적으로 지고의 신으로 말미암아 채워지는 소임을 다하신다.

바울이 그의 요지를 전하기 위해 유사한 이미지와 용어를 사용하고 있지만, 그의 관심이 좀 더 일반적인 철학적 추상의 대상과 신비적 사색에 있었던 것은 아니다. 그는 구체적으로 높임을 받으신 그리스도께 더 초점을 맞춘다. 다른 여러 본문(예. 고전 2:16; 빌 2:5; 3:19-20; 4:7)과 마찬가지로, 새로워진 생각은 그리스도 중심적인 초점이 있다.

이 간략한 장은 하늘의 것들에 대한 고대 철학의 사색, 초기 유대교와 기독교의 다른 자료들에 반영된 이런 용어의 환기, 골로새서 3:1에서 이 용어에 대한 바울의 각색에 드러나는 그리스도 중심적인 초점의 중요성, 바울이 이 그리스도 중심적인 초점으로부터 끌어내는 행위적 함의, 그리고 앞뒤 문맥이 하늘에 대한 바울의 환기에 있어서 어떻게 종말론적 함의를 구성하는지를 차례로 추적할 것이다. 나의 초점과 일차적인 공헌은 특히 고대 철학을 염두에 두면서 고대의 청중이 이 본문을 어떻게 받아들였을지 설명하는 것이다.

적 여김" 단락과 4장 "철학에서 지혜로운 생각에 대한 강조" 단락을 보라.

하늘의 것을 생각함(골 3:1-2)

바울은 그의 청중에게 그리스도께서 하나님 곁에 앉아 계시는 "위의 것"($\tau\grave{\alpha}\ \breve{\alpha}\nu\omega$)을 찾고, "땅의 것"이 아니라 "위의 것"에 그들의 관심의 초점을 맞추라고 권한다. 바울은 하늘의 요소를 두 번 반복함으로써 그것의 중요성을 재차 강조한다. 그는 별자리, 블랙홀, 암흑 물질, 또는 이와 비슷한 것을 생각하고 있는 것이 아니다(하나님의 창조의 정교함을 묵상하는 것이 하늘의 것에 대한 고대인의 생각을 형성할 만한 내용이긴 하지만 말이다). 오히려 그는 순수하고 신성한 것을 종종 함의했던 하늘에 대한 언어에 의존하고 있다. 바울의 언어는 신적인 하늘의 실재를 묵상하는 친숙한 철학적 관용어를 각색하지만, 구체적으로 그리스도 중심적인 초점을 가지고 있다.[2]

그리스와 로마의 자료에서 하늘의 것을 생각함

골로새서 주석가들이 때때로 언급해왔듯이, 철학은 바른 생각을 강조했으며, 이런 생각을 통해 영혼은 하늘로 올라가고자 했다.[3] 이와 같은 강조는 그 맥락에서 자연적으로 발생한 것이다. 그리스-로마 철학의 전 영역은 건전한 사고를 강조했으며,[4] 사상가들도 대부분 하늘을 순수하고, 완전

---

2   "하늘의 것" 대신에 "위의 것"(골로새서 이외에 다른 곳에 등장하지 않으며, 바울 서신에서도 드문 용어)을 사용한 것은 다른 하늘의 실체들과의 혼동을 피하기 위함이었을 것이다(골 1:16-20). 하지만 골 1:5을 염두에 두면, 이것은 빌 3:14, 20에서처럼 단순한 문체의 변화일 수도 있다.

3   Schweizer, *Colossians*, 175.

4   본서 2장의 "다른 고대 자료에서 인지적 여김", 4장의 "철학에서 지혜로운 생각에 대한 강조", 7장의 "이상적인 관심" 단락을 보라. 또는 Keener, "Perspectives," 212-13을 보라. 참된 믿음은 덕과 일치하는 새로운 정체성을 형성할 수 있었다(Stowers, "Resemble," 92).

하며, 불변하는, 따라서 영원한 것으로 여겼다.[5] 지성인들은 종종 하늘의 실체들을 묵상하는 것에 대해 말하기 위해 이런 사상들을 결합했다.[6]

따라서 예를 들어 영향력 있는 대화에서 플라톤은 영혼이 본성상 가장 높은 곳을 갈망하며,[7] 지속해서 철학을 선택하는 사람들이 하늘의 장소에 올라갈 것이라고 강조한다.[8] 플라톤 이후 다양한 시대의 사상가들은 하늘과 별들을 명상하는 것을 고상한 철학적 추구로서 묘사했으며,[9] 정결한 생각은 "천상적인 요새"에서 보호받는 것으로 설명될 수 있었다.[10] 이성적인 생각이 사람을 하늘에 올라갈 수 있게 해주며,[11] 생각이 이성에 의해 자극을 받아 위로 날아갈 것이라고 말하는 이들도 있었는데, 그 이유는 그 생각이 무게가 가볍기 때문이었다.[12] 계시적인 꿈의 형식을 다룬 한 에세이는 부패하기 쉬운 땅의 것이 아니라 하늘의 영역에 있는 소멸하지 않는 것을 바라보기를 반복 강조한다.[13]

이런 사상들을 반영하는 많은 자료가 플라톤 철학의 특성을 보이지

---

5   아래에서 "하늘의 사후세계와 골로새서 3장" 단락의 논의를 보라.
6   다음의 예를 보라. Sen. Y. *Ep. Lucil.* 120.15; Max. Tyre *Or.* 11.10; 25.6; *T. Job* 36:3-5 (OTP)/36:4-7(Kraft 편집); 48:2; 49:1; 50:1. Keener, *John*, 559-61에서 "하늘의" 관점에 대한 논의도 참조하라.
7   Plato *Phaedr.* 248AB. 몸은 땅의 물질로 만들어졌으며, 하늘의 영혼은 그 안에 갇혀 있을 뿐이다(Plato *Phaedr.* 250C; Plut. *Exile* 17, *Mor.* 607D).
8   Plato *Phaedr.* 248E-249A.
9   Iambl. *Pyth. Life* 12.59(또한 수학을 주장하는데, 수학은 비슷하게 조화로운 것과 관련된다). 피타고라스는 하늘에 대한 완전한 지식을 습득했다고 주장되었다(Iambl. *Pyth. Life* 5.27).
10   Val. Max. 4.1.ext.2(*in arce caelesti*, 번역. Bailey, LCL, 1:354-55).
11   Porph. *Marc.* 26.415-16. 몇몇 사람은 하나님을 순수한 생각으로서 묘사했다(Pliny E. *N.H.* 2.5.14).
12   Heracl. *Hom. Prob.* 63.4. 지혜는 날아오를 것이다(63.5).
13   Cic. *Resp.* 6.17.17; 6.19.20.

만, 그런 사상들 자체는 플라톤 철학에 한정되지 않는다.[14] 따라서 1세기의 절충주의적 스토아 철학자인 세네카는 영혼이 별과 천체의 궤도와 같은 신적인 것을 즐김으로써 영혼의 신성과 천상적 기원을 입증한다고 믿었다.[15] 훌륭한 스토아 철학자들은 이상적인 현자가 하늘의 관점을 채택하고 개인적인 편견 없이 존재의 남은 삶을 평가할 것으로 믿었다.[16] 이와 같은 하늘의 관점은 실제적인 결과를 가져왔다. 예를 들어 하늘의 실재는 그 실재로부터 형성된 영혼을 위한 모델을 제시했다. 즉 생각은 가장 높은 하늘처럼 평정심을 유지해야 한다고 말이다.[17] 더욱이 하늘에 대한 지식이 있는 영혼은 인간의 경계와 같은 지상의 한계들을 멸시했다.[18] 일부 다른 사상가들도 사회에서 땅의 가치를 따르기보다 자연에 계시되는 하늘의

---

14 스토아 철학이 1세기 북부 지중해 세계에서 플라톤 철학보다 훨씬 더 영향력이 있었으므로, 이런 관찰은 중요하다. 비록 필론의 지술이 적어도 알렉산드리아의 교육받은 헬레니즘 유대교 진영에서, 일부 스토아 철학과 심지어 아리스토텔레스 철학의 요소에도 불구하고, 플라톤 철학의 영향력을 보여주지만 말이다(필론에게 끼친 플라톤 철학의 영향에 대한 논의는 Runia, "Middle Platonist"; Sterling, "Platonizing Moses"; Dillon, "Reclaiming"을 보라).

15 Sen. Y. *Nat. Q.* 1.pref.12. 에픽테토스는 외형적인 것들이 우리의 "지상적인" 환경 때문에 영혼을 방해한다고 주장한다(*Diatr.* 1.9).

16 Engberg-Pedersen, *Paul and Stoics*, 59(Marc. Aur. 7.48; 9.30; 12.24.3을 인용함), 63(Cic. *Fin.* 3.25를 인용함). 몇몇 사람은 위로부터 "감시받는" 경우에 계몽된 감정을 허용했다(Engberg-Pedersen, "Marcus," 334-35). Engberg-Pedersen(*Paul and Stoics*, 65)이 자신의 정체성을 적절하게 이해하는 것에 대한 스토아 학파의 강조를 그리스도 안에서의 정체성에 대한 "바울의 생각을 위한 틀"로서 설명하는 것은 너무 지나치지만, 이는 바울과 바울론자들이 어떻게 들었을지와 관련되는 더 큰 환경의 요소들을 반영한다.

17 Sen. Y. *Dial.* 5.6.1. 하늘 영역들의 조화에 대해서는 Max. Tyre *Or.* 37.5; Iambl. *Pyth. Life* 15.65-66; Men. Rhet. 2.17, 442.30-32; Lucian *Dance* 7을 보라. 하늘의 조화를 본받는 것에 대해서는 Dio Chrys. *Or.* 40.35를 보라. 이런 본받음은 사람을 그곳으로 돌아가게 해주었다(Cic. *Resp.* 6.18.18-19). 그러나 아리스토텔레스는 피타고라스의 입장을 알았지만(*Heav.* 2.9, 290b.12-29), 그것에 반대했다(2.9, 290b.30-291a.26).

18 Sen. Y. *Nat. Q.* 1.pref.13. 더 넓은 우주를 깊이 생각하는 것은 사람이 언젠가 반드시 죽어야 하는 한계를 초월하도록 해주었다(Sen. Y. *Nat. Q.* 1.pref.17; 참조. 3.pref.10).

가치를 따라 사는 것을 강조했다.[19]

초기 유대교와 기독교의 자료에서 하늘의 것을 생각함

이와 같은 관점들은 이방인들에게 제한되지 않았다. 일부 유대인들은 헬레니즘의 상황에서 이 언어를 개작했다. 중기 플라톤 철학의 유대인 학자인 필론은 인간이 지상의 실체일 뿐만 아니라 별들에 가까운 천상의 실체이기도 하다는 의견을 피력했다.[20] 필론은 영감이 영혼으로 하여금 하나님을 깊이 생각하게 하고,[21] 영혼을 더 높은 환경으로 인도한다고[22] 믿었다. 생각은 미천한 것들보다 하늘 너머의 것들을 깊이 생각해야 한다.[23]

　필론에게 이런 관찰은 단지 이론적인 것이 아니었다. 그는 이런 고양을 직접 경험했다고 믿었다. 필론은 철학과 다른 신적인 것들을 묵상하여 땅과 몸의 생각에서 해방됨으로써 자신이 영혼으로 (태양, 달, 그리고 다른 천체들과 함께) 하늘의 영역에 올라갔다고 느꼈다.[24] 생각에 대한 같은 영역으로 이동하지만, 좀 더 대중적인 수준에서 「솔로몬의 지혜」는 소멸하는 땅의 특성을 가진 몸이 영혼을 짓누른다고 말한다.[25] 기원후 2세기의 「욥의 유언」(*Testament of Job*)은 땅의 것보다 하늘의 것에 사로잡히는 것을 강조하

19　Diogenes *Ep*. 7; 참조. Aristoph. *Clouds* 228-32에서 소크라테스에 대한 패러디.

20　Philo *Creation* 147; 참조. *Creation* 82. 후기 랍비들도 사람은 하늘의 요소들과 땅의 요소들이 섞여 있는 존재라는 의견을 내놓았다(*Sipre Deut*. 306.28.2; *Gen. Rab*. 12:8).

21　Philo *Creation* 71; 참조. *Alleg. Interp*. 3.82.

22　Philo *Spec. Laws* 3.2.

23　Philo *Drunkenness* 128.

24　Philo *Spec. Laws* 3.1. 하지만 필론은 글을 쓰는 당시에 정치와 같은 땅의 문제들이 자신을 산만하게 한다고 불평했다(*Spec. Laws* 3.3).

25　Wis. 9:14-15.

는데, 그 이유는 땅의 것은 변하고 불안정하지만, 하늘의 것은 흔들리지 않기 때문이다.[26] 필론의 영감의 경우에서처럼, 카리스마 넘치는 영감은 욥의 딸들의 마음을 땅이나 세상의 문제들이 아닌 하늘의 문제로 이동시켰다.[27]

이와 비슷한 몇몇 용어와 이미지 역시 모두가 인정하는 바울 서신의 사상에, 특히 고린도후서 4-5장에 등장한다. 여기서 바울의 "속사람"은 몸이 낡아지더라도 늘 새로워진다.[28] 이 자유로운 속사람은 하늘에서 오는 보이지 않는 것과 영원한 것을 위해 준비한다(고후 4:16-5:2).[29] 순수 플라톤 철학자들과 대조적으로, 바울은 하늘의 **몸**을 고대한다. 비록 바울이 묵시적 유대교 진영의 일부 다른 사람들과 함께 이 하늘의 몸을 천체와 연결할 수 있었지만 말이다(고전 15:40-41).[30] 바울 역시 하늘의 예루살렘("위에 있는" 예루살렘)에 대해 말한다. 하늘에 속한 것의 땅에서의 모습은 기껏해야 그림자에 불과하다(갈 4:25-26). 이런 사상 역시 유대교 진영에서 이미 친숙했다.[31]

바울 서신의 일부 수직적 이원론이 관습적인 철학적 관점들의 대규

---

26   *T. Job* 36:3/4-5/7.

27   *T. Job* 48-50, 특히 48:2(그들은 "땅의" 것을 φρονεῖν 하기를 멈추며, 골 3:2과 동일한 동사를 사용함); 49:1(세상적인 것들을 더 이상 "갈망하지" 않음); 50:1.

28   다음에서 "속사람"이라는 용어에 대한 다양한 접근을 보라. Aune, "Duality," 220-22; Markschies, "Metaphor"; Betz, "Concept."

29   하늘의 몸은 현재 소유로서 이해되는데(고후 5:1), 이는 현재적 경험의 측면에서가 아니라(5:2-4; 참조. 고전 15:49-54의 비슷한 어휘), 보증으로 성령을 주셨다는 것(고후 5:5)과 새 창조의 시작(5:17)의 측면에서다. Keener, *Corinthians*, 179-80을 보라.

30   부활의 몸은 단 12:2-3; *1 En.* 43:3; 104:2; *2 Bar.* 51:10에서 별들과 비교된다. 좀 더 헬레니즘화된 유대교에서 순교를 별들의 불멸과 비교한 4 Macc. 17:5을 참조하라.

31   예. *4 Ezra* 10:25-28; *b. Hag.* 12b; Lincoln, *Paradise*, 18-24, 29. 디아스포라 유대교에서는 Philo *Dreams* 2.250; 히 12:22을 참조하라.

모 흡수를 암시할 필요는 없다. 묵시적 유대교가 그리스 철학보다 훨씬 더 구체적으로 발전된 수직적 이원론을 가졌을 수 있지만,[32] 그리스어로 된 유대교 자료의 이원론이 철학자들 사이에서 그랬던 것과 같은 의미를 항상 전달하는 것은 아니었다.[33] 묵시적 유대교에서처럼, 골로새서 3장에서 수직적 이원론은 종말론적이기도 하다. 그래서 "그림자"는 장차 올 세상과 대조되며(골 2:17), 신자들의 정체성은 그리스도의 재림 때 완전히 드러난다(3:4).[34] 더욱이 일반적으로 관찰되듯이,[35] 골로새서 3:1에서 성부의 우편에 앉아 계신 예수의 이미지는 구체적으로 유대교의 이미지다. 그것은 초기 기독교에서 예수가 주님으로서 높아지신 것에 일관성 있게 적용되었던 시편 110:1을 상기시킨다.[36]

바울의 생각 구조는 좀 더 넓은 환경의 측면에서 이해될 수 있지만, 그의 이미지는 명백하게 그리스도 중심적이다. 이는 오랫동안 기독론적으로 적용된 성서의 이미지를 반영할 뿐만 아니라 미래의 종말론을 암시하기도 한다. 그렇지만 앞에서 언급한 (필론과 다른 디아스포라 유대교 자료들과 같은) 몇몇 예가 보여주듯이, 우리는 유대교 요소와 헬레니즘 요소 사이

---

32   O'Brien, *Colossians,* 161; Arrington, *Aeon Theology,* 69; Charlesworth, "Comparison," 409; Black, *Scrolls,* 171의 주석을 참조하라. *T. Job* 33:3도 해당될 것이다.

33   *T. Jud.* 21:3에서 유다에게는 (왕권과 함께) "땅의 것들"이 있었고, 레위에게는 (제사장직과 함께) "하늘의 것들"이 있었다. *T. Sol.* 6:10의 문맥에서 "하늘의 것들"은 본질적으로 민속 마술로 판명된다. 하지만 이런 용례는 적어도 현존하는 초기 유대교 자료에서는 드물다.

34   유대교 묵시문학에서 하늘은 현재적이기도 하고 종말론적이기도 했다. 특히 Lincoln, *Paradise*를 보라.

35   예. Lohse, *Colossians,* 133. 이 이미지가 너무 제한될 필요는 없지만(Suet. *Nero* 13.2), 그것이 초기 기독교에 널리 퍼져 있었다는 점은 이런 암시를 뒷받침한다.

36   막 12:36; 행 2:33-35; 히 1:3, 13(참조. 8:1; 10:12; 12:2); *1 Clem.* 36.5; Poly. *Phil.* 2.1; *Barn.* 12.10. 후기 일부 랍비들은 이 본문의 위치를 성서 교사들과 랍비 전통에 할당한다 (*Pesiq. Rab Kah.* 27:2, on Ps. 16:11).

에서 하나를 선택하라고 강요할 필요가 없다(골 2:8, 16을 다시 주목하라).[37]

"그리스도는 어디에 앉으셨는가"(골 3:1)

"위의 것"을 깊이 생각하는 것은 순수하게 비인격적인 훈련이 아니었으며, 분명히 바울에게 비인격적인 것이 아니었다.

하늘의 존재들인가? 아니면 하나님의 보좌인가?

대부분의 고대 사상가들에게 하늘은 황량한 곳이 아니었다. 천상의 신들이 그곳에 살았다.[38] 하늘은 별들을 주관하기도 했다. 많은 이방인이 별들을 신적인 존재로 여겼으며,[39] 유대인들은 일반적으로 별들을 천사들로 여겼다.[40] 플라톤 사상에서 순수한 신들은 오직 하늘에만 거주할 수 있었다.[41]

---

37 지금은 거의 모든 학자가 당시에 폭넓은 범위의 유대교 자료들, 심지어 유대 팔레스타인에서 기원한 자료들을 이해하는 데 있어서도 그리스-로마 자료들의 가치를 인정한다. Lieberman, *Hellenism*; Cohen, *Law*; Hengel, *Judaism and Hellenism*을 보라.

38 예. Ovid *Metam*. 1.168-76; Val. Max. 7.1.1; Sen. Y. *Nat. Q.* 1.pref.2; *Dial*. 12.8.5; Val. Flacc. 1.498; Dio Chrys. *Or*. 12.34; 참조. Max. Tyre *Or*. 39.4. 다양한 유대교 자료에서 하나님은 가장 높은 하늘에 계셨다(예. *2 En*. 20:1-3; *3 En*. 1:2). 유대교에서 하나님과 하늘을 연결한 것에 대해서는 다음의 예들을 보라. 단 4:26; 1 Esd. 4:58; Tob. 10:13; Jdt. 6:19; 1 Macc. 3:18, 50, 60; 4:24; 3 Macc. 7:6; *1 En*. 83:9; 91:7; 1QM 12.5.

39 예. Cic. *Nat. d.* 2.15.39-40; *Resp*. 6.15.15; Sen. Y. *Ben*. 4.23.4; Iambl. *Myst*. 1.17, 19. *1 En*. 80:7-8; *Pesiq. Rab*. 15:1에서는 이 견해를 정죄한다.

40 *1 En*. 80:6-8; *2 En*. 4:1; 29:3; *3 En*. 46:1; Ps.-Phoc. 71, 75; Philo *Plant*. 12, 14; *Sipre Deut*. 47.2.3-5; *2 Bar*. 51:10.

41 Plut. *Isis* 78, *Mor*. 382F.

분명한 것은 전형적인 이교 사상에서 이와 같은 신적 존재들의 복수성이 바울에게는 문제가 되었으리라는 점이다. 실제로 많은 사상가가 플라톤을 추종하면서 하늘을 지고의 하나님의 장소로 여기고, 땅과 하늘 사이의 영역을 중간에 있는 악마들의 영역으로 간주했다.[42] 이와 대조적으로 바울에게 하늘의 초점은 오직 그리스도께만 맞춰져야 하는 것이었고, 일부 골로새 신자들은 이 초점을 망각하는 위험에 처해 있었을 것이다. 따라서 골로새서 1:15-17, 2:10, 15, 18은 그리스도와 비교하여 중간 권세들(천사들이라고 이해되었을 것이다)의 지위를 과대평가하지 말라고 경고하고 있음이 틀림없다.

하지만 다양한 고대 사상가들은 하늘에 있는 초월적인 단 하나의 신을 찾았다. (필론에게 나타난 유대교 형태를 비롯하여) 플라톤적 신비주의는 하나님에 대한 관조적 또는 신비적 환상을 찾았지만,[43] 이런 염원은 이방인들이나 필론에게 한정되지 않았다. 묵시적 본문에서 하늘의 계시들은 하부 하늘로부터 얻을 수 있는 기상학적인 자료를 포함할 수 있었지만,[44] 특히 보좌에 앉으신 하나님에 대한 환상에 초점을 맞추는 계시를 수반했

---

42 Max. Tyre Or. 8.8; Trapp의 언급도 보라(p. 76 n. 36). 이 이미지는 골 1:16에서 등급이 낮은 무리에게 적절할 수 있다. 비록 이 범주들이 유대 묵시문학에 더 가깝지만 말이다(단 10:13, 21; *1 En.* 40:9; 61:10; 69:3; 72:1; 75:1; 82:10-12; *3 Bar.* 12:3; 참조. Sir. 17:17; *Jub.* 15:31-32; 35:17; *Mek. Shir.* 2.112-18; *Sipre Deut.* 315.2.1).

43 Max. Tyre Or. 11.11; 참조. Isaacs, *Spirit*, 50; Dillon, "Transcendence in Philo"; Hagner, "Vision," 89-90. 이생에서 하나님을 완전하게 보는 환상이 불가능하다는 점에 대해서는 Philo, *Rewards*, 39을 보라. 오직 정결한 영혼만이 하나님을 볼 수 있었다(Philo *Conf.* 92); 성서의 예에 대해서는 *Names* 3-6; *QG* 4.138; *Conf.* 92, 146; *Dreams* 1.171; *Abr.* 57을 보라. 필론의 신비주의에 대해서는 Sterling, *Ancestral Philosophy*, 31-32, 169-70을 보라. Goodenough, *Introduction*, 134-60은 지나친 것 같다.

44 *1 En.* 72-82(*1 En.* Bk. 3). 이와 같은 계시에는 일반적으로 하늘 자체뿐만 아니라 땅에 대한 하늘의 관점도 포함되었다(예. *L.A.B.* 19:10에서 모세의 계시).

다.[45] 실제로 유대교 신비주의의 일차적인 목표는 대체로 하나님의 보좌에 대한 환상이었다.[46] 이 환상을 얻는 수단은 다양했겠지만, 목적은 상당히 일관성이 있었다.[47] 이 신비적인 자료 중 일부는 논쟁의 여지가 있지만,[48] 하나님의 높은 보좌는 바울 시대 이전과 그 후 오랜 세월에 걸쳐 유대교 묵시 사상의 핵심 요소이기도 했다.[49]

높아지신 그리스도

바울이 이해하기에 그리스도가 이런 신적인 역할을 성취한다는 점은, 유대인이든 이방인이든 간에, 예수 운동이 낯설었던 외부인들에게는 거슬리는 것이었을 수 있다. 이런 배경에 비춰볼 때, 골로새서 3장에서 그리스도 중심적인 강조는 분명하다. 일부 철학자들은 플라톤 철학의 순전히 초월적이고 추상적인 신을 깊이 생각함으로써 신적 환상(과 그 결과 나타나는 변화)을 얻으려고 노력했다. 일부 유대교 신비주의자들은 보좌 전차에 대한 신적 환상을 얻으려고 했다. 하지만 바울이 경험한 일부 환상(고

---

45   *1 En.* 14:18-20; 71:5-10; *2 En.* 20:3 A; *3 En.* 1; *T. Levi* 5; 계 4:2; 자료에 대해서는 사 6:1; 겔 1:22-28; 단 7:9을 보라.

46   Arbel, "Understanding"을 보라.

47   *1 En.* 71:5; 87:3; *2 En.* 7:1; *2 Bar.* 6:3-4에는 천사의 도움이 등장한다. 겔 43:5; 계 4:2에 언급된 성령에 주목하라. 고된 여행에 대해서는 *1 En.* 14:9-13을 보라. 그렇지만 후기 랍비들은 이 모험을 위험한 것으로 여겼다(예. *b. Hag.* 13a, bar.; 14b, bar.; Scholem, *Trends*, 42-44; 참조. Lieber, "Angels").

48   초기의 메르카바(*merkabah*) 전통에 대해서는 다음의 예를 보라. Halperin, "Midrash"; Dimant and Strugnell, "Vision"; Davila, "Merkavah Mysticism." 하지만 가장 이른 시기의 전통은 오랜 시간에 걸쳐 발전했다. Neusner, "Development"를 보라.

49   예. *1 En.* 14:18-20; 18:8; 47:3; 71:7; 90:20; *2 En.* 1a:4; 20:3; 21:1; 22:2; *3 En.* 1; *4 Ezra* 8:21; 참조. *L.A.E.* 25:3-4; 28:4.

후 12:1-4, 7)에는 분명히 예수가 포함되었다(12:1, 8-9).[50] 직접적인 바울의 계열을 넘어서는 몇몇 초기 그리스도인들에게 예수는 하늘과 땅 사이의 유일하게 진정한 중보자였다(요 3:13; 참조. 1:51; 마 11:25-27//눅 10:21-22).

골로새서에서 하늘의 것을 생각하라고 했을 때, 그 대상은 초월적 관념 또는 높은 곳에서 광채에 둘러싸인 이스라엘의 하나님이 아니라 그리스도다. 필론은 하나님에 대한 경험을 로고스(이성)의 중재에 한정했다.[51] 하나님은 이상적인 사람을 로고스를 통해 "땅의 것들"로부터 자신에게로 이끄신다.[52] 골로새서 1:15-20과 2:8-9에서 그리스도는 필론의 로고스나 신적 지혜에 대한 유대인 현자들의 기대와 비슷한 소임을 다하신다. 이 사상이 우리의 본문에서 되풀이되고 있을 것이다.[53]

그렇지만 바울은 골로새서 3:2에서 단순히 하늘의 존재에 대해 말하는 것이 아니라 "땅의" 것들과 대조하여 τὰ ἄνω("위의 것들", 복수형)에 대해 말한다. 그럼에도 처음부터 구체적으로 언급된 이 하늘의 것들의 유일한 내용은 높아지신 그리스도다. 사실 3:3의 후치사로 사용되는 접속사 γάρ("왜냐하면")는 하나님 안에서 그리스도와 연합한 사람이 "위의 것들"

---

50 고대의 꿈 보도에는 죽은 사람들이 포함될 수 있지만(예. Plut. *Caes*. 69.5; Val. Max. 1.7.5; 1.7.ext.3; *Abot R. Nat.* 40 A), 행 16:9을 제외하고 성서와 초기 기독교의 실례는 하나님(예. 창 20:3; 31:24; 왕상 3:5), 천사들(예. 창 28:12; 31:11; 마 2:13; 행 27:23)에 집중하거나, 때때로 초기 기독교 자료들에서는 부활하신 주 예수(예. 행 18:9; 23:11)에게 집중한다. 몇몇 학자는 바울을 나중에 메르카바 신비주의에 공헌한 묵시적 경험의 측면에서 이해한다. 다음의 예를 보라 Segal, "Presuppositions," 170; Bowker, "Visions"; Kim, *Origin*, 252-53. 다른 사람들은 이의를 제기한다(예. Schäfer, "Journey").

51 Winston, "Mysticism"을 보라. 참조. Hagner, "Vision," 84; Wolfson, *Philo*, 1:282-89의 논의.

52 Philo *Sacr.* 8.

53 학자들은 골 1:15-20에서 로고스 혹은 지혜 기독론을 밝혀왔다. Lohse, *Colossians*, 47-48; Schweizer, *Colossians*, 69; Kim, *Origin*, 268; Longenecker, *Christology*, 145을 보라. 이보다 이른 시기의 Lightfoot, *Colossians*, 144도 보라.

을 깊이 생각하는 것을 분명히 설명한다.

이 초점은 골로새서 전체의 그리스도 중심적인 강조에 어울린다. 하늘은 천사들의 많은 등급을 가지고 있지만, 그 천사들은 그리스도로 말미암아 창조되었고(골 1:16) 길들었다(1:20). 더욱이 이 강조는 앞의 문맥에도 어울린다. 플라톤 철학이 상대화한 "땅의 것들"처럼, 바울은 유대인의 월삭과 안식일(2:16)을 단지 "그림자"로 상대화한다(2:17). 하지만 이 경우에 그것은 단지 하늘의 것들의 그림자만이 아니라, 동방 유대교와 일치하는 종말론적인 것("장차 올 것", 2:17)의 그림자이기도 하다.[54] 나는 여기서 주제에서 벗어나 골로새서 2:18-23에서 논의되는 금욕주의에 대한 정밀한 윤곽에 관한 논쟁에 들어가려는 것이 아니다. 하지만 어쨌든 신자들은 이와 같은 땅의 것들에 대해 그리스도와 함께 죽었다(2:20-22). 그들이 땅의 것들을 초월하지만 그리스도 안에 있는 새로운 "몸"과 연합함으로써(2:17; 참조. 1:18, 22, 24; 3:15) 옛것, 짐작건대 3:5(2:11도 참조하라)에 언급된 아담 안에 있는 것에 대해 죽는 것은 몸을 학대하거나 등한히 여기는 것이 아니다(2:23).

하늘의 것을 생각함의 도덕적 함의

만일 그리스도가 중심이라면, 바울이 골로새서 3:2에서 복수형으로 τὰ ἄνω("위의 것들")라고 말하는 까닭은 무엇인가? 그가 단순히 당대의 언어

---

54 바울 저작권에 대해 반대를 받지 않는 바울의 편지들에서 μέλλω의 복수형 분사는 항상 ἐνεστῶτα, "현재 일"(롬 8:38; 고전 3:22)과 대조되고, 결국 현존하는 이 시대와 연결된다(갈 1:4; 참조. 고전 7:26).

를 떠올리게 하려고 복수형 τὰ ἄνω("위의 것들" 즉 "하늘의 것들" 또는 "하늘들")를 사용했을 수 있지만, 단수도 이런 감성을 전달할 수 있었을 텐데 말이다(1:23과 특히 4:1에 사용된 단수형 οὐρανός를 참조하라).[55]

바울은 이어지는 글에서 (골 3:1의) 그리스도에 대한 언급을 보충하거나 더 자세히 설명하려고 준비하고 있을 가능성이 크다. 사실상 문학적 연결은 이어지는 문맥이 이 τὰ ἄνω에 담겨 있는 것을 설명하고 있음을 암시해준다. 골로새서 3:2a에서 요청된 깊이 생각해야 하는 것의 초점으로서 이 "위의 것들"은 동일한 권면이 청중에게 피하라고 요청하는(3:2b) "땅의 것들"과 대조된다. 이 본문은 "땅의 것들"을 그리스도와 함께 죽은 모든 부도덕한 행위(3:5-9, 특히 3:5), 즉 옛 생활을 특징짓는 행위(3:9)의 측면에서 계속 정의한다.

그리스도 안에서의 삶

"위의 것들"이 "땅의" 행위들과 구체적으로 대조되고 있다는 점을 고려하면, "위의 것들"은 그리스도 안에 있는 새 생명의 특성들을 수반할 것이다(참조. 골 3:3-4). 이런 특성들은 단순히 인류를 위해 보편적으로 규정된 바울의 권면이 아니다. 그 특성들은 반복적으로 그리스도와 연결된다. 새 사람이 창조주의 형상에 따라 새롭게 되고(3:10), 온 인류를 수용하므로

---

55 고전 8:5; 15:47; 빌 3:20도 참조하라. 단수형과 복수형은 논란의 여지가 없는 바울의 편지들에서 상호 교환적으로 기능하는 것으로 보이는데, 특히 고후 5:1-2과 살전 1:10; 4:16에서 가장 분명하게 나타난다. 비록 바울이 다층 구조의 하늘을 알고 있었지만 말이다(고후 12:2). 다른 사람들도 윤리적인 단락(골 3:5-17)과 그리스도와 함께 다시 살아나는 것을 연결한다(예. Moule, "New Life"를 보라).

(3:11), 이 본문은 분명히 하나님의 형상으로 창조된 첫 피조물을 떠올리게 한다(참조. 창 1:26-27; 롬 5:12-21). 따라서 이것은 하늘의 아담 안에 있는 새로운 유의 인간을 가리킨다(참조. 고전 15:47-49).[56] 이 새 생명은 그리스도 안에 있는 하나님의 형상을 반영한다(골 3:10-11). 11절의 절정은 이보다 더 강조될 수 없다. 즉 "오직 그리스도는 만유시요, 만유 안에 계시니라."[57] 다시 말해서 그리스도는 새로운 인류의 기초이시며, 전통적인 인간 범주의 모든 다양성 안에서 역사하신다(참조. 1:27).

이 새 생명을 "입는" 사람(골 3:10)은 친절과 용서와 같은 그리스도의 품성을 입는다(3:13-14).[58] 나중에 언급한 품성은 분명히 주님의 모범을 따른다(καθὼς καὶ ὁ κύριος, "주께서 ~하신 것 같이", 3:13). 인종적·사회적 경계들을 극복하면서(3:11) 신자들을 하나로 만드는 것은 그리스도의 평강이다(3:15). 실제로 신자들은 그리스도 안에서(1:18; 2:11, 19) 궁극적으로 한 몸이다(3:15). 따라서 바울은 이 권면의 자료를 그의 그리스도 중심적인 강조와 단단히 연결한다.

그리스도 안에 있는 새 생명에 대한 묘사는 예배와 관습적인 가정 규칙을 다룬 다음 절에서도 계속된다. 에베소서에서 예배에 대한 병행 본문

---

56   골로새서에서 아담의 암시에 대해서는 다음의 예를 보라. Moule, *Colossians*, 119; Lohse, *Colossians*, 142-43; Johnston, *Ephesians*, 65; Martin, *Colossians*, 107; Bird, *Colossians*, 102. 롬 12:2에서처럼 여기서 새롭게 됨을 가리키는 용어(ἀνακαινόω, 골 3:10; 고후 4:16과 같은 바울 서신의 다른 곳에서는 플라톤 철학과 종말론의 이미지가 비슷하게 섞여 있다)는 틀림없이 새로운 종말론적 시대를 떠올리게 한다. 롬 12:2의 ἀνακαίνωσις에 대한 주석(본서 5장의 "새 시대를 위해 새롭게 되다" 단락)을 보라.

57   Πάντα καὶ ἐν πᾶσιν Χριστός.

58   "옷 입음" 이미지의 배경에 대해서는 본서 3장 각주 416을 보라. 참조. *L.A.B.* 27:9-10; LXX 삿 6:34; 대상 12:18; 대하 24:20도 보라.

이 성령을 강조하는 반면에(엡 5:18-20),[59] 골로새서는 그리스도와의 연합의 효과들에 대한 상황적 강조를 유지한다. 즉 신자 안에 거하는 그리스도의 메시지는 예배를 낳는다(골 3:16-17).[60] 가정 규칙에 따른 행동을 포함하여(3:18, 20, 22, 23, 24; 4:1) 모든 행위는 예수의 이름으로(3:17), 주님을 위해(3:23-24) 행해져야 한다. 골로새서 3:1-2에 대한 나의 논의를 고려할 때, 그리스도인인 노예 소유자들은 "하늘에 계신" 주인에게 대답해야 한다는 점에 주목하는 것이 아마도 가장 적절할 것이다(4:1).

그렇다면 문맥상 골로새서는 현재 땅의 존재와 상관없는 추상적인 생각을 말하는 것이 아니다. 오히려 하늘에 관심을 집중하는 것은 그리스도께 초점을 맞추는 것이다. 그리스도는 위에 있는 보좌에 앉아 계실 뿐만 아니라 그의 주권의 실재가 일상생활에 영향을 미치는 분이시다. 이런 상황에서 기도는 단지 하늘의 생각만이 아니라 현재의 문제들을 다룬다. 비록 그것이 영원한 결과를 초래하는 문제들이지만 말이다(골 1:3, 9; 4:2-4, 12). 바울이 이해하기에 신자들은 땅의 선을 더 많이 행하는 하늘의 생각을 해야 한다.

도덕적 요구는 골로새서 3:1에서 예수의 높아진 지위에 대한 제시에 함축되었을 수 있는데, 이것은 그의 권위를 나타낸다. 앞에서 살펴본 대로 초기 기독교에서 널리 적용된 시편 110:1에 대한 암시는 예수를 은연중에

---

59 Ware, *Synopsis*, 273을 보라. 에베소서에서 이 문맥에 대한 주석은 Keener, *Paul*, 158-59; Hoehner, *Ephesians*, 702-5; Thielman, *Ephesians*, 358-60을 보라.

60 ὁ λόγος τοῦ Χριστοῦ가 여기서 "그리스도에 관한 메시지"(참조. 골 1:5; 4:3; 롬 10:17; 16:25; 엡 3:4)가 아니라 "그리스도에 대해 말함"과 같은 것을 의미한다면(참조. 골 3:17; 4:6; 롬 9:6; 살전 2:13; 아마도 골 1:25; 참조. Hays, *Conversion*, 107의 기도하는 그리스도), 바울은 신자들의 예배를 그리스도의 활동과 훨씬 더 분명하게 연결했을 수 있다. 하지만 전자의 해석이 더 개연성이 높은 것 같다.

"주님"으로 밝힌다. 예수는 골로새서 3:13-4:1에서 여덟 번이나 "주님"으로 등장하는데, 가장 적절한 것은 (이미 말했듯이) 4:1의 "하늘의 주님"이라는 언급이다. 어쨌든 골로새의 신자들에게, 하늘에 계시고 높아지신 그리스도와의 연합은 신자들의 종말론적 정체성을 다시 정의하며, 따라서 그들의 현재 행위에 영향을 미친다. 우리는 그리스도의 품성과 능력을 믿는 믿음으로 말미암아 "그리스도 안에서의 삶", 즉 신자들 안에 살아 계시는 그리스도를 의지함으로 사는 삶에 대해 말할 수 있다.

고대 청중에게 도덕적 관련성에 대한 이해

많은 비그리스도인 이방인들도 하늘에 초점을 둔 바울의 강조와의 도덕적 연관성을 이해할 수 있었지만, 도덕성에 대한 그들의 이해는 모든 점에서 바울의 이해와 일치하지 않았을 것이다. 내가 일찍이 언급했듯이, 바울은 후기 플라톤 철학자들이나 영지주의자들이 했던 식으로 몸을 경시하지는 않지만, 성서에서 이미 죄로 여겨지는 행위에 대한 몸의 욕망에 이의를 제기하려고 몸에 관한 당대의 몇몇 용어를 개작한다.[61] 따라서 그는 여기서 τὰ μέλη τὰ ἐπὶ τῆς γῆς("땅에 있는 지체들")라고 말한다(골 3:5).[62]

둘 사이의 관련성은 매우 분명했을 것이다. 예를 들어 중기 플라톤 철학자는 골로새서 3:1-2에서 하늘로 올라간 것과 3:5에서 땅의 육체적 욕

---

61 본서 3장의 "율법, 몸, 그리고 죄" 단락과 특히 "바울과 몸" 단락을 보라.
62 롬 7:23에 언급된 몸의 "지체들"에 대한 논의와 바울이 통상적으로 이 명사를 몸과 연결한 것을 참조하라. 신자들은 예수의 육체적 몸의 죽음으로 말미암아(골 1:22) 개별적인 육체적 몸의 지배에서 벗어나(2:11, 23) 그리스도의 더 큰 몸의 지체들로서 역할을 담당하게 된다(1:18, 24; 2:17; 3:15).

망을 경고한 것의 즉각적인 관련성을 간파했을 것이다. 중기 플라톤 철학자들에게 지성은 육체적인 감각적 지식과 땅의 것들을 포기하면서 계속 위로 올라가 하나님을 경험하게 했다.[63] 강한 지성은 하늘에서 하나님을 대면할 수 있었고,[64] 철학적 수사학은 악을 탐닉하던 것에서 벗어나 위의 것들을 숙고하도록 생각의 방향을 바꿀 수 있었다.[65] 후기 플라톤 철학자들에게 쾌락은 영혼을 후퇴시켜 몸을 향하게 했다.[66] 하나님께로 올라가기를 원하는 사람들은 쾌락을 멀리할 필요가 있었다.[67] 덕은 영혼을 그것과 유사한 쪽으로 끌어올렸다.[68]

　　이런 관심은 후기 플라톤 철학자들에게 한정되지 않았다. 1세기 유대교 사상가 필론은 (위에서 언급했듯이) 하늘을 향하는 영혼의 성향뿐만 아니라 그런 성향으로부터 주의가 산만해지는 위험도 강조했다. 따라서 필론은 태고의 뱀이 아래로 내려가려는 경향으로 인해 쾌락을 상징한다고 믿었다.[69] 다른 사람들도 신처럼 생각하는 것은 악하거나 부끄러운 일을 하려는 욕망이 아니라 덕을 요구한다는 점에 의견이 일치했다.[70]

63　Max. Tyre *Or.* 11.10. 하지만 막시무스에게 별들과 행성들을 귀신들처럼 생각하는 것은 단순히 신적인 일을 생각하는 것이었다(11.12).

64　Max. Tyre *Or.* 2.2(하지만 대부분의 사람들은 그들에게 도움이 되는 이미지들이 필요함을 인정한다).

65　Max. Tyre *Or.* 25.6.

66　Porph. *Marc.* 6.108. 정욕은 영혼을 몸에 고정했다(Plato *Phaedo* 83d; Iambl. *Pyth. Life* 32.228).

67　Porph. *Marc.* 6.105-8; 7.131-34.

68　Porph. *Marc.* 16.267-68. 신적 영감을 받은 지성은 하나님과 "같기" 때문에, 하나님께 나아갈 것이다(19.314-16); 하나님을 숙고하는 것은 생각을 정결하게 했다(11.204). 더 이른 시기의 저술가들도 이성이 신적 특성을 공유한다는 데 동의했다(*Rhet. Alex.* pref. 1420b.20-21; Ael. Arist. *Def. Or.* 409-10, §139D).

69　Philo *Creation* 157.

70　Dio Chrys. *Or.* 4.42-43.

스토아 철학자 세네카는 영혼이 몸에서 해방되는 정도까지만 하늘을 생각함으로써 상승한다는 데 동의했다.[71] 육체가 사람을 짓눌렀지만, 영혼은 본성상 가벼웠으며, 영혼이 묵상하는 가장 높은 하늘까지 올라가기를 열망했다.[72] 덕은 영혼을 정욕으로부터 자유롭게 하여 하늘의 것들을 깊이 생각하게 한다.[73] 생각은 별들 사이에서 움직임으로써 악과 세상적인 부를 물리쳐야 한다.[74]

철학자들의 대중적인 비방자들은 하늘의 생각과 땅의 행위 사이의 암시적 연결을 항상 높이 평가하지는 않았다. 사실 고대의 몇몇 비평가에게 철학자들은 하늘의 생각을 너무 해서 세상의 선이 될 수 없었다. 몇몇 사람은 국가에 대한 논의가 지상의 청중에게 더 유익할 수 있다고 여겼다.[75] 저술가들은 전형적인 농부들을 "땅 위의 것들에 집적거리는" 철학자들의 비현실적 추구를 거부하는 자들로서 묘사할 수 있었다.[76] 한 저술가는 땅의 것들을 이해하지 못한다면 하늘의 것들에 관한 지혜를 말할 수 없다고 불평한다.[77] 다른 사람들은 땅의 것들을 이해할 수 없는 사람들은 감히 하늘의 것들을 이해하는 체해서는 안 된다고 경고했다.[78]

---

71   Sen. Y. *Nat. Q.* 1.pref.11. "땅의" 몸과 그것의 영향에 대해서는 Epict. *Diatr.* 1.9를 보라.
72   Sen. Y. *Dial.* 12.11.6. 대부분의 고대 물리학에서, 공기와 특히 불은 가장 가볍고 가장 높은 물질이었다(Pliny E. *N.H.* 2.4.1). 하지만 무거운 요소들은 더 가벼운 요소들을 아래에 가질 수 있었다(Pliny E. *N.H.* 2.4.11). 하지만 몇몇 사람은 하늘을 땅의 것들과 다른, 좀 더 신적인 요소들로 구성된 것으로 이해했다(Arist. *Heav.* 1.2, 268b.11-269a.32).
73   Sen. Y. *Nat. Q.* 1.pref.6. 세네카는 *Nat. Q.* 3.pref.10에서 우주를 정신적으로 그리는 것을 악을 이기는 것과 연결한다(여기서 세네카는 둘을 함께 언급한다).
74   Sen. Y. *Nat. Q.* 1.pref.7.
75   Dio Chrys. *Or.* 32.25; Philo *Spec. Laws* 3.3과 대조하라.
76   Alciph. *Farm.* 11(Sitalces가 그의 아들 Oenopion에게), 3.14(번역. Benner and Forbes, LCL, 103).
77   Philost. *Hrk.* 33.6-7.
78   Wis. 9:16; 참조. 요 3:12.

많은 그리스 관찰자들은 누구나 잘 아는 일화를 통해 당대의 천문학자들과 철학자들이 하늘에 몰두하는 것을 비웃었다. 따라서 한 계집종은 별들에 몰두하느라 우물에 빠진 철학자 탈레스를 비웃었다고 전해진다. 그녀는 탈레스가 자기 밑에 놓인 것은 등한히 하면서 하늘의 것을 알려고 했다고 불평했다.[79] 다른 사람들은 이 이야기의 줄거리를 좀 더 폭넓게 적용했다.[80] 그 후 한 소설에서 마케도니아의 알렉산드로스는 별을 관찰하던 한 천문학자가 구덩이에 빠져 치명적인 부상을 입도록 내버려둔다. 알렉산드로스는 동정심을 발휘하는 대신 이 불운한 천문학자를 땅의 것을 등한히 하고 하늘의 것들만을 연구한다고 인정사정없이 책망한다.[81] 그렇지만 바울은 많은 철학자처럼 이런 등한시로 정당하게 비난받을 수 없었다. 이미 언급했듯이, 그는 "위의 것"을 숙고하기 위해 친숙한 용어를 사용할 뿐만 아니라 이 사상을 구체적인 행동 문제에 적용한다(골 3:5-4:1).

하늘의 사후세계와 골로새서 3장

골로새서 3:1-2 자체가 명시적으로 종말론적이지는 않지만, 이 두 구절은 종말론적인 기대에 빠르게 굴복한다(골 3:4). 많은 유대교 자료에 나타

---

79   Plato *Theaet*. 174A. 따라서 플라톤의 소크라테스는 철학자들이 다른 사람들의 초점을 공유하지 않는다는 조롱을 얼마든지 받을 준비를 해야 한다고 논평한다(*Theaet*. 174A-175B).

80   예. 한 천문학자를 조롱하는 Aesop *Fable* 40. 참조. Philost. *Hrk*. 1.2; 33.6-8과 Maclean and Aitken, "Introduction," lxxxi-lxxxii의 논평.

81   Ps.-Callisth. *Alex*. 1.14.

나듯이, 수직적 이원론은 종말론적 이원론과 연결된다.[82] 골로새서에서 바울은 다른 곳에서 신자들을 위해 하늘에 예비된 소망에 대해 말하면서(골 1:5; 참조. 벧전 1:3-4), 그가 반대하는 진영을 포함하여(참조. 골 2:8, 16) 그의 시대에 친숙한 이미지에 호소한다. 하지만 골로새서에서 소망의 근거는 이미 신자들 사이에서 유효하다(1:23, 27). 신자들의 삶은 그들의 생명이신 (3:4) 그리스도와 함께 이미 감춰졌다(3:3). 결과적으로 신자들에게는 미래에 대한 약속이 주어졌다(3:4; 미래의 보증으로서 성령을 현재 소유함, 예. 롬 8:23; 고후 5:4-5; 엡 1:13-14).[83]

철학자들과 그들의 영향을 받은 사람들은 대개 하늘을 순수하고, 완전하며, 변하지 않는 것, 그래서 영원한 것으로 여겼다.[84] 이런 이해는 불멸에 대한 많은 견해를 형성했다. 비록 한 세기 전에 학자들은 별들의 불멸을 지나치게 강조했지만,[85] 영혼의 천상적 목적지는 다양한 고대 자료에 등장한다.[86] 그러나 초기에 이 개념은 특히 로마인의 관심사였을 것이다.[87] 일부 그리스와 로마 자료에서 영혼은 하늘에서 유래했으며, 신성한 것, 하

---

82 Lincoln, *Paradise*의 논의를 보라.
83 다른 초기 그리스도인들처럼 바울은 모든 피조물의 미래 변화를 단언했을 것이다(참조. 롬 5:17; 11:12, 15; 고전 15:24-27; 빌 3:21). 그렇지만 그 소망은 지금 하늘에 있으므로, 그곳으로부터 임할 것이다(빌 3:20-21; 살전 1:10; 4:16).
84 플라톤 철학과 피타고라스 철학의 자료들에 대해서는 다음의 예들을 보라. Philo *QE* 2.73; Max. Tyre *Or.* 21.7-8; Plot. *Enn.* 2.1-2(보편적인 영혼에 의해 하늘이 배치된다고 언급함); Diog. Laert. 8.1.27의 피타고라스. Cic. *Resp.* 6.17.17에서 달 위에 있는 모든 것은 영원하다. Plut. *Rom. Q.* 78, *Mor.* 282F에서 지상적인/필멸의 것과 천상적인/신적인 것의 대조도 참조하라.
85 예. Cumont, *After Life*, 91-109.
86 별의 불멸성에 대해서는 Martin, *Body*, 117을 보라.
87 죽은 영웅들이 별이 된다는 것에 대해서는 다음의 예들을 보라. Virg. *Aen.* 7.210-11; Val. Max. 4.6.ext.3; Lucan *C.W.* 9.1-9; Ovid *Metam.* 15.749, 843-51(오비디우스는 15.875-76에서 자신을 위하여 이것을 소망한다).

늘에 있는 것에 대해 묵상함으로써 그 천상의 특성을 계발했다.[88] 이런 관행은 사후에 하늘로 올라갈 영혼을 준비시켰다.[89] 현재의 몸에 갇힌 영혼은 해방을 기대하며 하늘을 바라볼 수 있었다.[90] 영혼은 몸을 뒤에 남겨둔 채 친족인 하늘로 올라갔다.[91] 죽은 자들의 영혼은 하늘로 올라가서 그곳으로부터 내려다볼 수 있었다.[92] 순수한 영혼은 하늘로 올라가지만, 육체에 너무 집착한 영혼은 대기 속을 떠돌다가 오랜 시간 이후에야 더 높이 상승한다고 생각되었을 것이다.[93]

그러나 골로새서는 하늘에 있는 "영원한" 것을 추상적인 의미로 언급하지 않고, 3:1에서 예수의 부활을 강조하며, 3:3-4에서는 신자들을 위한 부활의 종말론적 함의를 강조한다(참조. 2:17). (앞에서 언급한)[94] 시편 110:1

---

88 예. (한참 이후의 플라톤 철학자인) Porph. *Marc.* 6.103-8; 7.131-34; 10.180-83; 16.267-68; 26.415-16. Val. Flacc. 3.378-82에서 사람들은 원래 하늘의 불과 별들이었다 (Cic. *Resp.* 6.15.15에도 같은 내용이 있음). 그들은 언젠가 반드시 죽을 존재들이지만 결국 하늘로 돌아갈 것이다.

89 영혼이 죽은 후에 하늘로 올라가는 것에 대해서는 다음의 예를 보라. Cic. *Resp.* 6.16.16; 6.24.26; Philo *QG* 3.45; Heracl. *Ep.* 5; Max. Tyre *Or.* 9.6; 11.11; 41.5; Men. Rhet. 2.9, 414.21-23. Aune, "Duality," 228도 보라. 특정한 철학자들이 기대한 상승에 대해서는 Cercidas frg. 1; Eunapius *Lives* 469; Hdn. 1.5.6을 보라. 몇몇 학자는 이 상승을 신이 되는 것으로 묘사했다(Men. Rhet. 2.9, 414.25-27). 이것은 이 사상과 가장 가까운 초기 기독교의 병행을 넘어선다(고후 3:18; 벧후 1:4).

90 Max. Tyre *Or.* 7.5.

91 Cic. *Tusc.* 1.19.43-44. 참조. 플라톤의 이데아를 각색하는 Virg. *Aen.* 6.728-42: 하나의 보편적인 생각의 표현은 필멸의 몸에 갇히지만, 죽음과 순수함으로의 정화를 거쳐 몸에 다시 거할 준비가 된 이후에 궁극적으로 해방된다.

92 Sen. Y. *Dial.* 11.9.3.

93 Cic. *Resp.* 6.26.29; *Tusc.* 1.31.75; 참조. Val. Flacc. 3.383-96의 다른 불행한 접근들; Diog. Laert. 8.1.31의 피타고라스. Val. Max. 9.3.ext.1은 알렉산드로스의 악행이 그의 승천을 거의 막았다고 생각한다.

94 본서 8장 "하늘의 존재들인가? 아니면 하나님의 보좌인가?"와 "그리스도 안에서의 삶" 단락.

에 대한 암시 역시 초기 기독교 전통에서 둘 사이의 관련성을 고려할 때
(롬 8:34; 엡 1:20; 행 2:33-34; 벧전 3:21-22) 예수의 부활을 확실히 전제한다.
필론과 같은 헬레니즘의 유대인들이 유대교 전통에 비추어 이방인의 철
학을 개작할 수 있었듯이, 바울도 그렇게 할 수 있었다. 비록 바울이 필론
보다 훨씬 덜 동화되었지만 말이다(골 2:8의 관점에서 철학과의 **대조**를 제시할
수도 있다). 하늘의 내용이 신적인 추상이 아니라 그리스도인 것처럼, 그곳
에서 신자들을 기다리는 불멸은 (플라톤 철학에서처럼) 영혼의 선재적인 본
성의 산물이 아니라 신자들이 그리스도와 이미 공유하고 있는 생명에 내
재된 약속이다.

결론

골로새서 3:1-2은 이 편지 전체가 다루는 좀 더 넓은 환경에서의 여러 개
념, 그리고 이 편지 전반부의 신학적 논증과 이어지는 권면 자료의 연결을
모두 이해하는 데 있어 중심이 되는 본문이다.

철학자, 신비주의자, 묵시적 환상가들은 하늘을 가시화하고, 종종 신
을 마음에 그리려고 노력했다. 철학자들은 구체적으로 하늘의 생각을 강
조했다. 철학자들에게 순수한 하늘의 신은 추상적이고 초월적이었다. 골
로새서에서 하늘의 중심은 그리스도이며, 이는 이 편지의 그리스도 중심
적인 강조에 어울린다.

바울에게 그리스도를 생각하는 것은 땅의 정욕을 추구하는 것과 대
조되는 그리스도를 닮은 성품으로 자연스럽게 이어진다. 이 연결에 대한
바울의 설명이 독특하긴 하지만, 많은 철학자를 비롯하여 동시대의 사람

들은 바울이 하늘의 생각과 그에 적절한 행동을 연결한 것을 충분히 이해했을 것이다. 또한 바울은 그 시대의 많은 사람이 이해할 수 있는 방식으로 그리스도의 현재 천상적 지위와 신자들의 미래 소망을 연결한다.

결론

[우리는 한 분, 그리스도를 알며, 영원의 빛 안에서 섬긴다.] 그가 모든 사람을 대신하여 죽은 것은 살아 있는 자들이 다시는 그들 자신을 위하여 살지 않고, 그들을 위해 죽었다가 다시 살아나신 이를 위해 살게 하기 위함이다. 이로 인해 우리는 이제부터 어떤 것도 그것이 가지고 있는 자연적 속성을 따라 평가하지 않는다. 비록 우리가 한때 그리스도를 그렇게 생각했을지라도, 이제 그것은 우리가 그분을 이해하는 방식이 아니다. 이런 까닭에 그리스도 안에 있는 사람은 누구나 새 창조를 경험한다. 이런 사람에게 이전 것은 지나갔다. 이것을 생각하라. 즉 새것이 존재하게 되었다!

– 고린도후서 5:15-17

바울에게 사랑의 생각, 믿음의 생각, 성령의 생각, 하늘의 생각, 십자가의 약함에 초점을 맞춘 그리스도의 생각 등은 다 같은 생각이다. 이 생각들은 구체적인 본문에서 바울의 강조에 따라 다른 각도에서 접근하는, 그리스도 안에 그리고 성령 안에 있는 동일한 실재에 들어가는 단지 다른 입구들일 뿐이다. 다시 말해서 이 생각들은 우리에게 장황한 새로운 규칙 목록을 제공하는 것이 아니라 새로운 실재를 바라보는 다양한 창문을 제시해주는데, 이 각각의 창문은 우리를 그리스도 안에서 같은 자리로 데려다준다. 이 창문들 가운데 어느 하나를 경험하는 것은 다른 방식으로 표현된 그리스도 중심적인 실재를 밝히는 데에도 도움을 준다.

앞서 행한 본문 주해에서 몇 가지 특징이 드러났다. 두 장(1, 3장)은 하나님의 영의 직접적인 행위가 빠져 있는 생각에 대한 바울의 부정적 묘사를 다루었다. 온전한 율법이 있든지(롬 7:15-25) 없든지(1:18-32) 간에, 정욕은 만연하며, 철학자들이 이성적 평정심으로 여겼던 것을 막는다. 로마서 1:18-32에서 이교도의 생각은 감사할 줄 모르고, 창조에서의 하나님의 활동을 인정하지 않으며, 따라서 인간 사이의 수준에서도 도덕적 진리에 대해 눈멀게 되었다. 로마서 7:7-25에서 율법 아래 있는 생각은 바르게 될 능력이 없는 채로 바른 것에 대한 지식을 소유한다. 그것은 복음의 변화시키는 진리가 없다. (비록 바울이 구체적으로 율법의 영향을 받은 생각을 말하고 있긴 하지만, 동일한 원리는 참되고 신성한 변화 없이 그리스도인의 윤리를 성취하려고 고군분투하는 것에도 적용된다.)

이와 대조적으로 다른 장들은 그리스도 안에서 생각에 대한 바울의 적극적인 묘사를 다루었다. 본서 2장은 로마서 6:11에서 믿음의 생각이 그리스도께서 행하신 것으로 인해 새 사람으로서 신자들의 확실한 정체성을 포용한다는 점을 주목했다. 자기 자신이 아니라 그리스도께서 의를 위한 신뢰의 대상이시므로, 그리스도와 연합하여 세례를 받은 사람들은 그들의 칭의를 그리스도께 맡길 수 있으며, 두려움보다는 확신을 가지고 순종의 삶을 살아갈 수 있다. 그들은 그리스도로 "옷 입으며"(롬 13:14), 자신을 그리스도 안에 있는 자로 여길 수 있다(아마도 바울이 롬 7:7-25에서 육체의 페르소나를 채택한 것보다 더 심오한 방식으로 그리스도 안에서 자기 자신을 그리면서 그의 몸의 지체로 여길 것이다).

4장은 로마서 8:5-6의 성령의 생각이 7:7-25의 율법 아래 있는 생각과 대조적으로 육체의 갈등에 초점을 맞추는 것이 아니라 하나님이 원하시는 올바른 길을 살아가도록 신자들에게 힘을 주시는 하나님의 영에 초점을 맞추고 있음을 관찰했다. 즉 새로운 생각의 틀의 초점은 자기 자신의 관심사를 수행하기보다 하나님을 섬기는 것에 집중된다. 그리고 이 초점은 자신이 하나님의 영에 의존하고 있음을 인식함으로써 힘을 얻을 수 있다. 신자들은 여전히 육체 안에 있다. 하지만 그들에게는 육체 안에 있는 다른 사람들과 다르게 성령이 있다.

5장은 로마서에서 생각에 대한 바울의 주제가 특히 로마서 12장에서 절정에 이른다는 것을 살펴보았다. 로마서 12:2에서 새롭게 된 생각은 장차 올 시대에 행하실 일뿐만 아니라 과거에 행하신 하나님의 지혜로운 계획을 고려함으로써 구원 역사의 더 넓은 맥락에서 기능한다. 이런 접근은 종말론적 관점을 요청한다. 즉 이 접근은 장차 올 영원한 시대의 관점에서 현재 시대의 선택을 평가한다.[1] 또한 이 접근은 그리스도의 몸을 기꺼이 섬김으로써, 그리고 모든 지체가 저마다의 몫을 담당하는 것이 귀한 일임을 인식함으로써 그리스도의 몸이라는 더 넓은 맥락에서 기능한다.

6장은 고린도전서 2장에서 그리스도의 생각에는 십자가에서 드러난 하나님의 지혜가 포함된다고 주장했다. 이 하나님의 지혜는 현재 세상 질서의 지혜라고 주장되는 것을 부끄럽게 하는 지혜다. 로마서 12:2의 생각과 마찬가지로 고린도전서 2장의 생각 역시 종말론적 지혜이며, 성령을 통해 하나님의 미래 약속을 계시하며 미리 맛보게 한다. 더욱이 그리스도

---

1   그러나 바울 서신은 미래와 관련하여 복수형인 "시대들"을 사용한 것 같다. 다음 구절들에서 종종 "영원히"로 번역되는 관용어구를 참조하라. 롬 1:25; 9:5; 11:36; 16:27; 고후 11:31; 갈 1:5; 엡 3:21의 강조; 딤전 1:17; 딤후 4:18. 고전 2:7; 10:11; 엡 3:9, 11; 빌 4:20; 골 1:26; 그리고 특히 엡 2:7도 참조하라. 다음 구절에서 현재 "시대"에 대한 언급은 늘 단수형이다. 롬 12:2; 고전 1:20; 2:6, 8; 3:18; 고후 4:4; 갈 1:4; 엡 1:21; 2:2; 딤전 6:17; 딤후 4:10; 딛 2:12.

의 몸에 초점을 맞추는 로마서 12:2-8의 생각처럼, 고린도전서 2장의 그리스도의 생각 역시 경쟁과 분열이라는 세상의 가치와 다툰다. 마지막으로 그리스도의 생각은 그리스도를 (완전하지는 않지만) 실제로 경험하는 것이다. 이는 이상적으로 하나님의 마음이 스며들어 있으며, 성령의 열매로, 종종 그리스도와의 친밀함으로, 때로는 지혜, 가르침 또는 예언적 통찰을 전하는 것과 같은 다양한 사역으로 표현된다. 그리스도와 함께하는 이런 경험은 고린도후서 3:18에서도 설명될 수 있다.

(7장에서 논의한) 빌립보서는 궁극적인 결과를 하나님께 맡기는 생각의 평화로운 접근을 묘사한다(빌 4:7-8; 롬 8:6). 또한 빌립보서는 신자들에게 비천한 죽음으로써 성부 하나님을 섬기신 예수의 방식을 생각하라고 요청한다(빌 2:1-11). 더 나아가 이 편지는 생각의 초점을 땅의 욕망보다는 하늘의 관점에 두라고 요청한다(3:19-21). 이와 비슷한 방식으로 골로새서 3:1-2(본서 8장)은 땅의 것보다 하늘의 것에 생각을 고정할 것을 강조한다. 특히 이렇게 하늘의 것에 생각을 집중하는 것은 그리스도와 그의 성품을 깊이 생각하는 것과, 그럼으로써 그의 성품에 부합하게 살아가는 것을 수반한다.

후기: 목회적 함의

철학자와 역사학자들은 과거의 현자들로부터 교훈을 끌어낸다. 그런 관심사에 대한 바울의 통찰은 적지 않은 학문적 장점이 있다. 그리스도인들에게 바울의 글은 전적으로 학문적인 관심사가 요구하는 것보다 훨씬 더 중요하다. 우리의 운동의 중요한 사상가 중 한 사람으로서, 문화적으로 적절한 방법으로 이방인들에게 도달하기 위한 선교의 핵심 지도자로서, 그리고 특히 기독교 정경의 중요한 분량을 기록한 저자로서 바울의 역할은 우리의 세심한 관심을 요청한다.

분열된 교회들

이 자료의 한 가지 가능한 적용은 (미국 개척 시대의 부흥 및 초기 신비주의와 관련된) 감정을 중시하는 종교와 (역사적으로 학문적 훈련과 관련이 있는) 지성을 중시하는 종교 사이에 있는 많은 기독교 교파의 공통된 분열에 도전하는 것이다. 전자는 때때로 후자의 가치를 "죽은 문자"라고 경시했고, 후자는 때때로 전자를 단순한 "열광주의"에 불과하다고 업신여겼다. 미국 역사에서 이 분열은 어느 정도 사회적으로 구축된 것이다. 즉 오직 엘리트만이 교육받을 수 있었고, 종교적 권력의 중심에서 배제된 사람들은 대안적인 인식론에 호소할 수밖에 없었다.[1] 바울이 하나님의 영과 인간적 인지의 중요성을 둘 다 강조한 것을 고려할 때, 그리스도인들은 이렇게 역사적으로 그리고 사회적으로 강제적으로 형성된 선택을 극복해야 한다.[2]

생각에 대한 바울의 모든 가르침은 일관성이 있으므로, 어느 가르침이든지 그가 묘사하는 전반적인 경험을 볼 수 있는 창문을 제공해준다. 그렇지만 우리가 모두 같은 방법과 동일한 정도로 모든 측면을 경험할 수는 없다. 실제로 이 경험의 다양한 측면의 균형을 잡는 것은 뒤죽박죽인 세상에서 인내와 지혜를 요구할 것이다. 부차적인 문제에 대한 우리의 차이에도 불구하고(롬 14:1-23), 다른 사람들을 향한 최고의 요구는 사랑이다(롬 13:8-10). 우리는 각기 다른 방식으로 은사를 받으며, 서로 은사가 다른 경우에도 서로의 은사를 존중해야 한다.

이 사랑은 우리를 대적하는 사람들을 포함하여 우리의 믿음의 공동체 밖에 있는 사람들을 존중하고 친절하게 대하는 것으로도 표현되어야 한다(롬 12:14-13:7). 동시에 바울은 신자들이 하나님의 계획과 관점을 늘 존중하기를 원했을 것이다. 이런 우선순위는 비신자들이 신자들의 헌신에 분개할 때 가끔 긴장을 조성할 것이다. 복음서에서처럼 바울이 이해하기에 그리스도는 하나님의 관점을 절충하지 않고 사람들에게 사랑으로

---

1 Smidt, *Evangelicals*, 22; Boda, "Word and Spirit," 44; Archer, *Hermeneutic*, 21-22; Kidd and Hankins, *Baptists,* 42의 논의를 보라. 이 관찰은 대안적인 인식론을 폄하하려는 것이 아니다. 나는 요한복음이 당대에 이와 같은 대안적 호소를 제공했다고 주장했다(Keener, *John*, 246-47, 360-63).

2 복음으로 말미암아 변화되는 생각에 대한 바울의 평가에 대해서는 Byrne, "Mind"를 보라.

다가가는 모델을 제공하신다. 복음서 저자들처럼 바울은 예수와 종교 지도자들 사이의 잇따르는 긴장이 결국 십자가에서 끝났다고 인식한다. 화평이 우리에게 달려 있는 한 우리는 모든 사람과 화평을 이루며 살아야 하지만(롬 12:18), 바울이 말하는 화평은 이생에서 긴장과 갈등의 현실을 쉽게 피할 수 있는 방안을 제시하지 않는다.

분열된 마음?

가능성 있는 또 다른 적용은 그리스도 안에 있는 새 신자들에게 때때로 암시적으로 전달되는, 즉 그들이 유혹과 싸우지만 때때로 패배한다는 예상에 도전하는 것이다. 이 대본은 바울의 복음을 축소하며, 그리스도 안에 있는 새로운 정체성에 대한 복음의 가르침을 받아들이기를 거부하는 것이다.[3] 물론 유혹과의 싸움은 종종 발생한다.[4] 하지만 신자들에게 그 싸움은 로마서 6:11에 기록되었듯이 틀림없는 믿음의 싸움(즉 하나님께서 그리

---

[3]　플라톤 철학의 유산에 속하는 이 측면은 이신론을 품은 서구의 전통적인 계몽주의적 혼합주의와 더불어 대부분의 현대 서구 종교에 전용되었다. 심지어 신자의 영이 언젠가 하늘에 올라갈 것이라는 신분의 신적인 변화를 용인하는 많은 사람들조차도 현재 신적인 힘으로 말미암는 변화를 기대하지 않는다. 서구의 학문적 접근들은 전적으로 자연주의적인 설명만을 고집함으로써 축소된다. 일단 우리의 학문적 범위를 벗어나면, 신적인 행위는 흄의 반초자연주의와 지식에 대한 칸트의 이원론을 결합하면서 전적으로 주관적인 영역에 맡겨진다.

[4]　다른 사람들도 죄의 권세에서 해방되었다는 것이 반드시 절대로 죄를 짓지 않는다는 것을 의미하지는 않는다고 언급한다. Schreiner, *Romans*, 317; Achtemeier, *Romans*, 110을 보라. 참조. Chrys. *Hom. Rom*. 11, on 6:6(번역, Bray, *Romans*, 158): "당신은 지워졌다는 의미에서가 아니라 이제는 죄 없이 살 수 있다는 의미에서 죽은 것이다." 권면은 대개 그 권면이 향하는 문제의 존재를 전제한다(참조. Aeschines *Tim*. 13, 법에 대하여).

스도 안에서 이루신 것에 대한 진리를 인식하는 것)이지, 7:7-25에 등장하는 인물이 시도하는 것처럼 육체의 수단(즉 단지 사람의 노력)으로 육체와 전쟁하려는 시도가 아니다. 이 싸움은 8:1-16에서처럼 하나님의 영을 의지하는 것이기도 하다. 사람에 의존하는 다른 몇몇 대본에 반대하면서, 우리는 이 싸움을 믿음 없는 적극적인 육체적 노력의 문제도 아니고, 순종하려는 우리의 선택 없이 하나님이 원하시는 것은 무엇이든 하나님이 하실 것이라는 수동적인 체념의 문제도 아니라고 이해해야 한다. 오히려 이 접근은 하나님이 직접 이미 행하셨고 여전히 계속 행하신다는 믿음에 따라 행하는 것이다. 이 접근은 확신 있게 행하며, 하나님이 그것을 행하실 능력이 있음을 믿는다.[5]

바울은 수고, 절제(성령의 열매, 갈 5:23), 그리고 순종의 가치를 부인하지 않는다. 하지만 바울에게 믿음에서 나오는(또는 믿음의 표현인) 순종(롬 1:5)은 더 큰 의를 이루기 위해 취하는 자기중심적인 순종과는 다르다(참조. 9:32). 믿음이 하나님의 진리를 받아들이는 것이므로, 우리는 믿음을 수고가 아니라 단순히 지금 인정받는 하나님의 진리의 불가항력적 결과로서 이해할 수 있다. 그러므로 신자는 신앙의 행위로서 순종한다. 이는 그리스도 안에서 새로운 피조물이 되었다는 하나님의 선언에 부합하게 행동하는 것이다(때때로 감정의 반항도 있고 과거의 자아 이미지가 나타나기도 하지만 말이다).

거짓 믿음—대부분의 인류가 가지고 있으며, 순전히 자연적이고 도움을 받지 않는 인간 존재와 일치하는 듯이 보이는 믿음—에 맞서 행동하

---

5   참조. Aug. *Prop. Rom*. 21(on Rom. 4:4; 번역. Bray, *Romans*, 112): "우리가 은혜를 받은 후 행하는 선행은 우리에게 돌릴 것이 아니라, 그분의 은혜로 우리를 의롭게 하신 분께 돌려야 한다."

는 것은 뿌리 깊은 습관을 반대하기 때문에 당연히 어렵게 느껴진다. 그럼에도 바울에게 이와 같은 고의적인 행동은 단순히 그리스도 안에 있는 새 사람의 본성과 성품을 표현하는 것이다. 바울이 보기에 사람은 그 나름의 방식대로 말함으로써가 아니라 하나님께서 그리스도 안에서 우리를 위해 행하신 것의 더 큰 실재를 인정함으로써 육체의 성품을 이긴다.

바울이 복음의 메시지에서 끌어내는 신자들의 변화에 대한 함의들은 여기서 학자들과 그 밖의 지성인들에게 특히 적절할 수 있다. 우리는 구체적으로 그리고 분명히 하나님을 의존하지 않고, 우리 자신의 생각으로 문제를 해결하도록 훈련을 받는다. 따라서 우리 대부분은 하나님의 영을 의지하는 것을 인정하지 않고 (기껏해야) 새로운 믿음으로 말미암아 우리를 변화시키려고 시도하면서, 고대 철학자들의 상황과 비슷한 곤경에 처한 자신을 발견한다. 우리는 하나님의 대리인, 바울의 용어로 말해서 성령이 필요함을 인정할 때라야 비로소 바울의 메시지를 진정으로 받아들일 수 있다. 우리의 모든 훈련이 우리가 기대하도록 이끄는 것과 반대로, 이 경험은 지적으로 성령의 **관념**과 씨름하는 것이 아니라 단순히 성령을 주시는 분께 우리 자신을 의탁하는 것을 통해 온다.

목회 심리학

심리학적 쟁점들과 씨름한 고대인들은 때때로 오늘날에도 유용한 통찰을 내놓았다. 예를 들어 스토아 철학자들은 인지 치료에 관한 고대 스토아 사상가들의 값진 통찰을 지적했다. 스토아 철학자들은 이런 쟁점들을 이론적으로 연구했을 뿐만 아니라 그것을 실천에 옮기려고 노력했다. 따라서 그들은 몇몇 통찰력 있는 공헌을 제공하는 경험을 쌓았다.[6] 현대 철학자들도 스토아 철학에서 인지 심리학에 도움이 되는 통찰을 언급했다.[7] 스토아 철학의 이론들 역시 프로이트의 합리적인 치료법에 이바지했다(그러나 프로이트는 몇몇 중요한 요점에 동의하지 않았다).[8]

그렇다면 학자들과 기독교 사상가들이 기독교 심리학에 대한 현대적 논의에 바울의 사상이 공헌한 것이 무엇인지를 일반적으로 그리고 구체적으로 질문한다고 해서 놀랄 일은 아닐 것이다. 바울은 그의 상황에 적절한 방식으로 편지를 썼으며, 당대의 대중적인 심리학 언어를 이용했다. 그렇다면 오늘날의 독자들은 스토아 학파의 통찰을 적용할 때처럼 바울의 개념을 우리 시대의 가장 가까운 심리학적 언어로, 가능한 한 널리 접근할 수 있는(따라서 덜 기술적인) 방식으로 번역할 수 있다면 바울의 메시지를 더 잘 이해하게 될 것이다.[9]

---

6   Sorabji, *Emotion*, 1-4, 225-26(그러나 Sorabji는 그들의 공헌이 인지적 문제들과 관련이 있으며, 우울증 같은 정신적 질병이나 기분을 다루는 것과는 관련이 없다고 지적한다). 고대의 많은 철학 학파들의 공동체적 측면 역시 고대에서보다는 현대적 사고에서 종종 더 분명하게 천명되는 철학적·도덕적 변화의 사회적 요소를 제안할 수 있다.

7   스토아 철학의 한계에서 보듯이(Sorabji, *Emotion*, 153-54), 인지 치료는, 그것만 사용될 때, 다른 것보다 일부 장애에 더 유용하다(예. 공포증을 줄이는 데는 유용하지만 거식증에는 도움이 되지 않음, 155). Patterson, *Theories*, 265에 요약되었듯이, 왜곡된 사고 과정들을 설명하는 인지 행동 수정에 대한 Meichenbaum의 접근을 참조하라.

8   Rorty, "Faces," 260-62.

9   바울이 사용한 고대의 지적 언어를 현대 서구의 지적 맥락에 맞게 번역하는 것은 바울이 의사소통하고 있던 고대 지중해의 틀에 익숙하지 않은 사람들이 더 완전히 이해할 수 있도록 바울의 언어를 더 완전하게 번역해야 하는 여러 가능한 설정 중 하나다. 의사소통을 위한 비교 작업의 가치는 널리 인정되고 있다. 예를 들어 일부 중국 학자들은 (비교와 대조를 모두 사용하여) 중국 사상가들(예. 루쉰과 주자)과 서구 전통에서 존경받는 사상가들(예. 플라톤, 마이모니데스 또는 니체)의 전통적인 개념적 구분을 연결한다. Zhang, "Ethics of Transreading"; Ying, "Innovations"를 보라. 성서학자들은 유교 전통의 용어로써 이런 접근을 가장 일반적으로 수행해왔다(Yeo, *Jerusalem*, 여러 곳; Yeo, *Musing*; Yeo, "*Xin*"; Kwon, *Corinthians*를 보라).

오늘날 상담 및 심리치료에 대한 광범위한 이론이[10] 그런 노력을 어렵게 만들고 있지만, 그런 수고는 심리학을 가장 잘 아는 사람들에 의해 최상으로 수행된다. 다시 말해서 이 주제에 관한 지속적인 탐구를 위한 기본적인 영역은 반드시 학제 간 연구여야 한다는 것이다.[11] 희망적인 것은 현재 연구의 결과들이 인지 심리학 및 관련 분야의 통찰력을 통해 더 잘 설명되고 더욱 개선될 수 있다는 것이다. 이 연구는 대화에 공헌할 수도 있다. 하지만 이것은 성서 연구가 인지과학으로부터 얻은 데이터에 의해 정보를 얻을 수 있는 핵심이기도 하다.

이것은 심리학에 대한 모든 접근이 바울 사상의 모든 핵심 요소를 번역하기 위한 적절한 개념적 어휘를 갖고 있을 것이라는 주장이 아니다. 일부 심리학적 이론들이 그 이론의 이해 범위에서 하나님의 행위를 배제하는 절대적으로 자연주의적인 이론인 한,[12] 우리는 순전히 자연주의적인 방법으로 이런 접근을 실천하는 사람들이 하나님의 행위를 인식하리라고 기대해서는 안 된다. 그런 방법들로는 바울신학의 가장 핵심적인 것을 다룰 수 없다. 그 방법들은 기껏해야 그리스도 안에 있는 새로운 정체성을 이 시대의 개념들에 낯선 종말론적 창조보다는 자존심의 유용한 허구로, 이를테면 유용한 플라시보로 이해할 수 있을 뿐이다. 비록 보살핌에 관심

10　예. Bongar and Beutler, *Textbook*; Corey, *Theory*; Tan, *Counseling*을 보라.

11　초보적인 방법이기는 하지만, 많은 사람이 이와 같은 연구를 이미 유용하게 수행해왔다. 예. Beck, *Psychology of Paul*; Elliott, *Feelings*의 철저한 학제 간 연구.

12　엄밀히 말하면, 순전히 자연적인 접근 방식은 단순히 자연적인 방법이 설계되지 않는 신학적인 질문들을 다루는 것을 **방법론적으로** 고려하지 않을 수 있다. 이런 식으로 신자들과 비신자들은 자연적인 문제들에 대한 많은 합법적 공통 근거를 공유할 수 있다. 그러나 신자들에게는 그런 접근이 불완전한 상태로 남아 있으며, 만일 우리가 경계하지 않으면 고려 대상에서 하나님의 요소를 배제하는 습관이 불필요한 방식으로 우리의 삶과 다른 사람들을 위한 사역에 쉽게 스며들 수 있다.

이 있고 따라서 종종 환자에게 도움이 되기도 하지만, 그런 접근 방식은 창조된 세계에서 하나님의 활동을 명확하게 인식할 수 없게 기능한다.

그렇지만 인간을 이해하기 위한 경험적인 데이터와 유용한 지도를 제공하는 모든 접근은 바울의 관심과 중첩되는 많은 쟁점을 탐구할 것이다. 물질 창조를 다루는 데 적합한 접근들 역시 바울의 논증이 다루려고 의도하지 않은 신경학적 또는 화학적 장애와 같은 쟁점들을 다루기 위해 중요하다. 진정한 하나님의 활동을 이미 받아들인 신학을 잘 아는 심리학 및 상담의 접근 방식은 바울의 자원을 더욱 풍부하게 활용할 수 있을 것이다.

세계관

새로운 생각에 관한 바울의 가르침은 부분적으로 우리의 세계관 또는 사고의 틀과 관련된다. 바울을 이해하는 그리스도인들에게, 세계의 가치는 더 이상 결정적이지 않다. 그 대신에 우리는 십자가의 빛 안에서 살아간다. 십자가는 세상의 평가를 부끄럽게 하며, 하나님의 영원한 평가의 절대적 우수성을 선포한다. 그리스도의 관점에서 모든 것은 새로운 의미를 지닌다(고후 5:16-17).[13] 바울이 볼 때, 그리스도인은 영원한 미래 시대에 대한 하나님의 약속이라는 관점에서 현시대를 보며, 영원의 빛 안에서 현재

---

13   유대교 지혜 전통은 해석학적 틀이 어떻게 배움을 형성했는지를 이미 인식했고, 학습자들에게 믿음의 기초에서부터 시작하라고 요청했다(우리가 "신뢰의 해석학"이라고 부를 수 있는 것; Hays, *Conversion*, 190-201을 보라). 예. 시 111:10; 잠 1:7; 9:10; 15:33을 보라. 이런 접근은 내가 수행하고 있는 성서학 분야의 많은 그리스도인 해석자들 사이에서 여전히 필요하다. Wong, "Loss"의 논평을 보라.

의 결정들을 평가한다. 이와 마찬가지로 우리는 우리 자신이 이룬 것이 아니라 그리스도께서 성취하신 것을 자랑한다.

이와 같은 새로운 관점은 우리가 삶의 모든 영역을 보는 렌즈에 영향을 미칠 수 있다. 여기에는 세계관과 무관한 것으로 널리 알려진 분야도 포함될 수 있다. 과학은 측정에 대한 문제를 다루며, 과학자인 그리스도인은 그리스도인이 아닌 과학자와 다르게 자연을 측정하지 않을 것이다. 하지만 개인적인 차원에서 그리스도인인 과학자는 자신의 연구 대상을 하나님의 사역을 경탄하고 감사하는 더 큰 맥락에 둘 수 있다. 그는 17세기 천문학자인 요한네스 케플러(Johannes Kepler)가 "하나님을 따라서 하나님의 사고를 사색하는 것"을 자신의 사명으로 묘사했다고 전해지는 것과 같은 방식으로 그의 과학적 과제를 이해할 수 있다.[14] (물론 케플러와 마찬가지로 사람은 제한적이고 유한한 의미에서만 하나님의 사고방식을 의미할 수 있다.)

통찰을 실천적으로 실행하기

사회적 압력이든지, 우리가 다양한 내부 및 외부 요인에 반응하도록 조절되어온 방식이든지 간에, 오래된 관점의 프리즘에서 현실을 보려는 유혹이 많다. 이 전투는 어떤 의미에서 그리스도께서 이미 승리하신 것을 받아들이는 법을 배우는 것이며, 유혹을 우리의 정체성의 진정한 표시가 아니라 일정 수준의 거짓으로 인식하는 것이다.[15] 이 말은 유혹이 우리와 맞서

---

14   Kepler의 신앙에 대해서는 Koestler, "Kepler," 49-50; Frankenberry, *Faith*, 35-38, 47-53 을 보라. 참조. Gingerich, "Scientist," 28; Burtt, *Foundations*, 60-61.
15   고대 유대교는 사탄을 유혹자(예. 대상 21:1; CD 12.2; 1QS 10.21; 4Q174 frg. 1 2.i.9;

고 있고 때때로 과거의 선택이나 우리의 생명 활동에 뿌리를 두고 있음을 부인해야 한다는 뜻이 아니다. 오히려 이것은 우리가 우리의 칭의에 대한 하나님의 관점에 참여하라고 부름을 받는다는 것을 의미한다. 우리는 과거의 선택, 경험, 또는 유전학의 측면에서보다는 그리스도의 측면에서 우리의 **핵심적인** 정체성을 정의하는 데 굳게 서야 한다. 그렇다. 유혹은 우리의 과거와 심지어 우리의 현재 신경화학에 깊이 뿌리를 두고 있을 수 있다. 하지만 그리스도 안에 있는 신자들은 무엇보다도 그리스도 안에 있는 우리의 정체성과 운명에 의해 결정된다. 따라서 우리는 회심에서 이미 받아들인 진리, 즉 그리스도만이 우리의 의이시며 그리스도로 충분하다는 진리에 의해 살겠다고 계속 재천명하고, 또 그렇게 살아가는 법을 배워야 한다.

이런 인식과 그리스도의 의에 대한 전통적 개신교의 일부 다른 설명들 사이의 차이는 이런 인식이 칭의의 함의를 따르라고 우리를 초대한다는 점이다.[16] 바울이 로마 교회에 보낸 편지는 로마서 3:21-5:11에서 바울이 강조하듯이 칭의 등을 다루는 것으로 끝나지 않는다. 로마서는 계속해서 그리스도와의 영적 연합에 대해 말하며, 12-14장에서는 그리스도인

4Q225 frg. 2, col. 1.9-10; 11Q5 19.15; *Jub.* 10:8, 11; 17:16; *T. Reub.* 4:11; *T. Jos.* 7:4; *T. Iss.* 7:7; *T. Ash.* 3:2; *3 Bar.* 9:7; *b. B. Bat.* 16a; *b. Qid.* 81a; *y. Shab.* 1:3, §5; *Gen. Rab.* 70:8; *Exod. Rab.* 19:2; 41:7; 살전 3:5)와 속이는 자(예. CD 4.15-16; *T. Benj.* 6:1; *T. Dan* 3:6; *T. Levi* 3:3; *T. Jud.* 25:3; *T. Job* 3:3/4; 3:6/5; 26:6/7; 27:1; 엡 6:11; 살후 2:9; 계 12:9; 20:8), 그리고 고소하는 자(욥 1:6-2:7; 슥 3:1-2; *Jub.* 1:20; 48:15, 18; *3 En.* 14:2; 26:12; *Gen. Rab.* 38:7; 57:4; 84:2; *Exod. Rab.* 18:5; 21:7; 31:2; 43:1; *Lev. Rab.* 21:10; *Eccl. Rab.* 3:2, §2; 계 12:10)로 이해했다.

16   대중적인 몇몇 개신교와는 대조적으로, 초기의 많은 종교개혁자는 영적 변화의 실재를 이미 인식했다(예. Luther, *Second Lectures on Galatians*, on Gal. 2:20; Calvin, *Commentary on Galatians* 2:20, in Bray, *Galatians, Ephesians*, 79-81[70의 요약]; Westerholm, *Justification*, 48; McCormack, "Faith," 171; Barclay, *Gift*, 124을 보라).

의 윤리에 대해 다룬다. 후반부의 몇 장에 나오는 바울의 비전에서 핵심은 사랑의 법(롬 13:8-10), 즉 신자들의 마음에 이미 기록된 법(8:2)이다. 우리가 우리의 핵심적인 정체성이 변화되었다는 점을 진심으로 믿고 바울의 구체적인 예로부터 그 변화가 어떠한지를 이해하는 한, 우리의 신중한 선택은 바로 이 핵심적인 신앙을 반영할 것이다.

우리가 믿기로 고백하는 것을 진리로 받아들이는 일은 상당히 간단한 것으로 보이지만, 많은 사람에게 그와 같은 믿음은 재학습이라는 전투를 수반한다.[17] 정해진 방식으로 정욕에 탐닉하면 그에 따라 반응하는 데 익숙해진다. 일부 약물은 직접적인 화학적 중독을 유발하지만, 우리 자신의 행동은 뇌가 반응하는 화학적 반응을 덜 직접적으로 생성한다. 우리의 뇌와 신경화학의 배선은 하나님의 선물이다. 즉 우리가 끊임없이 지적인 선택을 할 때, 우리의 뇌는 패턴에 적응하므로 우리는 매번 신중하게 선택을 고민하기 위해 잠시 멈출 필요가 없다.

불행한 것은 우리의 부정적 선택 역시 특정한 신경화학 반응을 위해 우리의 뇌와 연결되기 때문에, 우리가 자동적으로 그런 해로운 방식으로 자극에 반응하는 데 익숙해진다는 점이다. 이런 경우에 육체가 아니라 성령을 따라 행하는 것은 새로운 방식이 좀 더 널리 퍼질 수 있을 만큼 우리의 뇌가 다시 배선될 때까지 우리의 정체성에 대한 하나님의 진리를 믿는 많은 결정과 함께 지속적이고 신중한 재고 및 조정을 요구한다. 그렇다 하더라도 옛 기억과 패턴들이 다시 떠오를 수 있다. 특히 스트레스를 받을

---

17 인지는 이성적 요소뿐만 아니라 정서적 요소도 포함한다. 감정과 기분은 생각에 영향을 미치며, 생각의 영향을 받기도 한다. 그렇지만 이성은 여전히 중요한데, 그 이유는 이성이 인식된 실재에 가장 완전히 반응하기 때문이다. 그리스도인들에게 이성은 우리가 그리스도 안에서 믿는다고 이미 고백하는 실재를 점차 완전히 받아들여야 한다.

때는 꿈에서든 깨어 있는 동안이든 이런 일이 빈번하게 일어날 수 있다. 그러므로 계속 깨어 있는 것이 중요하다. 당연히 이렇게 행하는 것은 어떤 사람들에게는 몇몇 영역에서 다른 사람들보다 더 어려울 수 있다.[18] 스트레스를 가하는 사람들을 모두 피할 수는 없다(때로는 마주해야 한다). 하지만 새로운 패턴이 좀 더 습관화되고 개인의 믿음을 통해 또는 신앙 공동체의 확인을 통해 그리스도 안에서 개인의 정체성에 대한 인식이 강화될 때, 새로운 방식으로 생각하는 일은 더 쉬워질 것이다.[19]

하지만 핵심적인 쟁점은 이것이 그리스도에 관한, 그리고 그리스도 안에 있는 우리에 관한 하나님의 진리에 기초하는 믿음의 전투라는 것이다. 이는 단순히 우리의 정체성을 구성하는 요소들 사이의 추상적 갈등이 아니다. 우리의 생각은 그리스도 안에 있는 우리의 정체성의 진실성을 생각을 새롭게 하는 시작에 종속시키는 새로운 실재를 창조하지 않는다. 그 대신에 우리의 생각은 그리스도 안에서 이미 출범한 새로운 실재, 즉 새 창조의 실제 시작을 인식한다. 그러므로 우리는 패배를 예상하면서 이 전투에 다가서는 것이 아니라 그리스도께서 이루신 승리를 받아들임으로써 이 전투를 치를 수 있다. 사실 이것은 유혹의 시점에서 싸울 수 있는 전투다. 유혹 자체가 죄는 아니다. 즉 원리상 신자는 고의적인 죄에 굴복할 필요가 없다. 또는 이것을 다르게 표현하면, 유혹이 올 때 우리는 우리의 정

---

18   이것이 후기이므로, 나는 내가 과거에 주의력 결핍 및 과잉 행동 장애(ADHD)였다고 말할 수 있다(더 극단적인 경우에만 진단되었던 시대에 이미 그런 진단을 받았었다). 그래서 나는 창조적인 학제 간 작업에 신경학적으로 준비된 것처럼 보이지만, 사실 과집중 상태일 때를 제외하고는 한 가지 일에 집중하는 것이 어렵다는 것을 알게 된다. 이것은 나에게 학업과 일상생활 모두에서 인지적인 도전을 줄 뿐만 아니라 초점과 사고의 재구성에 어려움을 겪는 다른 사람들을 공감하게 해준다.

19   이 마지막 문장의 요점을 지적해주신 Virginia Holeman 교수께 감사드린다(2014년 11월 16일에 개인적으로 나눈 편지).

체성을 다시 규정하려는 유혹에 대한 우리의 확신보다 더 큰, 우리 안에 있는 그리스도의 승리에 대한 확신을 발전시킬 수 있다.

우리는 실패할 때 낙담하게 되고 더 많은 실패가 반복될 것이라는 예상에 굴복하기 쉽다(적어도 나는 그렇게 느낀다). 하지만 이것이 바로 우리가 우리의 과거 행위가 아니라 그리스도의 완성된 사역과 그분 안에 있는 우리의 종말론적 운명에 대한 비전에 우리의 정체성의 근거를 두어야 하는 이유다. 이것은 단지 자기 확신의 문제가 아니라 우리 안에서 행하시는 주님의 선하신 사역에 대한 확신의 문제다. 죄가 마귀의 이미지이듯이, 의는 우리 안에 계신 그리스도의 이미지다(요 8:31-47; 요일 3:8-10).

물론 우리는 이 능력이 그리스도의 능력이며 우리 자신의 능력이 아님을 인식한다. 그리스도 안에서 하나님의 용서는 우리가 죄를 고백하기를 두려워할 이유가 없음을 의미한다. 하지만 이상적인 배우자나 친구가 용서한다는 사실이 그들을 모욕하는 일을 일삼을 이유가 되지 않듯이, 그리스도께서 죄를 용서하신다는 사실이 전투에서 불필요한 패배를 받아들여야 할 이유가 되지는 않는다. 오늘날 많은 그리스도인이 모든 사람이 죄를 짓는다고 쉽게 말하는 이유는 그들이 죄를 눈에 띄게 터무니없고 물의를 빚는 어떤 것으로 여기기보다는 막연히 마음의 태도에 불과하다고 정의하기 때문이다. 하지만 만일 도끼로 사람을 살해하려는 유혹이 생긴다면, 우리는 즉각 그 유혹을 완전히 떨쳐내야 한다는 것을 인정한다. 우리가 (할 수만 있다면) 믿음의 교훈을 배울 수 있는 "위험한" 유혹을 공공연하게 마주할 때까지 기다려야 할 까닭이 있을까?

그리스도의 완성된 구원을 받아들인다는 것은 우리가 그 구원 안에서 성숙해짐을 등한히 여긴다는 의미가 아니다. 이는 우리의 삶에서 우리에게 주시는 하나님의 선물을 받아들인다는 것을 의미한다. 이와 비슷하게 결혼은 새로운 관계를 시작하지만, 로맨스는 거기서 끝나면 안 된다. 예를 들어 나의 결혼식은 아내에 대한 나의 지속적인 욕망을 끝내지 못했다. 동시에 결혼이 실제로 유효한 것인지에 대해 계속 의문을 제기한다면, 로맨스는 어려울 것이다. 결혼식을 경험한 이후에도 계속 결혼을 요구하는 배우자는 심각한 기억 장애를 겪고 있거나, 심각한 신뢰 부족을 보여주는 것이다. 그리스도 안에서 앞으로 나아가는 길은 하나님이 그리스도 안에서 우리와 함께 이미 시작하신 관계에 **근거하여** 하나님을 위해 능동적으로 사는 것이다.[20]

학문적인 관점으로 볼 때 바울이 고대의 지성적 사고에 존재하던 인지 모티프를 그리스도 중심적으로 각색한 것은 아주 흥미롭다. 그리스도인들에게 그것은 우리가 오늘날 인지적 연구로부터 얻은 통찰을 어떻게 그리스도 중심적인 방식으로 통합하고 각색할 수 있을지에 대한 본보기를 제공해줄 수 있다. 무엇보다도 바울의 조언에서 하나님의 지혜를 듣는 사람들은 우리의 삶에 지침을 제공해주는 그의 통찰에 감사를 표하고 싶을 것이다. 그리스도 안에서 옛것은 지나갔고, 새로운 질서가 역사 안으로 들어왔다. 우리는 이 새로운 질서의 한 부분이며, 우리가 실재를 이해하는 방법에 이 관점을 가져와야 한다. 일부는 아직 변하지 않았다. 하지만 다른 것들은 결코 다시 같을 수 없다.

---

20   우리는 같은 방식으로 그리스도 안에서 하나님의 임재와 은총에 다가갈 수 있으며, 믿음으로 그 임재와 은총을 인식할 수 있다. 참조. Laurent, *Practice*; Keener, *Gift*, 27-30; 더 자세한 주석은 다음을 보라. Keener, *John*, 2:932-39, 972-73, 976.

부록 A: 고대 지중해 사상에서의 영혼

고대의 생각은 사람의 본성에 대해, 영혼이 몸과 구별되는 실체인지, 물질인지, 영원한지에 대해 다양했다. 초기 유대인들은 사람의 물질적인 측면과 비물질적인 측면을 때때로 구별했지만, 그 측면들이 구성하고 있는 전인을 종종 강조했다. 모든 사람이 영혼을 현대적 의미에서 비물질적인 것으로 여기지는 않았지만,[1] 그리스 사상가들은 영혼과 몸을 더 강하게 구별하려는 경향이 있었다. 스토아 철학자들과 플라톤 철학자들은 모두 기독교 시대의 첫 세기에 이런 토론에서 중요한 선수들이었다. 1세기 그리스에서는 스토아 철학이 우세했지만, 플라톤 철학은 그 이후 몇 세기 동안 만연했고 차후의 기독교 신학에도 영향을 미쳤다.[2]

일부 이방인 사상가들은 영혼을 불멸하는 것으로, 또는 적어도 몸이

---

1   영혼에 대한 고대의 사상을 간결하게 조사한 Frede, "Soul"을 보라(플라톤에 대해서는 673-74; 아리스토텔레스와 스토아 철학자들에 대해서는 674를 보라). 영혼을 주제로 한 고대의 논문에 대한 간결한 설명은 Dillon and Finamore, "Preface," ix-x을 보라. 플라톤과 영혼을 길게 설명한 Merlan, *Platonism*, 8-29을 보라. 그리고 (Laws, *James*, 59n1에 인용되었듯이) Guthrie, *Plato*, 346-47, 421-25, 476-78을 보라. 플라톤 이전의 그리스 사상에 대해서는 Croce, "Concepto"를, 히브리적 접근과의 대조에 관해서는 Isaacs, *Spirit,* 15을 참조하라.

2   Pelikan, *Acts*, 192에 동의함.

살아남는 것으로 여겼다. 일부 유대인 사상가들도 이런 접근을 받아들였는데, 이는 특히 지중해 디아스포라에서 시작하여 바울 당시 디아스포라 유대인들이 받아들인 여러 접근의 범위 안에 있었다.

독특한 실체로서 영혼

이방인들 사이에서 사람들은 종종 영혼과 몸을 함께 전인으로 느슨하게 말했으며,[3] 일부 사상가들은 이것을 정상적인 접근으로서 다루었다.[4] 하지만 다른 사상가들은 오직 영혼만을 진정한 인격으로 여겼다.[5] 대중적인 언어[6]와 철학적 담화[7]는 모두 일반적으로 영혼과 몸을 구별했다. 플라톤 전통의 사상가들이 이런 구별을 가장 강조했지만,[8] 스토아 철학자들도 영혼과 몸을 구별했으며 영혼을 더 우월한 부분으로 간주했다.[9] 회의론자들도

---

3   Livy 28.15.6; 28.19.13; Philost. *Hrk.* 27.10. Sen. Y. *Ep. Lucil.* 113.5에서 세네카가 이해한 영혼은 그의 인격의 한 부분이다.

4   Mus. Ruf. 6, p. 54.3-4; Marc. Aur. 5.13; 6.32; 동물에 대해서는 Hierocles *Ethics* 4.39-40 을 보라.

5   Plato *Phaedo* 115D; Epict. *Diatr.* 1.1.24; 1.25.21; 3.13.17; Diog. Laert. 3.63(플라톤에 대해); Porph. *Marc.* 8.147-50; 32.485-89; 참조. Cic. *Resp.* 6.24.26; *Tusc.* 1.22.52.

6   예. *Rhet. Alex.* pref. 1421a.17-18; Jos. *Ant.* 18.282; Fronto *Nep. am.* 2.8; Philost. *Ep.* 8 (46); *Gr. Anth.* 7.109.

7   Cic. *Tusc.* 3.3.5; 3.10.22; 4.13.28; Philost. *Vit. Apoll.* 8.5. 이암블리코스에게 영혼은 지성과 몸 사이를 중개한다(Finamore and Dillon, "Introduction," 15).

8   예. Plut. *Plat. Q.* 3.1, *Mor.* 1002B; *Table* 5.intro, *Mor.* 672F-673A; *Pleas. L.* 14, *Mor.* 1096E(평하하는 사람들에게 항의하면서); *Aff. Soul, Mor.* 500B-502A 여러 곳; Max. Tyre *Or.* 33.7-8; Diog. Laert. 3.63(플라톤에 대해); Porph. *Marc.* 9.154-58.

9   Cic. *Fin.* 3.22.75; Mus. Ruf. 6, p. 54.4-6; Arius Did. 2.7.7b, p. 46.11-18. 이 문제에 대해서는 아리스토텔레스도 덕을 몸보다는 영혼에 속한 것으로 돌린다(Arist. *N.E.* 1.12.6, 1102a).

마찬가지였지만, 대부분의 문제들을 단순히 관습으로 여겼다.[10] 플라톤 철학자들과 일부 다른 철학자들은 몸을 영혼이 갇혀 있는 그릇, 싸개, 줄기 또는 이와 비슷한 용기에 비유했다.[11] 플라톤은 몸에 갇힌 영혼을 "껍질 안에 있는 굴과 같은 것"으로 여겼다.[12]

비록 많은 사상가가 영혼과 물질을 구별했지만, 모든 사람이 다 그렇게 한 것은 아니다. 아리스토텔레스는 무형의 영혼을 단지 몸의 물질에 "형체" 또는 구조를 제공하는 것으로 여겼다.[13] 이 시대의 가장 대중적인 철학 학파인 스토아 철학자들과 에피쿠로스 철학자들은 모두 물질주의자들이었다.[14] 에피쿠로스 철학자들이 이해하기에, 몸은 영혼에 영향을 주

---

10 Sext. Emp. *Pyr.* 1.79.

11 예. Plut. *Isis* 5, *Mor.* 353A; Porph. *Marc.* 32.485-93; Iambl. *Soul* 6.34, §382를 보라. 플라톤 철학자들 이후의 예를 보라. Cic. *Tusc.* 1.22.52; Dio Chrys. (Favorinus) *Or.* 37.45. 스토아 철학자인 Marc. Aur. 3.7(번역. Haines, LCL, 57)도 참조하라: "그의 영혼이 그의 몸으로 덮혔다."

12 Plato *Phaedr.* 250C; Plut. *Exile* 17, *Mor.* 607D에서 찬성하여 인용됨(번역. Perrin, LCL, 7:569-71).

13 Iambl. *Soul* 1.3, §363; Martin, *Body*, 7-8. 영혼은 무형체이지만, 불이 그러하듯이 여전히 물질이었다(Martin, *Body*, 8). 스토아 철학자들 역시 사람을 "인과관계"와 "물질"에 따라 나눌 수 있었다(Marc. Aur. 5.13).

14 Ramelli, *Hierocles*, 44n24; 스토아 철학자들에 대해서는 Iambl. *Soul* 2.10, §367을 보라. 스토아 철학자들은 아리스토텔레스 철학자들과 달리 영혼과 몸을 구별했지만, 일반적으로는 영혼을 플라톤 철학자들과 달리 물질로 다루었다(Dillon and Finamore, "Preface," x). 스토아 철학자들은 πνεῦμα(프뉴마)를 물질로 생각했다(Keener, *Acts*, 1:530-31과 그곳에 인용된 자료들; 예. Long, *Philosophy*, 155-58, 171; Lake, "Spirit," 103; Klauck, *Context*, 353-54; Scott, *Spirit*, 52-53을 보라; 참조. Büchsel, *Geist*, 45-49, 특히 47; Schweizer, *Spirit*, 29; Nolan, "Stoic Gunk"; Vogt, "Brutes"). 그러므로 Engberg-Pedersen은 바울의 이런 용례를 제안한다(Engberg-Pedersen, "Spirit"; Engberg-Pedersen, *Cosmology*). 하지만 바울은 보통 하나님의 영을 물질이 아니라 하나님으로 언급한다. 이 점과 관련하여 Engberg-Pedersen에 대한 몇몇 반응은 Levison, "*Stoa Poecile*"; Barclay, "Stoic Physics"를 보라.

며, 몸이 죽을 때 영혼도 죽는다.[15] 많은 스토아 철학자에게 몸 안에 있는 영혼은 물질에 스며들어 있고 물질을 구성하는 보편적인 신적 이성의 구체적인 사례였다.[16] 스토아 철학자들은 몸을 영혼의 그릇으로 보기보다 영혼을 몸 전체에 혼합된 것으로 여겼다.[17] 몸과 영혼은 서로 영향을 줄 수밖에 없다.[18] 스토아 철학의 관점에서 영혼과 몸의 관계는 서로 분리될 때 고통을 의미할 수 있었지만, 에피쿠로스 철학은 영혼이 몸의 많은 구멍을 통해 쉽게 떠날 수 있다고 주장할 수 있었다.[19]

(이 시대에 우세했던 플라톤 철학의 형식을 따르는) 중기 플라톤 철학자들조차도 항상 완전한 의미의 데카르트적 이원론자들은 아니었다. 때때로 그들은 이성적인 영혼을 불과 연결했는데, 따라서 영혼은 본질이었고, 몸보다 더 가볍고 순수했다.[20]

---

15   Lucret. *Nat.* 3.417-977(특히 417-829).

16   Long, "Soul"; Long, *Philosophy*, 171(Diog. Laert. 7.156을 인용함); 참조. Martin, *Body*, 21; Stowers, "Self-Mastery," 527-28.

17   Hierocles *Ethics* 4.4-6, 44-46.

18   Hierocles *Ethics* 4.11-14.

19   Philod. *Death* 7.6-20. Henry, "Introduction," xix를 보라. 다른 사람들도 영혼을 질 좋은 실체로 여겼다(참조. Lucret. *Nat.* 3.370-95; Iambl. *Soul* 1.2, §363; 1.9, §366).

20   Martin, *Body*, 13; Stowers, "Self-Mastery," 527. 플라톤 철학자들은 "영혼 안에 있는 이성적인 요소와 감정적인 요소를 모두" 상상했지만, "제논의 새로운 스토아 철학의 일차적인 특징은 순전히 이성적인 소크라테스적 영혼으로 회귀한 것이었다"(Sedley, "Debate," 152).

영혼의 사후세계

이 시기에 사후세계에 대한 옛 신화적 전통들을 계속해서 받아들이고[21] 종교적으로 지상에서의 행복뿐만 아니라 사후의 복된 삶에 대한 일부 신비종교에 소망을 구축한 사람들이 있었다.[22] 하지만 많은 사상가가 이런 개념을 비판했으며,[23] 사후세계에 대한 대중적인 생각도 종종 일관성이 없었다.[24] 실제로 장례 비문 중 10퍼센트만이 사후세계를 명시적으로 단언하며, 더 강력한 것은 많은 사람이 존재하지 않는 것을 한탄한다는 점이다.[25]

---

21 전통적인 신화로는 Hom. *Od*. 11.204-24, 487-91(그러나 호메로스 이후에 소망은 천상적인 사후세계를 향해 이동했다; Klauck, *Context*, 75; Bremmer, "Hades"); Burkert, *Religion*, 194-99; Lieven, Johnston, and Käppel, "Underworld"를 보라. 지하세계에 대한 베르길리우스의 묘사는 가장 영향력이 있는 것에 속한다(Kaufmann, "Underworld"). 어두컴컴한 지하세계에 대한 로마인들의 개념에 대해서는 Borca, "Exploration"을 보라. 오르페우스교의 사후세계에 대해서는 다음을 보라. Diog. Laert. 6.1.4; Guthrie, *Orpheus*, 148-93, 269(어쩌면 Bijovsky, "Allegory"도 해당할 것이다; Nock, "Developments," 508-9; Nilsson, *Dionysiac Mysteries*, 116-32에서 디오니소스 종교도 참조하라; 그러나 Nilsson은 예술 작품에서 너무 많은 이데올로기를 재구성한다).

22 Nock, *Conversion*, 102-5; Burkert, *Mystery Cults*, 21-27. 예. Apul. *Metam*. 11.6(그러나 일반적으로 이시스 제의에서 발견됨, Wagner, *Baptism*, 112을 보라); 엘레우시스 신비종교에 대해서는 Isoc. *Paneg*. 28; Grant, *Hellenism*, 12의 논의; Burkert, *Mystery Cults*, 21; Mylonas, *Eleusis*, 268-69; Wagner, *Baptism*, 87; Klauck, *Context*, 117; Godwin, *Mystery Religions*, 52; 바쿠스 제의에 대해서는 *Religion*, 293-95; Burkert, *Mystery Cults*, 21-22을 보라.

23 예. Epict. *Diatr*. 3.13.15. Diog. Laert. 6.2.39에서 신비종교의 사후세계 약속을 비난하는 견유학파 디오게네스를 주목하라. 신화적 사후세계에 대한 풍자에 대해서는 다음을 보라. Lucian Z. *Cat*. 17-18; *Dial. D*. 402-3(11/16, *Diogenes and Heracles* 1-4); 405(11/16, *Diogenes and Heracles* 5); *Lover of Lies* 29-33의 유령 이야기.

24 Philod. *Death* 28.5-13의 비평을 보라. 모순되는 사상들 역시 Warden, "Scenes"에서 언급된다.

25 Klauck, *Context*, 80; 더 자세한 내용은 Thomas, "Dead," 288을 보라. 하지만 죽음에 대해 비통해하는 비관주의의 많은 표현은 오늘날과 마찬가지로 사후세계에 대한 일부 소망과 공존할 수 있었다. 하지만 고대에 그것들은 정형화될 만큼 빈번했다.

철학 학파들 사이에서 다수의 사상가는 사후세계에 대한 불가지론을 고백하려 하지 않았다.[26] 몇몇 다른 사람들처럼[27] 에피쿠로스 철학자들은 우리가 예상하듯이 영혼의 불멸을 거부했다.[28] 의학 저술가들과 많은 철학자들은 모두 영혼을 언젠가 반드시 사라질 것으로 간주했다.[29]

하지만 다른 일부 사상가들은 영혼을 불멸의 것으로 여겼다.[30] 다시 말하지만, 이것은 플라톤 사상의 중요한 특징이었으나, 플라톤 철학자들에게 제한된 것은 아니었다.[31] 영혼의 영원성에 대한 한 가지 특이한 논쟁은 선천적 지식에 의해 입증되는 영혼의 선재성에 대한 플라톤의 주장이

---

26   Confuc. *Anal.* 206(11.11)에서 인식론적 겸손과 대조하라. 사후세계에 관한 불가지론은 Lucian *Dem.* 43; Z. *Cat.* 17에 묘사된 사상가들 사이에서 나타난다. Fitch("Introduction," 23)는 세네카가 불가지론적 입장을 취했다고 주장한다. 하지만 세네카의 비극에 언급된 예들은 단순히 장르를 따랐을 것이다(Sen. Y. *Herc. fur.* 743-44, 749-59에서 사후세계의 전통에 주목하라).

27   Pliny E. *N.H.* 7.55.188-90.

28   Epicurus *Let. Men.* 125; Lucret. *Nat.* 3(Warren, "Lucretius"; O'Keefe, "Lucretius"를 보라); Philod. *Death* 1; Diog. Laert. 10.124; Hippol. *Ref.* 1.19; Sorabji, *Emotion*, 248. 견유학파 디오게네스도 참조하라: 죽음은 만일 죽은 자가 죽음을 의식하지 않는다면 악일 수 없다 (Diog. Laert. 6.2.68). (Iambl. *Soul* 7.36, §383에 언급되었듯이) 고대 사상가들은 견해들의 범위를 알고 있었다.

29   Weissenrieder, "Leitfaden"의 철저한 논의를 보라.

30   예. Xen. *Cyr.* 8.7.17-21(화자인 키루스는 믿을 만한 인물이다); Arist. *Soul* 1.4, 408b; Cic. *Tusc.* 1.8.18-24; 1.14.31; *Resp.* 6.24.26; *Senect.* 20.78; Dion. Hal. *Ant. rom.* 8.62.1; (Ps.-)Dion. *Epideictic* 6.283; Apul. *De deo Socr.* 126-27; Plot. *Enn.* 4.7.12; Libanius *Encom.* 6.10. Lucian *Dem.* 43도 참조할 수 있다.

31   Plato *Meno* 81B(Pindar *Thren.* frg. 133도 인용함; 참조. Pindar *Thren.* 7, frg. 131b, in Plut. *Apoll.* 35.120C); *Rep.* 10.611B; *Phaedo* 64DE; 105-7; *Phaedr.* 245C; Plut. *Div.* V. 17, *Mor.* 560B(죽은 후에 영혼은 달로, 생각은 태양으로 돌아간다는 플루타르코스에 대해서는 Buffière, "Séléné"를 보라); Max. Tyre *Or.* 10.2, 5; 41.5; Iambl. *Soul* 5.25, §377; *Letter* 8, frg. 2(Stob. *Anth.* 2.8.43); frg. 7 (Stob. *Anth.* 2.8.48); *Testimonium* 2(in Olympiodorus *In Gorg.* 46.9.20-28 [ed. Westerink]); Plato in Hippol. *Ref.* 1.17; Lucian *Fly* 7에 풍자됨; Lodge, *Ethics*, 394-409; Patterson, *Plato on Immortality*의 논의를 보라. 에르의 신화(Plato *Rep.* 10.614B ff.)에 대해서는 Dräger, "Er"를 보라.

다.[32] (당연히 본능의 진화론적 발전도, 이런 인간적 경향의 직접적인 신의 설계도, 또는 이 문제에 대한 그 어떤 조합도 바울의 문맥에서 중요한 부분이 아니었다.) 따라서 이런 접근과 관련하여 배움은 단지 기억에 불과했다.[33] 플라톤에게 나타나는 사상을 받아들인 피타고라스 철학자들은 환생, 즉 몸을 바꾸는 형태로의 불멸을 주장했다.[34] (실제로 그리스인들은 이집트인들,[35] 메소포타미아인들,[36] 페르시아인들을 포함하는 일부 다른 문화들이 영혼의 불멸을 주장했다고 믿었다.)[37]

---

32   Plato *Meno* 81BD; *Phaedo* 75CD. 영혼의 선재성에 대해서는 다음을 보라. Iambl. *Pyth. Life* 14.63; Dillon, *Middle Platonists*, 177의 필론. 참조. Epict. *Diatr.* 2.1.17; Wis. 8:19-20; *3 En.* 43:3; *b. Hag.* 12b; *Gen. Rab.* 8:7; 24:4; *Exod. Rab.* 28:6; Schechter, *Aspects*, 24; 하지만 더 섬세하게 대조한 Urbach, *Sages*, 1:234, 237-38을 보라; 천성적 경향에 대해서는 다음을 보라. Cic. *Top.* 7.31; Mus. Ruf. 2, p. 38.12-14; Max. Tyre *Or.* 21.7-8; Iambl. *Letter* 13, frg. 1.1-4(Stob. *Anth.* 2.2.6); Porph. *Marc.* 26.419-20. 선천적인 것으로서 예배하려는 경향에 대해서는 다음을 보라. Cic. *Inv.* 2.22.65; 2.53.161; Dio Chrys. *Or.* 12.27; Iambl. *Myst.* 1.3. 윤리학에 대해서는 Jackson-McCabe, "Preconceptions"를 참조하라.

33   Plato *Phaedo* 75CD; 이후의 작품들로는 Max. Tyre *Or.* 10.6; Porph. *Marc.* 10.185-86을 참조하라. 피타고라스 철학자들은 환생을 가르쳤으므로(Lucian *Phil. Sale* 5), 배움을 단지 기억으로 이해했다(*Phil. Sale* 3).

34   Diod. Sic. 10.6.1; Max. Tyre *Or.* 10.2; Philost. *Vit. Apoll.* 6.22; 8.31; *Ep. Apoll.* 58; Diog. Laert. 8.1.14; 8.5.83(피타고라스); Iambl. *Pyth. Life* 18.85; 32.219; Symm. *Ep.* 1.4.2; Hippol. *Ref.* 1.2-3; 참조. Croy, "Neo-Pythagoreanism," 739. 환생 견해에 대해서는 다음을 보라. Plato *Meno* 81BC; Hdt. 2.123; Val. Flacc. 3.383-96(악한 자들에 대해서만); Virg. *Aen.* 6.747-51; Sil. It. 13.558-59; Athen. *Deipn.* 15.679A; 참조. Sen. Y. *Ep. Lucil.* 108.20; Thom., "*Akousmata*" 105에 언급된 피타고라스와 오르페우스의 사상; Blackburn, "ΑΝΔΡΕΣ," 191에 언급된 에피메니데스와 피타고라스.

35   Hdt. 2.123. 참조. *Book of Dead*, Spell 20, parts T-1 & 2; Spell 30, part P-1; Spell 31a, part P-1; Spell 35a, part P-1; Spell 79, part P-1; Spell 177, part P-1. Lieven in Lieven, Johnston, and Käppel, "Underworld," 105-6도 보라. 그리스인의 낙원(Elysian Fields)(예. Statius *Silv.* 5.1.192-93)과 (Currid, *Egypt*, 98에 언급된) 이집트인의 "갈대밭"(field of reeds)을 참조하라. 이집트와 그리스의 사후세계 사상은 로마의 도시 알렉산드리아의 여러 무덤에 혼합되어 있다(Venit, "Tomb").

36   참조. *ANET* 32-34; Lieven in Lieven, Johnston, and Käppel, "Underworld," 104-5(그리스 신화와 비슷함).

37   Olmstead, *Persian Empire*, 40, 100-101을 보라. 참조. *PGM* 4.646-48, 748-49의 미트라교(참조. 719-23).

플라톤은 몸과 연합되어 있는 것이 몸과 분리되는 것보다 나쁘지는 않다고 인정했다.[38] 그러나 현재 영혼과 육체를 분리하는 법을 배우는 것은 육체와 분리되는 미래를 더 잘 준비하는 것이다.[39] 정결하게 된 영혼은 몸에서 해방될 수 있다.[40] 플라톤은 몸에서 분리되는 것을 대비하기 위해 미리 자신을 정화하라고 권했다.[41]

플라톤은 쾌락이 영혼을 몸에 못 박았다고 불평했다.[42] 그는 철학이 영혼을 몸에 집착하는 것으로부터 자유롭게 해주기를 원했다.[43] 많은 사상가가 몸을 영혼의 감옥 혹은 사슬로,[44] 또는 심지어 무덤으로까지[45] 여겼

---

38   Plato *Laws* 8.828D. 그렇지만 기꺼이 죽고자 하는 사람은 철학자에 비유될 수 있었다(Cic. *Marcell.* 8.25).

39   Plato *Phaedo* 80DE; Diogenes *Ep.* 39; Iambl. *Pyth. Life* 32.228; Porph. *Marc.* 32.494-95. 참조. Diog. Laert. 6.1.5(안티스테네스)에 언급된 불멸의 전제조건으로서 바르게 사는 것.

40   Iambl. *Soul* 8.43, §456; 정화를 위해 일부 영혼이 내려간 것에 대해서는 6.29, §380을 보라.

41   Plato *Phaedo* 67C.

42   Plato *Phaedo* 83CD; 다음의 자료들도 플라톤의 입장을 따른다. Proclus *Poet.* 6.1, K121.14-15; Iambl. *Letter* 3, frg. 2(Stob. *Anth.* 3.5.45); *Pyth. Life* 32.228.

43   Plato *Phaedo* 83A.

44   Plato *Phaedr.* 250C(참조. *Gorg.* 493E; *Phaedo* 82E); Cic. *Resp.* 6.14.14; 6.15.15; *Tusc.* 1.31.75; Sen. Y. *Dial.* 11.9.3; 12.11.7; *Ben.* 3.20.1-2(세네카에 대해서는 Sevenster, *Seneca*, 82-83을 참조하라); Epict. *Diatr.* 1.1.9; 1.9.11-12; Dio Chrys. *Or.* 30.10-24(화자 자신의 견해가 아닌 한 가지 견해를 말함); Heracl. *Ep.* 5; Max. Tyre *Or.* 7.5; 36.4; Philost. *Vit. Apoll.* 7.26; *Gnom. Vat.* 464(Malherbe, *Moral Exhortation*, 110에 언급된 피타고라스); Porph. *Marc.* 33.506-7; Philo *Alleg. Interp.* 3.21; *Drunkenness* 101; *Heir* 85(참조. 109의 악들); *Dreams* 1.138-39(필론에 대한 더 자세한 내용은 Hagner, "Vision," 85을 보라); *Diogn.* 6.7; 참조. Marc. Aur. 6.28의 힘든 노동.

45   Epict. *Diatr.* frg. 26(참조. 1.1; 1.8-9; 1.9.11-12, 16; 3.13.17; 4.7.15); Marc. Aur. 4.41(참조. 3.7; 4.5; 6.28; 9.3); Philo *Dreams* 1.138-39; Hippol. *Ref.* 5.3에 언급된 프리기아의 종파들; 참조. Plut. *Isis* 28, *Mor.* 362B. 학자들은 종종 이 사상을 언급한다. 예. Burkitt, *Church and Gnosis*, 33-35; Bornkamm, *Paul*, 130; Barclay, "Themes," 115; Patterson, *Plato on Immortality*, 20-21. 무덤으로서의 몸에 대한 정확한 언어유희인 σῶμα-σῆμα(소마-세마)를 플라톤의 소크라테스는 Plato *Cratyl.* 400BC에서 오르페우스 교도들에게 돌린다. 더 이른 시기의 오르페우스교에 대해서는 Guthrie, *Orpheus*, 156-58을 보라.

다. 이런 견해에 근거할 때, 죽음은 해방이었다.[46] 한 소피스트는 죽을 때 자신이 "불편한 동반자"인 몸에서 해방될 것이라고 느꼈다.[47] 이런 접근에 부합하게 몇몇 사상가는 심지어 몸을 폄하하기까지 했다.[48] 어떤 철학자는 의도적으로 그의 몸을 소홀히 여겼다.[49] 후기의 신플라톤 철학자는 자기 몸을 혐오하여 굶기까지 했다.[50] 플라톤의 제자 중 한 사람은 플라톤의 「영혼에 관하여」(*On the Soul*)를 읽고 나서 자살했다고 전해진다.[51] 하지만

46 예. Epict. *Diatr.* 1.9.16; Max. Tyre *Or.* 7.5; 10.3; Marc. Aur. 6.28; 11.3; Philost. *Hrk.* 7.3.

47 Arrian *Alex.* 7.2.4.

48 다음을 보라. Guthrie, *Orpheus*, 154(오르페우스교에 대해); Sevenster, *Seneca*, 69(세네카에 대해; 75에서는 바울과 대조함).

49 Val. Max. 8.7.ext.5, 카르네아데스에 대해; 참조. *Diogn.* 6.9. 많은 철학자의 소박한 의복과 최소한의 몸단장에 대해서는 다음을 보라. Dio Chrys. *Or.* 32.22; 34.2; 72.2, 5; Keener, *Acts*, 2:2140-41; 특히 견유학파의 예는 다음을 보라. Juv. *Sat.* 13.121-22; Crates *Ep.* 18, 30; Aul. Gel. 9.2.4-5; Lucian *Dem.* 48; *Runaways* 14, 20, 27; *Peregr.* 15, 24, 36; *Indictment* 6; *Phil. Sale* 9; *Icar.* 31; *Cynic* 4, 19-20. 견유학파의 위생 결핍에 대해서는 다음을 보라. Alciph. *Farm.* 38(에우티디코스에서 필리스쿠스까지), 3.40, ¶2; Lucian *Icar.* 31. 긴 머리를 한 철학자들에 대해서는 다음을 보라. Dio Chrys. *Or.* 12.15; 35.2; *Encomium on Hair*; Lucian *Phil. Sale* 2; *Peregr.* 15; *Cynic* 17, 19; Philost. *Vit. Apoll.* 7.36; Diog. Laert. 1.109; Iambl. *Pyth. Life* 2.11; 6.31; 수염을 길게 한 철학자들에 대해서는 다음을 보라. Epict. *Diatr.* 2.23.21; Plut. *Isis* 3, *Mor.* 352C; Artem. *Oneir.* 1.30; Aul. Gel. 9.2.4-5; Lucian *Runaways* 27; *Icar.* 29; *Fisherman* 42; *Dem.* 13; *Lover of Lies* 5; *Indictment* 11; *Hermot.* 18, 86; *Eunuch* 9; Philost. *Ep. Apoll.* 3, 70; 머리와 수염을 모두 길게 기른 철학자들에 대해서는 다음을 보라. Epict. *Diatr.* 4.8.12; 8.15; Dio Chrys. *Or.* 36.17; 47.25; 72.2; Lucian *Dial. D.* 371-72(20/10, *Charon and Hermes* 9); Philost. *Vit. Apoll.* 7.34. 견유학파와 대조적으로 스토아 철학자들은 수염을 길렀지만 머리는 짧게 깎았다(Lucian *Runaways* 27; *Hermot.* 18).

50 Eunapius *Lives* 456(그러나 Porph. *Plot.* 11.113과 대조됨). 플로티노스와 같은 신플라톤 철학자는 몸을 가진 존재를 악마로 여길 수 있었다(Plot. *Enn.* 1.7.3.20-21).

51 Callim. *Epig.* 25. 클레옴브로투스는 플라톤의 저서에서 영혼이 단지 몸에 감금되었다는 사실을 배우고 나서 높은 성벽 위에서 떨어져 죽었다고 전해진다(Cic. *Scaur.* 3.4, 이 이야기를 거짓으로 간주함). 카토는 자살을 시도하기 전에 영혼에 관한 플라톤의 논문을 읽었다(Appian *C.W.* 2.14.98-99; 하지만 Zadorojnyi, "Cato's Suicide"를 참조하라). 플라톤 자신은 자살을 지지하지 않았다(Plato *Phaedo* 62C; 참조. Novak, *Suicide and Morality*; Taran, "Plato").

키케로가 언급하듯이, 피타고라스와 플라톤조차도 "죽음을 찬양하긴 하지만, 우리가 삶에서 도망가는 것은 금한다." 이것은 본성을 어기는 것이다.[52] 좀 더 전체론적인 관점을 가진 사람들은 몸을 폄하하는 것을 더 완전히 피했다.[53]

엄밀히 말해서 모든 것이 해체되어 원시의 불로 환원될 것으로[54] 기대했던 초기 및 중기의 스토아 철학자들은 개별 영혼의 영원성을 받아들이지 않았다(그러나 많은 이들이 사후세계의 기간을 받아들였다).[55] 하지만 영혼의 불멸성의 형태를 받아들인 소수가 있었다.[56] 다른 사람들은 영혼이 잠시 떠돌아다니다가 결국 불로 돌아갈 것이라고 느꼈다.[57] 세네카는 아마도 이 시기의 온건한 스토아 철학의 다음과 같은 관점을 대표할 것이다. 즉

---

52   Cic. *Scaur.* 4.5(참조. Plato *Phaedo* 61C). Cic. *Resp.* 6.15.15; Sen. Y. *Ep. Lucil.* 58.36에 언급된 살아 있어야 할 의무를 참조하라. 자살에 대한 고대 철학자들의 견해에 대해서는 다음의 자료들을 보라. Cercidas frg. 1; Cic. *Fin.* 3.18.60; Sen. Y. *Ep. Lucil.* 70.4, 6, 14-16, 20-21; 77.15; Epict. *Diatr.* 1.2.1-3; 1.9.10-17, 20; 1.25.21; 2.1.19; 3.8.6; 3.13.14; Marc. Aur. 3.1; 8.47; Arius Did. 2.7.11m, p. 90.30-34; p. 92.1-3; Max. Tyre *Or.* 7.5; Diog. Laert. 7.4.167; 7.5.176; Lucian *Oct.* 19; *Dem.* 65; *Peregr.* 1-2; *Fisherman* 2; *Runaways* 1-2; *True Story* 2.21; *Book-Coll.* 14; Cooper, "Philosophers"; Wyllie, "Views"; Griffin, "Philosophy"; Klauck, *Context*, 363-65; Kerferd, "Reason"; Nietmann, "Seneca"; Noyes, "Seneca"; Xenakis, "Suicide Therapy"; Rist, "Seneca and Orthodoxy"; Ramelli, *Hierocles*, 106; Sorabji, *Emotion*, 172-73, 214-15. 더 자세한 논의는 Keener, *Acts*, 3:2503-5를 보라.

53   Mus. Ruf. 6, p. 54.4-6, 10-11; Hierocles *Marr.*(Stob. *Anth.* 4.79.53); 대중적인 수준에 대해서는 Sall. *Catil.* 1.7을 참조하라. 일부 사람들은 이보다 훨씬 앞서 나가 쾌락주의를 정당화했다. Winter, *Left Corinth*, 78의 논의를 보라.

54   다음의 예를 보라. Sen. Y. *Ben.* 4.8.1; Epict. *Diatr.* 3.13.4; Plut. *Comm. Conc.* 31, *Mor.* 1075B; Lucian *Phil. Sale* 14; Marc. Aur. 4.46; Diog. Laert. 9.1.7. 더 자세한 내용은 Adams, *Stars*, 116-18을 참조하라.

55   Bels, "Survie"를 보라.

56   Ju, "Immortality"에서 포시도니오스; Sen. Y. *Dial.* 12.11.7; *Ep. Lucil.* 57.9에서 영원한 것 (*aeternus*)으로서 영혼을 참조하라.

57   Marc. Aur. 4.21. 지하세계가 아니라 공중에 남아 있는 영혼들에 대해서는 Klauck, *Context*, 358을 보라.

지혜로운 영혼은 죽음 너머에서도 없어지지 않고 지속되지만, 그 영혼조차도 우주가 재창조되기 위해 파괴될 때 이전의 요소들로 되돌아간다.[58]

많은 지성인은 영혼을 본질적으로 선한 것으로,[59] 심지어 신적이고[60] 하늘에 속한 것으로까지[61] 이해했다. 몇몇 사람은 생각이 가장 높은 하늘처럼 반드시 고요함을 유지해야 한다고 주장했다.[62] 인간의 생각은 신과 공유되지만, 몸은 동물과 공유된다.[63] 몇몇 유대교 자료에서 생각은 천사의 속성을 지니지만, 몸은 동물들과 같다.[64] 정결한 영혼은 그가 나온 하늘로 다시 올라갈 수 있었다.[65] 이런 사상 역시 적어도 선한 영혼에 대해서는

---

58 Sen. Y. *Dial.* 6.26.7(다른 곳에 있는 그의 가르침 중 일부와 일관성이 없음); Klauck, *Context*, 358의 클레안테스와 크리시포스도 참조하라. 다른 스토아 철학자들에 대해서는 Haines, "Introduction," xxvi를 보라. 영혼들은 주기적으로 거듭날 수 있었다. 하지만 모든 스토아 철학자가 다음 주기에서 재탄생한 사람들이 어쨌든지 같은 사람이 된다고 확신했던 것은 아니다(Sorabji, *Emotion*, 243). 하나님과 달리 사람들은 반드시 죽는다(Sen. Y. *Ep. Lucil.* 124.14; 그러나 124.23을 참조하라).

59 예. Epict. *Diatr.* 3.3.4; 4.11.5; Max. Tyre *Or.* 34.2(10.6도 참조하라); 유대교 저술로는 *Let. Aris.* 236을 보라. Sir. 6:2, 4; 18:30-31에서 이 용어의 용례와 대조하라.

60 예. Cic. *Tusc.* 5.25.70; Sen. Y. *Ep. Lucil.* 78.10; *Nat. Q.* 1.pref.14; Max. Tyre *Or.* 33.7; Men. Rhet. 2.9, 414.21-22, 26; Philo *Heir* 64; *Creation* 135; 더 자세한 내용은 Caird, *Age*, 102과 그곳에 인용된 자료들을 보라. 신들은 영혼은 있지만, 몸이 없다(Max. Tyre *Or.* 41.5; Apul. *De deo Socr.* 123).

61 Plato *Phaedr.* 248AB; Virg. *Aen.* 6.728-34; Sen. Y. *Ep. Lucil.* 120.15; 유대교 진영에 대해서는 다음을 보라. Philo *Heir* 64(참조. *Spec. Laws* 3.2); *Sipre Deut.* 306.28.2; *Gen. Rab.* 8:11. 초기 오르페우스교에 대해서는 Grant, *Religions*, 108에서 금으로 만든 장례식 그릇들을 참조하라. 심지어 사후세계를 부인한 에피쿠로스 철학자들조차도 한 사람을 구성하는 천상적인 요소들을 인정했다(Lucret. *Nat.* 2.991-1006).

62 Sen. Y. *Dial.* 5.6.1.

63 예. Sall. *Catil.* 1.2; Epict. *Diatr.* 1.3.3; 참조. Max. Tyre *Or.* 33.7. Max. Tyre *Or.* 9.1-2에서 속성들에 대한 상호 보완적 묘사. 일부 견해들과 관련하여, 동물들에게도 영혼이 있었다 (Arist. *Pol.* 1.2.10, 1254a; Diog. Laert. 8.1.28; Plot. *Enn.* 4.7.14에 묘사된 피타고라스).

64 *Sipre Deut.* 306.28.2.

65 Plato *Phaedr.* 248E-249A; Cercidas frg. 1(자살한 견유학파 철학자에 대해); Cic. *Resp.* 6.15.15; 6.26.29; *Tusc.* 1.19.43-44; 1.31.75; Sen. Y. *Ben.* 3.20.1-2; *Dial.* 11.9.3; 12.11.6;

좀 더 대중적인 수준에서 별들의 불멸성에 대한 사람들의 개념에 반영되었다.[66] 예를 들어 스키피오(Scipio)의 꿈 이야기를 비교하라. 인류는 "당신이 별과 행성이라고 부르는 영원한 불에서 영혼을 받았다."[67] 또는 발레리우스 플라코스(Valerius Flaccus)의 생각을 예로 들어보자. 인간은 원래 불, 즉 하늘에 있는 별이었다. 인간은 언젠가 반드시 죽는 존재가 되었지만, 결국에는 하늘로 돌아간다.[68]

영혼과 몸에 관한 유대교 사상가들

바울 시대에 영혼에 관한 유대인의 견해, 특히 언어는 다양했다. 대부분의 학자들은 고대 이스라엘 백성들이 일원론적이거나 전체론적이었다고 믿는다. 즉 생명의 호흡을 몸과 구별했지만, 사람의 인격을 나누는 것은 거

Heracl. *Ep*. 5; Plut. *Isis* 78, *Mor*. 382F-383A; Men. Rhet. 2.9, 414.22-23; Porph. *Marc*. 6.105-8; 7.131-34; 황제에 대한 예. Vell. Paterc. 2.123.2; 2.124.3. 참조. Jonas, *Religion*, 43; Chadwick, *Early Church*, 36에 언급된 영지주의의 각색; Sheldon, *Mystery Religions*, 32의 신비종교에 관한 전통; Sheldon, *Mystery Religions*, 33-34의 미트라교. 영지주의자들은 초기 플라톤 사상(Nock, "Gnosticism," 266-67)뿐만 아니라 초기 이집트의 장례 문서(Frankfurter, *Religion in Egypt*, 261)의 사상들도 각색했을 것이다.

66   Cumont, *After Life*, 91-109(이제 그런 자격이 있다; 예. Gasparro, *Soteriology*, 98을 참조하라); Martin, *Body*, 117-18; Klauck, *Context*, 80을 보라. 유대교 자료로는 다음을 보라. 단 12:3; *1 En*. 51:5; 104:2(하지만 43:1, 4를 참조하라); *T. Mos*. 10:9; *2 Bar*. 51:10; 참조. Ps.-Phoc. 71; *Sipre Deut*. 47.2.5. 영웅의 신격화에 대해서는 다음을 보라. Virg. *Aen*. 7.210-11; Ovid *Metam*. 15.749, 843-51(참조. 15.875-76에서 오비디우스는 자신이 그렇게 될 것을 소망한다); Val. Max. 3.2.19; 4.6.ext.3; 6.9.15; Lucan *C.W*. 9.1-9; Ps.-Callisth. *Alex*. 2.15; Cercidas frg. 1; Eunapius *Lives* 469에서 철학자들의 신격화.

67   Cic. *Resp*. 6.15.15(번역. Keyes, LCL, 16:267).

68   Val. Flacc. 3.378-82.

의 강조하지 않았을 것이라고 말이다.[69] 많은 학자가 이런 전체론적 접근이 초기 유대교에서 지속되었다고 주장한다.[70] 이런 관찰은 대부분의 팔레스타인 유대교에 적용되는 것처럼 보이지만, 유대에서든지 특히 지중해 디아스포라에서든지 모든 유대인에게 적용되는 것은 아니었다.[71]

예를 들어 디아스포라에서 글을 쓴 유대인인 요세푸스는 영혼이 죽을 때 몸에서 해방되기까지 몸의 오염에 의해 고통을 당하는 것으로 이해한다.[72] 그는 동료 유대인들에게 하나님이 각 사람에게 신성의 한 부분인 불멸의 영혼을 주셨음을 알아야 한다고 주장했다.[73] 요세푸스는 동료 유대인들에게 영혼을 몸에 갇힌 것으로 여기라고 권하는 한 유대인 혁명가를 (아마도 상상해서) 묘사한다.[74]

많은 이방인 사상가들이 그랬듯이, 랍비들은 몸을 폄하하지 않았다.

---

69 Urbach, *Sages*, 1:214-16; Meyers and Strange, *Archaeology*, 99.
70 아모라임에 대해서는 Urbach, *Sages*, 1:250을 보라(그러나 아모라임 랍비들이 영혼과 몸을 종종 구별했다는 점을 인정한다). 참조. Ps.-Phoc. 108에서 몸이 흙으로 돌아갈 때 영이 풀려나 공기 속으로 들어가는 것을 참조하라(그러나 *OTP* 2:578 n. *j*가 "스토아 철학의 영향"을 암시한 것은 옳을 수 있다). 하지만 필론이 헬레니즘의 인류학을 사용한 배후에 유대교 전통이 있다는 주장(Melnick, "Conception")은 내가 보기에 설득력이 없는 것 같다.
71 예. *Let. Aris.* 236; *T. Job* 20:3; *Apoc. Ezek.* 1-2; *1 En.* 102:5; *t. Sanh.* 13:2; *b. Ber.* 10a; 60b; *Yoma* 20b, bar. 디아스포라 유대인 저자들은 종종 "존재론적 이원론보다는 윤리적 이원론을 표현하기 위해" 몸과 영혼을 자주 구별했다(Isaacs, *Spirit*, 75-76). 몸과 영혼이 함께 언급되었지만, 전인을 더 강조했다는 점에 대해서는 2 Macc. 7:37; 14:38; *Let. Aris.* 139; *T. Sim.* 2:5; 4:8; *L.A.B.* 3:10; *T. Ash.* 2:6을 보라. 몸과 영혼의 밀접한 관계에 대해서는 *T. Naph.* 2:2-3을 보라.
72 Jos. *Ag. Ap.* 2.203. 요세푸스는 다른 곳에서 영혼과 몸을 구별하지만(*Ant.* 18.117, 세례 요한의 사역에 대해; 18.333), 때때로 둘의 연관성을 강조한다(*Ant.* 4.291, 298; 15.190; 18.282; *War* 1.95, 429; 2.60, 136, 476, 580, 588; 3.362). 영혼은 죽을 때 몸을 떠난다(*Ant.* 6.3; 13.317; 19.325; *War* 1.84).
73 Jos. *War* 3.272. 요세푸스는 *War* 3.278에서 몸이 영혼에게는 외국인이라고 말한다.
74 Jos. *War* 7.345; 참조. 7.340-88(특히 340, 348, 355). 고대 청중은 이 이야기를 요세푸스의 구성으로 인식했을 것이다(Luz, "Masada").

하지만 그들은 특히 후기 (아모라임) 자료들에서는 몸과 영혼을 구별했다.[75] 초기의 한 (탄나임) 랍비는 부활 때 하늘로부터 영혼을, 땅으로부터 몸을 데려와서 다시 하나가 되게 하시는 하나님에 대해 말했다.[76] 후기 랍비의 비유에서 몸은 반드시 부활하는데, 그 이유는 영혼과 몸이 함께 죄를 범했지만 죽을 때에는 분리된 영혼과 몸이 함께 심판받을 것이기 때문이다.[77] 일찍이 1세기의 또 다른 자료에는 이것과 똑같은 내용의 비유가 있다.[78]

디아스포라에서 「솔로몬의 지혜」는 부패한 몸[φθαρτὸν σῶμα]이 영혼을 무겁게 누른다"고 말한다.[79] 후기 작품에서 사탄은 욥의 몸을 괴롭히지만. 그의 영혼은 건드릴 수 없다.[80] 바울보다 먼저 글을 쓴 알렉산드리아의 필론은 여러 차례 몸을 영혼과 또는 (종종 더 의미 있게) 생각과 구별한

---

75   Urbach, *Sages*, 1:218-21; 헬레니즘과의 차이에 대해서는 248-49을 보라. 참조. Kahn, "Duality." 하나님이 순수하시고 우주를 채우듯이, 영혼은 순수하며 몸을 채운다(*b. Ber.* 10a; *Lev. Rab.* 4:8; *Deut. Rab.* 2:37).

76   *Sipre Deut.* 306.28.3; 이것은 탄나임의 주석이므로, 랍비 교훈의 초기 단계(특히 2세기 전통)를 반영한다. *t. Sanh.* 13:2, 4에서도 (비록 함께 취급되기는 했지만) 영혼과 몸이 구별된다. 죽을 때 영혼이 몸을 떠난다는 것은 *1 En.* 22:7; *4 Ezra* 7:78; *Eccl. Rab.* 5:10, §2도 보라. *1 En.* 102:5; *b. Ber.* 60b에서는 부활 때 영혼이 돌아온다고 한다. 사람 안에 있는 하늘의 요소와 땅의 요소에 대해서는 *Gen. Rab.* 14:3; *Eccl. Rab.* 6:6-7, §1을 보라. 필멸과 불멸에 대해서는 *Gen. Rab.* 14:9을 보라.

77   *B. Sanh.* 91ab. Young(*Parables*, 65-66)은 *Mek. Shir.* 2 on Exod. 15:1에서 더 간략한 형태를 인용한다(이 이야기에 대한 더 방대한 병행구; *OTP* 1:492-93; 더 초기의 것인 Wallach, "Parable"도 보라).

78   *Apoc. Ezek.* 1-2. Mueller and Robinson("Introduction," 488)은 전임자들과 증거를 인용하면서 기원전 50년과 기원후 50년 사이를 제안한다. 날짜에 대한 증거는 확실하지 않지만, 현재 이용할 수 있는 것으로는 최상이다.

79   Wis. 9:15. 이 알렉산드리아 유대교 작품은 여기서 필론에게도 반영된 일종의 중기 플라톤 철학의 영향을 반영한다. 이 작품에 나타난 불멸에 대해서는 Mazzinghi, "Morte e immortalità"도 보라.

80   *T. Job* 20:3.

다.[81] 필론에게 생각은 소위 영혼의 영혼이다.[82] 필론은 사람이 땅의 본질 뿐만 아니라 하나님의 호흡으로부터 창조되었음을 강조한다.[83] 필론은 영혼의 비가시성을 자주 강조하는데,[84] 이는 영혼이 보이지 않는 하나님의 형상처럼[85] 보이지 않는 하나님과 가족 관계[86]임을 표시한다.

사후세계에 관한 유대교 사상가들

영혼에 관한 유대인의 견해가 다양했듯이, 사후세계에 관한 유대인의 견해도 다양했다. 사두개인들은 부활뿐만 아니라 불멸도 분명히 부인했다.[87] 그들은 헬레니즘 이전 계통의 전통 하나를 이어갔을 것이다.[88] 후기 디아스포라 유대인 비문 중에는 "아무도 불멸하지 않는다"고 통탄하는 것도 더러 있지만,[89] 이 말은 단순히 모든 사람이 죽는다는 것을 의미했을 것이

---

81 예. Philo *Creation* 67(영원하고 신적인 생각); *Alleg. Interp.* 2.22; *Sacr.* 9.

82 Philo *Creation* 66(참조. 69, 139); 참조. *Heir* 55, 여기서 영혼의 영혼은 하나님의 영에 의해 에너지를 공급받는다. 참조. Konstan, "Minds"에서 필론의 두 생각에 대한 논의.

83 예. Philo *Creation* 135; 참조. 창 2:7. 창 1:1에서 필론은 "하늘"을 생각과, "땅"을 감각 지식과 나란히 놓는다(*Alleg. Interp.* 1.1).

84 예. Philo *Dreams* 1.73, 135; *Jos.* 255; *Mos.* 2.217; *Virt.* 57, 172.

85 예. Philo *Worse* 86; 참조. *Plant.* 18; *Decal.* 60.

86 예. Philo *Cher.* 101.

87 Jos. *Ant.* 18.16; *War* 2.165. 사두개인들을 좋아하지 않았던 요세푸스는 그들이 에피쿠로스 철학자들과 비슷함을 넌지시 나타낸다.

88 Sir. 17:28, 30; 참조. Sir. 7:17(불과 함께); 10:11; 19:3의 벌레들. 일부는 이것을 페르시아 시대 동안 지배했던 유대인의 견해로 간주한다(예. Montefiore, "Spirit of Judaism," 36). Ferguson(*Backgrounds*, 439)은 집회서가 지하세계에 대한 구약성서의 이미지를 보존함을 제시한다(Sir. 14:16-19; 17:25-32; 38:16-23; 41:4; 48:5; 51:5-6을 인용함).

89 *CIJ* 1:263, §335; 1:309, §401; 1:334, §450을 보라. 참조. 부록 A의 "영혼의 사후세계" 단락에서 이와 비슷한 이방인들의 염세주의적 비문들.

다. 하지만 요세푸스는 바리새인들이 사두개인들보다 더 대중적인 견해를 반영했으며, 기원후 70년 이전에 땅에 묻힌 유대인들의 증거가 널리 퍼진 사후세계에 대한 믿음을 암시한다고 주장한다.[90]

확실한 것은 많은 유대인 저술가가 죽음을 몸을 떠나는 영혼 또는 비물질적인 요소로 상상했다는 점이다.[91] 많은 유대인이 불멸하는 것으로서의 영혼에 대해 말했다.[92] 유대교 자료는 불멸에 대한 믿음을 입증해주는데, 심지어 헬레니즘의 본질적인 영향을 받기 이전 자료들까지 포함하여 광범위한 자료가 이를 증명한다.[93]

기원전 1세기의 작품으로 추정되는 「솔로몬의 시편」(Psalms of Solomon)은 멸망하게 될 악한 자들과 달리 "영원히" 계속 존재할 의인들의 생명에 대해 말한다.[94] 일부 묵시문학에서 죽음은 언젠가 반드시 죽어야 하는 것

---

90 Goodenough, *Symbols*, 1:164-77과 여러 곳. 일부 학자는 사후세계 전통을 가지고 있는 이스라엘의 주변 문화들처럼 이스라엘 사람들이 무덤에 그릇들을 놓아두었기 때문에 사후세계를 믿었다고 주장한다. Sellers, "Belief," 특히 16을 보라.

91 예. *1 En*. 9:10; 22:7; Tob. 3:6; Bar. 2:17; Wis. 16:14; Jos. *War* 1.84; *4 Ezra* 7:78; *T. Ab*. 1:24-25 A; 4:9; 9:10 B; *b. Yoma* 20b, bar.; *Lev. Rab*. 34:3; *Eccl. Rab*. 5:10, §2; *Pesiq. Rab*. 31:2; 마 10:28; 약 2:26. 제2성전기 유대교 자료들을 폭넓게 조사한 Gundry, *Sōma*, 87-109과, 간략하게 열거한 Gundry, *Matthew*, 197을 보라. 많은 이방인 자료가 이 견해를 분명히 표현한다. 예. Plato *Phaedo* 64C; 115D; Arist. *Soul* 1.5, 411b; Varro *L.L.* 5.10.59; Lucret. *Nat*. 3.121-23, 323-49; Socratics *Ep*. 14; Sen. Y. *Dial*. 1.5.8; Epict. *Diatr*. 2.1.17; Marc. Aur. 4.5; Max. Tyre *Or*. 5.8; 9.5-6.

92 예. Jos. *Ant*. 17.353; *War* 1.650; 3.372. 사람들은 눈에 보이는 물질로부터 지음을 받았으므로 죽는다. 하지만 또한 그들은 보이지 않는 물질이기에 산다(*2 En*. 30:10 J). Tac. *Hist*. 5.5는 유대교의 사후세계에 대한 믿음과 이집트의 사후세계에 대한 믿음을 비교한다. 의인들의 불멸은 아마도 *Jos. Asen*. 27:10(*OTP* 2:245; = 27:8 Greek p. 214)에 등장할 것이다. Philonenko(C. Burchard in *OTP* 2:245 n. *n*에게는 미안하지만)에 동의함; 1 Macc. 2:63은 악인들의 불멸을 배제한다.

93 Légasse, "Immortalité"; Bonsirven, *Judaism*, 164-65의 더 간략한 개관을 보라.

94 *Pss. Sol*. 13:11.

으로부터의 탈출을 의미한다.[95] 후기 랍비들에게 영혼은 몸을 떠나기 전 삼 일간 몸 근처에 머물렀다.[96]

요세푸스는 헬레니즘의 청중을 위해 유대교 운동에 대한 그의 묘사를 상황화하면서 바리새인들이 영혼의 불멸을 믿는다고 선언한다. "그들은 영혼이 죽음 후에도 생존 가능한 힘이 있으며, 선하거나 악한 삶을 산 사람들을 위해 땅 아래에서 상급과 징벌이 있다고 믿는다. 영원히 감옥에 갇히는 것은 악한 영혼들의 몫이지만, 선한 영혼들은 새 생명으로의 쉬운 통로를 얻는다."[97] 또한 요세푸스는 에세네파를 헬레니즘의 용어로 묘사한다. 에세네파는 그들의 물질적인 몸이 부패하기 쉽고 일시적이지만, 그들의 영혼은 불멸이라고 믿었다. 그리스인들이 믿었듯이, 몸의 감옥에서 해방되면 선한 영혼은 위로 올라갈 것이다.[98]

---

95   *4 Ezra* 7:96. *Apoc. Mos.* 13:6에서는 아담의 영이 올라간다(*L.A.E.* 본문에는 병행구가 없음); 32:4(아담의 몸에 대해서는 33:2을 참조하라).

96   *Gen. Rab.* 100:7(초기 아모라임 중 한 사람인 Bar Kappara); 이보다 더 긴 기간을 언급한 *b. Shab.* 152b를 참조하라. 몇몇 사람은 고대 후기에 널리 퍼져 있던 모티프를 반영하면서 (참조. Thomas, "Dead," 289-91의 무덤 부장품) 고인의 무덤에서 청문회 요청을 일관성 없이 허락했을 수 있다(*b. Tann.* 23b에서 나타난다).

97   Jos. *Ant.* 18.14(번역. Feldman, LCL, 13). 영혼의 "새 생명"은 시대의 전환점에 순수한 몸을 입고 다시 돌아오는 것에 상응한다(*War* 3.374; 2.163도 보라). 이 이미지는 분명히 바리새인들의 부활론을 암시한다. 하지만 이는 플라톤 철학자들과 피타고라스 철학자들이 설명한 더 훌륭한 헬레니즘의 환생 사상과 비슷하게 하려고 지식이 없는 청중에게 모호하게 말한 것이다. 영혼의 사후세계는 미래의 부활과 양립할 수 있었다(예. *T. Ab.* 7:15-16 B; Légasse, "Immortalité"; 사해사본에서는 Ulrichsen, "Troen"을 보라).

98   Jos. *War* 2.154-55; 불멸에 대한 에세네파의 믿음을 더 간략히 설명한 *Ant.* 18.18을 보라. 요세푸스는 에세네파가 부활을 믿었음을 알았을 것이다(참조. *War* 2.153), 하지만 그는 더 훌륭한 헬레니즘의 개념(요세푸스가 *Ant.* 18.116-17에서 영혼과 몸을 깨끗하게 하는 세례 요한의 정화 의식을 상황화한 것과 같은 방식)에 호소한다. 4Q185 frgs. 1-2, col. 1.9-13은 구약성서와 고대 그리스의 전통에서와 마찬가지로 지하세계의 음울한 존재를 묘사할 것이다. 단지 불멸만이 아니라 미래에 있을 지상의 나라에 대해서는 Laurin, "Immortality"를 보라.

필론이 이해하기에, 영혼은 죽을 때 몸을 떠나 하나님께로 돌아간다.[99] 죽음은 부패하는 것에서 부패하지 않는 존재로, 즉 불멸로 옮겨간다.[100] 「솔로몬의 지혜」 및 「마카베오 4서」와 같은 헬레니즘 유대교 저술들은 분명히 불멸을 단언한다.[101] 외부인들은 그리스도인들 역시 사후세계를 믿었다는 것을 알았다. 루키아노스는 불멸을 믿을 정도로 현혹된 그리스도인들이 죽음에 위축되지 않는다고 불평한다.[102] 비록 바울이 많은 바리새인처럼[103] 부활 이전에도 존재하는 사후세계를 가르치긴 하지만(고후 5:8; 빌 1:23), 바울 서신은 플라톤 철학의 의미에서, 심지어 다른 곳에서 플라톤 철학의 몇몇 이미지를 빌려온 편지들에서조차도 ψυχή(프쉬케)라는 용어를 결코 명확하게 사용하지 않는다는 점을 유념할 필요가 있다. 여기서 바울이 받은 언어적 영향은 히브리어 "네페쉬"(*nephesh*)의 의미에 훨씬 더 가깝게 상응하는 관습적인 초기 그리스어의 의미로 ψυχή를 사용하는 70인역을 더 반영했다고 할 수 있다.[104]

---

99   Philo *Abr*. 258. 필론에게 나타나는 영혼의 불멸에 대해서는 *Alleg. Interp*. 1.1; 자세히 설명한 Wolfson, *Philo*, 1:395-413을 보라.

100   Philo *Virt*. 67; *Mos*. 2.288. 필론은 덕이 있는 사람들은 죽음 이후에 무형의 존재를 이룩할 것이라고 믿었다(Burnett, "Philo on Immortality").

101   예. Wis. 3:4; 5:15; 6:18-19; 8:13, 17; 15:3; 4 Macc. 9:22; 14:5; 16:13; 17:12; 18:23; 참조. Rost, *Judaism*, 110.

102   Lucian *Peregr*. 13. 루키아노스 자신은 에피쿠로스의 가르침을 더 좋아했다.

103   Jos. *Ant*. 18.14; *War* 2.163(참조. 3.374; *Ag. Ap*. 2.218). 요세푸스가 바리새인의 부활 신앙의 언어를 개작했으므로, 그것이 마치 플라톤의 환생처럼 이해될 수 있지만, 중간 상태의 존재는 특히 *Antiquities*에서 여전히 분명하다.

104   Walton, *Thought*, 148; Wright, *Perspectives*, 455-73을 보라.

부록 B: 바울의 성서에 나타난 하나님의 지혜로운 계획

바울은 역사 가운데 펼쳐진 하나님의 지혜로운 계획에 대해 말하면서(롬 9-11장), 자신의 견해에 따라 성서의 내러티브가 그리스도 안에서 절정에 이른다고 전제한다. 아래 내용은 바울이 주목했을 것으로 추정되는 더 넓은 이야기의 중요한 요소들이다. 물론 바울이 그것들 모두를 강조한 것은 아니지만 말이다.

바울이 그의 첫 번째 청중과 공유한 성서 내러티브는 인간의 타락(롬 3:23), 인류를 자신에게 회복시키기를 원하시는 하나님(참조. 5:10), 다시 의롭게 하시려는 하나님(참조. 1:17)과 같은 주제들을 비중 있게 강조한다. 이 내러티브는 하나님의 인자하심을 풍성히 묘사하는 것으로 시작한다. 즉 하나님은 세상을 선하게 창조하셨고, 사람을 그의 형상대로 지으셨다(창 1장). 하나님은 사람에게 모든 것을 제공하셨다(창 2장). 하지만 사람은 거짓을 선택하고, 하나님과 동등함을 추구함으로써(창 3:1-6) 모든 피조물에 대한 (또는 적어도 인간과의 관계에서, 3:17) 하나님의 축복을 손상시켰다. 더 많은 죄와 심판이 뒤따랐으며, 분명히 인류 전체에 만연하게 되었다(창 4-9장).

하지만 하나님은 회복을 찾으시려고 계속 인류에게 손을 뻗으셨는

데, 가장 분명하게 나타난 것이 노아를 통해서다. 노아의 사명은 회복을 가져오는 것이었다(창 5:29). 하지만 죄는 세상에 거하는 사람들과 함께 새롭게 된 세상에 다시 임했다(9:21-22). 아브라함을 부르신 것은 회복을 향한 또 다른 발걸음이었으며, 모든 사람에게 축복이 되기 위한 것이었다 (12:3; 18:18; 22:18; 26:4, 28:14). 왜냐하면 아브라함이 그의 후손에게 주님의 의와 정의의 길을 가르칠 것이기 때문이다(18:19).

하나님은 아브라함의 약속의 혈통인 이스라엘을 구속하셔서 거룩한 나라가 되게 하셨다(출 19:5-6; 20:2). 이것은 하나님의 사랑과 약속에 근거한 것이지 이스라엘의 공로가 아니다(신 7:7-11; 9:4-5; 10:15). 하나님은 이스라엘에 더 구체적인 율법을 주셨다. 이스라엘의 율법의 가장 중요한 특징은 그것이 온 땅의 창조주요 심판자이신 참하나님에게서 나왔다는 점이다(신 4:6-7). 그러므로 율법의 모든 의로운 명령은 하나님께 근거를 둔다. 하지만 이스라엘은 계속해서 불순종하고 실패했다. 하나님은 모세를 노아처럼 만들어서 그의 씨를 다시 시작하시겠다고 제안하셨다(출 32:10). 사사기는 이스라엘 안에서 벌어진 인간의 타락과 인간 구원자들의 정기적인 필요라는 반복되는 순환을 보여준다. 하지만 사사기가 경건한 통치자들의 부재에 이어지는 이스라엘의 도덕적 무정부 상태를 한탄하는 반면에(삿 17:6; 21:25; 참조. 18:1; 19:1), 이어지는 이스라엘의 역사는 열왕들 치하에서 일어난 이스라엘의 실패를 보여준다. 바울이 이 거대 내러티브를 묘사하는 것보다 구체적인 본문에 더 초점을 맞추고 있지만, 인간의 타락에 대한 그의 논제(롬 3:23)는 성서로부터 반박을 제기하기 어려웠을 것이다.

하나님께서 통치하시고, 그의 백성을 완전히 구원하시며, 정의, 의, 구원을 확립하시는, 궁극적인 회복의 때가 있으리라고 예언자들이 선언했고 시편이 찬양했다. 예언서의 모든 본문이 회복의 때와 관련되는 것은 아니지만, 회복을 말하는 본문 중에는 예언자들의 광범위한 스펙트럼을 넘어 다윗의 집의 회복을 담고 있는 구절이 많이 있다(사 11:1, 10; 55:3; 렘 23:5; 33:15-26; 겔 34:23-24; 37:24-25; 호 3:5; 암 9:11; 슥 12:8, 10).[1] 바울에게 이것은 하나님의 약속된 통치와 구원의 일꾼이자 궁극적인 구원자이신 예수 안에서 절정에 도달하는 내러티브다. 예수의 사역은 영원한 의의 가능성을 회복하고 하나님의 약속된 통치를 확립함으로써 궁극적으로 창조의 회복을 가져올 것이다.

---

1 이 구절들 가운데 아마도 10퍼센트에 해당하는 일부 구절은, 몇몇 주변 문화의 신적인 왕들을 반영하는 혼합주의의 위험에도 불구하고, 어떤 점에서는 다윗 계열 왕의 신적 특성을 암시하는 것으로 이해될 수 있다. 사 9:6-7("전능하신 왕", 참조. 10:21); 렘 23:5-6(하지만 참조. 33:16)을 보라. 참조. 슥 12:8. 오늘날 학자들은 이 본문들의 의미에 대해 논쟁을 벌이지만, 이 본문들은 자연스럽게 초기 그리스도인들에게 이런 내용을 연상시켰을 것이다.

참고 문헌

1차 자료

Alciphron. *The Letters of Alciphron, Aelian, and Philostratus.* Translated by Allen Rogers Benner and Francis H. Forbes. LCL. Cambridge, MA: Harvard University Press; London: Heinemann, 1949.

Apuleius. *Rhetorical Works.* Edited by Stephen Harrison. Translated and annotated by Stephen Harrison, John Hilton, and Vincent Hunink. Oxford: Oxford University Press, 2001.

Aristeas to Philocrates (Letter of Aristeas). Edited and translated by Moses Hadas. New York: Harper & Brothers, 1951. Reprint, New York: KTAV, 1973. See also *Letter of Aristeas.*

Arius Didymus. *Epitome of Stoic Ethics.* Edited by Arthur J. Pomeroy. SBLTT 44. Graeco-Roman Religion Series 14. Atlanta: SBL, 1999.

2 Baruch. Translated by A. F. J. Klijn. *OTP* 1:615-52.

The Book of the Dead, or Going Forth by Day: Ideas of the Ancient Egyptians concerning the Hereafter as Expressed in Their Own Terms. Translated by Thomas George Allen. Prepared for publication by Elizabeth Blaisdell Hauser. SAOC 37. Chicago: University of Chicago Press, 1974.

Callimachus. *Aetia, Iambi, Lyric Poems, Hecale, Minor Epic and Elegiac Poems, and Other Fragments.* Translated by C. A. Trypanis. LCL. Cambridge, MA: Harvard University Press, 1958.

Cicero. Translated by Harry Caplan et al. 29 vols. LCL. Cambridge, MA: Harvard University Press, 1913-.

Confucius. *The Sacred Books of Confucius and Other Confucian Classics.* Edited and translated by Ch'u Chai and Winberg Chai. Introduction by Ch'u Chai. New York: Bantam/University Books, 1965.

Dio Chrysostom. Translated by J. W. Cohoon and H. Lamar Crosby. 5 vols. LCL. Cambridge, MA: Harvard University Press, 1932-51.

Diogenes. *The Epistles of Diogenes.* Translated by Benjamin Fiore. In *The Cynic Epistles: A Study Edition*, edited by Abraham J. Malherbe, 92-183. SBLSBS 12. Missoula, MT: Scholars Press, 1977.

Diogenes Laertius. *Lives of Eminent Philosophers.* Translated by R. D. Hicks. 2 vols. LCL. Cambridge, MA: Harvard University Press, 1925.

Epictetus. *The Discourses as Reported by Arrian; the Manual; and Fragments.* Translated by W. A. Oldfather. 2 vols. LCL. Cambridge, MA: Harvard University Press, 1926-28.

Euripides. Translated by David Kovacs, Christopher Collard, and Martin Cropp. 8 vols. LCL. Cambridge, MA: Harvard University Press, 1994-2008.

Heraclitus. *The Epistles of Heraclitus.* Translated by David R. Worley. In *The Cynic Epistles: A Study Edition*, edited by Abraham J. Malherbe, 186-215. SBLSBS 12. Missoula, MT: Scholars Press, 1977.

Hermogenes. *On Issues: Strategies of Argument in Later Greek Rhetoric.* Translated by Malcolm Heath. Oxford: Clarendon, 1995.

Herodes. *Herodes, Cercidas, and the Greek Choliambic Poets.* Translated by A. D. Knox. LCL. Cambridge, MA: Harvard University Press, 1961.

Hesiod. *Hesiod, the Homeric Hymns, and Homerica.* Translated by Hugh G. Evelyn-White. Rev. ed. LCL. Cambridge, MA: Harvard University Press; London: Heinemann, 1936.

Iamblichus of Chalcis. *The Letters.* Translation, introduction, and notes by John M. Dillon and Wolfgang Polleichtner. SBLWGRW 19. Atlanta: SBL, 2009.

———. *On the Pythagorean Way of Life: Text, Translation, and Notes.* Edited and translated by John Dillon and

Jackson Hershbell. SBLTT 29. Graeco-Roman Religion Series 11. Atlanta: Scholars Press, 1991.

Isocrates. *Orations.* Translated by George Norlin and Larue van Hook. 3 vols. LCL. New York: Putnam's Sons; London: Heinemann, 1928-61.

Josephus. Translated by H. St. J. Thackeray et al. 10 vols. LCL. Cambridge, MA: Harvard University Press, 1926-65.

Letter of Aristeas. Translated by R. J. H. Shutt. *OTP* 2:7-34. See also *Aristeas to Philocrates.*

Libanius. *Libanius's "Progymnasmata": Model Exercises in Greek Prose Composition and Rhetoric.* Translation, introduction, and notes by Craig A. Gibson. SBLWGRW 27. Atlanta: SBL, 2008.

Marcus Aurelius. *The Communings with Himself.* Edited and translated by C. R. Haines. LCL. Cambridge, MA: Harvard University Press, 1916.

Maximus of Tyre. *The Philosophical Orations.* Translated by M. B. Trapp. Oxford: Clarendon, 1997.

Mekilta de-Rabbi Ishmael. Translated by Jacob Z. Lauterbach. 3 vols. Philadelphia: Jewish Publication Society of America, 1933-35.

Menander. Edited and translated by W. Geoffrey Arnott. 3 vols. LCL. Cambridge, MA: Harvard University Press; London: Heinemann, 1979-2000.

Musonius Rufus: "The Roman Socrates." Translated by Cora E. Lutz. YCS 10.

New Haven: Yale University Press, 1947.

Olympiodorus. *In Platonis Gorgiam Commentaria*. Edited by L. G. Westerink. Leipzig: Teubner, 1970.

Philo. Translated by F. H. Colson, G. H. Whitaker, and R. Marcus. 12 vols. LCL. Cambridge, MA: Harvard University Press, 1929–62.

Philostratus, Flavius, and Eunapius. *The Lives of the Sophists*. Translated by Wilmer Cave Wright. LCL. New York: Putnam's Sons; London: Heinemann, 1922.

Pindar. *Olympian Odes; Pythian Odes*. Translated by William H. Race. 2 vols. LCL. Cambridge, MA: Harvard University Press, 1997.

Plato. Translated by Harold North Fowler et al. 12 vols. LCL. Cambridge, MA: Harvard University Press, 1914–26.

Pliny the Younger. *Letters and Panegyricus*. Translated by Betty Radice. 2 vols. LCL. Cambridge, MA: Harvard University Press, 1969.

Plutarch. *Moralia*. Translated by Frank Cole Babbitt et al. 17 vols. in 18. LCL. New York: Putnam's Sons; Cambridge, MA: Harvard University Press; London: Heinemann, 1927–2004.

Porphyry. *Porphyry the Philosopher to Marcella*. Edited and translated by Kathleen O'Brien Wicker. SBLTT 28. Graeco-Roman Religion Series 10. Atlanta: Scholars Press, 1987.

Proclus. *Proclus the Successor on Poetics and the Homeric Poems: Essays 5 and 6 of His "Commentary on the Republic of Plato."* Translated with an introduction and notes by Robert Lamberton. SBLWGRW 34. Atlanta: SBL, 2012.

Pseudo-Philo. *Liber antiquitatum biblicarum*. Edited by Guido Kisch. Publications in Mediaeval Studies 10. Notre Dame, IN: University of Notre Dame Press, 1949.

Rhetorica ad Alexandrum. In *Aristotle, "Problems," Books 32-38; Rhetorica ad Alexandrum*. Translated by H. Rackham. LCL. Cambridge, MA: Harvard University Press, 1936.

Seneca the Younger. *Ad Lucilium epistulae morales*. Translated by Richard M. Gummere. 3 vols. LCL. Cambridge, MA: Harvard University Press, 1920–34.

———. *Moral Essays*. Translated by John W. Basore. 3 vols. LCL. Cambridge, MA: Harvard University Press, 1928–35.

———. *Naturales quaestiones*. Translated by Thomas H. Corcoran. 2 vols. LCL. Cambridge, MA: Harvard University Press, 1971–72.

Socratics. *The Epistles of Socrates and the Socratics*. Translated by Stanley Stowers and David R. Worley. In *The Cynic Epistles: A Study Edition*, edited by Abraham J. Malherbe, 218–307. SBLSBS 12. Missoula, MT: Scholars Press, 1977.

Stobaeus. *Eclogarum physicarum et ethicarum libri duo*. Edited by

Augustus Meineke. 2 vols. Leipzig: Teubner, 1860–64.

_____. *Florilegium*. In *Anthologium*. Edited by Otto Hense. 5 vols. Berlin: Weidmann, 1884–1912.

Symmachus. *The "Letters" of Symmachus: Book 1*. Translated by Michele Renee Salzman and Michael Roberts. Introduction and commentary by Michele Renee Salzman. SBLWGRW 30. Atlanta: SBL, 2011.

Targum Pseudo-Jonathan: Genesis. Translated by Michael Maher. ArBib 1B. Collegeville, MN: Liturgical Press, 1992.

Testament of Job. Translated by R. P. Spittler. *OTP* 1:839–68.

The Testament of Job, according to the SV Text. Edited by Robert A. Kraft et al. SBLTT 5. Pseudepigraph Series 4. Missoula, MT: SBL, 1974.

Testaments of the Twelve Patriarchs. The Greek Versions of the Testaments of the Twelve Patriarchs, Edited from Nine MSS Together with the Variants of the Armenian and Slavonic Versions and Some Hebrew Fragments. Edited by R. H. Charles. Oxford: Clarendon, 1908.

Thebaid. Greek Epic Fragments from the Seventh to the Fifth Centuries BC. Edited and translated by Martin L. West. LCL. Cambridge, MA: Harvard University Press, 2003.

Theon, Aelius. *The Progymnasmata of Theon the Sophist: A New Text with Translation and Commentary*, by James R. Butts. Ann Arbor, MI: University Microfilms International, 1989.

Valerius Maximus. *Memorable Deeds and Sayings*. Edited and translated by D. R. Shackleton Bailey. 2 vols. LCL. Cambridge, MA: Harvard University Press, 2000.

2차 자료

Abrahams, *Studies* (1). Abrahams, Israel. *Studies in Pharisaism and the Gospels*. 1st ser. Cambridge: Cambridge University Press, 1917. Reprinted with prolegomenon by Morton S. Enslin. Library of Biblical Studies. New York: KTAV, 1967.

Abrahams, *Studies* (2). Abrahams, Israel. *Studies in Pharisaism and the Gospels*. 2nd ser. Cambridge: Cambridge University Press, 1924.

Achtemeier, "Reflections." Achtemeier, Paul J. " 'Some Things in Them Hard to Understand': Reflections on an Approach to Paul." *Int* 38 (3, 1984): 254–67.

Achtemeier, *Romans*. Achtemeier, Paul J. *Romans*. IBC. Atlanta: John Knox, 1985.

Adams, "Habitus." Adams, Matthew. "Hybridizing Habitus and Reflexivity: Towards an Understanding of Contemporary Identity?" *Sociology* 40 (3, June

2006): 511–28.

Adams, *Stars*. Adams, Edward. *The Stars Will Fall from Heaven: "Cosmic Catastrophe" in the New Testament and Its World*. LNTS 347. New York: T&T Clark, 2007.

Adeyemi, "Rulers." Adeyemi, M. E. "The Rulers of This Age in First Corinthians 2:6–8: An Exegetical Exposition." *DBM* 28 (2, 1999): 38–45.

Adinolfi, "L'invio." Adinolfi, Marco. "L'invio del Figlio in *Rom* 8.3." *RivB* 33 (3, 1985): 291–317.

Aker, "*Charismata*." Aker, Benny C. "*Charismata*: Gifts, Enablements, or Ministries?" *JPT* 11 (1, 2002): 53–69.

Albright, *Biblical Period*. Albright, William Foxwell. *The Biblical Period from Abraham to Ezra*. New York: Harper & Row, 1963.

Albright, *Yahweh*. Albright, William Foxwell. *Yahweh and the Gods of Canaan*. Jordan Lectures, 1965. Garden City, NY: Doubleday, 1968.

Aletti, "Rm 7.7–5." Aletti, Jean-Noël. "Rm 7.7–25 encore une fois: Enjeux et propositions." *NTS* 48 (2002): 358–76.

Aletti, "Romans 7.7–5." Aletti, Jean-Noël. Romans 7,7–5: Rhetorical Criticism and Its Usefulness." *SEÅ* 61 (1996): 77–95.

Alexander, "Ambiguity." Alexander, Elizabeth Shanks. "Art, Argument, and Ambiguity in the Talmud: Conflicting Conceptions of the Evil Impulse in *b. Sukkah* 51b–52a." *HUCA* 73 (2002): 97–132.

Allegro, *Scrolls*. Allegro, J. M. *The Dead Sea Scrolls*. Baltimore: Penguin, 1959.

Allen, "Romans I–III." Allen, Leslie C. "The Old Testament in Romans I–VIII." *VE* 3 (1964): 6–41.

Allison, *Constructing Jesus*. Allison, Dale C., Jr. *Constructing Jesus: Memory, Imagination, and History*. Grand Rapids: Baker Academic, 2010.

Allo, *Première Épitre*. Allo, Le P. E.-B. *Saint Paul: Première Épitre aux Corinthiens*. 2nd ed. Paris: J. Gabalda, 1956.

Anderson, *Glossary*. Anderson, R. Dean, Jr. *Glossary of Greek Rhetorical Terms Connected to Methods of Argumentation, Figures, and Tropes from Anaximenes to Quintilian*. Leuven: Peeters, 2000.

Anderson, "Joy." Anderson, Gary A. "The Expression of Joy as a Halakhic Problem in Rabbinic Sources." *JQR* 80 (3–4, 1990): 221–52.

Anderson, *Rhetorical Theory*. Anderson, R. Dean, Jr. *Ancient Rhetorical Theory and Paul*. Rev. ed. CBET 18. Leuven: Peeters, 1999.

Angus, *Mystery-Religions*. Angus, S. *The Mystery-Religions and Christianity*. New York: Scribner, 1925.

Antonaccio, "Hero Cult." Antonaccio, Carla M. "Contesting the Past: Hero Cult, Tomb Cult, and Epic in Early Greece." *AJA* 98 (3, 1994): 389–

410.

Apple, "Power." Apple, Michael W. "Power, Meaning, and Identity: Critical Sociology of Education in the United States." *British Journal of Sociology of Education* 17 (2, 1996): 125–44.

Arbel, "Understanding." Arbel, Daphna V. "'Understanding of the Heart': Spiritual Transformation and Divine Revelations in the Hekhalot and Merkavah Literature." *JSQ* 6(4, 1999): 320–44.

Archer, *Hermeneutic.* Archer, Kenneth J. *A Pentecostal Hermeneutic: Spirit, Scripture, and Community.* Cleveland, TN: CPT Press, 2009.

Arnaldich, "Sacerdocio." Arnaldich, Luis. "El sacerdocio en Qumran." *Salm* 19 (2, 1972): 279–322.

Arrington, *Aeon Theology.* Arrington, French L. *Paul's Aeon Theology in 1 Corinthians.* Washington, DC: University Press of America, 1978.

Aubenque, "Prudence." Aubenque, Pierre. "Prudence." *BrillPauly* 12:88–90.

Aune, *Cultic Setting.* Aune, David E. *The Cultic Setting of Realized Eschatology in Early Christianity.* NovTSup 28. Leiden: Brill, 1972.

Aune, *Dictionary of Rhetoric.* Aune, David E. *The Westminster Dictionary of New Testament and Early Christian Literature and Rhetoric.* Louisville: Westminster John Knox, 2003.

Aune, "Duality." Aune, David E. "Anthropological Duality in the Eschatology of 2 Cor 4:16–5:10."

In *Paul beyond the Judaism/Hellenism Divide,* edited by Troels Engberg-Pedersen, 215–40. Louisville: Westminster John Knox, 2001.

Aune, *Environment.* Aune, David E. *The New Testament in Its Literary Environment.* LEC 8. Philadelphia: Westminster, 1987.

Aune, *Prophecy.* Aune, David E. *Prophecy in Early Christianity and the Ancient Mediterranean World.* Grand Rapids: Eerdmans, 1983.

Aune, "Προφήτης." Aune, David E. "The Use of προφήτης in Josephus." *JBL* 101 (3, 1982): 419–21.

Aune, "Significance." Aune, David E. "The Significance of the Delay of the Parousia for Early Christianity." In *Current Issues in Biblical and Patristic Interpretation: Studies in Honor of Merrill C. Tenney Presented by His Former Students,* edited by Gerald F. Hawthorne, 87–109. Grand Rapids: Eerdmans, 1975.

Avi-Yonah, "Archaeological Sources." Avi-Yonah, Michael. "Archaeological Sources." *JPFC* 46–62.

Avi-Yonah, *Hellenism.* Avi-Yonah, Michael. *Hellenism and the East: Contacts and Interrelations from Alexander to the Roman Conquest.* Ann Arbor: University Microfilms International for the Institute of Languages, Literature, and the Arts, Hebrew University, Jerusalem, 1978.

Baer, *Categories.* Baer, Richard A., Jr. *Philo's Use of the Categories Male and Female.*

ALGHJ 3. Leiden: Brill, 1970.

Baird, "Mature." Baird, William. "Among the Mature: The Idea of Wisdom in I Corinthians 2:6." *Int* 13 (4, 1959): 425-32.

Bamberger, "Prophet." Bamberger, Bernard J. "The Changing Image of the Prophet in Jewish Thought." In *Interpreting the Prophetic Tradition: The Goldman Lectures, 1955-1966,* edited by Harry M. Orlinski, 301-23. Cincinnati: Hebrew Union College Press; New York: KTAV, 1969.

Bamberger, *Proselytism.* Bamberger, Bernard J. *Proselytism in the Talmudic Period.* New York: KTAV, 1968.

Banks, "Romans 7:25A." Banks, Robert J. "Romans 7:25A: An Eschatological Thanksgiving?" *ABR* 26 (Oct. 1978): 34-42.

Barclay, *Gift.* Barclay, John M. G. *Paul and the Gift.* Grand Rapids: Eerdmans, 2015. 『바울과 선물』(새물결플러스 역간).

Barclay, *Jews in Diaspora.* Barclay, John M. G. *Jews in the Mediterranean Diaspora: From Alexander to Trajan (323 BCE-117 CE).* Berkeley: University of California Press, 1996.

Barclay, "Stoic Physics." Barclay, John M. G. "Stoic Physics and the Christ-Event: A Review of Troels Engberg-Pedersen, *Cosmology and Self in the Apostle Paul: The Material Spirit* (Oxford: Oxford University Press, 2010)." *JSNT* 33 (4, 2011): 406-14.

Barclay, "Themes." Barclay, William. "Great Themes of the NT. II. John i.1-14." *ExpT* 70 (1958): 78-82; (1959): 114-17.

Barnett, *Corinthians.* Barnett, Paul W. *The Second Epistle to the Corinthians.* NICNT. Grand Rapids: Eerdmans, 1997.

Barrett, *Adam.* Barrett, C. K. *From First Adam to Last.* New York: Scribner's, 1962.

Bartchy, *Slavery.* Bartchy, S. Scott. *ΜΑΛΛΟΝ ΧΡΗΣΑΙ: First-Century Slavery and the Interpretation of 1 Corinthians 7:21.* SBLDS 11. Missoula, MT: SBL, 1973.

Barth, *Ephesians.* Barth, Markus. *Ephesians.* 2 vols. AB 34, 34A. Garden City, NY: Doubleday, 1974.

Barth, *Romans.* Barth, Karl. *The Epistle to the Romans.* Translated from the 6th ed. by Edwyn C. Hoskyns. London: Oxford University Press, 1965.

Barth, "Speaking." Barth, Markus. "Speaking of Sin (Some Interpretive Notes on Romans 1.18-3.20)." *SJT* 8 (3, 1955): 288-96.

Baslez, "Martyrs." Baslez, Marie-Françoise. "Des martyrs juifs aux martyrs chrétiens." *EspV* 118 (194, 2008): 19-23.

Bauckham, *Climax.* Bauckham, Richard. *The Climax of Prophecy: Studies on the Book of Revelation.* Edinburgh: T&T Clark, 1993.

Bauckham, *Crucified.* Bauckham, Richard.

God Crucified: Monotheism and Christology in the New Testament. Grand Rapids: Eerdmans, 1998.

Baudry, "Péché." Baudry, Gérard-Henry. "Le péché originel dans les pseudépigraphes de l'Ancien Testament." *MScRel* 49 (3-4, 1992): 163-92.

Baudry, "Péché dans les écrits." Baudry, Gérard-Henry. "La péché originel dans les écrits de Qoumrân." *MScRel* 50 (1, 1993): 7-23.

Bauer, "ΑΓΑΠΩΣΙΝ." Bauer, Johannes B. "'. . .ΤΟΙΣ ΑΓΑΠΩΣΙΝ ΤΟΝ ΘΕΟΝ' Rm 8:28 (I Cor 2:9, I Cor 8:3)." *ZNW* 50 (1-2, 1959): 106-12.

Baumert, "Unterscheidung." Baumert, Norbert. "Zur 'Unterscheidung der Geister.'" *ZKT* 111 (2, 1989): 183-95.

Baumgärtel, "Flesh." Baumgärtel, Friedrich. "Flesh in the Old Testament." *TDNT* 7:105-8.

Beale, "Background." Beale, Gregory K. "The Old Testament Background of Reconciliation in 2 Corinthians 5-7 and Its Bearing on the Literary Problem of 2 Corinthians 6.14-7.1." *NTS* 35 (4, 1989): 550-81.

Beale, *Revelation*. Beale, Gregory K. *The Book of Revelation: A Commentary on the Greek Text*. Grand Rapids: Eerdmans, 1999.『NIGTC 요한계시록 상·하』(새물결플러스 역간).

Beale and Gladd, *Hidden*. Beale, Gregory K., and Benjamin L. Gladd. *Hidden but Now Revealed: A Biblical Theology of Mystery*. Downers Grove, IL: IVP Academic, 2014.『하나님의 비밀』(새물결플러스 역간).

Beare, *Philippians*. Beare, Francis Wright. *A Commentary on the Epistle to the Philippians*. 2nd ed. London: Adam & Charles Black, 1969.

Beck, *Psychology of Paul*. Beck, James R. *The Psychology of Paul: A Fresh Look at His Life and Teaching*. Grand Rapids: Kregel, 2002.

Belleville, *Glory*. Belleville, Linda L. *Reflections of Glory: Paul's Polemical Use of the Moses-Doxa Tradition in 2 Corinthians 3.1-18*. JSNTSup 52. Sheffield, UK: Sheffield Academic, 1991.

Bels, "Survie." Bels, J. "La survie de l'âme, de Platon à Posidonius." *RHR* 199 (2, 1982): 169-82.

Bendemann, "Diastase." Bendemann, Reinhard von. "Die kritische Diastase von Wissen, Wollen und Handeln: Traditionsgeschichtliche Spurensuche eines hellenistischen Topos in Römer 7." *ZNW* 95 (1-2, 2004): 35-63.

Benoit, "Mystères." Benoit, A. "Les mystères païens et le christianisme." In *Mystères et syncrétismes*, by F. Dunand et al., 73-92. EHRel 2. Paris: Librairie Orientaliste Paul Geuthner, 1975.

Benware, "Grammar." Benware, Wilbur A. "Romans 1.17 and Cognitive Grammar." *BTr* 51 (3, 2000): 330-40.

Berceville and Son, "Exégèse." Berceville, Gilles, and Eun-Sil Son. "Exégèse biblique, théologie et philosophie chez Thomas d'Aquin et Martin Luther commentateurs de Rm 7, 14-25." *RSR* 91 (3, 2003): 373-95.

Berger, "Diskussion." Berger, Klaus. "Zur Diskussion über die Herkunft von I Kor. II,9." *NTS* 24 (2, Jan. 1978): 271-82.

Bergmeier, "Mensch." Bergmeier, Roland. "Röm 7,7-5a (8,2): Der Mensch—das Gesetz—Gott—Paulus—die Exegese im Widerspruch?" *KD* 31 (2, 1985): 162-72.

Berkhof, *Powers*. Berkhof, H. *Christ and the Powers*. Translated by John Howard Yoder. Scottdale, PA: Herald, 1962.

Best, *Body*. Best, Ernest. *One Body in Christ: A Study in the Relationship of the Church to Christ in the Epistles of the Apostle Paul*. London: SPCK, 1955.

Best, "Pneuma." Best, Ernest. "The Use and Non-use of Pneuma by Josephus." *NovT* 3 (3, 1959): 218-25.

Best, *Temptation*. Best, Ernest. *The Temptation and the Passion: The Markan Soteriology*. SNTSMS 2. Cambridge: Cambridge University Press, 1965.

Bett, "Emotions." Bett, Richard. "The Sceptics and the Emotions." In *The Emotions in Hellenistic Philosophy*, edited by Juha Sihvola and Troels Engberg-Pedersen, 197-218. TSHP 46. Dordrecht, Neth.: Kluwer Academic, 1998.

Betz, "Christuserkenntnis." Betz, Otto. "Fleischliche und 'geistliche' Christuserkenntnis nach 2. Korinther 5,16." *TBei* 14 (4-5, 1983): 167-79.

Betz, "Concept." Betz, Hans Dieter. "The Concept of the 'Inner Human Being' (ὁ ἔσω ἄνθρωπος) in the Anthropology of Paul." *NTS* 46 (3, 2000): 315-41.

Betz, "Hermetic Interpretation." Betz, Hans Dieter. "The Delphic Maxim ΓΝΩΘΙ ΣΑΥΤΟΝ in Hermetic Interpretation." *HTR* 63 (4, Oct. 1970): 465-84.

Betz, *Jesus*. Betz, Otto. *What Do We Know about Jesus?* Philadelphia: Westminster; London: SCM, 1968.

Betz, *Magical Papyri*. Betz, Hans Dieter, ed. *The Greek Magical Papyri in Translation, Including the Demotic Spells*. 2nd ed. Chicago: University of Chicago Press, 1992-.

Betz, "Maxim in Papyri." Betz, Hans Dieter. "The Delphic Maxim 'Know Yourself' in the Greek Magical Papyri." *HR* 21 (2, Nov. 1981): 156-71.

Bianchi, *Essays*. Bianchi, Ugo. *Selected Essays on Gnosticism, Dualism, and Mysteriosophy*. SHR 38. Leiden: Brill, 1978.

Bijovsky, "Allegory." Bijovsky, Gabriela. "*AION*: A Cosmic Allegory on a Coin from Tyre?" *IsNumR* 2 (2007): 143-56, plate 16.

Binder, "Age(s)." Binder, Gerhard.
"Age(s)." *Brill Pauly* 1:331-35.

Bird, *Colossians*. Bird, Michael F. *Colossians
and Philemon*. NCCS 12. Eugene,
OR: Cascade, 2009.

Black, "Oration at Olivet." Black, C.
Clifton. "An Oration at Olivet: Some
Rhetorical Dimensions of Mark
13." In *Persuasive Artistry: Studies in
New Testament Rhetoric in Honor of
George A. Kennedy*, edited by Duane
F. Watson, 66-92. JSNTSup 50.
Sheffield, UK: Sheffield Academic,
1991.

Black, *Scrolls*. Black, Matthew. *The Scrolls
and Christian Origins*. London:
Nelson, 1961.

Blackburn, "ΑΝΔΡΕΣ." Blackburn,
Barry L. " 'Miracle Working ΘΕΙΟΙ
ΑΝΔΡΕΣ' in Hellenism (and
Hellenistic Judaism)." In *The Miracles
of Jesus*, edited by David Wenham
and Craig Blomberg, 185-218.
Gospel Perspectives 6. Sheffield, UK:
JSOT Press, 1986.

Blackwell, *Christosis*. Blackwell, Ben C.
*Christosis: Pauline Soteriology in
Light of Deification in Irenaeus and
Cyril of Alexandria*. WUNT 2.314.
Tübingen: Mohr Siebeck, 2011.

Blank, "Mensch." Blank, Josef. "Der
gespaltene Mensch: Zur Exegese von
Röm 7,7-25." *BibLeb* 9 (1, 1968):
10-20.

Boccaccini, *Judaism*. Boccaccini, Gabriele.
*Middle Judaism: Jewish Thought, 300
B.C.E. to 200 C.E.* Foreword by

James H. Charlesworth. Minneapolis:
Fortress, 1991.

Boda, "Word and Spirit." Boda, Mark J.
"Word and Spirit, Scribe and Prophet
in Old Testament Hermeneutics."
In *Spirit and Scripture: Exploring
a Pneumatic Hermeneutic*, edited
by Kevin L. Spawn and Archie
T. Wright, 25-45. New York:
Bloomsbury, 2012.

Boers, "Structure." Boers, Hendrikus. "The
Structure and Meaning of Romans
6:1-14." *CBQ* 63 (4, Oct. 2001):
664-82.

Boismard, *Prologue*. Boismard, Marie-
Émile. *St. John's Prologue*. Translated
by the Carisbrooke Dominicans.
London: Blackfriars, 1957.

Bongar and Beutler, *Textbook*. Bongar,
Bruce Michael, and Larry E.
Beutler. *Comprehensive Textbook of
Psychotherapy: Theory and Practice*.
New York: Oxford, 1995.

Bonhoeffer, *Discipleship*. Bonhoeffer,
Dietrich. *Discipleship*. Dietrich
Bonhoeffer Works 4. Translated by
Barbara Green and Reinhard Krauss.
Minneapolis: Augsburg Fortress,
2001.

Bonsirven, *Judaism*. Bonsirven, Joseph.
*Palestinian Judaism in the Time
of Jesus Christ*. New York: Holt,
Rinehart & Winston, 1964.

Bony, "Lecture." Bony, Paul. "Une lecture
de l'épître aux Romains: L'Évangile,
Israël et les nations." *EspV* 112 (72,
2002): 33-41; 112 (73, 2003): 14-

23.

Borca, "Exploration." Borca, Federico. "*Per Loca Senta Situ Ire*: An Exploration of the Chthonian Landscape." *CBull* 76 (1, 2000): 51–59.

Borgeaud, "Death." Borgeaud, Philippe. "The Death of the Great Pan: The Problem of Interpretation." *HR* 22 (1983): 254–83.

Borgen, *Bread.* Borgen, Peder. *Bread from Heaven: An Exegetical Study of the Concept of Manna in the Gospel of John and the Writings of Philo.* Leiden: Brill, 1965.

Boring, *Sayings.* Boring, M. Eugene. *Sayings of the Risen Jesus: Christian Prophecy in the Synoptic Tradition.* SNTSMS 46. Cambridge: Cambridge University Press, 1982.

Boring, Berger, and Colpe, *Commentary.* Boring, M. Eugene, Klaus Berger, and Carsten Colpe, eds. *Hellenistic Commentary to the New Testament.* Nashville: Abingdon, 1995.

Bornkamm, *Experience.* Bornkamm, Günther. *Early Christian Experience.* Translated by Paul L. Hammer. New York: Harper & Row; London: SCM, 1969.

Bornkamm, *Paul.* Bornkamm, Günther. *Paul.* Translated by D. M. G. Stalker. New York: Harper & Row, 1971.

Bosma and Kunnen, "Determinants." Bosma, Harke A., and E. Saskia Kunnen. "Determinants and Mechanisms in Ego Identity Development: A Review and Synthesis." *Developmental Review* 21 (1, Mar. 2001): 39–66.

Bousset, *Kyrios Christos.* Bousset, William. *Kyrios Christos: A History of the Belief in Christ from the Beginnings of Christianity to Irenaeus.* Translated by John E. Steely. Nashville: Abingdon, 1970.

Bouttier, *En Christ.* Bouttier, Michel. *En Christ: Étude d'exégèse et de théologie pauliniennes.* EHPR 54. Paris: Presses universitaires de France, 1962.

Bouwman, "Noch einmal." Bouwman, Gilbert. "Noch einmal Römer 1,21–2." *Bib* 54 (3, 1973): 411–14.

Bowker, "Visions." Bowker, John W. "'Merkabah' Visions and the Visions of Paul." *JSS* 16 (2, 1971): 157–73.

Bradley, "Magic." Bradley, Keith R. "Law, Magic, and Culture in the *Apologia* of Apuleius." *Phoenix* 51 (2, 1997): 203–33.

Bradley, "Wet-Nursing." Bradley, Keith R. "Wet-Nursing at Rome: A Study in Social Relations." In *The Family in Ancient Rome: New Perspectives,* edited by Beryl Rawson, 201–29. Ithaca, NY: Cornell University Press, 1986.

Brawley, *Centering on God.* Brawley, Robert L. *Centering on God: Method and Message in Luke-Acts.* Louisville: Westminster John Knox, 1990.

Bray, *Corinthians.* Bray, Gerald, ed. *1-2 Corinthians.* ACCS: New Testament 7. Downers Grove, IL: InterVarsity, 1999.

Bray, *Galatians, Ephesians.* Bray, Gerald,

참고 문헌 **515**

ed. *Galatians, Ephesians*. Reformation Commentary on Scripture, New Testament 10. Downers Grove, IL: IVP Academic, 2011.

Bray, *Romans*. Bray, Gerald, ed. *Romans*. ACCS: New Testament 6. Downers Grove, IL: InterVarsity, 1998.

Brega and Coleman, "Effects." Brega, Angela G., and Lerita M. Coleman. "Effects of Religiosity and Racial Socialization on Subjective Stigmatization in African-American Adolescents." *Journal of Adolescence* 22 (2, Apr. 1999): 223–42.

Bremmer, "Hades." Bremmer, Jan N. "Hades." *BrillPauly* 5:1076–77.

Brenk, "Image." Brenk, Frederick. "Image and Religion: A Christian in the Temple of Isis at Pompeii." In *Text, Image, and Christians in the Graeco-Roman World: A Festschrift in Honor of David Lee Balch*, edited by Aliou Cissé Niang and Carolyn Osiek, 218–38. PrTMS 176. Eugene, OR: Pickwick, 2012.

Brennan, "Theory." Brennan, Tad. "The Old Stoic Theory of Emotions." In *The Emotions in Hellenistic Philosophy*, edited by Juha Sihvola and Troels Engberg-Pedersen, 21–70. TSHP 46. Dordrecht, Neth.: Kluwer Academic, 1998.

Bright, *History*. Bright, John. *A History of Israel*. 3rd ed. Philadelphia: Westminster, 1981.

Brooke, "Interpretation." Brooke, George J. "Eschatological Bible Interpretation in the Scrolls and in the New Testament." *Mishkan* 44 (2005): 18–25.

Brooke, "Pesharim." Brooke, George J. "Pesharim." *DNTB* 778–82.

Brooke, "Pesher." Brooke, George J. "Qumran Pesher: Towards the Redefinition of a Genre." *RevQ* 10 (4, 1981): 483–503.

Brookins, "Wise Corinthians." Brookins, Tim. "The Wise Corinthians: Their Stoic Education and Outlook." *JTS* 62 (1, 2011): 51–76.

Brouwer, "Polybius and Tyche." Brouwer, René. "Polybius and Stoic Tyche." *GRBS* 51 (1, 2011): 111–32.

Brouwer, *Sage*. Brouwer, René. *The Stoic Sage: The Early Stoics on Wisdom, Sagehood, and Socrates*. New York: Cambridge University Press, 2014.

Brown, "*Mysterion*." Brown, Raymond E. "The Semitic Background of the New Testament *mysterion*." *Bib* 39 (1958): 426–48; 40 (1959): 70–87.

Brown, *Mystery*. Brown, Raymond E. *The Semitic Background of the Term "Mystery" in the New Testament*. Philadelphia: Fortress, 1968.

Brownlee, "Interpretation." Brownlee, William H. "Biblical Interpretation among the Sectaries of the Dead Sea Scrolls." *BA* 14 (3, 1951): 54–76.

Broyles, *Conflict*. Broyles, Craig Charles. *The Conflict of Faith and Experience: A Form-Critical and Theological Study of Selected Lament Psalms*. JSOTSup 52. Sheffield, UK: JSOT Press, 1989.

Broyles, "Lament." Broyles, Craig Charles. "Lament, Psalms of." In *Dictionary of the Old Testament: Wisdom, Poetry, and Writings*, edited by Tremper Longman III and Peter Enns, 384–99. Downers Grove, IL: IVP Academic, 2008.

Bruce, "All Things." Bruce, F. F. "'All Things to All Men': Diversity in Unity and Other Pauline Tensions." In *Unity and Diversity in New Testament Theology: Essays in Honor of George E. Ladd*, edited by Robert A. Guelich, 82–99. Grand Rapids: Eerdmans, 1978.

Bruce, *Apostle*. Bruce, F. F. *Paul: Apostle of the Heart Set Free*. Grand Rapids: Eerdmans, 1977.

Bruce, *Corinthians*. Bruce, F. F. *1 and 2 Corinthians*. NCBC 38. Greenwood, SC: Attic; London: Marshall, Morgan & Scott, 1971.

Bruce, *History*. Bruce, F. F. *New Testament History*. Garden City, NY: Doubleday, 1972.

Bruce, *Message*. Bruce, F. F. *The Message of the New Testament*. Grand Rapids: Eerdmans, 1981.

Bruce, "Myth." Bruce, F. F. "Myth and History." In *History, Criticism, and Faith*, edited by Colin Brown, 79–99. Downers Grove, IL: InterVarsity, 1976.

Bruce, *Romans*. Bruce, F. F. *The Epistle of Paul to the Romans*. TNTC. Grand Rapids: Eerdmans, 1963.

Bruce, "Spirit in Apocalypse." Bruce, F. F. "The Spirit in the Apocalypse." In *Christ and Spirit in the New Testament: Studies in Honour of C. F. D. Moule*, edited by Barnabas Lindars and Stephen S. Smalley, 333–44. Cambridge: Cambridge University Press, 1973.

Bruce, "Spirit in Qumran Texts." Bruce, F. F. "Holy Spirit in the Qumran Texts." *ALUOS* 6 (1966): 49–55.

Brunner, *Romans*. Brunner, Emil. *The Letter to the Romans*. Philadelphia: Westminster, 1959.

Bryan, *Preface*. Bryan, Christopher. *A Preface to Romans: Notes on the Epistle in Its Literary and Cultural Setting*. New York: Oxford University Press, 2000.

Buchanan, *Consequences*. Buchanan, George Wesley. *The Consequences of the Covenant*. NovTSup 20. Leiden: Brill, 1970.

Büchsel, *Geist*. Büchsel, D. Friedrich. *Der Geist Gottes im Neuen Testament*. Gütersloh: Bertelsmann, 1926.

Büchsel, "In Christus." Büchsel, Friedrich. "'In Christus' bei Paulus." *ZNW* 42 (1949): 141–58.

Buffière, "Séléné." Buffière, F. "Séléné: La lune dans la poésie, la science et la religion grecques." *BLE* 100 (1, 1999): 3–18.

Bultmann, "Anthropology." Bultmann, Rudolf. "Romans 7 and the Anthropology of Paul." In *Existence and Faith: Shorter Writings of Rudolf Bultmann*, 147–57. Cleveland:

World Publishing Company, 1960.

Bultmann, *Christianity*. Bultmann, Rudolf. *Primitive Christianity in Its Contemporary Setting*. Translated by Reginald H. Fuller. New York: Meridian, 1956.

Bultmann, *Corinthians*. Bultmann, Rudolf. *The Second Letter to the Corinthians*. Translated by Roy A. Harrisville. Minneapolis: Augsburg, 1985.

Bultmann, "Exegesis." Bultmann, Rudolf. "Is Exegesis without Presuppositions Possible?" In *The New Testament and Mythology and Other Basic Writings*, edited by Schubert Ogden, 145–53. Philadelphia: Fortress, 1984.

Bultmann, "Γινώσκω." Bultmann, Rudolf. "Γινώσκω." *TDNT* 1:689–719.

Bultmann, *Old and New Man*. Bultmann, Rudolf. *The Old and New Man in the Letters of Paul*. Translated by Keith R. Crim. Richmond: John Knox, 1967.

Bultmann, *Theology*. Bultmann, Rudolf. *Theology of the New Testament*. Translated by Kendrick Grobel. 2 vols. New York: Scribner's, 1951.

Bunta, "Metamorphosis." Bunta, Silviu N. "Metamorphosis and Role Reversal: Anthropomorphic Demons and Angelomorphic Humans in the *Life of Adam and Eve*." *Hen* 33 (1, 2011): 47–60.

Burkert, "Craft." Burkert, Walter. "Craft versus Sect: The Problem of Orphics and Pythagoreans." In *Self-Definition in the Greco-Roman World*, edited by Ben F. Meyer and E. P. Sanders,

1–22. Vol. 3 of *Jewish and Christian Self-Definition*. Philadelphia: Fortress, 1982.

Burkert, *Mystery Cults*. Burkert, Walter. *Ancient Mystery Cults*. Carl Newell Jackson Lectures. Cambridge, MA: Harvard University Press, 1987.

Burkert, *Religion*. Burkert, Walter. *Greek Religion*. Translated by John Raffan. Cambridge, MA: Harvard University Press, 1985.

Burkitt, *Church and Gnosis*. Burkitt, F. Crawford. *The Church and Gnosis: A Study of Christian Thought and Speculation in the Second Century*. Morse Lectures 1931. Cambridge: Cambridge University Press, 1932.

Burnett, "Philo on Immortality." Burnett, Fred W. "Philo on Immortality: A Thematic Study of Philo's Concept of παλιγγενεσία." *CBQ* 46 (3, 1984): 447–70.

Burns, *Romans*. Burns, J. Patout, Jr., with Constantine Newman. *Romans: Interpreted by Early Christian Commentators*. The Church's Bible. Grand Rapids: Eerdmans, 2012.

Burtt, *Foundations*. Burtt, Edwin Arthur. *The Metaphysical Foundations of Modern Science*. Reprint ed. Garden City, NY: Doubleday, 1954.

Busch, "Figure." Busch, Austin. "The Figure of Eve in Romans 7:5–25." *BibInt* 12 (1, 2004): 1–36.

Byrne, "Mind." Byrne, Brendan. "St Paul and the Life of the Mind." *Pacifica* 22 (2, 2009): 236–40.

Byrne, "Pre-existence." Byrne, Brendan. "Christ's Pre-existence in Pauline Soteriology." *TS* 58 (2, 1997): 308-30.

Byrne, "Righteousness." Byrne, Brendan. "Living Out the Righteousness of God: The Contribution of Rom 6:1-8:13 to an Understanding of Paul's Ethical Presuppositions." *CBQ* 43 (1981): 557-81.

Byrne, *Romans*. Byrne, Brendan. *Romans*. SP 6. Collegeville, MN: Liturgical Press, 1996.

Caird, *Age*. Caird, George B. *The Apostolic Age*. London: Duckworth, 1955.

Caird, *Language*. Caird, George B. *The Language and Imagery of the Bible*. Philadelphia: Westminster, 1980.

Campbell, *Advances*. Campbell, Constantine R. *Advances in the Study of Greek: New Insights for Reading the New Testament*. Grand Rapids: Zondervan, 2015.

Campbell, *Deliverance*. Campbell, Douglas A. *The Deliverance of God: An Apocalyptic Rereading of Justification in Paul*. Grand Rapids: Eerdmans, 2009.

Campbell, *Union*. Campbell, Constantine R. *Paul and Union with Christ: An Exegetical and Theological Study*. Grand Rapids: Zondervan, 2012. 『바울이 본 그리스도와의 연합』(새물결플러스 역간).

Caragounis, *Mysterion*. Caragounis, Chrys C. *The Ephesian Mysterion: Meaning and Content*. ConBNT 8. Lund,

Swed.: Gleerup, 1977.

Carr, *Angels*. Carr, Wesley. *Angels and Principalities*. Cambridge: Cambridge University Press, 1981.

Carr, "Rulers." Carr, Wesley. "The Rulers of This Age—I Corinthians II.6-8." *NTS* 23 (1, Oct. 1976): 20-35.

Carson, *Spirit*. Carson, D. A. *Showing the Spirit: A Theological Exposition of 1 Corinthians 12-14*. Grand Rapids: Baker, 1987.

Cary and Haarhoff, *Life*. Cary, M., and T. J. Haarhoff. *Life and Thought in the Greek and Roman World*. 4th ed. London: Methuen, 1946.

Casadio, "Failing God." Casadio, Giovanni. "The Failing Male God: Emasculation, Death, and Other Accidents in the Ancient Mediterranean World." *Numen* 50 (3, 2003): 231-68.

Casciaro Ramírez, "Misterio." Casciaro Ramírez, José M. "El 'misterio' divino en los escritos posteriores de Qumran." *ScrTh* 8 (1976): 445-75.

Case, *Origins*. Case, Shirley Jackson. *The Social Origins of Christianity*. 1923. Reprint, New York: Cooper Square, 1975.

Cerfaux, *Church*. Cerfaux, L. *The Church in the Theology of St. Paul*. Translated by Geoffrey Webb and Adrian Walker. New York: Herder & Herder, 1959.

Chadwick, *Early Church*. Chadwick, Henry. *The Early Church*. Pelican History of the Church 1. New York: Penguin, 1967.

Chang, "Life." Chang, Hae-Kyung. "The Christian Life in a Dialectical Tension? Romans 7:7-25 Reconsidered." *NovT* 49 (2007): 257-80.

Charles, *Jubilees*. Charles, R. H. *The Book of Jubilees, or The Little Genesis*. London: Adam & Charles Black, 1902.

Charles, "Vice Lists." Charles, J. Daryl. "Vice and Virtue Lists." *DNTB* 1252-57.

Charlesworth, "Comparison." Charlesworth, James H. "A Critical Comparison of the Dualism in IQS III,13-IV,26 and the 'Dualism' Contained in the Fourth Gospel." *NTS* 15 (4, 1969): 389-418.

Charlesworth, *Jesus within Judaism*. Charlesworth, James H. *Jesus within Judaism: New Light from Exciting Archaeological Discoveries*. ABRL. New York: Doubleday, 1988.

Charlesworth, *Pseudepigrapha*. Charlesworth, James H. *The Old Testament Pseudepigrapha and the New Testament: Prolegomena for the Study of Christian Origins*. SNTSMS 54. Cambridge: Cambridge University Press, 1985.

Chernus, "Visions." Chernus, Ira. "Visions of God in Merkabah Mysticism." *JSJ* 13 (1-2, 1982): 123-46.

Chevallier, *Ancien Testament*. Chevallier, Max-Alain. *Ancien Testament, hellénisme et judaïsme, la tradition synoptique, l'oeuvre de Luc*. Vol. 1 of *Souffle de Dieu: Le Saint-Esprit dans le Nouveau Testament*. Point théologique 26. Paris: Beauchesne, 1978.

Chevallier, "Souffle." Chevallier, Max-Alain. "Le souffle de Dieu dans le judaïsme, aux abords de l'ère chrétienne." *FoiVie* 80 (1, 1981): 33-46.

Chilton, "Galatians 6:15." Chilton, Bruce D. "Galatians 6:15: A Call to Freedom before God." *ExpT* 89 (10, 1978): 311-13.

Chilton, *Rabbi Paul*. Chilton, Bruce. *Rabbi Paul: An Intellectual Biography*. New York: Doubleday, 2004.

Chinn, "*Libertas*." Chinn, Christopher. "*Libertas reverentiam remisit*: Politics and Metaphor in Statius *Silvae* 1.6." *AJP* 129 (1, 2008): 101-24.

Chow, "Romans 7:7-5." Chow, Simon. "Who Is the 'I' in Romans 7:7-5." *Theology and Life* 30 (2007): 19-30.

Cobb and Lull, *Romans*. Cobb, John B., Jr., and David J. Lull. *Romans*. Chalice Commentaries for Today. St. Louis: Chalice, 2005.

Coffey, "Knowledge." Coffey, David M. "Natural Knowledge of God: Reflections on Romans 1:18-32." *TS* 31 (4, 1970): 674-91.

Cohen, *Law*. Cohen, Boaz. *Jewish and Roman Law: A Comparative Study*. 2 vols. New York: Jewish Theological Seminary of America Press, 1966.

Cohen, "Noahide Commandments." Cohen, Naomi G. "Taryag and the Noahide Commandments." *JJS* 43 (1, 1992): 46-57.

Cohick, *Philippians*. Cohick, Lynn H. *Philippians*. Story of God Bible Commentary. Grand Rapids: Zondervan, 2013.

Collins, "Artapanus." Collins, John J. Introduction to "Artapanus." *OTP* 2:889–96.

Collins, *Corinthians*. Collins, Raymond F. *First Corinthians*. SP 7. Collegeville, MN: Liturgical Press, 1999.

Collins, "Integrity." Collins, Raymond F. "A propos the Integrity of 1 Thes." *ETL* 55 (1, 1979): 67–106.

Collins, "Natural Theology." Collins, John J. "Natural Theology and Biblical Tradition: The Case of Hellenistic Judaism." *CBQ* 60 (1, 1998): 1–15.

Collins, "Spirit." Collins, C. John. "John 4:23–4, 'In Spirit and Truth': An Idiomatic Proposal." *Presbyterion* 21 (2, 1995): 118–21.

Combs, "Believer." Combs, William W. "Does the Believer Have One Nature or Two?" *DBSJ* 2 (1997): 81–103.

Combs, "Doctrine." Combs, William W. "Romans 12:1–2 and the Doctrine of Sanctification." *DBSJ* 11 (2006): 3–24.

Conroy, "Death." Conroy, John T., Jr. "Philo's 'Death of the Soul': Is This Only a Metaphor?" *SPhilA* 23 (2011): 23–40.

Conzelmann, *Corinthians*. Conzelmann, Hans. *1 Corinthians: A Commentary on the First Epistle to the Corinthians*. Edited by George W. MacRae. Translated by James W. Leitch. Bibliography and references by James W. Dunkly. Hermeneia. Philadelphia: Fortress, 1975.

Conzelmann, *Theology*. Conzelmann, Hans. *An Outline of the Theology of the New Testament*. New York: Harper & Row, 1969.

Cook, *Interpretation*. Cook, John Granger. *The Interpretation of the New Testament in Greco-Roman Paganism*. Peabody, MA: Hendrickson, 2002; Tübingen: Mohr Siebeck, 2000.

Cooper, "Philosophers." Cooper, John M. "Greek Philosophers on Suicide." In *Suicide and Euthanasia: Historical and Contemporary Themes*, edited by Baruch Alter Brody, 9–38. Dordrecht, Neth.: Kluwer, 1989.

Cooper, "Posidonius." Cooper, John M. "Posidonius on Emotions." In *The Emotions in Hellenistic Philosophy*, edited by Juha Sihvola and Troels Engberg-Pedersen, 71–111. TSHP 46. Dordrecht, Neth.: Kluwer Academic, 1998.

Coppens, "Don." Coppens, J. "Le don de l'Esprit d'après les textes de Qumrân et le quatrième évangile." In *L'Évangile de Jean: Études et problèmes*, 209–23. RechBib 3. Leuven: Desclée de Brouwer, 1958.

Corey, *Theory*. Corey, Gerald. *Theory and Practice of Counseling and Psychotherapy*. 9th ed. Belmont, CA: Brooks/Cole, 2013.

Corrington, "Defense." Corrington, Gail Paterson. "The Defense of the Body

and the Discourse of Appetite:
Continence and Control in the
Greco-Roman World." *Semeia* 57
(1992): 65-74.

Costa, "Review." Costa, Tony. Review
of *We Are Being Transformed*, by
M. David Litwa. *RBL* 10 (2013),
http://www.bookreviews.org/
pdf/8646_9490.pdf.

Côte, "Perspectives." Côte, James E.
"Sociological Perspectives on Identity
Formation: The Culture-Identity
Link and Identity Capital." *Journal of
Adolescence* 19 (5, Oct. 1996): 417-
28.

Côte and Schwartz, "Approaches." Côte,
James E., and Seth J. Schwartz.
"Comparing Psychological and
Sociological Approaches to Identity:
Identity Status, Identity Capital,
and the Individualization Process."
Journal of Adolescence 25 (6, Dec.
2002): 571-86.

Cousar, *Philippians*. Cousar, Charles
B. *Philippians and Philemon: A
Commentary*. NTL. Louisville:
Westminster John Knox, 2009.

Crafton, "Vision." Crafton, Jeffrey A.
"Paul's Rhetorical Vision and the
Purpose of Romans: Toward a New
Understanding." *NovT* 32 (4, 1990):
317-39.

Cragg, *Church*. Cragg, Gerald R. *The
Church and the Age of Reason, 1648-
1789*. Rev. ed. Penguin History of
the Church 4. Baltimore: Penguin,
1970.

Craig, "Bodily Resurrection." Craig,
William Lane. "The Bodily
Resurrection of Jesus." In *Studies
of History and Tradition in the Four
Gospels*, edited by R. T. France and
David Wenham, 1:47-74. 2 vols.
Gospel Perspectives 1-2. Sheffield,
UK: JSOT Press, 1980-81.

Cranfield, "ΜΕΤΡΟΝ ΠΙΣΤΕΩΣ."
Cranfield, C. E. B. "ΜΕΤΡΟΝ
ΠΙΣΤΕΩΣ in Romans XII.3." *NTS* 8
(4, July 1962): 345-51.

Cranfield, *Romans*. Cranfield, C. E. B. *A
Critical and Exegetical Commentary
on the Epistle to the Romans*. 2 vols.
ICC. Edinburgh: T&T Clark, 1975.

Cranfield, "Romans 1.18." Cranfield, C. E.
B. "Romans 1.18." *SJT* 21 (3, 1968):
330-35.

Creve, Janse, and Demoen, "Key Words."
Creve, Sam, Mark Janse, and
Kristoffel Demoen. "The Pauline Key
Words πνεῦμα and σάρξ and Their
Translation." *FilNeot* 20 (39-40,
2007): 15-31.

Croce, "Concepto." Croce, Ernesto la. "El
origen del concepto de alma en la
tradicion occidental." *Psicopatologia* 1
(4, Oct.-Dec. 1981): 311-16.

Croom, *Clothing*. Croom, Alexandra
T. *Roman Clothing and Fashion*.
Charleston, SC: Tempus, 2000.

Croy, "Neo-Pythagoreanism." Croy, N.
Clayton. "Neo-Pythagoreanism."
DNTB 739-42.

Cullmann, *State*. Cullmann, Oscar. *The
State in the New Testament*. New

York: Scribner's, 1956.

Cullmann, *Time*. Cullmann, Oscar. *Christ and Time*. Translated by Floyd V. Filson. Philadelphia: Westminster, 1950.

Cullmann, *Worship*. Cullmann, Oscar. *Early Christian Worship*. Philadelphia: Westminster, 1953.

Cumont, *After Life*. Cumont, Franz. *After Life in Roman Paganism: Lectures Delivered at Yale University on the Silliman Foundation*. New Haven: Yale University Press, 1922.

Currid, *Egypt*. Currid, John D. *Ancient Egypt and the Old Testament*. Foreword by Kenneth A. Kitchen. Grand Rapids: Baker Books, 1997.

Dafni, "ΝΟΥΣ." Dafni, Evangelia G. "ΝΟΥΣ in der Septuaginta des Hiobbuches: Zur Frage nach der Rezeption der Homerepik im hellenistischen Judentum." *JSJ* 37 (1, 2006): 35-54.

Dafni, "Theologie." Dafni, Evangelia G. "Natürliche Theologie im Lichte des hebräischen und griechischen Alten Testaments." *TZ* 57 (3, 2001): 295-310.

Dahl, *Studies*. Dahl, Nils A. *Studies in Paul: Theology for the Early Christian Mission*. Minneapolis: Augsburg, 1977.

Daines, "Use." Daines, Brian. "Paul's Use of the Analogy of the Body of Christ—With Special Reference to 1 Corinthians 12." *EvQ* 50 (2, 1978): 71-78.

Daniélou, *Theology*. Daniélou, Jean. *The Theology of Jewish Christianity*. Edited and translated by John A. Baker. DCDBCN 1. London: Darton, Longman & Todd; Chicago: Henry Regnery, 1964.

Danielson, Lorem, and Kroger, "Impact." Danielson, Lene M., Astrid E. Lorem, and Jane Kroger. "The Impact of Social Context on the Identity-Formation Process of Norwegian Late Adolescents." *Youth & Society* 31 (3, Mar. 2000): 332-62.

Danker, *Corinthians*. Danker, Frederick W. *II Corinthians*. AugCNT. Minneapolis: Augsburg, 1989.

Das, *Debate*. Das, A. Andrew. *Solving the Romans Debate*. Minneapolis: Fortress, 2007.

Das, *Paul and Jews*. Das, A. Andrew. *Paul and the Jews*. LPSt. Peabody, MA: Hendrickson, 2003.

Daube, *New Testament and Judaism*. Daube, David. *The New Testament and Rabbinic Judaism*. London: University of London, Athlone Press, 1956. Reprint, Peabody, MA: Hendrickson, 1994.

Dautzenberg, "Botschaft." Dautzenberg, Gerhard. "Botschaft und Bedeutung der urchristlichen Prophetie nach dem ersten Korintherbrief (2,6-16; 12-14)." In *Prophetic Vocation in the New Testament and Today*, edited by Johannes Panagopoulos, 131-61. NovTSup 45. Leiden: Brill, 1977.

Davies, "Aboth." Davies, W. D.

"Reflexions on Tradition: The Aboth Revisited." In *Christian History and Interpretation: Studies Presented to John Knox*, edited by W. R. Farmer, C. F. D. Moule, and R. R. Niebuhr, 129–37. Cambridge: Cambridge University Press, 1967.

Davies, "Free." Davies, Donald M. "Free from the Law: An Exposition of the Seventh Chapter of Romans." *Int* 7 (2, 1953): 156–62.

Davies, "Ideology." Davies, Philip R. "The Ideology of the Temple in the Damascus Document." *JJS* 33 (1–2, 1982): 287–301.

Davies, "In Christo." Davies, J. B. "In Christo Jesu." *Clergy Review* 42 (11, 1957): 676–81.

Davies, *Origins*. Davies, W. D. *Christian Origins and Judaism*. Philadelphia: Westminster, 1962.

Davies, *Paul*. Davies, W. D. *Paul and Rabbinic Judaism: Some Rabbinic Elements in Pauline Theology*. 4th ed. Philadelphia: Fortress, 1980.

Davies, *Torah*. Davies, W. D. *Torah in the Messianic Age and/or the Age to Come*. JBLMS 7. Philadelphia: SBL, 1952.

Davies and Allison, *Matthew*. Davies, W. D., and Dale C. Allison. *A Critical and Exegetical Commentary on the Gospel according to Saint Matthew*. 3 vols. ICC. Edinburgh: T&T Clark, 1988–97.

Davila, "Macrocosmic Temple." Davila, James R. "The Macrocosmic Temple, Scriptural Exegesis, and the Songs of the Sabbath Sacrifice." *DSD* 9 (1, 2002): 1–19.

Davila, "Merkavah Mysticism." Davila, James R. "4QMess ar (4Q534) and Merkavah Mysticism." *DSD* 5 (3, 1998): 367–81.

Dawson, "Urbanization." Dawson, John. "Urbanization and Mental Health in a West African Community." In *Magic, Faith, and Healing: Studies in Primitive Psychotherapy Today*, edited by Ari Kiev, 305–42. Introduction by Jerome D. Frank. New York: Free Press, 1964.

Decharneux, "Interdits." Decharneux, Baudouin. "Interdits sexuels dans l'oeuvre de Philon d'Alexandrie dit 'le juif.'" *PHR* 1 (1990): 17–31.

DeConick, *Voices*. DeConick, April D. *Voices of the Mystics: Early Christian Discourse in the Gospels of John and Thomas and Other Ancient Christian Literature*. JSNTSup 157. Sheffield, UK: Sheffield Academic Press, 2001.

Deidun, *Morality*. Deidun, T. J. *New Covenant Morality in Paul*. AnBib 89. Rome: Biblical Institute Press, 1981.

Deissmann, *Light*. Deissmann, G. Adolf. *Light from the Ancient East*. Grand Rapids: Baker, 1978.

Deissmann, *Paul*. Deissmann, G. Adolf. *Paul: A Study in Social and Religious History*. New York: Harper, 1957.

Deming, *Celibacy*. Deming, Will. *Paul on Marriage and Celibacy: The Hellenistic Background of 1 Corinthians 7*. 2nd ed. Grand Rapids: Eerdmans, 2004.

Deming, "Indifferent Things." Deming, Will. "Paul and Indifferent Things." In *Paul in the Greco-Roman World: A Handbook*, edited by J. Paul Sampley, 384-403. Harrisburg, PA: Trinity Press International, 2003.

Denney, "Romans." Denney, James. "St. Paul's Epistle to the Romans." In *Expositor's Greek Testament*, edited by W. Robertson Nicoll, 2:555-725. 5 vols. Grand Rapids: Eerdmans, 1979.

Dennison, "Revelation." Dennison, William D. "Natural and Special Revelation: Reassessment." *Kerux* 21 (2, 2006): 13-34.

Dentan, *Knowledge*. Dentan, Robert C. *The Knowledge of God in Ancient Israel*. New York: Seabury, 1968.

Derrett, "Sources." Derrett, J. D. M. "Oriental Sources for John 8, 32-36?" *BeO* 43 (1, 2001): 29-32.

deSilva, *Honor*. deSilva, David A. *Honor, Patronage, Kinship, and Purity: Unlocking New Testament Culture*. Downers Grove, IL: InterVarsity, 2000. 『문화의 키워드로 신약성경 읽기』(새물결플러스 역간).

deSilva, *Introduction*. deSilva, David A. *An Introduction to the New Testament: Contexts, Methods, and Ministry Formation*. Downers Grove, IL: InterVarsity; Leicester, UK: Apollos, 2004.

deSilva, "Wisdom." deSilva, David A. "Wisdom of Solomon." *DNTB* 1268-76.

Dey, *World*. Dey, Lula Kalyan Kumar. *The Intermediary World and Patterns of Perfection in Philo and Hebrews*. SBLDS 25. Missoula, MT: Scholars Press, 1975.

Dhennin, "Necropolis." Dhennin, Sylvain. "An Egyptian Animal Necropolis in a Greek Town." *Egyptian Archaeology* 33 (Fall 2008): 12-14.

Dibelius, "Initiation." Dibelius, Martin. "The Isis Initiation in Apuleius and Related Initiatory Rites." In *Conflict at Colossae: A Problem in the Interpretation of Early Christianity Illustrated by Selected Modern Studies*, edited and translated by Fred O. Francis and Wayne A. Meeks, 61-121. SBLSBS 4. Missoula, MT: SBL, 1973.

Dibelius, *James*. Dibelius, Martin. *James: A Commentary on the Epistle of James*. Revised by Heinrich Greeven. Edited by Helmut Koester. Translated by Michael A. Williams. Hermeneia. Philadelphia: Fortress, 1976.

Dibelius and Conzelmann, *Pastoral Epistles*. Dibelius, Martin, and Hans Conzelmann. *The Pastoral Epistles: A Commentary on the Pastoral Epistles*. Edited by Helmut Koester. Translated by Philip Buttolph and Adela Yarbro. Hermeneia. Philadelphia: Fortress, 1972.

Dickie, "Love-Magic." Dickie, Matthew W. "Who Practised Love-Magic in Classical Antiquity and in the Late Roman World?" *CQ* 50 (2, 2000): 563-83.

Dijkhuizen, "Pain." Dijkhuizen, Petra.

"Pain, Endurance, and Gender in 4 Maccabees." *JSJS* 17 (1, 2008): 57–76.

Dillon, *Middle Platonists*. Dillon, John M. *The Middle Platonists: 80 B.C. to A.D. 220*. Ithaca, NY: Cornell University Press, 1977.

Dillon, "Philosophy." Dillon, John M. "Philosophy." *DNTB* 793–96.

Dillon, "Plato." Dillon, John M. "Plato, Platonism." *DNTB* 804–7.

Dillon, "Priesthood." Dillon, Richard J. "The 'Priesthood' of St Paul, Romans 15:15–6." *Worship* 74 (2, 2000): 156–68.

Dillon, "Reclaiming." Dillon, John M. "Reclaiming the Heritage of Moses: Philo's Confrontation with Greek Philosophy." *SPhilA* 7 (1995): 108–23.

Dillon, "Transcendence in Philo." Dillon, John M. "The Transcendence of God in Philo: Some Possible Sources." *CHSP* 16 (1975): 1–8.

Dillon and Finamore, "Preface." Dillon, John M., and John F. Finamore. Preface to *Iamblichus "De Anima": Text, Translation, and Commentary*, ix–xi. Edited by John F. Finamore and John M. Dillon. PhA 42. Leiden: Brill, 2002. Reprint, Atlanta: SBL, 2010.

Dimant, "Pesharim." Dimant, Devorah. "Pesharim, Qumran." *ABD* 5:244–51.

Dimant and Strugnell, "Vision." Dimant, Devorah, and John Strugnell. "The Merkabah Vision in *Second Ezekiel* (4Q385 4)." *RevQ* 14 (3, 1990): 331–48.

Di Mattei, "Physiologia." Di Mattei, Steven. "Moses' Physiologia and the Meaning and Use of Physikos in Philo of Alexandria's Exegetical Method." *SPhilA* 18 (2006): 3–32.

Dixon, *Roman Mother*. Dixon, Suzanne. *The Roman Mother*. Norman: Oklahoma University Press, 1988.

Dodd, *Bible and Greeks*. Dodd, C. H. *The Bible and the Greeks*. London: Hodder & Stoughton, 1935.

Dodd, *Interpretation*. Dodd, C. H. *The Interpretation of the Fourth Gospel*. Cambridge: Cambridge University Press, 1965.

Dodd, "Prologue." Dodd, C. H. "The Prologue to the Fourth Gospel and Christian Worship." In *Studies in the Fourth Gospel*, edited by F. L. Cross, 9–22. London: A. R. Mowbray, 1957.

Donaldson, *Paul and Gentiles*. Donaldson, Terence L. *Paul and the Gentiles: Remapping the Apostle's Convictional World*. Minneapolis: Fortress, 1997.

Donceel, "Khirbet Qumrân." Donceel, Robert. "Khirbet Qumrân (Palestine): Le locus 130 et les 'ossements sous jarre'; Mise à jour de la documentation." *QC* 13 (1, 2005): 3–70, plates 1–25.

Donfried, "Test Case." Donfried, Karl P. "Paul and Judaism: I Thessalonians 2:13–16 as a Test Case." *Int* 38 (3,

1984): 242-53.

Donfried, *Thessalonica*. Donfried, Karl P. *Paul, Thessalonica, and Early Christianity*. Grand Rapids: Eerdmans; London: T&T Clark, 2002.

Donfried and Richardson, *Judaism*. Donfried, Karl P., and Peter Richardson, eds. *Judaism and Christianity in First-Century Rome*. Grand Rapids: Eerdmans, 1998.

Downing, *Cynics and Churches*. Downing, F. Gerald. *Cynics, Paul, and the Pauline Churches: Cynics and Christian Origins II*. London: Routledge, 1998.

Dräger, "Er." Dräger, Paul. "Er." *BrillPauly* 5:7.

Dräger, "Medea." Dräger, Paul. "Medea." *Brill Pauly* 8:546-49.

Driver, *Scrolls*. Driver, G. R. *The Judaean Scrolls: The Problem and a Solution*. Oxford: Blackwell, 1965.

Duhaime, "Dualisme." Duhaime, Jean L. "Dualisme et construction de l'identité sectaire à Qumrân." *Théologiques* 13 (1, 2005): 43-57.

Duhaime, "Remarques." Duhaime, Jean L. "Remarques sur les dépôts d'ossements d'animaux à Qumrân." *RevQ* 9 (2, 1977): 245-51.

Duhaime, "Voies." Duhaime, Jean L. "Les voies des deux esprits (*1QS* iv 2-14): Une analyse structurelle." *RevQ* 19 (75, 2000): 349-67.

Dunand, "Mystères." Dunand, Françoise. "Les mystères égyptiens." In *Mystères et syncrétismes*, edited by M. Philonenko and M. Simon, 11-62. EHRel 2. Paris: Librairie Orientaliste Paul Geuthner, 1975.

Dunand, *Religion Populaire*. Dunand, Françoise. *Religion populaire en Égypte romaine*. EPROER 77. Leiden: Brill, 1979.

Dunn, "Adam." Dunn, James D. G. "Adam and Christ." In *Reading Paul's Letter to the Romans*, edited by Jerry L. Sumney, 125-38. SBLRBS 73. Atlanta: SBL, 2012.

Dunn, *Baptism*. Dunn, James D. G. *Baptism in the Holy Spirit: A Re-examination of the New Testament Teaching on the Gift of the Spirit in Relation to Pentecostalism Today*. SBT, 2nd ser., 15. London: SCM, 1970.

Dunn, "Demythologizing." Dunn, James D. G. "Demythologizing—The Problem of Myth in the New Testament." In *New Testament Interpretation: Essays on Principles and Methods*, edited by I. Howard Marshall, 285-307. Grand Rapids: Eerdmans, 1977.

Dunn, "Gospel." Dunn, James D. G. "The Gospel according to St. Paul." In *The Blackwell Companion to Paul*, edited by Stephen Westerholm, 139-53. BCompRel. Oxford: Blackwell, 2011.

Dunn, *Perspective*. Dunn, James D. G. *The New Perspective on Paul*. Rev. ed. Grand Rapids: Eerdmans, 2008.

Dunn, *Romans*. Dunn, James D. G. *Romans*. 2 vols. WBC 38A, B. Dallas:

Word, 1988.

Dunn, "Romans 7,14-5." Dunn, James D. G. "Romans 7,14-5 in the Theology of Paul." *TZ* 31 (5, Sept.-Oct. 1975): 257-73.

Dunn, "Search." Dunn, James D. G. "In Search of Common Ground." In *Paul and the Mosaic Law*, edited by James D. G. Dunn, 309-34. The Third Durham-Tübingen Research Symposium on Earliest Christianity and Judaism (Durham, September 1994). Grand Rapids: Eerdmans, 2001.

Dunn, *Spirit*. Dunn, James D. G. *Jesus and the Spirit: A Study of the Religious and Charismatic Experience of Jesus and the First Christians as Reflected in the New Testament*. London: SCM, 1975.

Dunn, *Theology*. Dunn, James D. G. *The Theology of Paul the Apostle*. Grand Rapids: Eerdmans, 1998.

Dunn, *Unity*. Dunn, James D. G. *Unity and Diversity in the New Testament: An Inquiry into the Character of Earliest Christianity*. London: SCM, 1977.

Dunson, "Reason." Dunson, Ben C. "4 Maccabees and Romans 12:1-21: Reason and the Righteous Life." In *Reading Romans in Context: Paul and Second Temple Judaism*, edited by Ben C. Blackwell, John K. Goodrich, and Jason Maston, 136-42. Grand Rapids: Zondervan, 2015.

Dupont, *Life*. Dupont, Florence. *Daily Life in Ancient Rome*. Translated by Christopher Woodall. Oxford: Blackwell, 1992.

Dyson, "Pleasure." Dyson, Henry. "Pleasure and the Sapiens: Seneca, *De vita beata* 11.1." *CP* 105 (3, 2010): 313-17.

Édart, "Nécessité." Édart, Jean-Baptiste. "De la nécessité d'un sauveur: Rhétorique et théologie de Rm 7,7-25." *RB* 105 (3, July 1998): 359-96.

Edson and Price, "Ruler-Cult." Edson, Charles Farwell, and Simon R. F. Price. "Ruler-Cult: Greek." *OCD³* 1337-38.

Edwards, *Commentary*. Edwards, Mark J., ed. *Galatians, Ephesians, Philippians*. ACCS: New Testament 8. Downers Grove, IL: InterVarsity, 1999.

Edwards, "Light." Edwards, Jonathan. "From 'A Divine and Supernatural Light.'" In *The American Tradition in Literature*, edited by Sculley Bradley et al., 1:138-45. 5th ed. New York: Random House, 1981.

Efferin, "Study." Efferin, Henry. "A Study on General Revelation: Romans 1:18-32; 2:12-16." *STJ* 4 (2, 1996): 147-55.

Eickelman, *Middle East*. Eickelman, Dale F. *The Middle East: An Anthropological Approach*. 2nd ed. Englewood Cliffs, NJ: Prentice Hall, 1989.

Eliade, *Rites*. Eliade, Mircea. *Rites and Symbols of Initiation: The Mysteries of Birth and Rebirth*. Translated by Willard R. Trask. New York: Harper & Row, 1958.

Elliott, *Feelings*. Elliott, Matthew. *Faithful Feelings: Emotion in the New Testament*. Leicester, UK: InterVarsity, 2005.

Ellison, *Mystery*. Ellison, H. L. *The Mystery of Israel: An Exposition of Romans 9-11*. Grand Rapids: Baker; Exeter, UK: Paternoster, 1966.

Emilsson, "Plotinus on Emotions." Emilsson, Eyjólfur Kjalar. "Plotinus on the Emotions." In *The Emotions in Hellenistic Philosophy*, edited by Juha Sihvola and Troels Engberg-Pedersen, 339-63. TSHP 46. Dordrecht, Neth.: Kluwer Academic, 1998.

Engberg-Pedersen, *Cosmology*. Engberg-Pedersen, Troels. *Cosmology and Self in the Apostle Paul: The Material Spirit*. Oxford: Oxford University Press, 2010.

Engberg-Pedersen, "Marcus." Engberg-Pedersen, Troels. "Marcus Aurelius on Emotions." In *The Emotions in Hellenistic Philosophy*, edited by Juha Sihvola and Troels Engberg-Pedersen, 305-37. TSHP 46. Dordrecht, Neth.: Kluwer Academic, 1998.

Engberg-Pedersen, *Paul and Stoics*. Engberg-Pedersen, Troels. *Paul and the Stoics*. Louisville: Westminster John Knox; Edinburgh: T&T Clark, 2000.

Engberg-Pedersen, "Spirit." Engberg-Pedersen, Troels. "The Material Spirit: Cosmology and Ethics in Paul." *NTS* 55 (2, 2009): 179-97.

Engberg-Pedersen, "Vices." Engberg-Pedersen, Troels. "Paul, Virtues, and Vices." In *Paul in the Greco-Roman World: A Handbook*, edited by J. Paul Sampley, 608-33. Harrisburg, PA: Trinity Press International, 2003.

Engels, *Roman Corinth*. Engels, Donald W. *Roman Corinth: An Alternative Model for the Classical City*. Chicago: University of Chicago Press, 1990.

Enslin, *Ethics*. Enslin, Morton Scott. *The Ethics of Paul*. New York: Abingdon, 1957.

Enz, "Exodus." Enz, Jacob J. "The Book of Exodus as a Literary Type for the Gospel of John." *JBL* 76 (3, 1957): 208-15.

Epp, "Imageries." Epp, Eldon J. "Paul's Diverse Imageries and Unifying Theme." In *Unity and Diversity in New Testament Theology: Essays in Honor of George E. Ladd*, edited by Robert A. Guelich, 100-116. Grand Rapids: Eerdmans, 1978.

Erdman, *Philippians*. Erdman, Charles R. *The Epistle of Paul to the Philippians*. Philadelphia: Westminster, 1966.

Erskine, *Stoa*. Erskine, Andrew. *The Hellenistic Stoa: Political Thought and Action*. Ithaca, NY: Cornell University Press, 1990.

Espy, "Conscience." Espy, John M. "Paul's 'Robust Conscience' Re-examined." *NTS* 31 (2, 1985): 161-88.

Falk, "Law." Falk, Z. W. "Jewish Private Law." *JPFC* 504-34.

Fee, "Christology and Pneumatology."

Fee, Gordon D. "Christology and Pneumatology in Romans 8:9-11 — and Elsewhere: Some Reflections on Paul as a Trinitarian." In *Jesus of Nazareth: Lord and Christ; Essays on the Historical Jesus and New Testament Christology*, edited by Joel B. Green and Max Turner, 312-31. Grand Rapids: Eerdmans; Carlisle, UK: Paternoster, 1994.

Fee, *Corinthians*. Fee, Gordon D. *The First Epistle to the Corinthians*. NICNT. Grand Rapids: Eerdmans, 1987.

Fee, *Exegesis*. Fee, Gordon D. *New Testament Exegesis: A Handbook for Students and Pastors*. Philadelphia: Westminster, 1983.

Fee, *Listening*. Fee, Gordon D. *Listening to the Spirit in the Text*. Grand Rapids: Eerdmans, 2000.

Fee, *Paul, Spirit, People of God*. Fee, Gordon D. *Paul, the Spirit, and the People of God*. Grand Rapids: Baker Academic, 1996.

Fee, *Philippians*. Fee, Gordon D. *Paul's Letter to the Philippians*. NICNT. Grand Rapids: Eerdmans, 1995.

Fee, *Presence*. Fee, Gordon D. *God's Empowering Presence: The Holy Spirit in the Letters of Paul*. Grand Rapids: Baker Academic, 1994.『성령: 하나님의 능력 주시는 임재』(새물결플러스 역간).

Feldman, "Jehu." Feldman, Louis H. "Josephus' Portrait of Jehu." *JSQ* 4 (1, 1997): 12-32.

Ferch, "Aeons." Ferch, Arthur J. "The Two Aeons and the Messiah in Pseudo-Philo, 4 Ezra, and 2 Baruch." *AUSS* 15 (2, 1977): 135-51.

Ferguson, *Backgrounds*. Ferguson, Everett. *Backgrounds of Early Christianity*. Grand Rapids: Eerdmans, 1987.

Finamore and Dillon, "Introduction." Finamore, John F., and John M. Dillon. Introduction to *Iamblichus "De Anima,"* 1-25. Translated by John F. Finamore and John M. Dillon. PhA 42. Leiden: Brill, 2002. Reprint, Atlanta: SBL, 2010.

Finkelberg, "Virtue." Finkelberg, Margalit. "Virtue and Circumstances: On the City-State Concept of *Arete*." *AJP* 123 (1, 2002): 35-49.

Fitch, "Introduction." Fitch, John G. Introduction to *Tragedies*, by Seneca, 1-33. Edited and translated by John G. Fitch. LCL. Cambridge, MA: Harvard University Press, 2002.

Fitzmyer, "Glory." Fitzmyer, Joseph A. "Glory Reflected on the Face of Christ (2 Cor 3:7-4:6) and a Palestinian Jewish Motif." *TS* 42 (4, 1981): 630-44.

Fitzmyer, "Quotations." Fitzmyer, Joseph A. "The Use of Explicit Old Testament Quotations in Qumran Literature and in the New Testament." *NTS* 7 (4, 1961): 297-333.

Fitzmyer, *Romans*. Fitzmyer, Joseph A. *Romans: A New Translation with Introduction and Commentary*. AB 33. New York: Doubleday, 1993.

Flusser, *Judaism*. Flusser, David. *Judaism and the Origins of Christianity*. Jerusalem: Magnes, 1988.

Foerster, "Εὐάρεστος." Foerster, Werner. "Εὐάρεστος." *TDNT* 1:456-57.

Foerster, "Geist." Foerster, Werner. "Der heilige Geist im Spätjudentum." *NTS* 8 (2, 1962): 117-34.

Forbes, "Comparison." Forbes, Christopher. "Paul and Rhetorical Comparison." In *Paul in the Greco-Roman World: A Handbook*, edited by J. Paul Sampley, 134-71. Harrisburg, PA: Trinity Press International, 2003.

Forbes, *Technology*. Forbes, R. J. *Studies in Ancient Technology*. 9 vols. Leiden: Brill, 1955-64.

Frankenberry, *Faith*. Frankenberry, Nancy K. *The Faith of Scientists in Their Words*. Princeton: Princeton University Press, 2008.

Frankfurter, "Perils." Frankfurter, David. "The Perils of Love: Magic and Countermagic in Coptic Egypt." *JHistSex* 10 (3-4, 2001): 480-500.

Frankfurter, *Religion in Egypt*. Frankfurter, David. *Religion in Roman Egypt: Assimilation and Resistance*. Princeton: Princeton University Press, 1998.

Frede, "Conception." Frede, Michael. "On the Stoic Conception of the Good." In *Topics in Stoic Philosophy*, edited by Katerina Ierodiakonou, 71-94. Oxford: Oxford University Press, 1999.

Frede, "Soul." Frede, Michael. "Soul, Theory of the." *BrillPauly* 13:672-75.

Frey, "Antithese." Frey, Jörg. "Die paulinische Antithese von 'Fleisch' und 'Geist' und die palästinisch-jüdische Weisheitstradition." *ZNW* 90 (1-2, 1999): 45-77.

Friesen, "Prospects." Friesen, Steven J. "Prospects for a Demography of the Pauline Mission: Corinth among the Churches." In *Urban Religion in Roman Corinth: Interdisciplinary Approaches*, edited by Daniel N. Schowalter and Steven J. Friesen, 351-70. HTS 53. Cambridge, MA: Harvard University Press, 2005.

Fritsch, *Community*. Fritsch, Charles T. *The Qumran Community: Its History and Scrolls*. New York: Macmillan, 1956.

Fuhrmann, "Mother." Fuhrmann, Sebastian. "The Mother in 4 Maccabees—An Example of Rational Choice in Religion." *JS/TS* 17 (1, 2008): 96-113.

Fuller, "Theology." Fuller, Daniel P. "Biblical Theology and the Analogy of Faith." In *Unity and Diversity in New Testament Theology: Essays in Honor of George E. Ladd*, edited by Robert A. Guelich, 195-213. Grand Rapids: Eerdmans, 1978.

Furnish, *Corinthians*. Furnish, Victor Paul. *II Corinthians*. AB 32A. Garden City, NY: Doubleday, 1984.

Furnish, "Living." Furnish, Victor Paul. "Living to God, Walking in Love: Theology and Ethics in Romans." In *Reading Paul's Letter to the Romans*,

edited by Jerry L. Sumney, 187–202.
SBLRBS 73. Atlanta: SBL, 2012.

Gaca, "Declaration." Gaca, Kathy L. "Paul's
Uncommon Declaration in Romans
1:18–32 and Its Problematic Legacy
for Pagan and Christian Relations."
In *Early Patristic Readings of Romans*,
edited by Kathy L. Gaca and L. L.
Welborn, 1–33. Romans through
History and Culture Series. London:
T&T Clark, 2005.

Gager, *Anti-Semitism*. Gager, John G.
*The Origins of Anti-Semitism:
Attitudes toward Judaism in Pagan
and Christian Antiquity*. New York:
Oxford University Press, 1983.

Gager, "Class." Gager, John G. "Religion
and Social Class in the Early Roman
Empire." In *The Catacombs and the
Colosseum: The Roman Empire as
the Setting of Primitive Christianity*,
edited by Stephen Benko and John
J. O'Rourke, 99–120. Valley Forge,
PA: Judson, 1971.

Gager, "Review." Gager, John G. Review of
*Early Christianity and Society: Seven
Studies*, by Robert M. Grant; *Social
Aspects of Early Christianity*, by A.
J. Malherbe; and *Sociology of Early
Palestinian Christianity*, by Gerd
Theissen. *RelSRev* 5 (3, 1979): 174–
80.

Gammie, "Dualism." Gammie, John G.
"Spatial and Ethical Dualism in
Jewish Wisdom and Apocalyptic
Literature." *JBL* 93 (3, 1974): 356–
85.

Gard, *Method*. Gard, Donald H. *The

Exegetical Method of the Greek
Translator of the Book of Job*. JBLMS
8. Philadelphia: SBL, 1952.

Gardner, *Women*. Gardner, Jane F.
Women in Roman Law and Society.
Bloomington: Indiana University
Press, 1986.

Garland, *1 Corinthians*. Garland, David
E. *1 Corinthians*. BECNT. Grand
Rapids: Baker Academic, 2003.

Garland, "Philippians." Garland, David
E. "Philippians." In *The Expositor's
Bible Commentary*, edited by Tremper
Longman III and David E. Garland,
12:177–261. Rev. ed. 13 vols. Grand
Rapids: Zondervan, 2006.

Garnet, "Light." Garnet, Paul. "Qumran
Light on Pauline Soteriology." In
*Pauline Studies: Essays Presented to
Professor F. F. Bruce on His 70th
Birthday*, edited by Donald A.
Hagner and Murray J. Harris, 19–
32. Exeter, UK: Paternoster; Grand
Rapids: Eerdmans, 1980.

Garnsey and Saller, *Empire*. Garnsey,
Peter, and Richard Saller. *The Roman
Empire: Economy, Society, and Culture*.
Berkeley: University of California
Press, 1987.

Gärtner, "Synkrisis." Gärtner, Hans Armin.
"Synkrisis." *BrillPauly* 14:28.

Gärtner, *Temple*. Gärtner, Bertril. *The
Temple and the Community in
Qumran and the New Testament:
A Comparative Study in the Temple
Symbolism of the Qumran Texts and
the New Testament*. Cambridge:

Cambridge University Press, 1965.

Gasparro, *Soteriology*. Gasparro, Giulia Sfameni. *Soteriology and Mystic Aspects in the Cult of Cybele and Attis*. EPROER 103. Leiden: Brill, 1985.

Gaster, *Scriptures*. Gaster, Theodor H. *The Dead Sea Scriptures*. Garden City, NY: Doubleday, 1976.

Gathercole, *Boasting*. Gathercole, Simon J. *Where Is Boasting? Early Jewish Soteriology and Paul's Response in Romans 1-5*. Grand Rapids: Eerdmans, 2002.

Gelinas, "Argument." Gelinas, Luke. "The Stoic Argument *Ex Gradibus Entium*." *Phronesis* 51 (1, 2006): 49–73.

Gemünden, "Culture des passions." Gemünden, Petra von. "La culture des passions à l'époque du Nouveau Testament: Une contribution théologique et psychologique." *ETR* 70 (3, 1995): 335–48.

Gemünden, "Femme." Gemünden, Petra von. "La femme passionnelle et l'homme rationnel? Un chapitre de psychologie historique." *Bib* 78 (4, 1997): 457–80.

Gessert, "Myth." Gessert, Genevieve. "Myth as *Consolatio*: Medea on Roman Sarcophagi." *GR* 51 (2, 2004): 217–49.

Gibbs, *Creation*. Gibbs, John G. *Creation and Redemption: A Study in Pauline Theology*. NovTSup 26. Leiden: Brill, 1971.

Gilbert, "Relation." Gilbert, Katharine.

"The Relation of the Moral to the Aesthetic Standard in Plato." *Philosophical Review* 43 (3, May 1934): 279–94.

Gill, "Did Chrysippus Understand?" Gill, Christopher. "Did Chrysippus Understand Medea?" *Phronesis* 28 (2, 1983): 136–49.

Gill, "Galen." Gill, Christopher. "Did Galen Understand Platonic and Stoic Thinking on Emotions?" In *The Emotions in Hellenistic Philosophy*, edited by Juha Sihvola and Troels Engberg-Pedersen, 113–48. TSHP 46. Dordrecht, Neth.: Kluwer Academic, 1998.

Gingerich, "Scientist." Gingerich, Owen. "Dare a Scientist Believe in Design?" In *Evidence of Purpose: Scientists Discover the Creator*, edited by John Marks Templeton, 21–32. New York: Continuum, 1994.

Giulea, "Noetic Turn." Giulea, Dragos A. "The Noetic Turn in Jewish Thought." *JSJ* 42 (1, 2011): 23–57.

Glasson, "Colossians and Sirach." Glasson, T. Francis. "Colossians I 18, 15 and Sirach XXIV." *NovT* 11 (1–2, 1969): 154–56.

Glasson, "Doctrine." Glasson, T. Francis. "Heraclitus' Alleged Logos Doctrine." *JTS* 3 (2, 1952): 231–38.

Glasson, *Moses*. Glasson, T. Francis. *Moses in the Fourth Gospel*. SBT. Naperville, IL: Allenson, 1963.

Glover, *Paul*. Glover, T. R. *Paul of Tarsus*. London: Student Christian

Movement, 1925. Reprint, Peabody, MA: Hendrickson, 2002.

Gödde, "Hamadryads." Gödde, Susanne. "Hamadryads." *BrillPauly* 5:1121.

Godwin, *Mystery Religions*. Godwin, Joscelyn. *Mystery Religions in the Ancient World*. San Francisco: Harper & Row, 1981.

Goodenough, *Church*. Goodenough, Erwin R. *The Church in the Roman Empire*. New York: Cooper Square, 1970.

Goodenough, *Introduction*. Goodenough, Erwin R. *An Introduction to Philo Judaeus*. 2nd ed. Oxford: Blackwell, 1962.

Goodenough, *Symbols*. Goodenough, Erwin R. *Jewish Symbols in the Greco-Roman Period*. 13 vols. BollS 37. Vols. 1–12: New York: Pantheon, 1953–65. Vol. 13: Princeton: Princeton University Press, 1968.

Goppelt, *Judaism*. Goppelt, Leonhard. *Jesus, Paul, and Judaism*. Translated by Edward Schroeder. New York: Thomas Nelson, 1964.

Goppelt, *Theology*. Goppelt, Leonhard. *Theology of the New Testament*. Edited by Jürgen Roloff. Translated by John E. Alsup. 2 vols. Grand Rapids: Eerdmans, 1981–82.

Goppelt, *Times*. Goppelt, Leonhard. *Apostolic and Post-Apostolic Times*. Translated by Robert Guelich. Grand Rapids: Baker, 1980.

Gordon, *Civilizations*. Gordon, Cyrus H. *The Common Background of Greek and Hebrew Civilizations*. New York: W. W. Norton, 1965.

Gordon, *Near East*. Gordon, Cyrus H. *The Ancient Near East*. New York: W. W. Norton, 1965.

Gorman, *Apostle*. Gorman, Michael J. *Apostle of the Crucified Lord: A Theological Introduction to Paul and His Letters*. Grand Rapids: Eerdmans, 2004.

Gorman, *Cruciformity*. Gorman, Michael J. *Cruciformity: Paul's Narrative Spirituality of the Cross*. Grand Rapids: Eerdmans, 2001. 『삶으로 담아내는 십자가』(새물결플러스 역간).

Gorman, *Inhabiting*. Gorman, Michael J. *Inhabiting the Cruciform God: Kenosis, Justification, and Theosis in Paul's Narrative Soteriology*. Grand Rapids: Eerdmans, 2009.

Goshen Gottstein, "Body." Goshen Gottstein, Alon. "The Body as Image of God in Rabbinic Literature." *HTR* 87 (2, 1994): 171–95.

Gould, *Ethics*. Gould, John. *The Development of Plato's Ethics*. Cambridge: Cambridge University Press, 1955.

Gould, *Love*. Gould, Thomas. *Platonic Love*. London: Routledge & Kegan Paul, 1963.

Graf, "Heracles: Cult." Graf, Fritz. "Heracles: Cult." *BrillPauly* 6:159–60.

Graf, "Hero Cult." Graf, Fritz. "Hero Cult." *BrillPauly* 6:247–51.

Graf and Johnston, "Magic." Graf, Fritz,

and Sarah Iles Johnston. "Magic, Magi: Greece and Rome." *BrillPauly* 8:133–43.

Grant, *Christianity and Society*. Grant, Robert M. *Early Christianity and Society: Seven Studies*. San Francisco: Harper & Row, 1977.

Grant, *Gnosticism*. Grant, Robert M. *Gnosticism and Early Christianity*. 2nd ed. New York: Columbia University Press, 1966.

Grant, *Gods*. Grant, Robert M. *Gods and the One God*. LEC 1. Philadelphia: Westminster, 1986.

Grant, *Hellenism*. Grant, Frederick C. *Roman Hellenism and the New Testament*. New York: Scribner's, 1962.

Grant, *Judaism and New Testament*. Grant, Frederick C. *Ancient Judaism and the New Testament*. New York: Macmillan, 1959.

Grant, *Paul*. Grant, Robert M. *Paul in the Roman World: The Conflict at Corinth*. Louisville: Westminster John Knox, 2001.

Grant, *Religions*. Grant, Frederick C., ed. *Hellenistic Religions: The Age of Syncretism*. Library of Liberal Arts. Indianapolis: Bobbs–Merrill; New York: Liberal Arts, 1953.

Grant, "Social Setting." Grant, Robert M. "The Social Setting of Second-Century Christianity." In *The Shaping of Christianity in the Second and Third Centuries*, edited by E. P. Sanders, 16–29. Vol. 1 of *Jewish and Christian*

Self-Definition. Philadelphia: Fortress, 1980.

Grappe, "Corps de mort." Grappe, Christian. "Qui me délivrera de ce corps de mort? L'Esprit de vie! Romains 7,24 et 8,2 comme éléments de typologie adamique." *Bib* 83 (4, 2002): 472–92.

Grassi, "Ezekiel xxxvii." Grassi, Joseph A. "Ezekiel xxxvii.1–14 and the New Testament." *NTS* 11 (2, 1965): 162–64.

Graver, "Origins." Graver, Margaret. "Philo of Alexandria and the Origins of the Stoic Προπάθειαι." *Phronesis* 44 (4, 1999): 300–325.

Green, "Halakhah." Green, Dennis. "'Halakhah at Qumran?' The Use of *hlk* in the Dead Sea Scrolls." *RevQ* 22 (86, 2005): 235–51.

Greenberg, *Homosexuality*. Greenberg, David F. *The Construction of Homosexuality*. Chicago: University of Chicago Press, 1988.

Grene, *Political Theory*. Grene, David. *Greek Political Theory: The Image of Man in Thucydides and Plato*. Chicago: University of Chicago Press, 1950.

Grieb, *Story*. Grieb, A. Katherine. *The Story of Romans: A Narrative Defense of God's Righteousness*. Louisville: Westminster John Knox, 2002.

Griffin, "Philosophy." Griffin, Miriam T. "Philosophy, Cato, and Roman Suicide." *GR* 33 (1986): 64–77, 192–202.

Grindheim, "Wisdom." Grindheim,

Sigurd. "Wisdom for the Perfect:
Paul's Challenge to the Corinthian
Church (1 Corinthians 2:6-16)."
JBL 121 (4, 2002): 689-709.

Gundry, "Frustration." Gundry, Robert
H. "The Moral Frustration of Paul
before His Conversion: Sexual Lust
in Romans 7:7 25." In *Pauline
Studies: Essays Presented to Professor
F. F. Bruce on His 70th Birthday*,
edited by Donald A. Hagner and
Murray J. Harris, 228-45. Exeter,
UK: Paternoster; Grand Rapids:
Eerdmans, 1980.

Gundry, *Matthew*. Gundry, Robert H.
*Matthew: A Commentary on His
Literary and Theological Art*. Grand
Rapids: Eerdmans, 1982.

Gundry, *Sōma*. Gundry, Robert H. *Sōma
in Biblical Theology: With Emphasis
on Pauline Anthropology*. Cambridge:
Cambridge University Press, 1976.

Gupta, "Mercies." Gupta, Nijay K. "What
'Mercies of God'? *Oiktirmos* in
Romans 12:1 against Its Septuagintal
Background." *BBR* 22 (1, 2012):
81-96.

Gupta, *Worship*. Gupta, Nijay K. *Worship
That Makes Sense to Paul: A New
Approach to the Theology and Ethics of
Paul's Cultic Metaphors*. BZNW 175.
New York: De Gruyter, 2010.

Guthrie, *Orpheus*. Guthrie, W. K. C.
*Orpheus and Greek Religion: A Study
of the Orphic Movement*. 2nd ed. New
York: W. W. Norton, 1966.

Guthrie, *Plato*. Guthrie, W. K. C. *Plato,*

*the Man and His Dialogues: Earlier
Period*. Vol. 4 of *A History of Greek
Philosophy*. Cambridge: Cambridge
University Press, 1975.

Guttmann, "End." Guttmann, A. "The
End of the Jewish Sacrificial Cult."
HUCA 38 (1967): 137-48.

Gwaltney, "Book." Gwaltney, W. C., Jr.
"The Biblical Book of Lamentations
in the Context of Near Eastern
Lament Literature." In *Scripture
in Context II: More Essays on the
Comparative Method*, edited by
William W. Hallo, James C. Moyer,
and Leo G. Perdue, 191-211.
Winona Lake, IN: Eisenbrauns,
1983.

Haacker, *Theology*. Haacker, Klaus. *The
Theology of Paul's Letter to the Romans*.
Cambridge: Cambridge University
Press, 2003.

Hadas, *Aristeas*. Hadas, Moses, ed. and
trans. *Aristeas to Philocrates (Letter
of Aristeas)*. New York: Harper &
Brothers, 1951. Reprint, New York:
KTAV, 1973.

Hadas and Smith, *Heroes*. Hadas, Moses,
and Morton Smith. *Heroes and Gods:
Spiritual Biographies in Antiquity*.
Religious Perspectives 13. New York:
Harper & Row, 1965.

Hagner, "Vision." Hagner, Donald A. "The
Vision of God in Philo and John: A
Comparative Study." *JETS* 14 (2,
1971): 81-93.

Haines, "Introduction." Haines, C. R.
Introduction to *The Communings*

with Himself of Marcus Aurelius Antonius, Emperor of Rome, Together with His Speeches and Sayings, xi–xxxi. Revised and translated by C. R. Haines. LCL. Cambridge, MA: Harvard University Press, 1916.

Hall, "Delivery." Hall, Jon. "Oratorical Delivery and the Emotions: Theory and Practice." In A Companion to Roman Rhetoric, edited by William Dominik and Jon Hall, 218–34. Oxford: Blackwell, 2007.

Hallo, "Lamentations." Hallo, William W. "Lamentations and Prayers in Sumer and Akkad." In Civilizations of the Ancient Near East, edited by Jack M. Sasson, 3:1871–82. Peabody, MA: Hendrickson, 1995.

Halperin, "Midrash." Halperin, David J. "Merkabah Midrash in the Septuagint." JBL 101 (3, 1982): 351–63.

Halpern-Amaru, "Joy." Halpern-Amaru, Betsy. "Joy as Piety in the 'Book of Jubilees.'" JJS 56 (2, 2005): 185–205.

Halusza, "Sacred." Halusza, Adria. "Sacred Signified: The Semiotics of Statues in the Greek Magical Papyri." Arethusa 41 (3, 2008): 479–94.

Hamerton-Kelly, Pre-existence. Hamerton-Kelly, R. G. Pre-existence, Wisdom, and the Son: A Study of the Idea of Pre-existence in the New Testament. Cambridge: Cambridge University Press, 1973.

Hamilton, Spirit and Eschatology.

Hamilton, Neill Q. The Holy Spirit and Eschatology in Paul. SJTOP 6. Edinburgh: Oliver & Boyd, 1957.

Hammond and Price, "Ruler-Cult." Hammond, Mason, and Simon R. F. Price. "Ruler-Cult: Roman." OCD³ 1338–39.

Hanson, "Exodus." Hanson, Anthony. "John I.14–18 and Exodus XXXIV." NTS 23 (1, 1976): 90–101.

Harrison, Grace. Harrison, James R. Paul's Language of Grace in Its Graeco-Roman Context. WUNT 2.172. Tübingen: Mohr Siebeck, 2003.

Harrison, "Study." Harrison, Everett F. "A Study of John 1:14." In Unity and Diversity in New Testament Theology: Essays in Honor of G. E. Ladd, edited by Robert A. Guelich, 23–36. Grand Rapids: Eerdmans, 1978.

Harrison and Hagner, "Romans." Harrison, Everett F., and Donald A. Hagner. "Romans." In The Expositor's Bible Commentary, edited by Tremper Longman III and David E. Garland, 11:21–237. Rev. ed. 13 vols. Grand Rapids: Zondervan, 2008.

Hastings, Edwards and Life of God. Hastings, W. Ross. Jonathan Edwards and the Life of God: Toward an Evangelical Theology of Participation. Minneapolis: Fortress, 2015.

Hatch, Idea. Hatch, William Henry Paine. The Pauline Idea of Faith in Its Relation to Jewish and Hellenistic Religion. HTS. Cambridge, MA: Harvard University Press, 1917.

Reprint, New York: Kraus, 1969.

Hawthorne, *Philippians*. Hawthorne, Gerald F. *Philippians*. WBC 43. Waco: Word, 1983.

Hays, *Conversion*. Hays, Richard B. *The Conversion of the Imagination: Paul as Interpreter of Israel's Scripture*. Grand Rapids: Eerdmans, 2005.

Hays, *Echoes*. Hays, Richard B. *Echoes of Scripture in the Letters of Paul*. New Haven: Yale University Press, 1989.

Hayward, "Israel." Hayward, C. T. Robert. "Philo, the Septuagint of Genesis 32:24–2 and the Name 'Israel': Fighting the Passions, Inspiration, and the Vision of God." *JJS* 51 (2, 2000): 209–26.

Heger, "Prayer." Heger, Paul. "Did Prayer Replace Sacrifice at Qumran?" *RevQ* 22 (86, 2005): 213–33.

Hengel, *Judaism and Hellenism*. Hengel, Martin. *Judaism and Hellenism: Studies in Their Encounter in Palestine during the Early Hellenistic Period*. Translated by John Bowden. 2 vols. in 1. Philadelphia: Fortress, 1974.

Hengel, *Property*. Hengel, Martin. *Property and Riches in the Early Church: Aspects of a Social History of Early Christianity*. Philadelphia: Fortress, 1974.

Henrichs, "Atheism." Henrichs, Albert. "The Atheism of Prodicus." *Bolletino del Centro internazionale per lo studio dei papiri ercolanesi* 6 (1976): 15–21.

Henrichs, "Notes." Henrichs, Albert. "Two Doxographical Notes: Democritus and Prodicus on Religion." *HSCP* 79 (1975): 93–123.

Henry, "Introduction." Henry, W. Benjamin. Introduction to *Philodemus: "On Death,"* xiii–xxiv. Translated by W. Benjamin Henry. SBLWGRW 29. Atlanta: SBL, 2009.

Heriban, "Zmysl'ajte." Heriban, Jozef. "Zmysl'ajte tak ako v Kristovi Jezisovi (Flp 2,5): Otázka interpretácie Pavlovho odporúcania vo Flp 2,5 v súvise s kristologickym hymnom Flp 2,6–11." *StBibSlov* (2006): 58–78.

Héring, *First Epistle*. Héring, Jean. *The First Epistle of Saint Paul to the Corinthians*. Translated by A. W. Heathcote and P. J. Allcock. London: Epworth, 1962.

Héring, *Second Epistle*. Héring, Jean. *The Second Epistle of Saint Paul to the Corinthians*. Translated by A. W. Heathcote and P. J. Allcock. London: Epworth, 1962.

Hill, *Prophecy*. Hill, David. *New Testament Prophecy*. NFTL. Atlanta: John Knox, 1979.

Hillard, Nobbs, and Winter, "Corpus." Hillard, T., A. Nobbs, and B. Winter. "Acts and the Pauline Corpus, I: Ancient Literary Parallels." In *The Book of Acts in Its Ancient Literary Setting*, edited by Bruce W. Winter and Andrew D. Clarke, 183–213. Vol. 1 of *The Book of Acts in Its First Century Setting*. Edited by Bruce W. Winter. Grand Rapids: Eerdmans; Carlisle, UK: Paternoster, 1993.

Himmelfarb, "Ascent." Himmelfarb, Martha. "Heavenly Ascent and the Relationship of the Apocalypses and the *Hekhalot* Literature." *HUCA* 59 (1988): 73–100.

Hirsch, *Genesis*. Hirsch, Samson Raphael. *Genesis*. Vol. 1 of *The Pentateuch*. New York: Judaica, 1971.

Hock, "Education." Hock, Ronald F. "Paul and Greco-Roman Education." In *Paul in the Greco-Roman World: A Handbook*, edited by J. Paul Sampley, 198–227. Harrisburg, PA: Trinity Press International, 2003.

Hoehner, *Ephesians*. Hoehner, Harold W. *Ephesians: An Exegetical Commentary*. Grand Rapids: Baker Academic, 2002.

Holladay, *Theios Aner*. Holladay, Carl R. *Theios Aner in Hellenistic Judaism: A Critique of the Use of This Category in New Testament Christology*. SBLDS 40. Missoula, MT: Scholars Press, 1977.

Hoof, "Field." Hoof, Anne van. "The Identity Status Field Re-reviewed: An Update of Unresolved and Neglected Issues with a View on Some Alternative Approaches." *Developmental Review* 19 (4, Dec. 1999): 497–556.

Hooker, "Adam." Hooker, Morna D. "Adam in Romans I." *NTS* 6 (4, 1960): 297–306.

Hooker, "Hard Sayings." Hooker, Morna D. "Hard Sayings: I Corinthians 3:2." *Theology* 69 (547, 1966): 19–22.

Hooker, *Preface*. Hooker, Morna D. *A Preface to Paul*. New York: Oxford University Press, 1980.

Horn and Zimmermann, *Jenseits*. Horn, Friedrich W., and Ruben Zimmermann, eds. *Jenseits von Indikativ und Imperativ*. WUNT 238. Tübingen: Mohr Siebeck, 2009.

Horsley, *Corinthians*. Horsley, Richard A. *1 Corinthians*. ANTC. Nashville: Abingdon, 1998.

Horsley, *Documents*. Horsley, G. H. R., ed. *New Documents Illustrating Early Christianity: A Review of the Greek Inscriptions and Papyri Published in 1976*. Vol. 1. North Ryde, NSW: The Ancient History Documentary Research Centre, Macquarie University, 1981.

Horsley, "Pneumatikos." Horsley, Richard A. "Pneumatikos vs. Psychikos: Distinctions of Spiritual Status among the Corinthians." *HTR* 69 (3–4, Oct. 1976): 269–88.

Horton, *Spirit*. Horton, Stanley M. *What the Bible Says about the Holy Spirit*. Springfield, MO: Gospel Publishing House, 1976.

Hossenfelder, "Ataraxia." Hossenfelder, Malte. "Ataraxia." *BrillPauly* 2:218–19.

Hossenfelder, "Happiness." Hossenfelder, Malte. "Happiness." *BrillPauly* 5:1132–35.

Howell, "Dualism." Howell, Don N. "Pauline Eschatological Dualism and Its Resulting Tensions." *TJ* 14 (1,

1993): 3-24.

Howell, "Interchange." Howell, Don N. "God-Christ Interchange in Paul: Impressive Testimony to the Deity of Jesus." *JETS* 36 (4, 1993): 467-79.

Hubbard, *New Creation.* Hubbard, Moyer V. *New Creation in Paul's Letters and Thought.* SNTSMS 119. Cambridge: Cambridge University Press, 2002.

Hübner, "Hermeneutics." Hübner, Hans. "Hermeneutics of Romans 7." In *Paul and the Mosaic Law,* edited by James D. G. Dunn, 207-14. The Third Durham-Tübingen Research Symposium on Earliest Christianity and Judaism (Durham, September 1994). Grand Rapids: Eerdmans, 2001.

Huffmon, "Background." Huffmon, Herbert B. "The Treaty Background of Hebrew *Yada'*." *BASOR* 181 (Feb. 1966): 31-37.

Hultgren, *Romans.* Hultgren, Arland J. *Paul's Letter to the Romans: A Commentary.* Grand Rapids: Eerdmans, 2011.

Hunter, *Gospel according to Paul.* Hunter, Archibald M. *The Gospel according to St. Paul.* Philadelphia: Westminster, 1966.

Hunter, *Message.* Hunter, Archibald M. *The Message of the New Testament.* Philadelphia: Westminster, 1944.

Hunter, *Predecessors.* Hunter, Archibald M. *Paul and His Predecessors.* Rev. ed. Philadelphia: Westminster; London: SCM, 1961.

Hunter, *Romans.* Hunter, Archibald M. *The Epistle to the Romans.* London: SCM, 1955.

Hurschmann, "Mirror." Hurschmann, Rolf. "Mirror: Roman." *BrillPauly* 9:57-58.

Hurtado, *Become God.* Hurtado, Larry W. *How on Earth Did Jesus Become a God? Historical Questions about Earliest Devotion to Jesus.* Grand Rapids: Eerdmans, 2005.

Hurtado, *Lord Jesus Christ.* Hurtado, Larry W. *Lord Jesus Christ: Devotion to Jesus in Earliest Christianity.* Grand Rapids: Eerdmans, 2003. 『주 예수 그리스도』(새물결플러스 역간).

Hurtado, *One God.* Hurtado, Larry W. *One God, One Lord: Early Christian Devotion and Ancient Jewish Monotheism.* Philadelphia: Fortress, 1988.

Huttner, "Zivilisationskritik." Huttner, Ulrich. "Zur Zivilisationskritik in der frühen Kaiserzeit: Die Diskreditierung der *Pax romana*." *Historia* 49 (4, 2000): 446-66.

Hyldahl, "Reminiscence." Hyldahl, Niels. "A Reminiscence of the Old Testament at Romans 1.23." *NTS* 2 (4, May 1956): 285-88.

Ilan, *Women.* Ilan, Tal. *Jewish Women in Greco-Roman Palestine.* Tübingen: Mohr Siebeck; Peabody, MA: Hendrickson, 1996.

Inwood, "Natural Law." Inwood, Brad. "Natural Law in Seneca." *SPhilA* 15 (2003): 81-99.

Inwood, "Rules." Inwood, Brad. "Rules and Reasoning in Stoic Ethics." In *Topics in Stoic Philosophy*, edited by Katerina Ierodiakonou, 95–127. Oxford: Oxford University Press, 1999.

Isaacs, *Spirit*. Isaacs, Marie E. *The Concept of Spirit: A Study of Pneuma in Hellenistic Judaism and Its Bearing on the New Testament*. Heythrop Monographs 1. London: Heythrop College Press, 1976.

Jackson, *Creation*. Jackson, T. Ryan. *New Creation in Paul's Letters: A Study of the Historical and Social Setting of a Pauline Concept*. WUNT 2.272. Tübingen: Mohr Siebeck, 2010.

Jackson–McCabe, "Preconceptions." Jackson–McCabe, Matt. "The Stoic Theory of Implanted Preconceptions." *Phronesis* 49 (4, 2004): 323–47.

Jacobson and Weitzman, "Bronze." Jacobson, David M., and M. P. Weitzman. "What Was Corinthian Bronze?" *AJA* 96 (2, 1992): 237–47.

Janzen, "Approach." Janzen, J. Gerald. "A New Approach to 'logiken latreian' in Romans 12:1–2." *Enc* 69 (2, 2008): 45–83.

Jensen, "Coming of Age." Jensen, Lene Arnett. "Coming of Age in a Multicultural World: Globalization and Adolescent Cultural Identity Formation." *Applied Developmental Science* 7 (3, 2003): 189–96.

Jeremias, *Prayers*. Jeremias, Joachim. *The Prayers of Jesus*. Philadelphia: Fortress, 1964.

Jeremias, "Significance." Jeremias, Joachim. "The Theological Significance of the Dead Sea Scrolls." *CTM* 39 (8, 1968): 557–71.

Jeremias, "Zu Rm 1 22–2." Jeremias, Joachim. "Zu Rm 1 22–2." *ZNW* 45 (1–2, 1954): 119–21.

Jervis, "Commandment." Jervis, L. Ann. "'The Commandment Which Is for Life' (Romans 7.10): Sin's Use of the Obedience of Faith." *JSNT* 27 (2, 2004): 193–216.

Jervis, "Conversation." Jervis, L. Ann. "Reading Romans 7 in Conversation with Postcolonial Theory: Paul's Struggle toward a Christian Identity of Hybridity." In *The Colonized Apostle: Paul through Postcolonial Eyes*, edited by Christopher D. Stanley, 95–109. Paul in Critical Contexts. Minneapolis: Fortress, 2011.

Jervis, "Spirit." Jervis, L. Ann. "The Spirit Brings Christ's Life to Life." In *Reading Paul's Letter to the Romans*, edited by Jerry L. Sumney, 139–56. SBLRBS 73. Atlanta: SBL, 2012.

Jewett, *Romans*. Jewett, Robert, assisted by Roy D. Kotansky. *Romans: A Commentary*. Edited by Eldon Jay Epp. Hermeneia. Minneapolis: Fortress, 2007.

Jochim, *Religions*. Jochim, Christian. *Chinese Religions: A Cultural Perspective*. Prentice-Hall Series in World Religions. Englewood Cliffs,

NJ: Prentice-Hall, 1986.

Jódar-Estrella, "Misterio." Jódar-Estrella, Carlos. "'Misterio' in *1Co* 1-4: Despliegue (con) textual de una metáfora." *AT* 13 (2, 1999): 453-74.

Johnson, "Knowledge." Johnson, S. Lewis, Jr. "Paul and the Knowledge of God." *BSac* 129 (513, 1972): 61-74.

Johnson, *Romans*. Johnson, Luke Timothy. *Reading Romans: A Literary and Theological Commentary*. Macon, GA: Smyth & Helwys, 2001.

Johnson Hodge, "Apostle." Johnson Hodge, Caroline E. "Apostle to the Gentiles: Constructions of Paul's Identity." *BibInt* 13 (3, 2005): 270-88.

Johnston, "Animating Statues." Johnston, Sarah Iles. "Animating Statues: A Case Study in Ritual." *Arethusa* 41 (3, 2008): 445-77.

Johnston, *Ephesians*. Johnston, George. *Ephesians, Philippians, Colossians, and Philemon*. Century Bible. Greenwood, SC: Attic, 1967.

Johnston, "Spirit." Johnston, George. "'Spirit' and 'Holy Spirit' in the Qumran Literature." In *New Testament Sidelights: Essays in Honor of Alexander Converse Purdy*, edited by Harvey K. McArthur, 27-42. Hartford: Hartford Seminary Foundation Press, 1960.

Jonas, *Religion*. Jonas, Hans. *The Gnostic Religion: The Message of the Alien God and the Beginnings of Christianity*. 2nd rev. ed. Boston: Beacon, 1963.

Jones, "Epigram." Jones, C. P. "An Epigram on Apollonius of Tyana." *JHS* 100 (1980): 190-94.

Jordan, "Formulae." Jordan, David R. "P.Duk. inv. 729, Magical Formulae." *GRBS* 46 (2, 2006): 159-73.

Jordan, "Spell." Jordan, David R. "P.Duk. inv. 230, an Erotic Spell." *GRBS* 40 (2, 1999): 159-70.

Ju, "Immortality." Ju, A. E. "Stoic and Posidonian Thought on the Immortality of the Soul." *CQ* 59 (1, 2009): 112-24.

Judge, *First Christians*. Judge, Edwin A. *The First Christians in the Roman World: Augustan and New Testament Essays*. Edited by James R. Harrison. WUNT 229. Tübingen: Mohr Siebeck, 2008.

Judge, *Jerusalem*. Judge, Edwin A. *Jerusalem and Athens: Cultural Transformation in Late Antiquity*. Edited by Alanna Nobbs. Tübingen: Mohr Siebeck, 2010.

Judge, *Pattern*. Judge, Edwin A. *The Social Pattern of the Christian Groups in the First Century: Some Prolegomena to the Study of New Testament Ideas of Social Obligation*. London: Tyndale, 1960.

Judge, *Rank*. Judge, Edwin A. *Rank and Status in the World of the Caesars and St Paul*. Broadhead Memorial Lecture 1981. University of Canterbury Publications 29. Christchurch, NZ: University of Canterbury Press,

1982.

Kahn, "Duality." Kahn, Pinchas. "The Duality of Man: A Study in Talmudic Allegorical Interpretations." *JBQ* 36 (2, 2008): 102–7.

Kaiser, *Preaching*. Kaiser, Walter C., Jr. *The Old Testament in Contemporary Preaching*. Grand Rapids: Baker, 1973.

Kapolyo, *Condition*. Kapolyo, Joe M. *The Human Condition: Christian Perspectives through African Eyes*. Downers Grove, IL: InterVarsity, 2005.

Karlberg, "History." Karlberg, Mark W. "Israel's History Personified: Romans 7:7–13 in Relation to Paul's Teaching on the 'Old Man.'" *TJ* 7 (1, 1986): 65–74.

Käsemann, *Romans*. Käsemann, Ernst. *Commentary on Romans*. Edited and translated by Geoffrey W. Bromiley. Grand Rapids: Eerdmans, 1980.

Kaufmann, "Underworld." Kaufmann, Helen. "Virgil's Underworld in the Mind of Roman Late Antiquity." *Latomus* 69 (1, 2010): 150–60.

Kearns, "Hero-Cult." Kearns, Emily. "Hero-Cult." *OCD*[3] 693–94.

Keck, "*Pathos*." Keck, Leander E. "*Pathos* in Romans? Mostly Preliminary Remarks." In *Paul and Pathos*, edited by Thomas H. Olbricht and Jerry L. Sumney, 71–96. SBLSymS 16. Atlanta: SBL, 2001.

Keck, *Paul*. Keck, Leander E. *Paul and His Letters*. ProcC. Philadelphia: Fortress,

1979.

Keck, *Romans*. Keck, Leander E. *Romans*. ANTC. Nashville: Abingdon, 2005.

Keefer, "Purpose." Keefer, Luke L., Jr. "The Purpose of Holiness: The Triumph of God's Will." *AshTJ* 30 (1998): 1–10.

Keener, *Acts*. Keener, Craig S. *Acts: An Exegetical Commentary*. 4 vols. Grand Rapids: Baker Academic, 2012–15.

Keener, "Adultery." Keener, Craig S. "Adultery, Divorce." *DNTB* 6–16.

Keener, "Beheld." Keener, Craig S. "'We Beheld His Glory': John 1:14." In *John, Jesus, and History*, vol. 2, *Aspects of Historicity in the Fourth Gospel*, edited by Paul N. Anderson, Felix Just, and Tom Thatcher, 15–25. SBLECL 2. Atlanta: SBL, 2009.

Keener, "Corinthian Believers." Keener, Craig S. "Paul and the Corinthian Believers." In *The Blackwell Companion to Paul*, edited by Stephen Westerholm, 46–62. Oxford: Blackwell, 2011.

Keener, *Corinthians*. Keener, Craig S. *1 and 2 Corinthians*. NCamBC. Cambridge: Cambridge University Press, 2005.

Keener, "Epicureans." Keener, Craig S. "Epicureans." In *Brill Encyclopedia of Early Christianity*. Leiden: Brill, forthcoming.

Keener, "Exhortation." Keener, Craig S. "The Exhortation to Monotheism in Acts 14:15–17." In *Kingdom Rhetoric: New Testament Explorations in Honor of Ben Witherington III*, edited by T. Michael W. Halcomb, 47-70. Eugene, OR: Wipf & Stock, 2013.

Keener, *Gift*. Keener, Craig S. *Gift and Giver: The Holy Spirit for Today*. Grand Rapids: Baker Academic, 2001. 『현대를 위한 성령론』(새물결 플러스 역간).

Keener, "Head Coverings." Keener, Craig S. "Head Coverings." *DNTB* 442-47.

Keener, "Heavenly Mindedness." Keener, Craig S. "Heavenly Mindedness and Earthly Good: Contemplating Matters Above in Colossians 3.1-2." *JGRCJ* 6 (2009): 175-90.

Keener, *John*. Keener, Craig S. *The Gospel of John: A Commentary*. 2 vols. Grand Rapids: Baker Academic, 2003.

Keener, "Madness." Keener, Craig S. "Paul's Positive Madness in Acts 26:24-25." In *Zur Kultur einer Religionsgeschichte*, edited by Manfred Lang and Joseph Verheyden. Herders Biblische Studien. Freiburg: Herder, forthcoming (tentatively 2016).

Keener, "Marriage." Keener, Craig S. "Marriage." *DNTB* 680-93.

Keener, *Marries*. Keener, Craig S. *...And Marries Another: Divorce and Remarriage in the Teaching of the New Testament*. Grand Rapids: Baker Academic, 1991.

Keener, *Matthew*. Keener, Craig S. *The Gospel of Matthew: A Socio-rhetorical Commentary*. Grand Rapids: Eerdmans, 2009.

Keener, "Milk." Keener, Craig S. "Milk." *DNTB* 707-9.

Keener, "Minds." Keener, Craig S. "Corrupted versus Renewed Minds in Romans 1, 7, and 12." In *Texts and Contexts: Gospels and Pauline Studies and Sermons in Honor of David E. Garland*, edited by Todd Still. Waco: Baylor University Press, forthcoming.

Keener, *Miracles*. Keener, Craig S. *Miracles: The Credibility of the New Testament Accounts*. Grand Rapids: Baker Academic, 2011.

Keener, *Paul*. Keener, Craig S. *Paul, Women, and Wives: Marriage and Women's Ministry in the Letters of Paul*. Grand Rapids: Baker Academic, 1992.

Keener, "Perspectives." Keener, Craig S. "'Fleshly' versus Spirit Perspectives in Romans 8:5-." In *Paul: Jew, Greek, and Roman*, edited by Stanley Porter, 211-29. PAST 5. Leiden: Brill, 2008.

Keener, "Pneumatology." Keener, Craig S. "The Function of Johannine Pneumatology in the Context of Late First-Century Judaism." PhD diss., Duke University, 1991.

Keener, "Reassessment." Keener, Craig S. "A Reassessment of Hume's Case against Miracles in Light of Testimony from the Majority World Today." *PRSt* 38 (3, 2011): 289-310.

Keener, "Rhetorical Techniques."

Keener, Craig S. "Some Rhetorical Techniques in Acts 24:2-21." In *Paul's World*, edited by Stanley E. Porter, 221-51. PAST 4. Leiden: Brill, 2008.

Keener, *Romans*. Keener, Craig S. *Romans*. NCCS 6. Eugene, OR: Wipf & Stock, 2009.

Keener, "Spirit." Keener, Craig S. "Spirit, Holy Spirit, Advocate, Breath, Wind." In *The Westminster Theological Wordbook of the Bible*, edited by Donald E. Gowan, 484-96. Louisville: Westminster John Knox, 2003.

Keener, *Spirit*. Keener, Craig S. *The Spirit in the Gospels and Acts: Divine Purity and Power*. Grand Rapids: Baker Academic, 2010.

Keener, "Teaching Ministry." Keener, Craig S. "A Spirit-Filled Teaching Ministry in Acts 19:9." In *Trajectories in the Book of Acts: Essays in Honor of John Wesley Wyckoff*, edited by Jordan May, Paul Alexander, and Robert G. Reid, 46-58. Eugene, OR: Wipf & Stock, 2010.

Kelly, *Peter*. Kelly, J. N. D. *A Commentary on the Epistles of Peter and Jude*. Thornapple Commentaries. Grand Rapids: Baker, 1981.

Kennedy, *Epistles*. Kennedy, H. A. A. *The Theology of the Epistles*. New York: Scribner's, 1920.

Kerferd, "Reason." Kerferd, G. B. "Reason as a Guide to Conduct in Greek Thought." *BJRL* 64 (1981): 141-64.

Kibria, "Construction." Kibria, Nazli. "The Construction of 'Asian American': Reflections on Intermarriage and Ethnic Identity among Second-Generation Chinese and Korean Americans." *EthRacSt* 20 (3, 1997): 523-44.

Kidd, "Posidonius." Kidd, Ian Gray. "Posidonius on Emotions." In *Problems in Stoicism*, edited by A. A. Long, 200-215. London: University of London, Athlone Press, 1971.

Kidd and Hankins, *Baptists*. Kidd, Thomas S., and Barry Hankins. *Baptists in America: A History*. Oxford: Oxford University Press, 2015.

Kim, *Introduction*. Kim, Yung Suk. *A Theological Introduction to Paul's Letters: Exploring a Threefold Theology of Paul*. Eugene, OR: Cascade, 2011.

Kim, *Letter of Recommendation*. Kim, Chan-Hie. *Form and Structure of the Familiar Greek Letter of Recommendation*. SBLDS 4. Missoula, MT: SBL, 1972.

Kim, *New Perspective*. Kim, Seyoon. *Paul and the New Perspective: Second Thoughts on the Origin of Paul's Gospel*. Grand Rapids: Eerdmans, 2002.

Kim, *Origin*. Kim, Seyoon. *The Origin of Paul's Gospel*. WUNT 2.4. Tübingen: Mohr Siebeck, 1981.

Kim, "Paraenesis." Kim, Seyoon. "Paul's Common Paraenesis (1 Thess. 4-5; Phil. 2-4; and Rom. 12-13): The Correspondence between Romans

1:18-32 and 12:1-2, and the Unity of Romans 12-13." *TynBul* 62 (1, 2011): 109-39.

Kirk, *Vision*. Kirk, Kenneth E. *The Vision of God—The Christian Doctrine of the Summum Bonum: The Bampton Lectures for 1928*. Abridged ed. London: Longmans, Green & Co., 1934.

Kittel, "Λογικός." Kittel, Gerhard. "Λογικός." *TDNT* 4:142-43.

Kiuchi, "Azazel-Goat." Kiuchi, Nobuyoshi. "Living Like the Azazel-Goat in Romans 12:1B." *TynBul* 57 (2, 2006): 251-61.

Klauck, *Context*. Klauck, Hans-Josef. *The Religious Context of Early Christianity: A Guide to Graeco-Roman Religions*. Translated by Brian McNeil. Minneapolis: Fortress, 2003.

Klausner, *Jesus to Paul*. Klausner, Joseph. *From Jesus to Paul*. Translated by W. Stinespring. Foreword by Sidney Hoenig. London: Macmillan, 1943. Reprint, New York: Menorah, 1979.

Knox, *Gentiles*. Knox, Wilfred L. *St. Paul and the Church of the Gentiles*. Cambridge: Cambridge University Press, 1939.

Knox, *Jerusalem*. Knox, Wilfred L. *St. Paul and the Church of Jerusalem*. Cambridge University Press, 1925.

Knox, "Parallels." Knox, Wilfred L. "Parallels to the N.T. Use of σῶμα." *JTS* 39 (155, 1938): 243-46.

Knuuttila and Sihvola, "Analysis." Knuuttila, Simo, and Juha Sihvola.

"How the Philosophical Analysis of the Emotions Was Introduced." In *The Emotions in Hellenistic Philosophy*, edited by Juha Sihvola and Troels Engberg-Pedersen, 1-19. TSHP 46. Dordrecht, Neth.: Kluwer Academic, 1998.

Koester, "Being." Koester, Helmut. "The Divine Human Being." *HTR* 78 (3-4, 1985): 243-52.

Koester, *Introduction*. Koester, Helmut. *Introduction to the New Testament*. 2 vols. Philadelphia: Fortress, 1982.

Koestler, "Kepler." Koestler, Arthur. "Kepler and the Psychology of Discovery." In *The Logic of Personal Knowledge: Essays Presented to Michael Polanyi on His Seventieth Birthday 11 March 1961*, edited by Polanyi Festschrift Committee, 49-57. London: Routledge & Kegan Paul, 1961.

Kohler, *Theology*. Kohler, Kaufmann. *Jewish Theology*. New York: Macmillan, 1923.

Konstan, "Minds." Konstan, David. "Of Two Minds: Philo on Cultivation." *SPhilA* 22 (2010): 131-38.

Kourie, "Christ-Mysticism." Kourie, Celia. "Christ-Mysticism in Paul." *Way* Supplement 102 (2001): 71-80.

Kovelman, "Perfection." Kovelman, Arkady. "Hellenistic Judaism on the Perfection of the Human Body." *JJS* 61 (2, 2010): 207-19.

Kraabel, "Jews in Rome." Kraabel, Alf Thomas. "Jews in Imperial Rome:

More Archaeological Evidence from an Oxford Collection." *JJS* 30 (1, 1979): 41–58.

Kraeling, *John the Baptist*. Kraeling, Carl H. *John the Baptist*. New York: Scribner's, 1951.

Kraftchick, "Πάθη." Kraftchick, Steven J. "Πάθη in Paul: The Emotional Logic of 'Original Argument.'" In *Paul and Pathos*, edited by Thomas H. Olbricht and Jerry L. Sumney, 39–68. SBLSymS 16. Atlanta: SBL, 2001.

Krämer, *Arete*. Krämer, Hans Joachim. *Arete bei Platon und Aristoteles: Zum Wesen und zur Geschichte der platonischen Ontologie*. Amsterdam: Schippers, 1967.

Kratz and Spieckermann, *Wrath*. Kratz, Reinhardt G., and Hermann Spieckermann, eds. *Divine Wrath and Divine Mercy in the World of Antiquity*. FAT 2.33. Tübingen: Mohr Siebeck, 2008.

Krauter, "Eva." Krauter, Stefan. "Eva in Röm 7." *ZNW* 99 (1, 2008): 1–17.

Krauter, "Römer 7." Krauter, Stefan. "Römer 7 in der Auslegung des Pietismus." *KD* 52 (2, 2006): 126–50.

Krentz, "Oxymora." Krentz, Edgar. "The Sense of Senseless Oxymora." *CurTM* 28 (6, 2001): 577–84.

Krieger, "4. Makkabäerbuch." Krieger, Klaus-Stefan. "Das 3. und 4. Makkabäerbuch." *BK* 57 (2, 2002): 87–88.

Kruse, *Romans*. Kruse, Colin G. *Paul's Letter to the Romans*. PillNTC. Grand Rapids: Eerdmans, 2012.

Kümmel, *Römer 7*. Kümmel, Werner Georg. *Römer 7 und die Bekehrung des Paulus*. Leipzig: J. G. Hinrichs, 1929. Reprinted as *Römer 7 und das Bild des Menschen im Neuen Testament*. Munich: Kaiser, 1974.

Kümmel, *Theology*. Kümmel, Werner Georg. *The Theology of the New Testament according to Its Major Witnesses—Jesus, Paul, John*. Translated by John E. Steely. Nashville: Abingdon, 1973.

Kwon, *Corinthians*. Kwon, Oh-Young. *1 Corinthians 1-4: Reconstructing Its Social and Rhetorical Situation and Re-reading It Cross-Culturally for Korean-Confucian Christians Today*. Eugene, OR: Wipf & Stock, 2010.

Lachs, *Commentary*. Lachs, Samuel Tobias. *A Rabbinic Commentary on the New Testament: The Gospels of Matthew, Mark, and Luke*. Hoboken, NJ: KTAV; New York: Anti-Defamation League of B'Nai B'Rith, 1987.

Ladd, *Kingdom*. Ladd, George Eldon. *The Gospel of the Kingdom*. London: Paternoster, 1959. Reprint, Grand Rapids: Eerdmans, 1978.

Ladd, *Last Things*. Ladd, George Eldon. *The Last Things*. Grand Rapids: Eerdmans, 1978.

Ladd, *Theology*. Ladd, George Eldon. *A Theology of the New Testament*. Grand Rapids: Eerdmans, 1974.

Lafon, "Moi." Lafon, Guy. "Un moi sans oeuvre." *RSR* 78 (2, 1990): 165-74.

Lake, "Spirit." Lake, Kirsopp. "The Holy Spirit." *BegChr* 5:96-111.

Lambrecht, *Corinthians.* Lambrecht, Jan. *Second Corinthians.* SP 8. Collegeville, MN: Liturgical Press, 1999.

Lambrecht, "Exhortation." Lambrecht, Jan A. "The Implied Exhortation in Romans 8,5-8." *Greg* 81 (3, 2000): 441-51.

Lambrecht, "Glorie." Lambrecht, Jan. "'Tot steeds grotere glorie' (2 Kor. 3,18)." *Coll* 29 (2, 1983): 131-38.

Lambrecht, "Transformation." Lambrecht, Jan. "Transformation in 2 Cor 3,18." *Bib* 64 (2, 1983): 243-54.

Lamp, "Rhetoric." Lamp, Jeffrey S. "The Rhetoric of Righteousness: An Overview of Paul's Argument in Romans 5-8." *AsTJ* 60 (2, 2005): 55-66.

Laperrousaz, "Dépôts." Laperrousaz, Ernest-Marie. "À propos des dépôts d'ossements d'animaux trouvés à Qoumrân." *RevQ* 9 (4, 1978): 569-73.

Laurent, *Practice.* Laurent (Nicholas Herman of Lorraine). *The Practice of the Presence of God: Conversations and Letters of Brother Lawrence.* Oxford: Oneworld, 1999.

Laurin, "Immortality." Laurin, Robert B. "The Question of Immortality in the Qumran Hodayot." *JSS* 3 (1958): 344-55.

Laws, *James.* Laws, Sophie. *A Commentary on the Epistle of James.* HNTC. San Francisco: Harper & Row, 1980.

Lebourlier, "Miroir." Lebourlier, Jean. "L'Ancien Testament, miroir de la gloire du Seigneur Jésus: Une lecture du chapitre 3 de la deuxième Épître aux Corinthiens." *BLE* 97 (4, 1996): 321-29.

Lee, "Powers." Lee, Jung Young. "Interpreting the Demonic Powers in Pauline Thought." *NovT* 12 (1, 1970): 54-69.

Lee, *Thought.* Lee, Edwin Kenneth. *The Religious Thought of St. John.* London: SPCK, 1962.

Lee, "Translations: Greek." Lee, John A. L. "Translations of the Old Testament: I. Greek." In *Handbook of Classical Rhetoric in the Hellenistic Period, 330 B.C.-A.D. 400,* edited by Stanley E. Porter, 775-83. Leiden: Brill, 1997.

Légasse, "Immortalité." Légasse, Simon. "Les Juifs, au temps de Jésus, croyaient-ils à l'immortalité de l'âme? Pour introduire à la doctrine du Nouveau Testament sur les fins dernières." *BLE* 98 (2, 1997): 103-21.

Leigh, "Quintilian." Leigh, Matthew. "Quintilian on the Emotions (*Institutio oratoria* 6 Preface and 1-2)." *JRS* 94 (2004): 122-40.

Leivestad, "Dogma." Leivestad, Ragnar. "Das Dogma von der prophetenlosen Zeit." *NTS* 19 (3, 1973): 288-99.

Leon, *Jews of Rome.* Leon, Harry J. *The Jews*

of Ancient Rome. Morris Loeb Series. Philadelphia: Jewish Publication Society of America, 1960.

Levison, *"Adam and Eve."* Levison, John R. "Adam and Eve in Romans 1.18–5 and the Greek *Life of Adam and Eve."* *NTS* 50 (4, 2004): 519–34.

Levison, *Filled.* Levison, John R. *Filled with the Spirit.* Grand Rapids: Eerdmans, 2009.

Levison, *"Stoa Poecile."* Levison, John R. "Paul in the *Stoa Poecile*: A Response to Troels Engberg-Pedersen, *Cosmology and Self in the Apostle Paul: The Material Spirit* (Oxford, 2010)." *JSNT* 33 (4, 2011): 415–32.

Levy, "Breaking." Levy, Carlos. "Breaking the Stoic Language: Philo's Attitude towards Assent (*Sunkatathesis*) and Comprehension (*Katalêpsis*)." *Hen* 32 (1, 2010): 33–44.

Levy, Krey, and Ryan, *Romans.* Levy, Ian Christopher, Philip D. W. Krey, and Thomas Ryan, eds. and trans. *The Letter to the Romans.* The Bible in Medieval Tradition. Grand Rapids: Eerdmans, 2013.

Lewis, *Life.* Lewis, Naphtali. *Life in Egypt under Roman Rule.* Oxford: Clarendon, 1983.

Lichtenberger, *"Beginn."* Lichtenberger, Hermann. "Der Beginn der Auslegungsgeschichte von Römer 7: Röm 7,25b." *ZNW* 88 (3–4, 1997): 284–95.

LiDonnici, "Burning." LiDonnici, Lynn. "Burning for It: Erotic Spells for Fever and Compulsion in the Ancient Mediterranean World." *GRBS* 39 (1, 1998): 63–98.

Lieber, "Angels." Lieber, Andrea. "Angels That Kill: Mediation and the Threat of Bodily Destruction in *Hekhalot* Narratives." *StSpir* 14 (2004): 17–35.

Lieberman, *Hellenism.* Lieberman, Saul. *Hellenism in Jewish Palestine: Studies in the Literary Transmission, Beliefs, and Manners of Palestine in the I Century B.C.E.–IV Century C.E.* 2nd ed. TSJTSA 18. New York: Jewish Theological Seminary of America Press, 1962.

Lieven, Johnston, and Käppel, "Underworld." Lieven, Alexandra von, Sarah Iles Johnston, and Lutz Käppel. "Underworld." *BrillPauly* 15:104–11.

Lightfoot, *Colossians.* Lightfoot, J. B. *Saint Paul's Epistles to the Colossians and to Philemon.* 3rd ed. London: Macmillan, 1879. Reprint, Grand Rapids: Zondervan, 1959.

Lim, "Gifts." Lim, David. "Spiritual Gifts." In *Systematic Theology: A Pentecostal Perspective*, edited by Stanley M. Horton, 457–88. Springfield, MO: Logion, 1994.

Lim, "Orientation." Lim, Timothy H. "Eschatological Orientation and the Alteration of Scripture in the Habakkuk Pesher." *JNES* 49 (2, 1990): 185–94.

Lincoln, *Ephesians.* Lincoln, Andrew T.

Ephesians. WBC 42. Dallas: Word, 1990.

Lincoln, *Paradise*. Lincoln, Andrew T. *Paradise Now and Not Yet: Studies in the Role of the Heavenly Dimension in Paul's Thought with Special Reference to His Eschatology*. SNTSMS 43. Cambridge: Cambridge University Press, 1981.

Lindemann, "Kirche." Lindemann, Andreas. "Die Kirche als Leib: Beobachtungen zur 'demokratischen' Ekklesiologie bei Paulus." *ZTK* 92 (2, 1995): 140-65.

Linebaugh, "Announcing." Linebaugh, Jonathan A. "Announcing the Human: Rethinking the Relationship between Wisdom of Solomon 13-15 and Romans 1.18-2.11." *NTS* 57 (2, 2011): 214-37.

Litfin, *Theology*. Litfin, Duane. *St. Paul's Theology of Proclamation: 1 Corinthians 1-4 and Greco-Roman Rhetoric*. SNTSMS 83. Cambridge: Cambridge University Press, 1994.

Litwa, "Implications." Litwa, M. David. "2 Corinthians 3:18 and Its Implications for Theosis." *JTI* 2 (2008): 117-34.

Litwa, *Transformed*. Litwa, M. David. *We Are Being Transformed: Deification in Paul's Soteriology*. BZNW 187. Berlin: de Gruyter, 2012.

Liu, "Nature." Liu, Irene. "Nature and Knowledge in Stoicism: On the Ordinariness of the Stoic Sage." *Apeiron* 41 (4, 2008): 247-75.

Llewellyn-Jones, *Tortoise*. Llewellyn-Jones,

Lloyd. *Aphrodite's Tortoise: The Veiled Woman of Ancient Greece*. Swansea: The Classical Press of Wales, 2003.

Lodge, *Ethics*. Lodge, R. C. *Plato's Theory of Ethics: The Moral Criterion and the Highest Good*. New York: Harcourt, Brace; London: Kegan Paul, Trench, Trubner, 1928.

Lodge, *Theory*. Lodge, Rupert C. *Plato's Theory of Art*. New York: The Humanities Press; London: Routledge & Kegan Paul, 1953.

Löhr, "Paulus." Löhr, Hermut. "Paulus und der Wille zur Tat: Beobachtungen zu einer frühchristlichen Theologie als Anweisung zur Lebenskunst." *ZNW* 98 (2, 2007): 165-88.

Lohse, *Colossians*. Lohse, Eduard. *Colossians and Philemon*. Edited by Helmut Koester. Translated by William R. Poehlmann and Robert J. Karris. Hermeneia. Philadelphia: Fortress, 1971.

Lohse, *Environment*. Lohse, Eduard. *The New Testament Environment*. Translated by John E. Steely. Nashville: Abingdon, 1976.

Long, *Philosophy*. Long, A. A. *Hellenistic Philosophy: Stoics, Epicureans, Sceptics*. New York: Scribner's, 1974.

Long, "Soul." Long, A. A. "Soul and Body in Stoicism." *CHSP* 36 (1980): 1-17.

Longenecker, *Christology*. Longenecker, Richard N. *The Christology of Early Jewish Christianity*. London: SCM, 1970. Reprint, Grand Rapids: Baker,

1981.

Longenecker, *Exegesis*. Longenecker, Richard N. *Biblical Exegesis in the Apostolic Period*. Grand Rapids: Eerdmans, 1975.

Longenecker, "Hope." Longenecker, Richard N. "A Realized Hope, a New Commitment, and a Developed Proclamation: Paul and Jesus." In *The Road from Damascus: The Impact of Paul's Conversion on His Life, Thought, and Ministry*, edited by Richard N. Longenecker, 18-42. Grand Rapids: Eerdmans, 1997.

Longenecker, *Introducing Romans*. Longenecker, Richard N. *Introducing Romans: Critical Issues in Paul's Most Famous Letter*. Grand Rapids: Eerdmans, 2011.

Longenecker, *Paul*. Longenecker, Richard N. *Paul, Apostle of Liberty*. New York: Harper & Row, 1964. Reprint, Grand Rapids: Baker, 1976.

Lopez, *Apostle*. Lopez, Davina C. *Apostle to the Conquered: Reimagining Paul's Mission*. Paul in Critical Contexts. Minneapolis: Fortress, 2008.

Lopez, "Visualizing." Lopez, Davina C. "Visualizing Significant Otherness: Reimagining Paul(ine Studies) through Hybrid Lenses." In *The Colonized Apostle: Paul through Postcolonial Eyes*, edited by Christopher D. Stanley, 74-94. Minneapolis: Fortress, 2011.

Lucas, "Unearthing." Lucas, Alec J. "Unearthing an Intra-Jewish

Interpretive Debate? Romans 1,18-2,4; Wisdom of Solomon 11-19; and Psalms 105 (104)-107 (106)." *ASDE* 27 (2, 2010): 69-91.

Lung-Kwong, *Purpose*. Lung-Kwong, Lo. *Paul's Purpose in Writing Romans: The Upbuilding of a Jewish and Gentile Christian Community in Rome*. Edited by Philip P. Chia and Yeo Khiok-khng. Jian Dao DS 6. Bible and Literature 4. Hong Kong: Alliance Bible Seminary Press, 1998.

Lutz, *Musonius*. Lutz, Cora E. *Musonius Rufus: "The Roman Socrates."* YCS 10. New Haven: Yale University Press, 1947.

Luz, "Masada." Luz, Menahem. "Eleazar's Second Speech on Masada and Its Literary Precedents." *RMPhil* 126 (1, 1983): 25-43.

Luz, *Matthew*. Luz, Ulrich. *Matthew 1-7: A Commentary*. Translated by Wilhelm C. Linss. CC. Minneapolis: Augsburg Fortress, 1989.

Lyons, *Autobiography*. Lyons, George. *Pauline Autobiography: Toward a New Understanding*. SBLDS 73. Atlanta: Scholars Press, 1985.

Ma, *Spirit*. Ma, Wonsuk. *Until the Spirit Comes: The Spirit of God in the Book of Isaiah*. JSOTSup 271. Sheffield, UK: Sheffield Academic, 1999.

MacGorman, "Romans 7." MacGorman, J. W. "Romans 7 Once More." *SWJT* 19 (1, Fall 1976): 31-41.

MacGregor, "Principalities." MacGregor, G. H. C. "Principalities and Powers:

The Cosmic Background of Paul's Thought." *NTS* 1 (Sept. 1954): 17–28.

Mackie, "Seeing." Mackie, Scott D. "Seeing God in Philo of Alexandria: The Logos, the Powers, or the Existent One?" *SPhilA* 21 (2009): 25–47.

Maclean and Aitken, "Introduction." Maclean, Jennifer K. Berenson, and Ellen Bradshaw Aitken. Introduction to *Flavius Philostratus: "Heroikos,"* xxxvii–xcii. Translated by Jennifer K. Berenson Maclean and Ellen Bradshaw Aitken. SBLWGRW 1. Atlanta: SBL, 2001.

Malherbe, "Antisthenes." Malherbe, Abraham J. "Antisthenes and Odysseus, and Paul at War." *HTR* 76 (2, 1983): 143–73.

Malherbe, "Beasts." Malherbe, Abraham J. "The Beasts at Ephesus." *JBL* 87 (1, 1968): 71–80.

Malherbe, "Gentle as Nurse." Malherbe, Abraham J. " 'Gentle as a Nurse': The Cynic Background to I Thess ii." *NovT* 12 (2, 1970): 203–17.

Malherbe, *Moral Exhortation*. Malherbe, Abraham J. *Moral Exhortation, a Greco-Roman Sourcebook*. LEC 4. Philadelphia: Westminster, 1986.

Malherbe, *Philosophers*. Malherbe, Abraham J. *Paul and the Popular Philosophers*. Philadelphia: Fortress, 1989.

Malherbe, *Social Aspects*. Malherbe, Abraham J. *Social Aspects of Early Christianity*. 2nd ed. Philadelphia: Fortress, 1983.

Malina and Pilch, *Letters*. Malina, Bruce J., and John J. Pilch. *Social-Science Commentary on the Letters of Paul*. Minneapolis: Fortress, 2006.

Malkin, "Votive Offerings." Malkin, Irad. "Votive Offerings." *OCD³* 1612–13.

Manson, *Paul and John*. Manson, T. W. *On Paul and John: Some Selected Theological Themes*. SBT 38. London: SCM, 1963.

Manson, "Reading." Manson, William. "A Reading of Romans vii." In *Jesus and the Christian*, 149–59. London: James Clarke & Co., 1967.

Marcus, "Inclination." Marcus, Joel. "The Evil Inclination in the Letters of Paul." *IBS* 8 (1, 1986): 8–21.

Marcus, "Inclination in James." Marcus, Joel. "The Evil Inclination in the Epistle of James." *CBQ* 44 (4, 1982): 606–21.

Markschies, "Metaphor." Markschies, Christoph. "Die platonische Metapher vom 'inneren Menschen': Eine Brücke zwischen antiker Philosophie und altchristlicher Theologie." *ZKG* 105 (1, 1994): 1–17.

Marmorstein, *Names*. Marmorstein, A. *The Names and Attributes of God*. Vol. 1 of *The Old Rabbinic Doctrine of God*. London: Oxford University Press, 1927. Reprinted in *The Doctrine of Merits in Old Rabbinical Literature; and The Old Rabbinic Doctrine of God: I, The Names and Attributes of God; II, Essays in Anthropomorphism*.

3 vols. in 1. New York: KTAV, 1968.

Marshall, *Enmity*. Marshall, Peter. *Enmity in Corinth: Social Conventions in Paul's Relations with the Corinthians*. WUNT 2.23. Tübingen: Mohr Siebeck, 1987.

Marshall, "Flesh." Marshall, I. Howard. "Living in the 'Flesh.'" *BSac* 159 (636, 2002): 387–403.

Marshall, *Thessalonians*. Marshall, I. Howard. *1 and 2 Thessalonians*. NCBC. Grand Rapids: Eerdmans, 1983.

Martin, *Body*. Martin, Dale B. *The Corinthian Body*. New Haven: Yale University Press, 1995.

Martin, *Carmen Christi*. Martin, Ralph P. *Carmen Christi*. Cambridge: Cambridge University Press, 1967.

Martin, *Colossians*. Martin, Ralph P. *Colossians and Philemon*. NCBC. Grand Rapids: Eerdmans, 1978.

Martin, *Corinthians*. Martin, Ralph P. *2 Corinthians*. WBC 40. Waco: Word, 1986.

Martin, "Good." Martin, Troy W. "The Good as God (Romans 5.7)." *JSNT* 25 (1, 2002): 55–70.

Martin, "Philo's Use." Martin, Michael. "Philo's Use of Syncrisis: An Examination of Philonic Composition in the Light of the Progymnasmata." *PRSt* 30 (3, 2003): 271–97.

Martin, *Reconciliation*. Martin, Ralph P. *Reconciliation: A Study of Paul's Theology*. Atlanta: John Knox, 1981.

Martin, "Reflections." Martin, Brice L. "Some Reflections on the Identity of ἐγώ in Rom. 7:14–25." *SJT* 34 (1, 1981): 39–47.

Martin, "Voice." Martin, Troy W. "The Voice of Emotion: Paul's Pathetic Persuasion (Gal 4:12–20)." In *Paul and Pathos*, edited by Thomas H. Olbricht and Jerry L. Sumney, 181–202. SBLSymS 16. Atlanta: SBL, 2001.

Martyn, "De-apocalypticizing." Martyn, J. Louis. "De-apocalypticizing Paul: An Essay Focused on *Paul and the Stoics* by Troels Engberg-Pedersen." *JSNT* 86 (2002): 61–102.

Martyn, "Epistemology." Martyn, J. Louis. "Epistemology at the Turn of the Ages: 2 Corinthians 5:16." In *Christian History and Interpretation: Studies Presented to John Knox*, edited by W. R. Farmer, C. F. D. Moule, and R. R. Niebuhr, 269–87. Cambridge: Cambridge University Press, 1967.

Mary, *Mysticism*. Mary, Sylvia. *Pauline and Johannine Mysticism*. London: Darton, Longman & Todd, 1964.

Matera, *Corinthians*. Matera, Frank J. *II Corinthians: A Commentary*. NTL. Louisville: Westminster John Knox, 2003.

Matera, *Romans*. Matera, Frank J. *Romans*. PCNT. Grand Rapids: Baker Academic, 2010.

Matheson, *Epictetus*. Matheson, P. E., ed. and trans. *Epictetus: The Discourses and Manual Together with Fragments of His Writings*. 2 vols. Oxford: Clarendon, 1916.

Mattila, "Wisdom." Mattila, Sharon Lea. "Wisdom, Sense Perception, Nature, and Philo's Gender Gradient." *HTR* 89 (2, 1996): 103-29.

Mattusch, "Bronze." Mattusch, Carol C. "Corinthian Bronze: Famous, but Elusive." In *Corinth: The Centenary, 1896-1996*, edited by Charles K. Williams II and Nancy Bookidis, 219-32. Vol. 20 of *Corinth: Results of Excavations Conducted by the American School of Classical Studies at Athens*. Princeton: American School of Classical Studies at Athens, 2003.

May, "Logos." May, Eric. "The Logos in the Old Testament." *CBQ* 8 (1946): 438-47.

Mazzinghi, "Morte e immortalità." Mazzinghi, Luca. "Morte e immortalità nel libro della Sapienza: Alcune considerazioni su Sap 1,12-15; 2,21-24; 3,1-9." *VH* 17 (2, 2006): 267-86.

Mbiti, *Religions*. Mbiti, John S. *African Religions and Philosophies*. Garden City, NY: Doubleday, 1970.

McClymond and McDermott, *Theology of Edwards*. McClymond, Michael J., and Gerald R. McDermott. *The Theology of Jonathan Edwards*. New York: Oxford University Press, 2012.

McCormack, "Faith." McCormack, Bruce. "Can We Still Speak of 'Justification by Faith'? An In-House Debate with Apocalyptic Readings of Paul." In *Galatians and Christian Theology: Justification, the Gospel, and Ethics in Paul's Letter*. Edited by Mark W. Elliott et al., 159-84. Grand Rapids: Baker Academic, 2014.

McCoskey, *Race*. McCoskey, Denise Eileen. *Race: Antiquity and Its Legacy*. New York: Oxford University Press, 2012.

Meeks, *Moral World*. Meeks, Wayne A. *The Moral World of the First Christians*. LEC 6. Philadelphia: Westminster, 1986.

Meeks, *Prophet-King*. Meeks, Wayne A. *The Prophet-King: Moses Traditions and the Johannine Christology*. NovTSup 14. Leiden: Brill, 1967.

Meeks, *Urban Christians*. Meeks, Wayne A. *The First Urban Christians: The Social World of the Apostle Paul*. New Haven: Yale University Press, 1983.

Meijer, "Philosophers." Meijer, P. A. "Philosophers, Intellectuals, and Religion in Hellas." In *Faith, Hope, and Worship: Aspects of Religious Mentality in the Ancient World*, edited by H. S. Versnel, 216-62. SGRR 2. Leiden: Brill, 1981.

Melnick, "Conception." Melnick, R. "On the Philonic Conception of the Whole Man." *JSJ* 11 (1, 1980): 1-32.

Ménard, "Self-Definition." Ménard, Jacques E. "Normative Self-Definition in Gnosticism." In *The Shaping of Christianity in the*

Second and Third Centuries, edited by E. P. Sanders, 134–50. Vol. 1 of Jewish and Christian Self-Definition. Philadelphia: Fortress, 1980.

Menzies, Development. Menzies, Robert P. The Development of Early Christian Pneumatology with Special Reference to Luke-Acts. JSNTSup 54. Sheffield, UK: Sheffield Academic, 1991.

Menzies, Empowered. Menzies, Robert P. Empowered for Witness: The Spirit in Luke-Acts. London: T&T Clark, 2004.

Merlan, Platonism. Merlan, Philip. From Platonism to Neoplatonism. The Hague: Martinus Nijhoff, 1953.

Mettinger, "Dying God." Mettinger, Tryggve N. D. "The 'Dying and Rising God': A Survey of Research from Frazer to the Present Day." SEÅ 63 (1998): 111–23.

Metzger, "Considerations." Metzger, Bruce M. "Considerations of Methodology in the Study of the Mystery Religions and Early Christianity." HTR 48 (1, 1955): 1–20.

Meyer, "Flesh." Meyer, Rudolf. "Flesh in Judaism." TDNT 7:110–19.

Meyers, "Judaism." Meyers, Eric M. "Early Judaism and Christianity in the Light of Archaeology." BA 51 (2, 1988): 69–79.

Meyers and Strange, Archaeology. Meyers, Eric M., and James F. Strange. Archaeology, the Rabbis, and Early Christianity. Nashville: Abingdon, 1981.

Michael, Philippians. Michael, J. Hugh. The Epistle of Paul to the Philippians. MNTC. London: Hodder & Stoughton, 1928.

Mihaila, "Relationship." Mihaila, Corin. "The Paul-Apollos Relationship and Paul's Stance toward Greco-Roman Rhetoric: An Exegetical and Socio-historical Study of 1 Corinthians 1–4." PhD diss., Southeastern Baptist Theological Seminary, 2006.

Miller, "ΑΡΧΟΝΤΩΝ." Miller, Gene. "ΑΡΧΟΝΤΩΝ ΤΟΥ ΑΙΩΝΟΣ ΤΟΥΤΟΥ—A New Look at I Corinthians 2:6–8." JBL 91 (4, 1972): 522–28.

Miller, "Attitudes." Miller, Geoffrey D. "Attitudes toward Dogs in Ancient Israel: A Reassessment." JSOT 32 (4, 2008): 487–500.

Miller, Cried. Miller, P. D. They Cried to the Lord: The Form and Theology of Biblical Prayer. Minneapolis: Fortress, 1994.

Miller, "Logos." Miller, E. L. "The Logos of Heraclitus: Updating the Report." HTR 74 (2, Apr. 1981): 61–176.

Milne, "Experience." Milne, Douglas J. W. "Romans 7:7–12, Paul's Pre-conversion Experience." RTR 43 (1, 1984): 9–17.

Minear, Kingdom. Minear, Paul S. The Kingdom and the Power: An Exposition of the New Testament Gospel. Philadelphia: Westminster, 1950.

Mirguet, "Reflections." Mirguet, Francoise. "Introductory Reflections on

Embodiment in Hellenistic Judaism." *JSP* 21 (1, 2011): 5–19.

Mitchell, *Rhetoric of Reconciliation*. Mitchell, Margaret M. *Paul and the Rhetoric of Reconciliation: An Exegetical Investigation of the Language and Composition of 1 Corinthians*. Louisville: Westminster John Knox, 1991.

Mitsis, "Origin." Mitsis, Phillip. "The Stoic Origin of Natural Rights." In *Topics in Stoic Philosophy*, edited by Katerina Ierodiakonou, 153–77. Oxford: Oxford University Press, 1999.

Mitton, "Romans 7." Mitton, C. Leslie. "Romans 7 Reconsidered." *ExpT* 65 (3, 1953): 78–81; (4, 1954): 99–103; (5, 1954): 132–35.

Moede, "Reliefs." Moede, Katja. "Reliefs, Public and Private." In *A Companion to Roman Religion*, edited by Jörg Rüpke, 164–75. BComp AW. Malden, MA: Wiley–Blackwell, 2011.

Moffatt, *Corinthians*. Moffatt, James D. *The First Epistle of Paul to the Corinthians*. MNTC. London: Hodder & Stoughton, 1938.

Mondin, "Esistenza." Mondin, Battista. "Esistenza, natura, inconoscibilità, e ineffabilità di Dio nel pensiero di Filone Alessandrino." *ScC* 95 (5, 1967): 423–47.

Montanari, "Gastronomical Poetry." Montanari, Ornella. "Gastronomical Poetry." *BrillPauly* 5:702–3.

Montefiore, *Gospels*. Montefiore, Claude G. *The Synoptic Gospels*. 2nd ed. 2 vols. London: Macmillan, 1927. Reprint, Library of Biblical Studies. New York: KTAV, 1968.

Montefiore, "Spirit of Judaism." Montefiore, Claude G. "Spirit of Judaism." *BegChr* 1:35–81.

Montefiore and Loewe, *Anthology*. Montefiore, C. G., and Herbert Loewe, eds. and trans. *A Rabbinic Anthology*. London: Macmillan, 1938. Reprinted with a new prolegomenon by Raphael Loewe. New York: Schocken, 1974.

Moo, "Israel and Paul." Moo, Douglas J. "Israel and Paul in Romans 7:7–12." *NTS* 32 (1, 1986): 122–35.

Moo, *Romans*. Moo, Douglas J. *The Epistle to the Romans*. Grand Rapids: Eerdmans, 1996.

Moore, *Judaism*. Moore, George Foot. *Judaism in the First Centuries of the Christian Era*. 3 vols. Cambridge, MA: Harvard University Press, 1927–30. Reprint, 3 vols. in 2. New York: Schocken, 1971.

Moreno García, "Sabiduría del bautizado." Moreno García, Abdón. "La sabiduría del bautizado: Inhabitación o pneumación? Hacia una lectura sapiencial de Rom 8, 5–11." *Estudios Trinitarios* 33 (2, 1999): 325–83.

Moreno García, *Sabiduría del Espíritu*. Moreno García, Abdón. *La sabiduría del Espíritu: Sentir en Cristo; Estudio de phronemaphroneo en Rom 8,5-8 y Flp 2,1-5*. Rome: Pontificia

Universitas Gregoriana, 1995.

Moreno García, "Sabiduría del Espíritu." Moreno García, Abdón. "La sabiduría del Espíritu es biógena: Hacia una sintaxis de la alteridad (Rm 8,6 y Flp 2,2)," *EstBíb* 60 (1, 2002): 3-30.

Morray-Jones, "Mysticism." Morray-Jones, Christopher R. A. "Transformational Mysticism in the Apocalyptic-Merkabah Tradition." *JJS* 43 (1, 1992): 1-31.

Morris, *John*. Morris, Leon. *The Gospel according to John: The English Text with Introduction, Exposition, and Notes*. NICNT. Grand Rapids: Eerdmans, 1971.

Morris, *Judgment*. Morris, Leon. *The Biblical Doctrine of Judgment*. Grand Rapids: Eerdmans, 1960.

Morris, *Romans*. Morris, Leon. *The Epistle to the Romans*. Grand Rapids: Eerdmans; Leicester, UK: Inter-Varsity, 1988.

Moses, *Transfiguration Story*. Moses, A. D. A. *Matthew's Transfiguration Story and Jewish-Christian Controversy*. JSNTSup 122. Sheffield, UK: Sheffield Academic, 1996.

Motto, "Progress." Motto, Anna Lydia. "The Idea of Progress in Senecan Thought." *CJ* 79 (3, 1984): 225-40.

Moule, *Colossians*. Moule, C. F. D. *The Epistles of Paul the Apostle to the Colossians and to Philemon: An Introduction and Commentary*. Cambridge: Cambridge University Press, 1962.

Moule, "New Life." Moule, C. F. D. " 'The New Life' in Colossians 3:1-7." *RevExp* 70 (4, 1973): 481-93.

Moulton and Milligan, *Vocabulary*. Moulton, James Hope, and George Milligan. *The Vocabulary of the Greek Testament: Illustrated from the Papyri and Other Non-literary Sources*. Grand Rapids: Eerdmans, 1930.

Mowvley, "Exodus." Mowvley, Henry. "John 1.14-18 in the Light of Exodus 33.7-34.35." *ExpT* 95 (5, 1984): 135-37.

Mueller, "Faces." Mueller, Celeste DeSchryver. "Two Faces of Lust." *BibT* 41 (5, 2003): 308-14.

Mueller and Robinson, "Introduction." Mueller, J. R., and S. E. Robinson. Introduction to "*Apocryphon of Ezekiel*." *OTP* 1:487-90.

Murphy, "Understanding." Murphy, William F. "The Pauline Understanding of Appropriated Revelation as a Principle of Christian Moral Action." *Studia Moralia* 39 (2, 2001): 371-409.

Murray, *Philosophy*. Murray, Gilbert. *The Stoic Philosophy*. New York: Putnam's Sons, 1915.

Murray, *Stages*. Murray, Gilbert. *Five Stages of Greek Religion*. New York: Columbia University Press, 1925. Reprint, Westport, CT: Greenwood, 1976.

Mylonas, *Eleusis*. Mylonas, George E. *Eleusis and the Eleusinian Mysteries*. Princeton: Princeton University

Press, 1961.

Nanos, *Mystery*. Nanos, Mark D. *The Mystery of Romans: The Jewish Context of Paul's Letter*. Minneapolis: Fortress, 1996.

Napier, "Analysis." Napier, Daniel. "Paul's Analysis of Sin and Torah in Romans 7:7–25." *ResQ* 44 (1, 2002): 15–32.

Nelson, "Note." Nelson, Max. "A Note on Apuleius's Magical Fish." *Mnemosyne* 54 (1, 2001): 85–86.

Neugebauer, "In Christo." Neugebauer, Fritz. "Das paulinische 'in Christo.'" *NTS* 4 (2, Jan. 1958): 124–38.

Neusner, "Development." Neusner, Jacob. "The Development of the *Merkavah* Tradition." *JSJ* 2 (2, 1971): 149–60.

Newman, "Once Again." Newman, Barclay M. "Once Again—The Question of 'I' in Romans 7.7–25." *BTr* 34 (1, 1983): 124–35.

Nickle, "Romans 7:7–5." Nickle, Keith F. "Romans 7:7–25." *Int* 33 (2, 1979): 181–87.

Nietmann, "Seneca." Nietmann, W. D. "Seneca on Death: The Courage to Be or Not to Be." *International Philosophical Quarterly* 6 (1966): 81–89.

Nilsson, *Dionysiac Mysteries*. Nilsson, Martin P. *The Dionysiac Mysteries of the Hellenistic and Roman Age*. SUSIA, 8°, 5. Lund, Swed.: Gleerup, 1957.

Nilsson, *Piety*. Nilsson, Martin P. *Greek Piety*. Translated by Herbert Jennings Rose. Oxford: Clarendon, 1948.

Nock, *Christianity*. Nock, Arthur Darby. *Early Gentile Christianity and Its Hellenistic Background*. New York: Harper & Row, 1964.

Nock, *Conversion*. Nock, Arthur Darby. *Conversion: The Old and the New in Religion from Alexander the Great to Augustine of Hippo*. Oxford: Clarendon, 1933.

Nock, "Developments." Nock, Arthur Darby. "Religious Developments from the Close of the Republic to the Death of Nero." In *The Cambridge Ancient History*. Vol. 10, *The Augustan Empire: 44 B.C.-A.D. 70*. Edited by S. A. Cook, F. E. Adcock, and M. P. Charlesworth, 465–511. Cambridge: Cambridge University Press, 1966.

Nock, "Gnosticism." Nock, Arthur Darby. "Gnosticism." *HTR* 57 (4, Oct. 1964): 255–79.

Nock, *Paul*. Nock, Arthur Darby. *St. Paul*. New York: Harper and Brothers, 1938. Reprint, New York: Harper & Row, 1963.

Nock, "Vocabulary." Nock, Arthur Darby. "The Vocabulary of the New Testament." *JBL* 52 (2–3, 1933): 131–39.

Noffke, "Glory." Noffke, Eric. "Man of Glory or First Sinner? Adam in the Book of Sirach." *ZAW* 119 (4, 2007): 618–24.

Nolan, "Stoic Gunk." Nolan, Daniel. "Stoic Gunk." *Phronesis* 51 (2, 2006): 162–83.

Nolland, "Misleading Statement." Nolland, John. "A Misleading Statement of the Essene Attitude to the Temple (Josephus, *Antiquities*, XVIII, I, 5, 19)." *RevQ* 9 (4, 1978): 555-62.

Nordgaard, "Appropriation." Nordgaard, Stefan. "Paul's Appropriation of Philo's Theory of 'Two Men' in 1 Corinthians 15.45-9." *NTS* 57 (3, 2011): 348-65.

North, "Concept." North, Helen F. "The Concept of 'Sophrosyne' in Greek Literary Criticism." *CP* 43 (1948): 1-17.

North, "Mare." North, Helen F. "The Mare, the Vixen, and the Bee: *Sophrosyne* as the Virtue of Women in Antiquity." *ICS* 2 (1977): 35-48.

North, *Sophrosyne*. North, Helen F. *Sophrosyne: Self-Knowledge and Self-Restraint in Greek Literature*. Ithaca, NY: Cornell, 1966.

Novak, *Suicide and Morality*. Novak, David. *Suicide and Morality: The Theories of Plato, Aquinas, and Kant and Their Relevance for Suicidology*. New York: Scholars Studies Press, 1975.

Noyes, "Seneca." Noyes, Russell. "Seneca on Death." *JRelHealth* 12 (1973): 223-40.

Nygren, *Romans*. Nygren, Anders. *Commentary on Romans*. 3rd paperback ed. Philadelphia: Fortress, 1975.

Obbink, "Sage." Obbink, Dirk. "The Stoic Sage in the Cosmic City." In *Topics in Stoic Philosophy*, edited by Katerina Ierodiakonou, 178-95. Oxford: Oxford University Press, 1999.

O'Brien, *Colossians*. O'Brien, Peter T. *Colossians, Philemon*. WBC 44. Waco: Word, 1982.

O'Brien, "Thanksgiving." O'Brien, Peter T. "Thanksgiving within the Structure of Pauline Theology." In *Pauline Studies: Essays Presented to Professor F. F. Bruce on His 70th Birthday*, edited by Donald A. Hagner and Murray J. Harris, 50-66. Exeter: Paternoster; Grand Rapids: Eerdmans, 1980.

Odeberg, *Gospel*. Odeberg, Hugo. *The Fourth Gospel Interpreted in Its Relation to Contemporaneous Religious Currents in Palestine and the Hellenistic-Oriental World*. Uppsala: Almqvist & Wiksells, 1929. Reprint, Amsterdam: B. R. Gruner; Chicago: Argonaut, 1968.

Odeberg, *Pharisaism*. Odeberg, Hugo. *Pharisaism and Christianity*. Translated by J. M. Moe. St. Louis: Concordia, 1964.

Oden, "Excuse." Oden, Thomas C. "Without Excuse: Classic Christian Exegesis of General Revelation." *JETS* 41 (1, 1998): 55-68.

Oesterley, *Liturgy*. Oesterley, William Oscar Emil. *The Jewish Background of the Christian Liturgy*. Oxford: Clarendon, 1925.

O'Keefe, "Lucretius." O'Keefe, Tim. "Lucretius on the Cycle of Life and the Fear of Death." *Apeiron* 36 (1,

2003): 43–66.

Olbricht, *"Pathos* as Proof." Olbricht, Thomas H. *"Pathos* as Proof in Greco-Roman Rhetoric." In *Paul and Pathos*, edited by Thomas H. Olbricht and Jerry L. Sumney, 7–22. SBLSymS 16. Atlanta: SBL, 2001.

Olbricht and Sumney, *Paul and Pathos*. Olbricht, Thomas H., and Jerry L. Sumney, eds. *Paul and Pathos*. SBLSymS 16. Atlanta: SBL, 2001.

Olmstead, *Persian Empire*. Olmstead, A. T. *History of the Persian Empire*. Chicago: University of Chicago Press, 1959.

O'Rourke, "Revelation." O'Rourke, John J. "Romans 1, 20 and Natural Revelation." *CBQ* 23 (3, 1961): 301–6.

Ortkemper, *Leben*. Ortkemper, Franz-Josef. *Leben aus dem Glauben: Christliche Grundhaltungen nach Römer 12-13*. NTAbh n.s. 14. Münster: Aschendorff, 1980.

Ortlund, "Justified." Ortlund, Dane C. "Justified by Faith, Judged according to Works: Another Look at a Pauline Paradox." *JETS* 52 (2, 2009): 323–39.

Osborn, *Justin*. Osborn, Eric Francis. *Justin Martyr*. BHT 47. Tübingen: Mohr Siebeck, 1973.

Osborne, *Romans*. Osborne, Grant R. *Romans*. IVPNTC. Downers Grove, IL: InterVarsity, 2004.

Osiek and MacDonald, *Place*. Osiek, Carolyn, and Margaret Y.

MacDonald, with Janet H. Tulloch. *A Woman's Place: House Churches in Earliest Christianity*. Minneapolis: Augsburg Fortress, 2006.

Oss, "Note." Oss, Douglas A. "A Note on Paul's Use of Isaiah." *BBR* 2 (1992): 105–12.

Oster, *Corinthians*. Oster, Richard. *1 Corinthians*. College Press NIV Commentary. Joplin, MO: College Press, 1995.

O'Sullivan, "Mind." O'Sullivan, Timothy M. "The Mind in Motion: Walking and Metaphorical Travel in the Roman Villa." *CP* 101 (2, 2006): 133–52.

O'Sullivan, "Walking." O'Sullivan, Timothy M. "Walking with Odysseus: The Portico Frame of the Odyssey Landscapes." *AJP* 128 (4, 2007): 497–532, plates 1–2, figures 1–13.

O'Toole, *Climax*. O'Toole, Robert F. *Acts 26: The Christological Climax of Paul's Defense (Ac 22:1-26:36)*. AnBib 78. Rome: Biblical Institute Press, 1978.

Ott, "Dogmatisches Problem." Ott, Heinrich. "Röm. 1, 19ff. als dogmatisches Problem." *TZ* 15 (1, Jan. 1959): 40–50.

Otto, *Dionysus*. Otto, Walter F. *Dionysus: Myth and Cult*. Translated by Robert B. Palmer. Bloomington: Indiana University Press, 1965.

Overstreet, "Concept." Overstreet, R. Larry. "The Greek Concept of the 'Seven Stages of Life' and Its New

Testament Significance." *BBR* 19 (4, 2009): 537-63.

Owen, "Scope." Owen, H. P. "The Scope of Natural Revelation in Rom. I and Acts XVII." *NTS* 5 (2, Jan. 1959): 133-43.

Packer, "Malheureux." Packer, J. I. "Le 'malheureux' de Romains 7." *Hok* 55 (1994): 19-25.

Packer, "Wretched Man." Packer, J. I. "The 'Wretched Man' Revisited: Another Look at Romans 7:14-25." In *Romans and the People of God: Essays in Honor of Gordon D. Fee on the Occasion of His 65th Birthday*, edited by Sven K. Soderlund and N. T. Wright, 70-81. Grand Rapids: Eerdmans, 1999.

Pagels, *Paul*. Pagels, Elaine H. *The Gnostic Paul: Gnostic Exegesis of the Pauline Letters*. Philadelphia: Fortress, 1975.

Painter, "Gnosticism." Painter, John. "Gnosticism and the Qumran Texts." *ABR* 17 (Oct. 1969): 1-6.

Palinuro, "Rm 12,1-." Palinuro, Massimiliano. "Rm 12,1-: Le radici dell'etica paolina." *RivB* 52 (2, 2004): 145-81.

Palma, "Glossolalia." Palma, Anthony. "Glossolalia in the Light of the New Testament and Subsequent History." Bachelor of Theology thesis, Biblical Seminary in New York, April 1960.

Panayotakis, "Vision." Panayotakis, Costas. "Vision and Light in Apuleius' Tale of Psyche and Her Mysterious Husband." *CQ* 51 (2, 2001): 576-

83.

Parisius, "Deutungsmöglichkeit." Parisius, Hans-Ludolf. "Über die forensische Deutungsmöglichkeit des paulinischen ἐν Χριστῷ." *ZNW* 49 (1, 1958): 285-88.

Parker, "Dioscuri." Parker, Robert C. T. "Dioscuri." *OCD³* 484.

Parker, "Split." Parker, Barry F. "Romans 7 and the Split between Judaism and Christianity." *JGRCJ* 3 (2006): 110-33.

Parker and Murgatroyd, "Poetry." Parker, Sarah, and P. Murgatroyd. "Love Poetry and Apuleius' *Cupid and Psyche*." *CQ* 52 (1, 2002): 400-404.

Partee, *Poetics*. Partee, Morriss Henry. *Plato's Poetics: The Authority of Beauty*. Salt Lake City: University of Utah Press, 1981.

Pathrapankal, "Christ." Pathrapankal, Joseph. "'I Live, Not I; It Is Christ Who Lives in Me' (Gal 2:20): A Yogic Interpretation of Paul's Religious Experience." *JDharm* 20 (3, 1995): 297-307.

Patterson, *Plato on Immortality*. Patterson, Robert Leet. *Plato on Immortality*. University Park: Pennsylvania State University Press, 1965.

Patterson, *Theories*. Patterson, C. H. *Theories of Counseling and Psychotherapy*. New York: Harper & Row, 1980.

Pawlikowski, "Pharisees." Pawlikowski, John T. "The Pharisees and Christianity." *BibT* 49 (1970): 47-

53.

Pearson, "Idolatry, Jewish Conception of." Pearson, Brook W. R. "Idolatry, Jewish Conception of." *DNTB* 526-29.

Pearson, *Terminology*. Pearson, Birger A. *The Pneumatikos-Psychikos Terminology in 1 Corinthians: A Study in the Theology of the Corinthian Opponents of Paul and Its Relation to Gnosticism*. SBLDS 12. Missoula, MT: Scholars Press, 1973.

Pelikan, *Acts*. Pelikan, Jaroslav. *Acts*. BTCB. Grand Rapids: Brazos, 2005.

Pelser, "Antropologie." Pelser, Gerhardus Marthinus Maritz. "Dualistiese antropologie by Paulus?" *HvTS* 56 (2-3, 2000): 409-39.

Penna, "Juifs à Rome." Penna, Romano. "Les juifs à Rome au temps de l'apôtre Paul." *NTS* 28 (3, 1982): 321-47.

Pérez, "Freedom." Pérez, F. "Freedom according to the Freedman Epictetus" [in Japanese]. *KK* 27 (53, 1988): 73-97. (*NTA* 33:87)

Perkins, "Anthropology." Perkins, Pheme. "Pauline Anthropology in Light of Nag Hammadi." *CBQ* 48 (3, 1986): 512-22.

Pfitzner, *Agon Motif*. Pfitzner, Victor C. *Paul and the Agon Motif: Traditional Athletic Imagery in the Pauline Literature*. NovTSup 16. Leiden: Brill, 1967.

Philip, *Pneumatology*. Philip, Finny. *The Origins of Pauline Pneumatology: The Eschatological Bestowal of the Spirit upon Gentiles in Judaism and in the Early Development of Paul's Theology*. Tübingen: Mohr Siebeck, 2005.

Philipp, "Angst." Philipp, Thomas. "Die Angst täuscht mich und die Materie bringt mich zur Verzweiflung: Röm 7,7-24 in der Auslegung Juan-Luis Segundos." *ZKT* 121 (4, 1999): 377-95.

Philonenko, "Glose." Philonenko, Marc. "Romains 7,23, une glose qoumrânisante sur Job 40,32 (Septante) et trois textes qoumrâniens." *RHPR* 87 (3, 2007): 257-65.

Pickering, "Ear." Pickering, Peter E. "Did the Greek Ear Detect 'Careless' Verbal Repetitions?" *CQ* 53 (2, 2003): 490-99.

Pilch, *Visions*. Pilch, John J. *Visions and Healing in the Acts of the Apostles: How the Early Believers Experienced God*. Collegeville, MN: Liturgical Press, 2004.

Pogoloff, *Logos*. Pogoloff, Stephen Mark. *Logos and Sophia: The Rhetorical Situation of 1 Corinthians*. SBLDS 134. Atlanta: Scholars Press, 1992.

Poniży, "Recognition." Poniży, Bogdan. "Recognition of God according to the Book of Wisdom 13:1-9." *PJBR* 1 (2, 2001): 201-6.

Popkes, "Aussage." Popkes, Wiard. "Philipper 4,4-7: Aussage und situativer Hintergrund." *NTS* 50 (2, 2004): 246-56.

Porter, "Concept." Porter, Stanley E. "The

Pauline Concept of Original Sin, in Light of Rabbinic Background." *TynBul* 41 (1, 1990): 3–30.

Porter, *Idioms*. Porter, Stanley E. *Idioms of the Greek New Testament*. 2nd ed. Sheffield, UK: Sheffield Academic, 1994.

Porter, "Paul and Letters." Porter, Stanley E. "Paul of Tarsus and His Letters." In *Handbook of Classical Rhetoric in the Hellenistic Period, 330 B.C.-A. D. 400*, edited by Stanley E. Porter, 533–85. Leiden: Brill, 1997.

Porter, *Paul in Acts*. Porter, Stanley E. *Paul in Acts*. LPSt. Grand Rapids: Baker Academic, 2001.

Portes and MacLeod, "Hispanic Identity Formation." Portes, Alejandro, and Dag MacLeod. "What Shall I Call Myself? Hispanic Identity Formation in the Second Generation." *EthRacSt* 19 (3, 1996): 523–47.

Prasad, "Walking." Prasad, Jacob. "'Walking in Newness of Life' (Rom. 6:4): Foundations of Pauline Ethics." *Jeev* 32 (192, 2002): 476–89.

Prat, *Theology*. Prat, Fernand. *The Theology of Saint Paul*. Translated by John L. Stoddard. 2 vols. Westminster, MD: Newman Bookshop, 1952.

Price, "Light from Qumran." Price, James L. "Light from Qumran upon Some Aspects of Johannine Theology." In *John and Qumran*, edited by James H. Charlesworth, 9–37. London: Geoffrey Chapman, 1972.

Procopé, "Epicureans." Procopé, John.

"Epicureans on Anger." In *The Emotions in Hellenistic Philosophy*, edited by Juha Sihvola and Troels Engberg-Pedersen, 171–96. TSHP 46. Dordrecht, Neth.: Kluwer Academic, 1998.

Pryke, "Eschatology." Pryke, John. "Eschatology in the Dead Sea Scrolls." In *The Scrolls and Christianity: Historical and Theological Significance*, edited by Matthew Black, 45–57. London: SPCK, 1969.

Pryke, "Spirit and Flesh." Pryke, John. "'Spirit' and 'Flesh' in the Qumran Documents and Some New Testament Texts." *RevQ* 5 (3, 1965): 345–60.

Purcell, "Castor." Purcell, Nicholas. "Castor and Pollux." OCD^3 301–2.

Pusey, "Baptism." Pusey, Karen. "Jewish Proselyte Baptism." *ExpT* 95 (4, 1984): 141–45.

Quispel, "Mysticism." Quispel, Gilles. "Ezekiel 1:26 in Jewish Mysticism and Gnosis." *VC* 34 (1, Mar. 1980): 1–13.

Ramelli, *Hierocles*. Ramelli, Ilaria. *Hierocles the Stoic: "Elements of Ethics," Fragments, and Excerpts*. Introduction and commentary by Ilaria Ramelli. Translated (from Ramelli's work) by David Konstan. SBLWGRW 28. Atlanta: SBL, 2009.

Ramm, "Double." Ramm, Bernard. "'The Double' and Romans 7." *CT* 15 (Apr. 9, 1971): 14–18.

Ramsay, *Other Studies*. Ramsay, William

M. *Pauline and Other Studies in
Early Church History*. New York:
Armstrong and Son, 1906. Reprint,
Grand Rapids: Baker, 1979.

Reasoner, *Full Circle*. Reasoner, Mark.
*Romans in Full Circle: A History of
Interpretation*. Louisville: Westminster
John Knox, 2005.

Reicke, "Natürliche Theologie." Reicke,
Bo. "Natürliche Theologie nach
Paulus." *SEÅ* 22–23 (1957–58):
154–67.

Reines, "Laughter." Reines, Chaim W.
"Laughter in Biblical and Rabbinic
Literature." *Judaism* 21 (2, 1972):
176–83.

Reiser, "Erkenne." Reiser, Marius. "Erkenne
dich selbst! Selbsterkenntnis in
Antike und Christentum." *TTZ* 101
(2, 1992): 81–100.

Reitzenstein, *Mystery-Religions*.
Reitzenstein, Richard. *Hellenistic
Mystery-Religions: Their Basic Ideas
and Significance*. Translated by John
E. Steeley. PTMS 15. Pittsburgh:
Pickwick, 1978.

Renehan, "Quotations." Renehan, Robert.
"Classical Greek Quotations in the
New Testament." In *The Heritage of
the Early Church: Essays in Honor of
the Very Reverend Georges Vasilievich
Florovsky*, edited by David Neiman
and Margaret A. Schatkin, 17–46.
OrChrAn 195. Rome: Pontificium
Institutum Studiorum Orientalium,
1973.

Rhodes, "Diet." Rhodes, James N. "Diet

and Desire: The Logic of the Dietary
Laws according to Philo." *ETL* 79 (1,
2003): 122–33.

Richardson, "Sacrifices." Richardson,
Philip. "What Are the Spiritual
Sacrifices of 1 Peter 2:5? Some Light
from Philo of Alexandria." *EvQ* 87
(1, 2015): 3–17.

Ridderbos, *Paul and Jesus*. Ridderbos,
Herman N. *Paul and Jesus*. Translated
by David H. Freeman. Philadelphia:
Presbyterian and Reformed, 1974.

Ridderbos, *Paul: Outline*. Ridderbos,
Herman N. *Paul: An Outline of His
Theology*. Translated by John Richard
De Witt. Grand Rapids: Eerdmans,
1975.

Ring, "Resurrection." Ring, George C.
"Christ's Resurrection and the Dying
and Rising Gods." *CBQ* 6 (1944):
216–29.

Ringgren, *Faith*. Ringgren, Helmer. *The
Faith of Qumran*. Philadelphia:
Fortress, 1963.

Rist, "Seneca and Orthodoxy." Rist, John
M. "Seneca and Stoic Orthodoxy."
In *ANRW* 36.3:1993–2012. Part
2, *Principat*, 36.3. Edited by H.
Temporini and W. Haase. Berlin: de
Gruyter, 1989.

Rist, *Stoic Philosophy*. Rist, John. *Stoic
Philosophy*. Cambridge: Cambridge
University Press, 1969.

Ritner, *Mechanics*. Ritner, Robert Kriech.
*The Mechanics of Ancient Egyptian
Magical Practice*. SAOC 54. Chicago:
Oriental Institute of the University of

Chicago, 1993.

Rives, "Human Sacrifice." Rives, James B. "Human Sacrifice among Pagans and Christians." *JRS* 85 (1995): 65-85.

Rives, *Religion*. Rives, James B. *Religion in the Roman Empire*. Oxford: Blackwell, 2007.

Robertson, "Mind." Robertson, David G. "Mind and Language in Philo." *JHI* 67 (3, 2006): 423-41.

Robertson and Plummer, *Corinthians*. Robertson, Archibald, and Alfred Plummer. *A Critical and Exegetical Commentary on the First Epistle of St Paul to the Corinthians*. 2nd ed. ICC. Edinburgh: T&T Clark, 1914.

Robinson, *Body*. Robinson, John A. T. *The Body: A Study in Pauline Theology*. London: SCM, 1957.

Robinson, *Ephesians*. Robinson, J. Armitage. *St Paul's Epistle to the Ephesians*. 2nd ed. London: James Clarke, 1904.

Robinson, "Spiritual Man." Robinson, Donald W. B. "St. Paul's 'Spiritual Man.'" *RTR* 36 (3, 1977): 78-83.

Robinson, *Wrestling*. Robinson, John A. T. *Wrestling with Romans*. Philadelphia: Westminster, 1979.

Rodríguez, *Call Yourself*. Rodríguez, Rafael. *If You Call Yourself a Jew: Reappraising Paul's Letter to the Romans*. Eugene, OR: Cascade, 2014.

Roetzel, *Paul*. Roetzel, Calvin J. *Paul: A Jew on the Margins*. Louisville: Westminster John Knox, 2003.

Roloff, *Revelation*. Roloff, Jürgen. *The Revelation of John: A Continental Commentary*. Translated by John E. Alsup. Minneapolis: Fortress, 1993.

Romanello, "Impotence." Romanello, Stefano. "Rom 7,7-5 and the Impotence of the Law: A Fresh Look at a Much-Debated Topic Using Literary-Rhetorical Analysis." *Bib* 84 (4, 2003): 510-30.

Rorty, "Faces." Rorty, Amélie Oksenberg. "The Two Faces of Stoicism: Rousseau and Freud." In *The Emotions in Hellenistic Philosophy*, edited by Juha Sihvola and Troels Engberg-Pedersen, 243-70. TSHP 46. Dordrecht, Neth.: Kluwer Academic, 1998.

Rosen-Zvi, "Inclinations." Rosen-Zvi, Ishay. "Two Rabbinic Inclinations? Rethinking a Scholarly Dogma." *JSJ* 39 (4-5, 2008): 513-39.

Rosen-Zvi, "Ysr." Rosen-Zvi, Ishay. "Ysr hr 'bsprwt h'mwr'yt bhynh mhds." *Tarbiz* 77 (1, 2007): 71-107 (*NTA*).

Rosner, *Ethics*. Rosner, Brian S. *Paul, Scripture, and Ethics: A Study of 1 Corinthians 5-7*. Leiden: Brill, 1994. Reprint, Grand Rapids: Baker, 1999.

Rost, *Judaism*. Rost, Leonhard. *Judaism outside the Hebrew Canon: An Introduction to the Documents*. Translated by David E. Green. Nashville: Abingdon, 1976.

Rowe, "Style." Rowe, Galen O. "Style." In *Handbook of Classical Rhetoric in* the Hellenistic Period, 330 B.C.-A. D. 400, edited by Stanley E. Porter, 121–57. Leiden: Brill, 1997.

Rubarth, "Meaning." Rubarth, Scott M. "The Meaning(s) of αἴσθησις in Ancient Stoicism." *Phoenix* 58 (3–4, 2004): 319–44.

Rubenstein, *Paul*. Rubenstein, Richard L. *My Brother Paul*. New York: Harper & Row, 1972.

Ruck, "Mystery." Ruck, Carl A. P. "Solving the Eleusinian Mystery." In *The Road to Eleusis: Unveiling the Secret of the Mysteries*, by Robert Gordon Wasson, Albert Hofmann, and Carl A. P. Ruck, 35–50. New York: Harcourt Brace Jovanovich, 1978.

Runia, "Atheists." Runia, David T. "Atheists in Aëtius: Text, Translation and Comments on *De placitis* 1.7.1– 10." *Mnemosyne* 49 (5, 1996): 542– 76.

Runia, "Middle Platonist." Runia, David T. "Was Philo a Middle Platonist? A Difficult Question Revisited." *SPhilA* 5 (1993): 112–40.

Ruscillo, "Gluttony." Ruscillo, Deborah. "When Gluttony Ruled!" *Arch* 54 (6, 2001): 20–25.

Russell, "Virtue." Russell, Daniel C. "Virtue as 'Likeness to God' in Plato and Seneca." *JHist Phil* 42 (3, 2004): 241–60.

Rutenber, *Doctrine*. Rutenber, Culbert Gerow. *The Doctrine of the Imitation of God in Plato*. New York: King's Crown, 1946.

Safrai, "Home." Safrai, Shemuel. "Home and Family." *JPFC* 728–92.

Safrai, "Religion." Safrai, Shemuel. "Religion in Everyday Life." *JPFC* 793–833.

Saldanha, "Rediscovering." Saldanha, Assisi. "Rediscovering Paul—The Indicative and the Imperative." *ITS* 45 (4, 2008): 381–419.

Sanday and Headlam, *Romans*. Sanday, William, and Arthur Headlam. *A Critical and Exegetical Commentary on the Epistle to the Romans*. 5th ed. ICC. Edinburgh: T&T Clark, 1902.

Sanders, *Jesus to Mishnah*. Sanders, E. P. *Jewish Law from Jesus to the Mishnah: Five Studies*. London: SCM; Philadelphia: Trinity Press International, 1990.

Sanders, *Judaism*. Sanders, E. P. *Judaism: Practice and Belief, 63 BCE-66 CE*. London: SCM; Philadelphia: Trinity Press International, 1992.

Sanders, *Law and People*. Sanders, E. P. *Paul, the Law, and the Jewish People*. Philadelphia: Fortress, 1983.

Sanders, *Paul and Judaism*. Sanders, E. P. *Paul and Palestinian Judaism: A Comparison of Patterns of Religion*. Philadelphia: Fortress, 1977.

Sanders, "Romans 7." Sanders, E. P. "Romans 7 and the Purpose of the Law." *PIBA* 7 (1983): 44–59.

Sandmel, *Genius*. Sandmel, Samuel. *The Genius of Paul*. New York: Farrar, Straus & Cudahy, 1958.

Sandmel, *Judaism*. Sandmel, Samuel.

Judaism and Christian Beginnings.
New York: Oxford University Press,
1978.

Sandnes, "Idolatry and Virtue." Sandnes,
Karl O. "Between Idolatry and
Virtue: Paul and Hellenistic Religious
Environment." *Mishkan* 38 (2003):
4-14.

Sandnes, "Legemet." Sandnes, Karl O.
" 'Legemet og lemmene' hos Paulus:
Belyst ved antikke tekster om
Philadelphia." *TTKi* 62 (1, 1991):
17-26.

Sandt, "Research." Sandt, Huub W. M. van
de. "Research into Rom. 8,4a: The
Legal Claim of the Law." *Bijdr* 37 (3,
1976): 252-69.

Satlow, "Perfection." Satlow, Michael L.
"Philo on Human Perfection." *JTS*
59 (2, 2008): 500-519.

Satlow, "Philosophers." Satlow,
Michael L. "Theophrastus's Jewish
Philosophers." *JJS* 59 (1, 2008):
1-20.

Savage, *Power.* Savage, Timothy B.
*Power through Weakness: Paul's
Understanding of the Christian
Ministry in 2 Corinthians.* SNTSMS
86. Cambridge: Cambridge
University Press, 1996.

Schäfer, "Journey." Schäfer, Peter. "New
Testament and Hekhalot Literature:
The Journey into Heaven in Paul and
in Merkavah Mysticism." *JJS* 35 (1,
1984): 19-35.

Schechter, *Aspects.* Schechter, Solomon.
Some Aspects of Rabbinic Theology.

New York: Macmillan, 1909.
Reprinted as *Aspects of Rabbinic
Theology.* New York: Schocken, 1961.

Schenker, "Martyrium." Schenker, Adrian.
"Das fürbittend sühnende Martyrium
2 Makk 7,37-38 und das Kelchwort
Jesu." *FZPhTh* 50 (3, 2003): 283-
92.

Schiemann, "Minores." Schiemann,
Gottfried. "Minores." *BrillPauly*
9:23-24.

Schiffman, "Crossroads." Schiffman,
Lawrence H. "At the Crossroads:
Tannaitic Perspectives on the
Jewish Christian Schism." In *Aspects
of Judaism in the Graeco-Roman
Period,* edited by E. P. Sanders
with A. I. Baumgarten and Alan
Mendelson, 115-56. Vol. 2 of
Jewish and Christian Self-Definition.
Philadelphia: Fortress, 1981.

Schiffman, *Jew.* Schiffman, Lawrence
H. *Who Was a Jew? Rabbinic and
Halakhic Perspectives on the Jewish-
Christian Schism.* Hoboken, NJ:
KTAV, 1985.

Schlatter, *Romans.* Schlatter, Adolf. *Romans:
The Righteousness of God.* Translated
by Siegfried S. Schatzmann. Foreword
by Peter Stuhlmacher. Peabody, MA:
Hendrickson, 1995.

Schlueter, *Measure.* Schlueter, Carol J.
*Filling Up the Measure: Polemical
Hyperbole in 1 Thessalonians 2.14-16.*
Sheffield, UK: JSOT Press, 1994.

Schmeller, "Gegenwelten." Schmeller,
Thomas. "Gegenwelten: Zum

Vergleich zwischen paulinischen Gemeinden und nichtchristlichen Gruppen." *BZ* 47 (2, 2003): 167–85.

Schmidt, "Linguistic Evidence." Schmidt, Daryl. "1 Thess 2:13–6: Linguistic Evidence for an Interpolation." *JBL* 102 (2, 1983): 269 79.

Schmithals, *Gnosticism in Corinth*. Schmithals, Walter. *Gnosticism in Corinth: An Investigation of the Letters to the Corinthians*. Translated by John E. Steely. Nashville: Abingdon, 1971.

Schoeps, *Paul*. Schoeps, Hans Joachim. *Paul: The Theology of the Apostle in the Light of Jewish Religious History*. Translated by Harold Knight. Philadelphia: Westminster, 1961.

Schofer, "Redaction." Schofer, Jonathan. "The Redaction of Desire: Structure and Editing of Rabbinic Teachings concerning *Yeser* ('Inclination')." *JJTP* 12 (1, 2003): 19–53.

Scholem, *Trends*. Scholem, Gershom G. *Major Trends in Jewish Mysticism*. 3rd rev. ed. New York: Schocken, 1971.

Schreiber, "Erfahrungen." Schreiber, Stefan. "Erfahrungen in biblischen Texten: Auf der Suche nach Erfahrungs-Dimensionen bei Paulus." *StZ* 227 (4, 2009): 234–44.

Schreiner, *Romans*. Schreiner, Thomas R. *Romans*. BECNT. Grand Rapids: Baker Academic, 1998.

Schubert, "Wurzel." Schubert, Kurt. "Die jüdische Wurzel der frühchristlichen Kunst." *Kairos* 32–33 (1990–91): 1–8.

Schultz, "Views of Patriarchs." Schultz, Joseph P. "Two Views of the Patriarchs: Noahides and Pre-Sinai Israelites." In *Texts and Responses: Studies Presented to Nahum N. Glatzner on the Occasion of His Seventieth Birthday by His Students*, edited by Michael A. Fishbane and Paul R. Flohr, 43–59. Leiden: Brill, 1975.

Schulz, "Anklage." Schulz, Siegfried. "Die Anklage in Röm. 1,18–32." *TZ* 14 (3, May–June 1958): 161–73.

Schwartz, "Dogs." Schwartz, Joshua. "Dogs in Jewish Society in the Second Temple Period and in the Time of the Mishnah and Talmud." *JJS* 55 (2, 2004): 246–77.

Schweizer, *Colossians*. Schweizer, Eduard. *The Letter to the Colossians: A Commentary*. Translated by Andrew Chester. Minneapolis: Augsburg, 1982.

Schweizer, "Kirche." Schweizer, Eduard. "Die Kirche als Leib Christi in den paulinischen Homologumena." *TLZ* 86 (3, 1961): 161–74.

Schweizer, "Σάρξ." Schweizer, Eduard. "Σάρξ in the Greek World." *TDNT* 7:99–105.

Schweizer, *Spirit*. Schweizer, Eduard. *The Holy Spirit*. Translated by Reginald H. Fuller and Ilse Fuller. Philadelphia: Fortress, 1980.

Scott, *Corinthians*. Scott, James M. *2 Corinthians*. NIBCNT. Peabody,

MA: Hendrickson, 1998.

Scott, "Revelation." Scott, Ian W. "Revelation and Human Artefact: The Inspiration of the Pentateuch in the Book of Aristeas." *JSJ* 41 (1, 2010): 1–28.

Scott, *Spirit*. Scott, Ernest F. *The Spirit in the New Testament*. London: Hodder & Stoughton; New York: G. H. Doran, 1923.

Scroggs, *Adam*. Scroggs, Robin. *The Last Adam: A Study in Pauline Anthropology*. Philadelphia: Fortress, 1966.

Scroggs, "ΣΟΦΟΣ." Scroggs, Robin. "Paul: ΣΟΦΟΣ and ΠΝΕΥΜΑΤΙΚΟΣ." *NTS* 14 (1, Oct. 1967): 33–55.

Sedley, "Debate." Sedley, David. "The Stoic–Platonist Debate on *kathêkonta*." In *Topics in Stoic Philosophy*, edited by Katerina Ierodiakonou, 128–52. Oxford: Oxford University Press, 1999.

Segal, "Ascent." Segal, Alan F. "Heavenly Ascent in Hellenistic Judaism, Early Christianity, and Their Environment." In *ANRW* 23.2:1333–94. Part 2, *Principat*, 23.2. Edited by H. Temporini and W. Haase. Berlin: de Gruyter, 1980.

Segal, *Convert*. Segal, Alan F. *Paul the Convert: The Apostolate and Apostasy of Paul the Pharisee*. New Haven: Yale University Press, 1990.

Segal, "Covenant." Segal, Alan F. "Covenant in Rabbinic Writings." *SR* 14 (1, 1985): 53–62.

Segal, "Presuppositions." Segal, Alan F. "Paul's Jewish Presuppositions." In *The Cambridge Companion to St Paul*, edited by James D. G. Dunn, 159–72. Cambridge: Cambridge University Press, 2003.

Seifrid, *Justification*. Seifrid, Mark A. *Justification by Faith: The Origin and Development of a Central Pauline Theme*. NovTSup 68. Leiden: Brill, 1992.

Seifrid, "Subject." Seifrid, Mark A. "The Subject of Rom 7:14–25." *NovT* 34 (1992): 313–33.

Seitz, "Spirits." Seitz, Oscar J. F. "Two Spirits in Man: An Essay in Biblical Exegesis." *NTS* 6 (1, 1959): 82–95.

Sellers, "Belief." Sellers, Ovid R. "Israelite Belief in Immortality." *BA* 8 (1, 1945): 1–16.

Sellin, "Hintergründe." Sellin, Gerhard. "Die religionsgeschichtlichen Hintergründe der paulinischen 'Christus–mystik.'" *ThQ* 176 (1, 1996): 7–27.

Setzer, *Responses*. Setzer, Claudia J. *Jewish Responses to Early Christians: History and Polemics, 30-150 C.E.* Minneapolis: Fortress, 1994.

Sevenster, *Seneca*. Sevenster, J. N. *Paul and Seneca*. NovTSup 4. Leiden: Brill, 1961.

Shapiro, "Wisdom." Shapiro, David S. "Wisdom and Knowledge of God in Biblical and Talmudic Thought." *Tradition* 12 (2, 1971): 70–89.

Sheldon, *Mystery Religions*. Sheldon, Henry

C. *The Mystery Religions and the New Testament*. New York: Abingdon, 1918.

Shelley, *Church History*. Shelley, Bruce L. *Church History in Plain Language*. 2nd ed. Nashville: Nelson, 1995.

Sherk, *Empire*. Sherk, Robert K., ed. and trans. *The Roman Empire: Augustus to Hadrian*. Translated Documents of Greece and Rome 6. New York: Cambridge University Press, 1988.

Shibata, "Ineffable." Shibata, You. "On the Ineffable—Philo and Justin." In *Patristica: Proceedings of the Colloquia of the Japanese Society for Patristic Studies*, supplementary vol. 1:19–47. Tokyo: Japanese Society for Patristic Studies, 2001.

Shogren, "Wretched Man." Shogren, Gary S. "The 'Wretched Man' of Romans 7:14–5 as Reductio ad absurdum." *EvQ* 72 (2, 2000): 119–34.

Sider, *Scandal*. Sider, Ronald J. *The Scandal of the Evangelical Conscience: Why Are Christians Living Just like the Rest of the World?* Grand Rapids: Baker Books, 2005.

Siebert, "Immolatio." Siebert, Anne Viola. "Immolatio." *BrillPauly* 6:744–46.

Sinclair, "Temples." Sinclair, Patrick. "'These Are My Temples in Your Hearts' (Tac. *Ann*. 4.38.2)." *CP* 86 (4, 1991): 333–35.

Sisson, "Discourse." Sisson, Russell B. "Roman Stoic Precreation Discourse." *R&T* 18 (3–4, 2011): 227–43.

Smelik, "Transformation." Smelik, Willem F. "On Mystical Transformation of the Righteous into Light in Judaism." *JSJ* 26 (2, 1995): 122–44.

Smidt, *Evangelicals*. Smidt, Corwin E. *American Evangelicals Today*. Lanham, MD: Rowman & Littlefield, 2013.

Smiga, "Occasion." Smiga, George. "Romans 12:1–2 and 15:30–32 and the Occasion of the Letter to the Romans." *CBQ* 53 (2, 1991): 257–73.

Smith, "Form." Smith, Edgar W. "The Form and Religious Background of Romans VII 24–25a." *NovT* 13 (2, 1971): 127–35.

Smith, *Parallels*. Smith, Morton. *Tannaitic Parallels to the Gospels*. Philadelphia: SBL, 1951.

Smith, *Symposium*. Smith, Dennis E. *From Symposium to Eucharist: The Banquet in the Early Christian World*. Minneapolis: Augsburg Fortress, 2003.

Snyder, *Corinthians*. Snyder, Graydon F. *First Corinthians: A Faith Community Commentary*. Macon, GA: Mercer University Press, 1992.

Snyman, "Philippians 4:1–9." Snyman, Andreas H. "Philippians 4:1–9 from a Rhetorical Perspective." *VerbEc* 28 (1, 2007): 224–43.

Soards, *Corinthians*. Soards, Marion L. *1 Corinthians*. NIBCNT. Peabody, MA: Hendrickson, 1999.

Somers, "Constitution." Somers, Margaret R. "The Narrative Constitution of

Identity: A Relational and Network Approach." *Theory and Society* 23 (5, Oct. 1994): 605-49.

Sorabji, "Chrysippus." Sorabji, Richard. "Chrysippus-Posidonius-Seneca: A High-Level Debate on Emotion." In *The Emotions in Hellenistic Philosophy*, edited by Juha Sihvola and Troels Engberg-Pedersen, 149-69. TSHP 46. Dordrecht, Neth.: Kluwer Academic, 1998.

Sorabji, *Emotion*. Sorabji, Richard. *Emotion and Peace of Mind: From Stoic Agitation to Christian Temptation*. Oxford: Oxford University Press, 2000.

Squires, "Plan." Squires, John T. "The Plan of God." In *Witness to the Gospel: The Theology of Acts*, edited by I. Howard Marshall and David Peterson, 19-39. Grand Rapids: Eerdmans, 1998.

Squires, *Plan*. Squires, John T. *The Plan of God in Luke-Acts*. SNTSMS 76. Cambridge: Cambridge University Press, 1993.

Stagg, "Plight." Stagg, Frank. "The Plight of Jew and Gentile in Sin: Romans 1:18-3:20." *Rev Exp* 73 (4, 1976): 401-13.

Stanton, *Jesus of Nazareth*. Stanton, Graham N. *Jesus of Nazareth in New Testament Preaching*. Cambridge: Cambridge University Press, 1974.

Stegman, "Holy." Stegman, Thomas D. "Year of Paul 9: 'Holy Ones, Called to Be Holy'; Life in the Spirit according to St Paul." *PastRev* 5 (2,

2009): 16-21.

Stephens, *Annihilation*. Stephens, Mark B. *Annihilation or Renewal? The Meaning and Function of New Creation in the Book of Revelation*. WUNT 307. Tübingen: Mohr Siebeck, 2011.

Stephens, "Destroying." Stephens, Mark B. "Destroying the Destroyers of the Earth: The Meaning and Function of New Creation in the Book of Revelation." PhD diss., Macquarie University, Sydney, Australia, 2009.

Sterling, *Ancestral Philosophy*. Sterling, Gregory E., ed. *The Ancestral Philosophy: Hellenistic Philosophy in Second Temple Judaism: Essays of David Winston*. BJS 331. SPhilMon 4. Providence: Brown University Press, 2001.

Sterling, "Platonizing Moses." Sterling, Gregory E. "Platonizing Moses: Philo and Middle Platonism." *SPhilA* 5 (1993): 96-111.

Sterling, "Wisdom." Sterling, Gregory E. " 'Wisdom among the Perfect': Creation Traditions in Alexandrian Judaism and Corinthian Christianity." *NovT* 37 (4, 1995): 355-84.

Stern, "Aspects." Stern, Menahem. "Aspects of Jewish Society: The Priesthood and Other Classes." *JPFC* 561-630.

Stern, *Authors*. Stern, Menahem, ed. *Greek and Latin Authors on Jews and Judaism*. 3 vols. Jerusalem: Israel Academy of Sciences and Humanities, 1974-84.

Stewart, *Man in Christ*. Stewart, James S. *A Man in Christ: The Vital Elements of St. Paul's Religion*. New York: Harper & Brothers, Publishers, n.d.

Stoike, "Genio." Stoike, Donald A. "De genio Socratis (Moralia 575A–598F)." In *Plutarch's Theological Writings and Early Christian Literature*, edited by Hans Dieter Betz, 236–85. SCHNT 3. Leiden: Brill, 1975.

Storms, *Guide*. Storms, Sam. *The Beginner's Guide to Spiritual Gifts*. Ventura, CA: Regal, 2002.

Stormshak, "Comparative Endocrinology." Stormshak, Fredrick. "Comparative Endocrinology." In *Endocrinology: Basic and Clinical Principles*, edited by Shlomo Melmed and Michael Conn, 149–69. 2nd ed. Totowa, NJ: Humana, 2005.

Stowers, *Diatribe*. Stowers, Stanley K. *The Diatribe and Paul's Letter to the Romans*. SBLDS 57. Chico, CA: Scholars Press, 1981.

Stowers, *Letter Writing*. Stowers, Stanley K. *Letter Writing in Greco-Roman Antiquity*. LEC 5. Philadelphia: Westminster, 1986.

Stowers, *Rereading*. Stowers, Stanley K. *A Rereading of Romans: Justice, Jews, and Gentiles*. New Haven: Yale University Press, 1994.

Stowers, "Resemble." Stowers, Stanley K. "Does Pauline Christianity Resemble a Hellenistic Philosophy?" In *Paul beyond the Judaism/Hellenism Divide*, edited by Troels Engberg–Pedersen, 81–102. Louisville: Westminster John Knox, 2001.

Stowers, "Self–Mastery." Stowers, Stanley K. "Paul and Self–Mastery." In *Paul in the Greco-Roman World: A Handbook*, edited by J. Paul Sampley, 524–50. Harrisburg, PA: Trinity Press International, 2003.

Strachan, *Corinthians*. Strachan, Robert Harvey. *The Second Epistle of Paul to the Corinthians*. MNTC. London: Hodder & Stoughton, 1935.

Stramara, "Introspection." Stramara, Daniel F., Jr. "Introspection in the Ancient Mediterranean World: Taking a Closer Look." *SVTQ* 44 (1, 2000): 35–60.

Streland, "Note." Streland, John G. "A Note on the OT Background of Romans 7:7." *LTJ* 15 (1–2, 1981): 23–25.

Strong, *Systematic Theology*. Strong, Augustus H. *Systematic Theology: A Compendium Designed for the Use of Theological Students*. Old Tappan, NJ: Fleming H. Revell, 1907.

Stuhlmacher, *Romans*. Stuhlmacher, Peter. *Paul's Letter to the Romans: A Commentary*. Translated by Scott J. Hafemann. Louisville: Westminster John Knox, 1994.

Suder, "Classification." Suder, Wieslaw. "On Age Classification in Roman Imperial Literature." *CBull* 55 (1, 1978): 5–9.

Sumney, *Opponents*. Sumney, Jerry L.

Identifying Paul's Opponents: The Question of Method in 2 Corinthians. JSNTSup 40. Sheffield, UK: JSOT Press, 1990.

Sumney, "Rationalities." Sumney, Jerry L. "Alternative Rationalities in Paul: Expanding Our Definition of Argument." *ResQ* 46 (1, 2004): 1–9.

Sumney, "Use." Sumney, Jerry L. "Paul's Use of πάθος in His Argument against the Opponents of 2 Corinthians." In *Paul and Pathos*, edited by Thomas H. Olbricht and Jerry L. Sumney, 147–60. SBLSymS 16. Atlanta: SBL, 2001.

Tabor, "Divinity." Tabor, James D. " 'Returning to the Divinity': Josephus's Portrayal of the Disappearances of Enoch, Elijah, and Moses." *JBL* 108 (2, 1989): 225–38.

Tal, "Euphemisms." Tal, Abraham. "Euphemisms in the Samaritan Targum of the Pentateuch." *AramSt* 1 (1, 2003): 109–29.

Talbert, *Romans*. Talbert, Charles H. *Romans*. SHBC. Macon, GA: Smyth & Helwys, 2002.

Talbert, "Tracing." Talbert, Charles H. "Tracing Paul's Train of Thought in Romans 6–8." *RevExp* 100 (1, 2003): 53–63.

Tan, *Counseling*. Tan, Siang-Yang. *Counseling and Psychotherapy: A Christian Perspective*. Grand Rapids: Baker Academic, 2011.

Tannehill, *Dying*. Tannehill, Robert C. *Dying and Rising with Christ: A Study in Pauline Theology*. Berlin: Töpelmann, 1967.

Taran, "Plato." Taran, Leonardo. "Plato, *Phaedo*, 62A." *AJP* 87 (1966): 326–36.

Tarn, *Civilisation*. Tarn, William Woodthorpe. *Hellenistic Civilisation*. Revised by W. W. Tarn and G. T. Griffith. 3rd rev. ed. New York: New American Library, 1974.

Tatum, "Second Commandment." Tatum, W. Barnes. "The LXX Version of the Second Commandment (Ex. 20,3–6 = Deut 5,7–10): A Polemic against Idols, Not Images." *JSJ* 17 (2, 1986): 177–95.

Taylor, *Atonement*. Taylor, Vincent. *The Atonement in New Testament Teaching*. London: Epworth, 1945.

Taylor, "Faith." Taylor, John W. "From Faith to Faith: Romans 1.17 in the Light of Greek Idiom." *NTS* 50 (3, 2004): 337–48.

Taylor, "Obligation." Taylor, Walter F., Jr. "Obligation: Paul's Foundation for Ethics." *Trinity Seminary Review* 19 (2, 1997): 91–112.

Taylor, *Romans*. Taylor, Vincent. *The Epistle to the Romans*. Epworth Preacher's Commentaries. London: Epworth, 1962.

Theissen, "Schichtung." Theissen, Gerd. "Soziale Schichtung in der korinthischen Gemeinde: Ein Beitrag zur Soziologie des hellenistischen Urchristentums." *ZNW* 65 (3–4, 1974): 232–72.

Thielman, *Ephesians*. Thielman, Frank. *Ephesians*. BECNT. Grand Rapids: Baker Academic, 2010.

Thiselton, *Corinthians*. Thiselton, Anthony C. *The First Epistle to the Corinthians: A Commentary on the Greek Text*. Grand Rapids: Eerdmans; Carlisle, UK: Paternoster, 2000.

Thiselton, "New Hermeneutic." Thiselton, Anthony C. "The New Hermeneutic." In *A Guide to Contemporary Hermeneutics: Major Trends in Biblical Interpretation*, edited by Donald K. McKim, 78–107. Grand Rapids: Eerdmans, 1986.

Thom, "*Akousmata*." Thom, Johan C. "'Don't Walk on the Highways': The Pythagorean *akousmata* and Early Christian Literature." *JBL* 113 (1, 1994): 93–112.

Thoma, "Frühjüdische Märtyrer." Thoma, Clemens. "Frühjüdische Märtyrer: Glaube an Auferstehung und Gericht." *FreiRund* 11 (2, 2004): 82–93.

Thomas, "Dead." Thomas, Christine M. "Placing the Dead: Funerary Practice and Social Stratification in the Early Roman Period at Corinth and Ephesos." In *Urban Religion in Roman Corinth: Interdisciplinary Approaches*, edited by Daniel N. Schowalter and Steven J. Friesen, 281–304. HTS 53. Cambridge, MA: Harvard University Press, 2005.

Thomas, *Revelation 19*. Thomas, David A. *Revelation 19 in Historical and Mythological Context*. StBibLit 118.

New York: Peter Lang, 2008.

Thomas and Azmitia, "Class." Thomas, Virginia, and Margarita Azmitia. "Does Class Matter? The Centrality and Meaning of Social Class Identity in Emerging Adulthood." *Identity* 14 (3, 2014): 195–213.

Thompson, *Responsibility*. Thompson, Alden Lloyd. *Responsibility for Evil in the Theodicy of IV Ezra: A Study Illustrating the Significance of Form and Structure for the Meaning of the Book*. SBLDS 29. Missoula, MT: Scholars Press, 1977.

Thorsteinsson, "Stoicism." Thorsteinsson, Runar M. "Stoicism as a Key to Pauline Ethics in Romans." In *Stoicism in Early Christianity*, edited by Tuomas Rasimus, Troels Engberg-Pedersen, and Ismo Dunderberg, 15–38. Grand Rapids: Baker Academic, 2010.

Thrall, *Corinthians*. Thrall, Margaret E. *A Critical and Exegetical Commentary on the Second Epistle to the Corinthians*. 2 vols. Edinburgh: T&T Clark, 1994–2000.

Thurén, "Rom 7 avretoriserat." Thurén, Lauri Tuomas. "Rom 7 avretoriserat." *SEÅ* 64 (1999): 89–100.

Thuruthumaly, "Mysticism." Thuruthumaly, Joseph. "Mysticism in Pauline Writings." *BiBh* 18 (3, 1992): 140–52.

Tinh, "Sarapis and Isis." Tinh, Tran Tam. "Sarapis and Isis." In *Self-Definition in the Greco-Roman*

World, edited by Ben F. Meyer and E. P. Sanders, 101–17. Vol. 3 of *Jewish and Christian Self-Definition*. Philadelphia: Fortress, 1982.

Tobin, *Rhetoric*. Tobin, Thomas H. *Paul's Rhetoric in Its Contexts: The Argument of Romans*. Peabody, MA: Hendrickson, 2004.

Toit, "In Christ." Toit, Andrie du. " 'In Christ,' 'in the Spirit' and Related Prepositional Phrases: Their Relevance for a Discussion on Pauline Mysticism." *Neot* 34 (2, 2000): 287–98.

Toussaint, "Contrast." Toussaint, Stanley D. "The Contrast between the Spiritual Conflict in Romans 7 and Galatians 5." *BSac* 123 (492, 1966): 310–14.

Trafton, *Version*. Trafton, Joseph L. *The Syriac Version of the Psalms of Solomon: A Critical Evaluation*. SBLSCS 11. Atlanta: Scholars Press, 1985.

Treggiari, "Jobs." Treggiari, Susan. "Jobs for Women." *AJAH* 1 (1976): 76–104.

Troeltsch, *Teaching*. Troeltsch, Ernst. *The Social Teaching of the Christian Churches*. Translated by Olive Wyon. Introductory note by Charles Gore. 2 vols. Halley Stewart Publications 1. London: George Allen & Unwin; New York: Macmillan, 1931.

Tronier, "Correspondence." Tronier, Henrik. "The Corinthian Correspondence between Philosophical Idealism and Apocalypticism." In *Paul beyond the Judaism/Hellenism Divide*, edited by Troels Engberg-Pedersen, 165–96. Louisville: Westminster John Knox, 2001.

Turner, *Power*. Turner, Max. *Power from on High: The Spirit in Israel's Restoration and Witness in Luke-Acts*. Sheffield, UK: Sheffield Academic, 1996.

Turner, "Spirit of Christ." Turner, Max. "The Spirit of Christ and 'Divine' Christology." In *Jesus of Nazareth: Lord and Christ; Essays on the Historical Jesus and New Testament Christology*, edited by Joel B. Green and Max Turner, 413–36. Grand Rapids: Eerdmans; Carlisle, UK: Paternoster, 1994.

Tzounakas, "Peroration." Tzounakas, Spyridon. "The Peroration of Cicero's *Pro Milone*." *CW* 102 (2, 2009): 129–41.

Ullucci, "Sacrifice." Ullucci, Daniel. "Before Animal Sacrifice: A Myth of Innocence." *R&T* 15 (3–4, 2008): 357–74.

Ulrichsen, "Troen." Ulrichsen, Jarl H. "Troen på et liv etter døden i Qumrantekstene." *NTT* 78 (1977): 151–63.

Urbach, *Sages*. Urbach, Ephraim E. *The Sages: Their Concepts and Beliefs*. Translated by Israel Abrahams. 2nd ed. 2 vols. Jerusalem: Magnes, 1979.

van den Beld, "*Akrasia*." van den Beld, A. "Romans 7:14–25 and the Problem of *Akrasia*." *RelS* 21 (4, 1985): 495–515. Originally published as "Romeinen 7:14-25 en het probleem van de akrasía." *Bijdr* 46 (1, 1985): 39-58.

van der Horst, "Hierocles." van der Horst, Pieter W. "Hierocles the Stoic and the New Testament." *NovT* 17 (2, 1975): 156-60.

van der Horst, "Macrobius." van der Horst, Pieter W. "Macrobius and the New Testament: A Contribution to the Corpus hellenisticum." *NovT* 15 (3, 1973): 220-32.

van der Horst, "Pseudo-Phocylides." van der Horst, Pieter W. Introduction to "Pseudo-Phocylides." *OTP* 2:565-73.

Vandermarck, "Knowledge." Vandermarck, William. "Natural Knowledge of God in Romans: Patristic and Medieval Interpretation." *TS* 34 (1, 1973): 36-52.

Vander Waerdt, "Soul-Division." Vander Waerdt, Paul A. "Peripatetic Soul-Division, Posidonius, and Middle Platonic Moral Psychology." *GRBS* 26 (4, 1985): 373-94.

Van Hoof, "Differences." Van Hoof, Lieve. "Strategic Differences: Seneca and Plutarch on Controlling Anger." *Mnemosyne* 60 (1, 2007): 59-86.

Van Nuffelen, *"Divine Antiquities."* Van Nuffelen, Peter. "Varro's *Divine Antiquities*: Roman Religion as an Image of Truth." *CP* 105 (2, 2010): 162-88.

Venit, "Tomb." Venit, Marjorie Susan. "The Stagni Painted Tomb: Cultural Interchange and Gender Differentiation in Roman Alexandria." *AJA* 103 (4, 1999): 641-69.

Vermes, *Religion.* Vermes, Geza. *The Religion of Jesus the Jew.* Minneapolis: Augsburg Fortress, 1993.

Vincent, *Philippians.* Vincent, Marvin R. *A Critical and Exegetical Commentary on the Epistles to the Philippians and to Philemon.* ICC. Edinburgh: T&T Clark, 1897.

Vining, "Ethics." Vining, Peggy. "Comparing Seneca's Ethics in *Epistulae Morales* to Those of Paul in Romans." *ResQ* 47 (2, 2005): 83-104.

Vlachos, "Operation." Vlachos, Chris A. "The Catalytic Operation of the Law and Moral Transformation in Romans 6-7." In *Studies in the Pauline Epistles: Essays in Honor of Douglas J. Moo*, edited by Matthew S. Harmon and Jay E. Smith, 44-56. Grand Rapids: Zondervan, 2014.

Vogel, "Reflexions." Vogel, C. J. de. "Reflexions on Philipp. i 23-24." *NovT* 19 (4, 1977): 262-74.

Vogt, "Brutes." Vogt, Katja Maria. "Sons of the Earth: Are the Stoics Metaphysical Brutes?" *Phronesis* 54 (2, 2009): 136-54.

Vorster, "Blessedness." Vorster, Willem S. "Stoics and Early Christians on Blessedness." In *Greeks, Romans, and Christians: Essays in Honor of Abraham J. Malherbe*, edited by

David L. Balch, Everett Ferguson, and Wayne A. Meeks, 38–51. Minneapolis: Fortress, 1990.

Wagner, *Baptism*. Wagner, Günter. *Pauline Baptism and the Pagan Mysteries: The Problem of the Pauline Doctrine of Baptism in Romans VI.1-11, in Light of Its Religio-historical "Parallels."* Translated by J. P. Smith. Edinburgh: Oliver & Boyd, 1967.

Wagner, *Heralds*. Wagner, J. Ross. *Heralds of the Good News: Isaiah and Paul "In Concert" in the Letter to the Romans*. Leiden: Brill, 2002.

Walbank, "Fortune." Walbank, Frank W. "Fortune (*tychē*) in Polybius." In *A Companion to Greek and Roman Historiography*, edited by John Marincola, 2:349–55. 2 vols. Oxford: Blackwell, 2007.

Walde, "Pathos." Walde, Christine. "Pathos." *BrillPauly* 10:599–600.

Wallach, "Parable." Wallach, Luitpold. "The Parable of the Blind and the Lame." *JBL* 62 (1943): 333–39.

Waltke, Houston, and Moore, *Psalms*. Waltke, Bruce K., James M. Houston, and Erika Moore. *The Psalms as Christian Lament: A Historical Commentary*. Grand Rapids: Eerdmans, 2014.

Walton, *Thought*. Walton, John H. *Ancient Near Eastern Thought and the Old Testament: Introducing the Conceptual World of the Hebrew Bible*. Grand Rapids: Baker Academic, 2006.

Wanamaker, "Agent." Wanamaker, Charles A. "Christ as Divine Agent in Paul." *SJT* 39 (4, 1986): 517–28.

Ward, "Musonius." Ward, Roy Bowen. "Musonius and Paul on Marriage." *NTS* 36 (2, Apr. 1990): 281–89.

Warden, "Scenes." Warden, J. "Scenes from the Graeco-Roman *Underworld*." *Crux* 13 (3, 1976–77): 23–28.

Ware, *Synopsis*. Ware, James P. *Synopsis of the Pauline Letters in Greek and English*. Grand Rapids: Baker Academic, 2010.

Warren, "Lucretius." Warren, James. "Lucretius, Symmetry Arguments, and Fearing Death." *Phronesis* 46 (4, 2001): 466–91.

Warry, *Theory*. Warry, John Gibson. *Greek Aesthetic Theory: A Study of Callistic and Aesthetic Concepts in the Works of Plato and Aristotle*. New York: Barnes & Noble, 1962.

Wasserman, "Death." Wasserman, Emma. "The Death of the Soul in Romans 7: Revisiting Paul's Anthropology in Light of Hellenistic Moral Psychology." *JBL* 126 (4, 2007): 793–816.

Wasserman, "Paul among Philosophers." Wasserman, Emma. "Paul among the Ancient Philosophers: The Case of Romans 7." In *Paul and the Philosophers*, edited by Ward Blanton and Hent de Vries, 69–83. New York: Fordham University Press, 2013.

Waters, *Justification*. Waters, Guy Prentiss. *Justification and the New Perspectives*

on Paul: A Review and Response.
Phillipsburg, NJ: P&R, 2004.

Watson, Gentiles. Watson, Francis. Paul,
Judaism, and the Gentiles: Beyond
the New Perspective. Rev. ed. Grand
Rapids: Eerdmans, 2007.

Watson, "Natural Law." Watson, Gerard.
"The Natural Law and Stoicism." In
Problems in Stoicism, edited by A. A.
Long, 216-38. London: Athlone,
1971.

Watts, Wisdom. Watts, Alan W. The
Wisdom of Insecurity. New York:
Vintage, 1951.

Wedderburn, "Heavenly Man."
Wedderburn, A. J. M. "Philo's
'Heavenly Man.'" NovT 15 (4,
1973): 301-26.

Wedderburn, "Soteriology." Wedderburn,
A. J. M. "The Soteriology of the
Mysteries and Pauline Baptismal
Theology." NovT 29 (1, 1987): 53-
72.

Weissenrieder, "Leitfaden." Weissenrieder,
Annette. " 'Am Leitfaden des Leibes':
Der Diskurs über soma in Medizin
und Philosophie der Antike." ZNT
14 (27, 2011): 15-26.

Wells, "Exodus." Wells, Bruce. "Exodus."
In Zondervan Illustrated Bible
Backgrounds Commentary: Old
Testament, edited by John Walton,
1:160-283. 5 vols. Grand Rapids:
Zondervan, 2009.

Wells, "Power." Wells, Kyle B. "4 Ezra and
Romans 8:1-13: The Liberating
Power of Christ and the Spirit." In

Reading Romans in Context: Paul and
Second Temple Judaism, edited by
Ben C. Blackwell, John K. Goodrich,
and Jason Maston, 100-107. Grand
Rapids: Zondervan, 2015.

Wenham, "Tension." Wenham, David.
"The Christian Life—A Life of
Tension? A Consideration of the
Nature of Christian Experience
in Paul." In Pauline Studies: Essays
Presented to Professor F. F. Bruce on
His 70th Birthday, edited by Donald
A. Hagner and Murray J. Harris, 80-
94. Exeter, UK: Paternoster; Grand
Rapids: Eerdmans, 1980.

Wesley, Commentary. Wesley, John. John
Wesley's Commentary on the Bible:
A One-Volume Condensation of His
Explanatory Notes. Edited by G.
Roger Schoenhals. Grand Rapids:
Zondervan, 1990.

Westerholm, Justification. Westerholm,
Stephen. Justification Reconsidered:
Rethinking a Pauline Theme. Grand
Rapids: Eerdmans, 2013.

Wewers, "Wissen." Wewers, Gerd
A. "Wissen in rabbinischen
Traditionem." ZRGG 36 (2, 1984):
141-55.

White, "Bookshops." White, Peter.
"Bookshops in the Literary Culture
of Rome." In Ancient Literacies: The
Culture of Reading in Greece and
Rome, edited by William A. Johnson
and Holt N. Parker, 268-87. New
York: Oxford University Press, 2009.

White, Initiation. White, R. E. O. The
Biblical Doctrine of Initiation. Grand

Rapids: Eerdmans, 1960.

Whiteley, *Theology*. Whiteley, D. E. H. *The Theology of St. Paul*. Oxford: Blackwell, 1964.

Wiesehöfer, "Pubertas." Wiesehöfer, Josef. "Pubertas." *BrillPauly* 12:177–78.

Wiesehöfer, "Youth." Wiesehöfer, Josef. "Youth." *BrillPauly* 15:853–56.

Wikenhauser, *Mysticism*. Wikenhauser, Alfred. *Pauline Mysticism: Christ in the Mystical Teaching of St. Paul*. New York: Herder & Herder, 1960.

Wilcox, "Dualism." Wilcox, Max. "Dualism, Gnosticism, and Other Elements in the Pre-Pauline Tradition." In *The Scrolls and Christianity: Historical and Theological Significance*, edited by Matthew Black, 83–96. London: SPCK, 1969.

Wilken, "Christians." Wilken, Robert L. "The Christians as the Romans (and Greeks) Saw Them." In *The Shaping of Christianity in the Second and Third Centuries*, edited by E. P. Sanders, 100–125. Vol. 1 of *Jewish and Christian Self-Definition*. Philadelphia: Fortress, 1980.

Wilken, "Social Interpretation." Wilken, Robert. "Toward a Social Interpretation of Early Christian Apologetics." *CH* 39 (4, 1970): 437–58.

Williams, *Fall and Sin*. Williams, Norman Powell. *The Ideas of the Fall and of Original Sin: A Historical and Critical Study; Being Eight Lectures Delivered before the University of Oxford, in the Year 1924, on the Foundation of the Rev. John Bampton, Canon of Salisbury*. London: Longmans, Green & Co., 1927.

Williams, "Religion." Williams, Jonathan. "Religion and Roman Coins." In *A Companion to Roman Religion*, edited by Jörg Rüpke, 143–63. BCompAW. Malden, MA: Wiley-Blackwell, 2011.

Williams, *Renewal Theology*. Williams, J. Rodman. *Renewal Theology: Systematic Theology from a Charismatic Perspective*. Grand Rapids: Academie, 1988–92.

Willis, "Mind." Willis, Wendell Lee. "The 'Mind of Christ' in 1 Corinthians 2,16." *Bib* 70 (1, 1989): 110–22.

Wilson, *Gnostic Problem*. Wilson, R. McL. *The Gnostic Problem*. London: A. R. Mowbray, 1958.

Winiarczyk, "Altertum." Winiarczyk, Marek. "Wer galt im Altertum als Atheist?" *Phil* 128 (2, 1984): 157–83.

Winslow, "Religion." Winslow, Donald. "Religion and the Early Roman Empire." In *The Catacombs and the Colosseum: The Roman Empire as the Setting of Primitive Christianity*, edited by Stephen Benko and John J. O'Rourke, 237–54. Valley Forge, PA: Judson, 1971.

Winston, "Mysticism." Winston, David. "Philo's Mysticism." *SPhilA* 8 (1996): 74–82.

Winter, *Left Corinth*. Winter, Bruce W.

After Paul Left Corinth: The Influence of Secular Ethics and Social Change. Grand Rapids: Eerdmans, 2001.

Winter, *Philo and Paul*. Winter, Bruce W. *Philo and Paul among the Sophists*. SNTSMS 96. Cambridge: Cambridge University Press, 1997.

Wire, *Prophets*. Wire, Antoinette Clark. *The Corinthian Women Prophets: A Reconstruction through Paul's Rhetoric*. Minneapolis: Fortress, 1990.

Wischmeyer, "Römer 2.1–4." Wischmeyer, Oda. "Römer 2.1–4 als Teil der Gerichtsrede des Paulus gegen die Menschheit." *NTS* 52 (3, 2006): 356–76.

Witherington, *Acts*. Witherington, Ben, III. *The Acts of the Apostles: A Socio-rhetorical Commentary*. Grand Rapids: Eerdmans, 1998.

Witherington, *Corinthians*. Witherington, Ben, III. *Conflict and Community in Corinth: A Socio-rhetorical Commentary on 1 and 2 Corinthians*. Grand Rapids: Eerdmans, 1995.

Witherington, *Philippians*. Witherington, Ben, III. *Paul's Letter to the Philippians: A Socio-rhetorical Commentary*. Grand Rapids: Eerdmans, 2011.

Witherington, *Romans*. Witherington, Ben, III, with Darlene Hyatt. *Paul's Letter to the Romans: A Socio-Rhetorical Commentary*. Grand Rapids: Eerdmans, 2004.

Wojciechowski, "Tradition." Wojciechowski, Michael. "Aesopic Tradition in the New Testament." *JGRCJ* 5 (2008): 99–109.

Wojciechowski, "Vocabulary." Wojciechowski, Michal. "Philosophical Vocabulary of Arius Didymus and the New Testament." *RocT* 53 (1, 2006): 25–34.

Wolfson, *Philo*. Wolfson, Harry Austryn. *Philo: Foundations of Religious Philosophy in Judaism, Christianity, and Islam*. 4th rev. ed. 2 vols. Cambridge, MA: Harvard University Press, 1968.

Wong, "Loss." Wong, David W. F. "The Loss of the Christian Mind in Biblical Scholarship." *EvQ* 64 (1, 1992): 23–36.

Wooden, "Guided." Wooden, R. Glenn. "Guided by God: Divine Aid in Interpretation in the Dead Sea Scrolls and the New Testament." In *Christian Beginnings and the Dead Sea Scrolls*, edited by John J. Collins and Craig A. Evans, 101–20. Grand Rapids: Baker Academic, 2006.

Wright, *Faithfulness*. Wright, N. T. *Paul and the Faithfulness of God*. Vol. 4 of *Christian Origins and the Question of God*. Minneapolis: Fortress, 2013.

Wright, *Justification*. Wright, N. T. *Justification: God's Plan and Paul's Vision*. Downers Grove, IL: IVP Academic, 2009.

Wright, *Perspectives*. Wright, N. T. *Pauline Perspectives: Essays on Paul, 1978-2013*. Minneapolis: Fortress, 2013.

Wright, *Romans*. Wright, N. T. *Paul for*

Everyone: Romans, Part One. London: SPCK; Louisville: Westminster John Knox, 2004.

Wright, "Romans." Wright, N. T. "The Letter to the Romans: Introduction, Commentary, and Reflections." In *The New Interpreter's Bible*, edited by Leander E. Keck, 10:395–770. Nashville: Abingdon, 2002.

Wuellner, "Rhetoric." Wuellner, Wilhelm. "Paul's Rhetoric of Argumentation in Romans: An Alternative to the Donfried–Karris Debate over Romans." *CBQ* 38 (3, July 1976): 330–51.

Wyllie, "Views." Wyllie, Robert. "Views on Suicide and Freedom in Stoic Philosophy and Some Related Contemporary Points of View." *Prudentia* 5 (1973): 15–32.

Xenakis, "Suicide Therapy." Xenakis, Jason. "Stoic Suicide Therapy." *Sophia* 40 (1972): 88–99.

Yamauchi, "Aphrodisiacs." Yamauchi, Edwin M. "Aphrodisiacs and Erotic Spells." In *Dictionary of Daily Life in Biblical and Post-Biblical Antiquity*, edited by Edwin M. Yamauchi and Marvin R. Wilson, 1:60–66. 4 vols. Peabody, MA: Hendrickson, 2014.

Yamauchi, *Persia.* Yamauchi, Edwin M. *Persia and the Bible.* Foreword by Donald J. Wiseman. Grand Rapids: Baker, 1990.

Yeo, *Jerusalem.* Yeo, Khiok-Khng. *What Has Jerusalem to Do with Beijing? Biblical Interpretation from a Chinese Perspective.* Harrisburg, PA: Trinity Press International, 1998.

Yeo, *Musing.* Yeo, Khiok-Khng. *Musing with Confucius and Paul: Toward a Chinese Christian Theology.* Eugene, OR: Cascade, 2008.

Yeo, "*Xin.*" Yeo, Khiok-Khng. "On Confucian *Xin* and Pauline *Pistis.*" *Sino-Christian Studies* 2 (2006): 25–51.

Ying, "Innovations." Ying, Zhang. "'Innovations' in Scriptural Interpretation: A Tentative Cross-Textual Reading of the Hermeneutical Practices in Maimonides and Zhu Xi." Paper presented to the Chinese Biblical Colloquium, Society of Biblical Literature Annual Meeting, San Diego, CA, Nov. 24, 2014.

Yoder, "Barriers." Yoder, Amy E. "Barriers to Ego Identity Status Formation: A Contextual Qualification of Marcia's Identity Status Paradigm." *Journal of Adolescence* 23 (1, Feb. 2000): 95–106.

Young, "Knowledge." Young, Richard Alan. "The Knowledge of God in Romans 1:18–23: Exegetical and Theological Reflections." *JETS* 43 (4, 2000): 695–707.

Young, *Parables.* Young, Brad H. *Jesus and His Jewish Parables: Rediscovering the Roots of Jesus' Teaching.* New York: Paulist Press, 1989.

Zadorojnyi, "Cato's Suicide." Zadorojnyi, Alexei V. "Cato's Suicide in Plutarch." *CQ* 57 (1, 2007): 216–

30.

Zeller, "Life." Zeller, Dieter. "The Life and Death of the Soul in Philo of Alexandria: The Use and Origin of a Metaphor." *SPhilA* 7 (1995): 19-55.

Zhang, "Ethics of Transreading." Zhang, Huiwen (Helen). " 'Translated, It Is. . .'—An Ethics of Transreading." *Educational Theory* 64 (5, Oct. 2014): 479-95.

Ziesler, "Requirement." Ziesler, John A. "The Just Requirement of the Law (Romans 8.4)." *ABR* 35 (1987): 77-82.

Ziesler, *Righteousness*. Ziesler, J. A. *The Meaning of Righteousness in Paul: A Linguistic and Theological Enquiry*. SNTSMS 20. Cambridge: Cambridge University Press, 1972.

그리스도인은 어떻게 생각해야 할까?

성령으로 예수 그리스도처럼 생각하기

Copyright ⓒ 새물결플러스 2023

1쇄 발행 2023년 3월 17일

지은이   크레이그 S. 키너
옮긴이   오광만
펴낸이   김요한
펴낸곳   새물결플러스

편 집   왕희광 정인철 노재현 이형일 나유영 노동래
디자인   황진주 김은경
마케팅   박성민 이원혁
총 무   김명화 이성순
영 상   최정호 곽상원
아카데미   차상희

홈페이지   www.holywaveplus.com
이메일   hwpbooks@hwpbooks.com
출판등록   2008년 8월 21일 제2008-24호
주 소   (우) 04118 서울시 마포구 마포대로19길 33
전 화   02) 2652-3161
팩 스   02) 2652-3191

ISBN 979-11-6129-252-6 93230

책값은 뒤표지에 있습니다.